QUANZHOU YEARBOOK

泉州年鉴2017

泉州日记

2016年泉州每一天

泉州市地方志编纂委员会 编

方志出版社
Publishing House of Local Records

图书在版编目（CIP）数据

泉州年鉴. 2017. 泉州日记 / 泉州市地方志编纂委员会编. -- 北京：方志出版社，2017.12
ISBN 978-7-5144-2868-1

Ⅰ.①泉… Ⅱ.①泉… Ⅲ.①泉州-2017-年鉴
Ⅳ.①Z525.73

中国版本图书馆CIP数据核字（2017）第321390号

泉州年鉴（2017）·泉州日记

编　　者：泉州市地方志编纂委员会
　　　　　地址 福建省泉州市丰泽区府西路市行政中心A栋3层
　　　　　邮编 362018
　　　　　网址 http://www.qzt.gov.cn
责任编辑：刘方圆
出 版 人：冀祥德
出 版 者：方志出版社
　　　　　地址 北京市朝阳区潘家园东里9号（国家方志馆4层）
　　　　　邮编 100021
　　　　　网址 http://www.fzph.org
发　　行：方志出版社图书经销中心
　　　　　电话 （010）67110500
经　　销：各地新华书店
印　　刷：福州报业鸿升印刷有限责任公司
开　　本：889×1194　1/16
印　　张：23.5
字　　数：918千字
版　　次：2017年12月第1版　2017年12月第1次印刷
印　　数：0001～1500册
ISBN 978-7-5144-2868-1　定价：280.00元

ISBN 978-7-5144-2868-1

泉州市地方志编纂委员会
暨《泉州年鉴》编辑委员会

《泉州日记》总编室

协编单位

『目录』

CONTENTS

2016
每日记事

1月1日

星期五
农历乙未年十一月廿二
温度：12℃—18℃
多云

●郑新聪、康涛到企业和项目现场调研。

●泉州市机动车实行排气污染定期检测。

●2016全球华人少年儿童春节联欢晚会暨新年火炬传递（泉州站）仪式在泉州举行。

●泉州2016新年撞钟祈福活动在清源山举行。

●泉州刺桐大桥停止收费。

●以“感恩惠安 展望未来”为主题的大型义诊活动在惠安县德诚医院举行。

●“松林生辉 珍爱和平”纪念中国人民抗日战争胜利70周年书画展在德化县文庙举行。

●第三届顺美国际陶瓷文化旅游节暨“如瓷生活”迎新party篝火晚会在德化县举行。

郑新聪 康涛到企业和项目现场调研

市委书记郑新聪、市长康涛带队到企业和项目现场调研。郑新聪指出，要高度重视重大项目实施过程中的协调服务。要用“月嫂式”理念来进行贴身服务，及时协调困难、解决问题，促项目尽快建成、发挥效应。在抓在建的同时，要在全市组织开展“项目前期工作活动年”，再谋划一批大项目、好项目。要引导存量企业加快转型升级步伐，对行业龙头要加大支持，鼓励上市返程投资，加快做大做强；对正在转型升级的企业要采取多种方式扶一把、送一程；对特别困难的中小微企业，要组织政、银、企、保、司联手，采取兼并重组、转业转行、清算重整等措施，彻底解决问题，减少对本企业、其他企业和社会的影响。康涛也就企业发展和项目建设作出具体部署。

郑新聪 康涛调研惠安中化项目 （图/陈起拓）

泉州市机动车实行排气污染定期检测

是日起，在泉州市注册登记的在用机动车（不含新车和免检范围内的机动车）必须进行排气污染定期检测，未经检验或者检验不合格的，不得上路行驶。根据市环保局、市质监局、市交警支队发布的《关于机动车排气污染检测实施简易工况法的通告》，机动车排气污染定期检测周期与机动车安全技术定期检验期限一致。在用机动车转入泉州市，或在泉州市辖区内办理转移登记、变更登记手续前，必须重新进行排气污染检测。泉州市在用机动车需要委托异地检测的，应向市环保局申领机动车环保检验委托书。在用机动车经排气检验合格的，将核发机动车环保检验合格标志。经排气检验不合格的，应进行排气控制的维修治理，凭维修治理凭证到同一检测机构进行复检。未经检验或者检验不合格的，将不予核发机动车环保检验合格标志与安全技术检验合格标志，不得上路行驶。

全球华人少年儿童春节联欢晚会暨新年火炬传递（泉州站）仪式举行

由团市委主办的2016全球华人少年儿童春节联欢晚会暨新年火炬传递（泉州站）仪式在泉州举行。新年伊始，象征着艺术之火的火炬在清源山脚下点燃。40多名入选火炬手代表，一起传递艺术之火，点燃新一年新的希望。活动旨在为少年儿童开展艺术教育实践活动提供平台。该活动自2015年9月25日启动以来，得到中央电视台中学生频道的支持，不论是火炬传递、节目甄选的各个环节，抑或是火炬手的着装及火炬的品质，都反复认证与完善，力求完美。火炬传递活动辐射到全国20多个省、市、自治区的近百个城市。

泉州刺桐大桥停止收费

泉州刺桐大桥，这座20年前采用BOT模式建造的大桥，结束收费历史。市民来往晋江两岸又多了一条免费快速通道可以选择，中心城区过江的交通压力得到缓解。 （图/陈晓东）

中科院调研组到泉州调研

中科院副院长詹文龙带队到泉州调研中科院海西研究院泉州装备制造研究所项目筹建情况。詹文龙指出，泉州市拥有创新创业的沃土，在泉州装备制造研究所筹建的过程中，要利用国家政策与地方政策的支持，推动项目筹建快速有序地进行，加强项目基建、人才引进、科研开发、成果转化等方面的工作。

市总工会开展“幸福泉州·情暖职工”活动

元旦春节期间，全市各级工会组织关注职工欠薪问题、关注困难职工生活，开展慰问帮扶活动。2016年“两节”工会送温暖慰问资金和慰问困难职工数同比增长15%。根据市总工会下发的《关于开展2016年元旦春节“幸福泉州·情暖职工”主题活动的通知》，全市各级工会根据实际情况，多途径、多形式开展务实有效的维权帮扶工作。重病、重灾、残疾等困难职工，环卫、公交、园林等艰苦行业职工，在泉州务工的困难农民工和新生代职工以及节日期间坚持上班的一线职工，是工会组织节日慰问帮扶的重点。市总工会相关负责人表示，将通过开展送温暖服务和关爱农民工系列活动，做到慰问帮扶不漏一户、救急济难不留死角。

第九届“丰达杯”全国桥牌邀请赛在泉州举行

2—4日，第九届“丰达杯”全国桥牌邀请赛在泉州举行，海内外四十支代表队参赛，浙江方正队、武夷翰辰队、泉州丰达队分获冠、亚、季军。桥牌运动是世界上参与人数最多、影响面最广的智力运动。近年来泉州桥牌运动有长足进步，2015年泉州代表队在全国顶级公开赛上获得冠军，2014年、2015年连续获得福建省全民健身运动会桥牌年终总决赛冠军。“丰达杯”全国桥牌邀请赛是泉州市传统智力运动赛事，从1999年举办至今。

永春获评国家园林县城

国家住房和城乡建设部公布2015年国家生态园林城市、园林城市、县城和城镇名单，永春县名列“国家园林县城”，成为全省唯一入选的县城。

近年来，永春县坚持“生态优先、绿色引领、创建惠民”的发展理念，把国家园林县城创建作为推进生态文明建设的有力抓手、打造城市特色的有效举措和提升公众幸福指数的民心工程。经过全县共同努力，各项指标均达到国家园林县城标准要求，城市绿地系统结构布局更合理、功能更完善、景观更优美，城市环境清新舒适、安全、宜居。

利用城区周边自然山水资源，让城市公园绿地融入宜居家园，贴近居民生活，做到“景以地胜，地以人胜”。依托“山环水绕、城在山中”的生态格局，拥山亲水建设公园绿地，保护城区内部及周边山体植被资源，建设山地公园；利用桃溪两岸滨水生态资源，建设滨水带状公园；利用城区闲置地、弃置地、边角地等，见缝插绿、拆房建绿，建设街头绿地。同时，对城市道路绿化景观进一步改造提升，主要道路和重要景观节点补植观花或遮阴树种，形成群落式复层结构绿化景观，提升景观效果，打造富有个性的植物景观大道，将慢行交通系统隐藏在树荫之下，让市民真正享受绿色出行。开展滨河绿化，建设完成桃溪流域示范段、城区贯通段，沿线绿化、花化、彩化面积20多万平方米；并对桃溪流域示范段工程进行提档升级，推进桃溪流域“十里花海”和城市会客厅建设，打造“海绵城市”和“会呼吸的河道”。

永春县桃溪流域成为群众休闲娱乐的好去处　（图/姚德炜）

1月2日

星期六

农历乙未年十一月廿三

温度：14℃—21℃

多云转阵雨

●中科院副院长詹文龙到泉州调研中科院海西研究院泉州装备制造研究所项目筹建情况。

●元旦春节期间，全市各级工会组织关注职工欠薪问题、关注困难职工生活，开展慰问帮扶活动。2016年“两节”工会送温暖慰问资金和慰问困难职工数同比增长15%。

●国家住房和城乡建设部公布2015年国家生态园林城市、园林城市、县城和城镇名单，永春县成为全省唯一入选的县城。

●晋江市公安消防服务中心揭牌和101米登高平台消防车捐赠仪式举行。

●2—4日，第九届“丰达杯”全国桥牌邀请赛在泉州举行，海内外四十支代表队参赛，浙江方正队、武夷翰辰队、泉州丰达队分获冠、亚、季军。

●台湾王氏宗亲会参访团到晋江市紫帽镇紫星村金坑王氏家庙寻亲认祖。

1月3日

星期日
农历乙未年十一月廿四
温度：16℃—20℃
阵雨转阴

●在“互联网+”行动计划推动下，泉州传统产业与互联网融合进一步提速。

●公益电影《小棉袄》校园首映式暨“小蜜蜂义工团”成立仪式在泉州聚龙外国语学校举行。

●由晋江市文化体育新闻出版局、泉州市跆拳道协会、晋江市跆拳道协会主办的2016年首届“晋江骄阳”杯海峡两岸跆拳道交流大赛在晋江市安海镇闭幕。

●蔡道宪故居在晋江市东石镇重修落成，海内外2000多名柯蔡族人参加仪式。

●晋江市英林镇英林村贝斯特织造有限公司董事长洪文化向英林心公益慈善基金会捐赠100万元，并设立“晋江市英林心公益慈善基金会洪施秀琴基金”，定向捐赠教育、敬老、强村等公益慈善事业。

泉州市互联网与传统产业加速融合

在“互联网+”行动计划推动下，泉州传统产业与互联网融合进一步提速。市商务局统计数字显示，2015年泉州市电商交易额达1800亿元，同比增长30%。在拓宽传统企业销售渠道的同时，“互联网+”正在改变传统制造业资源配置方式、研发模式和生产经营模式。

随着互联网与传统企业销售环节的融合，泉州作为全国最大的鞋服产业基地和品牌之都的优势在线上重现。据不完全统计，2015年“双十一”，泉州市企业的网络零售总额突破32亿元，相比2014年的单日21.6亿元，同比增长50.9%。线下品牌的优势在线上愈发明显，在鞋服、休闲食品、建材等领域搜索热词排行榜中，九牧卫浴、雅客、富贵鸟、九牧王、盼盼等品牌关键词名列前茅。男装品牌中的七匹狼、劲霸，卫浴领域的九牧厨卫，运动鞋领域的安踏和特步等泉州品牌企业，都接二连三地突破全网单日销售亿元大关。

互联网与泉州实体经济的融合开始更多地体现在企业生产、管理、服务等环节。在“互联网+研发”环节，九牧王、帝牌等服装企业，通过数据采集，直接和消费者对接，相继推出服装的个性化定制平台；九牧厨卫通过与小米建立合作关系，多方面收集顾客信息，融入产品智能化设计。在“互联网+管理”环节，特步通过供应链集成创新应用，打通供应链上下游，实现原材料供应、机器运行、产品生产都由网络化系统统一调度和分派，产业链上下游协作、网络化、实时化。在“互联网+服务”环节，铁托机械通过运用大数据、云计算为客户提供精准的服务，为机器设备的维修和更换提前预警，提升客户服务满意度。

“互联网+”推动传统产业转型升级的同时，也给农村带来了发展新机遇。在“第三届中国淘宝村高峰论坛”上，阿里巴巴集团发布最新的全国淘宝村、淘宝镇名单。其中，泉州有47个淘宝村、5个淘宝镇上榜，分别占全省71个淘宝村、7个淘宝镇的66%和71%。泉州的淘宝村数量和活跃网店数均在全国各城市中位居第三。互联网与传统产业集群的结合，成为淘宝村诞生的土壤。

此外，为发挥泉州市在国家“一带一路”倡议中的先行示范作用，主动对接福建省自贸区试点建设，推动外贸转型升级，2015年以来，通过出台政策、营造环境、培育跨境电商公共服务平台等，泉州市的跨境电商生态圈也逐步完善。2015年6月，泉州市出台《泉州市进一步推进跨境电子商务发展行动方案》，开展跨境电商综合试验区申报工作。

公益电影《小棉袄》校园首映式暨“小蜜蜂义工团”成立仪式举行

公益电影《小棉袄》校园首映式暨“小蜜蜂义工团”成立仪式在泉州聚龙外国语学校举行。首映式上，北京闽南文化创意产业商会、成龙幼儿园与聚龙外国语学校成立小蜜蜂义工团，希望义工团的学生学习小蜜蜂勤劳勇敢、乐于奉献的精神，积极参加公益活动。公益电影《小棉袄》由北京伯乐聚星影视文化传播有限公司出品，2015年5月在陕西省榆林市靖边县开机，故事由靖边县全国十佳美德少年段红艳的真实事迹改编。段红艳出生于靖边县镇靖镇枣刺梁村一个贫苦的农民家庭，出生后母亲患类风湿性关节炎导致全身瘫痪，三岁时父亲患视网膜脱落症导致双眼失明。面对家庭不幸，段红艳克服重重困难扛起照顾父母的重担，成了“妈妈的手脚”“爸爸的眼睛”。更加难能可贵的是，段红艳直面生活困难、刻苦学习的同时，也积极帮助困难同学，做自己力所能及的事情回报社会。

首届“晋江骄阳”杯海峡两岸跆拳道交流大赛在晋江市闭幕

由晋江市文化体育新闻出版局、泉州市跆拳道协会、晋江市跆拳道协会主办的2016年首届“晋江骄阳”杯海峡两岸跆拳道交流大赛在晋江市安海镇闭幕。大赛主办方邀请台湾跆拳道界的九段黎传杰带领的十人裁判团队助力交流赛，编排和裁判计分系统接近国际水准，使整个赛事的规格得到保证。其中，多次担任世锦赛裁判的李清德在晋江首届“海峡两岸教练论坛”中，为各位带队的教练阐述世界跆拳道发展形势，并针对如何指导学员参赛、如何理解裁判判罚标准等热点问题分享个人经验。大赛吸引到台湾、厦门、漳州等地的22家参赛单位、40多家道馆的361名学员参加品势比赛，230名学员参加竞技比赛。

于伟国到泉州调研

省委副书记、代省长于伟国到泉州调研。市委书记郑新聪、市长康涛，省直有关部门负责人分别参加调研。在晋江市创意创业创新园，于伟国察看中科院、哈工大、中关村与晋江合作的科技创新孵化成果，与开发网络手游、智慧医疗等项目的创业青年面对面交流。于伟国指出，只有好的机制，才能吸引更多高端科研机构和高新企业聚集，让创新要素在园区内高度融合，让各类人才找到施展聪明才智的舞台，源源不断地产生创新成果。希望当地大胆探索建立以市场为导向、以企业为主体、科学高效的创新机制，推动产学研用紧密结合，把晋江市创意创业创新园打造成福建的“中关村”。于伟国还到恒安新型生活用品智能化生产基地内、海天材料科技公司、海上丝绸之路艺术公园·亚洲园等地调研。

于伟国在泉州调研　（图/陈起拓）

市十五届人大常委会第三十一次会议召开

市十五届人大常委会第三十一次会议召开。市人大常委会主任陈万里，副主任洪泽生、吕竞、张建生、朱团能、曾巍，秘书长吴春林参加会议。副市长林万明，市中级人民法院、市检察院负责人列席会议。会议听取市政府研究处理《市人大常委会关于现代农业发展专项资金使用管理情况的审议意见》的情况，并开展审议意见办理情况满意度测评，结果为满意；听取和审议市政府关于市十五届人大五次会议代表建议、批评和意见办理工作的报告和市人大常委会视察组有关综合报告以及市中级法院、市检察院相关办理工作情况的报告；听取和审议市人大常委会代表资格审查委员会关于个别代表的代表资格的审查报告等。

泉州市高新互联网金融研究中心成立

泉州市高新互联网金融研究中心（以下简称“研究中心”）召开首届理事会。研究中心成立后，将通过对中国金融改革与发展中面临的重大理论、实践问题进行研究，为互联网金融行业的健康发展献谋献策，推进金融服务实体经济，助力泉州金改区金融改革创新。研究中心首届理事长、华大工商管理学院副院长陈金龙表示，研究中心重点围绕以下三个方面开展工作：一是学术研究，开展互联网金融领域的研究，承担国家和地方互联网金融领域的课题研究，结合会员企业的实际经验，形成有一定影响力的研究成果，成为互联网金融领域改革发展的“智库”和“创新源”；二是科研孵化，组织协调高等学校、科研院所、地方政府等部门深入合作，在互联网金融的人才培养、科研开发、产业合作、科学研究等方面发挥骨干和引领作用，成为互联网金融的“孵化器”；三是咨询顾问，组织专家在互联网金融及其相关领域开展咨询服务。

相关链接：从行业规模看，泉州市现有互联网金融企业60多家，涉及第三方支付、P2P网贷、网络小额贷款、线上消费贷款以及股权众筹等相关业态，在泉州金融机构也加快互联网化布局，以大平台思路，整合电子商务、银行数据、线下资源，构建正规金融的“互联网+”新模式。从业态分布看，泉州市现有从事预付卡发行与受理的第三方支付企业2家（掌财通、一卡通）；注册登记在泉州市、经营P2P网贷或有网贷功能的企业50多家；兴业消费金融公司、海峡股权泉州交易中心、海峡金融资产交易中心、小额贷款公司等也结合自身发展拓展互联网金融业务。从区域分布看，大部分互联网金融企业集中在鲤城区、丰泽区、石狮市、晋江市、安溪县等县域经济较发达、资金需求量较大、电商较活跃的县（市、区）。从基础配套看，在全国率先建成中小微企业信用信息交换共享平台，已导入13.05万家、36种类型中小微企业的基础数据600多万条，实现分散在17个条块部门单位企业信用信息的互联互通和交换共享，为互联网金融发展奠定大数据和诚信体系基础。

1月4日

星期一
农历乙未年十一月廿五
温度：17℃—21℃
阵雨

●于伟国到泉州调研。郑新聪、康涛，省直有关部门负责人分别参加调研。

●市十五届人大常委会第三十一次会议召开，听取市政府研究处理《市人大常委会关于现代农业发展专项资金使用管理情况的审议意见》的情况，并开展审议意见办理情况满意度测评等。

●取景于晋江市安海镇的央视《国宝档案》栏目纪录片《海丝传奇——明朝泉州第一港》播出。

●泉州市高新互联网金融研究中心成立。

1月5日

星期二
农历乙未年十一月廿六
温度：17℃—20℃
中雨

●王宁到泉州调研，参加永春县委常委班子专题民主生活会，指导推进“三严三实”专题教育深入开展。

●市政府第八十五次常务会议召开，传达省委副书记、代省长于伟国到泉州调研讲话精神，研究《泉州市建设信息惠民国家试点城市工作方案》等。

●周银芳到石狮市调研新农村建设试点示范村工作。

●由市作家协会、丰泽区文联等主办的“暖心行动、我们在努力”慈善公益活动在丰泽区群石小学举行。

●5—8日，省炎黄文化研究会和省作家协会联合采风团一行30人，在省委原副书记、中国作协会员何少川带领下，到泉港区采风。

王宁到泉州指导推进“三严三实”专题教育

省委常委、组织部部长王宁带队到泉州调研，参加永春县委常委班子专题民主生活会，指导推进“三严三实”专题教育深入开展。市领导郑新聪、康涛、温惠榕、孔繁军参加调研。

会前，王宁听取永春县委主要负责人汇报，审阅县委常委班子和个人的对照检查材料，并就开好这次专题民主生活会作出指导。会上，县委常委班子作对照检查，班子成员分别作个人对照检查，并相互提出批评意见。大家自觉围绕践行“三严三实”认真查摆问题，深入剖析根源，有针对性地提出整改方向和具体措施。

王宁强调，近期，中央、省委就如何开好专题民主生活会、践行“三严三实”提出明确要求。泉州各级要认真学习领会，抓好贯彻落实，开出高质量的专题民主生活会，并以此为新起点，推动践行“三严三实”常态化、长效化。要强化看齐意识，坚定正确政治方向。严守政治纪律、政治规矩，坚持正确的政治立场、政治言论、政治行动，推动中央和省委决策部署落地见效。要强化问题导向，持续用力抓好整改落实。建立详细的问题清单、整改清单、责任清单，确保不缺项、不漏项。坚持标本兼治，向制度建设要长效。要强化担当精神，推动各项事业发展。把精力放在干事创业上，放在为老百姓解决实际问题上，做到为官一任、造福一方。要强化主体责任，确保从严治党落到实处。从严管理监督干部，持续深入改进作风，倡导爱拼敢赢精神，激励党员干部奋发进取、积极作为，更好地为民服务、更好地干事创业。

调研期间，王宁还走访慰问困难党员，调研农村基层党建、村级组织活动场所规范化建设和园区非公企业党建工作。

市政府第八十五次常务会议召开

市长康涛主持召开市政府第八十五次常务会议。市委常委、常务副市长林伯前，副市长陈荣洲、周真平、卢炳椿、陈灿辉、林万明，市政府秘书长吴友才参加会议。市人大常委会副主任张建生、市政协副主席吴共湖列席会议。

会议传达省委副书记、代省长于伟国到泉州调研讲话精神。会议指出，要按照市委统一部署，贯彻落实于伟国讲话精神，突出创新驱动，总结推广各地创新典型和经验，加快制订和出台鼓励创新政策办法，建立完善创新人才培养机制，强化企业家素质提升与创新能力建设，确保泉州继续在全省发挥创新引领作用；突出平台建设，力争每个主导产业和新兴产业形成一个以上高端平台；突出城市提升，完善配套建设，传承延续城市文脉；突出项目带动，加快前期工作和在建项目进度，加大产业链招商和定向招商力度；突出帮扶企业，强化帮扶和调度服务，与企业共渡难关。

会议研究《泉州市建设信息惠民国家试点城市工作方案》。会议指出，实施信息惠民工程，有助于优化社会资源配置，创新公共服务供给模式，提升民生均等化普惠化水平。职能部门要强化责任担当，统筹协调各方，探索建立符合泉州实际的工作机制，以信息资源的开放与社会化利用，全面提升全市公共服务水平。

会议还研究关于促进全市工业经济稳定增长措施和《泉州市新一轮企业技术改造专项行动计划》《泉州市人民政府关于贯彻落实省政府推进林业改革发展加快生态文明先行示范区建设九条措施的实施意见》。

“暖心行动、我们在努力”慈善公益活动在丰泽区举行

由市作家协会、丰泽区文联等主办的“暖心行动、我们在努力”慈善公益活动在丰泽区群石小学举行。“帮助别人，快乐自己”，主办方的倡议得到文艺家们的响应，蔡芳本、郑剑文、陈谦等纷纷捐出自己创作的书画作品参与义拍。在竞拍后，25幅作品最终以总金额56500元售出，这些爱心善款由丰泽区群石小学、丰泽区梦彩文体山庄等负责发放。

省炎黄文化研究会和省作家协会采风团到泉港区采风

5—8日，省炎黄文化研究会和省作家协会联合采风团一行30人，在省委原副书记、中国作协会员何少川带领下，到泉港区采风，以合作编撰《走进泉港报告文学散文集》。采风团参观石化园区、锦绣公园、沙格码头、后龙镇土坑村古民居、大福古船模公司、黄素土楼、涂岭镇樟脚古民居等，并分29个选题到工厂企业和乡村、文化景点进行采访。

市委常委班子“三严三实”专题民主生活会召开

市委常委班子“三严三实”专题民主生活会召开。会议贯彻党章要求和《中国共产党廉洁自律准则》《中国共产党纪律处分条例》等党内规章，学习贯彻习近平系列讲话精神和中央政治局、省委常委班子专题民主生活会精神，围绕“严以修身、严以用权、严以律己、谋事要实、创业要实、做人要实”要求，联系班子和个人实际，查摆存在问题，进行党性分析，开展批评和自我批评，巩固扩大专题教育成果，推动践行“三严三实”要求制度化常态化长效化，为建设“创新、智造、海丝、美丽、幸福”的现代化泉州提供坚强政治保证。市委书记郑新聪主持会议并讲话。市委副书记、市长康涛等市委常委参加会议，市人大常委会、市政协党组主要领导列席会议。省纪委、省委组织部有关人员到会指导。

郑新聪在总结讲话时要求，贯彻落实习近平在中央政治局专题民主生活会上提出的“四个自觉”（自觉学习理论、自觉进行反思、自觉加强修养、自觉接受监督）要求，加强市委常委班子自身建设，增强班子的创造力、凝聚力和战斗力。要在践行“三严三实”制度化、常态化、长效化上带好头。领会尤权在省委常委班子专题民主生活会的要求，把践行“三严三实”要求融入班子各项建设中，用制度把“三严三实”要求固化下来，形成严肃党内政治生活的新常态；常委要强化学习，树立党章意识，严守党的各项纪律，争当对党绝对忠诚、严守政治纪律和政治规矩、从严管党治党、真抓实干的表率。要在落实管党治党责任上带好头。贯彻落实新修订的《中国共产党地方委员会工作条例》，树牢抓好党建就是最大政绩的观念，履行主体责任，履行“一岗双责”，加强对干部的教育管理监督。要在整改突出问题上带好头。对查摆出来的问题进行再梳理，分门别类，细化方案，逐条兑现。对班子存在的问题，各位常委要结合自己分管工作，主动认领，承担责任，积极整改。要在干事创业上带好头。以严和实的要求推进改革发展稳定工作，落实省委关于泉州要确保“红旗不倒”、继续当好全省“领头羊”的要求，带头负起责任，抓早抓实抓主动，弘扬“马上就办”“四下基层”优良作风，调动全市干部的热情干劲，确保实现年度目标任务。

郑新聪参加晋江市委常委班子专题民主生活会

市委书记郑新聪到“三严三实”专题教育联系点晋江市，参加晋江市委常委班子专题民主生活会。市委常委、晋江市委书记李建辉代表晋江市委常委班子进行对照检查，班子成员分别作个人对照检查，并开展相互批评。郑新聪在会上对晋江市委常委班子成员查摆出的不严不实问题进行点评分析。郑新聪强调，要全面贯彻中央政治局、省委常委班子专题民主生活会精神，当好“三严三实”表率。要持续用力抓整改，把“当下改”和“长久立”结合起来，对此次查找出的不严不实问题，主动认领、承担责任，逐项销号管理，并用制度把“三严三实”要求固定落实到日常工作中，以实际成效取信于民。要坚持齐抓共管，落实《中国共产党地方委员会工作条例》，班子成员既要以身作则、率先垂范，落实从严治党政治责任，又要加强对干部的教育管理监督。

会议现场　　（图/陈起拓）

市中级人民法院诉讼服务中心成立

经市委机构编制委员会批复同意，市中级法院诉讼服务中心挂牌成立。市中级人民法院于2015年1月12日在全国首创推行“跨域·连锁·直通”式诉讼模式。截至2015年12月31日，全市两级法院为当事人提供异地立案16749件、异地法律咨询15087次、材料收转10125次、诉讼指引7961次、判后答疑779人次、信访接待129人次、立案调解62件、诉前调解52件，为当事人提供极大便利，受到社会各界和各级领导的肯定。“跨域·连锁·直通”式诉讼服务平台已复制推广到全省，正逐渐走向全国，被誉为“泉州式诉讼”和诉讼服务的“泉州模式”。

1月6日

星期三
农历乙未年十一月廿七
温度：13℃—18℃
阴转多云

●市委常委班子“三严三实”专题民主生活会召开，贯彻党章要求和《中国共产党廉洁自律准则》《中国共产党纪律处分条例》等党内规章，学习贯彻习近平系列讲话精神和中央政治局、省委常委班子专题民主生活会精神等。

●郑新聪参加晋江市委常委班子专题民主生活会。

●领导干部报告个人有关事项专题辅导报告会召开。

●在收听收看全国、全省安全生产电视电话会议后，泉州市随即召开全市安全生产电视电话会议，部署下阶段安全生产工作。

●市中级法院诉讼服务中心挂牌成立。

●泉州市原创歌曲交流协会成立庆典暨第一届理事就职典礼举行。

1月7日

星期四
农历乙未年十一月廿八
温度：12℃—17℃
多云

●“华大讲堂”第56讲举行，国台办原副主任、海峡两岸关系协会副会长孙亚夫作题为《两岸关系形势与台湾局势》的专题报告。

●泉州市全国文明单位创建工作推进会召开。省、市、县（市、区）文明办有关负责人，全国文明单位代表等交流经验，梳理创建思路，以促进全国文明单位创建工作的规范化、常态化和制度化，全面提升创建水平。

●由文化部、福建省政府主办的舞剧《丝海梦寻》全国巡演活动启动。

●福建省第二十二次见义勇为英雄模范表彰大会在福州召开。大会表彰福建省见义勇为模范、先进个人（群体）34人，其中泉州市有7人。

●泉州市纺织鞋服企业致力产业转型升级。

泉州市全国文明单位创建工作推进会召开

泉州市全国文明单位创建工作推进会召开。省、市、县（市、区）文明办有关负责人，全国文明单位代表等交流经验，梳理创建思路和经验，以促进全国文明单位创建工作的规范化、常态化和制度化，全面提升创建水平。会议要求，全国文明单位要做到与其他文明单位“五个不一样”，即“文明设施不一样、精神不一样、风气不一样、影响不一样、贡献不一样”。同时，还必须做到“五个一样”，即“硬件软件一样、上班下班一样、平时检查一样、对上对下一样、物质与精神一样”。

舞剧《丝海梦寻》全国巡演活动启动

由文化部、福建省政府主办的以“海丝”泉州为主题的舞剧《丝海梦寻》全国巡演活动启动。新闻发布会上，福建省歌舞剧院分别与浙江杭州剧院、湖北剧院、湖南大剧院、广西柳州艺术中心、广东演艺中心大剧院、厦门嘉庚艺术中心签订2016年巡演合作协议。从3月开始，舞剧《丝海梦寻》赴这些剧院演出，同时赴新加坡、印尼、马来西亚、泰国、柬埔寨等“一带一路”沿线国家及地区演出。舞剧《丝海梦寻》讲述的是800多年前，泉州一家两代水手远航西亚国家、开创海上丝绸之路的故事。舞剧以精美艺术形式再现当年泉州港千帆竞发、中外商贸文化沟通交流的壮观繁华景象。此剧以闽南元素为主，适当增加海上丝绸之路沿海省份以及沿线国家元素，通过舞台艺术追忆古代海上丝绸之路文明，弘扬和平合作、开放包容、互学互鉴、互利共赢理念。《丝海梦寻》以福建省歌舞剧院作为基本创作演出队伍，特邀著名编导邢时苗担纲总导演。

泉州市七人获省见义勇为表彰

福建省第二十二次见义勇为英雄模范表彰大会在福州召开。大会表彰福建省见义勇为模范、先进个人（群体）34人，其中泉州市有7人，晋江市肖永纲被评为见义勇为模范，向明勇、史贤安被评为见义勇为模范群体、石狮市李兴奎、谭勇军、刘敏3人被评为见义勇为先进群体、丰泽区蔡志雄被评为见义勇为先进个人。

相关链接：2015年6月9日凌晨2时许，晋江警方在抓捕一伙盗窃柴油的犯罪嫌疑人时，因侦查需要紧急征用肖永纲驾驶的出租车。肖永纲在民警指挥下，一路跟踪嫌疑车辆2个多小时，行程120多千米。嫌疑车辆在民警开枪示警并打爆左车胎后仍横冲直撞，但肖永纲勇敢无畏，驾驶出租车和其他警车一同将嫌疑车辆逼停，将2名嫌疑人抓捕归案。

2015年1月7日21时许，在晋江市青阳街道阳光路发生湖北籍精神病患者谭某友持刀刺伤路人的案件，路过现场的群众向明勇、史贤安不顾个人安危、挺身而出，制服谭某友，避免更多群众受到伤害。

2014年12月17日12时许，一歹徒公然在石狮市区绑架女市民吴某及其两个小孩，并打电话向其家人索要赎金70万元。摩的司机李兴奎、谭勇军、刘敏在附近目睹案发过程后，骑摩托车悄悄跟踪在歹徒劫持的车辆后面，用手机向警方实时提供犯罪嫌疑人的踪迹。在警察尚未赶到前，眼看歹徒拿到赎金后欲弃车逃窜，三人猛扑上去，穷凶极恶的歹徒拔出匕首狂挥乱舞。三人不顾身上的衣服多处被匕首划破，依然毫不畏惧与歹徒搏斗，合力将歹徒曹某制服。

2014年4月16日9时许，丰泽公安分局北峰派出所民警在泉州动车站周边开展武装巡逻时，一男子突然抢夺执勤民警佩带在腰间的手枪，民警一边制止一边呼叫同事协助。正在附近的蔡志雄、石小良看到后，奋不顾身冲上去协助民警将抢枪的男子按倒在地，帮助夺回被抢手枪。

泉州市纺织鞋服企业致力产业转型升级

泉州市纺织鞋服企业致力于产业转型升级，智能制造的脚步不断加快。图为在安踏集团自动化车间内，一台台电脑针车正在缝制鞋样。这种电脑针车1台可以代替以往8名工人，有效减少生产成本，大大提升生产效率。（图/陈晓东）

市委常委会听取
市人大常委会市政府市政协市“两院”党组工作汇报

市委常委会召开，听取市人大常委会、市政府、市政协、市法院、市检察院党组工作汇报，学习《中国共产党地方委员会工作条例》。市委书记郑新聪主持会议。会议要求，各党组要在该单位发挥领导核心作用，坚持正确政治方向，在思想上政治上行动上与以习近平为总书记的党中央保持高度一致，自觉服从和接受市委领导。要服务全市发展大局，树立“创新、协调、绿色、开放、共享”发展理念，发挥职能作用，推进“五个泉州”（创新泉州、智造泉州、“海丝”泉州、美丽泉州、幸福泉州）建设，确保“十三五”开好局起好步。要抓好班子和队伍建设，加强干部教育管理监督，合力共为、坚持不懈抓班子带队伍；做好2016年市县乡换届选举工作。要树立看齐意识，在开好班子专题民主生活会基础上，突出抓好问题整改和建章立制，推动践行“三严三实”制度化常态化长效化。

市人大常委会举行首批立法顾问和立法咨询专家聘任仪式

市人大常委会举行首批立法顾问和立法咨询专家聘任仪式。市人大常委会党组书记、主任陈万里，副主任洪泽生、吕竞、张建生、朱团能，秘书长吴春林参加活动。仪式上宣读泉州市第十五届人大常委会立法顾问和立法咨询专家名单，从市直机关事业单位、高校等109个单位推荐的187名候选人中精选出的8名立法顾问和46名立法咨询专家正式受聘。

此次聘任活动是市人大常委会贯彻落实全面推进依法治国方略，加快法治泉州建设步伐的实际行动。陈万里指出，开展立法工作要坚持党对立法工作的领导，保持正确方向，发挥市人大及其常委会的主导作用，注重从全市发展的大局谋划和推进地方立法工作；立法工作者要加强立法理论和实务的学习，提高履职能力，为泉州市立法工作开拓新视野、打开新思路；市人大常委会要做好组织协调和服务保障工作，为发挥智库作用创造条件，在实践中建立行之有效的工作机制，形成整体优势和立法工作合力，推进法治泉州建设。

省海峡两岸茶业交流协会到泉州调研《福建茶志》承编工作

省海峡两岸茶业交流协会创会会长张家坤到泉州调研《福建茶志》承编工作并召开座谈会，副市长林万明等参加座谈会。座谈会上，省海峡两岸茶业交流协会介绍《福建茶志》编纂工作情况，市农业局就泉州市《福建茶志》承编工作开展情况进行汇报，与会人员分别对《福建茶志》承编工作提出意见与建议。

座谈会现场　　（图/张惠评）

泉州市“互联网+”大学生创业大赛结果揭晓

市人社局举行泉州市“互联网+”大学生创业大赛结果通报会，公布大赛获奖项目名单。2015年泉州市“互联网+”大学生创业大赛由市人社局、市教育局、泉州晚报社主办，从2015年8月开始向泉州市创业大学生（含在校大学生）征集项目，要求参赛项目将移动互联网、云计算、大数据、物联网等新一代信息技术与行业产业紧密结合，培育产生基于互联网的新产品、新服务、新业态、新模式，以及推动互联网与教育、医疗、社区等深度融合的公共服务创新项目。经过两个多月的征集，全市收到32个创业项目参赛。其中，既有新一代信息技术在传统产业领域的应用，又有互联网、云计算、大数据、物联网等创新创业项目。经专家评审、实地考察和公示等程序，最终确定9个参赛项目获奖。其中，《泉州市贝多立电子商务有限公司》《泉州市洛江区万安林慧慧灵感文化公社》《泉州市中仿宏业信息科技有限公司》3个项目获二等奖；《晟利达综合金融智能交易系统》《泉州九思信息技术服务有限公司》《福建安溪山水阁农产品有限公司》《二维码全产业链营销解决方案》《笑旅网》《“助达网”营销服务交易平台》6个项目获三等奖。鉴于此次参赛项目的典型性与特殊性考虑，评审专家建议取消一等奖项目评选。

1月8日

星期五
农历乙未年十一月廿九
温度：11℃—19℃
多云

●市委常委会召开，听取市人大常委会、市政府、市政协、市法院、市检察院党组工作汇报，学习《中国共产党地方委员会工作条例》。

●全省第四批义务教育发展“基本均衡”督导检查反馈会在福州召开，泉州市南安、惠安、永春、德化、台商投资区5个县（市、区）通过国家检查认定，标志泉州市全面实现县域义务教育发展“基本均衡”目标。

●市人大常委会首批立法顾问和立法咨询专家聘任仪式举行。

●2016年福建省流动人口关怀关爱活动·泉州始发站启动仪式在鲤城区江南街道明光花园广场举行。

●泉州市“互联网+”大学生创业大赛结果揭晓。

●由市粮食局和粮食电子商务交易平台买粮网主办的泉州市首场粮食产销对接洽谈会举行。

●福建省法学会婚姻家庭法学研究会2015年年会暨学术研讨会在泉州召开。

●省海峡两岸茶业交流协会创会会长张家坤到泉州调研《福建茶志》承编工作并召开座谈会。

●危险化学品事故应急救援演练在泉港区举行。

●由石狮市政府主办的2016年新年音乐会暨“音为你”文化惠民剧场系列——郭小青独唱音乐会在石狮市音乐厅举行。

1月9日

星期六
农历乙未年十一月三十
温度：11℃—17℃
多云转阴

●市政府党组“三严三实”专题民主生活会召开，拓展扩大专题教育成果，推动践行“三严三实”要求制度化、常态化、长效化。

●为推动21世纪海上丝绸之路先行区建设，构建现代港口产业链，市政府出台《关于进一步促进集装箱从泉州港进出的若干意见》。

●中国副食流通协会休闲食品专委会在泉州成立，专委会秘书处落户晋江，作为国内重要休闲食品基地的晋江成为真正的“休闲食品行业之家”。

●泉州少林寺“新春暖冬行动暨慈善扶贫文化下乡”活动在洛江区河市镇举行。

●“泛家居”联盟体验会在南安市成功国际会展中心举行。

市政府党组“三严三实”专题民主生活会召开

市政府党组“三严三实”专题民主生活会召开，拓展扩大专题教育成果，推动践行“三严三实”要求制度化、常态化、长效化。市政府党组书记、市长康涛主持会议。市政府党组副书记、常务副市长林伯前等市政府党组成员参加会议。会议传达学习中央政治局和省委常委班子、市委常委班子专题民主生活会精神，以及省委书记尤权在长汀县指导县委常委班子专题民主生活会，省委常委、组织部部长王宁在永春县指导县委常委班子民主生活会的讲话精神。康涛代表市政府党组作对照检查，从修身律己、为官用权、干事创业以及落实党风廉政建设“两个责任”等方面，查摆“不严不实”问题，剖析问题成因，并提出整改措施。随后，康涛和其他党组成员逐一进行个人对照检查，并开展批评和自我批评。康涛强调，要抓好问题整改落实，形成问题清单、责任清单，逐项制定整改时间表、路线图，做到整改一件、销号一件。要巩固专题教育成果，用制度把“三严三实”要求固化下来。要从严从实推进政府各项工作，落实省委关于泉州要确保“红旗不倒”、继续当好全省“领头羊”的要求，按照市委建设“五个泉州”部署，坚持项目带动，着力改善民生，弘扬“马上就办”“四下基层”优良作风，抓好改革发展稳定各项工作。

《关于进一步促进集装箱从泉州港进出的若干意见》出台

为推动21世纪海上丝绸之路先行区建设，构建现代港口产业链，市政府近日出台《关于进一步促进集装箱从泉州港进出的若干意见》，计划从2016年起，以每年超过亿元的财政资金扶持，推动泉州港加快发展，全面提升港口综合竞争力。根据意见，“十三五”期间，泉州市将立足现有码头泊位，集聚各种资源，促进集装箱从泉州港进出，力争至2020年，泉州港口完成年吞吐量1.5亿吨以上、集装箱力争完成年吞吐量250万TEU（标准箱）以上。2016—2020年，泉州港平均每年投建1个以上深水泊位，新增一批内外贸集装箱运力，新开辟一条外贸集装箱航线，全面提升集装箱吞吐能力，基本形成泉州港口、航线、航班、货物协调发展的良好格局。

泉州石湖港　（图/石狮市方志办）

中国副食流通协会休闲食品专委会在泉州成立

中国副食流通协会休闲食品专业委员会（以下简称“专委会”）在泉州成立，专委会秘书处落户晋江，作为国内重要休闲食品基地的晋江成为真正的“休闲食品行业之家”。近年来，中国休闲食品市场随着现代消费升级快速发展，产值年增幅在25%左右，休闲食品企业注册数量达10多万家。晋江在众多食品生产基地中脱颖而出，尤其是出口休闲食品，占全省75%以上份额。但在行业快速发展的同时，也面临诸多瓶颈，如产品同质化现象较为突出、标准化体系有待完善、食品安全问题突出、渠道创新能力有待提升等。专委会的成立对于中国未来休闲食品在产业升级、科技创新、市场拓展、标准制定等方面将发挥更大作用。专委会将联合国家行业研究机构，指导泉州食品企业创新发展，增强本地食品产业综合竞争力。在生产方面，专委会将在技术设备创新、产品线优化、食品安全、标准化建设等方面与企业深度对接合作，助推泉州食品产业破解同质化困局，增强产品竞争力；在拓展市场布局上，专委会将通过组织市场调研分析，指导食品企业科学布局海内外市场，扫除市场盲区，优化流通渠道；同时依托协会经销商平台和海外资源优势，帮助企业做强国内市场，拓展国际市场。

市情讲解员上岗

经过培训和考核后，22名泉州兼职市情讲解员近日正式签约，2016年起正式上岗服务。2015年年初，为加强泉州城市形象和历史文化的宣传工作，市旅游局面向社会招聘中文和英文兼职市情讲解员，主要服务市政府重大活动及对国内外宾客的讲解工作。在长达8个月的时间中，旅游部门不仅邀请专家为应聘者进行培训，同时组织应聘者到景点和各县（市、区），在实地参观学习中，更加直观深入了解泉州的景点和特产。首批兼职市情讲解员聘用期一年，有讲解任务时，根据任务需求从聘用人员中抽调，并给予一定工作补贴。旅游部门还将视情况继续面向社会招聘兼职市情讲解员。

第十届"党报送祝福 春联抒真情"活动启动

由泉州晚报社、泉州市书法家协会、泉州老年大学、泉州市老年书画研究会、福建广电网络集团泉州分公司、泉州晚报社书画研究院主办的第十届"党报送祝福 春联抒真情"活动启动。图为活动现场。（图/戴涵琦）

"瞬间看到历史·两岸交流交往图片巡回展"泉州站开幕

"瞬间看到历史·两岸交流交往图片巡回展"泉州站在市区源和1916创意产业园开幕，展览为期一周。该巡回展通过《两岸传媒》这个跨越两岸的平台，整合两岸资源，整理并留存珍贵历史影像，以两岸对看的特殊视角，增进相互了解，推动两岸文化及媒体交流。展出作品以近30年来两岸交流交往大事记为主轴，根据重大事件划分，呈现不同时段背景下两岸交流的阶段性变化。所甄选的图片均来自台湾联合报系记者的镜头，记录从两岸交流破冰开始的隔离与陌生，到如今的熟悉与融合，更有中间经历的反复与危机，也浸润为彼时彼刻付出心力者的艰辛。其中部分图片也展示了举办地泉州的文化特色及其在两岸交流交往中的重要地位，如泉金直航首航、泉州花灯赴台展览和泉州木偶戏赴台演出等历史照片。

巡回展现场　（图/郭冰德）

喜迎2016年新春南音演唱会举行

由市文联主办，泉州市曲艺家协会、南音专委会和泉州市威远楼文物管委会主办的"动与静态传统文化艺术交融的新触点"喜迎2016年新春南音演唱会暨市曲协威远楼活动处揭牌仪式在市区威远楼举行。活动吸引泉州师院、泉州艺校、泉州南音乐团以及各县（市、区）南音社团的弦友参与。主办方还邀请泉州艺术学校和泉州"集贤宾"南音社到场会唱。

华大多部作品获万峰林国际微电影盛典重要奖项

由中国社会科学院世界传媒研究中心、中国影视艺术协会、中国高等教育影视学会等主办的第二届万峰林国际微电影盛典在贵州闭幕，华侨大学多部微电影获该大赛重要奖项。剧情片《我们就到这》获剧情类十佳作品（一等奖），纪录片《再见曼谷》和《你好BTU》获纪实类二等奖，纪录片《建设爷爷》和《从心开始》获纪实类三等奖。该届大赛有海内外二千余部作品参赛，在业界有比较重要的影响力，华侨大学是首次参加该比赛。

1月10日

星期日
农历乙未年腊月初一
温度：14℃—18℃
阴转中雨

●参加省十二届人大四次会议的泉州代表团举行全体会议，推选郑新聪为泉州代表团团长，康涛、陈万里、陈益为副团长。

●兼职市情讲解员上岗。

●由泉州晚报社、泉州市书法家协会、泉州老年大学、泉州市老年书画研究会、福建广电网络集团泉州分公司、泉州晚报社书画研究院主办的第十届"党报送祝福 春联抒真情"活动在市区府文庙启动。

●"瞬间看到历史·两岸交流交往图片巡回展"泉州站在市区源和1916创意产业园开幕。

●"动与静态传统文化艺术交融的新触点"喜迎2016年新春南音演唱会暨市曲协威远楼活动处揭牌仪式在市区威远楼举行。

●第二届万峰林国际微电影盛典在贵州闭幕，华侨大学多部微电影获该大赛重要奖项，其中剧情片《我们就到这》获剧情类十佳作品（一等奖）。

●石狮市公民警校在石狮市一中揭牌，系全省首所。

●晋江公安"防诈骗·保平安"主题宣传暨"廉能杯"马拉松竞赛在晋江市体育中心举行。

1月11日

星期一
农历乙未年腊月初二
温度：13℃—17℃
阵雨转阴

●于伟国参加省十二届人大四次会议泉州团、厦门团审议。

●市领导到福州慰问驻闽部队。

●泉州市老年大学年会在晋江市召开，总结2015年工作，谋划泉州市老年教育事业今后发展思路。

●首届“蔡襄杯”全省中小学生书法大赛颁奖仪式在洛江区举行。

●闽南师范大学在洛江区双阳中心幼儿园签下全市首个幼儿园教育科研实践基地。

●由晋江市书画院、晋江市地方志学会、晋江市传统文化促进会、晋江市晋台民间交流协会、台湾中华书画学会主办的丙申年晋台新春书画笔会在晋江市帝豪酒店举行。

于伟国参加省十二届人大四次会议泉州团厦门团审议

省委副书记、代省长于伟国到省十二届人大四次会议泉州团、厦门团，与代表们一起审议省政府工作报告，听取代表对政府工作的意见和建议。省人大常委会副主任潘征、副省长郑晓松和部分省直单位负责人到泉州团听取代表们的审议意见。全国人大专委会领导倪英达，省老领导刘德章，泉州代表团团长郑新聪，副团长康涛、陈万里、陈益等以代表身份参加审议。

审议中，代表们认为，省政府工作报告总结成绩实事求是，目标任务符合实际，政策措施实实在在，凝聚人心、鼓舞人心。大家围绕供给侧结构性改革、深化改革扩大开放、推动产业转型升级、密切闽台交流合作、加快转变政府职能、保障和改善民生等方面提出许多建议。于伟国倾听代表发言并不时记录，现场与大家交流讨论。

于伟国指出，过去一年，厦门市和泉州市贯彻党中央、国务院和省委的部署要求，深化改革开放，加快产业转型，强化创新驱动，积极改善民生，经济社会发展稳中有进，为全省发展作出重要贡献。新一年，要在省委领导下，进一步抓住机遇、发挥优势，树立五大发展理念，认识、适应、引领经济发展新常态，稳增长、调结构、强动力、惠民生、防风险，加强供给侧结构性改革，推动经济社会发展再上新台阶。在泉州团，于伟国希望泉州干部群众发扬“爱拼会赢”的精神，在稳中求进上爱拼会赢，在创新驱动上爱拼会赢，在改革开放上爱拼会赢，在生态保护上爱拼会赢，在改善民生上爱拼会赢，打造“创新、智造、海丝、美丽、幸福”的现代化泉州，在全省发展中进一步发挥带头引领作用。

市领导到福州慰问驻闽部队

受市委书记郑新聪、市长康涛委托，市委副书记周银芳带领福建省春节拥军优属慰问总团泉州市分团到福州，慰问驻闽空军和海军某部。市委常委、泉州军分区司令员林俊其，副市长陈荣洲参加慰问。周银芳代表市委、市政府、泉州军分区和全市人民向部队官兵及家属致以节日慰问和良好祝愿。周银芳指出，过去一年，泉州经济社会发展取得长足进步，这些成绩的取得是军地、军民共同努力的成果。2016年是“十三五”规划开局之年，泉州将加快建设“创新、智造、海丝、美丽、幸福”的现代化泉州，做到“红旗不倒”，在建设新福建中当好“领头羊”；泉州将深化国防教育和双拥宣传活动，为部队办实事、做好事，推动军民融合深度发展，巩固军政军民团结的大好局面，保持双拥模范城（县）创建工作走在全省、全国前列。部队首长代表全体官兵感谢泉州长期以来对部队建设的关心与支持，对过去一年泉州所取得的成绩表示祝贺，表示今后将一如既往地支持泉州发展。

泉州市老年大学年会在晋江市召开

泉州市老年大学年会在晋江市召开，总结2015年工作，谋划泉州市老年教育事业今后发展思路。市委常委、组织部部长孔繁军，市委常委、晋江市委书记李建辉，泉州市副市长、市老教委副主任陈荣洲参加会议。会议指出，要统一思想认识，从推进“五个泉州”建设、“积极老龄化”战略、老干部工作转型发展的高度来认识做好老年教育工作的重要性和紧迫性，增强做好老年教育工作的责任感；要坚持真抓实干，着重从老年教育事业积极为党的工作增添正能量、探索总结办学规律、建好老年教育阵地等三个方面，推进泉州市老年教育事业发展；要加强组织领导，增加对老年教育工作的投入，发挥各有关部门职能，谋划好老年教育“十三五”发展规划，推进学习型、创新型、服务型学校建设，凝聚老年教育工作合力。

首届全省中小学生书法大赛颁奖仪式在洛江区举行

由福建教育学院、福建省教育学会书法教育委员会主办的首届“蔡襄杯”全省中小学生书法大赛颁奖仪式在洛江区举行。大赛自2015年5月启动以来，反响热烈，全省中小学生纷纷投稿，共收到复赛参评作品4200余件，篆隶楷行草五体皆有。大赛邀请朱以撒等著名书法教育专家学者担任评委，从400件入围总决赛的作品评出特等奖及一、二、三等奖若干名。泉州共7名选手分获小学一组、二组特等奖。

泉州市一镇一村入选第三批美丽宜居小镇美丽宜居村庄示范名单

住房和城乡建设部公布第三批美丽宜居小镇、美丽宜居村庄示范名单，泉州市的永春县岵山镇获美丽宜居小镇示范称号、永春县岵山镇茂霞村获美丽宜居村庄示范称号。美丽宜居小镇是指风景美、街区美、功能美、生态美、生活美的建制镇。美丽宜居村庄是指田园美、村庄美、生活美的行政村。美丽宜居小镇、村庄的核心是宜居宜业，特征是美丽、特色和绿色。建设美丽宜居小镇、村庄是建设美丽中国的重要行动和途径，是村镇建设工作的主要目标和内容，是推进新型城镇化和社会主义新农村建设、生态文明建设的必然要求。

永春县岵山镇境内生态环境良好，森林、水利、农田等自然资源丰富，森林覆盖率达72%。镇域内有一条发源于当地的河道金溪河，河道全长16.5千米，其他小溪流零散分散于山涧角落，形成“一河多溪”的水系格局。该镇种植有荔枝、龙眼、榕树、凤凰木、芒果、香樟树等多达4万余株，百年以上古树2000余株，呈现出独特的园林景观风貌。古厝、古街、古寨等历史古迹与古树园林、田园交错铺展，文化底蕴古朴厚重。

永春岵山镇茂霞村由一条主街和两个聚落组成。这里荔枝树成片，百年以上的就有600多株，间于古厝、稻田、池塘之中。福茂寨是茂霞村的重要标志，更是闽南聚落的宝寨。明朝嘉靖年间，泉州户良司员渠公建寨筑祠后，一直保留至今。站立在寨墙上，放眼四顾，岵山美景尽收眼底。全村现仍存有不少百年以上古民居、古井、古木雕、古石雕等传统建筑、设施及装饰，虽有改建，但村落整体格局风貌依然清晰可见。

“海丝旅游”互动云电视平台启动

“海丝旅游”互动云电视平台启动，开辟泉州市旅游宣传展示新窗口，展示泉州悠久的历史文化及旅游资源。为做好“泉州旅游”营销，为游客提供详细、准确、全面的旅游信息服务，市旅游局依托福建广电高清互动电视云平台，开发了“海丝旅游”云平台。该平台分泉州概况、旅游资源、民俗风情、泉州美食、泉州购物、旅游接待6个栏目，每个栏目下有子栏目。泉州概况以视频、图文形式介绍泉州深厚的文化积淀及丰富的文化遗产。旅游资源介绍泉州的自然风光与人文景观。民俗风情主要介绍闽南传统民俗活动，展示其鲜明、特色、丰富的内容以及多样的形式。泉州美食主要提供泉州美食信息，以图文形式介绍泉州特色传统小吃的来源以及制作工艺。泉州购物主要提供泉州特产信息，以图文的形式介绍产品的特点、历史由来等，并提供相关购买信息。旅游接待主要提供泉州地区的精品酒店信息，具体介绍每个酒店的基本概况、客房信息、配套设施和特色餐饮等，可按照星级和位置进行筛选，准确找到所需的酒店信息，方便游客。该平台围绕“食、住、行、游、购、娱”旅游六要素建设，结合视频、图文等多种表现方式，展示大泉州地区特色风景、旅游信息等内容。游客可通过云平台了解泉州的旅游资讯，享受到乐游泉州、畅行泉州、泊住泉州、食味泉州、购在泉州、娱在泉州的乐趣。

安溪铁观音区域品牌价值位居茶叶类全国首位

由国家质检总局发起的2015年品牌价值评价工作在北京通过央视财经频道发布评价结果。泉州共有恒安集团等20个企业品牌以及安溪铁观音、南安水暖卫浴两个区域品牌上榜，上榜数量居全省之首。其中，“安溪铁观音”品牌价值1401.38亿元，在茶叶类地理标志产品中名列第一，在所有上榜的全国地理标志保护类区域品牌中，仅次于茅台酒。而在整个榜单430个品牌中，“安溪铁观音”品牌价值仅次于中行、建行、农行和茅台酒，跻身此次评价活动品牌价值前五强。

安溪铁观音区域品牌价值位居茶叶类全国首位

（图/林劲峰）

1月12日

星期二

农历乙未年腊月初三

温度：10℃—15℃

阴

●住房和城乡建设部公布第三批美丽宜居小镇、美丽宜居村庄示范名单，泉州市的永春县岵山镇获美丽宜居小镇示范称号、永春县岵山镇茂霞村获美丽宜居村庄示范称号。

●省安委会2015年安全生产目标责任制落实情况考评督查组到泉州考评督查。

●“海丝旅游”互动云电视平台启动。

●由省上市办、福建证监局、全国股转系统有限公司、晋江市政府主办的新三板业务培训会在晋江市举行。

●近千名来自菲律宾、印尼等国家以及中国各省市和港澳台地区的吴氏宗亲，到晋江市灵源山泰伯庙祭拜吴文化先祖泰伯。

●安溪铁观音区域品牌价值位居茶叶类全国首位。

1月13日

星期三
农历乙未年腊月初四
温度：10℃—15℃
多云

●周银芳带领市直相关部门负责人到永春县调研精准扶贫工作并看望困难群众。

●市政府出台《关于扶持全市工业发展十八条措施的通知》，这一举措为推动全市工业经济稳定增长、加快产业转型升级带来诸多利好。

●市综治委预防青少年违法犯罪工作会议召开，要求各级各综治成员单位根据各自职能特点，汇聚合力，加强青少年保护工作，构建青少年健康成长防线。

周银芳到永春县调研精准扶贫工作

市委副书记周银芳带领市直相关部门负责人到永春县调研精准扶贫工作并看望困难群众。在永春县达埔镇溪源村，周银芳就全村人口、村财收入、农民收入，贫困户情况，以及党员队伍、青壮年劳力、大学生等向村干部进行了解。在贫困户潘荣发、潘实佳家中，周银芳了解家庭、收入、生产等情况。在返乡创业大学生陈巧妹的蔬菜大棚，周银芳了解蔬菜品种、种植技术、市场价格。周银芳指出，要摸清底子，进村入户了解贫困户的家庭成员、贫困原因、收入来源等情况，掌握并建档立卡。要精准施策，因户施计，因人施策，因地制宜，找准路子，分类制定帮扶措施。要确保实效，每户建立帮扶动态台账，及时跟踪、检查、督促，调整完善帮扶措施，确保帮扶实效，巩固帮扶效果。

《关于扶持全市工业发展十八条措施的通知》出台

市政府《关于扶持全市工业发展十八条措施的通知》出台，通知共有促进工业稳定增长、加快产业转型升级、加快企业质量品牌建设、加强服务保障能力四大方面18条措施。在现有、正在实施的措施基础上，通知有不少新增的亮点，新增政策措施主要集中在“推进印染行业转型升级”“发展高端设计产业”和“支持物联网行业发展”等方面。

相关链接：根据通知，市、县两级财政按一定比例出资，联合商业银行和社会资本，设立100亿元产业发展基金，重点扶持新兴产业、高新技术产业发展以及传统产业转型升级。促进工业稳定增长方面，联合商业银行设立15亿元的高新技术企业发展基金池；落实省政府有关鼓励企业增产增效用电奖励；中小微企业在“新三板”、海峡股权泉州交易中心挂牌融资，成功挂牌可获40万元奖励。加快产业转型升级方面，印染行业公共服务平台建设，经评审认定在行业起示范带动作用的，最高可获1000万元补助；县（市、区）创建鞋服行业设计师众创园区和设计服务交易平台，符合相关条件最高给予500万元补助。加快企业质量品牌建设方面，对国家品牌价值评价发布榜单上榜的区域品牌，给予每家申报单位30万元奖励，进入所属榜单前三名的再给予50万元奖励；成为国际标准制修订主导单位或第一起草单位的企业（或机构）给予一次性200万元补助。加强服务保障能力方面，进一步加大财政投入，市级财政在原有各项扶持工业发展资金3.6亿元的基础上，总盘新增3000万元专项资金用于通知中支持企业开拓市场、发展高端设计产业、印染行业转型升级、区域品牌和物联网行业发展等方面。

特步公司工人在自动化制鞋生产线上整鞋成型　（图/黄旭钊）

市综治委预防青少年违法犯罪工作会议召开

市综治委预防青少年违法犯罪工作会议召开。会议要求，教育部门和共青团组织要加大青少年理想信念教育，利用宪法日、禁毒日等重要节点，开展各类法制宣传教育活动，提高青少年法制意识和法制观念；坚持不懈地开展“法律进校园”活动，发挥校外教育实践基地作用，拓展青少年学生法制教育途径，探索符合青少年生理、心理特点的教育形式。要关注重点青少年群体，做好有针对性的分类关爱服务、教育管理和思想引导，给予他们有效的帮助，引导他们克服困难、解决问题，重新回到正常的学习生活轨道。对于侵害青少年的犯罪，公检法机关要持续严厉打击，并执行好未成年人的司法保护制度，加强人文关怀和服务帮扶。宣传、公安、文广新、工商等部门要以净化青少年成长的社会和网络环境为切入点，为青少年健康成长营造有利环境。

市直部分单位党组书记抓机关党建工作述职评议会召开

2015年度市直部分单位党组书记抓机关党建工作述职评议会召开，市领导周银芳、孔繁军参加会议。市委副书记周银芳指出，要贯彻市委提出的党建工作项目化的要求，抓好机关党建工作的“五化”。一是责任化，部门党组（党委）书记作为第一责任人，要把党建工作作为第一职责落实到位，尽心尽力抓好党建。二是目标化，实现发展、党建双强目标。三是项目化，要像抓经济工作一样谋划党建项目，把基础、重点、特色三项工作做实、做好、做亮。四是规范化，要依据党内四个法规文件规范党建工作的标准、载体、督查和考评办法，使党建工作指标“硬”起来。五是效益化，机关党建的思想、组织、作风、制度和反腐倡廉等“五大建设”都要走前头、促发展、出效益。周银芳要求，各部门党组（党委）书记同时要关心培养爱护党务干部，强化党务干部的大局意识和政治定力，使其升华思想境界、养成良好作风、强化律己意识，提高履职能力，争创一流机关党建工作业绩。

《泉州市新一轮企业技术改造专项行动计划》出台

市政府印发《泉州市新一轮企业技术改造专项行动计划》（以下简称计划），再次释放一系列支持企业转型升级、突围发展的政策利好。计划旨在贯彻落实省政府《关于印发新一轮企业技术改造专项行动计划的通知》，适应技术进步新趋势，推进全市实施新一轮企业技术改造，推动制造业转型升级，促进经济平稳健康可持续发展。

相关链接：按照计划，泉州市将继续积极对接《中国制造2025》，紧密结合《福建省实施〈中国制造2025〉行动计划》和《泉州制造2025》，力争到2020年，工业技术改造投资年均增长15%以上，完成投资5000亿元以上，工业技改投资占工业投资比重达55%以上。计划提出“推动先进产能提质增效、大力发展智能制造、实施质量和商标战略、培育发展服务型制造、突破提升工业强基水平、推进绿色生态发展和加强公共服务平台建设”七大重点任务，明确新时期企业技术改造主要任务，指明技术改造投资导向，并提出43条具体鼓励企业技术改造的资金支持措施。

计划包含“加强财政支持、拓展融资渠道、优化用地保障、落实税费政策和实行差别价格政策”五条政策保障。每年市级财政统筹市工业经济和信息化发展专项、产业转型升级引导、科技创新专项等资金，持续加大力度，创新财政资金支持方式，采用设立基金、设备补助、融资租赁补助等方式支持新一轮企业技术改造行动计划。在“拓展融资渠道”中，设立总规模50亿元的泉州市产业股权投资基金和规模100亿元的新兴产业股权投资基金。泉州市将从“加强组织领导”“落实目标任务”“强化项目支撑”和“加强督促检查”四方面保证《泉州市新一轮企业技术改造专项行动计划》落实到位。

市政府春节黄金周旅游工作检查组分赴各县（市、区）开展检查

是日起，市政府春节黄金周旅游工作检查组分赴各县（市、区）开展检查。检查分四个小组，由旅游、交通、工商、食品药品监督等部门负责人分别带队，到全市13个地方，专题检查春节黄金周假日工作。着重检查假日旅游安全工作落实情况、市场秩序整治、旅游宣传引导和各级旅游部门假日工作准备四方面内容。特别是安全上，重点对燃气、电梯、旅游车辆、游乐设施等进行安全隐患排查。汲取青岛“天价虾”事件教训，泉州市加强对假日旅游市场的联合执法和市场监管，组织旅游接待单位和从业人员开展诚信经营和文明服务活动，并要求相关部门及时处理旅游投诉，保护消费者合法权益。

全市首座高速公路电动汽车充电站调试成功

在沈海高速往厦门方向的朴里服务区内，几名国网泉州供电公司的工作人员对历时两个月建成的高速公路电动汽车充电站里的充电桩做最后的调试工作。经调试，快速充电桩各项数据指标均正常，可通电使用。该充电站填补泉州市高速公路辖区内无电动汽车充电站的空白。此次进行调试的电动汽车充电站共一对两座，分别设立在沈海高速双向的朴里服务区内。每座充电站配置2台120千瓦的充电机，站内设有4根充电桩，可供4部电动汽车同时充电。站内还预留位置，远期将扩充至每座8根充电桩。届时，高速公路双向服务区充电站可同时满足16辆电动汽车充电。

1月14日

星期四
农历乙未年腊月初五
温度：10℃—16℃
多云转阵雨

●2015年度市直部分单位党组书记抓机关党建工作述职评议会召开。

●全市民政老龄残联工作视频会议召开。

●市政府印发《泉州市新一轮企业技术改造专项行动计划》（以下简称计划），再次释放一系列支持企业转型升级、突围发展的政策利好。

●是日起，市政府春节黄金周旅游工作检查组分赴各县（市、区）开展检查。

●全市首座高速公路电动汽车充电站调试成功，填补泉州市高速公路辖区内无电动汽车充电站的空白。

1月15日

星期五
农历乙未年腊月初六
温度：11℃—15℃
阵雨

●省十二届人大四次会议闭幕，泉州代表团共提交建议135件、议案1件。

●推进实施党建工作项目化管理座谈会召开，与会人员就推进实施党建工作项目化管理进行交流讨论。

●全市驻村工作座谈会召开，贯彻落实全国、全省、全市农村基层党建工作座谈会精神，交流驻村工作情况，研究安排下阶段驻村任职和蹲点有关工作。

●泉州市开展食品安全责任保险试点。

●由福建省房地产主流媒体联盟主办，《东南早报》《福州晚报》《海西晨报》《三明日报》《湄洲日报》承办，克而瑞泉州机构协办的第三届福建地产年会暨2015福建地产20强·福建地标名盘颁奖典礼在泉州举行。

推进实施党建工作项目化管理座谈会召开

推进实施党建工作项目化管理座谈会召开。市委副书记周银芳，市委常委、组织部部长孔繁军参加会议。与会人员就推进实施党建工作项目化管理进行交流讨论。周银芳指出，各级各部门认识要到位，站位全局抓党建工作项目化，认识实施党建工作项目化管理是落实从严治党的迫切要求，是巩固“三严三实”专题教育成果的需要，是提高党建工作科学化水平的重要载体；项目要选准，突出重点抓党建工作项目化，围绕改革发展大局和党建工作全局，在针对共性问题的同时，把握个性问题选项目，打造一批全省乃至全国具有时代特点的工作项目；责任要强化，形成合力抓党建工作项目化，突出“抓好党建是最大的政绩”的责任担当，紧抓“明责、尽责、问责”各个环节，做好责任分解、进度督查与考核评估；落实要见效，久久为功抓党建工作项目化，把工作成果转化为改革发展的效益，使基层党组织成为推动发展、服务群众的坚强战斗堡垒。

全市驻村工作座谈会召开

全市驻村工作座谈会召开，贯彻落实全国、全省、全市农村基层党建工作座谈会精神，交流驻村工作情况，研究安排下阶段驻村任职和蹲点有关工作。泉州市下派干部驻点村以村级换届为契机，抓好村“两委”（村党支部委员会、村民委员会）班子、党员队伍、后备干部队伍和配套组织建设。在村级换届中，全市782个驻点村的“两委”成员调整面积达48%，平均年龄从49岁降到42.5岁，村主干中的经济能人占58%，班子结构明显优化。驻村干部立足村情，盘活闲置资产，拓宽财源渠道。市派德化县的驻村蹲点干部集体发起“一亩良田”优质米众筹项目，发展订单农业，为当地农民种植的优质水稻打开销路。10名省派泉州驻村第一书记为10个重点帮扶村筹集各类扶贫资金近8200万元，其中9个重点帮扶村摘掉“空壳村”帽子，农民人均纯收入得到提高。

泉州市开展食品安全责任保险试点

市食安办近日印发《泉州市食品安全责任保险试点工作方案》（以下简称方案）。根据方案，2016年泉州市全面开展食品安全责任保险试点工作，通过在风险等级较高的食品生产经营企业中开展试点，探索建立政府、保险公司、企业、消费者多方参与、互动共赢的激励约束机制和风险防控机制。根据方案，泉州市将把一部分食品生产经营单位纳入试点范围。如在食品生产环节中，将年销售额在1000万元（含）以上的食品（食品添加剂）生产企业，以及在本地市场占有率大、社会影响面广又是生产高风险品种的重点食品生产企业纳入试点范围，引导其投保食品安全责任保险；在食品销售环节中，将大型商场、批发企业、集体食堂大宗食品统一配送单位、市民早餐工程经营企业等纳入试点范围；在餐饮服务环节中，将集体用餐配送单位、中央厨房、特大型餐饮服务单位、用餐人数在500人以上的学校食堂、大型企事业单位食堂、农村集体聚餐场所、集体用餐配送单位、各地政府公务定点接待酒店、四星级以上酒店等纳入试点范围；在保健食品生产经营环节中，将年销售额在3000万元以上的保健食品生产企业、批发经营企业纳入试点范围。此外，泉州市还将丰泽、石狮、惠安设为市级试点县（市、区），鼓励辖区肉制品、食用油、酒类、保健食品、婴幼儿配方乳粉、液态奶、软饮料、糕点、地方特色食品等生产经营企业及网络食品交易第三方平台的入网食品经营单位参加试点。

第三届福建地产年会在泉州举行

由福建省房地产主流媒体联盟主办，《东南早报》《福州晚报》《海西晨报》《三明日报》《湄洲日报》承办，克而瑞泉州机构协办的第三届福建地产年会暨2015福建地产20强·福建地标名盘颁奖典礼在泉州举行。与会者共同探讨地产行业新气象，寻求房地产未来发展之路。本届福建地产年会以“铸就经典、预见2016”为主题，活动历时三个多月，采用线上线下相结合的方式，引导读者亲身感受泉州各板块楼市近年来的发展成果，调动市民参与互动，以最客观、最权威的方式，最终甄选出泉州市民心目中最代表福建人居建设水平的标杆楼盘。

市委常委会传达贯彻省两会和上级相关会议精神

市委常委会召开，传达贯彻省十二届人大四次会议、省政协十一届四次会议精神，研究市十五届人大七次会议、市政协十一届五次会议有关工作。市委书记郑新聪主持会议。市委常委参加会议。市人大常委会、市政协党组主要领导列席会议。

会议指出，刚刚闭幕的省两会突出新理念引领、坚持问题导向、聚焦改革创新、强化责任担当，翔实描绘未来五年全省建设新福建的美好蓝图，传递全省上下迎难而上的发展信心。

会议要求，要抓紧对接，把省委、省政府工作部署和省两会精神体现到2016年市委工作要点中，融入市两会各份文件中，落实到“五个泉州”建设的方方面面。要抓早抓实抓主动，市“两会”一结束，全市将开展2016年第一次“促进项目落地 帮扶企业发展”活动周，结合春节前下基层慰问和帮扶救助困难群众等内容，督促市委、市政府重点工作、“项目前期工作活动年”、全市GDP增长目标的分解落实。市、县两级领导干部要想办法挤出时间、沉下心去，分头带队深入基层一线，解决好一批实际困难问题，确保取得真正实效。要坚决果断出手出招，坚持供给侧结构性改革导向，解决人才技术、创新要素储备不足的问题，探索促进创新要素集聚的体制机制。要用好用足市里新出台的扶持工业发展18条、新一轮技改专项行动等政策措施，指导企业转变发展观念，迎难而上、奋起转型。

会议还传达学习十八届中央纪委六次全会、省纪委九届七次全会精神，传达学习全国党校工作会议、全省党校行政学院校院长会议精神，再一次组织学习习近平在中央政治局“三严三实”专题民主生活会上的讲话精神。

泉州市2016年文化、科技、卫生“三下乡”启动仪式在洛江区举行

由市委宣传部、市委文明办、市文化广电新闻出版局、市卫生和计划生育委员会等主办的泉州市2016年文化、科技、卫生“三下乡”启动仪式暨春节慰问演出在洛江区马甲镇举行。在传统的“三下乡”送资金、送物资、送服务的基础上，进一步做到送政策、送知识、送人才，让文化、科技、卫生服务常下乡、常在乡。来自市直和基层单位的文艺、医疗、科普、计生、法律、农技、通信等近500名工作者开展知识讲座、文艺演出、科技服务、义诊、普法、计生宣传、书写春联等活动，赠送图书报刊、电教器材、药品药具、农业种子。在春节慰问演出现场，主办方准备了诗朗诵、歌舞表演、高甲戏、南音等节目。市领导还走访慰问当地困难户、二女户。

歌舞表演《花开盛世迎新春》 （图/陈晓东）

泉州新增两个省级水乡渔村

由省海洋与渔业厅和省旅游局联合评审的第九批“水乡渔村”名单近日出炉，泉州市安溪县蓝田水乡渔村、洛江区乡韵水乡渔村2个入选。泉州市新入选的两家水乡渔村中，安溪蓝田水乡渔村通过完善旅游配套设施，提升管理服务水平，将垂钓、观光、美食、娱乐等休闲旅游活动与现代渔业方式有机结合起来，带给游客闲情雅趣的同时增加了渔业经济效益；洛江乡韵水乡渔村通过培育农耕体验区、展示闽南渔业文化、发掘洛江传统手工艺，建设具有闽南特色的水乡渔村，让游客在游玩中体验闽南渔业文化的魅力。市旅游局产业科负责人表示，近年来，市旅游局和市海洋与渔业局联合开展“水乡渔村”创建工作。全市水乡渔村数量达17个，分布于南安、惠安、永春、德化、洛江、泉港、晋江、安溪等县（市、区）。

1月16日

星期六
农历乙未年腊月初七
温度：12℃—16℃
阴转阵雨

●市委常委会召开，传达贯彻省十二届人大四次会议、省政协十一届四次会议精神，研究市十五届人大七次会议、市政协十一届五次会议有关工作。

●泉州市2016年文化、科技、卫生“三下乡”启动仪式暨春节慰问演出在洛江区马甲镇举行。

●由省海洋与渔业厅和省旅游局联合评审的第九批“水乡渔村”名单出炉，泉州市安溪县蓝田水乡渔村、洛江区乡韵水乡渔村2家入选。

●在北京卫视《传承者》决赛现场，由泉州提线木偶、霍童线狮、广东醒狮组成的“狮舞东方”组合以111票对90票完胜由泰州石锁、津门重刀、嘉兴掼牛组成的“尚武之风”组合，将赴联合国献演。

1月17日

星期日
农历乙未年腊月初八
温度：10℃—18℃
阵雨转多云

●杨俊峰到市政协十一届五次会议会场及委员驻地，检查会议筹备情况。

●市海上丝绸之路先行区建设推进协调领导小组召开会议，审议通过国家发改委国际合作中心编制的《泉州建设21世纪海上丝绸之路先行区发展规划》。

●国内首条自主知识产权高效太阳能电池项目落地晋江。

●第十届海西模特大赛（成人）及第十二届铭模坊海西少儿模特才艺大赛全省总决赛在市区源和1916大麦仓演艺中心举行。

●泉州市儿童医院·眼科医院完成一台牵动三国医生的手术，从肯尼亚首都内罗毕到泉州的小患者Sharon，保住了她唯一的眼睛。

●“钢丝善行团”石狮分会2015年度感恩公益年会在石狮市举行。

●晋江海峡青年创客坊启动暨创新与投资服务峰会在晋江市举行。

●2016福建铝型材/不锈钢/门窗行业展在南安·福建成功国际会展中心举行。

《泉州建设21世纪海上丝绸之路先行区发展规划》审议通过

市海上丝绸之路先行区建设推进协调领导小组召开会议，审议通过国家发改委国际合作中心编制的《泉州建设21世纪海上丝绸之路先行区发展规划》（以下简称规划）.《规划》阐释泉州建设21世纪海上丝绸之路先行区的重大意义、基本原则、总体定位和发展目标。规划指出，泉州建设21世纪海上丝绸之路先行区，将有效支撑共建“一带一路”构想的务实推进，加快构建面向“海丝”的开放型经济新体系，发挥“海丝”先行先试的示范引领作用。规划期为2015—2025年，远期展望至2050年。按照规划，至2020年，泉州将在“海丝”先行区关键项目、经贸合作、文化交流等方面取得新突破、新进展、新成果，实现一批早期收获项目,人均GDP与经济发展速度在“海丝”核心区中居于前列。至2025年乃至21世纪中叶，将陆续实现中期和远期目标。

刺桐古港效果图　（图/王朝晖）

国内首条自主知识产权高效太阳能电池项目落地晋江

钧石电力（香港）有限公司、金保利（泉州）包装科技有限公司和晋江市政府签订投资协议书，“HDT（高效单晶异质结）高效太阳能电池项目”落地晋江经济开发区五里园，该项目也是国内首条拥有自主知识产权的高效异质结HDT太阳能电池生产线。该项目一期主要建设600MW（兆瓦）高效单晶异质结太阳能电池制造工厂，六条100MW（兆瓦）高效太阳能电池生产线。一期总投资20亿元，预计在2016年年底前首个工厂投产。作为国内光伏企业在太阳能电池领域自主研发的重大突破，钧石公司的HDT高效异质结太阳能电池可实现双面发电，具有制备工艺温度低、转换效率高、高温特性好等特点，比传统多晶硅电池转换率高出20%以上；双面电池组件的发电量比传统晶硅电池组件发电量高10%，光伏电站投资回报比传统技术高40%以上。对于合作双方来说，钧石的高效太阳能技术及多项工艺、生产设备已获得相关专利或专有技术，并获得德国TUV和美国等相关认证，与现有太阳能技术相比，钧石的发电转换率更高、效益更好；与日本松下、美国SUNPOWER等国内外同行相比，钧石的技术更超前、成本更低、工艺流程更简洁，并且具有设备研发及自主整合制造的优势。而金保利公司此前已经投资太阳能领域从事大规模太阳能生产，具有丰富的生产制造及产品销售能力。

泉州市儿童医院实施跨国手术诊治非洲女童

泉州市儿童医院·眼科医院完成一台牵动三国医生的手术，从肯尼亚首都内罗毕到泉州的小患者Sharon，保住了她唯一的眼睛，这场跨越国界的慈善医治取得成功。Sharon是2013年3月出生，才四个月时其右眼被确诊患上视网膜母细胞瘤。经过多次化疗后，因无法抑制住病情，Sharon的右眼被摘除。祸不单行，她的左眼也出现病变。截至2015年11月3日，她共接受12次化疗和4次激光手术，即便如此，仍无法阻止左眼病情恶化。如再不手术，她将彻底失去光明。手术迫在眉睫，可是受医疗条件的限制，肯尼亚国家医院无法进行手术。加拿大著名眼科教授Gallie到肯尼亚会诊后认为，RB玻切手术是唯一能保住左眼的办法。因Gallie不能开展这类手术，她将Sharon推荐给北京儿童医院的赵军阳教授及泉州市儿童医院·眼科医院金丽文主任医师。

晋江海峡青年创客坊启动

晋江海峡青年创客坊启动暨创新与投资服务峰会在晋江市举行。全国工商联原副主席、中国民营经济研究会会长庄聪生出席活动。海峡青年创客坊是洪山文化创意产业园联手极地国际创新中心打造的众创空间，采用政府扶持、专业运营的模式，以品牌定位、品牌设计、产品创新、创新服务为核心，围绕产业升级构建创新服务平台。

市政协十一届五次会议开幕

市政协十一届五次会议在泉州影剧院开幕。市政协主席杨俊峰，副主席许连捷、吴共湖、苏小青、骆沙鸣、陈铭福、王祖耀、李冀平、王瑞强、陈益，秘书长洪川夫在主席台前排就座。出席大会祝贺并在主席台就座的有市领导郑新聪、康涛、陈万里、许昆贞、翁祖根、温惠榕、陈庆宗、林伯前、林俊其、李建辉、孔繁军、洪泽生、吕竞、张建生、朱团能、曾巍、陈荣洲、陈灿辉、张永宁，市中级人民法院院长欧岩峰，市检察院检察长高扬捷等。应邀参加大会并在主席台就座的还有在泉全国政协委员；市政协历届主席、副主席；市委统战部、市各民主党派、工商联、总工会、共青团、妇联、侨联等人民团体负责人；华侨大学、仰恩大学、泉州师院、泉州台商投资区、福炼公司、中化泉州公司、中国闽台缘博物馆、泉州海关、泉州出入境检验检疫局的主要负责人；部分港澳地区的泉籍全国政协委员、省政协常委、市政协常委、部分特邀委员；各县（市、区）政协主席；其他代表性人士等。

杨俊峰作市政协工作报告

（图/吴寿民）

受市政协第十一届常委会委托，杨俊峰向大会作工作报告。报告指出，过去一年，在中共泉州市委领导下，市政协常委会贯彻落实习近平系列讲话精神和中央、省委、市委的决策部署，围绕全市工作大局，履行职能，发挥协商民主重要平台作用，为推进泉州市实施“三大战略”作出积极贡献。报告从六个方面阐述一年来十一届市政协常委会的工作特色和显著业绩：一、坚持正确方向，推进协商民主；二、助推创新转型，服务改革发展；三、履职尽责为民，协力改善民生；四、加强民主监督，推动法治建设；五、发挥独特优势，凝聚发展合力；六、发挥主体作用，加强机关建设。2016年，常委会工作的总体思路是：高举中国特色社会主义伟大旗帜，学习贯彻中共十八届五中全会和习近平系列讲话精神，按照中央、省委、市委的决策部署，围绕中心，服务大局，认真履职，积极作为，在推进“五个泉州”建设中作出新贡献。市政协将在树立“五大发展”理念上聚共识；在服务“五个泉州”建设上履好职；在深化协商民主建设上善作为；在突出团结民主主题上添合力；在提高履职服务能力上增实效。

骆沙鸣向大会作市政协十一届四次会议以来提案工作情况的报告，市政协各专门委员会向大会提交书面工作报告。在泉全国政协委员、省政协委员；港澳地区的泉籍全国政协委员、省政协委员；未担任市政协委员的市直有关部门、省部属驻泉有关单位、在泉高等院校、金融单位的负责人，以及来泉创业务工人员代表等应邀列席会议。

会议现场　　（图/吴寿民）

郑新聪检查春晚泉州分会场安保工作

市委书记郑新聪到市区府文庙检查春晚泉州分会场安保工作。郑新聪察看并听取有关部门关于央视春晚泉州分会场府文庙的相关保障工作准备情况以及安保工作推进落实情况，对各单位前期工作给予肯定，并就做好春晚直播分会场安保工作提出具体要求：一是要加强府文庙周边的入户访查工作。二是要加大“禁炮”工作力度。三是要细化工作方案。

郑新聪在泉州府文庙检查春晚分会场筹备情况

（图/陈起拓）

1月18日

星期一

农历乙未年腊月初九

温度：10℃—16℃

多云

- 市政协十一届五次会议在泉州影剧院开幕。
- 郑新聪到市区府文庙检查春晚泉州分会场安保工作。
- 市政府与市总工会第十四次联席会议召开，听取工会工作汇报，研究解决有关问题。
- 市十五届人大七次会议主席团第一次会议召开。
- 市第十五届人大七次会议预备会召开。
- 十一届市政协第三十一次主席会议和常委会第二十六次会议召开。

1月19日

星期二
农历乙未年腊月初十
温度：10℃—14℃
多云

●市十五届人大七次会议在泉州影剧院开幕。

●市政协港澳委员、特邀委员、异地商会委员座谈会召开。

●市政协十一届五次会议第二次全体会议召开。

●十一届市政协第三十二次主席会议和常委会第二十七次会议召开。

●南方科技大学优秀生源基地暨共建机器人联合工作实验室授牌仪式在泉州七中举行。

市十五届人大七次会议开幕

康涛作市政府工作报告
（图/吴寿民）

市第十五届人大七次会议在泉州影剧院开幕。会议执行主席郑新聪、陈万里、洪泽生、吕竞、张建生、朱团能、曾巍、吴春林在主席台前排就座。主席团其他成员，市长康涛，省人大常委会委员陈海基，市政协主席杨俊峰，市委副书记周银芳，市委常委许昆贞、翁祖根、温惠榕、陈庆宗、林伯前、林俊其、李建辉、孔繁军，以及市领导陈荣洲、卢炳椿、陈灿辉、林万明、张永宁、吴共湖、苏小青、骆沙鸣、陈铭福、王祖耀、李冀平、王瑞强、陈益，市中级人民法院院长欧岩峰，市检察院检察长高扬捷，中化泉州石化有限公司总经理张强，泉州师范学院院长李清彪，老领导施永康、胡美金、林大穆、王继超、尤垂镇、涂瑞南、薛祖亮、傅圆圆、朱明、李建国、林文麟、林荣取、何锦龙、吴汉民、宋长青、王文泰、孙增福、魏坚、黄源水、陈家富、颜伟劲、吴群德、潘燕燕、陈全顺、王远东、陈敬聪、傅福荣、陈元殿、陈立德，部分港澳侨台人士等在主席台就座。

市长康涛代表市政府向大会作工作报告。报告分四个部分：一是2015年和“十二五”时期经济社会发展回顾；二是“十三五”时期主要目标任务；三是2016年政府主要工作安排；四是切实加强政府自身建设。康涛指出，2015年的主要工作成效体现在几个方面：一、突出精准施策，经济保持稳定增长；二、加快转变提升，产业结构持续优化；三、致力先行先试，改革开放步伐加快；四、推进城乡统筹，区域发展更趋协调；五、注重惠民利民，社会事业全面进步；六、切实转变作风，政府服务提速增效。

回顾“十二五”，康涛表示，过去五年，全市把握中央和省里支持泉州发展的重大机遇，推动科学发展跨越发展，有效应对各种风险和挑战，改革开放和现代化建设事业迈上新台阶。五年来，泉州的经济更具规模、更具实力，改革更显深度、更显广度，城乡更有品位、更有魅力，文化更富美誉度、更富软实力，社会更加和谐、更加文明，这是省委、省政府和市委正确领导的结果，是全市人民齐心协力、拼搏奋斗的结果。展望“十三五”，康涛指出，未来五年是全面建成小康社会的决胜期，是全面深化改革的攻坚期。“十三五”时期泉州市经济社会发展的总体要求是：全面贯彻中共十八大和十八届三中、四中、五中全会部署，落实习近平系列讲话精神，牢固树立和贯彻落实创新、协调、绿色、开放、共享的发展理念，以转型升级、跨越发展为主线，以提高发展质量和效益为中心，加快形成引领经济发展新常态的体制机制和发展方式，建设创新泉州、智造泉州、“海丝”泉州、美丽泉州、幸福泉州。

为确保各项目标任务的完成，康涛表示要抓好七个方面工作：一、着力稳中求进，提高经济发展质量效益；二、着力夯实基础，扎实推进农业农村工作；三、着力重点攻坚，深化关键领域改革开放；四、着力统筹集聚，做大做强环湾中心城市；五、着力传承弘扬，深度挖掘释放文化的力量；六、着力绿色发展，建设国家生态文明示范市；七、着力补齐短板，不断提高人民幸福指数。

市政协港澳委员特邀委员异地商会委员座谈会召开

市政协港澳委员、特邀委员、异地商会委员座谈会召开。市领导郑新聪、康涛、陈万里、杨俊峰、周银芳、翁祖根、林伯前、李建辉等参加座谈，市委书记郑新聪表示，希望广大政协港澳、特邀、异地商会委员发挥影响力大、视野开阔、联系广泛等优势，以更大热情为家乡发展献策出力；希望海外、异地泉商密切与家乡的联系，积极回归创业，支持家乡建设。

座谈会现场　　（图/吴寿民）

十一届市政协五次会议第三次全体会议召开

与会委员　　（图/吴寿民）

十一届市政协五次会议第三次、第四次全体会议召开。会上，15位市政协委员就建设“海丝”先行区、推动产业转型升级、推进改革创新、提升城市建设管理、实施精准扶贫、传承保护发展历史文化、做大做强港口、加强民生保障等进行重点发言。大会前，各民主党派、工商联、各县（市、区）政协和市政协委员活动组认真选题，深入调研，精心准备，向大会提交发言材料51篇，经过反复审阅确定选用41篇。

全市开展春运工作检查

20—22日，全市开展春运工作检查。检查内容为各地成立春运领导机构、贯彻市政府春运工作会议精神和部署春运工作情况；检查粮油副食品运输供应情况；春运安全生产大检查、运输市场秩序整顿及设立春运检查服务岗的情况；辖区危险事故路段整改及设置警示牌情况；辖区外来工返乡数量和运力调配准备情况；应对雨雪冰冻灾害性天气应急预案制定；春运工作所需人力、物力、经费保障情况；值班、统计落实等方面情况。

福建（泉州）哈工大工程技术研究院在泉州成立

福建（泉州）哈工大工程技术研究院在泉州软件园成立，标志国内机器人科研一流学府哈尔滨工业大学和泉州市的合作进入一个全新的、更深层次、更宽领域的阶段。哈尔滨工业大学是工信部直属重点大学，是首批“211工程”“985工程”重点建设院校。在双方座谈会上，哈尔滨工业大学工业技术研究院院长路忠峰介绍，哈工大在智能制造领域特别是工业机器人技术，在国内一直处于领先地位，诞生中国第一台弧焊机器人、第一台爬臂机器人、第一台空间机器人等众多国内机器人领域的第一，哈工大的丰富科研资源与泉州优势产业完全可以强强联合，创造更大效益。双方还商讨哈工大工研院组织机构，中国工程院院士蔡鹤皋将担任工研院名誉理事长。

“礼好·泉州”城市文化礼品展举行

20—26日，“礼好·泉州”城市文化礼品展举行。展览旨在通过对融入泉州传统文化元素的礼品设计的展示，提升泉州文化品牌影响力和辐射力，传播泉州城市文化独特魅力，促进泉州文创产业和礼品行业发展，为泉州产业转型升级指明方向。礼品展展出130多件蕴含泉州独特历史、文化和民俗风情的文化礼品和礼品包装，涵盖陶瓷、纸品、藤铁、伞具、茶叶、包装等多个种类。其中包括亚洲文化艺术节期间精选的文创产品、泉州四届伴手礼评选活动优秀入选产品以及泉州知名景区、展馆、博物馆、设计公司的精选文创礼品等系列作品。

市旅游局官方微博获评“全国十佳创新应用微博”奖

由人民日报社、微博、新浪网主办的“倾听·对话·服务——2016政务V影响力峰会”在广东广州举行。泉州市旅游局官方微博获评“全国十佳创新应用微博”奖，同时，在全国城市政务微博竞争力排行榜中，泉州市排名第19位，居福建省各设区市首位。2015年5—7月，泉州市旅游局和西安市旅游局共同组织“海丝起点对话陆丝起点”活动，以当下最热门的话题，借助时尚社交媒体的传播效应，带动全媒体积极跟进。活动两大主要话题阅读量超过4500万人次，并引发2.8万人次的讨论，影响力覆盖全国及境外华人区，带动全国50多家媒体联动报道，其中“海丝起点对话陆丝起点”微博话题多次登顶全国热门话题榜，近百篇微博和微信原创文章引发旅游界、文化界、企业家群体、政务界等近百位大V的互动传播。活动引起两地政府的高度重视，签署《泉州西安丝路旅游交流合作协议》，建立交流互动机制，从更高层面对共同打造“丝路”旅游品牌及加强两地旅游往来进行规划和部署。

1月20日

星期三
农历乙未年腊月十一
温度：9℃—12℃
阵雨转小雨

●市十五届人大七次会议主席团第二次会议召开。

●十一届市政协五次会议第三次、第四次全体会议召开。

●20—22日，全市开展春运工作检查。

●福建（泉州）哈工大工程技术研究院在泉州软件园成立。

●20—26日，“礼好·泉州”城市文化礼品展举行。

●由人民日报社、微博、新浪网主办的“倾听·对话·服务——2016政务V影响力峰会”在广东广州举行。泉州市旅游局官方微博获评“全国十佳创新应用微博”奖。

●晋江市委综合系统在晋江市永和镇英墩村开展“党员义工进村社”集中服务活动。

1月21日

星期四
农历乙未年腊月十二
温度：10℃—13℃
小雨

●市十五届人大七次会议第二次全体会议召开，陈万里作市人大常委会工作报告，洪泽生作关于《泉州市人民代表大会及其常务委员会立法条例（草案）》的说明。

●市政协十一届五次会议在泉州影剧院闭幕。

●十一届市政协第三十三次主席会议和常委会第二十八次会议召开。

市十五届人大七次会议第二次全体会议召开

市十五届人大七次会议第二次全体会议召开，市人大常委会主任陈万里作市人大常委会工作报告，市人大常委会副主任、市十五届人民代表大会法制委员会主任委员洪泽生作关于《泉州市人民代表大会及其常务委员会立法条例（草案）》的说明，市中级人民法院院长欧岩峰作市中级法院工作报告，市检察院检察长高扬捷作市检察院工作报告。

会议现场 （图/吴寿民）

陈万里在报告中指出，2015年，市人大常委会工作成效主要体现在五个方面：一、坚持围绕中心，自觉服务发展大局；二、紧扣热点难点，努力增强监督实效；三、积极有效作为，扎实开展立法工作；四、强化服务保障，切实发挥代表作用；五、持续转变作风，提高自身建设水平。

2016年是实施“十三五”规划的开局之年。陈万里表示，新一年，市人大常委会要全面贯彻落实中共十八大和十八届三中、四中、五中全会精神，以邓小平理论、“三个代表”重要思想、科学发展观为指导，贯彻习近平系列讲话和对福建工作的指示精神，坚持党的领导、人民当家作主、依法治国有机统一，按照“五位一体”总体布局和“四个全面”战略布局的要求，在市委领导下，履行宪法和法律赋予的职权，发挥地方国家权力机关的作用，勇于担当，扎实工作，推动创新发展、协调发展、绿色发展、开放发展、共享发展。要履行新职能，推进地方立法工作；要立足新常态，增强监督工作实效；要激发新活力，发挥代表主体作用；要把握新契机，推进地方人大工作；要适应新形势，加强自身建设，为实现“十三五”发展良好开局，建设“创新、智造、海丝、美丽、幸福”的现代化泉州做出应有贡献。

陈万里作市人大常委会工作报告

欧岩峰作市中级法院工作报告

高扬捷作市检察院工作报告
（图/吴寿民）

市政协十一届五次会议闭幕

市政协十一届五次会议在泉州影剧院闭幕。会议听取市政协十一届五次会议提案初审情况报告，审议通过《中国人民政治协商会议第十一届泉州市委员会第五次会议决议》。杨俊峰指出，市政协十一届五次会议期间，委员们以高度的政治责任感和求真务实的作风，审议市政协常委会工作报告和提案工作报告，讨论市政府工作报告和泉州市“十三五”规划纲要（草案）等重要报告。委员们围绕全市经济社会发展的重大问题和政协工作，深入协商讨论、积极建言献策，提出许多有价值、有份量的建议和意见。大会收到提案499件，立案478件；印发大会发言材料41篇，15位委员做了大会发言。当前，“十三五”宏伟蓝图已经展开，新形势、新任务给予人民政协更广阔的作为空间，也赋予更重大的使命与责任。全市各级政协组织、政协各参加单位和委员要牢记使命担当，认真履职，树立创新、协调、绿色、开放、共享的发展理念，围绕推进“五个泉州”建设，聚焦改革发展重大任务，聚焦经济社会发展重点领域，聚焦群众关注的热点难点问题，精选课题，深入调研、开展视察、督办提案，努力谋良策、建诤言。

郑新聪对防寒潮工作作出部署

市委书记郑新聪召集有关市领导、相关县（市、区）党政主官和市直部门主要负责人，传达省委、省政府主要领导指示要求，再次对泉州市防寒潮工作作出部署。郑新聪要求，各地要靠前指挥、层层落实责任，特别是南安、安溪、永春、德化的县、乡镇干部要到各自挂钩联系的乡（镇）、村，和群众一起奋战在一线，市里要派出工作组加强督促检查。要加强值班值守，保持通讯畅通，及时、准确报送灾情信息，市直有关部门要加强调度指导，人员要到岗到位，应急救援力量要随时待命，做好抢险各项准备。要突出防范重点，尤其是对于残疾人、重病号、流浪者、危房住户等困难群众，该发放衣被物资的要及时分发到位，该转移安置的要一个不落。学校、医院要做好在校学生、住院病患的防寒保暖工作。交通、通讯、水电等部门要备好抢修队伍和救援设备、物资，确保交通安全、通讯畅通和水电供应。要指导农民做好水果、花卉、蔬菜等农作物防低温冻害措施，做好渔业养殖、海上作业的防寒防冻和安全防范工作，确保群众安全，最大程度减少灾害损失。

全市12所院校入选省示范性现代职业院校培育项目

省教育厅、省财政厅发出通知，公布示范性现代职业院校建设工程培育项目院校名单，全省有13所学校为高职院校培育项目校，有54所学校入选中等职业学校培育项目校。泉州有12所院校入选示范性培育项目，其中入选高职院校培育项目校有3所，A类有泉州幼儿师范高等专科学校、泉州医学高等专科学校，B类有黎明职业大学；入选中等职业学校培育项目校有9所，A类有安溪华侨职业中专学校、晋江安海职业中专学校、晋江职业中专学校、泉州华侨职业中专学校、晋江华侨职业中专学校、南安职业中专学校，B类有惠安开成职业中专学校、晋江晋兴职业中专学校、福建经贸学校。按规划，省示范性院校建设从2016年启动，建设期为5年，将从办学理念、办学机制、专业建设、教学改革、师资队伍、实训条件、信息化建设、学校治理、服务能力等方面提升院校办学水平，在建设福建特色现代职业教育体系中发挥示范带动和辐射作用。示范性院校建设工程所需资金主要由省级财政专项安排，其中示范性现代高职院校校均安排5000万元，示范性现代中等职业学校校均安排2000万元。各地和有关部门要在政策、人才和资金等方面加大对培育项目院校的支持，确保项目建设顺利推进。省教育厅、财政厅将按“分类立项、分类支持、逐年考核、动态调整”的原则实施项目管理，对项目建设情况进行年度考核，不合格的培育项目院校，将取消其培育资格。

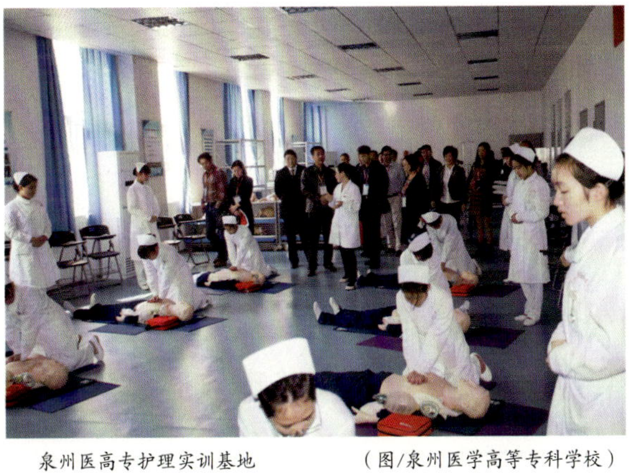

泉州医高专护理实训基地　　（图/泉州医学高等专科学校）

台湾洪氏宗亲青少年福建寻根活动营在泉州开营

由省闽台交流协会指导，中国闽台缘博物馆、福建省闽台文化交流中心主办的台湾洪氏宗亲青少年福建寻根活动营开营仪式在中国闽台缘博物馆举行。活动旨在更好地促进两岸宗亲对接和交流工作，推动两岸青少年之间的交流，增进台湾青少年对祖籍地的了解和体验，增进台湾同胞对中华民族传统文化的感受。共有25名台湾南投县草屯乡敦煌堂洪氏（宗亲）青少年参加。活动营主要活动地点在泉州、漳州等地，围绕姓氏血缘、谱牒文化、闽台宗亲的主题，开展寻根谒祖、感受闽南文化、体验闽台传统手工艺、了解福建人文环境等活动。活动期间，台湾洪氏宗亲青少年与泉州第五中学青年学生联欢，与宗亲们共同拜访洪氏宗祠，感受两岸血脉情深。他们还体验闽台传统木偶等非物质文化遗产制作，感受闽南文化特色，并观南拳、游南建、品南茶，游历闽南人文景观；拜妈祖、观土楼、游古山重村，感受福建自然人文气息。

1月22日

星期五
农历乙未年腊月十三
温度：7℃—12℃
小雨

●郑新聪对防寒潮工作作出部署。

●市十五届人大七次会议主席团第三次会议、第四次会议召开。

●全市12所院校入选省示范性现代职业院校培育项目。

●台湾洪氏宗亲青少年福建寻根活动营开营仪式在中国闽台缘博物馆举行。

●2000多名海内外黄氏族人到安溪县参内乡庆祝黄氏家庙重建落成。

●中国共产党党员、原晋江地区中级法院院长、享受地专级待遇离休干部李明堂逝世，享年94岁。

1月23日

星期六
农历乙未年腊月十四
温度：5℃—8℃
小雨转阵雨

●市十五届人大七次会议在泉州影剧院闭幕。

●市纪委十一届七次全会召开。

●2016年市政府第一次全体会议召开。

●市政府第八十六次常务会议召开，研究《泉州市城市建设发展基金设立方案》。

●市十五届人大七次会议第三次全体会议召开。

●市泉台民间交流协会成立20周年活动暨新一届会员大会召开。

●泉州市“海丝”文化游学基地成立。

●泉州文化跨界访谈暨南音雅艺《清凉歌集》首发在市区源和1916刺桐里举行。

●由鲤城区政协牵头主办，区委人才办、区教育局、区文联等单位联合举办的“丹青颂和谐 妙笔绘名城”美术作品展开展。

●福建达利集团第7届爱心敬老金发放仪式在惠安县举行，为惠安县8000多名60岁以上老年人发放爱心敬老金800万元。

市十五届人大七次会议闭幕

市十五届人大七次会议在泉州影剧院闭幕。会议号召，全市人民团结在以习近平为总书记的党中央周围，在市委领导下，按照“五位一体”总体布局和“四个全面”战略布局的要求，牢固树立和贯彻落实创新、协调、绿色、开放、共享的发展理念，发扬爱拼敢赢、争创一流精神，以转型升级、跨越发展为主线，以提高发展质量和效益为中心，加快形成引领经济发展新常态的体制机制和发展方式，坚持稳增长、调结构、强动力、惠民生、防风险，突出供给侧结构性改革，确保“十三五”开好局、起好步，为建设“创新、智造、海丝、美丽、幸福”的现代化泉州，在更高水平上全面建成小康社会而努力奋斗。

会议逐一表决并通过《关于泉州市人民政府工作报告的决议》《关于泉州市国民经济和社会发展第十三个五年规划纲要的决议》《关于泉州市2015年国民经济和社会发展计划执行情况及2016年国民经济和社会发展计划的决议》《关于泉州市2015年预算执行情况及2016年预算的决议》《关于泉州市人大常委会工作报告的决议》等。

会议现场 （图/吴寿民）

市纪委十一届七次全会召开

市纪委十一届七次全会召开。市委书记郑新聪在会上讲话，市委副书记、市长康涛传达十八届中央纪委六次全会和省纪委九届七次全会精神。市委常委、市纪委书记温惠榕主持会议并代表市纪委常委会作工作报告。

会议强调，全市各级党组织要担负起全面从严治党的政治责任，坚持管党治党不放松、正风肃纪不停步。要自觉向中央看齐，带头履行主体责任，党委（党组）要全面抓，一把手要亲自抓，班子成员要自觉抓，纪检机关要监督抓，推动从严治党纵深推进。要用好问责“撒手锏”，健全责任追究制度，全面推行“责任清单”，全面实施责任追究，推动管党治党责任全覆盖。要立足抓早抓小，把纪律挺在前面，既要坚持底线防守，注重规范惩戒，又要坚持高标准引领，引导干部立根固本。要突出“关键少数”，自觉拿起批评和自我批评武器，严格执行民主集中制，立“明规矩”、破“潜规则”，从严从实强化党内监督。2016年是换届之年，要落实中央、省委有关要求，严明政治纪律和换届纪律，确保换届风清气正、顺利进行。

2016年市政府第一次全体会议召开

2016年市政府第一次全体会议召开，分解落实《政府工作报告》目标任务。市长康涛主持会议并讲话，市领导林伯前、陈荣洲、周真平、卢炳椿、陈灿辉、林万明、张永宁，市政府秘书长吴友才参加会议。

会议提出三点要求：一要突出重点、强力突破。对照《政府工作报告》分解任务责任表，不折不扣加以完成。要稳增长，开展一季度“促进项目落地、帮扶企业发展”活动周，抓好“项目前期工作活动年”。要防风险，政、银、企合力防控和化解金融风险，组织提升财政收入，做好安全生产和社会安定稳定工作。要谋长远，落实“十三五”规划，推动制造业转型升级、现代服务业快速发展、文化事业和文化产业齐头并进。要惠民生，突出解决“看病难”“就学难”，打好脱贫攻坚战，增强城市宜居度，抓好“三农”工作，加强生态环保。二要科学运作、建立机制。树立路线图思维，将其从产业领域推广应用到政府重要工作；加强项目化管理，做到有目标、有考核、有支撑；实行团队化运作，组建人员相对固定、懂得业务、善于借助外脑的专业班子。三要转变作风、提升效率。回应人民关切，强化效能督查落实，强化规矩意识，提高服务水平，打造一流营商环境，做好正面舆论引导。

张志南 詹文龙到泉州调研

省委常委、常务副省长张志南，中科院副院长詹文龙及中科院相关专家到泉州调研落户安溪县的中国科学院植物工厂研究院项目和泉州科技创新公共服务平台建设情况，并召开座谈会，协调解决存在的困难和问题。市委书记郑新聪、市长康涛、副市长张永宁参加相关活动。张志南肯定了植物工厂项目和泉州市科技创新公共服务平台建设所取得的成效后指出，植物工厂为泉州、安溪乃至企业发展打开新渠道，为产业跨界融合打造新模式，未来前景广阔，希望合作平台早日结出硕果。下阶段，泉州各级各部门要统一思想，增强共识，把握机遇，以创新驱动为抓手，依靠科技力量在供给侧发力，推动泉州经济持续健康发展；要重视人才聚集，集中力量帮助创新服务平台解决困难和问题，做大做强现有平台；要引进最新科研成果，拓展对接渠道，对接新兴科技平台，催生更多类型的创新公共服务平台；要调动企业主体积极性，强化企业自主创新的意识，支持企业引进先进技术和科研成果；要营造创新环境，出台激励政策，保障科研人才队伍稳定，打造特色的创新高地。詹文龙表示，泉州爱拼敢赢的精神蜚声海内外，这里有非常出色的人文和创新环境。中科院将加快植物工厂研究院和植物工厂建设，加大智力投入。同时，与泉州保持更加紧密的联系，进一步对接产学研合作项目，让更多更新的科研成果落户泉州。

郑新聪 康涛到晋江安溪开展“促进项目落地、帮扶企业发展”活动

泉州市启动2016年第一次“促进项目落地、帮扶企业发展”活动周。市委书记郑新聪、市长康涛分别带队到晋江市、安溪县，督促落实刚刚闭幕的市两会部署，听取企业家和项目业主的意见建议，协调解决有关问题，推动实施“五个泉州”建设和“十三五”规划。市领导还到落户泉州市的中科生物总部暨植物工厂研究院等项目开工现场指导，并慰问山区困难群众。市委常委、秘书长、统战部部长翁祖根，副市长张永宁，市政府秘书长吴友才参加。市领导指出，当前，泉州迎来加快转型的“窗口期”，要增强紧迫感、危机感，解决好技术人才创新储备不足，老机制与创新要素结合不紧密、政府服务不够到位等问题，加速转变提升，确保“红旗不倒”，继续当好“领头羊”。政府要引导企业家转变观念理念。企业要发挥主体作用，推进机制、技术、管理、业态、商业模式创新。各级各部门要协同促进，对症下药、创新服务。要政企携手构筑良好环境，解决好住房、就学、就医等相关问题，引领创新要素集聚泉州。市领导要求，在防范经营风险方面，企业要聚焦主业、找准定位、专注特长，关注上下游供应链问题，抓好现金流管控；要发挥政、银、企、保、司联席会制度作用，共同打造诚信泉州。在扩大有效需求方面，政府继续站台助力，利用“一带一路”和“海丝”先行区建设机遇，用好综合保税区平台，发挥行业组织协调功能，抱团开辟国际国内市场。在技术人才建设方面，要树立人才第一要素理念，加强现有人才培训提升，继续大规模引进人才，支持扶持购买成熟的国际先进技术、装备和营销通路，抢占制高点。在项目落地方面，要开展“项目前期工作活动年”，突出抓好招商运作，高度重视用地、报批等要素保障。

“泉州绿色未来计划”环保运动启动

由市体育局、市环保局、团市委主办，刺桐花微公益、台商区自行车运动协会协办的2016生态泉州·绿色出行“泉州绿色未来计划”环保运动启动仪式在泉州华光职业学院举行。泉州自行车运动协会的300余名环保志愿者参与。活动计划2016年之内到惠安崇武、晋江安海等8个乡镇，开展8期骑行环保系列宣传活动，鼓励市民自觉践行绿色生活方式，形成人人节约资源、保护环境的社会风尚。

南安市村级组织牵头成立应急服务有限公司

南安市首家由村级组织牵头成立的应急服务有限公司在该市蓬华镇成立。该公司由华美村委会管理，是一家非盈利企业，服务内容主要有协助处置各类群体性事件，开展武装巡逻、应急突发处置、森林扑火、防汛抗旱等。该公司通过政府购买服务的方式提供应急服务，除应急服务，还可对贫困家庭进行慰问，其他乡镇有突发灾难的，也将争取第一时间赶到现场展开救援。

1月24日

星期日
农历乙未年腊月十五
温度：1℃—7℃
多云

●张志南、詹文龙及中科院相关专家到泉州调研落户安溪县的中国科学院植物工厂研究院项目和泉州科技创新公共服务平台建设情况，并召开座谈会，协调解决存在的困难和问题。

●泉州市启动2016年第一次“促进项目落地、帮扶企业发展”活动周。郑新聪、康涛分别带队到晋江市、安溪县，督促落实市“两会”部署，听取企业家和项目业主的意见建议，协调解决有关问题，推动实施“五个泉州”建设和“十三五”规划。

●由市体育局、市环保局、团市委主办，刺桐花微公益、台商区自行车运动协会协办的2016生态泉州·绿色出行“泉州绿色未来计划”环保运动启动仪式在泉州华光职业学院举行。

●南安市首家由村级组织牵头成立的应急服务有限公司在该市蓬华镇成立。

1月25日

星期一
农历乙未年腊月十六
温度：0℃—8℃
多云

●郑新聪到晋江市和鲤城区慰问基层困难群众。

●康涛到南安市开展“促进项目落地、帮扶企业发展”活动。

●周银芳到石狮市部分重点项目和重点企业，协调解决项目推进和企业发展遇到的困难和问题。

●周银芳、陈荣洲慰问河北省军区泉州干休所、泉州军分区干休所和市仁凤、红梅军休所的老干部。

●孔繁军慰问百源、泉秀、金山干休所的老干部，以及住院老干部和老干部遗属。

●泉州市在丰泽区开展节前安全生产工作检查。

●央视猴年春晚的主会场第一次与东西南北四个分会场连通，进行带机彩排（即录制彩排）。

●由市委文明办、市文联、市作家协会和泉州文学院主办的“春到文都尽芳菲”2016年泉州市迎春诗会在市区源和1916园区内闽南文化交流中心举行。

●“放飞梦想杯”2016校园足球邀请赛开幕。

●德化县九仙山气象站以-15.6℃刷新泉州最低气温记录。

郑新聪到晋江鲤城慰问基层困难群众

市委书记郑新聪带队到挂钩联系的新农村建设试点示范村——晋江市永和镇玉溪村现场办公，慰问困难群众，随后到鲤城区慰问困难职工。市委常委、秘书长、统战部部长翁祖根参加相关活动。

郑新聪察看玉溪村的产业发展、村容村貌、群众生活等情况，并召开现场办公会，与镇村干部座谈，研究生态公园、仓储物流、生活污水处理、文体活动中心、居家养老等帮扶项目，协调解决新农村建设的困难和问题。

郑新聪还到玉溪村2户困难户和鲤城区1户困难职工家中，询问家庭收入来源、身体健康状况、家庭成员等情况，鼓励大家树立信心、鼓起勇气，克服眼前生活困难。郑新聪要求，要推进精准扶贫，镇村干部要进村入户，把贫困人口、贫困程度、致贫原因掌握清楚，做到分类施策、应扶尽扶、不漏一人。要从最困难群众帮起，先保障衣食、教育、医疗、住房等基本需求，再提升他们的脱贫能力，增强自我“造血功能”。要动员全社会力量共同参与，千方百计打赢脱贫攻坚战。

康涛到南安市开展“促进项目落地、帮扶企业发展”活动

市长康涛到南安市，为企业和项目加油鼓劲，现场协调解决困难问题，并召开座谈会，听取企业家的意见建议。市政府秘书长吴友才参加。座谈会上，与会企业家围绕提升企业素质、增强应对市场能力、帮助企业融资、支持企业技术创新、推动政策落地、引进和留住高端人才等提出意见建议。康涛指出，各级各相关部门要强化主动服务意识，越是在企业困难的时候，越要做好上门服务，帮助企业排忧解难。下阶段，要突出“点、线、面”提升城市品位，加快集聚资源要素，为企业发展提供平台和支撑。要引导企业转型升级，通过商业模式创新、技术创新、智能制造等举措，推动企业可持续发展。要完善民生保障和各项配套，特别是做优教育、医疗、文化等事业。要推进上门服务，总结推广南安选拔700多名干部挂钩规上企业的经验做法，推动更多干部走进企业、走进项目、走进基层，及时解决企业和项目提出的用地、用电、用气、资金、人才、政策等实际问题。

春晚泉州分会场带机彩排

央视猴年春晚的主会场第一次与东西南北四个分会场连通，进行带机彩排（录制彩排）。在泉州府文庙广场，涵盖16种民俗节目的19支春晚泉州分会场民俗表演队伍带妆上阵。

（图/泉州晚报社）

“放飞梦想杯”2016校园足球邀请赛开幕

由泉州东海湾实验学校（泉州市第三实验小学合作校）主办的“放飞梦想杯”2016校园足球邀请赛开幕，此系泉州首次举办跨省市区校园足球小学组联赛。来自江苏、山东、江西和福建的12支学校球队参赛。除进行为期五天的足球比赛外，主办方还组织安排“激情射门”“足球缤纷乐”等足球游戏环节，面向公众开放，寓教于乐。球赛采用小学男子“五人制”比赛，比赛组别年龄规定为2003年9月1日以后出生者，竞赛规则均参照国际足联审定的相关规则执行。

泉州最低气温记录刷新

全市多地的最低气温历史记录刷新。全市共有105个区域自动站最低气温低于0℃，主要分布在德化、永春、安溪、南安、洛江海拔较高的地区。从站点监测温度来看，德化县包揽了前11名。其中，九仙山气象站以-15.6℃一举打破泉州最低气温记录。而在德化，就连排到第11名的春美乡，也达到了-7.7℃。

在闽全国人大代表到泉州视察

26—27日，以全国人大常委会委员、省人大常委会副主任邓力平为召集人的福建省全国人大代表到泉州开展集中视察活动，为出席十二届全国人大四次会议做好准备。全国人大常委会委员、内司委副主任委员陈秀榕，全国人大代表、市委书记郑新聪分别参加视察和座谈会；市长康涛、市人大常委会主任陈万里参加相关活动；市领导吕竞、卢炳椿、陈灿辉，市人大常委会秘书长吴春林陪同视察及相关活动。视察组到惠安达利集团有限公司、台商投资区海上丝绸之路艺术公园·亚洲园、嘉德利BMS超薄薄膜生产项目、北车泉州轨道交通项目、石狮鸿山热电厂二期、富兴包装材料有限公司、美佳爽卫生用品有限公司、石狮国际轻纺城等地视察，了解泉州经济社会发展情况，并召开汇报反馈会。代表们指出，2015年，泉州在省市党委政府领导下，着力保稳、求进、攻坚，全面推进依法行政、公正司法，干部思想在不断加强学习中求变求新，产业发展进步在不断创新中做大做强，城市形象在不断强化品质中做优做亮，经济社会持续平稳健康发展。希望泉州加快“五个泉州”建设步伐，推动传统产业转型升级，提升城市竞争力，确保“红旗不倒”，争当全省科学发展跨越发展的“领头羊”。

市委市政府举行老干部新春通报会

市委、市政府在泉州影剧院举行老干部新春通报会，向老领导、老同志通报2015年工作情况。市领导郑新聪、周银芳、翁祖根、孔繁军参加通报会。市委常委、组织部部长孔繁军主持通报会。市委书记郑新聪代表市四套班子向全市老干部致以新春祝福。郑新聪指出，过去一年，在省委、省政府正确领导和关心支持下，全市集智聚力实施转型升级“突围战”，加快推进“海丝”先行区建设，深化金改区、民综改两项国家级改革试点，着力保障改善民生和维护社会稳定，推动全面从严治党政治责任落到实处，研究规划“十三五”发展，经济运行保持稳定，各项工作都取得新进展。2016年是实施“十三五”规划的开局之年，也是推进结构性改革的攻坚之年。郑新聪指出，面对依然复杂严峻的经济形势，泉州醒得早、基础扎实、发展信心坚定。当前，泉州市已启动2016年第一个“促进项目落地、帮扶企业发展”活动周，出台精准扶持措施，组织开展“项目前期工作活动年”，全力以赴、多措并举，致力在全省发展大局中确保“红旗不倒”，继续当好“领头羊”。郑新聪强调，长期以来，广大老领导、老同志对市委、市政府工作十分关心、真诚支持，做了大量有益的工作，为谋划发展建言献策、为改进作风提醒帮助、为促进社会和谐传递正能量。市委、市政府将贯彻落实习近平关于做好新形势下老干部工作的讲话精神，一如既往地用心用情落实好老干部各种待遇，千方百计为大家排忧解难；发挥老干部的政治、经验、威望优势，支持老干部在自觉自愿、量力而行的基础上，继续发挥作用，为建设“创新、智造、海丝、美丽、幸福”的现代化泉州贡献力量

泉州市知名作家组团到企业采风

泉州市知名作家组团到泉州经济技术开发区，开展企业文化建设采风活动，促进“泉州五大建设”。此次采风由市文联主办，泉州经济技术开发区党务工作部、泉州市作家协会协办。采风团到特步、泰亚股份、安记食品、卢思立艺术馆、沉瑜香等20余家企业，走进生产一线，感受企业发展新风貌。采风结束后，参与作家分别采写专题文章，结集出版，全面展示泉州经济技术开发区时代风采。

中国·永春 首届“醋文化旅游节”举行

中国·永春首届“醋文化旅游节”暨“醋文化创意园”开园仪式举行。图为导游在为游客讲解永春醋文化。　（图/陈小阳）

1月26日

星期二
农历乙未年腊月十七
温度：4℃—13℃
多云转阵雨

●26—27日，以全国人大常委会委员、省人大常委会副主任邓力平为召集人的福建省全国人大代表到泉州开展集中视察活动。

●市委、市政府在泉州影剧院举行老干部新春通报会。

●许昆贞到丰泽区慰问低保户、计生困难户、优秀人才、劳动模范和道德模范。

●市领导到市区客运中心站、池店高速出口春运服务站、西福高速出口春运服务站以及福厦高铁泉州火车站检查春运工作。

●民革泉州市委十三届七次全体（扩大）会议召开。

●台盟泉州市委七届十四次全委（扩大）会暨台情报告会召开。

●泉州市知名作家组团到泉州经济技术开发区，开展企业文化建设采风活动。

●由晋江影视艺术协会等单位主办的优秀微电影新春评选展映会在晋江市阳光时代广场举行。

●中国·永春首届“醋文化旅游节”暨“醋文化创意园”开园仪式举行。

1月27日

星期三
农历乙未年腊月十八
温度：9℃—14℃
阵雨转小雨

●全市生态环境保护工作会议召开。会前，郑新聪、康涛与各县（市、区）、泉州开发区、泉州台商投资区党政主官签署《2016年各县（市、区）党政领导生态环境保护责任书》。

●全市党的群团工作会议召开，学习贯彻中央、省委党的群团工作会议精神，并就全面落实中央关于加强和改进党的群团工作的《意见》和省委《实施意见》作出具体部署。

●27—28日，陈庆宗、林万明到德化县开展“促进项目落地、帮扶企业发展”活动。

●林伯前到台商投资区慰问低保户、困难劳模、计生困难户等困难群众。

●农工党泉州市第十三届五次全委（扩大）会议召开。

●“星光校园·全国校园非物质文化遗产展演”在北京大学举行，泉州七中南音多声部合唱项目《南音情》应邀出席并获金奖。

全市生态环境保护工作会议召开

全市生态环境保护工作会议召开。会前，市委书记郑新聪、市长康涛与各县（市、区）、泉州开发区、泉州台商投资区党政主官签署《2016年各县（市、区）党政领导生态环境保护责任书》，2016年和以往相比最大不同在于，不仅政府主官，党委书记也要签环保“军令状”。市委常委、常务副市长林伯前总结部署全市环保工作。市领导李建辉、洪泽生、林万明、张永宁、吴共湖等参加会议。

会议强调，推进生态环境建设，转型是关键，要扭转产业升级节能降耗这个根本，一方面，对有市场前景、产业链不可或缺的重要环节，通过技术改造解决行业污染问题，对落后、低端、过剩产能，以市场、法律手段为主倒逼企业转型，腾出环境容量空间；另一方面，提高项目准入门槛，从源头上减少污染排放。安全是底线，要加快泉港泉惠石化园区绿化隔离带建设，加紧推进危废规范管理。提升是期盼，要顺应群众对环境质量的更高要求，抓住改善环境质量这一重点，以建设国家生态文明试点示范市为目标，集中打好水、大气、土壤污染防治攻坚战，推进国家森林城市创建，引导绿色生活方式，同时，有效引导社会舆论，让群众更加理解支持、积极参与环保监督。协同是大局，各地要强化主体功能区管控，履行上下游生态补偿义务，共同为环境改善献策出力。项目是抓手，要结合“项目前期工作活动年”，在环保基础设施和环境整治方面梳理一批重点项目，争取列入上级盘子。要对照责任书清单，查找差距和工作薄弱环节，及早采取措施、序时推进。要层层传导压力，督促环保相关部门履行监管责任，强化企业主体责任。

会议强调，新一年，生态环保工作要突出责任落实，强化“党政同责”“一岗双责”，加强属地管理，落实好自然资源资产离任审计和重大生态环境损害终身追责制度，形成分工明确、协同推进的工作机制。要突出专项攻坚，推进城乡生活、工业和畜禽养殖污染治理三大专项整治，打好水、大气、土壤污染防治三大攻坚战。要突出深化改革，对接落实好中央、省里部署，加快研究制定泉州市生态环保工作改革措施，争取先行先试、取得突破，推进国家森林城市创建，建设好国家生态文明试点示范市。

全市党的群团工作会议召开

市委召开党的群团工作会议，学习贯彻中央、省委党的群团工作会议精神，并就全面落实中共中央关于加强和改进党的群团工作的意见和省委《实施意见》作出具体部署。市委书记郑新聪出席会议并讲话，市领导周银芳、李建辉、洪泽生、陈灿辉、苏小青出席会议，市委常委、组织部部长孔繁军主持会议。

郑新聪要求，全市各级群团组织要把握群团工作的本质属性，深入具体、改革创新，推动群团工作与时俱进。要务求实效，实施项目化运作管理，打造一批叫得响、有特色、落得实、能见效的品牌。要发挥优势，服务“五个泉州”建设，在助力创新转型、侨台交流、“海丝”先行区建设、社会和谐、文明建设等方面发挥作用。要多接地气，突出服务群众，克服重精英、轻草根的倾向，更多地关注、关心、关爱普通群众，增强群众获得感。要大胆探索，把群团工作改革纳入全市深化改革的总盘子，适应互联网、大数据、新媒体发展大趋势，推动新型网络服务平台建设，改进活动方式内容，创造新经验。

会议强调，做好新形势下党的群团工作，必须全面把握“三统一”的基本特征和“六个坚持”的基本要求，强化“姓党为群”。要落实党委责任，为群团组织发挥作用提供坚强保障。要形成工作合力，注意听取群团组织意见，抓紧健全完善群团工作经费保障制度，引导更多人为群团事业添砖加瓦。要打造过硬队伍，选好配强群团领导班子，建立和完善群团干部培养、教育、交流使用机制。各级群团组织党组和相关党组要落实全面从严治党主体责任，加强党风廉政建设，引导群团干部积极作为，主动担当，为改革发展稳定作出贡献。

泉州七中南音多声部合唱项目获全国金奖

“星光校园·全国校园非物质文化遗产展演”在北京大学举行，泉州七中南音多声部合唱项目《南音情》应邀出席并获金奖。该节目中的南音被分成多个声部，由学生集体合唱，活泼的唱法既增添了现代元素，创新了南音的传承方式，又充分展现南音的千年古韵。

市政府第八十七次常务会议召开

市政府第八十七次常务会议召开。市长康涛主持。副市长周真平、卢炳椿、陈灿辉、张永宁，市政府秘书长吴友才参加会议。市人大常委会副主任洪泽生，市政协副主席吴共湖列席会议。

会议听取2015年全市安全生产工作情况汇报。会议指出，越接近年关，越要绷紧安全生产这根弦。各级各部门要落实“党政同责、一岗双责”规定和工作机制，强化企业主体责任，做到企业安全生产责任“五落实五到位”；要做好群体性活动场所安全管理，抓好春运、值班值守等节日安全生产工作，营造安全稳定的环境；要持续深入开展重点领域专项整治，推进全覆盖的安全生产大检查，全方位排查整改安全隐患；要加快编制全市安全生产“十三五”规划，加快泉港、泉惠石化园区绿化隔离带及应急救援基地建设，加强全民安全宣教，推进安全发展示范城市创建工作。

会议研究《泉州市人民政府办公室关于进一步加强特种设备安全工作的通知》。会议指出，泉州市特种设备数量全省居首，安全监管责任重大。各级各相关部门要落实特种设备安全生产主体责任，加强基础建设，创新监管方式，强化隐患排查，最大限度预防和减少特种设备事故的发生，保障群众生命财产安全。

会议研究石油化工、现代物流、食品、印刷、金融等产业转型升级路线图。会议强调，新常态下，泉州产业转型升级迫在眉睫。各级各相关部门要按照路线图的要求，抓好各项工作落实，加快推动产业转型升级。要加强组织领导，每个路线图均成立一个工作领导小组，具体负责统筹协调和招商引资工作。要明确目标任务、重点环节和龙头项目，突出重点、务求实效。要建立完善督查落实机制，定期开展路线图落实情况检查，确保按序时推进。

会议听取第二届泉州市工艺美术大师暨“泉州市优秀工艺美术大师工作室”评选情况汇报。会议指出，泉州传统工艺美术底蕴深厚、品类众多、富有特色。针对不少民间工艺濒临失传的现状，各级各相关部门要以强烈的使命感，主动作为，通过评选工艺美术大师、成立大师工作室等举措，促进传统工艺传承，弘扬发展优秀的泉州传统文化。

全市开展重点应用场所“5+1”简易消防设施配备工作

为做好火灾防控工作，发挥简易消防设施的火灾防控作用，市政府近日结合辖区实际，决定在全市范围内全面开展重点应用场所“5+1”简易消防设施配备工作。市政府规定，全市范围内的餐饮、鞋服、日杂等沿街经营店铺，小生产加工作坊，养老院、福利院、残疾人服务机构，老年人、残疾人和儿童活动场所，以及幼儿园等重点应用场所，均必须配备“5+1”简易消防设施。即安装五种消防设施器材：独立式感烟火灾探测报警器、消防应急照明灯、灭火器、消防斧、自救式防毒面具（或逃生绳）；发放一份防火安全手册。市政府已将重点应用场所“5+1”简易消防设施配备工作落实情况纳入2016年度消防工作目标责任考评范畴，并将每季度组织对各地工作情况进行督查。同时，要求各县（市、区）要选取1至2个有条件的街道（乡镇）作为试点先行，并全面推广。

南安电子商务产业园开园

南安电子商务产业园开园。南安电子商务产业园主要利用位于溪美街道的南安成功开发区闲置厂房进行规划建设，园区总规划用地615亩。首期项目三星电商大厦建筑面积超过3万平方米，将建设成为集办公中心、产品展示中心、企业运营中心、培训中心、众创空间、泉州网商虚拟产业园南安分园等为一体的电子商务综合服务楼宇。据预计，到2020年创业园总投资达10亿元以上，核心区和拓展区可盘活厂房20万平方米以上，闲置土地315亩，可吸引500家企业入驻，带动物流、仓储、金融等服务业发展，促进就业1万人以上，建成后年销售额可达50亿元以上，新增税收1.5亿元以上。

安溪县344家茶企获信用等级评级

安溪县将茶叶生产企业作为信用体系建设试点项目，对辖区344家茶叶生产企业进行信用等级评级。试点工作按照“信用分级、监管分类”原则有序推进，4家茶叶生产企业被评为A级信用企业，319家被评为B级信用企业，20家被评为C级信用企业，1家被评为D级信用企业。

1月28日

星期四
农历乙未年腊月十九
温度：12℃—15℃
中雨转大雨

●市政府第八十七次常务会议召开，听取2015年全市安全生产工作情况汇报等。

●许昆贞到丰泽区开展“促进项目落地、帮扶企业发展”活动。

●陈荣洲到泉州开发区开展“促进项目落地、帮扶企业发展”活动。

●陈灿辉到永春县开展“促进项目落地、帮扶企业发展”活动。

●全市开展重点应用场所“5+1”简易消防设施配备工作。

●泉州市及有关县（市、区）卫计、民政、残联、红十字会等部门工作人员，到市皮肤病防治院双阳住院部走访、慰问麻风病患者和畸残者。

●南安电子商务产业园开园。

●安溪县344家茶企获信用等级评级。

1月29日

星期五
农历乙未年腊月二十
温度：12℃—16℃
中雨转小雨

●郑新聪就做好节日市场供应工作作出批示。

●康涛到鲤城区和丰泽区开展“促进项目落地、帮扶企业发展”活动。

●南洋华裔族群寻根谒祖综合服务平台战略合作签约仪式在泉州举行。

●东海舰队在厦门举行“弘扬海军精神、传承红色基因、勇当打赢先锋”主题活动暨“海上猛虎艇”命名50周年纪念大会，泉州市市长康涛出席活动。

●翁祖根到鲤城区开展“促进项目落地、帮扶企业发展”活动。

●卫星导航仿真与测试开放实验室泉州分实验室授牌落地。

●《福建省“古泉州（刺桐）史迹遗址”文化遗产保护管理办法》公布。

●致公党泉州市十届七次全委（扩大）会议召开。

●泉州市国资监管企业工作会议召开。

●第二届福建省“书香之家”评选活动结果揭晓，泉州市12个家庭获第二届福建省“书香之家”称号。

●29—30日，福建省少儿象棋等级赛在泉港区举行。

●中央电视台中文国际频道（CCTV-4）《记住乡愁》栏目专题播出关于晋江市金井镇塘东村的节目。

●由省文联组织的“我们的中国梦”文艺进万家福建文艺志愿者艺术团到晋江市演出。

康涛到鲤城丰泽开展“促进项目落地、帮扶企业发展”活动

市长康涛到鲤城区和丰泽区企业调研，现场协调解决困难和问题。市政府秘书长吴友才参加调研。康涛强调，经济下行压力加大和产业转型升级的双重压力下，企业既要“靠自己的骨头长肉”，也需要党委、政府帮一把、扶一把。各级各部门要按照市委要求，积极换位思考，提升服务质量，做到入企帮扶、上门服务、取得实效；要强化统筹协调，建立完善市县两级联动、各部门协调合作机制，按照各自职能分工，高效快速解决企业反映的困难问题，为企业抢抓机遇、赢得先机创造良好环境。

南洋华裔族群寻根谒祖综合服务平台战略合作签约仪式在泉州举行

中国侨联直属企业管理总机构与市政府在泉州举行南洋华裔族群寻根谒祖综合服务平台战略合作签约仪式。中国侨联副主席乔卫，中国侨联副主席、省侨联主席王亚君，中国侨联直属企业管理总机构党委书记谷宜成，市长康涛，市委常委、秘书长、统战部部长翁祖根，副市长陈荣洲出席签约仪式。南洋华裔族群寻根谒祖综合服务平台，是泉州建设21世纪海上丝绸之路先行区的重要内容。该项目以建立谱牒方志为核心，是包括姓氏宗祠、宗亲社团、海外华侨华人社团、侨商侨智和归侨侨眷等方面信息的海量数据库，集姓氏族谱查询、寻根谒祖服务、宗亲联谊互动、社团交流往来、商贸投资服务等功能于一体。项目已列入国务院支持福建省进一步加快经济社会发展意见重点工作任务、福建省“海丝”核心区项目，以及省、市国民经济和社会发展“十三五”规划。此次与市政府达成战略合作关系后，中国侨联直属企业管理总机构将发挥技术实力优势，为项目软硬件建设提供保障，同时将把该平台纳入中国侨联正在实施的“智慧侨联”建设，利用“侨联通”等平台，向全世界华侨华人宣传、推广寻根服务平台。继签约仪式后，南洋华裔族群寻根谒祖综合服务平台筹建办、南洋华裔族群寻根谒祖综合服务平台谱牒文献数字化基地也分别在泉州华侨历史博物馆和泉州师范学院揭牌成立。

卫星导航仿真与测试开放实验室泉州分实验室授牌落地

星导航仿真与测试开放实验室（简称北斗开放实验室）泉州分实验室授牌落地，该实验室将承建国内首个北斗海上设备检测和数据应用中心，依托泉州“海丝先行区”优势，推动北斗向“海丝”沿线国家的推广应用，并为周边地区北斗产业应用发展提供重要支撑。北京卫星导航中心、国防科大、省科技厅、市政府领导，市直部门和泉州部分企业、高校和产业技术创新联盟代表等参加仪式，并展开座谈交流。是日还举行国防科大泉州工业技术研究中心授牌仪式，及泉州分实验室与华侨大学、集美大学、福建工程学院的签约仪式。

《福建省“古泉州（刺桐）史迹遗址”文化遗产保护管理办法》公布

《福建省“古泉州（刺桐）史迹遗址”文化遗产保护管理办法》（以下简称办法）公布。办法自2016年3月1日起施行。2003年11月7日省政府发布的《福建省“海上丝绸之路：泉州史迹”文化遗产保护管理办法》同时废止。“古泉州（刺桐）史迹遗址”文化遗产，是指与“古泉州（刺桐）”有关的具有历史、艺术、科学价值的“海上丝绸之路”文物、建筑群等遗迹和遗址。主要分布在泉州市所辖的鲤城区、丰泽区、洛江区、泉州台商投资区、晋江市、石狮市和南安市。范围包括万寿塔、六胜塔、石湖码头、江口码头（文兴码头、美山码头）、真武庙、九日山摩崖题刻、泉州天后宫、磁灶窑系金交椅山窑址等航海与通商史迹，泉州府文庙、老君岩造像、泉州开元寺、伊斯兰教圣墓、清净寺、草庵摩尼光佛造像等多元文化史迹，以及德济门遗址、洛阳桥等城市建设与陆上交通史迹。

泉州开元寺大雄宝殿　（图/吴寿民）

市领导慰问各驻闽部队

泉州市拥军优属慰问分团分组走访慰问各驻闽部队，向部队官兵致以新春问候。市领导郑新聪、陈万里、杨俊峰、周银芳、许昆贞、翁祖根、温惠榕、陈庆宗、林伯前、陈荣洲等，泉州军分区司令员林俊其、政委郑健等参加慰问。2016年也是深化国防与军队改革的重要之年。希望军地、军民、军政继续同舟共济、同频共振。泉州将发扬双拥共建的优良传统，支持国防和军队改革工作，落实拥军优属各项政策，加快推动军民融合深度发展。

泉州市鼓励推进新建商品住房精装修

市住房和城乡建设局、市城乡规划局、市国土资源局近日发出通知，鼓励推进新建商品住房精装修。精装修住房是指交付使用前套内所有功能空间的固定面全部铺装或粉刷完成，厨房和卫生间的基本设备全部安装完毕。此举是为了加快推进泉州市住宅产业化，发展绿色建筑，建设节能省地型住房，提高房地产楼盘开发品质。

相关链接：通知规定，推行新建商品住房精装修项目可享受以下优惠政策：（一）推行新建商品住房精装修项目，进入精装修阶段后，经本地有在建项目的二级或以上资质房地产开发企业出具担保函（明确企业在破产、解散等清算情况发生后，作为项目工程顺利竣工的责任承担主体），经企业申请，可以解除预售资金监管。（二）新建商品住房项目整体推行精装修的，选聘前期物业服务企业时可由开发企业参照相关规定采取邀请招标。（三）推行新建商品住房精装修项目，其基础设施配套费给予缓交，在规划验收时一次性交清。（四）推行新建商品住房精装修项目，在各相关手续的办理过程中，有关行政审批部门应为其开通绿色通道，简化审批环节，缩短审批时限。（五）实行房地产开发企业资质等级升级与新建商品住房精装修开发业绩挂钩，对开发新建商品住房精装修的开发企业优先扶持升级；参与评先评优的，优先予以考虑；在房地产资质年度检查中，优先列入绿色通道办理。（六）推行新建商品住房精装修项目，各商业银行机构应加大房地产信贷支持力度，信贷资金额度倾斜，利率优惠，按揭款优先发放，公积金贷款优先安排。

通知要求，要以精装修住房建设质量为重点，开发企业是住房装修质量的第一责任人，承担住房装修质量责任，负责相应的售后服务。开发企业建设精装修住房，应在销售楼盘内建造实体装修样板房，向购房者展示交房标准。开发企业在交房时必须向购房者提供装修质量保证书，包括装修明细表，装修平面图和主要材料及物品的生产厂家，并执行有关的保修期；在住宅使用说明书中载明设施设备相关指标，并明确使用方法和维护要求。建设单位在精装修住房项目预（销）售合同中，应明确主要装修设备和材料的类型。

中国·永春第七届北溪桃花文化旅游节开幕

中国·永春第七届北溪桃花文化旅游节开幕。永春县生态环境优良、旅游资源丰富，此次旅游节是其以生态旅游为主的第三产业崛起的缩影。2015年，永春县实施“闽台乡村旅游试验基地”建设，推出岵山古镇文化生态旅游等5条乡村精品线路，拥有7个国家A级旅游区、2个全国农业旅游示范点等，获省级旅游全域化试点县，全县接待游客数、旅游总收入达360.14万人次和28.7亿元，增幅明显。北溪村位于永春县，栽植有数十种珍稀的桃花树1万多株。

永春县北溪村桃花谷　（图/市农业局）

1月30日

星期六
农历乙未年腊月廿一
温度：10℃—15℃
多云

●泉州市拥军优属慰问分团分组走访慰问各驻闽部队，向部队官兵致以新春问候。

●市住房和城乡建设局、市城乡规划局、市国土资源局发出通知，鼓励推进新建商品住房精装修。

●“邮储有福·福藏万家”——《邮储有福猴年贺岁金》李庆发签售会在泉州邮政大楼举行。

●安溪县“添寿福地·茶香安溪”百岁茶寿星品茗活动举行。

●中国·永春第七届北溪桃花文化旅游节开幕。

1月31日

星期日
农历乙未年腊月廿二
温度：9℃—14℃
阵雨转小雨

●郑新聪专门就做好“两节”市场供应工作作出批示，要求重点抓好六项工作，保证春节、元宵各地市场供应平稳。各相关部门按照郑新聪批示，根据自身职能迅速行动，同心协力确保节日期间的市场供应稳定。

●一架来自菲律宾马尼拉的航班抵达泉州晋江国际机场，飞机上载有100箱货值达1.9万美元的青蟹，系泉州市首批进口的食用水生动物。

●市区五所中学数十名师生及家长自发到丰泽区福利院做好事献爱心。

●为帮助企业拓展市场，降低销售风险，永春县鼓励引导企业利用电子商务平台开展电子商务贸易。

全市各部门迅速行动保障“两节”市场供应

各相关部门按照郑新聪批示，根据自身职能迅速行动，同心协力确保节日期间的市场供应稳定。

市农业局加强农业指导，保证农产品源头供应。之前的低温雨雪天气已让泉州市蔬菜、水果等农作物受灾严重，紧随而来的持续降水更是“雪上加霜”。市农业局派出2个工作组，到惠安、泉港、晋江、石狮、台商投资区等地调查摸底，并组成技术队伍到现场指导，尽快开展补救，降低损失程度。各县（市、区）农技人员，到各乡镇、街道田间一线指导农民清沟排涝，减少农作物受淹时间，同时加强大棚蔬菜管理，天气放晴及时掀开棚膜防风排湿，避免棚室高温高湿病害发生，尽量减少损失，保证市场供应。

市商务局提前安排调度生猪1500头、鲜蛋品20万公斤、蔬菜440万公斤，保障市场供应。通知全市119家省市级副食品调控基地做好防寒抗冻准备工作，科学安排产品上市时间，确保春节副食品供应稳定。

市物价局除启动部分重要商品平价销售方式，督促经营者做到“保证价差、保证质量、保证供应量”外，还跟踪极端天气对市场价格的影响，加强对农副产品、交通运输、旅游餐饮、景点门票等价格和收费的监测、预警和报告。重点查处变相涨价、捏造散布涨价信息、串通涨价、囤积居奇、哄抬价格、价格欺诈以及价外加价、误导性价格标示、不按规定明码标价、不履行价格承诺等各类价格违法行为。同时，对全市近20万城乡低保对象、革命五老人员、重点优抚对象、重度残疾人发放春节一次性价格临时补贴，全市发放价格补贴近3000万元。

市工商局部署开展节日市场专项整治行动，市、县、所三级联动，加大对集贸市场、大型商超、临时集市展会、交通运输站点、网络交易平台等节日消费重点区域的衣、住、行、娱等节日消费重点商品的监督检查力度，打击取缔各类无照经营“黑窝点”，查处制售假冒伪劣商品、虚假广告、不正当竞争、“霸王条款”、消费侵权等违法经营行为，会同有关部门督促禽类销售市场落实业主责任制和“清洗、消毒、休市”等动物流感疫情防控措施，严格值班执勤制度，畅通12315专线电话、微信、网络平台等消费者维权渠道，发布节日消费维权教育预警和节日市场监管动态通报，行政约谈指导重点行业企业。

市食品药品监督管理局对鲤城区、丰泽区、洛江区、泉州开发区等地的食品企业进行突击检查。重点检查承办节日大型聚餐和“年夜饭”较多的餐饮服务单位、大中型商超、集贸市场、食品批发商场等单位。检查的重点品种包括乳制品、肉制品、酒类、食用油、饮料、糕点、儿童食品、食用油、冷冻冷藏食品、民俗特产食品、食用农产品、火锅底料等节令性和热销食品。同时，做好农村集体聚餐食品安全风险防控工作，明确集体聚餐场所环境和设施设备要求，规范集体聚餐食品原料的采购、储存及加工要求，明确集体聚餐举办者、承办者的责任与义务，加强农村食品安全协管工作。

泉州市首次进口食用水生动物

一架来自菲律宾马尼拉的航班抵达泉州晋江国际机场，飞机上载有100箱货值达1.9万美元的青蟹，系泉州市首批进口的食用水生动物。泉州晋江国际机场也是继厦门高崎机场、福州长乐机场之后，全省第三家进口食用水生动物的空港口岸。泉州至菲律宾飞航时间仅需2个多小时，意味着菲律宾海鲜上午捕捞，下午就能到达泉州并上架供应。

永春县鼓励引导企业开展电子商务贸易

为帮助企业拓展市场，降低销售风险，永春县鼓励引导企业利用电子商务平台开展电子商务贸易。图为永春县胜美兰花基地的工人忙着打理兰花，准备发往全省各地。该基地借助电子商务平台，年销售量可达2万盆。　　（图/姚德纯）

郑新聪到洛江区调研

市委书记郑新聪到洛江区开展“促进项目落地、帮扶企业发展”活动周调研，并召开座谈会听取部分台商意见，通过他们向全市台商、在泉台胞拜年。在信和新材料公司，郑新聪对企业自主研发取得的成果表示肯定，要求相关部门加大科研创新帮扶力度，引导企业继续向行业高端领域发展。在福建新源重工的车间，郑新聪希望洛江区发挥“数控一代”示范效应，引导企业加快智能化改造，找准细分市场、明确定位，增强竞争力。洛阳江流域洛江区河市段综合整治工程项目作为全省第一个采用PPP模式建设的水利项目，该项目将实现投资、建设、管养一体化。郑新聪指出，在建设过程中要保留原生态景观，打造泉州市郊生态旅游精品路线。同时，要求洛江区抓早抓实，推进“项目前期工作活动年”，策划实施一批大项目、好项目，为发展增添后劲。面对台资企业家们提出的支持事项，郑新聪表示，泉台渊源深厚，广大台企为泉州发展作出积极贡献。泉州将进一步加大力度服务扶持好台资企业，出台专门的融资支持措施，并确保优先兑现政策、优先列入各级党委政府协调调度范畴等。

康涛检查节日保障工作

市长康涛率队检查节日市场供应、食品安全、安全生产以及春运等工作。副市长陈荣洲、林万明参加检查。在新门菜市场和泉州市水果批发市场，康涛实地走访市场摊点，详细了解市场供应、价格运行和农产品质量安全检测等情况。在客运中心站，康涛来到安全例检室和出口安全检查关口，要求客运站严格落实安全检查的企业主体责任，强化各环节安检人员安全和责任意识，严格安全例行检查，确保旅客安全出行、平安到家。在泉州火车站，康涛要求车站和相关部门联合做好危化品检查、反恐反暴、快速疏解以及站台、扶梯等关键环节的安全工作，同时采取多开服务窗口、设置青年志愿服务岗等措施，努力为旅客提供优质温馨的服务。在高速公路泉州北出入口，作为全市36个检查点之一，春运交通安全监督服务岗正开展例行检查，为行将驶上高速公路的客运车辆再上一道安全保险。康涛亲切慰问工作人员，勉励他们按要求实行24小时值守，严查交通违法行为，确保春运安全有序。

温惠榕 周真平到安溪调研企业项目

市委常委、市纪委书记温惠榕，副市长周真平带领有关部门负责人到安溪县，开展“促进项目落地、帮扶企业发展”活动和节前走访慰问活动，协调解决有关问题。市领导一行察看位于安溪县湖头镇的信达光电一期厂房，听取信达光电二期、中科生物、晶安光电三期、天电光电等系列项目规划建设情况。

千名来泉务工人员搭乘专列返乡

来自全市各地的1000余名来泉务工人员，分别搭乘两趟经停泉州火车站“平安返乡”专列，踏上返乡路。开行的两趟专列分别前往江西南昌站以及湖北武汉汉口站。2016年是泉州市开展“平安返乡”专列活动的第12个年头。这项由市总工会与泉州晚报社等单位联合主办的惠民活动受到来泉务工人员的欢迎。为方便务工人员出行，市总工会为来泉务工人员提供周到的包动车订票服务。泉州火车站提前为泉州地区数十家大型企业的务工人员办理返乡车票，并将1000多张车票送到务工人员手中。同时，开展歌舞表演、送春联和猴年吉祥物等充满年味礼物的活动，让旅客回家路温馨相伴。搭乘专列到达南昌站的旅客，无须再为短途接驳而烦忧，抵达南昌出站后，可直接换乘大巴到家门口。

活动现场　（图/夫寿民）

2月1日

星期一
农历乙未年腊月廿三
温度：8℃—11℃
小雨

●郑新聪到洛江区开展“促进项目落地、帮扶企业发展”活动周调研。

●郑新聪、康涛带队看望、慰问央视猴年春晚泉州分会场演职人员。

●康涛率队检查节日市场供应、食品安全、安全生产以及春运等工作。

●温惠榕、周真平带领有关部门负责人到安溪县，开展“促进项目落地、帮扶企业发展”活动和节前走访慰问活动。

●2016年泉州出入境检验检疫工作会召开。

●泉州师范学院与厦门大学经济学院举行合作签约仪式。随后，召开“泉州市政府与厦门大学经济学院”对接座谈会。

●来自全市各地的1000余名来泉务工人员，分别搭乘两趟经停泉州火车站“平安返乡”专列，踏上返乡路。

●即日起，泉州可以办理住房公积金异地个人住房贷款业务。

2月2日

星期二
农历乙未年腊月廿四
温度：6℃—10℃
阴转多云

●全市农业农村暨扶贫开发工作会议召开。

●全市组织部长会议召开。

●鲤城区第三届“我们是一家人”与一线环卫工同吃年夜饭活动举行，800多名身穿橙色工作服的鲤城区环卫工人同吃年夜饭。

●以“湿地关乎我们的未来：可持续的生计”为主题的福建省第二十届“世界湿地日”宣传活动在洛阳桥边举行。

全市农业农村暨扶贫开发工作会议召开

全市农业农村暨扶贫开发工作会议召开。会上，市委、市政府与相关县（市、区）、泉州台商区分别签订脱贫攻坚责任书。泉州市扶贫开发目标任务是确保到2018年，年收入低于4992元标准线的贫困人口全部脱贫，所有扶贫重点村全部摘帽；现有扶贫扶持政策延续到2020年。

市领导郑新聪、康涛、周银芳、吕竞、林万明、吴共湖等参加会议。

会议指出，一要精准识别明底数，走遍所有贫困乡、贫困村、贫困户，把对象摸清、把家底盘清；对建档立卡开展“回头看”，逐个重新审核，确保扶到点上、扶到根上；所有贫困人员名单在一定范围公示，接受群众监督，与群众一起算账、让群众一起认账。二要定向施策断穷根，按照“五个一批”要求，找准“病灶”、开对“药方”。抓产业造血，支持贫困村发展“一村一品”，加强就业技能培训；抓保障兜底，逐年提高低保标准，完善社会救助；抓易地搬迁，实施造福工程，确保群众搬得出、稳得住、能致富。三要动态管理保稳定，完善脱贫认定机制，应进则进、应退必退；对已脱贫农户，继续给予一段时期扶持政策，扶上马、送一程。

会议强调，农业农村工作做好了，扶贫工作才能“水涨船高”，要着力夯实“三农”发展基础，实现与扶贫攻坚相促进、双提升。要推进农业供给侧结构性改革，突出壮大特色优势农业，以产业化运作为抓手，以设施农业为重点，以种业创新为突破，以质量安全为保障，加快推动农业现代化。要突出推动形成大农业体系，导入现代经营，促进“接二连三”，叠加生活、生态、文化等多重效益，提升农业增值增效空间。要突出延伸基本公共服务，加强基础设施建设，补齐社会事业短板，提升美丽乡村建设，推动城镇公共服务向农村延伸。要突出做好农村改革这篇大文章，开展土地承包权确权登记颁证工作和“三块地”改革试点，提升农村金融服务水平，培养更多职业农民成为农业生产主力军。

会议强调，要加快农业转型升级，以路线图的思维，突出“接二连三”，加强农业供给侧结构性改革，加快培育壮大特色现代农业；要着力补齐农业农村短板，进一步完善农村生产生活基础设施，促进城乡基本公共服务均等化，大力建设美丽乡村；要打好脱贫攻坚战，各方块要不折不扣完成扶贫攻坚责任书，突出因人因地精准施策，用好市级扶贫开发专项资金，广泛动员汇集更多社会扶贫资源，确保完成年度脱贫任务。

全市组织部长会议召开

全市组织部长会议召开，会议深入学习贯彻落实全国、全省组织部长会议精神，研究部署2016年全市党的建设和组织工作任务。市领导郑新聪、李建辉、孔繁军、曾巍参加会议。市委常委、组织部部长孔繁军主持会议并总结部署全市组织工作。

会议要求，要抓好龙头任务，扎实开展“两学一做”学习教育，教育引导党员聚焦基本标准、树立行为规范，学好党章党规；聚焦理论武装、统一思想行为，学深系列讲话；聚焦思想作风、解决突出问题，争做合格党员。要强化主体责任，按照省委“五抓五看”要求，完善党建工作考核综合评价体系，健全管党治党机制，深化基层党建项目化，推动全面从严治党落地生根。各级党委（党组）特别是一把手，要对该地区该单位的政治生态负责，切实担负起管党治党的政治责任。要突出忠诚干净担当，选优配强堪当“五个泉州”建设重任的领导班子。在市县乡换届工作中，要强化党对换届工作的统一领导，改进后备干部队伍建设、推行量化考评、严肃个人有关事项报告，把好选人用人关；优化班子功能，坚持老中青相结合的梯次配备，重视选好配强各级党政一把手，着力提高领导班子专业化水平；净化换届风气，注意做好深入细致的思想政治工作，把纪律和规矩挺在前面。

会议现场　（图/徐国伟）

郑新聪看望慰问坚守岗位的新闻工作者

市委书记郑新聪到泉州晚报社和泉州广播电视台，看望慰问坚守岗位的新闻工作者。市领导翁祖根参加慰问。郑新聪对泉州晚报社过去一年的工作成效给予肯定，为全体采编人员和干部职工送上新春祝福，并饶有兴致地参观泉州晚报编辑部、东南早报编辑部、泉州网编辑部和新媒体中心。郑新聪勉励采编人员继续当好党委“喉舌”，充分发挥主流媒体的舆论引导功能，宣传报道好市委、市政府中心工作，关注百姓民生，弘扬主旋律、传递正能量。郑新聪还点击鼠标，通过泉州通客户端，向海内外关心泉州发展的朋友们送上新年祝福。

随后，郑新聪与报社新闻工作者代表亲切座谈。他指出，过去一年，泉州大事多、喜事多，同时也面临经济下行压力持续加大的严峻考验。泉州晚报社旗下泉州晚报、东南早报、泉州商报、泉州网、泉州通等媒体紧紧围绕中心、服务大局，重点工作宣传点题精、有分量，创业创新报道下功夫、氛围浓，城市文化推介渠道多、覆盖全，多元经营思路广、办法多，全体采编人员特别能吃苦、特别能战斗，出色完成了主流媒体应当承担的使命和任务。就报社新一年发展，郑新聪要求，要坚守阵地，坚持“党报姓党”，宣传贯彻好中央、省、市重要会议精神，加强稳增长、创业创新、“海丝”先行区建设等热点解读，用生动活泼、贴近百姓的语言形式传播好党委、政府的声音。要创新发展，在现有基础上加快传统媒体和新兴媒体深度融合，强化市场运作，挖掘新增长点，加快推动报业系统转型升级，保持全国地市报前列地位。要带好队伍，加强新闻工作者的党性修养、职业操守和专业素质教育，关心爱护一线采编人员，带领全体员工心往一处想、劲往一处使，为“十三五”开局起步和“五个泉州”建设鼓呼造势。

康涛调研公立医院建设

市长康涛带队专题调研公立医院建设。市委常委、常务副市长林伯前，市政府秘书长吴友才参加调研。康涛先后来到泉州医高专附属人民医院、一院城东分院和福建医大附属二院东海院区，实地察看医院门诊环境、住院条件，详细了解医院设备配置、人员配备情况，以及后续项目建设的有关情况。随后，康涛主持召开座谈会，听取全市卫生工作情况汇报，以及部分公立医院负责人就医院扩建项目推进、医疗人才队伍建设、医疗水平提升等方面提出的建议和意见。

就下阶段工作，康涛强调，要进一步明确发展目标和定位，软硬并举、长短结合，推进全市医疗卫生事业阔步向前。要切实摸清群众医疗卫生需求，厘清新项目怎么推进、人才从哪里来等关键问题，加快医疗资源建设，打造区域性医疗中心。公立医院要发挥各自的软硬件特长，错位发展，建设富有特色的重点学科和医院品牌，满足多元需求。各级各部门要加大保障力度，特别是卫生管理部门要建立有力的工作班子，按照医疗资源建设近中远期目标任务，制定建设实施方案，明确各环节的时间节点，及时协调解决具体困难和问题；财政、规划、建设等职能部门要强化支持服务，为医疗卫生事业发展营造良好环境。

陈万里　孔繁军到惠安调研企业项目

根据市委、市政府“促进项目落地、帮扶企业发展”活动周的安排，市人大常委会主任陈万里，市委常委、组织部部长孔繁军带队深入惠安县企业、项目一线，了解企业生产经营和项目建设进展，帮助协调解决困难问题。

福建起步儿童用品有限公司在行业下行压力持续加大的情况下逆势上扬，保持增长，集团总产值高达3亿元，为惠安当地提供2600多个劳动岗位。市领导肯定企业所取得的成绩，对他们到泉州打品牌、作贡献表示感谢。就企业提出的上学难、坐车难等问题，市领导当场要求当地政府抓紧周边教育、交通、商业等配套建设，为企业分忧解难。回头客食品（福建）有限公司是一家致力于中西式蛋糕、华夫饼、薯片等休闲食品研发、生产与销售为一体的专业化食品企业。企业希望政府在税收等方面对研发新品给予政策帮扶。市领导表示，各级各相关部门要主动对接，尽心帮扶，让利好政策更好更快落地；企业自身也要找准市场定位，补齐短板，努力提升企业核心竞争力。

市领导随后走访泉州造船厂、福建永悦科技股份有限公司等，为企业发展加油鼓劲，要求有关方面集中力量，积极向上争取资金和政策，协调解决企业融资、税费减负等困难。

2月3日

星期三
农历乙未年腊月廿五
温度：8℃—15℃
多云

●郑新聪到泉州晚报社和泉州广播电视台，看望慰问坚守岗位的新闻工作者。

●康涛带队专题调研公立医院建设。

●陈万里、孔繁军带队深入惠安县企业、项目一线，了解企业生产经营和项目建设进展，帮助协调解决困难问题。

2月4日

星期四
农历乙未年腊月廿六
温度：8℃—14℃
阴转多云

●市委、市政府举行2016年新春团拜会。

●康涛带队到石狮专题调研科技小巨人企业。

●市政府发出通知，为鼓励企业2月份早开机开满机，市政府实行电力奖励政策，单家企业最高可获电力奖励150万元。

●央视综艺报道：央视春晚，泉州最美。第一颜值，当属泉州文庙红红火火的热闹景象。

2016年新春团拜会举行

市委、市政府举行2016年新春团拜会，畅叙情谊、共话发展。郑新聪、康涛、陈万里、杨俊峰、周银芳等市四套班子领导，泉州军分区主要领导，市中级法院、市检察院领导，回泉过节的泉籍厅级以上领导，原任地市级老领导，在泉高校负责人，中心城区和泉州开发区、泉州台商投资区主要领导，市直机关、各民主党派、人民团体、驻泉省部属有关单位主要负责人，驻泉部队主要领导，在泉主要新闻媒体负责人，以及社会各界代表等出席团拜会。

市长康涛主持团拜会。市委书记郑新聪代表市四套班子，向全市广大人民、离退休老同志，向驻泉部队、武警官兵和公安干警，向所有关心支持泉州发展的海内外乡亲和各界朋友们拜年。

郑新聪指出，这一年，泉州经济实力实现新提升，经济总量连续17年领跑全省，实现“十二五”圆满收官。创新转型取得新进展，在全国率先发布实施《泉州制造2025》，国家“数控一代”示范工程深入推广，引进中化乙烯等重特大项目和要素平台，为新一轮发展注入强劲动力。先行先试迈开新步伐，成功举办第十四届亚洲艺术节，“海丝”国际艺术节永久落户泉州，综合保税区正式获批，工商登记等改革释放新活力。环湾城市、新型城镇化、美丽乡村、“七库连通”等齐头并进，39件为民实事惠泽民生，获评全国文明城市，通过国家生态市验收，年度精准脱贫5.4万人，群众生活品质有了新提升。与此同时，我们切实担负起全面从严治党政治责任，深入开展“三严三实”专题教育，着力正风肃纪，风清气正的政治生态进一步形成。

展望“十三五”美好蓝图，机遇与挑战并存，压力与责任俱在。郑新聪表示，全市将顺应建设“新福建”导向，坚决落实省委、省政府对泉州提出的确保“红旗不倒”、继续当好“领头羊”要求，致力建设“创新、智造、海丝、美丽、幸福”的现代化泉州；激扬泉州人“爱拼会赢”精神，以供给侧结构性改革引领发展动力转换，统筹抓好“项目前期工作活动年”、环湾城市建设、生态文明、脱贫攻坚、补齐民生短板等重点工作，实现“十三五”开好局起好步。

团拜会现场　（图/陈起拓）

康涛到石狮调研科技小巨人企业

市长康涛带队到石狮专题调研科技小巨人企业。在富兴包装材料有限公司，依靠先进生产线和检测设备，企业2015年业绩大幅上扬。康涛详细了解企业研发和运营情况，要求相关部门主动服务，协助企业建好企业技术中心，打造具有辐射带动作用的公共服务平台。新投建的宏兴染整织造有限公司引进国际先进节能减排生产设备的同时，致力技术研发和产品开发。康涛寄望企业年后试车顺利，尽快达产，并要求当地政府和科技部门做好服务和保障。在通达电器有限公司，康涛鼓励企业再接再厉，进一步做大做强；要求石狮市政府加大扶持力度，推动智能硬件产业集群快速发展。在飞达通信设备有限公司，康涛指出，海洋船舶通信导航这一高科技产品发展前景广阔，希望企业加大研发力度，在同行业中脱颖而出，保持优势，成长为领军企业。

市政府发出通知实行电力奖励政策

市政府发出通知，为鼓励企业2月份早开机开满机，市政府实行电力奖励政策，单家企业最高可获电力奖励150万元。通知指出，为应对当前工业经济下行压力，推动全市工业经济稳定增长，在《泉州市人民政府关于扶持全市工业发展十八条措施的通知》（泉政〔2016〕1号）基础上，提出电力奖励政策，对规模以上制造业企业2016年2月份用电量达到1月份用电量60%以上部分（五万千瓦时以上），每千瓦时奖励0.2元，单家企业最高不超过150万元，省级增产增效奖励可叠加享受。文件明确提出，落实省政府有关鼓励企业增产增效用电奖励，对季度工业总产值不低于5000万元且现价同比增长9%及以上的规模以上制造业企业，企业季度用电量同比增长低于5%、5%及以上的，按企业季度用电增量分别给予每千瓦时0.05元、0.1元奖励。

郑新聪带队检查春运工作

市委书记郑新聪带队检查春运工作，看望和慰问坚守春运一线的干部职工。在泉州火车站前，交通行政综合执法支队负责人汇报，火车站只有一条出租车候客通道，公交车道狭窄，拥堵问题日益突出。郑新聪认真查看现场情况后现场办公，要求有关部门抓紧研究处理，确保进出站旅客疏运顺畅。在泉州汽车站和泉厦高速池店出口春运交通服务岗，郑新聪询问安全管理、旅客服务、停车秩序、车辆检修等每个细节的每项措施。

郑新聪用“五个到位”对做好下阶段春运工作作出部署。他强调，责任落实要到位，全市各相关部门要全面动员、全线行动、全力以赴，在春运办统一协调下，切实履行职责，坚持每日一会商，加强值班值守，科学及时处置各种情况，自始至终把春运工作抓细、抓实。运力保障要到位，及时掌握客流变化，针对性地制定运输方案，合理安排运力，让旅客“走得了、走得顺”，同时做好物资运输保障。安全监管要到位，坚持“党政同责、一岗双责、齐抓共管”，严格落实企业安全生产主体责任，着重把好隐患排查关、安全制度关、旅客检查关、违章整治关、治安管理关。应急处置要到位，制定和完善专项应急预案，统筹安排应急救援、应急运力组织，扎实做好恶劣天气应对、应急物资储备等工作，建立道路畅通保障机制。氛围营造要到位，牢固树立“以人为本”服务理念，突出便捷售票，继续开展“情满旅途”“务工人员平安返乡”等活动，加大维权力度，及时帮助旅客排忧解难，发挥志愿者作用，努力提升服务水平，确保群众回家路平安顺畅。

市领导看望慰问坚守岗位职工

市领导康涛、陈万里、周银芳、许昆贞、周真平、卢炳椿分别带队慰问节日期间坚守岗位的职工，向他们送上新春的祝福和节日慰问金。市长康涛到鲤城区开元街道和市环卫处中转站，了解春节期间全市环卫工作运行情况，和环卫工人们亲切交流，叮嘱市政管理部门和相关区、街道等要多关爱这个值得尊敬的人群，帮助他们解决实际困难和问题，多为他们提供爱心服务点等工作便利。

市人大常委会主任陈万里、副市长周真平带队前往泉州高速出入口（西福）交通安全监督服务岗和交通警察执法站、泉州客运中心站慰问坚守岗位的一线干部职工，向他们致以新春的问候。市领导与一线员工亲切交流，详细询问春运情况。市委副书记周银芳到泉州公交工人文化宫首末站，亲切慰问坚守岗位的一线公交驾驶员。他希望公交公司继续做好出行服务、抓好生产安全，同时多关心一线驾驶员生活，合理安排轮休。周银芳来到泉南供水有限公司总控室看望值班人员，感谢他们“舍小家顾大家”、确保市区节日供水安全，并致以新春问候。

市委常委、政法委书记许昆贞，副市长、市公安局长卢炳椿慰问鲤城公安分局江南派出所、武警支队二大队六中队，市公安局技侦支队、禁毒支队，消防支队特勤大队二中队、丰泽公安分局刑侦大队的广大公安、武警、消防干警。希望干警们加强值班备勤、安保服务，以临战的姿态、扎实的作风、坚决有力的措施，确保广大人民群众度过一个平安、祥和、快乐的春节。

市政府第八十八次常务会议召开

市政府第八十八次常务会议召开。市长康涛主持会议。市委常委、常务副市长林伯前，副市长陈荣洲、周真平、陈灿辉、林万明，市政府秘书长吴友才参加会议。市人大常委会副主任洪泽生、市政协副主席李冀平列席会议。

会议研究并通过光电、造纸及纸制品、机械装备、建材家居、信息技术、电子商务、旅游等产业转型升级路线图。会议要求，各级各部门要根据路线图的要求，要有针对性地理出近中期各产业的发展重点和项目，抓紧启动实施；要加强组织领导，每个路线图均成立一个工作领导小组，有针对性地开展招商工作；要完善督查机制，每季度开展一次路线图落实情况检查，确保各项工作有序推进。

新春佳节来临之际，会议要求，各级政府的党员干部要增强廉洁自律意识，勤俭过节、廉洁过节、文明过节；要扎实做好安全生产工作，保障节日市场供应，关心城乡困难群体，做好信访和矛盾纠纷排解工作；要抓好节前工作收尾和节后工作衔接，确保“关好门、早开门”；要加强值班值守，确保各项工作正常运转。

2月5日

星期五
农历乙未年腊月廿七
温度：7℃—13℃
阴转多云

●郑新聪带队检查春运工作，看望和慰问坚守春运一线的干部职工。

●市领导康涛、陈万里、周银芳、许昆贞、陈庆宗、周真平、卢炳椿分别带队慰问节日期间坚守岗位的职工，向他们送上新春的祝福和节日慰问金。

●市政府第八十八次常务会议召开。

2月6日

星期六
农历乙未年腊月廿八
温度：5℃—14℃
多云转晴

●市领导分别走访慰问原任地厅级老领导、老同志，向他们致以最诚挚的新年祝福。

●新春佳节将至，市领导分组带队深入一线看望慰问节日期间仍然坚守岗位的职工，为他们送去节日的祝福。

●《解放军报》刊发报道《拥军优属，对接战斗力建设需求》，介绍泉州双拥工作先进事迹。

●春节、元宵节期间，中心市区禁止燃放烟花爆竹及放飞孔明灯等升空物体（简称“双禁”），全市公安、行政执法部门组织开展整治行动。

●台湾高雄发生里氏规模6.7级地震，地震在台南造成重大损失，泉州震感强烈。

市领导走访慰问老同志

春节临近，连日来，市领导分组看望、慰问部分老领导、老同志，向他们致以节日的问候和祝福。市委书记郑新聪，市委常委、秘书长、统战部长翁祖根先后登门看望施永康、胡美金、林大穆、朱明等老同志，关心他们的生活起居及健康状况，致以新春祝福。市长康涛看望李建国、王继超、尤垂镇、涂瑞南等老同志，为他们送上新春祝福，并介绍上年全市各项主要工作和取得的成绩。康涛表示，2016年是“十三五”开局之年，泉州正朝着建设“创新、智造、海丝、美丽、幸福”现代化泉州的目标努力奋进，希望老干部发挥政治坚定、经验丰富等优势，继续为全市工作提出宝贵的意见和建议。市人大常委会主任陈万里一行到傅圆圆、周玉堂、王福起等老同志家中，祝福他们新春快乐、阖家幸福，希望他们多为全市经济社会等各领域发展建言献策。市政协主席杨俊峰登门慰问林文麟、林荣取、齐世和、叶聪敏等老同志，感谢他们长期以来对泉州发展所作的贡献，向老干部致以新春祝福和节日慰问。市领导许昆贞、翁祖根、温惠榕、林伯前、林俊其、李建辉、陈荣洲、周真平、卢炳椿、陈灿辉、林万明、张永宁等也分别走访慰问老领导、老同志，传递新春问候和美好祝福。

市领导慰问坚守岗位职工

新春佳节将至，市领导分组带队深入一线看望慰问节日期间仍然坚守岗位的职工，为他们送去节日的祝福。市长康涛率队到福建联合石化公司、中化泉州公司慰问一线职工。市政协主席杨俊峰一行到南安石井，慰问“泉金”航线检验检疫、海关、边检、公安出入境管理处和海事等部门的工作人员。市委常委、市纪委书记温惠榕带领有关部门负责人慰问市看守所、市司法强制隔离戒毒所、市拘留所、市收容教育所、泉州监狱、市戒毒所等单位节日期间坚守岗位的监所民警，为他们送去新春祝福。市委常委、常务副市长林伯前带队前往泉州市儿童医院、泉州市第一医院、福建医科大学附属第二医院、泉州市中医院、泉州市急救中心等医疗卫生单位慰问节日期间坚守岗位的卫生系统工作人员，向他们致以诚挚问候和新春祝愿。市委常委、组织部长孔繁军，副市长陈灿辉带队到泉州市邮政管理局、泉州市电业局、中国电信泉州分公司、中国移动泉州分公司、中国铁塔股份有限公司泉州市分公司、中国联通泉州分公司，慰问坚守岗位的干部职工。

春节元宵期间开展“双禁”整治

春节、元宵节期间，中心市区禁止燃放烟花爆竹及放飞孔明灯等升空物体（简称“双禁”），全市公安、行政执法部门组织开展整治行动。行政执法部门开展孔明灯、氢气球专项整治，2月7日至14日、2月21日至22日两个重点时段在重点区域派人守点，加强巡查督查。整治范围以泉州晋江国际机场跑道中心线为基准，涵盖两侧各15公里、跑道两端各21.4公里区域，主要包括以下区域：鲤城区、丰泽区、开发区、台商投资区、晋江市全境；洛江区万安、双阳；石狮市湖滨、凤里、灵秀、宝盖、蚶江、祥芝、鸿山；南安市水头、官桥、丰州等。重点整治区域为鲤城区中山公园、笋江公园、府文庙、新门街；丰泽区森林公园、江滨公园、沃尔玛（江滨北路）、东湖公园、西湖公园、中国闽台缘博物馆、泉州商城广场、清源山；晋江市世纪公园、敏月公园、安海公园、书展公园、阳光广场；石狮市人民广场、鸳鸯池公园、龟湖公园、黄金海岸等。

猴年陶瓷作品《洪福齐天》迎新春

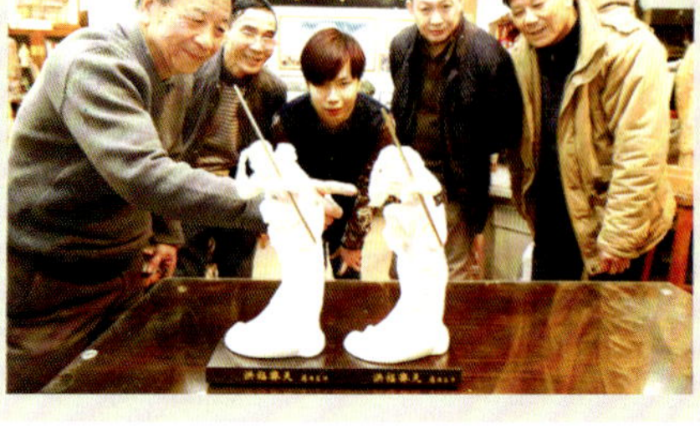

猴年将至，泉州不少艺术家将猴元素融入自己的创作中。在卢思立工艺美术馆，工艺美术大师卢思立正在给朋友介绍他的新年陶瓷作品《洪福齐天》。（图/陈英杰）

市委书记郑新聪发表新春致辞

乡亲们、朋友们：

金猴献瑞，福满人间。在这辞旧迎新的喜庆时刻，我谨代表泉州市委、市政府，向全市人民祝福新年！向驻泉部队、武警官兵和公安干警，向节日坚守在工作岗位上的同志们，表示亲切的慰问！向所有关心、支持泉州发展的港澳台同胞、海外侨胞、在外泉商和各界朋友，致以美好的祝愿！

这一年，泉州以文化促开放为主题，“海丝”先行打开新局面。我们认真履行文化外交使命，成功举办第十四届亚洲艺术节暨第二届“海丝”国际艺术节，40多个国家1500多名嘉宾、百万网友通过亚艺节官网倾情参与，一起演绎了“情系亚洲 逐梦海丝”。2015年，“海丝”艺术公园·亚洲园建成开放，联合国“海陆丝绸之路城市联盟”工商理事会秘书处永久设在泉州，我们在延续历史中不断创造新的历史。

这一年，泉州以创新转型为动力，经济实力实现新提升。我们率先发布实施了《中国制造2025》首个地方样板《泉州制造2025发展纲要》、国家“数控一代”应用首个地方试点，引进了中科院、华中科大等33个高端科研平台，以及中化乙烯、莲花汽车、国家集成电路大基金等重特大项目和要素，为制造业中高端化注入内生动力。2015年，全市GDP达6138亿元、增长8.9%，一般公共预算总收入达805亿元、增长11.3%，经济总量连续17年领跑全省，泉州迎难而上、当好“领头羊”的信心和基础更加具备、更加扎实。

这一年，泉州以群众获得感为导向，民生福祉有了新改善。我们把群众呼声作为行动信号，着力推动新型城镇化、美丽乡村、“七库连通”大型水利等民生建设，城乡公共服务资源全面扩容，新办理流动人口居住证77万张，实现年度精准脱贫5.4万人。我们首次赢得全国文明城市称号，还通过国家生态市、全国绿化模范城市考核验收。

凡是过去，皆为序章。站在两个五年规划的历史交汇点，我们将激扬泉州人“爱拼会赢”精神，承前启后、砥砺奋进，致力建设“创新、智造、海丝、美丽、幸福”的现代化泉州，努力在更高水平上全面建成小康社会，让更多人梦想成真，让群众生活更加美好！

衷心祝愿全市人民、海内外乡亲和各界朋友新春快乐、身体健康、阖家幸福、万事如意！

市委书记郑新聪发表新春致辞　（图/泉州晚报社）

央视猴年春晚东会场演出在泉州府文庙举行

7日除夕夜，央视2016年春晚东会场演出在泉州府文庙举行，晚会由央视主持人李佳明和泉州广播电视台主持人赵琳硕主持。2016年央视春晚四大分会场与北京主会场密切联动，实现五地同唱一首歌的盛况，为海内外观众奉献一台“接地气、聚人气、鼓士气、兴喜气”的文化盛宴。开场时，镜头切到泉州会场时，从开场的船工号子，到舞台背景中的郑和下西洋宝船，高悬的红帆，喧天的祈福金锣，庄严的祭海仪式……两岸人民共同演绎的出海场景气势恢宏，将“海丝”元素展现得淋漓尽致。泉州的专属时间里，沙宝亮、吉克隽逸和胡歌、许茹芸分别唱响《快乐想念》《相亲相爱》，一首流传于两岸的童谣“丢丢铜”溶入流行歌曲《一想到你》，成为首次唱响的《快乐想念》。19支800人组成的民俗团队带着16种民俗节目亮相，拍胸舞、火鼎公婆、龙阁阵、跳火群等，为观众展现最原汁原味的闽南风情。零时的跳火盆喜迎新年，泉州分会场各个环节以自己的方式诠释“央视春晚，泉州最美”的口号。台上，身着惠安女、公式埔女、湄洲女、畲族女和客家女服饰的“福建五女”、身着台湾高山族服饰的汉子和姑娘，以及身着朝气蓬勃现代服饰的年轻人载歌载舞；台下，梨园女、惠安女和湄洲女手提妈祖灯，组成龙灯队，从大成门通过泮桥在观众席中盘旋游走。

央视春晚泉州分会场，演员们表演《美丽中国走起来》（图/泉州晚报社）

2月7日

星期日

农历乙未年腊月廿九

温度：6℃—14℃

晴

●郑新聪发表新春致辞。

●除夕夜，央视2016年春晚东会场演出在泉州府文庙举行。

●备战春节“黄金周”，泉州旅游热线24小时值班。

2月8日

星期一
农历丙申年正月初一
温度：7℃—17℃
晴

●惠安螺阳镇下埔村村民聚集在村民活动中心，观看一年一度的乡村篮球赛和腰鼓队表演。

●辋川镇峰崎村举行一场群众自编自导自演、村民自唱自说自看、别具风格的“乡村春晚”。

●从市国资委获悉，泉州市产权交易中心2015年成交项目882宗，挂牌总价491196万元，成交总价657606万元，增值总额166410万元，增值率33.88%，有效实现国有资产保值增值，取得良好的社会效益。

●从泉州湾河口湿地自然保护区管理处了解到，2015年，泉州通过实施湄洲湾航道扩建工程生态补偿项目、中央财政湿地保护补助项目等，复育777亩红树林。

●第二届泉州市工艺美术大师出炉，全市150名工艺美术大师入选，涵盖陶瓷、石玉雕、木雕、藤铁工艺、濒危艺种和其他艺种等几大类，较好地反映泉州市工艺美术人才发展情况。

2015年产权交易成交项目882宗

从市国资委获悉，泉州市产权交易中心2015年成交项目882宗，挂牌总价491196万元，成交总价657606万元，增值总额166410万元，增值率33.88%，有效实现国有资产保值增值，取得良好的社会效益。市产权交易中心与市旅游协会共同组建“海丝”泉州旅游资源交易平台，为地方政府、旅游企业以及关注旅游产业发展的投资机构提供旅游项目招商、企业融资、企业股权交易、旅游实物资产交易、旅游产品发布等各类服务，促进泉州旅游资源和资本结合，有效助推了旅游产业深度转型升级。市产权交易中心还积极建立国有车辆市场化交易机制以配合泉州落实公车制度改革。通过泉州产权交易中心搭建的专业网络交易平台，公车交易被搬到网上，全程依托网络公开竞价，竞买者在任意能够连通互联网的地方登录竞价系统即可参与竞价，不受任何人干扰，并且竞买参与者不限数量、不受地域的限制，能大大提高竞价的成交率、增值率，同时确保整个交易过程透明、阳光，避免现场围标串标、暗箱操作等现象的发生。数据显示，2015年全市53部公车进场处置，挂牌总价为223万元，成交总价为233万元，增值额10万元，增值率4.48%。

2015年泉州复育红树林777亩

从泉州湾河口湿地自然保护区管理处了解到，2015年，泉州通过实施湄洲湾航道扩建工程生态补偿项目、中央财政湿地保护补助项目等，复育777亩红树林。湄洲湾航道扩建工程生态补偿项目分为两个标段。其中丰泽后渚段完成互花米草除治、红树林种植约50亩；洛阳曾垵段完成302.2亩低质低效红树林修复任务。2013年中央财政湿地保护补助项目也于2015年实施，共投入94万元，对洛阳曾垵至西吟头425.83亩低质低效红树林进行补植修复，改善保护区及周边地区的生态环境。此外，泉州再次获批2015年中央湿地保护补助项目300万元，主要任务是治理450亩互花米草。

与此同时，为了维持良好的湿地生态环境，泉州市持续开展各项科研监测。委托福建师范大学进行为期1年每月1次、每次2天的鸟类监测。委托厦门大学生命科学学院开展泉州湾河口湿地省级自然保护区植物资源调查，从2015年3月至2016年4月对保护区内植物种类组成与分布进行调查，采集200份植物标本，并将形成保护区植物区域分布图。此外，泉州还开展全市红树林主要病虫害种类调查工作，全面掌握红树林主要病虫害种类。泉州将加大生态定位站的建设管理，继续对红树林植物病虫害和底栖生物、候鸟迁徙、鹭类繁殖、两栖动物、中华白海豚洄游等动植物资源开展监测，全面掌握保护区本底资源，为保护区升级打好基础。

相关链接：红树林指生长在热带、亚热带低能海岸潮间带上部，受周期性潮水浸淹，以红树植物为主体的常绿灌木或乔木组成的潮滩湿地木本生物群落。组成的物种包括草本、藤本红树。它生长于陆地与海洋交界带的滩涂浅滩，是陆地向海洋过度的特殊生态系。红树以凋落物的方式，通过食物链转换，为海洋动物提供良好的生长发育环境，同时，由于红树林区内潮沟发达，吸引深水区的动物来到红树林区内觅食栖息，生产繁殖。由于红树林生长于亚热带和温带，并拥有丰富的鸟类食物资源，所以红树林区是候鸟的越冬场和迁徙中转站，更是各种海鸟的觅食栖息，生产繁殖的场所。红树林另一重要生态效益是它的防风消浪、促淤保滩、固岸护堤、净化海水和空气的功能。盘根错节的发达根系能有效地滞留陆地来沙，减少近岸海域的含沙量；茂密高大的枝体宛如一道道绿色长城，有效抵御风浪袭击。

第二届泉州市工艺美术大师出炉

第二届泉州市工艺美术大师出炉，全市150名工艺美术大师入选，涵盖陶瓷、石玉雕、木雕、藤铁工艺、濒危艺种和其他艺种等几大类，较好地反映泉州市工艺美术人才发展情况。该届工艺美术大师评选从2015年9月开始，至12月结束，吸引全市248名工艺美术大师申报参评。其中，陶瓷类107名（含树脂5名）、石玉雕类45名、木根雕类28名、藤铁工艺15名、综合类53名（包括濒危艺种32名、其他艺种21名）。通过现场创作考评、艺德业绩考评、代表作品考评等环节，最终150人入选，通过率为60.48%。参评人员的现场创作考评分占60%、艺德业绩考评分占25%、代表作品考评分占15%。通过统计汇总，计算出每位参评人员的最后得分，分申报类别从高分到低分排序，提出各类别的泉州市工艺美术大师建议名单129名。同时，评审委员会按照濒危艺种予以倾斜和特许的原则，优先安排濒危艺种参评人员的市大师名额21名。

2月9日

星期二
农历丙申年正月初二
温度：8℃—19℃
晴

●市领导看望慰问困难群众。

●泉州计划开工建设保障性安居工程项目31个20658套。

●由泉州七中承担的全国“十二五”规划教育部重点课题“非物质文化遗产校园传承研究”子课题——《在中学实施南音多声部合唱教学的研究》被评为全国优秀课题。

●在安溪县大坪乡文化中心，一场由大坪村和萍州村村民们自编自演的大坪首届春节晚会举行。

●户籍在石狮市灵秀镇灵狮村的368名60周岁以上老人，每人领到500元养老福利金。

市领导看望慰问困难群众

根据市委、市政府的部署安排，市长康涛先后到安溪县龙门镇、鲤城区刺桐新村、南安市梅山镇看望、慰问困难党员、职工及群众，为他们送上党委、政府的问候和关怀。市政府秘书长吴友才等参加慰问。市政协主席杨俊峰一行到鲤城区东街5号区看望慰问困难职工，与慰问对象亲切地拉起家常，询问其一家工作生活健康状况及女儿就学、经济保障等情况，鼓励他们坚强乐观面对生活，并代表市委、市政府送上新春的祝福与问候。杨俊峰同时嘱咐相关部门多关心困难职工及其家庭，加大帮扶力度，想方设法为群众解决实际困难，让他们共享改革发展成果。市委副书记周银芳前往石狮市慰问困难党员、优秀人才兼劳动模范、优抚对象和计生困难户、道德模范，向慰问对象致以节日亲切的问候。周银芳要求各有关部门要努力营造关心人才、爱护人才的良好环境，真心留住人才，切实用好人才。同时，要把群众利益放在首位，切实帮助困难群众解决好实际问题，让他们真切感受到党和政府的温暖。市委常委、泉州军分区司令员林俊其，副市长张永宁前往泉港区慰问低保户、优抚对象、计生困难户、道德模范和劳动模范，向他们送去党和政府的关怀和新春佳节的美好祝福。

泉州计划开工建设保障性安居工程项目20658套

从市住建局获悉，泉州市2016年计划开工建设保障性安居工程项目31个20658套。泉州把保障性安居工程建设继续走在全省前列定为目标，将集中力量推进棚户区改造，计划改造棚户区20170套，并加大棚改项目及配套基础设施建设，引导各地因地制宜破解改造资金瓶颈，力争2016年棚改项目货币化安置比例达50%以上。同时抓好竣工项目的配租到户，做好保障房网上配置及公开工作，确保公开、公平、公正。泉州还力求在石结构房屋改造上有所突破，将按照既定的五年改造计划方案，将各地改造成效纳入工作考核范围，加强督查考评。同时要督促落实好专项扶持资金，简化审批环节，兑现奖励措施，激发群众参与石结构房屋改造的主动性。有关部门将加强技术帮扶，落实好石结构房屋改造规程指引，出台《石结构房屋改造修缮加固技术规程》。石改中将加强对传统建筑的保护，实现聚落保存、古物重生，留住“乡愁”“记忆”。泉州还将实施污水收集处理设施建设项目134个，计划投资8.07亿元，建设改造污水处理厂站13座、建成10座，新建管道297公里，修复管网188公里。2016年将突出乡镇农村项目建设重点，村镇项目投资比例力争达到65%以上。

相关链接：保障性安居工程包括三类。第一类是保障性住房建设，包括廉租住房、经济适用住房、公共租赁住房、限价商品住房;第二类是棚户区改造，包括城市棚户区、国有公矿棚户区、林区棚户区、垦区棚户区和煤矿棚户区;第三类是农村危房改造和游牧民定居工程。大规模实施保障性安居工程，是党中央、国务院作出的重要战略部署，是转方式、调结构、惠民生的重大举措。保障性安居工程建设，必须严格按照法定程序报批建设，不得擅自变更批准的项目规模和用途。

泉州七中南音作品获全国金奖

由泉州七中承担的全国“十二五”规划教育部重点课题“非物质文化遗产校园传承研究”子课题——《在中学实施南音多声部合唱教学的研究》被评为全国优秀课题。作为课题成果之一的多声部合唱项目《南音情》，应邀出席在北京大学举行的“星光校园·全国校园非物质文化遗产展演”并获金奖。该节目中的南音被分成多个声部，由学生集体合唱，活泼的唱法既增添现代元素，创新南音的传承方式，又展现南音这个“中国音乐史上的活化石”的千年古韵。

安溪大坪首届春节晚会举行

在安溪县大坪乡文化中心，一场由大坪村和萍州村村民们自编自演的大坪首届春节晚会举行。晚会共22个节目，节目涵盖歌舞、古筝演奏、配乐朗诵、童话剧、广场舞、小提琴合奏、爵士鼓、拉丁舞等，表演形式丰富多彩，异彩纷呈，还有不少歌颂大坪“山美、水美、人美”的乡亲们自编自演的节目。参加演出的人员中，年龄最大的有70多岁的乡亲，带来极具本土气息的《茶乡山歌》；年龄最小的则是不到4岁的小朋友，在开场舞中亮相。春节期间举办晚会，不仅能增强节日的喜庆气氛，更能丰富村民的精神文化生活。村里计划将春晚作为一项固定活动，一年年传下去。

2月10日

星期三
农历丙申年正月初三
温度：11℃—20℃
多云转阵雨

●从泉州市商务局获悉，2015年，泉州市电子商务交易额1917亿元，比增35%。

●2016年，泉州将持续深化环湾城市规划建设活动，拟实施在建项目412个，总投资3324亿元，年度计划投资517.99亿元。

●泉州市剪纸艺术研究会在泉州清源山开展一场趣味剪纸大派送活动。

2015年泉州电子商务交易额1917亿元

从泉州市商务局获悉，2015年，泉州市电子商务交易额1917亿元，比增35%。在总量增长的同时，泉州传统产业的互联网转型，以及农村电商、跨境电商等都得到快速发展。

泉州纺织服装、鞋业、建筑建材、食品饮料等优势产业，链条完善集群度高，电子商务与传统产业相互融合发展趋势凸显。一方面，全市超过80%规模以上工贸企业涉足电子商务，七匹狼、特步、九牧厨卫等一批传统企业先后开展网络营销；另一方面，一些外贸企业积极通过“互联网+”转型，拓宽外贸销售渠道。

2015年双十一泉州企业的网络零售总额突破32亿元，相比2014年的单日21.6亿元，同比增长50.9%。传统产业集群的优势在线上重现，泉州市的鞋服、水暖、休闲食品、婴幼用品等品类主导双十一市场，占全部交易额80%以上。

一些优势产业带也纷纷在线上重现。新华都与阿里巴巴共同开通泉州产业带频道；世纪之村联合京东商城开展中国特产泉州馆，石狮男装、晋江运动鞋服、泉州幸福街鞋城等则联合淘宝网和天猫网开设休闲男装馆、泉州品牌馆、泉品汇等多个专区。

在“互联网+”的背景下，传统产业园区、电商园区的互联网转型加速。晋江、石狮、南安、安溪、德化等地依托当地产业集群优势，纷纷建立互联网和电商产业园区，建成丰泽领SHOW天地、石狮（海西）电商产业园、安溪弘桥智谷、德化电商园区等10个专业电商园区（基地），初步形成“互联网+园区”格局。其中，安溪弘桥智谷电商产业园是福建省规模最大、配套最齐全的电商产业园区，与德化电子商务产业园共同入选商务部公布的第二批“国家电子商务示范基地”。

跨境电商园区也日渐完善。泉州出口加工区正着力打造“一个基地、三个中心”，即打造大宗进口商品集散基地，建设进口酒类食品展示交易中心、工业原材料供应配送中心及跨境电子商务运营中心。晋江陆地港泉州国际快件监管中心已顺利通过验收，并加快推动集通关中心、分拣中心、配送中心、仓储中心、金融中心等为一体的跨境电商服务平台建设，跨境电商出口额位居全省各试点单位首位。

电商发展环境日臻完善。泉州出台了《泉州市人民政府办公室关于贯彻省政府办公厅加快电子商务发展九条措施的实施意见》；为促进跨境电子商务发展，又出台《泉州市进一步推进跨境电子商务发展行动方案》，鼓励中兴“海丝”路利用自建平台扩大出口，做好亚马逊跨境电商平台对接、推介等工作，推动“泉州制造”对接全球零售市场。全国农村电子商务模式经验分享暨农村电商（泉州）发展交流会，为泉州农村电商的发展探明方向；第六届中国鞋服行业电子商务峰会暨首届产业电子商务大会，吸引行业专家、企业代表2500多人前来参加；2015年“6·18中国海峡项目成果交易会”上，市电商协会组织6家电子商务服务类企业抱团开设“电子商务+鞋业”展区，成为电子商务展区的特色亮点。

经过几年的努力，石狮、德化、晋江、南安、安溪、惠安、永春等7个县（市）入围全国电子商务百佳县，安溪、德化、晋江、南安四县（市）成为省级农村电子商务示范县。

泉州持续开展环湾城市规划建设项目412个

2016年，泉州将持续深化环湾城市规划建设活动，拟实施在建项目412个，总投资3324亿元，年度计划投资517.99亿元。在环湾规划建设活动中，由住建部门承担的项目26个，总投资147.7亿元，年度计划投资23.5亿元。住建部门将加快组团开发，全面推进东海、城东、北峰、鲤城江南、洛江阳江、晋江滨江、石狮祥芝、台商投资区湖东等片区以及泉州湾大桥连接线两侧三地各片区、组团的开发建设。全力推进环湾区域道路交通、管网等基础设施建设，形成环型线状网络，畅通区域间、组团间的外部通道，实施北峰—城东通道、金屿大桥、台商投资区百东大道、南惠支线北互通与高速泉州北出口连接线等新建项目，抓紧百崎大桥、东海大桥、武荣大桥等项目前期研究论证工作，推进环湾各县（市、区）优化完善区域组团的内部交通。着力形成“功能配套齐全、辐射带动力强”的环湾总部经济带，加快推动企业总部和泉州金融服务区、东海会展中心等项目的建设。结合“21世纪海上丝绸之路先行区”建设，实施泉州四大公共文化中心、法石历史文化街区改造、滨海公园“海丝”广场、泉州高铁站交通综合枢纽等项目。科学布局环湾区域医疗、卫生、教育等公共服务配套，实施东海学园机关幼儿园等项目建设。加快晋江、洛阳江两岸景观整治，加快实施中心市区沿江两侧景观提升工程和晋江下游生态整治工程建设。

“十二五”期间全市农村减贫12.6万人

从有关方面获悉，“十二五”期间，全市农村贫困人口减少12.6万，完成造福工程扶贫搬迁6.7万人，比“十一五”增长92.4%，贫困地区水电路建设全面提速，基本公共服务保障水平持续提高。除了扶贫开发工作成效显著，“十二五”期间，泉州市农业综合实力大幅提升。2015年，全市农林牧渔业总产值比2010年增长11.4%，“十二五”年均增长2.2%。基础设施方面，“十二五”完成水利建设投入190亿元，是“十一五”的3.4倍。新增、恢复农田有效灌溉面积1.5万亩，发展节水灌溉面积26万亩，农田灌溉水有效利用系数提高到0.552。渔业基础设施不断完善，新增各类渔港4个，渔船就近避风率提升至75%。农业技术方面，2015年农业科技贡献率达到58%。农业机械化加快推进，主要农作物耕种收综合机械化水平达到51.2%，比2010年提高12个百分点。农民收入方面，2015年比2010年增长72.3%，年均增长11.5%，增幅连续5年高于城镇居民收入。泉州市农村居民人均收入连续10年居全省第2位，农民生活持续改善，标志着城乡协调发展格局正在形成。农村面貌方面，“十二五”期间，解决了131万农村居民和5.2万农村学校师生饮水不安全问题，新建改造10千伏及以上农村电网线路8100公里，新改建农村公路2018公里，公共服务水平持续提升。生态建设持续强化，森林覆盖率达58.7%，治理水土流失面积146.4万亩。

“十二五”期间泉州10.5万名残疾人获康复救助

“十二五”期间泉州投入2亿多元，让10.5万名残疾人得到不同程度的康复救助。期间，建设残疾人“安居工程”6587座，扶持贫困残疾学生和残疾人家庭子女就学14742名，实施贫困残疾人家庭无障碍设施改造1268户，免费培训残疾人18250名，通过各种渠道安置残疾人就业35835名。在发展残疾人事业的同时，不断完善残疾人低保与补贴政策。全市42100名贫困残疾人纳入低保范畴，1.6万名一级重度残疾人享受护理补贴，41200名重度残疾人每月领取30—300元困难补助，20000多名智力、精神和重度残疾人得到托养服务。此外，新改建残疾人“福乐家园”等残疾人服务设施7个，总建筑面积4.26平方米，残疾人的受教育程度稳步提高，生活条件得到有效改善。

泉商发展促进会举行民营企业家座谈会

泉商发展促进会举行民营企业家座谈会，30多位异地泉商及本土企业家围绕市场开拓、管理改革、技术升级、跨界发展等话题，交流发展经验。市领导杨俊峰、翁祖根、许连捷，市政协秘书长洪川夫参加。市政协主席杨俊峰肯定泉商发展促进会自成立以来，在发展商会组织、增进泉商交流、促进泉商发展等方面所做的大量工作。他说，过去一年，面对经济下行压力，全市人民在市委、市政府的领导下，攻坚克难，共同努力，取得良好的发展成绩，这些成绩的取得离不开广大异地泉商的帮助与支持。2016年是“十三五”开局之年，也是描绘“十三五”蓝图的起步之年，面对经济发展新常态，广大民营企业家要继续发扬爱拼敢赢的精神，不断增强抵御风险的能力，进一步抢抓机遇，轻装上阵，增强信心，抱团发展，在转型升级进程中找准新定位，应对新挑战，谋求新突破，共同为泉州经济社会发展作出新的贡献。

2015年泉州远洋自捕水产品2.97万吨

据泉州检验检疫局统计数据显示，2015年，从泉州口岸入境的远洋自捕水产品达2.97万吨、货值1304.7万美元，同比分别增长14.12倍、9.96倍，实现跨越式增长。这些沙丁鱼、鲐鱼、鱿鱼等远洋自捕鱼上岸之后，对于丰富本地水产品的品类与总量，解决优质动物蛋白来源缺口，助力泉州海洋经济强市发展战略具有十分重要意义。近年来，泉州远洋渔业发展较快，远洋渔船数量从2012年的4艘发展到2014年的33艘，截至2015年底增至54艘。与此同时，作业海域从北太平洋和西太平洋向非洲渔业合作项目拓展，实现近海、中海、深海全覆盖。

相关链接：远洋捕捞是指在200米等深线以外大洋区捕鱼、虾等经济动物，又被形象地称为：深海狩猎。从以上数据分析来看，从2005年执行全国渔业“十一五”规划开始，中国远洋捕捞业发展趋势呈现规模化、体系化、尖端化等趋势，以集约化、机械化的远洋捕捞为主线，以范围更广、深度更大的高科技专业化捕捞船只作为技术手段，开辟一条新形势下具有长远发展意义的远洋捕捞之路。

2月11日

星期四
农历丙申年正月初四
温度：14℃—17℃
中雨转小雨

● “十二五”期间全市农村减贫12.6万人。

● “十二五”期间泉州10.5万名残疾人获康复救助。

●泉商发展促进会举行民营企业家座谈会。

●11日—12日，永春县下洋镇曲斗村内坑角落康氏祖厝供奉的陈公祖师、郑公祖师前往坑仔口镇丘峰岩请香。

●德化县三班镇民间举行一年一度的迎春祈福民俗文化游行，一位壮汉坐在座位插满锋利刀刃的八抬大轿上，表演“坐刀轿”。这一拥有数百年历史的传统民间绝技，成为民俗活动中吸引观众的“亮点”。

2月12日

星期五
农历丙申年正月初五
温度：16℃—20℃
阵雨转阴

●市委、市政府印发《关于推进企业兼并重组的十条措施》。

●石狮市2015年人均GDP破10万元。

●南安向阳乡郭田村热闹非凡，全村老少聚在一起参加“割香”“取火植福”仪式。该仪式传承至今已千年。

市委市政府印发《关于推进企业兼并重组的十条措施》

市委、市政府印发《关于推进企业兼并重组的十条措施》（以下简称措施），旨在引导危困企业依法司法重整，化解企业风险、降低银行不良资产、推动泉州企业兼并重组和转型升级。

相关链接：《关于推进企业兼并重组的十条措施》包括：鼓励龙头企业主动兼并重组。鼓励产业龙头企业、上市公司、优质企业强强联合,实施跨所有制的关联性战略性重组。支持行业龙头企业、骨干企业开展兼并重组，整合产业链上下游资源。兼并重组后企业实施的技术改造、技术创新等符合产业政策的项目，可优先列入政府年度重点项目计划，享受相关领域的扶持政策。

加大财政奖励力度。探索建立并购贷款风险补偿机制：受益财政连续三年给予兼并重组企业五年以上期限银行兼并重组贷款资金的贴息补助，补助额度以企业增值税的增加部分确定。对收购兼并重组标的项目库内的企业且收购规模达2000万元以上的：按实际发生收购规模2%的额度由受益财政给予奖励，奖励金额不超过300万元。

落实税费优惠政策。根据措施，泉州将落实兼并重组涉及的资产评估增值、债务重组收益、资产权属转移、企业破产处置等税收优惠政策，整理归类兼并重组的税收优惠政策指南。

允许企业大宗土地分割出让。对兼并重组后企业退出的土地，市县两级土地储备中心按收储相关规定进行收储。对重点龙头企业兼并重组，符合政策的以“一事一议”形式研究增加补助企业的额度。允许企业大宗土地分割出让，允许投资未达25%的土地由政府收购或法院拍卖。

发挥中介机构的作用。为提高企业并购效率，泉州市将加强与商业银行、投资银行和会计师事务所、律师事务所等中介机构的信息沟通，发挥中介机构在企业兼并重组方面的推进器作用，鼓励中介机构设立企业兼并重组公共服务平台。

加快依法破产处置。设立企业兼并重组和破产处置专项资金，加快依法破产处置，盘活优质资源，是措施针对破产重组企业的重要要求。

改善金融服务。支持行业龙头企业和上市公司实施兼并重组。鼓励符合条件的兼并重组企业通过上市、场外市场挂牌、资产证券化等方式开展直接融资，支持兼并重组企业债转股。支持符合条件的兼并重组企业开展直接债务融资。

妥善安置职工。实施积极就业政策，落实职业培训、创业培训、促进自主创业等优惠政策，为兼并重组的再就业人员提供包括政策咨询、职业介绍和职业指导在内的一系列就业服务。

严查严打恶意逃废债。为优化企业兼并重组市场环境，严格依法开展破产清算与司法重整。同时，建立失信人名单库，把那些失信情节严重或拒不履行生效法律文书所确定义务的企业和个人纳入失信人名单库，对失信人名单中的重点对象通过电视台等媒体进行公开曝光，对构成犯罪的，依法追究刑事责任。

完善协同推进机制。强化政府服务功能，加强向企业宣传解读和贯彻落实省、市关于推动企业兼并重组和破产处置的工作方案和政策措施，及时发现问题、解决问题。

石狮市2015年人均GDP破10万元

石狮市2015年人均GDP实现10.0068万元，这是石狮市人均GDP首次突破10万元大关。2015年第12期《石狮统计月报》数据显示，石狮全年实现GDP为676.4586亿元，按照常住人口67.6万人计算，石狮市人均GDP为10.0068万元，比2014年人均GDP9.5350万元增加了近5000元，超额完成《石狮市国民经济和社会发展第十二个五年规划纲要》中，提出的“力争到2015年实现人均GDP超过95000元”目标任务。“十二五”时期，是石狮市从小康阶段迈入富裕阶段的过程。按照2015年美元对人民币的平均汇率6.2284计算，石狮市人均GDP折合为1.6066万美元。依据世界银行划分贫富程度的标准，人均GDP约1.3万美元为富裕国家和地区标准水平。仅从人均GDP的角度上看，石狮市社会生产力发展综合水平已达到富裕国家和地区的水平。

石狮人民广场　（图/吴寿民）

春节黄金周全市接待游客175万人次

春节黄金周期间，据泉州市旅游产业发展领导小组办公室统计，春节7天假日全市接待境内外游客175.34万人次，同比增长16.8%；实现旅游收入14.87亿元，同比增长18.3%；客房平均出租率为83.7%，过夜游客平均停留天数为1.8天，全市旅游市场呈现出健康和谐发展的良好态势。

泉州凭借深厚的历史文化底蕴，吸引各地游客纷至沓来，尤其作为央视春晚东部分会场，更是名扬四海。相比上年春节黄金周，春晚效应此次充分显现，不少国内外游客慕名而来，畅游泉州古城，感受古城悠久历史的文化魅力。

黄金周期间天气晴好，中心市区各主要旅游景点游人如织，车位难寻。知名宗教场所开元寺、关岳庙、天后宫、清净寺等依旧人气火爆，新门旅游文化休闲街和源和1916游客络绎不绝。而作为2016央视春晚泉州分会场的所在地，府文庙也成为本地市民春节出游的必去之地，每天有近千名游客慕名前往。据不完全统计，春节黄金周期间，中心市区接待境内外游客35.8万人次，同比增加18%，旅游住宿设施客房平均出租率90%。

此外，博物馆游作为近年来一种新兴的旅游方式，备受游客青睐。春节期间，很多家长带着孩子畅游中国闽台缘博物馆、泉州博物馆和顺美陶瓷文化生活馆等博物馆，让孩子寓教于游，在旅游中感受泉州文化。

据统计，泉州接待的国内游客分别来自全国31个省（市、自治区、直辖市），其中来自长三角、珠三角的游客约占外省游客的56%，来自华北和东北地区的游客也有所增加，其中不少是以家庭、朋友自助游的形式出游，西部省份的游客大多以旅游团队的形式出现，其中河南、重庆、四川的游客占较大比重；境外游客主要来自东南亚和港澳台等地区，以返乡探亲过节和寻觅文都魅力为主。

宗教旅游历来是泉州春节旅游业的一个重要组成部分。2016年泉州宗教朝圣游异常火爆，特别是泉州开元寺免费对游客开放、清水岩风景区开展“清水金钟迎新春”和清水祖师佛诞法会、洛江仙公山开展登高祈福等活动，吸引各地游客前来。

南安香草世界、永春北溪和岵山古镇、安溪志闽生态旅游区、泉港红星生态园和绿笛山庄等较为成熟的乡村旅游经营单位，高峰期每天均会迎来上千名游客。此外，新建的海上丝绸之路艺术公园（亚洲园）每天也接待大量游客。此次黄金周来自广东、江西、浙江、江苏等邻近省份和省内周边地市的短线游客增加不少，区域、短线旅游在本次黄金周中表现不俗。

泉州连续12年在春节期间组织来泉务工人员免费游泉州活动，在泉务工的非泉州籍人员凭本人身份证、工会会员证或工会介绍信享受免费游览待遇。据不完全统计，春节全市各景区免费接待约15万人次来泉务工人员，拉近来泉务工人员同泉州的距离。

来自各地的游客纷纷到西街感受古城风采（图/吴寿民）

春节长假全市发送旅客近百万人次

从市春运办了解到，春节7天（除夕至正月初六），泉州海陆空累计完成发送客运量达99.0979万人次。2月13日（初六）也就是春节最后一天，全市完成客运量22.1246万人次，比降9.07%。其中道路运输完成客运量19.0965万人次，比降10.36%；水路运输完成客运量0.0256万人次，比降61.56%；泉州晋江国际机场完成客运量0.7155万人次，比增7.58%；铁路运输完成客运量2.2870万人次，比降0.42%。春节7天，全市累计完成客运量99.0979万人次。其中道路运输累计完成客运量84.407万人次，水路运输累计完成客运量0.3399万人次，泉州晋江国际机场累计完成客运量3.5941万人次，铁路运输累计完成客运量10.7569万人次。市春运办有关负责人说，今年春节期间整体旅客量下降了，主要是由于自驾车增多。从高速交警处获悉，春节期间，泉州辖区高速公路车流量持续高位运行，车流量与2015年春节相比增加约10%。虽然受持续车流高峰和雨雾天气影响，但辖区高速公路未出现长时间拥堵滞留现象。

2月13日

星期六
农历丙申年正月初六
温度：16℃—24℃
阵雨

●春节黄金周全市接待游客175万人次。

●从市春运办了解到，春节7天（除夕至正月初六），泉州海陆空累计完成发送客运量99.10万人次。

●春节长假最后一天，泉州火车站、泉州晋江国际机场、汽车站等客运点均迎来节后返程高峰。

●至是日，全市供销系统调入冬储化肥9.54万吨，超额完成市发改委下达的5.2万吨化肥冬储任务。

●永春县达埔镇中国香都产业园（一期）的一些制香企业抓住晴好的天气早早开工。

2月14日

星期日
农历丙申年正月初七
温度：8℃—18℃
小雨转阵雨

●全市城市工作会议召开。

●节后上班第一天，郑新聪、康涛等市领导带领市直有关部门负责人，到各县（市、区）、泉州开发区、泉州台商投资区的企业和重点建设项目现场，调研节后开工情况。

●泉州提线木偶剧团赴泰国参加“2016·泰国欢乐春节”文化活动，载誉归来。

●梨园戏《陈三五娘》在市区梨园古典剧院上演，为天下有情人献上一份温暖的祝福，吸引不少情侣戏迷感受这部经典爱情大戏。

●西方情人节，到婚姻登记处领结婚证的新人有所增多。在南安，登记结婚的新人418对，为全省最多，同比增加200多对。

全市城市工作会议召开

全市城市工作会议召开，市领导郑新聪、康涛、周银芳、陈庆宗、林伯前、李建辉、张永宁参加会议。市委书记郑新聪主持会议并讲话。会议指出，泉州的乡村工业化已经走过特定历史时期，无论是谋划创新转型、区域竞争、生产力布局，还是促进城乡统筹、人才集聚、民生改善、生态保护，都要抓好城市这项工作。要立足阶段特征，坚持规模扩张与质量提升并重，将工作重心转向集约式、内涵式发展；把握转型背景，着眼产城融合，把创新、智造元素和新业态发展等融入城市生产生活空间规划、现有园区改造升级、优二进三等具体工作，培育更多经济新增长点；坚持问题导向，真正为人建城市，把通达、便利、生态、精致、智慧等多种因子，凸显到城市的规划建设管理各个环节；坚持基本民生先上，分轻重缓急，优先公共服务配套，理顺权责关系，突出精细化管理，让市民生活更加舒心。郑新聪要求，要加强党对城市工作的领导，加快培养一批懂城市、会管理的干部，深入细致筹划好在环湾城市规划监督协调、城市管理执法等方面的重点改革事项，挂图作战、节点推进《2016年城市工作要点》、环湾规划建设项目等的落实。

市长康涛提出宜居城市建设的思路重点。会议要求，要坚持古城提质、新城集聚，统筹好生产、生活、生态三大布局，提高城市发展宜居性。在古城方面，要着重做好“留”的文章，“留形”“留神”“留人”，推进古城活化，精心培育发展适合业态，倡导“千年古城、家园共造”管理机制。在新城方面，要聚焦建设、集聚发展若干片区组团，做到聚产业，科学布局现代服务业集聚区和高端制造业项目；聚服务，适度超前建设交通市政基础设施，同步配套各类公共服务；聚人气，促进各类人才、人口、人气集聚；抓机制，完善城规委运作机制，推进市县两级城市管理职能整合，努力打造“海丝”新城。

副市长张永宁部署城市规划建设管理具体工作。会上颁发城建工作“挂牌督办任务单”。

市领导分头调研节后开工情况

节后上班第一天，市委书记郑新聪、市长康涛等市领导带领市直有关部门负责人，到各县（市、区）、泉州开发区、泉州台商投资区的企业和重点建设项目现场，调研节后开工情况，督促党政机关和企业管理层迅速从节后氛围中转变，进入新一年的工作状态。

每到一处，调研组都详细了解所在地及行业发展总体情况，要求做到心中有数、措施有力、力量下沉、工作落实；宣传年初以来国家、省、市出台的稳增长、促转型、降成本等一系列鼓励政策，要求各级各部门通过大力宣传和指导，让企业及时用好用足政策，在政企互动中共同克服经济下行压力，提升综合竞争能力；希望各行各企结合自身实际，找准路子、精准施策、创新突围、良性发展。同时，调研组还针对企业发展、项目建设中需要党委政府解决的问题，进行现场办公，逐一协调，妥善解决。

调研中，郑新聪指出，企业谋发展、促转型的劲头令人振奋。要大力支持成长型企业做大做强，继续“腾笼换鸟”，盘活低效用地，满足企业快速扩张需求；同时，鼓励支持自主创新、智能化改造，加快推广设备租赁等融资新模式，加大产业基金扶持引导力度，引进上下游配套企业，从而帮助企业抓住机遇，实现创新转型。

康涛带队到鲤城、丰泽、洛江实地调研企业节后开工情况。得知佰源机械节后返工率100%，并将在新的一年着力打造“针织创新互联网+”平台时，康涛给予肯定。他指出，在转型升级的调整期中，纺织服装等传统产业如何进一步发挥优势，利用“互联网+”等创新方式，探索构建产业生态圈，是当前政府、企业共同面临的重要课题。

康涛一行还走访汉威机械制造、冠亚彩色印刷、佳乐电器、北峰电讯科技等企业，每到一处，都深入生产车间，详细询问企业节后开工用工情况和新一年发展打算，了解企业在生产经营中遇到的困难。

副市长陈荣洲、周真平、卢炳椿、陈灿辉、林万明等也分头带队到各地开展调研、现场办公。

节后开工的纺织公司车间一角　　（图/陈起拓）

省政府调研组到泉州调研经济运行情况

15—16日，省发改委主任魏克良率领省政府调研组到泉州调研经济运行情况，协调推进产业发展和项目建设。市委书记郑新聪，市长康涛，市委常委、常务副市长林伯前陪同调研或参加相关活动。

调研组实地走访安踏、晋江三创园、石狮鸿山循环经济项目、富贵鸟、达利集团、中化泉州公司、湄洲湾氯碱公司、嘉泰数控、九牧集团等项目、企业一线，并召开座谈会。市领导指出，泉州正处在转型升级、跨越发展的关键时期，随着经济下行压力不断加大，泉州正面临市场环境竞争加剧、金融风险防控压力加大、创新机制不够完善、人才和技术储备不足等诸多问题。对此，泉州在认真贯彻落实省委省政府稳增长、促转型、防风险等系列政策措施的基础上，先后出台覆盖传统产业升级、智能制造、项目落地、帮扶企业、企业节后复工用电优惠等多个领域的政策和举措；节后首日，市领导分别带队深入企业一线现场办公，督促协调解决企业、项目开工存在的具体问题，努力推动一季度实现“开门红”。

调研组表示，面对经济“寒潮”，泉州积极应对，深入一线，抓早抓实，措施得力，标本兼治，亮点频出，在推动经济创新转型、突围发展上取得显著成效。对此，调研组给予肯定，并指出共克时艰务必持续转型升级。泉州具有明显的产业优势和区位优势，在转型的关键时期，要坚持落实创新驱动发展战略，把创新放在核心位置，市场主导，政府引导，推动科技创新、产品创新、模式创新、协同创新，转变发展模式，推动区域经济创新发展；要充分发挥鞋服、食品、建材等传统产业优势，以供给侧结构性改革为重点，调整产业结构，淘汰落后产业，加速培育一批从事大数据、云计算、高端电子制造、新材料制造等领域的新兴企业，壮大高端科技产业；要充分发挥“海丝先行区”的优势，主动融入国家“一带一路”建设和福建省“21世纪海上丝绸之路核心区”建设，加强与“一带一路”沿线国家和地区的经贸合作，鼓励企业“走出去”，在化解过剩产能的同时，整合优质资源，提高泉州的核心竞争力；要从创新、金融、人才等方面入手，持续做好服务企业工作，为企业打造更好的发展环境，共同推动区域经济发展。

在（南安）光电信息产业基地，阳光中科企业的晶体硅太阳能电池生产线，工人正忙着赶订单。

（图/张九强 郭艺芬）

郑新聪到泉州台商投资区调研企业节后开工情况

市委书记郑新聪带队到泉州台商投资区调研企业节后开工情况。市领导翁祖根参加调研。郑新聪鼓励企业家树立信心、转变理念、专注实业，运用好各级叠加政策利好，积极探索转变提升路径。要求各级各部门加大政策宣贯，落实用电等奖励措施，采取一企一策、手拉手等方式，为企业转型升级提供精准扶持。

康涛到市信访局接访群众

市长康涛到市信访局接访群众并强调，各级各部门对于群众的来访，要认真处理，分清责任，依法落实；对于群众的合理诉求，根据具体情况，在政策允许情况下要全力推进，给群众明确答复，让群众满意而归；对于群众反映的共性问题，要举一反三、系统梳理，建立完善相应机制标本兼治。市领导许昆贞参加。

民间艺人赶制猴年元宵花灯

元宵佳节临近，泉州市花灯师傅更加忙碌。2016年泉州元宵灯会拟在三个展区举行。图为市区民间艺人正在赶制猴年元宵花灯。

（图/陈小阳）

2月15日

星期一

农历丙申年正月初八

温度：6℃—11℃

阴转多云

●魏克良率领省政府调研组到泉州调研经济运行情况，协调推进产业发展和项目建设。

●郑新聪带队到泉州台商投资区调研企业节后开工情况。

●康涛到市信访局接访群众。

2月16日

星期二
农历丙申年正月初九
温度：7℃—14℃
晴

●市委召开常委会，部署开展落实党风廉政建设责任制情况检查，听取政法部门工作汇报，研究泉州政法工作，研究全市安全生产工作。

●16—17日，市政府联合市中级法院举办企业兼并重组和破产重整的实务培训班，政府机关、银行界、人民法院、企业界等各方代表人士与会听讲。

●至16日，泉州工商部门发布的数据显示，泉州市各类市场主体总量502921户，首次突破50万户大关。2015年，泉州新增市场主体12.62万户，同比增长22.3%。

●泉州市2016“古城春韵”文艺展演活动启动仪式在泉州市木偶剧院举行。启动仪式后，大型木偶剧《卢俊义》上演。

●2016年第十届“松福杯”中国城市少儿围棋赛在泉州闭幕。

●一年一度的独特民俗活动“火把节”在晋江市永和镇山前村举行，村民高举火把巡游。

市委召开常委会
部署开展落实党风廉政建设责任制情况检查
研究政法及市安全生产工作

市委书记郑新聪主持召开市委常委会，听取落实党风廉政建设责任制情况检查有关工作汇报，研究部署下一步工作。

会议指出，近年来，中央对落实党风廉政建设责任制的要求越来越高，省里检查力度逐年加大，检查方式、手段和对存在问题的跟踪整改越来越严、越来越细。

各级党组织和广大党员干部务必高度重视，从讲政治、讲大局的高度，切实把思想和行动统一到省委、市委的新要求上来，做好实地检查、服务保障等准备工作，确保检查工作顺利开展。要始终聚焦重点，市、县两级责任制办公室要牵头抓总，做好协调；纪检、组织等部门要全面梳理检查内容和流程，配合做好问题收集、专项督查、倒查问责、集体约谈等环节工作。要坚持问题导向，着力发现问题，善于解决问题。坚持实事求是，对工作不粉饰、对矛盾不回避、对责任不推卸；同时，根据检查发现的问题，逐条逐项做专门研究，制定整改方案，细化落实措施，该查处的查处，做到件件有着落。要巩固转化检查成果。既要严肃责任追究，根据“问题清单”倒查主体责任落实情况，按规定实行“一案双查”；又要加强警示教育，把整改落实作为加强领导班子和干部队伍建设的重要抓手，结合换届的思想政治教育工作，选择部分典型案例进行通报曝光，对苗头性倾向性问题抓早抓小，层层传导压力，营造风清气正的政治生态。

会议传达中央、省委政法工作会议精神，听取政法部门工作汇报，研究泉州市政法工作。新的一年，全市各级政法部门要深入贯彻习近平总书记关于政法工作的重要指示精神，认真落实中央、省委政法工作会议部署，增强忧患意识、责任意识，更好地履行维护社会大局稳定、促进社会公平正义、保障人民安居乐业的职责使命，为“五个泉州”建设保驾护航。

会议要求，各级政法部门要主动回应群众关切，全力抓好平安法治建设，进一步提升群众安全感满意度。要持续推进立体化治安防控体系建设，严防公共安全事故，抓好基层矛盾纠纷化解。要认真落实司法体制改革各项部署，加强政法队伍建设，坚持严格执法、公正司法，全面推进“法治泉州”建设。要关心爱护一线政法干警，大力宣传政法机关、政法干警在保障发展、打击犯罪、服务群众中涌现的工作品牌、先进典型、感人事迹。

会议研究全市安全生产工作，会议强调，要下足“笨功夫”，持续深化大排查大整治，抓好、管住道路交通、消防、危化品等最薄弱环节，强化监管，彻查隐患、集中整治，对违法行为和重大安全隐患实行“零容忍”，全面堵塞各类安全漏洞。要上下携手、合力共为，控源头、强基础、促长效，全力创建国家安全示范城市；完善各类开发区、产业园区安全风险管控体系，下大决心、集各方政策和要素强力推进卫生防护隔离带的建设；深化标准化建设，确保年底前应达标单位全部达标；提升应急救援能力，注重专业化建设，用好“智慧安监”信息平台，统筹各方资源加快泉港泉惠石化应急救援中心建设。要提升宣传教育实效，加快建立企业安全生产承诺、不良信用记录和失信“黑名单”制度；加强全民安全教育，不断提高防范意识和自救互救能力。要强化问责追责，依法依规严肃查处每一起安全生产事故，严肃追究每一个责任单位和责任人，切实把企业主体、部门监管、党政领导“三个责任体系”落到实处。

“古城春韵”春节元宵文艺展演启动

“古城春韵”春节元宵文艺展演交流活动启动。活动包括公益性精品剧目展演、元宵灯会、文化遗产展览研讨交流、泉澎乞龟民俗活动、群众文化优秀成果展示等版块40多项。大型木偶戏《卢俊义》鸣锣开演，这是该戏在荣获福建省艺术节戏剧汇演剧目一等奖和编、导、演、音乐、舞美等多项大奖后，首次在泉州公演。

相关链接：卢俊义是古典小说《水浒传》中的经典人物形象之一，绰号“玉麒麟”，武艺高强，棍棒天下无双，江湖人称“河北三绝”。原本是河北大名府富商、大财主、员外，被人利用后上梁山，后来成为梁山第二首领。卢俊义和宋江一同受招安后，征讨辽国、田虎、王庆、方腊，官至武功大夫、卢州安抚使。后来，蔡京等奸臣，在皇帝赐给卢俊义的饭菜中加了水银，卢俊义痛得无法骑马，回卢州途中落水溺死。

2月17日

星期三
农历丙申年正月初十
温度：10℃—15℃
多云

●市委召开政法工作会议。

●林万明在听取市方志委的工作汇报后作出批示。

●由市文广新局、市文联、鲤城区委宣传部主办的“丝海箫音奏管弦”——泉州市2016年庆元宵佳节南音大会唱在市金山老干部活动中心开幕。

市委召开政法工作会议

市委召开政法工作会议，传达学习习近平总书记重要指示和中央、省委政法工作会议精神，总结2015年政法工作，部署2016年工作任务。市领导郑新聪、康涛、许昆贞、李建辉、洪泽生、卢炳椿、王瑞强，市中级人民法院院长欧岩峰、市检察院检察长高扬捷参加会议。会议要求，必须突出工作主线，做好各类风险的整体防控。要坚决维护国家安全和政治稳定，坚持部门协同，有效防控金融风险，顺应供给侧结构性改革，主动服务转型升级，多探索支持企业兼并重组、品牌创新、知识产权保护等的司法保障措施，为企业发展营造良好外部环境。要认真回应群众关切，全力推进平安法治建设，深入开展专项治理，从严从快打击各类违法犯罪行为，重视基层矛盾纠纷化解，加强立体化治安防控体系建设，做好大型群众性活动安全防范，继续探索司法为民、司法便民措施，不断提升群众安全感满意度。要以落实综治年度责任为龙头，深入开展综治平安“对清单、压责任、求突破、保平安”活动，完善综治平安建设半年调研督导和年底考评机制，层层传导压力。

就抓好会议精神的贯彻落实，会议要求，要狠抓综治责任落实，大力推进社会治理创新，以改革的思维、创新的举措，全力维护社会大局稳定。要切实把握维稳重点，深化矛盾纠纷排查调处，积极化解信访问题和矛盾积案，认真解决群众合法诉求，努力减少不和谐不稳定因素；强化立体化社会治安防控体系，有针对性组织开展专项打击整治行动，着力解决突出治安问题，不断提升公众的治安满意率；强化政法服务发展、保障民生职能，进一步增强服务保障经济发展的自觉性和前瞻性，依法维护正常市场秩序和群众合法权益。要着力增强工作保障，各级党委、政府一把手要关心、支持政法维稳工作，努力为政法综治部门履行职能、发挥作用创造有利条件；进一步完善群防群治经费筹措保障机制，争取更多社会资金参与支持综治和平安建设；落实从优待警保障，千方百计帮助政法干警解决实际问题，解除后顾之忧。

会上，郑新聪、康涛与全市各地党政主要领导签署2016年度综治责任状。市委常委、政法委书记许昆贞总结2015年政法工作情况，部署2016年工作任务。副市长、市公安局局长卢炳椿通报2015年度全市各地综治考评情况，永春、石狮、晋江、德化、鲤城、泉港受到通报表扬。

会议现场　　（图/洪　泓）

市领导对地方志工作作出批示

副市长林万明在听取市方志委的工作汇报后作出批示：“市方志委在过去一年突出方志主业，各项工作成效明显，获得中指组及省方志委的充分肯定，很不容易，展现了泉州方志人的新作为及精神风貌。希望在新的一年不断总结工作经验，以‘十三五’规划的实施和‘二轮修志’为重点，在持续提升及特色上多下硬功夫、苦功夫，以取得更大的成效。感谢方志委全体同志的辛勤努力并表示敬意。”

2016年庆元宵佳节南音大会唱开幕

由市文广新局、市文联、鲤城区委宣传部主办的“丝海箫音奏管弦”——泉州市2016年庆元宵佳节南音大会唱在市金山老干部活动中心开幕。活动特邀晋江市高甲戏剧团表演南音《绣成孤鸾》，精彩的演出为此次会唱带来新的艺术体验。开幕式后进行南音大会唱，所有参演南音团队的代表共同演奏嗳仔指《一身爱到君乡里》，拉开会唱序幕。南安市南音协会、鲤城区南音研究社、厦门市南乐团等纷纷登台，为现场弦友带来《拜告将军》《思想情人》《百花图》等曲目，通过会唱增进交流，弘扬传承南音。

演出现场　　（图/陈智勇）

2月18日

星期四
农历丙申年正月十一
温度：12℃—16℃
多云

●全市国土资源暨卫片执法检查工作会议召开。

●市委、市政府召开专题会议部署元宵灯会工作。

●人民体育、人民网舆情监测室联合发布“2015中国普通高校体育竞赛榜”，华侨大学名列第六。

●泉州市粮食行业协会第六届理事会第五次全体理事会议召开。

全市国土资源暨卫片执法检查工作会议召开

全市国土资源暨卫片执法检查工作会议召开，会议贯彻全国、全省国土资源工作会议精神，总结部署国土资源管理和卫片执法检查工作。市委书记郑新聪作出重要批示。市长康涛、副市长陈灿辉、省国土资源厅副厅长陈志忠等参加会议。

郑新聪在批示中指出，2015年，泉州市国土资源部门保护资源有亮点、服务发展有作为、节约集约有创新、改革创新有思路、维护权益有举措、基础工作有成果，市国土局获评“全国国土资源系统先进集体”，成绩值得肯定。新的一年，全市国土资源部门要深入贯彻中央五大发展理念，一手抓依法依规、严格执法，一手抓破解保障经济发展与保护土地资源“两难”问题，积极盘活闲置低效用地，主动作为、靠前服务、争创一流，为全市“项目前期工作活动年”，为扩张前景好、产业层次高、符合泉州市产业导向的成长型企业提供强有力的土地要素保障。

会议指出，“十三五”期间，耕地保护的基本国策不会变，国土资源在发展大局中的地位作用不会变，资源环境面临的约束趋紧的总体趋势不会变。各级各部门要以全市“一盘棋”思想，着力探索构建补充耕地长效机制，进一步优化建设用地布局，节约集约利用国土资源，确保“十三五”耕地占补平衡，保障好各业各类项目建设。

就2016年工作，会议要求，全市上下要按照中央、省和市委部署，围绕“稳增长”发展大局和全市中心工作，找准定位、保障发展、保护资源。要把保护资源作为首要任务，严格落实补充耕地任务，严格划定永久基本农田，认真开展卫片执法检查；把保障发展作为重中之重，保障重点项目用地，加强土地储备运作，适度调控房地产开发用地供应；把惠民利民作为工作方向，做好矿山生态恢复治理、地质灾害防治、库区移民安置等工作；把改革创新作为一条主线，全面启动不动产统一登记，积极探索晋江市农村宅基地改革试点，稳步推进宅基地和集体建设用地确权登记发证；把依法行政作为基本要求，严格规范土地出让和各类行政行为，提升国土资源管理水平。会议还强调，党风廉政建设是国土资源事业发展的政治保障和生命线，国土资源部门的干部职工要慎用手中权力，严守廉洁自律底线，共同维护政府良好形象。

陈志忠代表省国土资源厅作指导讲话。会上颁发2016年度县（市、区）政府耕地保护和矿山生态恢复治理目标责任书。

泉州市召开专题会议部署元宵灯会工作

市委、市政府召开专题会议部署元宵灯会工作，市领导郑新聪、康涛、许昆贞、翁祖根、陈庆宗、周真平、卢炳椿等参加会议。

郑新聪强调，要全力确保活动安全、有序、和谐。要分兵把口，“谁主管、谁承办、谁负责”，时刻紧绷安全这根弦。党政“一把手”要守土尽责、靠前指挥，公安部门要加强指挥调度和检查督促。无论是大型活动还是群众自发规模活动，都要严格做到“一活动、一评估、一方案、一名责任领导、一个工作专班”。要摸排预警，全面加强风险隐患点排查，做到心中有数、应对有方。活动举办前，要组织安全应急演练，确保各项预案措施落实到位。活动中，要严密防控，配齐配强安保力量和技术手段，做到动态指挥调度，实时监控，随时出手。

郑新聪要求，要确保组织到位、协作到位、责任到位。各地要落实属地责任；各相关部门和新闻媒体要通力协作、整体推进，组织专业队伍提前介入；分管领导要加强统筹，一线调度，对各项工作进行再谋划、再检查、再提升，做到工作件件有部署、任务项项有着落。

相关链接：泉州花灯是福建省著名的特色传统工艺品之一，每年的农历春节，正月十五元宵节前后，人们都挂起象征团圆意义的红灯笼，来营造一种吉利喜庆的氛围。起于唐代，泉州花灯盛于宋、元，延续至今。泉州花灯历史悠久，影响广泛，在全国范围内具有鲜明的地方特色和艺术特色，是南方花灯的代表。泉州花灯就其制作工艺，分为三类：彩扎灯，花灯艺人用纸捻将竹篾先绑扎成灯的骨架，把裁好的纸或绸布喷水绷紧粘贴在骨架上，贴上花边，描上图案。挂上丝穗便成彩扎灯。刻纸灯，这种花灯的所有图案全是自己设计，自己用刻刀在纸板上刻出来。此灯不用骨架，全是用刻好图案的纸板拼成，故叫刻纸灯。针刺无骨灯，这种灯的图案全是用钢针在制图纸上密密麻麻刺出来的，光源从针孔中透出，显得玲珑剔透、璀璨夺目。

市十五届人大常委会第五十二次主任会议召开

市十五届人大常委会第五十二次主任会议召开。市人大常委会主任陈万里主持会议，副主任洪泽生、吕竞、张建生、朱团能、曾巍，秘书长吴春林参加会议。会议讨论并通过市人大常委会2016年工作要点（草案）和监督工作计划（草案）；市十五届人大七次会议代表建议重点办理件督办安排（草案）。会议讨论关于2015年度规范性文件备案审查情况的报告稿；人事任免事项；听取市人大常委会代表资格审查委员会关于个别代表的代表资格的审查报告。

就新一年的工作，会议指出，市人大及其常委会要按照市委统一部署和市十五届人大七次会议精神，认真谋划、组织实施；要紧扣“围绕大局更加紧密、服务发展更加有力、监督重点更加突出、依法履职更加有效”积极开展工作；要加大创新实践的落实力度，用具体的办法举措抓好落实，明确时间表、路线图，强化责任担当；坚持集体研究，统筹安排，统一行动；要切实加强探索创新工作的力度，及时总结完善各种有效经验，积极探索新机制、新办法、新途径，推动人大工作创新发展。

会议现场　（图/王虎文）

泉州市组织检查厦沙高速公路泉州段建设情况

泉州市组织检查厦沙高速公路泉州安溪段、德化段项目建设工作进展情况。两个分段2015年均超额完成年度计划任务，2016年分别计划完成投资额7亿元、20亿元。

厦沙高速公路泉州安溪段起于沈海高速复线的安溪凤城枢纽互通，经安溪县官桥镇、城厢镇、蓬莱镇、金谷镇，接永春县达埔镇，通过达埔枢纽互通连接泉三高速公路，全段长约25千米，按双向四车道设计，设计行车速度每小时80千米。目前，该段累计完成投资10亿元，占项目总投资22亿元的45.7%。2016年，该段计划投资7亿元，将完成路基、桥梁、隧道工程建设，其余项目也将同步推进。项目完工通车后，将成为闽南地区通往闽西北山区的最便捷通道，也是安溪县继沈海高速复线、双安高速后又一条高速公路，方便安溪与厦门、三明、南平的联系，缩短安溪至闽西北地区的路程。

厦沙高速公路泉州德化段起于永春县达铺枢纽互通，接莆永高速公路，利用泉三高速公路德化连接线，经德化县龙浔镇、浔中镇、国宝乡、赤水镇、上涌镇、汤头镇，终于德化县葛坑镇大岭村，顺接厦沙高速公路三明段，全长约73.7千米，按双向四车道设计，设计行车速度每小时80千米。该段累计完成投资21亿元，占项目总投资48.3亿元的43.4%。2016年，该段计划投资20亿元，力争完成项目主体工程。项目完工通车后，将让德化北部个别乡镇的居民在家门口就能上高速，泉州到闽北还可比目前少走80千米左右的路程。

全市检察长会议召开

全市检察长会议召开。泉州市人民检察院检察长高扬捷总结2015年工作，并对2016年全市检察工作重点作出部署。2015年以来，泉州市检察院注重改革引领，创亮点、树品牌，46项工作经验被上级检察院转发推广。在全省率先建立邀请人大代表、政协委员、律师等第三方力量参与化解涉检信访机制；试点提起公益诉讼，1起案例被列入最高检首批公开发布的15起典型案例之一；证人出庭作证工作走在全国前列，被最高检向全国检察机关推介；打造“智慧检察”，获全国检察机关首届“科技强检示范院”和“全国检察机关检务保障先进集体”称号等。2016年，泉州市检察机关将深化“科技强检示范院”创建工作，力争将“智慧检察”建设纳入“智慧城市”建设规划，抓紧完成两中心（泉州检察数据微云中心、侦查指挥中心）建设，建成检察监督综合集控平台，推进电子卷宗系统上线运行，构建“互联网+检察工作”模式，运用大数据、云计算、物联网等现代信息技术，提升司法办案、检察管理、检务公开、便民服务等质量和效率。

2月19日

星期五
农历丙申年正月十二
温度：12℃—18℃
小雨转阴

- 市十五届人大常委会第五十二次主任会议召开。
- 泉州市组织检查厦沙高速公路泉州安溪段、德化段项目建设工作进展情况。
- 全市经济和信息化工作会议召开。
- 全市检察长会议召开。
- 丰泽区政府与南威软件股份有限公司签署战略合作框架协议，双方就“智慧丰泽”建设、电子政务、产业发展、金融服务等方面达成战略合作。
- 泉州南音惠民演出开春首场演出在泉州南音艺苑举行。

2月20日

星期六
农历丙申年正月十三
温度：10℃—18℃
阴转多云

●20—23日，泉州中心城区元宵灯会分别在新门街西段（西至江滨北路、东至南音艺苑）、城东中骏世界城、丰泽商城广场和海上丝绸之路亚洲艺术公园四个分场举行。

●泉州市2016元宵南音联谊演唱会在泉州举行。

●《海丝之春》书画展在市区新门街“海丝”古肆风情园7号楼开幕。

●2016“古城新韵”春节元宵文艺展演交流活动之公共文化服务成果展演在泉州市艺术馆剧场开演。

●黄泉福木雕艺术展在市区新门街“海丝”古肆风情园7号楼开幕。

●一场以“墨香瓷韵”为主题的陶瓷艺术暨书法作品展在市区通政巷4号印记闽南文化驿站开展。

●市侨界青年联合会成立。

泉州元宵灯会展举行

20—23日，泉州元宵灯会展分别在新门街西段（西至江滨北路、东至南音艺苑）、城东中骏世界城、丰泽商城广场和海上丝绸之路亚洲艺术公园四个分场举行。以“创新泉州、智造泉州、海丝泉州、魅力泉州、幸福泉州”为主题的灯座亮相每个分展区。其中，“魅力泉州”主题灯设在鲤城区新门街，“创新泉州”“智造泉州”主题灯设在城东中骏世界城，“幸福泉州”主题灯设在东海行政中心，“海丝泉州”主题灯设在海上丝绸之路亚洲艺术公园。主题灯充分展示泉州市经济社会发展的丰硕成果，体现闽南文化的丰富内涵和鲜明特点。除了五大主题座灯，灯展的一大亮点就是四盏许久未见的传统彩扎花灯。其中嫦娥奔月、陈三五娘、天女散花展于市区新门街花灯会场，三打白骨精展于“海丝”艺术公园花灯会场。陈三五娘和三打白骨精这两盏花灯，灯中心的人物轮流走马，如同在演戏一般。

泉州市2016元宵南音联谊演唱会举行

由泉州市文广新局主办，泉州市非物质文化遗产保护中心、市南音传承中心、市南音艺术家协会承办的泉州市2016元宵南音联谊演唱会在泉州举行。广大弦友齐聚鲤城区南音艺术家协会会址合奏嗳仔指《鱼沉雁杳》，拉开这场南音联谊演唱会序幕，紧接着鲤城区南音艺术家协会、德化县南音艺术家协会、石狮市南音艺术家协会等轮番上阵，为现场观众带来南音雅乐。

《海丝之春》书画展在泉州举行

由中国民主促进会福建省委员会主办，泉州新门旅游文化发展有限公司承办的《海丝之春》书画展在市区新门街“海丝”古肆风情园7号楼开幕，书画展集中展示一批优秀的“海丝”主题书画作品，宣传和弘扬海上丝绸之路文化。该书画展展出福建省开明画院书画家以及民进系统其他书画家各具特色的作品50余件，体现书画家们弘扬民族文化传统、热爱生活、努力创新的艺术风采。

展览现场　　（图/陈智勇）

公共文化服务成果展演举行

由泉州市文广新局、泉州市艺术馆主办的2016“古城新韵”春节元宵文艺展演交流活动之公共文化服务成果展演在泉州市艺术馆剧场开演。14个曾在国家、省、市文艺比赛中获奖的节目轮番上演。由丰泽区第二中心小学的学生带来的大鼓表演《鼓舞明天》率先上台。该节目是2016年闽台少儿春晚获奖节目，随着铿锵有力的鼓点声起，现场气氛一下活跃起来。在晋江市青少年宫的黄斌倾情演唱《为家奋斗》后，五名丰泽区少儿艺术团的小朋友又上演快板《猴年说猴》。“猴头猴脑”“尖嘴猴腮”“猴年马月”等带猴字的成语在他们巧妙的解释下，全部成了吉祥话。来自泉州市闽南民间歌舞传承中心、晋江市高甲戏剧团、泉州市青少年宫[illegible]州市艺术馆、晋江南音艺术馆、丰泽区文化[illegible]单位的表演者接连为观众带来舞蹈、泉州讠[illegible]闽南打击乐、小品、南音演唱、朗诵等多[illegible]演形式的节目。这些节目皆在2015年的各级[illegible]比赛中获奖，如表演唱《跑马溜溜》曾在201[illegible]乐阳光”全国少儿歌唱比赛组合类中获得银[illegible]女子群舞《银腰情》则在福建省第十二届音[illegible]专业组舞蹈类中获得金奖。

黄泉福木雕艺术展开幕

黄泉福木雕艺术展在市区新门街“海丝”古肆风情园7号楼开幕。木雕艺术展集中展示中国工艺美术大师黄泉福数十件木雕精品。黄泉福为中国著名木雕大师，现任中国工艺美术协会副理事长，用木雕艺术讲述“中国梦”，作品背后凝聚的是艺术家的民族自豪感和传承文化[illegible]的使命感。特别是《共和国伟人》《祖国万岁[illegible]《护法神》等一系列“中国梦”木雕作品相继[illegible]世，表达木雕艺术家对中华民族伟大复兴的期盼，体现泉州木雕艺术新的发展成就。

2015年全市规上工业增加值实现2902.86亿元

从全市经济和信息化工作会议上获悉，2015年全市规上工业增加值实现2902.86亿元，增长8.9%，高出全省平均水平0.2个百分点，增速紧随莆田、漳州、宁德之后；工业用电量实现微增长0.03%，全省则为负增长1.5%，取得难得的工业发展平稳态势。工业经济平稳增长，其中291家市级工业龙头企业累计完成产值3692.46亿元，比增3.1%。落实省政府《关于促进工业创新转型稳定增长的十条措施》及市政府配套举措，全市累计兑现省、市制造业企业增产增效用电补贴2216万元、招投标奖励758万元。2015年，纳入市级重点技术改造项目有201项，总投资216.09亿元。纳入省级重点技术改造项目104项，总投资152.58亿元。充分挖掘工业新增长点，组织实施投资3000万元以上省级工业新增长点项目94项，累计完成新增产值417亿元。2015年，全市建立培育产业龙头的动态管理机制。346家企业入选市级产业龙头，引进激励机制，在配套协作、自主创新、技术改造等方面给予倾斜扶持。全年开展重点产业民企项目招商对接活动9场，赴深圳举办“泉州制造2025”推动产业转型升级招商对接洽谈会，对接新增项目139个，合同总投资1355.66亿元，位居全省第二。持续开展“送政策进企业”活动，分赴各县市区举办“推进产业转型升级政策与范例宣讲会”11场，召开政策宣讲解读会40多场，进入企业“点对点”解读政策2000多家次。从突破技术瓶颈、强化平台建设、技术改造、成果转换、市场推广应用、龙头企业培育等多个方面，加大对“数控一代”和智能制造的政策扶持力度，2015年来已确定128个泉州市“数控一代”示范项目产品和44个“数控一代”应用推广示范项目，打造34条（个）“数控一代”示范生产线和智能化车间。举办多场智能制造对接活动，成功对接企业200多家，达成协议、意向项目共426项，对接金额超110亿元。

泉金客运航线迎来台胞返乡客流高峰

“泉州——金门”客运航线迎来台胞返乡客流高峰，超过300名台胞通过该航线出入泉州。泉州边检、海警特别组成“亲情小分队”，为过往的台胞赠送元宵灯笼，营造喜庆的节日氛围。（图/泉州晚报）

电视剧《老子传奇》开播

历经十年精心拍摄制作的33集大型史诗电视连续剧《老子传奇》在中国教育电视台一套开播。该剧由北京和昌正道影视文化有限公司、河南省鹿邑县政府联合出品，泉州清源山风景名胜区管委会协拍，是首部展示中国伟大的思想家、教育家、哲学家、道教学派的创始人老子道德思想及其一生传奇经历的影视作品。电视剧《老子传奇》以圣人老子的《道德经》思想为主线，剧情寓教于乐，内容和视角独特，矛盾冲突激烈，悬念重重，高潮迭起，充满趣味，有爱情、争斗、战争、阴谋、智慧、励志、教育等等。剧中涉及古代政治、军事、天文、地理、人文、经济、法学、法规、祭祀、教育、外交、皇室等重大历史事件。电视剧《老子传奇》多处是在道教圣地泉州清源山取景拍摄的，“老君造像”等元素也将在该剧中展出。该剧还将被制作成汉语、英语、法语、德语、日语、韩语六种版本，面向全球发行。

新编版高甲戏《连升三级》上演

高甲戏精品剧目新编版《连升三级》在泉州高甲剧院上演。连升三级》是泉州高甲戏的经典剧目，被誉为中国戏曲的“南海明珠”，1993年被评为“中国当代十大喜剧之一”。图为高甲戏《连升三级》剧。（图/吴寿民）

2月21日

星期日
农历丙申年正月十四
温度：11℃—15℃
阴

●2015年全市规上工业增加值实现2902.86亿元。

●由泉州清源山风景名胜区管委会协拍的33集大型史诗电视连续剧《老子传奇》在中国教育电视台一套开播。

●泉州市2016年“古城春韵”元宵音乐会在泉州音乐厅举行。

●高甲戏精品剧目新编版《连升三级》在泉州高甲剧院上演。

2月22日

星期一
农历丙申年正月十五
温度：12℃—17℃
阵雨转小雨

●市委召开常委会学习贯彻习总书记在党的新闻舆论工作座谈会上的重要讲话精神。

●市委、市政府召开全市重大项目前期工作活动年动员部署会议。

●市委宣传部召开市直宣传系统和新闻媒体专题学习会议，传达学习总书记习近平视察中央媒体和在党的新闻舆论工作座谈会上的重要讲话精神。

●央视2016年元宵晚会东会场在泉州举行。

●泉州广播电视台召开专题学习会，传达学习习近平总书记视察中央媒体和在党的新闻舆论工作座谈会上的重要讲话精神，以及市委书记郑新聪的指示精神和市委宣传部的会议要求。

●泉州提线木偶戏传承与传播研讨会在泉州木偶剧院举行。

●泉·澎“乞龟”民俗文化活动在泉州天后宫举行。

●金申漆语——2016泉州市漆画艺术作品展在市区新门街源和1916创意产业园天德艺术馆开幕。

●2016年闽南同城化足球冠军赛结束，漳州队凭借全胜战绩夺得冠军，泉州队获第三名。

●南安丰州一年一度的燕山黄氏灯会举行，近千盏花灯扮靓古镇。自明朝正德年间至今，该灯会已有五六百年历史。

市委召开常委会学习贯彻习总书记在党的新闻舆论工作座谈会上的重要讲话精神

市委召开常委会学习贯彻习总书记在党的新闻舆论工作座谈会上的重要讲话精神，要求全市各级党委特别是宣传思想文化系统和新闻战线的同志，要把学习贯彻习总书记重要讲话精神作为一项重要政治任务，按照省委书记尤权批示要求，切实把思想和行动统一到讲话精神上来，把智慧和力量凝聚到讲话提出的各项要求中，迅速掀起学习贯彻热潮。要深刻领会习总书记重要讲话的精神实质和丰富内涵，准确把握新闻舆论工作的重要地位、职责使命、根本原则、基本方针、实践路径和根本保证，真正使讲话精神成为指导实践的行动指南。

央视2016年元宵晚会东会场在泉州举行

央视2016年元宵晚会登场，延续2016春晚东西南北中五地联动形式，在喜庆、热闹的氛围中，泉州和陕西西安、内蒙古呼伦贝尔、广东广州四个分会场展现出各自地方不同的民俗文化特色。泉州除了闹元宵的短片播映外，来自泉州木偶剧团的演员蔡佳捷和他的木偶猴子，在北京主会场给全国观众带来精彩的表演。蔡佳捷在北京主会场表演完后，画面切到泉州分会场晋江五店市传统街区，60米长的一排排宫灯耀眼璀璨，牌坊的回廊上，精致的花灯彰显泉州特色，小广场两侧，两排大红灯笼营造出浓浓的节日气氛。伴随着闽南地方小调，主持人李佳明和赵琳硕沿着状元街并排前行。行进中，赵琳硕向李佳明介绍泉州的花灯。现场观众跟着主持人的脚步，感受泉州热热闹闹的灯会。在戏台广场上，“公子哥”在随从的陪同下悠然赏灯；台下，吹唢呐的和火鼎公婆热闹登场，阿公阿婆们逗乐着演绎《天黑黑》；新郎新娘们手提花灯游灯，寄希望于添丁进财，来年生个大胖小子；“闽台两东石，共数一宫灯”，台湾高山族女子和大陆女子手执宫灯，孩童们手提各色花灯共欢乐；各色掌中木偶或舞狮，争先起舞。

晚会现场　　（图/泉州晚报社）

泉州提线木偶戏传承与传播研讨会举行

泉州提线木偶戏传承与传播研讨会在泉州木偶剧院举行。中国文史馆员、中国艺术研究院音乐所所长田青，中国艺术研究院艺术创作研究院前院长、中国戏曲导演学会会长黄在敏，著名戏剧家、中国戏剧家协会党组成员、副秘书长崔伟，著名戏剧理论家、中国文联理论研究室原主任李春喜，著名戏剧理论家、福建省艺术研究院原院长王评章等20余名国家和省级专家与泉州的非物质文化遗产保护专家共同研讨泉州提线木偶保护、传承和创新传播工作。

泉·澎“乞龟”民俗文化活动在泉州天后宫举行

猴年泉·澎“乞龟”民俗文化活动在泉州天后宫举行。泉州本地民众与来自台湾澎湖的友人，为2.65公斤的巨型米龟揭彩点睛。泉州天后宫内，由一袋袋平安米筑造而成的巨型米龟安静地卧在广场上，两条由菠萝、香蕉、胡萝卜、蒜组成的水果龙顺着柱子盘旋而上，腾空飞起栩栩如生。10时，“乞龟”活动揭彩及点睛仪式正式开始。仪式结束后，等候的民众从头到尾摸遍米龟各个部位，祈求新的一年风调雨顺、身体健康、家庭幸福、事业兴旺。不少游客拿起手机，记录下这喜庆祥和的一幕。2016年制作的米龟为历年最大，由两岸的制龟师傅在春节前共同制作完成。从2007年起，泉州、澎湖两地天后宫开始联合举行“乞龟祈福”民俗活动，寓意来年幸福安康，2016年已是第十个年头。

活动现场　　（图/吴寿民）

市政府第八十九次常务会议召开

市政府第八十九次常务会议召开。市长康涛主持会议。市领导陈庆宗、林伯前、周真平、卢炳椿、林万明，市政府秘书长吴友才出席会议，市人大常委会副主任吕竞、市政协副主席李冀平列席会议。会议研究通过文化创意、节能环保、纺织鞋服、工艺制品、生物与新医药、新材料等六个产业的转型升级路线图。会议还研究通过《泉州港口发展行动计划》。

2015泉州经济年会年度峰会举办

由市委宣传部、市经信委、市科技局、市商务局、市工商局、市工商联（总商会）、泉州晚报社等单位联合主办以“创业·创新”为主题的2015泉州经济年会年度峰会在惠安举办。峰会上，年度泉州经济人物、年度十佳市民最喜爱的品牌企业、年度十佳“互联网+”经济产业园区、“泉州制造2025”年度十佳科技小巨人、年度优秀泉属异地商会获奖榜单揭晓，市领导陈庆宗、朱团能、吴共湖等出席峰会并为获奖嘉宾颁奖。以“互联网+”为主题的《2015年度泉州民营经济蓝皮书》首次发布。结合当下泉州传统产业转型升级需要，峰会特别邀请多位本土实业家、经济产业园区创新运营者——利郎（中国）有限公司执行董事胡诚初、九牧厨卫股份有限公司副总裁张彬、弘桥集团董事长林志强三位知名企业负责人分别作《传统产业的创新思维》《供给侧改革下的民营企业转型之道》《传统产业互联网+解决方案》主题演讲。来自泉州科技、物流、鞋服、卫浴、石材等行业的多位代表性人物围绕《挑战、融合、突破——互联网+传统产业的机遇与挑战》话题进行高峰对话，深入探讨互联网与传统产业的关系。

相关链接：2015年度泉州经济人物榜单：许阳阳、许金岑、陈树青、林武臣、郑邦、郭东圣、阙小鸿、蔡文革、颜章根、戴景水。年度十佳市民最喜爱的品牌企业榜单：七匹狼服饰、九牧王服饰、九牧厨卫、中闽百汇、龙头山粮油、兴隆香业、财佰通、南益地产、盼盼食品、源和堂食品。年度十佳互联网+经济产业园区榜单：中国国际信息技术（福建）产业园、中国鞋都电商创业园、安溪弘桥智谷电商产业园、南安北部电商创业园、泉州软件园、泉州虚拟产业园、晋江陆地港跨境电子商务产业园、海西（石狮）电子商务园区、领SHOW天地创意园、德化电子商务产业园。年度优秀泉属异地商会：宁波泉州商会、扬州市泉州商会、佛山市福建省泉州商会、重庆市福建泉州商会、淄博泉州商会、贵州省泉州商会、深圳市安溪商会、厦门市南安商会、泉州市莆田商会、泉州江西商会。

年会现场　　（图/泉州晚报社）

泉州傀儡调音乐会揭牌成立

泉州傀儡调音乐会在市区西街通政巷泉州市木偶剧团老团址揭牌成立。中国文史馆员、中国艺术研究院音乐所所长田青专门题了“泉州傀儡调音乐会”会名，并参加揭牌仪式。田青认为，泉州傀儡调音乐是中国传统音乐的瑰宝，上千年来随着傀儡戏等传承下来，一代一代流传到今天，承载无数人的情感，要加强泉州傀儡调音乐保护和研究，促进泉州傀儡戏的传承和发展。泉州傀儡调音乐会的成立，为泉州市傀儡调音乐家和传承者提供交流的平台，促进泉州市傀儡调音乐的保护和传承。

高甲戏《昭君出塞》在泉州高甲剧院上演

高甲戏《昭君出塞》在泉州高甲剧院上演，中国戏剧梅花奖获得者陈娟娟领衔出演。现代舞台展示手段与古典剧目有机结合，展示战争给人们带来的巨大创伤，演出深深地打动观众，现场的掌声不断。《昭君出塞》是泉州市近年打造文化精品工程的力作，是在泉州高甲戏传统剧目基础上进行创新的。剧情更加强化王昭君自请“和亲”这一主题，受到专家和观众的称道。该剧创排时力邀全国知名编剧、导演、舞台美术设计、造型设计和音乐设计共同打造。

2月23日

星期二
农历丙申年正月十六
温度：9℃—13℃
小雨转阵雨

●梁建勇带队到泉州调研外贸工作。

●市政府第八十九次常务会议召开。

●以“创业·创新”为主题的2015泉州经济年会年度峰会在惠安举办。

●泉州傀儡调音乐会在市区西街通政巷泉州市木偶剧团老团址揭牌成立。

●高甲戏《昭君出塞》在泉州高甲剧院上演。

●安踏在香港公布2015年全年业绩，2015年营收111.26亿元。这个数字不仅超过2014年安踏自己创下的最高值89.23亿元，也让安踏成为国内体育用品行业中首家业绩超百亿元的企业。

●开学第一天，泉州幼师附幼举办一场“百人滚元宵”活动。近百名家长和孩子一起动手制作泉州特色的“上元丸”，并相互分享。

2月24日

星期三
农历丙申年正月十七
温度：8℃—12℃
阵雨转多云

●陈存根一行到泉州调研考察。

●泉州晚报社召开全社干部大会，传达总书记习近平在党的新闻舆论工作座谈会上的重要讲话精神和市委常委会、市委宣传部专题会议学习贯彻意见，就今后工作作出部署。

●国家卫计委印发通知，将全国500家县医院列入全面提升县级医院综合能力首批名单。晋江市医院、石狮市医院、惠安县医院等3家医院上榜。

中央国家机关工委领导到泉州调研考察

中央国家机关工委副书记陈存根一行到泉州调研考察，市委书记郑新聪、市委副书记周银芳等参加调研。调研考察组参观中国闽台缘博物馆，听取泉州市直机关党建情况汇报，对泉州认真落实全面从严治党主体责任给予肯定，希望进一步推动机关党建工作取得新进展。

泉州晚报社召开全社干部大会学习贯彻习总书记在党的新闻舆论工作座谈会上的重要讲话精神

泉州晚报社召开全社干部大会，学习贯彻总书记习近平在党的新闻舆论工作座谈会上的重要讲话精神和市委常委会、市委宣传部专题会议学习贯彻意见，就今后工作作出部署。

全体新闻工作者要牢记习总书记提出的“48字”新闻舆论工作职责使命。“高举旗帜、引领导向”就是要始终牢记党媒姓党，自觉担负起党媒的职责和使命，坚持正确舆论导向，全面、系统、准确地宣传阐释中央和省委、市委重大决策部署，切实提高党的新闻舆论传播力、引导力、影响力、公信力；“围绕中心、服务大局”就是要胸怀“守正”之心，与党委政府保持一致，通过正面引导，为当前建设“五个泉州”、创新转型、突围发展鼓与呼；“团结人民、鼓舞士气”就是要坚持团结稳定鼓劲、正面宣传为主的基本方针，唱响主旋律、传播正能量；“成风化人、凝心聚力”就是要践行“百姓情怀”的办报理念，多推出有思想、有温度、有品质的作品，多设计创办一些融思想性和艺术性于一体的、脍炙人口的、寓教于乐的好栏目，把报纸、网站、客户端办得好看、耐看，让读者、网民接受党媒的观点、主张；“澄清谬误、明辨是非”就是要尊重新闻传播规律，继续坚持开展正面监督，做到每天报道都根据事实来描述事实，特别是在批评性报道上做到“事实准确、分析客观”；“连接中外、沟通世界”就是要进一步巩固提升主流媒体的权威地位，把传统媒体主业做大做强，实施平台化的全媒体战略，以新技术引领媒体融合发展、驱动媒体转型升级，做城市品牌的传播者，用好故事、好新闻向世界传递泉州声音，尽一切力量营造有益于泉州发展的舆论氛围。

相关链接：2月20日，习近平总书记在党的新闻舆论工作座谈会上的重要讲话中提出“高举旗帜、引领导向，围绕中心、服务大局，团结人民、鼓舞士气，成风化人、凝心聚力，澄清谬误、明辨是非，联接中外、沟通世界”，48个字，概括了在新的时代条件下，党的新闻舆论工作的职责和使命。这是习近平总书记着眼党的工作全局，在新形势下做好党的新闻舆论工作明确要求，提出遵循。习近平总书记的讲话，在广大新闻工作者中引起强烈反响，大家纷纷表示，要牢记总书记的嘱托，坚持正确的政治方向，履职尽责，担负起党的新闻舆论工作的职责和使命。

泉州三家县级医院获国家卫计委扶持

国家卫计委印发通知，将全国500家县医院列入全面提升县级医院综合能力首批名单。晋江市医院、石狮市医院、惠安县医院等3家医院上榜。国家卫计委关于县级医院规划包括，加强临床重点专科建设，提升县级医院医疗技术水平，并配备与专科建设目标一致的适宜设备；加强临床薄弱专科建设，通过引进人才、改善硬件条件、派驻人员支援等措施，加强近三年县域外转诊率排名靠前病种所在的薄弱临床专科建设；升外科手术、重症医学科、血液透析和腹膜透析服务能力以及医院感染控制水平，推广适宜的内镜微创诊疗技术，使县域内常见病多发病能够在县医院得到规范化的诊疗；加强病理科、医学检验科（临床体液、血液，临床微生物学，临床化学检验，临床免疫、血清学，分子生物学等专业组）、医学影像科（X线诊断、CT诊断、磁共振成像诊断、超声诊断、心电诊断、脑电及脑血流图诊断等专业组）和消毒供应中心的能力建设；扩大病种覆盖面。诊疗病种范围包括县域内所有常见病、多发病，能够确诊大多数疑难病和重大疾病，普通外科、骨科、胸外科、神经外科、泌尿外科能够开展本专业大多数常规手术，内镜微创治疗病例和全身麻醉比例逐年提高。

市十五届人大常委会第三十二次会议召开

市十五届人大常委会第三十二次会议召开。市人大常委会主任陈万里，副主任洪泽生、吕竞、张建生、朱团能、曾巍，秘书长吴春林参加会议。副市长林万明，市人民检察院检察长高扬捷、市中级人民法院负责人列席会议。会议听取和审议市中级人民法院研究处理《市人大常委会关于执行行政诉讼法的审议意见》、市人民检察院研究处理《市人大常委会关于未成年人刑事检察工作的审议意见》的情况，并开展审议意见办理情况满意度测评，结果均为满意；听取和审议市人大常委会代表资格审查委员会关于个别代表的代表资格的审查报告、黑龙江省七台河市公安局关于提请许可对陈洪七采取刑事强制措施的报告；听取市人大常委会法工委关于2015年度规范性文件备案审查情况的报告；审议有关人事任免事项，并举行向宪法宣誓仪式。

相关链接：泉州市第十五届人民代表大会常务委员会第三十二次会议通过决定任免人员名单：决定任命李清景为泉州市财政局局长，任命柯跃峰为泉州市粮食局局长，免去李健康的泉州市财政局局长职务；任命李小兴、胡金琪、胡志南、李金凤、许良才为泉州市中级人民法院审判员，免去郭爱萍的泉州市中级人民法院刑事审判第一庭副庭长、审判员职务；免去吴智家、黄淑卿、魏敬阳的泉州市中级人民法院审判员职务；任命邱仲华为泉州市人民检察院检察员、检察委员会委员；任命程和平、王声典为泉州市人民检察院检察员；免去叶少风的泉州市人民检察院副检察长职务；免去蔡照耀、刘闽生、李建章的泉州市人民检察院检察员职务。

会议现场　　（图/王虎文）

周银芳到德化调研精准扶贫和壮大村集体经济工作

市委副书记周银芳带领市直有关部门到德化调研学习贯彻总书记习近平与宁德市赤溪村村民视频连线重要讲话精神、开展精准扶贫、增加村集体经济收入工作。周银芳一行实地察看雷峰镇潘祠村山樱花苗木合作社、农村淘宝，南埕镇高际村油茶基地等项目，详细了解项目运行情况，并与县乡干部座谈交流，肯定德化县在精准扶贫和壮大村集体经济收入的做法和成效。精准扶贫工作关系到全面建成小康社会，各级各部门要认真学习贯彻总书记习近平关于扶贫攻坚的系列重要讲话精神，按照省委、市委的部署要求，明确时间节点，强化责任担当，按期高质量完成扶贫攻坚任务。要客观公正地开展精准识别、建档立卡工作，精准施策，扶贫到户。要发展产业促增收，结合当地特色资源，科学规划发展农村休闲旅游和光伏产业，促进项目、资金和市场结合，发展壮大村集体经济收入，带领群众脱贫致富。要结合“美丽乡村”建设，保护好青山绿水和生态环境，及时总结提炼经验做法，促进农村经济社会可持续发展。

人力资源和社会保障等四部门电视电话会议召开

全市人力资源和社会保障、交通运输、药械监管和行政服务工作电视电话会议召开。市委常委、常务副市长林伯前参加会议。2016年人社部门将进一步加强就业结构性改革，持续帮扶企业用工，不断优化企业用工环境，加大公益性岗位开发力度，推进“全民参保登记计划”试点工作，推进城乡居民医保政策一体化工作等。交通运输部门将继续谋划一批战略性、基础性重大项目，加快城市公交便捷化，促进城乡客运一体化，加速建设客运枢纽网络等，切实构建公众出行服务体系和现代交通物流体系。药械监管工作将进一步完善监管方式，创新办案机制，加强源头管控，强化专项整治，健全社会监查机制，深化药械供给侧结构性改革。行政服务工作将完善重点项目“月会商”联审机制，完善负面清单管理模式，建立“中介超市”，全方位推进电子证照建设等。

2月25日

星期四
农历丙申年正月十八
温度：10℃—13℃
多云

●郑新聪在《泉州晚报》发表署名文章《坚持正确政治方向 努力唱响泉州故事》。

●市十五届人大常委会第三十二次会议召开。

●周银芳带领市直有关部门到德化调研学习贯彻总书记习近平与宁德市赤溪村村民视频连线重要讲话精神、开展精准扶贫、增加村集体经济收入工作。

●全市人力资源和社会保障、交通运输、药械监管和行政服务工作电视电话会议召开。

●对公安派出所刑事侦查活动监督试点工作部署暨现场交流会在南安召开。

2月26日

星期五
农历丙申年正月十九
温度：11℃—13℃
阴

●市方志委与市农业局联合召开《福建茶志》（泉州部分）编纂工作会议。

●全市地方志机构主任会议召开。

●据统计，2015年，全市城镇新增就业15.29万人，新增农村劳动力转移就业6.15万人，城镇登记失业率1.27%，连续15年保持全省最低水平。

●安溪县法院蓬莱法庭庭长林剑东在工作岗位上突发心肌梗塞，送医抢救无效逝世，年仅49岁。

《福建茶志》（泉州部分）编纂工作会议召开

市方志委与市农业局联合召开《福建茶志》（泉州部分）编纂工作会议。会上，就材料搜集、撰写方法、编纂要求等方面对撰、审稿人员进行培训，对编纂工作作了部署。通过会议，与会人员互相交流学习，进一步增强做好《福建茶志》（泉州部分）编纂工作的信心，纷纷表示将按工作部署的时间节点要求，做好资料收集、整理、上报工作。各县（市、区）撰、审稿人员等30余人参加会议。

《福建茶志》由福建省地方志编纂委员会、福建省农业厅与海峡两岸茶业交流协会计划联合编纂。泉州市政府高度重视该项工作，要求各县(市、区)人民政府和相关市直部门要提高认识，按照有关文件精神，做好泉州部分的编纂工作，通过记录泉州深厚的茶文化历史及海上丝绸之路起点城市的丰富底蕴，打造泉州茶产业的特色“名片”，传承和弘扬泉州茶文化,促进泉州经济社会发展。

各承编单位根据《福建茶志》编目大纲及泉州市政府工作进度安排，抓紧资料搜集和组稿工作，编纂工作有序推进。

会议现场　（图/吴寿民）

全市地方志机构主任会议召开

泉州市方志委召开全市地方志机构主任会议。会议指出，2015年全年编审稿超过2000万字，出版10多册400多万字，得到中指组、省方志委和市委、市政府的充分肯定。2015年2月2日，时任市长郑新聪主持召开第63次市政府常务会议，专题研究地方志工作；2015年3月26日，泉州市政府召开全市地方志工作会议，总结过去几年的地方志工作，对今后几年的地方志工作做了规划和部署；泉州市政府将二轮修志工作纳入对各地方政府和市直各部门年度绩效考评的重要内容；2015年10月18—25日，市方志委承办全国地方志工作机构主任培训班，会务工作得到中指组和参训人员的高度评价和普遍好评。中国社科院院长、中国地方志指导小组组长王伟光到泉州调研地方志工作，指出泉州地方志工作很有成效，很有特色，也很有经验；泉州推行日记、月报、年鉴、志书“四位一体”记录地情以及调动“万人修志”的经验做法值得总结和推广。省方志委主任冯志农多次到泉州市调研，对泉州地方志工作及承办全国、全省会议的会务工作予以充分肯定；市领导郑新聪、康涛、林万明、刘忠也分别多次对市方志委工作作出指示和批示。泉州市方志委“四位一体”系统有效保存地情资料的经验在全省设区市地方志机构主任会议暨地方志工作创新经验交流会上进行推介，并在《福建史志》上刊发,市长康涛对此专门作出批示：“好！总结经验，继续创新。”

关于2016年的工作，会议强调：2016年是地方志事业发展“十三五”规划实施的开局之年。新的一年，全市地方志工作机构要认真贯彻中共十八届三中、四中、五中全会和全国、全省、全市地方志工作会议精神，围绕创新泉州、智造泉州、“海丝”泉州、美丽泉州、幸福泉州“五个泉州”建设，以加快二轮修志为重点，紧扣“志、鉴、库、网、刊、会、研、用、队”九个工作要素，不断创新工作思路，全面提升工作水平，扎实推进地方志事业的科学发展。要做到：一要强化法规意识，提升思想认识，科学制定地方志事业发展规划；二要强化责任意识，抓重点破难点，加快推进二轮修志步伐；三要强化质量意识，对标准找差距，全面提升年鉴编纂水平；四要强化服务意识，围绕中心大局，加大地情开发和利用力度；五要强化修身意识，加强队伍建设，推动方志事业全面发展。

会议现场　（图/吴寿民）

《泉州市企业兼并重组投资基金设立方案》印发

市政府印发《泉州市企业兼并重组投资基金设立方案》（以下简称方案），旨在支持资金困难企业摆脱困境、推动传统优势企业转型升级，充分利用泉州上市公司和行业龙头企业资源，引导企业进行产业的横向和纵向并购整合。

相关链接：方案指出，市政府决定设立规模20亿元的泉州市企业兼并重组投资基金，由市产业股权投资基金作为出资人，联合产业相关县（市、区）作为主发起人，吸引基金管理机构、银行等金融机构和民间资本共同发起设立。基金主要投资于泉州市辖区内拟实施并购的上市后备企业、挂牌企业或行业龙头企业等以及市辖区内出现资金困难的拟重整重组企业，通过以下方式进行投资：为上市后备企业、挂牌企业和行业龙头企业等兼并方实施并购重组提供资金支持；以股权、债权等方式向重整重组企业注入资金，引导开展并购重组工作，帮助重整重组企业引入战略投资者。据悉，市产业股权投资基金拟作为主发起人认缴4亿元，相关县（市、区）授权投资机构作为联合发起人参股，基金管理公司认缴基金份额的1%—5%，争取省产业股权投资基金参股，其余部分向金融机构、行业龙头企业以及民间资本等募集。基金按市场化方式运作，根据协议、章程约定进行基金募集、投资、管理和退出。基金的投资存续期原则上不超过10年。

75亿元集成电路产业基金落户晋江

泉州市政府、国家集成电路产业投资基金股份有限公司、华芯投资管理有限责任公司、福建三安集团有限公司四方，共同在福州签订设立福建省安芯产业投资基金合伙企业战略合作协议。此次成立的安芯基金落户泉州晋江，基金目标规模500亿元，首期出资规模75.1亿元。按照协议，基金将重点支持泉州市发展集成电路产业和半导体等高尖端技术产业，建设位于晋江的福建省集成电路产业园，支持三安集团和三安光电或其关联企业开展境内外并购、新技术研发、新建、扩建生产线等业务。其中，70%的资金将投向III-V族化合物集成电路产业群，30%的资金投向其他集成电路产业链为主的半导体领域。

国家集成电路产业投资基金成立以来，在地市级别合作设立基金尚属首次。安芯基金的设立体现国家产业基金对泉州乃至全省发展集成电路产业的支持，有利于发挥财政资金的杠杆作用，引导更多社会资金投到泉州，对于推动集成电路产业加快发展，助推全市乃至全省产业转型升级意义重大。

签约仪式前，省委常委、常务副省长张志南，市委书记郑新聪，市长康涛，市委常委、晋江市委书记李建辉等，与前来参加活动的工信部电子信息司司长刁石京，国家集成电路产业投资基金股份有限公司董事长王占甫，华芯投资管理有限责任公司总裁、国开金融有限责任公司副总裁路军，福建三安集团有限公司董事长林秀成一行座谈。

相关链接：国家集成电路产业投资基金是由国开金融、中国烟草、亦庄国投、中国移动、上海国盛、中国电科、紫光通信、华芯投资等企业发起设立的。基金重点投资集成电路芯片制造业，兼顾芯片设计、封装测试、设备和材料等产业，实施市场化运作、专业化管理。国家集成电路产业投资基金采取公司制形式，该基金按照风险投资的方式进行运作，会择机退出所投资的项目。

2015年泉州接受侨捐4.66亿元

从市外事侨务办获悉，2015年全省接受海外侨胞捐赠4.66亿元，数额居设区市之首。广大泉籍侨亲捐赠兴办公益事业，惠及教育、医疗卫生、交通、文化体育、社会福利等多个领域，极大地推动泉州经济社会发展。2015年全市大部分侨捐投向文化教育领域，计2.32亿元。投入社会事业捐助计1.46亿元，内容涉及捐建养老院、孤儿院、聋哑学校等设施以及用于敬老、慰问、救济困难群体等。从捐赠地域分布看，晋江、南安仍是泉州接受侨捐的大户，连续多年保持在1亿元以上。2015年晋江侨捐总额超过1.6亿元，南安侨捐总额1.14亿元，其中南安成为全国唯一连续22年侨捐超亿元的县级市。

泉州的“中国好人”增加至58人

从市委文明办获悉，在中央文明办发布的2016年首期“中国好人榜”中，泉州市推荐的模范人物程耕轮入选“敬业奉献”类好人。程耕轮被誉为勇于创新的基层好法官。至此，泉州地区的“中国好人”增加至58人。另外，泉州获评“福建好人”83人，省级以上“好人”141人。

2月27日

星期六
农历丙申年正月二十
温度：10℃—18℃
多云

●泉州市政府、国家集成电路产业投资基金股份有限公司、华芯投资管理有限责任公司、福建三安集团有限公司四方，在福州签订设立福建省安芯产业投资基金合伙企业战略合作协议。

●2015年泉州接受侨捐4.66亿元。

●泉州的“中国好人”增加至58人。

●“一带一路”宜兴紫砂泉州展在桑莲居艺术馆开幕。

2月28日

星期日
农历丙申年正月廿一
温度：10℃—20℃
晴

●刘利民带队到泉州督查2016年春季开学工作。李红、康涛、陈灿辉参加相关活动。

●《泉州市行业协会商会与行政机关脱钩工作实施意见》印发。按照该意见，2017年10月31日前，泉州市将基本完成行业协会商会与行政机关在机构、职能、资产财务、人员、党建、外事等方面的分离。

教育部督查组到泉州检查春季开学工作

28—29日，教育部副部长刘利民带队到泉州督查2016年春季开学工作。副省长李红，市长康涛、副市长陈灿辉参加相关活动。督查组召开座谈会听取全省春季开学工作和泉州教育工作情况汇报，实地走访泉州五中城东校区、市盲聋哑学校、台商投资区的百崎中心小学和洛阳镇中心幼儿园。全市中小学均按时开学，办学行为规范有序，学校校园安定稳定，校车监管措施到位，教师队伍活力十足。

刘利民肯定泉州教育工作取得的显著成效，泉州高度重视教育工作，克服压力，有效作为，持续推进基本公共教育服务均等化，全面完成公办义务教育学校标准化建设，13个县（市、区）全部通过"义务教育基本均衡"国家级验收。致力于教育公平，保障50.93万名外来人员随迁子女平等接受教育；全面推进国家特教改革实验区泉州市低视力"医教结合"实验工作，探索出一条医教结合的特色发展之路。持续提升各类教育育人水平和教育服务经济社会发展能力，幼儿在公办性质幼儿园就读率高，探索建立以县为单位的普惠性民办幼儿园政府购买服务机制；普通高中多样化、有特色发展，培育一批普通高中特色化办学实验学校，率先在全国实现外省籍考生在流入地参加异地高考。对外交流合作取得实质性进展，教育综合改革稳步推进，各级各类教育统筹协调发展，持续向好。

刘利民要求，要科学编制教育"十三五"规划，加强对经济社会发展和教育改革发展重大问题的研究，提高规划编制的科学性、前瞻性。希望泉州面向教育新形势，瞄准高考新改革，大胆实践，勇于创新，力争为全省、全国多出经验、多创典型，发挥示范引领作用。

《泉州市行业协会商会与行政机关脱钩工作实施意见》印发

《泉州市行业协会商会与行政机关脱钩工作实施意见》印发。按照该意见，2017年10月31日前，泉州市将基本完成行业协会商会与行政机关在机构、职能、资产财务、人员、党建、外事等方面的分离。脱钩主体为各级行政机关与其主办、主管、联系、挂靠的行业协会商会。其他依照和参照公务员法管理的单位与其主办、主管、联系、挂靠的行业协会商会，也参照意见执行。脱钩范围包括，会员主体是从事相同性质经济活动的单位、同业人员，或同地域的经济组织，名称以"行业协会""协会""商会""同业公会""联合会""促进会"等字样为后缀；在民政部门登记为社会团体法人。脱钩任务主要包括机构分离、职能分离、资产财务分离、人员管理分离、党建外事等事项分离五个方面。

相关链接：机构分离是指取消行政机关（包括下属单位）与行业协会商会的主办、主管、联系和挂靠关系。行业协会商会依法直接登记和独立运行。职能分离是指将剥离行业协会商会除法律法规另有规定外的现有行政职能。资产财务分离是指行业协会商会将实行独立财务管理。对原有财政预算支持的行业协会商会，逐步通过政府购买服务等方式支持其发展。自2018年起，取消行业协会商会的财政直接拨款。人员管理分离是指现职和不担任现职但未办理退（离）休手续的党政领导干部及在职工作人员，不得在行业协会商会兼任职务。行业协会商会全面实行劳动合同制度。党建、外事等事项分离是指党建工作由市、县（市、区）两级党委组织部门将其并入已建立的非公有制企业党建工作机构或社会组织党建工作机构统一管理；外事工作由市外事侨务办按有关管理规定执行，不再经原主办、主管、联系和挂靠单位审批。

现代观光农业受市民青睐

全市各地结合自身优势，大力发展现代观光农业。近年来，伴随全球农业的产业化发展，现代农业不仅具有生产性功能，还具有改善生态环境质量，为人们提供观光、休闲、度假的生活性功能。在永春石鼓镇康绿隆果蔬基地，一批从以色列、荷兰等地引进的新品种番茄结出色彩鲜艳的硕果，引得四方游客前来采摘。

（图/林劲峰 张君琳 苏福彬）

郑新聪到晋江开展党风廉政建设责任制落实情况专项检查

市委书记郑新聪到晋江市开展党风廉政建设责任制落实情况专项检查。市委常委、秘书长、统战部部长翁祖根陪同，副市长卢炳椿参加检查。在听取李建辉代表晋江市委所作的落实党风廉政建设责任制工作情况汇报后，郑新聪指出，晋江落实党风廉政建设责任制情况总体是好的，市委的导向比较明确，工作抓得比较紧、比较实，纪检监察机关聚焦主业，作用发挥有力，2015年发现的问题基本整改到位。但也存在一些问题和不足，落实中央“八项规定”精神上热下冷，基层存在“以权谋私”现象，责任追究不够严格等。

郑新聪指出，各级党组织和广大党员干部一要明确责任，逐条对照党章党规党纪，构建主体明晰、责任明确、有机衔接的责任体系；二要传导压力，切实推动“两个责任”向基层延伸；三要检查到位，把“五抓五看”作为全市各级责任制检查的重要内容，加大力度、做细工作、严格整改，真正把检查过程作为进一步提高认识、整改问题、完善制度、加强教育的过程。

就深化党风廉政建设和反腐败斗争，郑新聪要求，市县两级要以这次全市责任制检查为契机，查找工作差距，加强薄弱环节。一是一把手要亲自抓，真正成为全面从严治党的书记，对本地区、本单位的政治生态了如指掌，对各级干部经常性开展谈话提醒和批评教育；同时，督促班子成员履行“一岗双责”，责无旁贷地抓好分工范围内的党建工作。二是扎实开展“两学一做”，教育引导党员干部强化“四种意识”，既用党性原则和纪律规矩来约束规范自己，又以良好的家教家风带动向善向上的党风民风。三是持续深化作风建设，聚焦突出问题，紧盯作风领域新形势新动向，坚持越往后执纪越严，决不让“四风”问题反弹回潮。四是零容忍惩治腐败，坚持无禁区、全覆盖、零容忍，让搞腐败的人付出应有代价。五是切实加强基层党风廉政建设，严厉查处发生在群众身边的不正之风和腐败现象；同时在信息透明、流程监管、强化监督等方面加强制度建设，倒逼形成遵纪守法、风清气正的氛围。

闽南戏曲名老艺人传统折子戏传承启动仪式举行

闽南戏曲（泉州高甲）名老艺人传统折子戏传承启动仪式在泉州高甲剧院举行，中国戏剧梅花奖获得者陈娟娟等5位名老艺人（全省首批）以传统“口传心授”方式带徒授艺。首批泉州高甲戏名老艺人大部分退出演出舞台，这一项目启动后，他们重返舞台，参与优秀剧目的传承工作。此次他们传承的剧目以传统拍子戏为主，其中柯荣湘负责传承《敬德结印》一折、张清池负责传承《连升三级》一折、欧阳燕青负责传承经典小戏《管甫送》、尤来通负责传承《云安点将》一折。同时，泉州市高甲戏传承中心副主任陈娟娟负责传承《昭君出塞》。以师带徒是戏曲传承的老传统，泉州高甲戏也是由一代代老艺人“口传心授”传承下来，这种传承传授的不仅是艺术，还有艺德。

《岵山塘溪村志》出版

历时3年多修编的《岵山塘溪村志》修编完成并正式出版。塘溪村坐落于永春县岵山镇南部，村落形成于元代以前，至今有千年历史。现村域面积2平方公里左右，金溪河贯穿其中，村内绿树成荫，保存有闽南古街、古厝、古宗祠、古荔枝树等古老元素，与纵横交错的稻田风光相映成趣，形成自然与人文资源并茂的古村落，于2013年入选中国传统村落。2012年年底该村就着手邀请村里些退休人员和在职教师等热心人士20多人组成编写委员会，通过查找县志、镇志、族谱、校刊、佛志等资料，浏览图书档案，考证古典书籍，并走村入户调研访谈，整理归类成册。《岵山塘溪村志》图文并茂，全书13多万字，记载塘溪村的地理环境、社会历史变迁、生产资料、生产方式、群众生活、风土人情、历史人物、人文精神、村庄的兴衰变化，以及古迹、物产、华侨、名人乡彦、重大事件、重大成就等从宋元时期至今的数千件史实。

2月29日

星期一
农历丙申年正月廿二
温度：9℃—18℃
晴

●郑新聪到晋江市开展党风廉政建设责任制落实情况专项检查。

●闽南戏曲（泉州高甲）名老艺人传统折子戏传承启动仪式在泉州高甲剧院举行，中国戏剧梅花奖获得者陈娟娟等5位名老艺人以传统“口传心授”方式带徒授艺。

●历时3年多修编的《岵山塘溪村志》修编完成并正式出版。

3月1日

星期二
农历丙申年正月廿三
温度：8℃—17℃
晴

●倪岳峰到泉州开展党风廉政建设责任制落实情况检查。此前，省委检查组通过多种形式，对泉州市委落实全面从严治党主体责任，落实中央“八项规定”精神和省委“五抓五看”要求、推动党风廉政建设和反腐败斗争情况进行具体检查。对泉州市2015年责任制检查发现问题整改情况进行核查。

●泉州市举行创新驱动专题报告会。中国工程院院士、华中科技大学教授、博士生导师、制造装备数字化国家工程研究中心首席科学家段正澄，作主题为《中国制造2025与智能制造》的专题报告。

●市委党校2016年春季开学典礼举行。第60期县处级干部进修班、第71期科级干部进修班同时开班。

●晋江市2016年“全民动员，绿化晋江”义务植树活动月启动仪式举行。

倪岳峰到泉州开展党风廉政建设责任制落实情况检查

省委常委、省纪委书记倪岳峰到泉州开展党风廉政建设责任制落实情况专项检查。市委书记郑新聪向检查组汇报2015年度落实党风廉政建设责任制工作情况。市领导康涛、陈万里、杨俊峰、周银芳、许昆贞、翁祖根、温惠榕、陈庆宗、林伯前、林俊其、李建辉、孔繁军、卢炳椿等参加会议。

倪岳峰要求，要抓好检查发现问题的整改落实。要加强党章党规党纪学习，贯彻落实“五抓五看”要求。市委要担负起整改落实的主体责任，明确整改的责任人员、整改措施、整改时限。市委书记是整改落实第一责任人，对全市责任制检查整体情况负主要责任；班子成员要采取有效措施抓好分管范围内的问题整改；各责任单位要对问题进行梳理分析，拿出管用有效的办法。对重点难点问题，市委要采取有力措施加以解决；市纪委要履行监督责任，协助市委抓好整改工作。要夯实全面从严治党的主体责任。要增强政治意识、大局意识、核心意识、看齐意识，增强政治自觉、党纪自觉和行动自觉。要落实“五抓五看”的要求，把主体责任抓紧、抓细、抓实。要按照党章党规党纪的有关规定，用好问责这个“撒手锏”。要推进党风廉政建设和反腐败工作。要针对工作中存在的薄弱环节，加强党风廉政建设和反腐败工作。要用好监督执纪“四种形态”，抓早抓小、动辄则咎。要加强对各级一把手的监督，使一把手置身于组织、党员、群众的全方位监督之下。

泉州市举行创新驱动专题报告会

泉州市举行创新驱动专题报告会。市长康涛、副市长陈灿辉、市政协副主席骆沙鸣以及市直相关部门、部分高校负责人等在主会场参加活动；各县（市、区）、开发区、台商投资区分别设立分会场。中国工程院院士、华中科技大学教授、博士生导师、制造装备数字化国家工程研究中心首席科学家段正澄，作《中国制造2025与智能制造》专题报告。报告从中国制造2025浅述、智能制造浅述、数字化制造技术是智能制造的基础三个层次切入，将中国制造业“大而不强”的发展现状，以及通过实施《中国制造2025》迈入制造强国的未来方向娓娓道来。兼具理论性和实践性的报告内容，对全市推进“泉州制造2025”，加快产业转型升级具有很强指导意义。北京中关村国家自主创新示范区驻硅谷联络处主任、斯坦福大学东亚研究中心客座研究员、复旦大学创新研究院兼职教授谈锋则以《探析硅谷成功经验 提升泉州创新能力》为主题，介绍硅谷创新创业的生态和成果，以及国内创新创业的趋势和环境，针对性分析泉州和泉企所面临的机遇挑战。

市委党校2016年春季开学典礼举行

市委党校2016年春季开学典礼举行。第60期县处级干部进修班、第71期科级干部进修班同时开班。该期学习除强化学员的理论素养与专业知识外，还着重强化学员的责任担当，落实习近平在中共中央政治局第十六次集体学习时强调“要有一个好的政治生态”的要求。教育学员做到强化干部“重在培养”的理念，落实推荐人员的培养方向、计划和措施，整合要素资源，搭建培养平台、拓宽培养渠道；落实各级党委（组）的主体责任，正确行使党员权利、履行党员义务，严肃换届纪律，强化正风肃纪；严明党的纪律和规矩，明确基本标准、树立行为规范，教育引导党员干部尊崇党章，学习党内政治生活若干准则；树立正确用人导向，坚持好干部标准，坚持先定规矩再定人，推行实名制推荐干部办法，健全干部推荐考察责任倒查制度。

开学典礼　（图/苏展辉）

市政府第九十次常务会议召开

市政府第九十次常务会议召开。市长康涛主持会议。市委常委、常务副市长林伯前，副市长陈荣洲、周真平、卢炳椿、陈灿辉、林万明，市政府秘书长吴友才参加会议。市人大常委会副主任张建生，市政协副主席吴共湖列席会议。

会议研究《泉州市人民政府关于贯彻福建省人民政府办公厅支持海事工作促进港航经济发展六条措施的意见》。会议指出，海事部门要积极履职，主动担当，加强指导，支持和推动泉州港航设施和相关配套完善提升，加快推进泉州港航经济转型升级和健康发展；交通部门要发挥好牵头作用，组织海事、港口、海洋渔业、边防、海警、消防等相关部门成立工作小组，协调推进港口建设，提升港口产能，拓展货源腹地。

会议研究《泉州市人民政府关于贯彻落实计量发展规划（2013—2020年）的实施意见》。会议指出，各级各部门要按照意见精神，加快计量基础建设，强化计量对民生、安全、节能等的保障，服务好“泉州制造2025”以及纺织鞋服、机械装备、建材家居、食品、石油化工等优势产业的发展。

会议听取关于调整市级行政权力事项和公共服务事项工作的汇报。会议要求，要及时公开调整的行政许可和公共服务事项，市、县两级相关部门要认真对待，执行到位，抓紧做好取消下放调整的行政权力和公共服务事项的落实和衔接工作。效能、督查、审改、行政中心管委会等部门要加强督查，开展专题检查，确保调整事项落实到位。

会议听取关于进一步规范行政审批行为改进行政审批工作的汇报。会议强调，各级各部门要按照上级部署，深化行政审批制度改革，规范行政审批行为，强化监督问责，加强组织领导，提高审批效率和服务水平，提升政府公信力和执行力，加快建设创新政府、廉洁政府和法治政府。

泉州高新区入选第二批科技服务业区域试点单位

科技部公布第二批科技服务业区域试点单位名单，全国40家高新区入选，泉州国家高新技术产业开发区名列其中。作为科技服务业区域试点承担单位，高新区将开展科技服务业区域和行业试点示范，打造一批特色鲜明、功能完善、布局合理的科技服务业集聚区，形成一批具有国际竞争力的科技服务业集群。根据科技部要求，高新区将面向区域科技创新和产业发展需求，探索有利于本区域科技服务业发展的新路径和新模式，建设科技服务业集聚区，搭建科技服务平台，汇聚科技服务资源，培育科技服务新业态，为区域产业集群提供集成化科技服务，打造科技服务生态系统，提升区域科技创新和产业发展水平。

石狮市公安局凤里派出所入选全国学雷锋活动示范点

中宣部公布第二批“全国学雷锋活动示范点”和“全国岗位学雷锋标兵”名单，石狮市公安局凤里派出所入选，成为福建省被表彰命名的两个集体之一，也是全国被表彰命名的两个公安集体之一。凤里派出所成立于1994年。建所以来，坚持学习、传承和弘扬雷锋精神，秉持爱民为民、创先争优的优良传统，持续组织开展“创人民满意警队、做群众喜爱警察”主题实践活动，受到辖区群众的肯定和赞誉。

泉州市表彰50位巾帼创业创新先进典型

由市妇联主办的“大众创业、万众创新——巾帼勇担当”主题报告会举行，会议表彰50位在大众创业、万众创新热潮中成功创业的巾帼创业创新先进典型。这50位被表彰的妇女创业者中包括城镇妇女创业创新典型12名、农村妇女创业创新典型10名、女大学生创业创新典型9名、科技创新典型10名、“互联网+”创业创新典型9名。其中有5名典型代表在会上做发言。为帮助妇女成功创业，会上成立泉州市“巾帼创业导师团”，聘请27名创业导师。

表彰先进典型　（图/市妇联）

3月2日

星期三

农历丙申年正月廿四

温度：10℃—19℃

晴

●市政府第九十次常务会议召开，研究《泉州市人民政府关于贯彻福建省人民政府办公厅支持海事工作促进港航经济发展六条措施的意见》等。

●周银芳调研机关党建工作。

●中心市区建设工程文明施工暨建筑渣土规范整治部署动员会召开。

●泉州高新区入选第二批科技服务业区域试点单位。

●中宣部公布第二批“全国学雷锋活动示范点”和“全国岗位学雷锋标兵”名单，石狮市公安局凤里派出所入选，成为福建省被表彰命名的两个集体之一，也是全国被表彰命名的两个公安集体之一。

●泉州市表彰50位巾帼创业创新先进典型。

●2—4日，全国室内田径锦标赛在江苏南京举行，南安籍运动员王乌品获女子三级跳远冠军。

3月3日

星期四
农历丙申年正月廿五
温度：11℃—21℃
多云

●2016年第一次全市重大项目协调调度会暨前期工作推进会召开，听取1—2月重点项目进展和70个重大项目前期工作推进情况，协调解决存在的问题。

●涉农工作专题视频会议召开，部署全市农村土地承包经营权确权登记颁证和生猪养殖污染防治等工作。

●全省首家装备制造行业众创空间落地泉州。

●由市委宣传部、市委文明办、市文联主办，泉州晚报社、泉州广播电视台、泉州网、东海湾实验学校协办的泉州市2016年度“弘扬雷锋精神 传播道德力量”主题文艺会演举行。

●2016年泉州机械装备产能协作配套供需对接会举行。

●泉州市家事纠纷调解室成立。

●3—8日，市海洋与渔业执法支队、边防总队海警二支队、泉州海事局及沿海各县（市、区）海洋与渔业执法大队组织开展2016年第一次海上联合执法行动。

●由鲤城区妇联主办的鲤城区职业女性形象设计大赛开赛。

2016年第一次全市重大项目协调调度会暨前期工作推进会召开

2016年第一次全市重大项目协调调度会暨前期工作推进会召开，听取1—2月重点项目进展和70个重大项目前期工作推进情况。市长康涛，市委常委、常务副市长林伯前，市政府秘书长吴友才等参加会议。康涛强调，要建立完善机制。重大项目要设立工作小组，完善工作机制，倒排计划、有效服务、跟踪督促。要创新工作方法。各地要大胆探索创新，在征地拆迁、项目招商、审批服务等方面，创新思路方法；市重点办要总结推广各地的好经验好做法，由点到面，推动重大项目前期工作和建设进度再提速。要强化责任落实。各级各相关部门要抓紧做好列入国家盘子的重大项目各项前期工作，争取早日开建；落实好协调调度会议分解的任务和议定的事项；各重大项目分管副市长要盯紧看牢项目，定期研究解决难题。

全省首家装备制造行业众创空间落地泉州

泉州市装备制造业协会启动“装备智造众创空间”项目，成为全省首家装备制造行业众创空间。“装备智造众创空间”以服务高端装备制造业创新创业为主体，集中协会优势服务资源，引进装备制造业需要的智能化改造、信息化提升、技术转移转化、管理咨询、媒体宣传、品牌推广、法律服务、安全生产技术等相关服务机构入驻，通过龙头企业、金融、媒体、科研、创客等多方协同，打造产学研用紧密结合的众创空间。首期使用面积可达1000平方米以上，由办公区和公共服务区组成。

2016年泉州机械装备产能协作配套供需对接会举行

由市经信委指导，泉州市装备制造业协会主办，中信保福建分公司、福建华德集团等协办的，以“互配对、促协作、谋双赢”为主题的2016年泉州机械装备产能协作配套供需对接会举行。群峰机械与南平机电、泉工股份与镇星钢材等多对企业达成合作配套关系。图为对接会现场。（图/郭冰德）

泉州市家事纠纷调解室成立

市妇联与市中院联合成立家事纠纷调解室，调解室位于泉州市妇女儿童活动中心。家事纠纷调解室由妇联、法院、律师、金牌调解员和心理咨询师轮流坐班，专门接听12338热线电话及家事纠纷处理工作，针对个案延伸心理关怀、妇女救助、反家暴维权等多元服务。周一至周五的值班人员依次为心理咨询师、律师、法官、金牌调解员、律师。家事纠纷调解室通过电话、面询等途径，提供维权帮助服务。除提供包括婚姻家庭调适、法律援助等项目服务外，家事纠纷调解室还开展法律知识等宣传教育活动，普及维权知识，并主动了解妇女儿童需求，关注妇女儿童问题，进行实证性解决所需问题。家事纠纷调解室采取半购买半志愿服务的方式。

市妇联与市中院联合成立家事纠纷调解室（图/市妇联）

泉州市开展海上联合执法行动

3—8日，市海洋与渔业执法支队、边防总队海警二支队、泉州海事局及沿海各县（市、区）海洋与渔业执法大队组织开展2016年第一次海上联合执法行动。此次行动出动“中国海警35051”“中国渔政35306”“海巡08606”等19艘执法船艇，组成三个海上联合执法组对石井至深沪、梅林至崇武、大港湾至沙格等泉州所辖海域进行地毯式巡航检查，重点检查各港澳口停泊船舶、海上捕捞渔船、商业运输船舶。

康涛到德化永春调研精准扶贫和“三农”工作

4—5日，市长康涛带队到德化县水口镇昆坂村、南埕镇西山村、雷峰镇瑞坂村，永春县外山乡草洋村、云峰村，东平镇店上村，调研精准扶贫和“三农”工作。副市长林万明、市政府秘书长吴友才等参加调研。

调研中走访的6户贫困人家，大多因病因残致贫，春节前寒潮肆虐，更让本就艰难的生计雪上加霜。康涛叮嘱相关部门和镇村负责人，精准扶贫关键在于精准，要做好贫困户全面核查、建档立卡、动态管理、脱贫跟踪等工作；要根据当地产业和村财实际，通过支持贫困户发展种养业、帮助就业、实施造福工程等，改善贫困户生活条件，增加经济来源。抓扶贫工作，也要像抓企业发展、项目落地一样，加强督促检查，倒逼责任落实；要因地制宜，实施产业扶贫，增强造血功能；要兑现好各类扶贫项目、措施，做到应扶尽扶。在走访村卫生所后，康涛要求有关部门加强会商，整合资源，打通医保、低保等各类保障救助渠道；全面推行医疗救助“一站式”结算服务，在各类医疗服务点设立咨询窗口，便于困难群众就医时即时结算。康涛还查看德化城关浐溪流域治理城东段和永春东关镇外碧村河道整治情况。调研期间，康涛还与两地20多位企业家代表座谈交流。

康涛在永春县调研　　（图/姚德纯）

泉州市“弘扬雷锋精神·传播道德力量”主题活动颁奖仪式举行

泉州市“弘扬雷锋精神·传播道德力量”主题活动颁奖仪式在市区东海湾实验学校举行。市人大常委会副主任张建生、副市长周真平、市政协副主席李冀平参加活动。仪式上对泉州市第三届基层最美人物、2015年学雷锋活动示范点和岗位学雷锋标兵、第二届美德少年等一批先进集体和个人给予表彰。表彰会要求，各级各部门要把学雷锋活动摆在重要位置，建立和完善各级文明委统一领导、文明办牵头组织、有关部门各负其责、社会团体配合、各方面参与的学雷锋活动领导体制和工作机制，加强协调指导和督促检查，推动形成学雷锋活动的合力。各级各相关单位要善于培育和挖掘各个领域、各条战线上的学雷锋先进典型，推出一批道德模范、最美人物、身边好人、优秀共产党员等先进典型，形成“点亮一盏灯、照亮一大片”的道德连锁效应，营造全社会学雷锋氛围。

市总工会第十五届六次全委（扩大）会议召开

市总工会第十五届六次全委（扩大）会议召开。市委常委、组织部部长孔繁军参加会议，并当选市总工会第十五届委员会主席。会议指出，2015年，全市新成立基层工会768家，新发展会员5.49万人。全年开展较大规模劳动竞赛563场，近两百万员工参加市、县两级组织的百余场职工职业技能竞赛。在巴黎国际发明展览会、德国纽伦堡国际发明展等国际和国内展会、评奖中，泉州市职工获32金、43银、54铜，并有9个项目获专项奖。市、县两级投入扶持资金500万元，精准帮扶100个农民工创业项目，带动项目负责人等投入资金1.6亿元，帮助3000多农民工就业。

“惠安传统石雕艺术”主题摄影作品展举行

4—11日，由惠安县委宣传部主办，县文体新局、县文联、县文改办承办的“惠安传统石雕艺术”主题摄影作品展在惠安文庙举行。展出的80幅作品，凸显惠安作为中国南派雕刻艺术精魂的“三个传统”，即传统工艺、传统题材、传统手法。展出作品涵盖宫观寺庙、塔亭柱栏、龙狮虎兽、神佛造像、石雕精品、大型城市景观雕像等，展示出惠安雕刻的精湛技艺和文化传承，再现惠安石雕匠师与石头对话的灵性之魂、之歌、之美，生动再现惠安石雕艺术特色。

3月4日

星期五
农历丙申年正月廿六
温度：13℃—23℃
多云

●4—5日，康涛到德化永春调研精准扶贫和“三农”工作。

●泉州市“弘扬雷锋精神·传播道德力量”主题活动颁奖仪式在市区东海湾实验学校举行。

●市总工会第十五届六次全委（扩大）会议召开。

●中谷海运集团4.5万吨级集装箱货轮“中谷辽宁”号首航泉州围头港区2号5万吨级码头，成为围头港区历年来靠泊最大的船舶。

●丰泽区“巾帼动起来 有你更精彩”趣味运动会举行。

●4—11日，“惠安传统石雕艺术”主题摄影作品展在惠安文庙举行。

●“庆三八”传统有机安溪铁观音品茶会暨“沐春风寻芳韵”采风活动，在安溪县城厢镇同美村阆苑岩松香苑生态农业园举行。

3月5日

星期六
农历丙申年正月廿七
温度：15℃—23℃
多云转阵雨

●泉州市实施传统产业转型升级行动。

●由市直机关工委、市财政局、市计生协会和泉州晚报社主办的“关爱留守儿童党员送温暖”志愿服务活动在洛江区虹山乡虹山村举行。

●由团市委主办、泉州市青少年宫承办的纪念第54个学雷锋日暨2016年“丝路春晓”文艺晚会举行。

●“心灵驿站”免费热线开通。

●泉州供电公司“学雷锋我们在行动——爱心接力不打烊”的主题志愿服务活动举行。

●丰泽区17家理发店免费为老年人理发。

●石狮市公安局“3·5学雷锋日”为民服务主题志愿活动举行。

●晋江公民道德建设宣传月暨“六德行动”启动仪式在该市灵水古村落举行。

●惠安县“创城创新·真情无限”主题学雷锋志愿服务月活动启动。

●驻泉州某部官兵到惠安县梅山村，义务帮助村民看病。

泉州市实施传统产业转型升级行动

为贯彻落实中央、省经济工作会议精神，主动适应新常态，市委、市政府决定实施传统产业转型升级行动，并制定《泉州市加快传统产业转型升级行动方案》（以下简称行动方案）。行动方案明确，泉州市将以供给侧结构性改革为主攻方向，坚持“加减乘除”并举，优化产业生态环境，化解产能过剩、库存过多、成本过高，提升优质资源的集聚和配置能力，加快形成有利于传统产业转型升级的体制机制和发展方式，让主导产业、特色产业“留下来、发展好”，在技术、品牌、市场等方面保持国内外领先地位，为全力以赴确保“红旗不倒”，继续当好全省“领头羊”奠定更加坚实的产业基础。

全市开展各类活动纪念“3·5”学雷锋日

第54个学雷锋纪念日，全市各地广泛开展各类主题活动。

由团市委主办、泉州市青少年宫承办的纪念第54个学雷锋日暨2016年“丝路春晓”文艺晚会举行。晚会展示了青少年宫侨乡少儿艺术团艺术教育的成果，体现了当代泉州少年儿童的精神风貌。

丰泽区17家上规模的理发店，同时开展免费为老年人、残疾人理发活动，共有几百名老年人和残疾人享受免费理发。1月，丰泽区成立“金剪刀”志愿服务队，共有17家美发机构加入，人员达200多人。“金剪刀”服务队不定期开展免费为老年人、残疾人及贫困人群免费理发活动。此外还在这些美发店内设置“银坐椅”，从是日起，每个月的5日，凡是60周岁以上老年人持福建省老年人优待证、残疾人持残疾证，即可到17家美发店中的任何一家免费理发。

晋江公民道德建设宣传月启动仪式在该市灵水古村落举行。活动围绕“城韵晋江·共同缔造”主题，策划十余项志愿服务项目及文艺演出，将实施价值弘德、文化养德、法治固德、诚信立德、实践育德、传播润德“六德行动”、社会主义核心价值观等宣传内容融入其中。

惠安县“创城创新·真情无限”主题学雷锋志愿服务月活动启动，志愿者代表承诺以实际行动参与志愿服务工作。志愿服务月活动针对空巢老人、留守儿童、农民工、残疾人等困难群体，开展医疗保健、法律援助、家电维修、美容美发等便民服务；志愿者到社区、乡村、敬老院、福利院及空巢老人、残疾人、留守儿童家庭等提供生活料理、心理疏导、文体娱乐等服务。同日，惠安县还启动首届志愿服务公益项目大赛，申报项目需针对特定社会问题或群体需求，围绕公益慈善领域，以项目化形式提出创新解决方案。

此外，由市直机关工委、市财政局、市计生协会和泉州晚报社主办的“关爱留守儿童党员送温暖”志愿服务活动在洛江区虹山乡虹山村举行。泉州供电公司举行“学雷锋 我们在行动——爱心接力不打烊”的主题志愿服务活动。石狮市公安局举行“3·5”学雷锋日为民服务主题志愿活动。驻泉州某部官兵到惠安县梅山村，义务帮助村民看病。

“丝路春晓”文艺晚会民乐合奏《扬帆竞游海丝路》
（图/泉州晚报社）

“心灵驿站”免费热线开通

泉州圆梦义工服务中心开设“心灵驿站”和咨询热线，成为全市首个针对义工、志愿者设立的心理机构。多名心理咨询师在位于中心市区浦西街的泉州圆梦义工服务中心内接受心理健康咨询。“28770818”心理健康咨询热线的开通，除服务义工、志愿者，为满足市民心理咨询需求、普及心理卫生知识、预防和化解心理危机，还提供免费、快捷、有效的绿色通道。热线咨询主题主要为义工（志愿者）和公益团队服务中产生的一些心理问题、婚恋家庭、青少年心理教育、中老年心理问题、人际交往障碍、工作压力、社会适应不良等。负责热线的心理咨询师由泉州圆梦义工服务中心心理服务队筛选把关，所选人员全都具有国家职业资格、拥有现场解答居民心理健康问题的经验。

泉州市调整221项行政权力和公共服务事项

为深化行政制度改革，进一步简政放权，泉州市取消、下发和调整26个市直部门221项行政权力和公共服务事项。221项行政权力和公共服务事项中，包括58项行政许可事项，102项不含行政许可的行政权力事项，以及61项公共服务事项。行政权力事项承接上级下放和委托等增加64项，下放县级和取消等减少55项，实际增加9项；公共服务事项承接上级下放和委托等增加8项，下放县级和取消等减少46项，实际减少38项。调整后，市直47个部门保留行政权力事项4035项（含行政许可295项）、保留公共服务事项359项。具体项目清单已在市政府网站“中国泉州”向社会公开，接受社会监督。按照简政放权相关要求，此次调整工作注重与国务院和福建省权力事项的有机衔接，依法确定市县两级事权。调整坚持方便高效的原则，凡是直接面向基层、量大面广、由县级管理更方便有效的事项，全部下放到县级管理，市级做好政策标准制定、业务规范指导和监督工作。除特殊情况外，凡是企业依法依规能够自主决策的投资项目，不再列为行政许可，并相应调整管理方式。

《泉州市进一步加强危险废物污染防治工作实施方案》出台

方案提出，至2017年年底前，泉州市将建成市级信息化监控平台，通过视频监控、数据扫描、车载北斗卫星定位和电子锁等手段，实时监控危险废物运输的各个环节。到2020年，国控、省控重点危险废物产生单位实现危险废物利用、处置无害化，全市医疗废物无害化处置率达到100%。

相关链接：根据方案，泉州市将利用全省固体废物环境管理信息系统申报登记平台，核定各产生危险废物企业的产废种类和基数，2016年年底前，摸清全市危险废物的产生、贮存、转移、利用、处置情况，建立健全各级危险废物重点污染源名单库，做到“一厂一档”，并分类采取有针对性的监管措施。探索引入“互联网＋”信息监管手段，2017年起逐步实现危险废物的申报登记、经营许可、转移联单等网络信息化动态管理。推进企业危险废物出入口及转移信息化监控，推行危险废物转移电子联单，2016年6月前，承担危险废物运输的道路运输车辆应完成安装北斗卫星定位监控系统并与交通管理部门联网；2017年年底前，建成市级信息化监控平台，通过视频监控、数据扫描、车载北斗卫星定位和电子锁等手段，实时监控危险废物运输的各个环节，实现全过程信息跟踪和可追溯。

方案明确，泉州市将按照《医疗废物分类目录》，对医疗废物实施分类管理，医疗废物暂存的时间、地点、设施、设备必须规范达标，存放点应建立监控系统，并接入本单位监控平台，防止露天堆放医疗废物，杜绝医疗废物流向社会被非法加工利用。

泉州民盟女盟员书画展举行

6—10日，由民盟泉州市委、市妇联主办的泉州民盟女盟员书画展举行。书画展展出23位民盟泉州市委女盟员的50余幅书画作品，其中有中国书法家协会会员等各级艺术协会会员，作品在各级各类活动中屡屡获奖。展出的书法作品涵括篆书、隶书、行书、楷书、草书、篆刻作品等；绘画作品包括国画、水彩、装饰画、油画等，展现了泉州女盟员书画家的才情、智慧和艺术品格，也展示出她们热爱生活、热爱家乡、弘扬传统、奋发进取的精神风貌。书画展旨在搭建书画艺术文化交流平台，激励女盟员书画家创作更多温润心灵、启迪心智的书画作品，弘扬时代精神，凝聚同心力量。

石狮市“千人旗袍秀”活动举行

为庆祝“三八”国际妇女节，石狮市“千人旗袍秀”活动在该市万佳国际酒店举行。主办方为中国旗袍会泉州总会，由热衷传播民族传统文化的社会热心人士组成。泉州市汉服文化研究会成立启动仪式同时举行。（图/颜华杰）

3月6日

星期日
农历丙申年正月廿八
温度：16℃—24℃
阵雨转阴

●为深化行政制度改革，进一步简政放权，泉州市取消、下发和调整26个市直部门221项行政权力和公共服务事项。

●《泉州市进一步加强危险废物污染防治工作实施方案》出台。

●6—10日，由民盟泉州市委、市妇联主办的泉州民盟女盟员书画展举行，展出23位民盟泉州市委女盟员的50余幅书画作品。

●中国旗袍会泉州总会主办的石狮市“千人旗袍秀”活动在石狮市万佳国际酒店举行，泉州市汉服文化研究会成立启动仪式同时举行。

●由惠安县文化体育新闻出版局主办、县体育中心和县武术协会承办的2016年“增威杯”武术团体邀请赛在惠安县体育馆举行。

3月7日

星期一
农历丙申年正月廿九
温度：15℃—21℃
多云转阴

●周银芳到南安市检查春耕备耕工作。

●为做好节后企业复工安全生产工作，确保全国“两会”期间安全生产形势持续稳定，市安委会印发《关于认真做好节后及全国“两会”期间安全生产工作的通知》，泉州市采取多项措施加强节后和“两会”期间安全生产工作。

●全省2016年重点改善提升的10个历史文化名镇名村和传统村落名单公布，南安市官桥镇漳州寮村和永春县岵山镇塘溪村入选。

●7—8日，市直机关庆“三八”健身运动会举行。

●中国纺织工业联合会专家组到石狮市调研印染业节能减排工作。

●南安市纪念“三八”国际劳动妇女节106周年系列主题活动暨最美家庭表彰会、旗袍秀展示活动举行。

●安溪县纪念“三八”国际劳动妇女节106周年庆祝表彰大会暨家庭才艺展示活动举行。

周银芳到南安市检查春耕备耕工作

市委副书记周银芳带领市直有关部门负责人到南安市检查春耕备耕工作。周银芳察看英都镇良山村农耕户和东田镇农资公司供应点。周银芳指出，各级各有关部门要增强服务意识，到田间地头生产第一线，开展良种、良法配套技术指导，帮助农民排忧解难；要宣传粮食生产相关政策，调动农民种粮积极性，确保粮食种植面积；要抓好农资商品储备、调度和供应，确保农业生产质量及产品安全；要加快农业转型升级，发展现代农业、生态农业和绿色农业，促进农业增效、农民增收、农村发展。

泉州市多措并举加强节后安全生产工作

市安委会印发《关于认真做好节后及全国“两会”期间安全生产工作的通知》，泉州市采取多项措施加强节后和“两会”期间安全生产工作。

通知要求，全市各地要开展复工前安全检查工作，督促矿山、危化品、工贸等重点领域企业认真研究制定复工安全检查方案，对主要生产装置、安全防护设施、电气设备、储存设施等进行全面排查和检验检测，并通过“智慧安监”平台，及时将隐患排查治理情况上报。对存在安全隐患的，必须整改到位确保安全后方可恢复生产，严禁“带病”复工。同时，做好复工前教育培训工作，各地要督促企业在复工前组织全面的安全培训教育，保证员工具备必要的安全生产知识，熟悉有关的安全生产规章制度和安全操作规程，掌握本岗位的安全操作技能，了解事故应急处理措施，引导员工尽快从节日放松状态转入到正常的工作状态。各地还要加强复工期间的安全生产管理，督促企业严格执行开车方案和各项操作规程，严格执行领导带班值班制度，严格检维修作业管理，严格控制开车期间现场作业人数，落实各项安全防范应急措施。

要求各地针对节后客流量大、道路运输繁忙的实际，加强节后交通运输组织和安全管理，科学调度运力，强化铁路、民航及车站、机场的安全措施，严格执行易燃易爆危险品查堵制度。同时，加强对交通运输企业和客车（船）、危险化学品运输车（船）等重点车辆船舶，及农村山区等重点路段的安全监管，查处各类交通违法违规行为，对7座以上客车、旅游包车要做到逢车必查，及时消除事故隐患；加强雨雪、大雾、冰冻等恶劣天气下道路通行安全管理，强化疏导管控和应急保障，防止大规模交通拥堵和群死群伤事故发生，确保群众出行安全。

要求突出重点，开展全国“两会”期间安全检查。各地区、各有关部门和单位要加大工作力度，开展安全生产大检查、大整治。突出城市安全风险防范，加强人员密集场所安全管理，强化对大型群众性活动的审批和安全管控，严防人员踩踏等事故的发生。对烟花爆竹运输、储存、销售等各环节，要严格依法监管，强化执法检查，打击违法违规生产经营行为。同时要继续加强煤矿、非煤矿山、尾矿库、危险化学品、油气输送管道、建筑施工、消防安全、燃气等其他重点行业领域的安全监督检查，落实各项防范措施。加强“两会”期间值班值守，做好应急队伍、装备、物资准备工作。关注安全生产网络舆情动态，加强分析监控，积极主动回应社会关切，正确引导舆论。

泉州两传统村落纳入全省保护和整治建设工作

全省2016年重点改善提升的10个历史文化名镇名村和传统村落名单公布，南安市官桥镇漳州寮村和永春县岵山镇塘溪村入选。南安市官桥镇漳州寮村曾入选第二批“中国传统村落名录”，村里清朝年间竣工的蔡氏古民居建筑群，占地面积达3公顷，是全国重点文物保护单位，更是闽南独一无二的古民居建筑群，被誉为“清代闽南建筑博物馆、大观园”。永春县岵山古镇保存着350多座闽南特色古民居，有明朝古寨、和塘古街、清末炮楼、仙岭岩等历史遗迹，还有南音、掌中木偶戏、老醋酿造、烧瓦等传统艺术及技艺。塘溪村位于岵山镇西部，与另外三个镇域内传统村落铺上村、磻溪村和茂霞村相邻，村里有百年古厝65座。根据省宜居办的统一部署，省级安排专项资金奖补这10个名镇名村，对于经考核验收合格且改善提升成效明显的5个名镇名村，再给予一定奖励。

康涛走访市人大常委会机关

市长康涛走访市人大常委会机关，与市人大常委会班子成员座谈交流，汇报市政府工作情况，听取对市政府工作的意见和建议。市人大常委会主任陈万里，副主任洪泽生、吕竞、张建生、朱团能、曾巍参加座谈。康涛指出，市政府将重点抓好经济转型、城市建设转型、社会事业转型。在经济转型方面，要强调稳增长、谋长远、控风险，做到抓龙头、优产能、补短板，并综合采取“堵、缓、化”等措施，加强金融风险监测和调控；在城市建设转型方面，要以“点线面”推进为抓手，重点抓好古城和新城的品位提升工作；在社会事业转型方面，要在紧抓硬件建设的同时，做好软件提升工作，注重用路线图思维、项目化运作来推动教育、卫生等社会事业发展。陈万里指出，座谈交流是一种行之有效的协调沟通机制，可以更好地统一思路、形成共识、推动工作，今后要进一步深化和完善，形成长效机制。

康涛走访市人大常委会　　（图/王虎文）

2016年度政协提案交办会召开

市政府、市政协召开2016年度政协提案交办会。市政协十一届五次会议收到提案516件，经审查立案491件，已交由承办单位负责。政协提案的办理期限为5个月，各承办单位必须在8月4日前办理完毕并答复提案领衔人；提案办理工作采取独办、分办、主协办三种方式，承办单位答复时应按A类（已办理落实）、B类（正在办理落实）、C类（已列入计划将在今后工作中逐步分解）、D类（不可行或条件不具备无法落实）、E类（协办意见）明确反馈。2016年市政协继续确定一批重点提案，由市政府、市政协领导领衔督办，各提案办理单位在第四季度开展提案办理“回头看”工作，对所承办的提案再度认真梳理，确保落到实处。会议要求，提案承办单位要提高认识，增强提案办理自觉性，在总结往年办理经验的基础上，更加重视办理协商环节，采取座谈、走访、电话联系等方式，与提案人充分沟通交流，加强协作配合，抓好办理落实，提高办理实效。

泉州市鼓励在24小时便利店等场所设立自动售药机

2016年，市食品药品监管局进一步推行药品零售连锁企业“远程审方”工作，鼓励药品零售连锁企业、零售药店在24小时连锁便利店等场所设立便民药柜、电子自动售药机。2015年，全市检查药械单位1.12万家次，查处案件451件，罚没款315.51万元，全市没有发生重大药械安全事故；开展拉网式“风险大排查”，注销医疗器械生产营业单位13家，责令整改68家，完成2620家药械单位信用分级，有效规范医疗器械生产经营秩序。2016年，市食品药品监管局进一步推进食品混合业态、药品零售企业许可与认证等环节的“并联审批”，推行药品零售连锁企业“远程审方”工作，促进药品零售连锁企业向规范化、规模化、集约化方向发展。鼓励药品零售连锁企业、零售药店在24小时连锁便利店等场所设立便民药柜、电子自动售药机，方便市民购药。此外，该局还进一步规范药械市场秩序，2015年全市共16家药企通过新版GMP认证，58家批发（连锁）企业、1529家零售企业完成新版GSP认证，注销和停业201家；2016年未通过新版GMP、GSP认证的企业，将严格监督其停产停业，退出市场。

泉州四县（市）上榜全国大众电商创业最活跃的50个县

阿里研究院基于阿里巴巴电子商务发展指数中的“网商密度”（即平均每万人中的网商数量），分析形成《2015年中国大众电商创业最活跃的50个城市》和《2015年中国大众电商创业最活跃的50个县》榜单。其中，在大众电商创业最活跃的50个城市排行榜中，福建有4个城市上榜，其中泉州位居全国第11位，在大众电商创业最活跃的50个县榜单中，泉州有4个县上榜，其中，石狮市位居全国第三，德化县排全国第9位，晋江市排全国第23位，安溪县排全国第25位。

3月8日

星期二
农历丙申年正月三十
温度：17℃—21℃
阵雨

●康涛走访市人大常委会机关。

●2016年度政协提案交办会召开。

●省政府消防工作考核组到泉州开展2015年度消防工作考核。

●泉州市鼓励在24小时便利店等场所设立自动售药机。

●泉州四县（市）上榜全国大众电商创业最活跃的50个县。

●泉州惠安建筑产业现代化生产基地签约，成为全市首家建筑产业现代化基地。

●全市首个“家事纠纷服务站”在鲤城区临江街道伍堡社区揭牌。

●泉州市出租车有限公司10位司机，自发组织庆“三八妇女节”公益活动，为女同胞提供免费乘车服务。

●南安市“建设美丽新农村，丽人健康新生活”暨统战系统纪念“三八”妇女节环保宣传健康骑行活动在该市武荣公园举行。

3月9日

星期三
农历丙申年二月初一
温度：10℃—19℃
阵雨转中雨

●市十五届人大常委会第五十三次主任会议召开，讨论市政府关于提请审议泉州市与马来西亚古晋南市建立友好城市关系的议案、关于泉州市医疗卫生专项资金使用管理情况的专题调研方案、市十五届人大七次会议代表建议重点办理件督办安排（草案）。

●省委网信办调研组调研泉州晚报社媒体融合情况。

●市知识产权工作领导小组重点企业知识产权保护座谈会召开。

●《人民日报》刊发长篇通讯，报道包括泉州在内的福建各地市，建设21世纪海上丝绸之路核心区的实践和成绩。

●9—13日，大型纪录片《海上丝绸之路》在央视国际频道（CCTV4）播出。来自海上丝绸之路起点泉州的福船、安溪茶叶、德化瓷器等一系列元素，在纪录片中与全球观众见面。

●泉州台商区公安分局在全市率先成立律师顾问团维护民警正当权益。

市十五届人大常委会第五十三次主任会议召开

市十五届人大常委会第五十三次主任会议召开。市人大常委会主任陈万里主持会议，副主任洪泽生、吕竞、张建生、朱团能、曾巍，秘书长吴春林参加会议。会议讨论市政府关于提请审议泉州市与马来西亚古晋南市建立友好城市关系的议案、关于泉州市医疗卫生专项资金使用管理情况的专题调研方案、市十五届人大七次会议代表建议重点办理件督办安排（草案）。陈万里强调，建立友好城市是泉州对外开放的重要举措，市人大常委会要通过法定程序推进建立友好城市，同时探索研究地方人大与友城议会友好往来的内容形式和方法途径；调研医疗卫生专项资金使用管理情况，底子要摸清，去向要找明，问题要选准，意见要提好；督办市十五届人大七次会议代表建议重点办理件，务必及时交办，明确办理责任主体，适时跟踪调研。

会议现场　　（图/王虎文）

省委网信办调研组调研泉州晚报社媒体融合情况

省委宣传部副部长、省委网信办主任卢承圣，带领省委网信办相关部门负责人，调研泉州晚报社媒体融合情况。调研组查看泉州网泉州通网络直播车、泉州网视频演播室以及报社新媒体中心融媒体平台。省委网信办调研组要求，面对新形势、新环境，泉州晚报社应学习、宣传、贯彻习近平在党的新闻舆论工作座谈会上的讲话精神，坚持正确舆论导向，加大创新力度，加快推进传统媒体与新媒体的深度融合、整体转型，探索一条符合互联网时代新型传播特点的融合转型之路，提高主流媒体的传播力和影响力。

市知识产权工作领导小组重点企业知识产权保护座谈会召开

座谈会透露，2015年，泉州市加大对侵犯知识产权和制售假冒伪劣商品的打击力度，立案查处一批假冒侵权案件。全市行政执法部门立案查处各类假冒侵权案件1551件；公安机关破获各类假冒侵权案件396件，抓获犯罪嫌疑人341人，涉案金额6000余万元；检察机关批捕案件61件，批捕犯罪嫌疑人95人，起诉案件161件，起诉犯罪嫌疑人数233人；审判机关受理相关刑事案件188件，审结案件139件，生效判决人数193人。

泉州元素亮相央视纪录片

9—13日，大型纪录片《海上丝绸之路》在央视国际频道（CCTV4）播出。来自海上丝绸之路起点泉州的福船、安溪茶叶、德化瓷器等一系列元素，在纪录片中与全球观众见面。该纪录片由央视国际频道《国宝档案》栏目精心打造，共五集，每集45分钟，分别是《航线》《船舶》《货物》《港口》和《文明》。纪录片汇集国宝文物、遗迹遗址、古籍文献、知名专家，深入解读、全面展示古代海上丝路的兴起、发展和繁荣。

泉州台商区公安分局在全市率先成立律师顾问团维护民警正当权益

市公安局台商投资区分局召开维护民警执法权益律师顾问团成立大会，并举行顾问团律师聘请仪式。该局还与福建天衡联合（泉州）律师事务所签订《维护民警执法权益法律服务协议》，并为受聘的10位分局维护民警执法权益律师顾问团律师颁发聘书。这在全市属首创。律师顾问团主要职责是为公安机关保障民警依法履职提供法律咨询和工作建议、按照公安机关正当执法权益保障要求，参与规范性文件的起草、审议和修改，以及受公安机关委托代理诉讼等。台商区公安分局将用好用活现有法律法规政策，将《刑法修正案（九）》作为维护民警正当执法权益的重要法律依据，沟通协调检、法、司等部门，统一对涉警案件上的认识，形成合力，从重从快从严打击侵害民警合法权益的行为。凡涉及暴力袭警的涉案人一律刑拘、一律列为分局督办案件、一律不准打招呼。

周银芳到安溪县调研精准扶贫和发展壮大村集体经济收入工作

市委副书记周银芳带领市直有关部门到安溪县调研精准扶贫、发展壮大村集体经济收入工作。周银芳察看城厢镇古山村、团结村的发展项目。周银芳指出，精准扶贫、发展壮大村集体经济收入事关全面建成小康社会，要同步推进。各级各部门要强化责任保证完成任务，高站位长规划，确保打赢扶贫攻坚战和发展壮大村集体经济收入。要按时序进度完成任务，按照上级要求，实行目标管理、设岗定责，明确季度、年度任务，并加大督查考评。要用科学方法完成任务，运用农村基层党建模式，因地制宜，总结、提升、推广成功经验做法，探索“薄弱村”发展途径。要提高能力保障完成任务，加大学习交流和实用技术培训，提升村主干经营管理和带领群众脱贫致富能力。

全市老干部工作会议召开

全市老干部工作会议召开，总结2015年工作，部署2016年工作任务。市委常委、组织部部长孔繁军，副市长陈荣洲参加会议。会议指出，2015年，泉州市老干部工作围绕中心、服务大局、开拓创新，各项工作取得明显成效，不仅先后承办全省“我看建设新福建”主题活动现场推进会和全省创建省级社区服务老干部工作试点经验交流会，还先后举办“百万大手牵小手”“基层工作深化年”等活动。全市已有11个社区被评为老干部工作省级示范点，全市更有30个退休干部服务示范社区，老干部服务工作更加精细化。下一步，全市老干部工作将继续突出从严治党，聚焦各项活动主题，引导老干部为党的事业增添正能量，同时完善工作机制，建设好老干部学习活动阵地，提升离退休干部服务保障水平。

市关工委全委（扩大）会议召开

市关工委全委（扩大）会议召开，学习贯彻落实中央、省委等有关领导的批示精神，动员“五老”（老党员、老专家、老教师、老战士、老模范）和社会各界力量，投身关心下一代工作。市领导孔繁军、陈荣洲，市关工委主任施永康参加会议。会议要求，各级党委政府和有关职能部门要强化责任意识，密切与关工委的联系，经常沟通情况、交流信息，为老同志发挥作用创造条件、提供平台；党委组织部门要重视关工委领导班子的建设，动员一批刚退下来的领导干部和各方面人才参加关工委组织；老干部工作部门要主动靠前，做好后勤服务保障，生活上多照顾，精神上多关怀，使老同志老有所乐、老有所为；文明办、教育局和工、青、妇等相关部门要加强与关工委的沟通联系，发挥在未成年人思想道德教育工作中的资源优势，齐抓共管，协调推进，共同营造有利于青少年健康成长的社会环境。

武警泉州支队党委扩大会议召开

武警泉州支队党委扩大会议召开，回顾总结2015年部队建设情况，部署2016年度各项工作，并表彰一批先进单位和个人。市领导卢炳椿参加会议。会议指出，新年，该支队将着眼政治建军新方略，增强政治意识、大局意识、核心意识、看齐意识，锻造具有铁一般信仰、铁一般信念、铁一般纪律、铁一般担当的过硬部队；着眼练兵备战新要求，围绕武警部队执勤、处突、反恐、海上维权、抢险救援和防卫作战六项任务，提升核心军事能力，以万全的准备应对万一的风险，更好地完成党和人民赋予的职责使命；着眼基层建设新标准，打造“建设有质量、中队有内涵、干部有思路、战士有素养”的建队模式，在不断解决问题、反复落实中上质量、出精品；着眼正风肃纪新常态，营造风清气正、干事创业的良好政治生态。

晋江中小企业助成贷平台上线

晋江市政府搭建的晋江市中小企业助成贷业务平台近日上线，专门为晋江市成长型、科技型等轻资产企业提供贷款。晋江市政府设立贷款风险补偿金，首期1000万元，为成长贷业务提供风险补偿。建设银行晋江分行从年度信贷规模中单列划出3亿元，于2015—2017年分别实现3000万元、1.5亿元、1.2亿元以上的新增贷款发放。该业务包括但不限于信用贷、科技贷、税收贷、电商贷及成长贷等信贷类别，给予相关贷款企业最高不超过500万元的信贷资金支持，解决初创阶段缺乏固定资产抵押物的难题。

3月10日

星期四
农历丙申年二月初二
温度：7℃—10℃
中雨转阵雨

●周银芳带领市直有关部门到安溪县调研精准扶贫、发展壮大村集体经济收入工作。

●全市老干部工作会议召开，总结2015年工作，部署2016年工作任务。

●市关工委全委（扩大）会议召开，学习贯彻落实中央、省委等有关领导的批示精神，动员“五老”和社会各界力量，投身关心下一代工作。

●武警泉州支队党委扩大会议召开，回顾总结2015年部队建设情况，部署2016年度各项工作，并表彰一批先进单位和个人。

●晋江市政府搭建的晋江市中小企业助成贷业务平台上线，专门为晋江市成长型、科技型等轻资产企业提供贷款。

3月11日

星期五
农历丙申年二月初三
温度：7℃—12℃
阴转多云

●国侨办与市政府签订第五轮共建华侨大学协议。

●全市机关党的工作会议召开，研究部署当前机关党的工作。

●全市科技和知识产权工作会议召开，回顾总结2015年工作，落实创新发展的任务要求，研究部署2016年科技创新和知识产权工作。

●全市商务与粮食供销工作视频会，集中贯彻省、市有关要求，总结、分析、部署相关工作。

●市妇联十三届五次执委（扩大）会议召开，总结2015年工作，部署2016年工作任务。

●团市委十六届四次全体（扩大）会议召开，总结2015年工作，部署2016年工作任务。

●泉州市“金税三期”双轨试运行启动。

●首届中国（福建）女大学生创新创业大赛泉州动员会在泉州师范学院举行。

●11—13日，由泉州市天友篮球俱乐部承办的2016年海西篮球俱乐部邀请赛在市区侨乡体育馆举行。

●石狮市公安局刑侦大队率先设立虚假信息诈骗在线举报平台。

国侨办与市政府签订第五轮共建华侨大学协议

国务院侨务办公室副主任任启亮带队到泉州，与市政府签约第五轮共建华侨大学协议。市领导林伯前、周真平参加签约仪式。签约仪式上，任启亮对泉州在前四轮共建过程中所作出的努力表示感谢，并对华侨大学近年来利用泉州市的各项扶持政策和海峡西岸、著名侨乡的优势，在人才培养、科学研究、服务社会等方面取得的成果给予肯定。今后五年，国务院侨办至少安排8亿元、福建安排4亿元，泉州市每年安排2000万元支持华侨大学建设发展，把华侨大学纳入福建省高水平大学建设。

相关链接：自1995年起，国务院侨办与泉州市共建华侨大学，迄今已签订四轮共建协议，分别从资金、政策给予华侨大学支持。多年来，华侨大学与泉州市8个县市区签订战略合作协议，与泉州地区的医院、学校、银行、政府机构、企业单位等签署各类合作协议。结合泉州经济社会发展的需求，学校成立闽南文化研究中心、东亚文化法律研究中心等一大批研究单位，并与匹克、安踏、七匹狼、恒安集团等泉州市知名企业建立订单式人才培养模式，打造全方位服务地方经济的人才供应链。本轮是第五轮共建，共建时间为2016年到2020年，国务院侨办与福建省及泉州市均加大对华侨大学的支持力度。华侨大学将结合泉州市加快产业转型升级和“泉州智造2025计划”战略需求，支持泉州的主导、特色、新兴产业发展。整合校内资源和力量，在共建期内争取将相关机构建成泉州人才培养、企业家培训、科学研究、技术服务和创新创业的重要平台。实施共建后，华侨大学仍为国务院侨办直属高校，其行政隶属关系、经费投资渠道和人事管理体制等保持不变。国务院侨办将支持学校参与侨务政策理论研究，扩大华侨大学在侨界的影响，在国家侨务工作中发挥更大作用。

签约仪式　　（图/张　林）

全市机关党的工作会议召开

全市机关党的工作会议召开，研究部署当前机关党的工作。会议强调，要强化管党治党责任，落实“一岗双责”，贯彻落实《中国共产党党组工作条例（试行）》，抓好主体责任落实，探索建立问责机制。要开展“两学一做”学习教育，抓好创建工作，推进党建工作项目化管理，强化机关作风建设，推动党建工作创新发展。要加强自身建设，贯彻落实各项制度，夯实基层基础，抓好机关党员队伍和党务工作者队伍建设，机关党员干部要争当“两学一做”的表率，用政治标准衡量要成为上品、用业务标准衡量要成为精品、用作风标准衡量要成为珍品、用纪律标准衡量要成为免检品。

泉州市“金税三期”双轨试运行启动

在泉州市“金税三期”双轨试运行唯一试点单位——惠安县国税局办税服务厅窗口，工作人员采用新系统，为惠安县惠西鞋料有限公司办理首笔发票发售业务，标志“金税三期”双轨试运行在泉州市启动。“金税三期”工程是中国税收管理信息系统工程的总称，对税务机关而言，它作为国地税共用的系统平台，统一地区间、部门间的数据口径，对加强国地税合作、推进信息管税、规范税收执法、提升征管质效等具有里程碑式意义；对纳税人而言，“金税三期”系统功能更加强大，可减少纳税人资料报送负担，降低办税成本，实现国地税“进一家门办两家事”。

3月12日

星期六
农历丙申年二月初四
温度：10℃—14℃
阵雨转小雨

●《光明日报》就“海丝”先行区建设采访全国人大代表、泉州市委书记郑新聪。

●植树节，全市各地纷纷开展植树活动。

●12—14日，国土资源部和省国土资源厅组织专家小组，对安溪县进行年度土地变更调查工作外业抽检，抽检合格率100%。

●一年一度的“天香”民俗踩街活动在南安市洪濑镇举行。

●由永春县妇联、总工会、人社局、计生协会等主办的“巧女人慧生活”家政技能比赛举行。

《光明日报》就“海丝”先行区建设采访郑新聪

《光明日报》就“海丝”先行区建设采访全国人大代表、泉州市委书记郑新聪。在全国人大福建代表团审议会场，“一带一路”的话题十分火热，屡屡被代表们提及。“一带一路”规划中，福建被列为“21世纪海上丝绸之路核心区”，泉州被赋予“21世纪海上丝绸之路战略支点和先行区”的城市定位。浸透海洋文明的泉州，如何扬帆再起航？记者就此采访全国人大代表、泉州市委书记郑新聪。

郑新聪表示，“一带一路”构想的提出，让泉州再次迎来千载难逢的发展机遇。“一带一路”倡议构想提出后，泉州很快就拿出对接“一带一路”建设的思路、举措，并迅速行动起来。不久前，通过了《泉州市建设21世纪海上丝绸之路先行区行动方案》（以下简称方案）和《泉州市建设21世纪海上丝绸之路先行区发展规划》（以下简称规划），致力将泉州建设成为21世纪海上丝绸之路先行区，在福建“海丝”核心区建设中发挥先行示范作用，为国家“一带一路”建设探索路径、积累经验。按照规划，泉州将着力建设“海丝”重要基点和开放门户、“海丝”国际文化名城、“海丝”华侨特区、泉台共促“海丝”合作示范区以及民营经济开放发展创新区，打造世界级海洋产业基地，推进“海丝”沿线全方位交流与合作。在方案中，泉州将着力推进创新、智造、海丝、美丽、幸福“五个泉州”建设，突出科学发展、跨越发展和改革创新、先行先试，发挥贸易基础、产业基础、华侨资源、文化资源、港口潜力、企业家队伍六大优势，打造推动“海丝”海陆统筹互联互通的重要枢纽、面向“海丝”民营经济开放创新的重要门户、促进“海丝”多元文化交流展示的重要纽带、增进“海丝”国际交流合作的重要平台，在福建21世纪海上丝绸之路核心区建设中发挥先行作用和重要支撑作用。在打造“21世纪海上丝绸之路先行区”的同时，泉州还注重文化的引领作用。猴年春节晚会，泉州设立了分会场，呈现给全球观众的，除精彩表演外，还有泉州作为历史文化名城、海上丝绸之路起点、著名侨乡和“海丝”先行区的深远内涵以及“闽台”“华侨”和“海丝”等独特的“泉州味道”。郑新聪希望，在建设“海丝”先行区过程中，能呈现出更多的“泉州味道”。

全市各地开展义务植树活动

植树节，全市各地纷纷开展义务植树活动。市市政公用事业管理局机关干部职工与东南早报小记者，以及市统计局、泉州五中、市儿童医院、泉州市实验幼儿园、市急救中心和中心血站等单位的志愿者们约250人，在市区滨海公园种下500多棵树苗。鲤城区组织的以“推进城乡绿化美化，建设美丽新鲤城”为主题的义务植树活动在该区江南公园举行。东南早报和清源山管委会发起的“种红豆杉 爱母亲山”活动在市区清源山南台岩举行。

市四套班子领导参与义务植树活动　（图/陈起拓）

鲤城区义务植树活动　（图/黄欣怡）

泉州市土地变更调查成果通过国土部外业抽检

12—14日，国土资源部和省国土资源厅组织专家小组，对安溪县进行年度土地变更调查工作外业抽检，抽检合格率100%。国土资源部通过按省份随机取样的方式，抽取安溪县为福建省年度土地变更调查外业核查县（市、区）之一。此次外业核查共30个图斑，地类包括临时用地、设施农用地，涉及14个乡镇16个行政村。经过两天的实地核查，拍照取证，所有图斑均与上报成果一致，以实地现状如实变更，抽检合格率100%。专家小组对泉州市年度土地变更调查工作给予高度评价。

3月13日

星期日
农历丙申年二月初五
温度：10℃—14℃
大雨转中雨

●13—16日，张永宁带领泉州市古城保护运营考察组到山西、四川考察学习。

●《丝路·泉州》电视栏目开播仪式暨合作签约仪式在泰国BTU卫星电视台举行。泰国BTU卫星电视台和泉州市广播影视协会就《丝路·泉州》电视栏目合作事项签约。

●由市网球协会主办的首届泉州市网球协会俱乐部联赛在市区宝珊花园室内网球馆开幕。

●13—18日，“闽南三罕”书画摄影作品展在北京举行。

●13—14日，福建省第五届冬泳锦标赛暨海峡两岸冬泳邀请赛在厦门举行，泉州海峡游泳俱乐部队获团体总分冠军。

●13—28日，“白瓷之光”——德化窑艺术陶瓷作品展在福州福建省海峡民间艺术馆举行。

张永宁带队到山西四川考察学习古城保护运营工作

13—16日，副市长张永宁带领泉州市古城保护运营考察组到山西、四川考察学习。考察组考察山西平遥古城，四川成都宽窄巷、锦里、大慈寺片区等地，就古城保护工作的体制和管理机制、古城管理运营模式，与古城实体运营公司各自职责及相互关系、实体运营公司的运作模式、推进古城保护运营工作相关的政策和措施等，与平遥、成都政府及规划、建设、财政、旅游、文化部门及主要运营公司进行交流、互动。市方志委副主任许晓松以民俗组副组长身份参加考察。

考察现场　（图/许晓松）

泉州电视栏目《丝路·泉州》落地泰国

《丝路·泉州》电视栏目开播仪式暨合作签约仪式在泰国BTU卫星电视台举行。仪式上，泰国BTU卫星电视台和泉州市广播影视协会就《丝路·泉州》电视栏目合作事项签约。泰国前工业部长、曼谷吞武里大学主席参猜·猜隆乐、中国驻泰王国大使馆一等秘书周高宇、泰国农业大学孔子学院院长高惠敏等社会各界人士出席。泰华通讯记者协会向开播仪式发来贺电。《丝路·泉州》电视栏目由泉州广播影视协会与泰国BTU卫星电视台主办，泉州广播电视台协办。该电视栏目已于2015年12月5日开始在泰国BTU卫星电视台试播，主要播出反映泉州人文和经济社会建设成果的专题片、纪录片、微电影等节目。每周一期，每期15分钟，每周六18：30播出，周日19：30重播。栏目播出后受到泰国人民和在泰华人华侨的欢迎。周高宇表示，《丝路·泉州》栏目能够落户泰国，是中泰友好事业一个非常有意义的项目。让更多的年轻学子了解海上丝绸之路，了解中泰文化交流，了解中泰友谊，有利于培养一代又一代可持续发展的中泰友谊。这在中泰文化交流上做了一件非常好的事情。《丝路·泉州》电视栏目在泰国BTU卫星电视台播出，并向周边东盟国家传送，是泉州发挥海上丝绸之路起点城市的优势，贯彻国家“一带一路”战略决策，推动广播电视节目“走出去”的重大实践。

“闽南三罕”书画摄影作品展在北京举行

13—18日，“闽南三罕”书画摄影作品展在北京举行，展示泉州籍文化名家王岩平书法、陈世哲摄影和苏美化抽象国画三人作品120多幅。王岩平是泉州籍旅美知名书法家，世界华人艺术家协会会员，2008年被中国文化部授予“国际文化使者”称号。此次集中展示其最新书法作品数十幅。陈世哲是泉州市知名摄影家，现为中国摄影家协会会员，国家职业技能鉴定高级考评员。此次展览其《龙魂》（龙眼树系列）、《目魅》系列以及当代水墨系列共35幅作品，其中《叙利亚难民》和《断臂沙场》是最受关注的作品。苏美仑是香港著名抽象国画画家，其代表作品《汉唐雄风》享誉世界。作品展示古代西北战场刀光剑影、万马奔腾，汉唐军队奋勇抗击敌寇的厮杀场面。

德化窑艺术陶瓷作品展在福州举行

13—28日，由省民间文艺家协会主办，福建省海峡民间艺术馆、德化县陶瓷发展委员会承办，省雕刻艺术家协会协办的“白瓷之光”——德化窑艺术陶瓷作品展在福州福建省海峡民间艺术馆举行。作品展汇聚苏珠庄、陈明良、颜松柳、李甲栈等33位德化当代艺术家的50余件作品，其中既有大师级前辈，也有出色的年轻陶艺家。作品展的精品在展览结束后无偿捐赠给福建省海峡民间艺术馆收藏，这是海峡民间艺术馆第一次大规模地接受同一门类民间艺术家的捐赠。

相关链接：德化制瓷历史始于新石器时代，兴于唐宋，盛于明清，是中国陶瓷历史文化名城，被国内外学术界誉为“世界官窑”。明代以来，温润、明净、典雅、精巧的德化白瓷，代表了白瓷生产的最高水平，获得“世界白瓷之母”美誉，有“世界白瓷看中国，中国白瓷看德化”的说法。

市政府第九十一次常务会议召开

市政府第九十一次常务会议召开。市长康涛主持会议。

会议研究并通过《泉州市创建“全国质量强市示范城市”工作方案》。会议要求，各相关部门要组织实施创建工作方案，履行好职责，加强协同协作，形成齐抓共建的“大质量”格局，全面完成各项创建任务；要强化质量优先理念、创新工作机制、夯实质量发展基础，提升全市质量总体水平和竞争力。

会议研究并通过《泉州市人民政府关于贯彻落实省政府推进内贸流通现代化建设法制化营商环境实施方案的意见》。会议要求，要通过完善统一开放的发展体系，增强稳定运行的保障能力，健全规范有序的规制体系和协调高效的管理体制，将内贸流通打造成经济转型发展的新引擎、优化资源配置的新动力和推动创新创业的新平台；要深化“万家企业手拉手”活动，打造“泉州购”等贸易平台，打通贸易关键环节，助推内贸流通创新发展。

泉州市第四批“燎原计划”启动

为推动泉州国家“数控一代”示范工程进入提质扩面阶段，打造“数控一代”升级版，市科技局近日面向全国发出“求贤榜”，组织实施第四批产学研协同创新“燎原计划”。第四批“燎原计划”围绕七大领域——“数控一代”及智能制造、新材料、北斗卫星应用及通讯、大数据、生物与新医药、柑橘黄龙病综合防控关键技术、对外科技合作与技术引进，公开征集产业转型升级重大共性关键技术解决方案，对接生成高质量科技项目，通过竞争性立项择优纳入财政科技资金支持，单项最高补助500万元。

相关链接：自2014年启动产学研协同创新“燎原计划”以来，共征集到99套技术解决方案，其中，19套入围评审阶段，10套进行落地立项。

全市开展“3·15”国际消费者权益日纪念活动

“3·15”国际消费者权益日，全市各地广泛开展各类活动纪念。纪念2016年“3·15”国际消费者权益日大会召开。会上，围绕2016年中国消费者协会确定的年主题“新消费 我做主”举行“诚信鼎”传递活动示范单位受匾仪式，并部署旅游市场秩序专项整治，宣布成立汽车专业委员会、消费教育基地。会议透露，2015年，全市各级消费者委员会受理消费者投诉案件10943件，办结10485件，结案率95.8%，为消费者挽回经济损失2666.2万元。2016年市工商部门针对新消费领域的商品和服务开展比较试验，提升消费信心；强化消费领域监督，推动重点领域消费者权益保护机制的进一步完善；开展绿色消费、品质生活为重点的消费教育引导；探索建立跨境、跨地区消费纠纷解决机制，为消费者反映诉求主张权益提供便利；针对新消费研究建立多元化消费维权和监督模式，搭建消费者可直接参与的监督平台，完善经营者和消费者纠纷解决协商机制；开展年主题宣传活动，在全社会营造主动聆听消费者意见、满足消费者需求、让消费者满意的社会氛围。

丰泽区纪念“3·15国际消费者权益日”“新消费 我做主”宣传活动现场（图/泉州晚报社）

中泰文化交流夏令营开营

由中国海外交流协会主办，中国华侨大学、泰国华文教师公会承办的“2016中华文化大乐园——泰国曼谷营”在泰国东方文化书院开营。开营仪式上，来自华侨大学的8名教师为现场观众带来了精彩的开营式表演。“中华文化大乐园”夏令营活动是中国海外交流协会推出的一项旨在增进海外华裔青少年了解中华文化的品牌活动，已由泰国东方文化书院连续4年协办，本次夏令营期间开设汉语、传统手工、中华武术、中国书法绘画、中华传统音乐、中华传统舞蹈等课程。

3月14日

星期一

农历丙申年二月初六

温度：9℃—15℃

阴

●市政府第九十一次常务会议召开，研究并通过《泉州市创建“全国质量强市示范城市”工作方案》和《泉州市人民政府关于贯彻落实省政府推进内贸流通现代化建设法制化营商环境实施方案的意见》。

●为推动泉州国家“数控一代”示范工程进入提质扩面阶段，打造“数控一代”升级版，市科技局近日面向全国发出“求贤榜”，组织实施第四批产学研协同创新“燎原计划”。

●纪念2016年“3·15国际消费者权益日”大会召开。

●由中国海外交流协会主办，中国华侨大学、泰国华文教师公会承办的“2016中华文化大乐园——泰国曼谷营”在泰国东方文化书院开营。

3月15日

星期二
农历丙申年二月初七
温度：12℃—17℃
阴

●王江平到泉州调研。调研组走访市工商局12315投诉举报指挥中心、互联网商务监测中心、泉州商标馆，了解企业商标数据、工商登记制度改革、互联网商务监管、行政执法、消费维权、群众服务等方面的情况。

●全市计生暨医改、卫生工作会议召开，总结回顾泉州市“十二五”及2015年计生暨医改、卫生工作，安排部署2016年重点工作。

●部分重大项目倒排工期推进专题会召开。

●第10个国际社工日，泉州市国际社工日主题宣传活动启动。

●市总工会发出通知，要求各级工会组织依法合规做好职工疗休养的组织工作，以更好地激发全市职工的工作热情。

●15—16日，凤凰卫视《与梦想同行》栏目连续两期关注泉州提线木偶。

●由惠安县文联、县妇联等主办的惠安县书法公益讲座在该县聚龙小镇举行。

全市计生暨医改、卫生工作会议召开

全市计生暨医改、卫生工作会议召开，学习贯彻全国计生工作电视电话会议和全省医改工作推进会议、卫生计生工作会议精神，总结回顾泉州市“十二五”及2015年计生暨医改、卫生工作，安排部署2016年重点工作。市领导康涛、周银芳、林伯前、张建生、李冀平参加会议。

会议要求，全市要以深化医改为引擎，加快推进医疗卫生事业发展。要抓改革，2016年公立医院改革重点推进院长目标年薪制和医保管理体制改革两项工作。要补短板，通过扩充优质医疗资源，发展重点学科，培养、引进、留住医技卫生人才等，提升全市医疗资源数量和质量。要优服务，完善医疗服务功能，提升医疗服务品质，加快构建分级诊疗机制，全方位改善群众就医体验。

各级各部门要坚持计生目标责任制考核，保持抓计生工作的重视程度和措施力度；要加强服务管理，重点抓好妇幼保障、支持计生家庭发展、出生人口性别比失衡问题综合治理等工作；要抓好县、乡、村三级计生工作网络建设，加快整合基层卫生计生技术服务资源。要以强化责任为保障，确保各项目标任务落实。要加强责任落实，强化政策统筹、工作协调和任务落实，确保责任、措施、保障“三到位”；加强协同推进，计生领导小组成员单位、医改领导小组成员单位要重点做好政策配套、执法协调、信息共享等工作；加强督促检查，完善计生考核机制，加强对各项重点工作和重点项目的督查跟进。

部分重大项目倒排工期推进专题会召开

部分重大项目倒排工期推进专题会召开。市领导康涛、林伯前、陈灿辉，市政府秘书长吴友才参加会议。市长康涛要求，要以重大项目为抓手，下大力气落实好项目前期工作活动年各项任务，把氛围造起来，把劲头鼓起来，理顺机制，找准方法，盯紧抓牢项目的关键环节和时间节点，主动靠前服务，交叉作业、多管齐下、多路并进，尽快推动一批项目开工建设。

王江平到泉州调研非公党建

国家工商总局党组成员、副局长王江平到泉州调研。副市长陈荣洲参加调研。调研组走访市工商局“12315”投诉举报指挥中心、互联网商务监测中心、泉州商标馆，了解企业商标数据、工商登记制度改革、互联网商务监管、行政执法等方面的情况。调研组还了解了市工商局在推动非公党建工作中的经验做法和活动开展情况。调研组认为泉州市工商系统通过成立由工商局主要领导任组长的非公党建工作领导小组，选派121名党员骨干在非公企业中担任党建指导员，有效提升非公企业党建工作水平；采取依托工商部门、个私协会实行归口管理、联合管理、促非公企业自我管理三种方式，不断扩大非公党组织和党建工作两个覆盖面。

凤凰卫视关注泉州木偶文化复兴

15—16日，凤凰卫视《与梦想同行》栏目连续两期关注泉州提线木偶。凤凰卫视《与梦想同行》栏目定位为关注有梦想的人。该栏目以“天地有大美”为题，通过泉州市木偶剧团团长的视角，展示一个地方剧团从危机四伏的困境一步步走向国际大舞台的华丽转身，实现提线木偶艺术的复兴，同时也展示了泉州提线木偶戏独特的艺术之美。泉州市木偶剧团王景贤表示，继承和创新不是矛盾，而是一个统一的整体，继承传统就是为了更好地发展。剧团近三十年来的发展就是传承、创新和传播之路，不断改编和创新剧目，让更多的观众能够喜欢。

泉州提线木偶—四将开台　（图/吴寿民）

3月16日

星期三

农历丙申年二月初八

温度：12℃—16℃

阴转阵雨

●周银芳到泉港区调研精准扶贫、发展壮大村集体经济收入工作。

●工商行政管理和食品安全物价工作视频会议召开，总结2015年工作，部署下阶段工作任务。

●省少工委六届六次全体（扩大）会议在晋江市召开。

●海西国际技术转移中心·国际技术转移项目推介洽谈会举行。

●达沃斯世界经济论坛公布2016年“全球青年领袖”名单，泉州籍女演员、联合国难民署中国区亲善大使姚晨获选，成为中国唯一入选女演员。

●16—18日，2016中国国际纺织面料及辅料（春夏）博览会在上海国家会展中心举行，石狮市8家面料企业组成石狮面料展团，向业界集中展示最新成果和流行趋势。

●晋江市率先设立反诈骗中心。

●晋江法院、总工会联合成立晋江劳动争议联合调处中心。

●农业部公布中国全球重要农业文化遗产预备名单，安溪铁观音茶文化系统入选。

周银芳到泉港区调研精准扶贫和发展壮大村集体经济收入工作

市委副书记周银芳带领市直有关部门负责人到泉港区调研精准扶贫和发展壮大村集体经济收入工作。周银芳察看涂岭镇秀溪村枇杷种植基地、糖文化广场、村庄环境整治等项目，了解情况，并与区镇村干部座谈交流。周银芳肯定泉港区精准扶贫、发展壮大村集体经济收入的工作，认为泉港区高度重视，做到底数清、办法多、成效好。说明泉港区委敢于担当，具有攻坚克难的精神。周银芳指出，实现中国梦关键在农村，关键在农民。要明确目标，围绕全面脱贫和促进村集体增收，分解细化任务，制订清单，明确时限，逐项定位到人，定期督查通报进展。要讲究方法，逐户增强贫困对象的自我发展能力，一村一策发展壮大村集体经济，结合“美丽乡村”建设、石结构房屋改造、小城镇建设，长远规划科学发展。要注重效益，帮助贫困户不仅要从物质上发展经济，还要从精神上关怀，经常上门服务嘘寒问暖，增强幸福感。发展壮大村集体经济关键在于提升基层组织的凝聚力，增强服务能力，带领群众共同富裕。

省少工委六届六次全体（扩大）会议在晋江市召开

省少工委六届六次全体（扩大）会议在晋江市召开。会议传达全国少工委七届二次全会精神，审议通过省少工委委员、副主任卸职替补案和召开第七次福建省少代会决议，表彰一批省少先队先进集体和先进个人，并为福建省首批少先队名师先锋工作室授牌。会上，晋江、宁德、三明做少先队特色工作的交流发言。与会代表还参加福建省少先队“先锋行动”现场推进会暨晋江少先队工作现场展示活动，参观岱峰中心小学和毓英中心小学少先队先锋行动工作开展情况。

海西国际技术转移中心·国际技术转移项目推介洽谈会举行

由市科技局主办、泉州中经技术投资有限公司承办的海西国际技术转移中心·国际技术转移项目推介洽谈会举行。韩国、加拿大、波兰、以色列等8个国家的30多名技术转移专家，携涵盖生物医药、电子通讯、智能制造、新能源、新材料等领域的23个高科技项目与会，泉州科技创新联合会、安踏、微柏、西瑞等十余家泉州市重点科技机构和企业的代表参会。在项目推介洽谈会上，以色列Eco Wave Power公司业务发展总监Bar Tal介绍以色列海洋波浪采集能量项目，欧盟中小企业服务中心项目总监Xavier Sans-Powell介绍欧盟中小企业创新成果。此外，还有9位技术转移专家就韩国空气及水兼用便携式净化器技术、中国-西班牙联合开发中西卡国家资助、瑞典智能健康面料等项目分别进行推介。随后开展一对一的洽谈对接，项目推进方还到泉州参会企业调研、考察。

晋江市率先设立反诈骗中心

晋江市反诈骗中心在晋江市公安局揭牌启动，成为泉州市首个反诈骗中心。中心紧盯全晋江市诈骗犯罪的“资金流”“信息流”，建立查询止付、合成作战、宣传防范、后勤保障四个职能小组，公安、通信、银行等部门携手，齐抓共管，堵塞监管漏洞，最大限度挤压电信诈骗违法犯罪空间。反诈骗中心的设立是晋江市健全完善立体化治安防控体系，深化“平安晋江”建设的一项重要举措。晋江市公安局同晋江8家银行签订合作协议意向书，建立联络员工作制度，确定反诈骗专门联络人员，实现点对点对接。根据协议，公安机关与各家银行建立快速查询冻结通道，公安机关在侦破虚假信息诈骗案件中，及时启动相关流程，在第一时间快速查询、冻结涉案账户资金。只要报案及时，市民被骗的钱，便能尽可能在银行冻结。同时，警方建立涉案账户管控“灰名单”机制。公安机关根据侦查工作需要，定期向银行通报虚假信息诈骗涉案账户有关信息，银行将其列入账户“灰名单”。市民办理有关“灰名单”的汇款等业务时，银行工作人员会及时规劝，防止市民被骗。

安溪铁观音茶文化系统入选全球农业文化遗产预备名单

农业部公布中国全球重要农业文化遗产预备名单，安溪铁观音茶文化系统入选。该系统是以传统铁观音品种选育种植栽培植保管理采制工艺和茶文化为核心的农业生产系统，以及该系统在生产过程中孕育的生物多样性，发挥的生态系统功能，呈现的人文和自然景观特征。

3月17日

星期四
农历丙申年二月初九
温度：14℃—18℃
阵雨

●从全国“两会”归来的郑新聪围绕学习《廉洁自律准则》和《纪律处分条例》的主题，为市委办系统全体党员干部上专题党课。

●17—19日，全市领导干部“学习贯彻十八届五中全会精神”专题研讨班举办。

●市四套班子领导到泉州海警二支队，与机关干部及驻泉部队官兵一起参与全民义务植树活动。

●华大讲堂第57讲举行。

●来自团市委、市林业局、省高速泉州管理分公司、泉州广电网络等单位的机关干部、青年志愿者在高速公路泉州东征管所开展“青年生态园（三期）”植树活动。

●17—19日，阿里巴巴跨境电商峰会在浙江杭州举行，德化跨境电商合伙人位列2015年全国阿里巴巴LBS（定位服务）合伙人一达通第一名。

郑新聪给市委办系统讲党课

从全国“两会”归来的市委书记郑新聪围绕学习《中国共产党廉洁自律准则》（以下简称准则）和《中国共产党纪律处分条例》（以下简称条例）的主题，为市委办系统全体党员干部上专题党课。市委副书记周银芳，市委常委、秘书长、统战部部长翁祖根等以普通党员身份参加学习。

郑新聪指出，党员干部要原原本本认真研读准则条例，唤醒党章党规党纪意识。郑新聪联系泉州史上的清官廉吏和身边的警示案例，要求党员干部强化自律，见贤思齐，筑牢思想道德高线；严格他律，对照反面典型，守住行为“底线”。要严守政治纪律、组织纪律、廉洁纪律、群众纪律、工作纪律和生活纪律，正确对待和处理“公与私”“廉与腐”“俭与奢”“苦与乐”的关系。郑新聪希望，市委办系统要在贯彻执行党规党纪中发挥先锋模范作用，贯彻省委书记尤权对党委办公厅（室）干部的要求，对党忠诚，精益求精，深入实际，为民清廉；要抓好“两学一做”学习教育，以“学”为基础，学好党章党规、系列重要讲话；以“做”为关键，坚定理想信念，强化政治意识，勇于担当作为。要把党的纪律和规矩挺在前面，党员干部要坚持大事清醒、小事着眼，党组要营造风清气顺的机关环境，带头严格执行换届纪律。要坚持和完善“三会一课”（支部党员大会、支部委员会、党小组会、党课）等制度，领导带头，经常清除思想灰尘、匡正干部行为。

全市领导干部“学习贯彻十八届五中全会精神”专题研讨班举办

17—19日，全市领导干部“学习贯彻十八届五中全会精神”专题研讨班举办。市委书记郑新聪作主题报告，市长康涛主持并作总结发言，市委常委、市纪委书记温惠榕，中央党校博导李建华、国家行政学院博导冯俏彬、市发改委负责人等分别作专题讲座。

郑新聪强调，必须全面把握供给管理和需求管理的辩证关系，加快推动泉州创新转型。要升级技术结构，推进机器换工，乘势发展智能装备产业，加速集聚人才、技术、平台等关键要素。要重塑产业组织，对内分类指导、集中推动百家企业重整、重组，对外鼓励企业收购境外品牌、技术、营销渠道；实施产业升级路线图，上下延伸、左右拓展，培育新产业、新业态、新模式；疏通金融血脉，推进金融债务重组和信贷结构优化，促进资金链与创新链耦合，突出防范风险；构建制度生态，以权力“减法”换取市场活力“加法”，深化工商登记制度改革。

康涛指出，要科学把握发展大势，树立新观念，掌握新方法，展现新作为，主动适应经济发展新常态；要践行创新、协调、绿色、开放、共享的整体发展理念，做到相互贯通、相互促进；要加快转型升级，突出抓好17个重点产业，推进供给侧结构性改革，打好去产能、去库存、去杠杆、降成本、补短板五大“歼灭战”，提升消费品品质，提高制造业水平，加快现代服务业发展；推进简政放权，完善工作机制，加大督查力度，构建具有“亲”“清”特色的新型政商关系。

研讨会现场　（图/苏展辉）

华大讲堂第57讲举行

“华大讲堂”第57讲举行。第十二届全国人大内务司法委员会副主任委员，中国社会科学院原副院长、研究员李慎明作题为《当今意识形态形势及相关问题思考》的报告。市领导陈庆宗、林伯前等市委中心组成员，市直有关部门、在泉各高校、各民主党派负责人，华侨大学校领导和部分师生等参加报告会。李慎明围绕“意识形态定义、重要性和我国意识形态工作的当前形势”“九个相关理论思潮或理论问题”“提出加强意识形态工作的国际国内背景”“高度重视意识形态工作，坚持和发展中国特色社会主义”四方面进行阐述，剖析意识形态的定义和主流态势，并针对中国发展情况提出加强意识形态工作的对策。

市委常委会传达贯彻全国“两会”和省委常委（扩大）会议精神

市委召开常委会，传达全国“两会”和省委常委（扩大）会议精神，研究泉州市贯彻意见。市委书记郑新聪主持会议，市委常委参加会议，市政协党组主要领导列席会议。会议要求，要做好当前稳增长工作，党政两套班子、各相关部门要按照各自分工拿出实招，各级领导干部要沉下去抓工作、解难题。要抓好投资的接续工作，开展“重大项目前期工作活动年”，跟踪推进列入国家专项建设基金项目、近期对接的重大项目；对接落实好省“补短板”工程包，加快技改、智能化改造、政府性投资等项目建设。要推进市县乡三级换届工作，树立强烈的信号和导向。要组织开展“两学一做”学习教育，落实从严治党主体责任、监督责任、一岗双责和主要领导第一责任人责任。要抓好社会稳定和安全生产工作，更加重视防范和化解各种影响社会稳定的因素；落实“党政同责、一岗双责、失职追责”，深化大排查大整治，全面堵塞各类安全漏洞。

全市文联系统文艺创作座谈会召开

全市文联系统文艺创作座谈会召开，全市各文艺家协会负责人和各地文联负责人与会，畅谈文艺如何进一步“围绕中心，服务大局”，创作更多优秀作品讲好“泉州故事”。在座谈会上，与会代表围绕如何进一步树立以人民为中心的创作导向，加强文艺精品创作生产，打响泉州文艺品牌，扩大泉州文化影响力等，提出许多意见。与会者表示，要把创作作为中心任务，视作品为生命，为人民抒写，用优秀作品讲述泉州故事，传播泉州声音，用优秀作品擦亮自己的名字。会议指出，文艺工作者要理解把握优秀文艺作品的标准和原则，把握创作导向，树立精品意识，推动文艺创新，以人民为中心，创作更多优秀作品。全市文联系统将加强队伍建设，加大奖励扶持，强化宣传力度，展示泉州形象。

泉州市代表队创福建省青少年科技创新大赛最好成绩

18—20日，以“创新·体验·成长”为主题的第31届福建省青少年科技创新大赛在莆田一中举行。泉州市代表队获科技创新项目金牌总数、奖牌总数、推荐参加全国赛项目等多项全省第一，创下参加省赛以来最好成绩。青少年科技创新大赛是面向在校中小学生开展的具有综合性、示范性和导向性的科技竞赛活动之一，是中小学各类科技活动优秀成果的集中展示。来自全省九个设区市、平潭综合实验区以及金门、马祖地区的近300名学生和科技辅导员参赛。泉州市52个学生科技项目参赛，凭借较高的科技素养和灵活的应变能力，获一等奖12项、二等奖12项、三等奖24项的，获奖率达92.3%。其中，泉州培元中学、泉州实验中学、泉州师院附小、泉州七中、晋江一中、南安侨光中学6所学校各有1名学生的科技项目被推荐参加全国赛，占全省推荐总数的三分之一。

黄永玉长篇小说在安溪县首发

“猴票之父”黄永玉长篇小说《无愁河的浪荡汉子·八年》（以下简称《八年》）首发式暨插画展系列活动在安溪县文庙举行。黄永玉之子、香港著名画家黄黑蛮，人民文学出版社副总编辑应红，人民日报高级编辑、鲁迅文学奖获得者李辉，安溪县当地相关人士以及文化艺术界代表出席仪式。黄永玉早年就读集美学校，抗日战争时期，为保存国家文化血脉和闽南教育精华，确保师生安全，集美学校于1938年至1946年迁移到安溪文庙。少年黄永玉随校转学后，在安溪度过两年多的求学时光。《无愁河的浪荡汉子》是黄永玉以其一生经历为题材，创作的一部体量巨大的长篇小说，计划由三部分组成，总字数将接近三百万字。《八年》是《无愁河的浪荡汉子》的第二部。《八年》上卷用长达20多万字的篇幅写到安溪，并配上黄永玉绘制的121幅插图，生动展现抗日战争时期安溪的社会风貌和茶乡文化，文中还用上不少闽南方言。

首发式　　（图/章财根）

3月18日

星期五
农历丙申年二月初十
温度：16℃—21℃
阵雨

●市委召开常委会，传达全国两会和省委常委（扩大）会议精神，研究泉州市贯彻意见。

●全市文联系统文艺创作座谈会召开，全市各文艺家协会负责人和各地文联负责人与会，畅谈文艺如何进一步“围绕中心，服务大局”，创作更多优秀作品讲好“泉州故事”。

●18—20日，第31届福建省青少年科技创新大赛在莆田一中举行，泉州市代表队创下参加省赛以来最好成绩。

●海峡两岸纪念先祖开闽三王入闽1131年活动在市区开闽三王祠举行。

●南安市与清华大学举办南安市新型城镇化发展研讨会。

●“猴票之父”黄永玉长篇小说《无愁河的浪荡汉子·八年》首发式暨插画展系列活动在安溪县文庙举行。

3月19日

星期六
农历丙申年二月十一
温度：14℃—18℃
阴

●省宜居办公布2016年“千村整治、百村示范”美丽乡村建设工程村庄名单，泉州市136个村庄列入“千村整治”名单。

●为纪念第24个“世界水日”和第29个“中国水周”，市委文明办、市水利局和市志愿者协会举行“落实五大发展理念，推进最严格水资源管理”主题系列宣传活动，呼吁全社会共同关注、支持和参与水资源的节约、保护，增强全社会节水、惜水、爱水、护水的氛围。

●市气象局举办公众开放活动。

●“60+蓝色骑迹”公益活动在市区领SHOW天地创意园举行。

●晋江市“国医进警营”现场健康义诊活动举行。

全市136个村庄列入全省“千村整治”名单

省宜居办近日公布的2016年“千村整治、百村示范”美丽乡村建设工程村庄名单。2016年美丽乡村建设工程列入省委、省政府为民办实事项目，全省计划整治1114个村庄、创建108个美丽乡村示范村、打造43条美丽乡村景观带，重点整治建设美丽乡村景观带、城市进出口干道两侧、长乐国际机场周边、合福铁路沿线、旅游景区周边、平潭拟保留石结构房比较集中的区域、“六江两溪”1千米范围内的村庄，加快接点连线成片，形成协同规模效应。

泉州市列入美丽乡村建设“千村整治”的136个村庄分别为：

（一）美丽乡村景观带上的村庄5个：永春县呈祥乡——柴桥头至雪山岩景观带：永春县呈祥乡呈祥村；晋江市晋北线美丽乡村景观带：晋江市磁灶镇洋宅村；安溪县龙涓乡珠石湖美丽乡村景观带：安溪县龙涓乡珠塔村、石塔村、湖陵村。

（二）城市进出口干道两侧的村庄32个：永春县桂洋镇金沙村，苏坑镇洋坪村，蓬壶镇壶中村，达埔镇新琼村，石鼓镇卿园村，五里街镇西安村，桃城镇榜头村，东平镇冷水村，东关镇东美村，岵山镇铺上村；晋江市英林镇三欧村，东石镇潘径村，陈埭镇西霞美村，内坑镇柑市村；惠安县涂寨镇涂寨村，螺川镇螺川村，东岭镇湖埭头村，螺城镇王孙村；石狮市宝盖镇前坑村，祥芝镇莲坂村；南安市诗山镇鹏峰村，康美镇园内村，洪梅镇新联村，翔云镇东山村，溪美街道大埔村，梅山镇明新村，省新镇丹清村；泉港区前黄镇前烧村，后龙镇割山村，山腰街道锦川村，南埔镇天湖村，界山镇玉山村。

（三）旅游景区周边的村庄26个：永春县一都镇苏合村，横口乡横坑村，下洋镇曲斗村，坑仔口镇洋头村，玉斗镇凤溪村，锦斗镇长坑村，吾峰镇枣岭村，仙夹镇夹际村；德化县赤水镇戴云村，水口镇梨坑村；晋江市紫帽镇湖盘村，龙湖镇鲁东村，深沪镇群峰村；安溪县蓬莱镇新坂村、磜内村、联盟村、龙居村；惠安县崇武镇靖江村，小岞镇东山村；石狮市永宁镇郭宅村、洋厝村；南安市翔云镇福庭村，蓬华镇大演村，东田镇盖凤村；泉港区涂岭镇黄田村，峰尾镇诚平村。

（四）“六江两溪”1千米范围内的村庄11个：永春县石鼓镇半岭村，湖洋镇湖城村；德化县盖德镇下寮村、三福村；南安市金淘镇占石村，码头镇诗南村，洪梅镇洪溪村，柳城街道露江村，九都镇彭林村，洪濑镇东林村，霞美镇仙河村。

（五）其他区域的村庄62个：永春县介福乡福东村；德化县南埕镇高泝村，春美乡梁春村，美湖镇上漈村，葛坑镇龙塔村，杨梅乡杨梅村，雷峰镇李溪村，桂阳乡桂阳村，浔中镇龙翰村，龙门滩镇碧坑村，上涌镇、上涌镇云路村，国宝乡内坂村，三班镇龙阙村，泗滨村，大铭乡大铭村，南埕镇枣坑村；晋江市安海镇曾埭村；洛江区马甲镇杏川村、二甲村，河市镇蛟南村，虹山乡松角山村，马甲镇义山村、蔡内村，虹山乡前坂村；台商投资区东园镇群青村，百崎乡白奇村，东园镇锦厝村、锦峰村；安溪县龙涓乡培福村，龙门镇美顶村、美卿村，芦田镇云山村，虎邱镇竹园村，西坪镇留山村、平原村，祥华乡后洋村、祥华村、珍山村、石狮村，芦田镇内地村，大坪乡大坪村、萍州村，官桥镇益林村，蓝田乡山内寨村，芦田镇石盘村，桃舟乡下格村、南坑村；惠安县山霞镇新塘村，涂寨镇古山村，净峰镇莲峰村，东桥镇竿岭村；石狮市蚶江镇东垵村，鸿山镇东埔一村，锦尚镇港东村；南安市眉山乡南湖村，官桥镇竹口村，乐峰镇炉山村，罗东镇罗溪村，翔云镇翔山村，向阳乡卓厝村；泉港区界山镇槐山村。

此外，泉州市还有列入全省美丽乡村示范村创建的村庄12个。同时，泉州市还有美丽乡村建设备选整治村庄38个。

“落实五大发展理念，推进最严格水资源管理”主题系列宣传活动举行

为纪念第24个“世界水日”和第29个“中国水周”，市委文明办、市水利局和市志愿者协会举行“落实五大发展理念，推进最严格水资源管理”主题系列宣传活动，呼吁全社会共同关注、支持和参与水资源的节约、保护，增强全社会节水、惜水、爱水、护水的氛围。由市委文明办志愿者、市直水利系统志愿者、泉州真情在线志愿者和市自行车协会志愿者共100余人组成的自行车骑行队，从金鸡拦河闸管理处出发骑行至笋江公园。在笋江公园进行主题宣传，悬挂条幅、设置宣传展板，向群众分发保护水资源的宣传资料和纪念品。

泉州市出台造纸及纸制品产业转型升级路线图

在认真研判当前造纸及纸制品产业转型升级面临的突出问题、产业未来核心技术发展趋势以及未来市场需求变化的基础上，泉州市近日出台市造纸及纸制品产业（以下简称纸业）转型升级路线图（以下简称路线图）。

相关链接：2015年泉州纸业继续保持平稳增长态势，全年规模以上企业完成工业增加值122.84亿元，同比增长10.8%。根据路线图，泉州市纸业的发展目标为，抓住“十三五”期间国民经济平稳发展和人民消费升级的发展机遇，加快促进产业发展。支持企业发展总部经济，通过供给侧结构性改革，促进转型升级，做大做强做优龙头企业，促进产业生态环境友好，推动行业规模、经济效益和市场竞争力全面提升，将泉州市初步建设成全国纸业印刷基地。至2020年造纸及纸制品产业工业总产值达700亿元，年均增长11%；确保在产业总量增长的前提下，能耗和污染物排放量降低10%，实现增产减排。

在实施路径上，泉州市将以项目带动壮大龙头企业，使之成为行业发展的领头羊。加快推进恒安集团、优兰发集团、泉州玖龙纸业、恒利集团等企业技术改造、扩建，提升泉州纸业核心竞争力。支持规模以上纸制品企业引进先进技术，扩大投资规模，培育成行业龙头企业，提升泉州纸业的整体竞争力。同时，加快发展纸制品业，提升产业整体竞争力。支持大众创业，鼓励国内外有实力的企业和有见识的企业家进入纸制品业发展，带动壮大纸制品业。生活用纸制品业重点发展高档纸巾纸、湿巾纸、新功能性卫生巾等；产业用纸制品业重点发展激光纸、医疗卫生用纸、保鲜纸等；文化用纸制品业重点发展高精度打印纸、涂布胶印纸、铜版纸等；包装印刷纸制品业重点发展节能环保型产品、新兴智能产品、多层复合高档软包装印刷和即时印刷、按需印刷、个性化印刷、远程印刷等新型业态。

《泉州市创建“全国质量强市示范城市”工作方案》出台

市政府近日通过《泉州市创建“全国质量强市示范城市”工作方案》（以下简称方案），标志泉州创建“全国质量强市示范城市”工作全面启动。根据方案，泉州市通过为期两年的创建，力争达到如下目标：建立比较完善高效的质量工作机制，全市质量总体水平明显提高，全社会的质量意识显著增强，城市质量精神深入人心，产品质量、工程质量、服务质量水平显著提升，质量发展成果全民共享，质量强市建设取得明显成效，顺利通过国家质检总局考核验收。方案从完善质量工作机制、加强质量文化建设、夯实城市质量基础、加强质量宏观管理、显著提升产品质量、大幅提高工程质量、不断提高服务质量、共享质量发展成果、创新质量发展机制九方面做出全面部署。

“六根”读书分享会举行

由市文联、泉州晚报社主办，泉州市作家协会、泉州文学院和风雅颂书局协办的“书生行走，纸上旅行”——“六根”读书分享会在市区风雅颂书局举行。此次前来交流的“六根”作家团成员有《人民日报》高级编辑、首届鲁迅文学奖得主李辉，《凤凰周刊》主笔叶匡政，知名书评人、曾任《文史参考》主编的绿茶，小猪网副总裁、《铿锵三人行》特邀嘉宾潘采夫，文化时评家韩浩月，曾任时光网副主编的武云溥。六个人开了一个公众号，名为“六根”，成为文化圈子内交口称赞的平台，还一起出版六本一套的“醉醒客”丛书。在泉州期间，“六根”作家团还到清源山、老君岩、开元寺、泉州海外交通史博物馆等地采风。

惠安传统南派雕刻作品联展开幕

由省工艺美术学会、惠安县城镇集体工业联合社主办的“就是要凿刻，仅此而已”惠安传统南派雕刻作品联展在惠安县鼎立艺术馆开幕。来自省工艺美术学会和相关院校的专家学者及本土一线的雕刻艺术家、雕刻工作者参加开幕式。展览旨在激发惠安一线石雕工作者的热情和积极性，鼓励和宣传新时代下该县石雕一线雕刻工作者呈现出来的“工匠精神”。同时，通过一批中青年雕刻工作者对惠安传统石雕的新探索，保护、传承和弘扬惠安南派石雕的精髓。

3月20日

星期日
农历丙申年二月十二
温度：12℃—17℃
中雨

●在认真研判当前造纸及纸制品产业转型升级面临的突出问题、产业未来核心技术发展趋势以及未来市场需求变化的基础上，泉州市出台市造纸及纸制品产业转型升级路线图。

●市政府通过《泉州市创建“全国质量强市示范城市”工作方案》。

●“书生行走，纸上旅行”——“六根”读书分享会在市区风雅颂书局举行。

●大型公益活动——海丝路模特才艺大赛暨“少年啦飞翔”系列微电影演员选拔赛在泉州启动。

●20—27日，2016年全国击剑冠军赛首站（云南站）比赛在云南昭通举行，由泉州选手陈冰冰、陈情缘和队友傅依婷、乐慧林组成的福建队获女子花剑团体金牌。

●20—27日，由中国网球协会主办，市体育局、南益地产承办，泉州市网球协会协办的“宝珊杯”2016国际网联女子巡回赛·泉州站赛事在市区宝珊花园举行。

●“就是要凿刻，仅此而已”惠安传统南派雕刻作品联展在惠安县鼎立艺术馆开幕。

3月21日

星期一
农历丙申年二月十三
温度：10℃—13℃
中雨转小雨

●市全面深化改革领导小组2016年第一次会议召开，学习贯彻中央、省深改领导小组会议精神等。

●市政府第九十二次常务会议召开，研究《泉州市电子商务发展三年行动方案（2016—2018）》及《泉州市加快电子商务发展的若干措施》等。

●21—29日，市人大常委会开展泉州“海上丝绸之路”史迹保护立法调研。

●新华社刊发《来自一线的调查报告》聚焦泉州民营企业。

●《泉州市关于加快电子商务发展的若干措施》公布，市级财政每年安排2000万元专项资金，重点支持电子商务龙头企业、平台和园区的发展，完善电商发展环境。

●3月21日—4月8日，由泉州师范学院、市文广新局、市旅游局、市城镇集体工业联合社、市文联主办的泉州师院美术与设计学院2016届毕业生作品展暨人才推介会在泉州师范学院举行。

●南安市向阳乡团委、计生办、计生协会联合厦门大学南强乡村学社共建的爱心图书馆——厦门大学南强乡村图书馆·向阳馆在向阳乡综合文化站揭牌成立。

市全面深化改革领导小组2016年第一次会议召开

市全面深化改革领导小组2016年第一次会议召开，学习贯彻中央、省深改领导小组会议精神，审议并原则通过《泉州市全面深化改革领导小组2016年工作要点》《泉州市2016年全面深化改革重点项目及进度安排表》和《关于深化市委管理企业负责人薪酬制度改革的意见》，研究部署2016年改革任务。市委书记、市全面深化改革领导小组组长郑新聪和市长康涛等市全面深化改革领导小组全体成员参加会议。

会议强调，各级各部门要突出“五个泉州”建设和全面从严治党的制度保障重点，确保关键领域关键环节改革落到实处。建设国家自主创新示范区，完善“政产学研用”结合机制，加强对国家高新区“一区九园”和企业的政策宣贯、辅导，建立产业基金体系。推进供给侧结构性改革，实施好17个重点产业转型升级路线图，打造“中国制造2025”地方样板，推进兼并重组。构建开放型经济新体制，用好21世纪海上丝绸之路先行区、战略支点城市、联合国海陆丝绸之路城市联盟工商理事会等优势元素。推进新型城镇化改革，加快县域特色改革探索，创新规划管理、建设管理和城市治理方式，推进城建投融资体制改革。补齐民生事业短板，深化公立医院改革，加快教育资源均衡布局，完善养老服务体系，打赢脱贫攻坚战。

市政府第九十二次常务会议召开

市政府第九十二次常务会议召开。市长康涛主持会议。

会议研究《泉州市电子商务发展三年行动方案（2016—2018）》及《泉州市加快电子商务发展的若干措施》。会议指出，要加快实施泉州市电子商务产业发展路线图，力争至2018年全市电子商务年交易额突破3000亿元。要突出抓好跨境电商、农村电商、平台建设等重点领域和关键环节，形成以市场为导向、平台为核心、电子商务服务为支撑、政策为保障、产业为基础的良好电商生态体系。要坚持政府引导与企业主体相结合、示范带动与全面普及相结合、鼓励应用与扶持平台相结合的原则，推动网络经济与实体经济有机融合。

会议听取关于全市质量工作情况汇报。会议指出，各级各相关部门要加快构建立足实际、突出优势、各具特色的质量工作体系。要强化质量强市意识，在全市凝聚以质量求生存谋发展的共识，走好质量提升、品牌带动、创新发展的发展之路。要抓好全省质量工作考核的准备工作，加强组织领导，明确工作任务，强化责任落实。

《泉州市关于加快电子商务发展的若干措施》出台

为进一步加快泉州市电子商务发展，推进国家电子商务示范城市建设，《泉州市关于加快电子商务发展的若干措施》（以下简称措施）出台，市级财政每年安排2000万元专项资金，重点支持电子商务龙头企业、平台和园区的发展，完善电商发展环境。

相关链接：措施对上年度网上年销售额突破1亿元、企业线上销售总额占全年总销售额15%以上的老字号、中国驰名商标和传统商贸流通等企业，最高奖励20万元；上年度网络年销售额突破5000万元、企业线上销售总额占全年总销售额50%以上的网络零售品牌企业，最高奖励20万元；国际排名100强或国内排名50强电子商务企业在泉州注册设立全国性/区域总部（独立核算），经营满1年的，将给予一次性奖励20万元。注册地及结算地在泉州的垂直类或大宗商品供应链电商平台年交易额超过10亿元的，以上年为基数，增幅达到10%以上、20%以上、30%以上的，分别给予10万元、20万元、30万元的奖励。

投资跨境电商通关公共服务信息平台、配套的分拣设备及监管设施，并为超过10家跨境电商企业提供公共服务的，根据实际投入金额的50%给予补助，最高不超过100万元；支付EMS、邮政小包、UPS等国际物流费用200万元以上的跨境电子商务企业，给予最高20万元补助；跨境电子商务企业设立海外仓，建仓面积在5000平方米以上的，一次性给予最高30万元的补助。通过自营或第三方平台销售泉州市农产品，网上年销售额分别超过5000万元的B2C企业和1亿元的B2B企业，给予最高20万元奖励；培育、认定一批特色凸显的“电商镇”、“电商村（社区）”和农业产业化龙头企业，分别给予10万元、5万元、5万元的奖励。

全市人民调解“双优”表彰暨规范化建设年动员会召开

全市人民调解“双优”表彰暨规范化建设年动员会召开。副市长、市公安局长卢炳椿参加会议。会议透露，为促进泉州市人民调解工作上新台阶，市司法局决定开展“人民调解规范化建设年”活动。人民调解的规范化建设包括组织体系建设、队伍建设、工作场所建设、日常管理和工作保障的规范化。队伍建设上，将加强基层人民调委会的调解员配备。对物业、土地、金融、教育、工业园区、人流量大的市场和景区等矛盾纠纷量大的重点行业、领域建立的行业性、专业性人民调解组织，应配备2名以上专职调解员，专人负责日常调解工作。日常管理中，将把集中排查调处和经常性排查调处相结合，建立矛盾纠纷排查调处工作例会制度。为落实表彰奖励制度，市司法局将建立星级人民调解员评定和表彰制度，通过考核，分别授予一、二、三、四和五星级人民调解员称号，并给予表彰奖励。

违规渔具和养殖物清理取缔专项执法行动开展

市海洋与渔业局、市水利局、市港口管理局等部门，在晋江、洛阳江（简称“两江”）下游水域开展违规渔具和养殖物清理取缔专项执法行动。整治范围包括晋江浮桥至枪城、洛阳江洛阳桥至后渚跨海大桥段水域，清理对象包括拦截插网（迷魂网）、火车网、定置张网、定置流刺网等禁用及违规渔具，以及占用航道的养殖物等。鳗鱼苗采捕期（每年12月16日至翌年3月15日）结束后，即从3月16日起，在上述整治范围内严禁任何采捕活动。各布设违规渔具业主和养殖户必须在3月20日前停止非法生产经营活动，自行清理拆除违规渔具和养殖物。逾期仍未清理，海洋与渔业、水利、港口管理、公安边防等部门，以及沿江乡镇政府（街道办事处）、村（居）委会组成联合执法队伍，依法开展集中清理取缔专项行动，强制清障拆除。

最高检察院调研组到南安市调研考察

最高检察院调研组到南安市调研考察。早在2012年，南安检察院便与公安机关联合出台《关于加强对公安派出所法律监督工作的实施意见》，并初步建立起五项工作机制，经过两年的探索和实践，2015年南安检察院决定“创建公安派出所侦查监督机制”。南安检察院整合侦监、公诉、刑事执行检察等部门的监督职能，在刑事立案、两法衔接、强制措施等方面进行全方位的监督，同时建立不捕案件跟踪监督、信息互通、多层次监督纠正三项机制。经过一系列努力和实践，检察工作实现从坐堂办案向基层一线转变、从审查式监督向介入式监督转变、从个案监督到类案监督转变、从实体监督向实体程序并重监督转变的“四个转变”。调研组考察南安检察院溪美派出所检察工作室、全国检察机关“百优”预防职务犯罪警示教育基地——南安市反腐倡廉警示教育基地，并听取南安市检察院的汇报，对南安市检察院履行各项法律监督职能、强化法律监督以及推进各项检察工作中取得的进展和成绩予以肯定。

全省旅游公共服务项目建设推进会在惠安县召开

22—23日，全省旅游公共服务项目建设推进会在惠安县召开。会议总结并肯定2015年全省旅游厕所和旅游集散服务中心项目建设的工作经验，传达2016年全国旅游厕所建设现场会会议精神，对2016年推进全省旅游公共服务项目建设和管理做出明确部署，要求各地市要高度重视，迎头赶超，采取有力措施，重点抓好旅游厕所革命和旅游集散服务中心建设。

晋江市政府与天津大学签订战略合作协议

晋江市政府与天津大学签订战略合作协议，借力高校人才科技优势，助推晋江科学发展、跨越发展。国家自然科学基金委副主任、中科院院士姚建年；天津大学校长李家俊、泉州市领导李建辉出席活动。晋江市政府与天津大学签订《晋江市人民政府 天津大学》战略合作协议。协议内容包括：合作共建重点产业领域研发机构，共同推进科技项目的研发和转化，开展多层次产学研活动，加强高层次人才培养与交流等。天津大学校长李家俊表示，双方将探索合作模式、创新合作机制，结合晋江的区位优势、产业优势，发挥天津大学在科学研究、技术转移、人才培养等方面的优势，突出重点，务求实效，加快科技成果转化，推动地方经济社会发展。

3月22日

星期二
农历丙申年二月十四
温度：13℃—17℃
小雨

●全市人民调解“双优”表彰暨规范化建设年动员会召开。会议透露，为促进泉州市人民调解工作上新台阶，市司法局决定开展“人民调解规范化建设年”活动。

●市海洋与渔业局、市水利局、市港口管理局等部门，在晋江、洛阳江下游水域开展违规渔具和养殖物清理取缔专项执法行动。

●最高检察院调研组到南安市调研考察。

●晋江市政府与天津大学签订战略合作协议，借力高校人才科技优势，助推晋江科学发展、跨越发展。

●22—23日，全省旅游公共服务项目建设推进会在惠安县召开，总结并肯定2015年全省旅游厕所和旅游集散服务中心项目建设的工作经验，传达2016年全国旅游厕所建设现场会会议精神，对2016年推进全省旅游公共服务项目建设和管理做出部署。

3月23日

星期三
农历丙申年二月十五
温度：12℃—15℃
大雨转小雨

●23—24日，尤权到泉州市泉港、鲤城、南安和泉州经济开发区等地，了解经济运行态势和民营企业发展情况，与企业家一起学习习近平在全国政协会议民建和工商联联组会议上的讲话精神，共商如何推进供给侧结构性改革，加快民营经济转型升级。

●周银芳带领市直有关部门负责人到永春县调研精准扶贫和发展壮大村集体经济工作。

●全市防范强降水视频会议召开。

●23—31日，“大慈善家李五画传展”在晋江市博物馆举行。

●连城县携其精心打造的“四季连城”旅游产品亮相泉州，展示这座闽西小城的四季风光。

尤权到泉州调研

23—24日，省委书记尤权到泉州市泉港、鲤城、南安和泉州经济开发区等地，了解经济运行态势和民营企业发展情况，与企业家一起学习习近平在全国政协会议民建和工商联联组会议上的讲话精神，共商如何推进供给侧结构性改革，加快民营经济转型升级。省领导叶双瑜、潘征、梁建勇，市领导郑新聪、康涛等参加调研。调研中，尤权主持召开企业家座谈会，听取加快供给侧结构性改革、推动企业转型升级的意见和建议。尤权强调，要加快转型升级。企业家要认识到，中国经济发展的条件已经发生深刻变化，进入主要依靠创新推动发展的新阶段。企业不创新就无法转型，不转型就无法发展。要牢固树立创新转型的主动意识和主体意识。要加快发展新经济，抓住工业4.0、“互联网+”的机遇，加强技术创新、管理创新、品牌创新，推动生产管理、营销模式变革，重塑产业链、供应链、价值链，改造提升传统动能，适应不断变化的市场需求。

尤权在泉州调研　　（图/陈起拓）

尤权要求，各级党委政府要按照习近平讲话要求，领会和践行“亲”“清”二字，加快构建新型政商关系，营造良好发展环境。各级干部与企业家打交道，既要光明正大、坦坦荡荡，又要守住底线、划清界限，及时掌握企业的权益诉求，了解和帮助解决生产经营中的困难和问题。要与金融机构携手，推进金融产品创新，打造企业信用平台，推动金融机构加大对企业融资的支持力度。要探索企业家培训的有效形式，为企业培养、引进和用好高层次的创业创新人才创造条件，推动泉州民营企业在转型升级中赢得主动、赢得先机，为全省经济发展作出更大贡献。

周银芳到永春县调研精准扶贫和发展壮大村集体经济工作

市委副书记周银芳带领市直有关部门负责人到永春县调研精准扶贫和发展壮大村集体经济工作。周银芳察看石鼓镇大卿村，了解情况，并与县、镇、村干部座谈交流。周银芳肯定永春县农村工作走在全市前列，精准扶贫和发展壮大村集体经济工作成效明显。周银芳强调，要按照中央、省委、市委的部署安排，围绕目标，强化责任，讲究方法，确保按时高质量完成精准扶贫工作任务；千方百计发展壮大村集体经济，坚持“一村一策”，把消除贫困和促进村集体经济增收，作为建设更高层次美丽乡村的重要内容。

连城县组织到泉州推介“四季”旅游

连城县携其精心打造的“四季连城”旅游产品亮相泉州，展示这座闽西小城的四季风光。连城位于福建省西部，旅游资源丰富，拥有“丹山碧水”冠豸山、“客家庄园”培田古村落、“南方香格里拉”廖天山万亩高山草场等旅游景点，有风味独特的客家美食和源远流长的客家文化。近年来，连城旅游部门策划“四季连城”旅游产品，丰富旅游产品体系。赣瑞龙高铁“动车”组开通后，该县还适时推出一系列旅游惠民大礼包，吸引众多游客前来游玩。在推介会上，连城旅游部门向与会者展示丰富多样的旅游资源、客家民俗文化、客家美食文化、现代化的立体交通网等，并介绍“四季连城”旅游产品。泉州、连城的旅游界人士相互沟通旅游资源共享、游客互送的措施，共同促进两地旅游业的发展。

文化部领导批示肯定在泉州举办的第十四届亚艺节

文化部部长雒树刚、副部长丁伟近日作出批示，再次对在泉州举办的第十四届亚艺节给予高度肯定，文化部外联局向泉州市发来专函传达并感谢。根据专函，在第十四届亚洲艺术节泉州执委会报送的工作总结上，雒树刚批示："此次亚艺节，福建省委、省政府，福建省文化厅和泉州市委、市政府高度重视，组织有力有序，内容丰富，亮点颇多，影响广泛，反响强烈。向主办单位、承办单位所有同志表示衷心感谢。"丁伟批示："在福建省委、省政府的领导和大力支持下，泉州市委、市政府深入贯彻、实践十八大及习近平总书记系列讲话精神，开拓创新、积极作为，举办了一届圆满、成功的亚洲艺术节和"海丝"艺术节，在组织策划、内容内涵、活动方式、群众参与、媒体宣传、创建品牌等多方面均取得了可喜的成绩，创造了历届亚艺节的又一个高潮，为国家外交大局，打造文化软实力、服务广大人民群众做了很好的尝试和贡献。"丁伟还特别交代要总结此届亚艺节的经验，将亚艺节越办越好。

第十四届亚洲艺术节开幕式文艺晚会　（图/吴寿民）

全市优秀基层专武干部先进事迹报告会举行

全市优秀基层专武干部先进事迹报告会在仰恩大学召开。泉州军分区党委常委和全体"五法"集训参训人员与会。报告团由泉港区山腰街道武装部部长吴文辉、晋江安海镇武装部部长赖渠鸿、南安石井镇武装部部长苏招进、安溪湖头镇武装部部长唐朝阳、永春锦斗镇武装部部长李明辉、仰恩大学武装部部长薛军楼7名优秀专武干部代表组成。他们是热爱本职、不断学习、注重协调、创先争优的基层专武干部中的突出代表。

2016年第一期企业首席质量官公益培训班举办

24—26日，由市政府主办，市质监局和泉州品牌发展中心承办，省品牌建设促进会、省国立品牌发展中心协办的2016年第一期企业首席质量官公益培训班举办,全市近百名品牌企业的高管和质量负责人参加培训。首席质量官（chief quality officer，缩写cqo），又称质量总监。其职责包括应向企业决策层提出加强质量工作的措施建议；组织监督检查本企业各岗位质量工作责任制的贯彻落实；部署对原料进厂、生产过程、出厂检验的检查把关；主持本企业内质量考核，行使质量安全"一票否决"。而一旦企业发生重特大质量安全事故或者造成严重社会影响，首席质量官依法承担相应责任。按照2014年新修订的《福建名牌产品评价实施细则》的通知规定，企业设立首席质量官并取得任职培训证书的，将获10分加分。全国知名品牌示范区考核验收细则中规定，区域骨干企业全部推行首席质量官的，获10分。国家已将推行企业首席质量官制度作为创建质量强市示范城区、全国知名品牌创建示范区和中国质量奖评审等工作的鼓励措施。泉州市正大力推行企业首席质量官制度，力求在2025年企业设立首席质量官的比例达到50%以上。泉州市已举办四期企业首席质量官公益培训班，近400人参与培训。

首届"好茶龙涓"凤山岩茶文化旅游节开幕

安溪县首届"好茶龙涓"凤山岩茶文化旅游节在该县龙涓乡内灶村凤山岩开幕。活动包括敬奉茶礼、种植禅茶、禅茶品鉴、书画创作、茶文化旅游采风等内容。活动旨在弘扬安溪铁观音茶文化，挖掘龙涓旅游资源，发展乡村特色旅游，以文化丰富内涵，提升品牌，以旅游带动发展，茶旅结合，推动龙涓茶产业转型升级，将龙涓凤山岩塑造成为茶业旅游朝圣地，扩大"好茶龙涓"和"旅游龙涓"知名度和美誉度。

文化节现场　（图/郭冰德）

3月24日

星期四
农历丙申年二月十六
温度：9℃—12℃
阵雨转阴

●文化部部长雒树刚、副部长丁伟作出批示，再次对在泉州举办的第十四届亚艺节给予高度肯定，文化部外联局向泉州市发来专函传达并感谢。

●24—26日，由市政府主办，市质监局和泉州品牌发展中心承办，省品牌建设促进会、省国立品牌发展中心协办的2016年第一期企业首席质量官公益培训班举办,全市近百名品牌企业的高管和质量负责人参加培训。

●全市优秀基层专武干部先进事迹报告会在仰恩大学召开。泉州军分区党委常委和全体"五法"集训参训人员与会。

●安溪县首届"好茶龙涓"凤山岩茶文化旅游节在该县龙涓乡内灶村凤山岩开幕。

3月25日

星期五
农历丙申年二月十七
温度：7℃—14℃
多云

●市四套班子领导到南安驻军某部参加“军事日”活动，体验军事生活，接受国防教育，增强国防意识，推进军民融合发展。

●泉州军分区党委七届十九次全体（扩大）会议召开

●泉州市组织收听收看国务院实施新一轮农村电网改造升级工程电视电话会议和全省电视电话会议，部署新一轮农村电网改造升级工作。

●泉州市组织收听收看全国国有企业提质增效工作电视电话会议和全省电视电话会议，就相关工作进行全面部署。

●省水利厅公布福建省第一批水文化遗产，福州西湖等45处水文化遗产入选，泉州市有7处遗产入选。

●全省首个县级地方文献库——《晋江文库》首批文献出版座谈会举行。

市四套班子领导参加“军事日”活动

市四套班子领导到南安驻军某部参加“军事日”活动，体验军事生活，接受国防教育，增强国防意识，推进军民融合发展。在南安驻军某部训练场，市四套班子领导听取部队建设情况介绍，观摩格斗基础、散打搏击等课目演示，观看女子特战分队建设情况录像，并进行轻武器的模拟和实弹射击训练。活动中，市委书记郑新聪表示，泉州将发挥拥军优属的优良传统，一如既往地关心支持部队建设，经常上门沟通、主动靠前服务，帮助部队解决实际问题，推进军民深度融合发展。领导干部参加“军事日”活动，是党管武装制度的重要内容。通过党政领导参加“军事日”活动，对密切军政军民关系、做好拥军优属工作具有积极意义，使领导干部在体验军营生活的同时，加深对国防建设的认识，增强国防观念和党管武装意识。

泉州军分区党委七届十九次全体（扩大）会议召开

泉州军分区党委七届十九次全体（扩大）会议召开。市委书记、泉州军分区党委第一书记郑新聪出席会议并讲话，市委常委、泉州军分区司令员林俊其参加会议，泉州军分区政委郑健主持会议。

郑新聪指出，军分区党委和广大官兵要聚焦铸魂固本，加强思想政治工作，把习近平系列讲话精神作为统领武装工作的“魂”和“纲”立起来、落下去，强化政治意识、大局意识、核心意识、看齐意识，培养新一代革命军人。要贯彻改革强军战略，以高度的历史自觉和强烈的使命担当，积极主动转职能、调思路、理结构、强能力。要突出创新能力，推进部队各项建设，抓理论创新、科技创新、科学管理、人才集聚、实践创新，推进军民融合深度发展。要紧抓管党治党，开展“两学一做”学习教育，严格遵守《准则》《条例》，党员领导干部要带头弘扬光荣传统和优良作风。

泉州7处遗产入选首批省水文化遗产

省水利厅公布福建省第一批水文化遗产，福州西湖等45处水文化遗产入选，泉州市有7处遗产入选。泉州市入选第一批福建省水文化遗产的7处遗产分别为洛江区陈三坝、南安市金鸡桥、南安市万石坡、南安市双溪渡与大石陂、永春县大边坝、永春县二世坝、永春县侯龙书院。福建省首批水文化遗产将按照属地管理原则进行保护，由所在地水行政主管部门负责立碑并明确保护范围，并争取将水文化遗产纳入县级以上文物保护单位，加强水文化遗产的挖掘、保护、传承和利用；相关主管部门将结合水利项目建设，统筹安排资金用于当地水文化遗产立碑、维护和日常管护工作。同时，将吸取水文化遗产精华，把优秀文化、设计理念、材料工艺、特色建筑等运用到现代水利建设中，推动万里安全生态水系建设和水生态文明建设。

全省首个县级地方文献库——《晋江文库》首批文献出版座谈会举行

《晋江文库》首批文献出版座谈会举行。省方志委副主任俞杰，《晋江文库》整理出版工作委员会战略合作单位——福建鹭江出版社社长笪林华，《晋江文库》整理出版工作委员会学术顾问福建师范大学图书馆馆长、教授、博士生导师方宝川，原省文史馆馆长卢美松，厦门大学国学研究院院长、教授、博士生导师陈支平等知名专家学者等参加座谈会。《晋江文库》整理出版工作启动以来，经多方努力协作，已初见成效。已征集到相关文献20余种85册（卷）。首批出版的文献有明代张瑞图《白毫庵集》、明代蒋德璟《悫书》、清代吴鲁《正气研斋汇稿》和《百哀诗》。《晋江文库》是全省首个县级地方文献库。

座谈会现场　　（图/晋江市方志办）

康涛调研中心市区生态景观提升工程

市长康涛带队到中心市区生态景观提升工程项目现场，察看绿化施工情况。副市长张永宁、市政府秘书长吴友才参加。康涛指出，要把城市绿化作为城市发展的一项重要工作来抓，在现有基础上，从“点、线、面”入手，通过项目实施，改造提升一批道路、街区绿化节点，推进“山线”“水线”等项目建设。市、区两级政府和市直相关职能部门要增强责任担当，用心做好绿化工作。要完善工作体制机制，强化工作统筹协调，制定具体计划，倒排工期，明确分工职责。要抓实抓细规划设计、换填土、选苗木等各个环节，重点做好土壤质量改造工作，为苗木创造更好的生长环境。要抢抓绿化的最佳季节，加快施工进度，确保工期和质量。要加强施工管理，坚持文明施工。要坚持节约，精打细算，在施工过程中，特别要注意做好现有树木腾挪、移植，不浪费每一棵树木。

2016年春季环泉州湾文明骑游活动举行

由市旅游局和市文明办主办的2016年春季环泉州湾文明骑游活动举行。全市各地400多人参加全程约30千米的环湾自行车骑行征程。活动主题为“公共生活好言行，文明旅游伴我行”。在30千米的骑行中，行经的路线为中骏世界城—后渚大桥—东西主干道—“海丝”亚洲艺术园(折返点）—东西主干道—后渚大桥—中骏世界城。骑游活动结束后，主办方分“清新骑士”“海丝骑士”“文明骑士”三种类别颁发奖项。为鼓励文明旅游，骑游活动启动仪式现场，主办方还为获“2015年度中国好游客”和“2015年度中国好导游”称号的13名优秀市民颁发证书。同时，依托泉州市自行车旅游协会成立“海丝泉州文明旅游志愿服务队”。

活动现场　　（图/陈培林）

《蓝蓝泉州湾》同题音乐会举行

由市文广新局主办，泉州市闽南民间歌舞传承中心、泉州市民族民间文化保护工作研究会、泉州市民间文艺家协会承办的《蓝蓝泉州湾》同题音乐会在泉州影剧院举行。音乐会上，省内知名作曲家施定其、王鼎南、洪明良、张婉斌、蒙汀、庄稼创作的六个不同版本《蓝蓝泉州湾》同台演绎。有通俗型、民族唱法、美声唱法，还有回舞曲、南音，形式多样。20世纪90年代初，《蓝蓝泉州湾》歌词在《泉州晚报》发表后，曾寄往北京请著名作曲家谷建芬谱曲。曾有德国诺市少年合唱团、菲律宾黄河合唱团、奥地利维也纳三重奏、罗马尼亚音乐家小组、北京交响乐团、福建省歌舞剧院合唱团等数十个乐团以不同形式演绎过这首歌曲。后来又邀请福建省享有较高知名度的几位作曲家对《蓝蓝泉州湾》进行谱曲。这些曲子后来一直没有进行二次创作，时隔20多年后才通过同题音乐会搬上舞台。

音乐会现场　　（图/泉州晚报社）

中国人民大学中国画创作与研究工作室作品泉州展举行

由中国人民大学画院和市文联主办的“一带一路·新传统”中国人民大学中国画创作与研究工作室作品泉州展在市区源和1916泉州泓翰美术馆举行。图为展览现场。　　（图/陈智勇）

3月26日

星期六

农历丙申年二月十八

温度：8℃—16℃

多云

●康涛到中心市区“2+2”生态景观提升工程项目现场，察看绿化施工情况。

●2016年春季环泉州湾文明骑游活动举行。

●《蓝蓝泉州湾》同题音乐会在泉州影剧院举行。

●由中国人民大学画院和市文联主办的“一带一路·新传统”中国人民大学中国画创作与研究工作室作品泉州展在市区源和1916泉州泓翰美术馆举行。

●丰泽区首届公益性中高级人才大型招聘会在泉州世贸中心酒店举行。

●由洛江区委宣传部、区文体旅游局和虹山乡主办的洛江区首届“乡村美食大赛”在该区虹山乡举行。

●第94届全国糖酒商品交易会暨2016年春季成都糖酒会在四川成都世纪城新国际会展中心闭幕，40多家参展的晋江市企业达成意向合同38.2亿元。

3月27日

星期日
农历丙申年二月十九
温度：9℃—18℃
晴

●《泉州市节能环保产业转型升级路线图》出台。

●由泉州晚报社主办的2016年泉州市春季高考志愿填报咨询会在泉州信息工程学院举行。

●泉州少林寺联名泉州农商银行在泉州少林寺举行“日行一善·观音卡”首发仪式。

●全省首个“作家林”在南安市官桥镇和埔村御仙庄农业文化公园揭牌。

●永春白鹤拳系列电影第二部《徒弟》以及54集大型科幻网络剧《本元》在泉州泉港文化中心启动。《徒弟》和《本元》由泉州本土的福建玉川文化产业投资有限公司、福建鹤武江南影视有限公司出品，市委宣传部、市文广新局、泉港区委宣传部作为指导单位。

《泉州市节能环保产业转型升级路线图》出台

《泉州市节能环保产业转型升级路线图》近日出台。根据路线图，未来泉州市将从重点区域及企业节能改造、节能产品制造、节能技术装备研发、节能服务业培育四方面入手，加快培育高效节能产业。在工业聚集区和工业区推进集中供热工程建设，在重点企业推行高效节能措施，鼓励企业进行节能改造；发展高效节能电器、节能新材料制造，培育行业龙头企业，支持高效照明技术和产品、绿色建筑材料、节能交通工具的研发制造。

针对工业、交通等重点领域节能需求，泉州市将加快开发工业区锅炉、窑炉、导热炉燃烧自动调控高效节能技术设备，推进余热余压余气利用、交通节能、储能及节能检测、能源计量、能源智能化管理等核心技术装备的研发。此外，还将探索建立节能量交易平台、碳交易市场等。

相关链接：立足于泉州本地资源综合利用情况，路线图明确，未来泉州市将推进废旧电器电子产品再生利用，提升废旧电器电子产品拆解回收的自动化、专业化技术水平，建立再生资源回收站、中转站、交易市场三位一体的再生资源回收网络。

在废塑料和建筑垃圾方面，泉州市将提升废塑料分类回收的专业化水平，鼓励废塑料再生利用技术的研发和产业化，在政策上鼓励废塑料再生利用企业进行技术研发、设备革新，提升产品的竞争力，鼓励建筑垃圾、工业废渣的综合利用，提升废渣综合利用技术和设备的水平，拓宽产品的种类和销路。

路线图提出，泉州市将加大固体废物和危险废物的处理处置能力，支持现有危废经营许可企业进行技术创新和改造，增加危废处置类别，鼓励引进专业环境工程服务公司，加快建设泉州工业危险废物处置中心、试点建设固废危废处理处置交易平台。

在工业企业废水、废气、土壤污染防治方面，泉州市将推进锅炉、窑炉烟气除尘、脱硫脱硝、汽车尾气处理、控制温室气体排放等先进技术研发和设备制造，引入国内大型土壤修复企业，专业从事污染场地治理与土壤修复、生态系统环境修复，为改善泉州市土壤环境服务。针对重点污染企业，推进重点污染物的减排，鼓励引进先进技术，进行清洁生产改造等。

泉州少林寺联名泉州农商银行首发“日行一善·观音卡”

泉州少林寺联名泉州农商银行在泉州少林寺举行“日行一善·观音卡”首发仪式。泉州少林寺监院理农法师表示，泉州少林寺创新善举形式，联名泉州农商银行发行“日行一善·观音卡”，帮助与少林寺结缘的所有善心人士通过观音卡献善心，将筹集的善款用于帮教助学、扶贫救困、修缮观音阁等慈善事业和崇善文化活动。观音卡分平安、吉祥、智慧三种主题卡，善心人士可参与泉州少林寺禅修、祈福、素食、安住等活动，还可享受泉州农商银行提供的金融服务：通过自助服务设备实现24小时不间断自助服务；通过指尖轻触屏幕实现百万元额度免费交易、福万通理财、信用卡分期、无卡取款等多种手机银行服务；通过网上银行将资金归集到“日行一善·观音卡”统一使用，实现代理缴费、网上汇款、网上支付，通过短信银行实时掌握账户动态；通过微信银行享受联盟商家的优惠折扣，实现在线申贷、在线预约、理财咨询等金融服务。

永春白鹤拳系列电影第二部在泉州启动

永春白鹤拳系列电影第二部《徒弟》以及54集大型科幻网络剧《本元》在泉州泉港文化中心启动。《徒弟》和《本元》由泉州本土的福建玉川文化产业投资有限公司、福建鹤武江南影视有限公司出品，市委宣传部、市文广新局、泉港区委宣传部作为指导单位。《徒弟》邀请著名导演李惠民担任监制、著名导演影星梁家仁担任顾问，著名青年导演冯万里担任导演，著名影星张莉莎担任制片人及主演。《徒弟》讲述一个十八岁永春少年与八十岁马来西亚华侨师徒之间发生的一系列阴差阳错的故事。该片以永春白鹤拳文化作为影片基石，力求塑造真实的功夫氛围场景，并依托文化底蕴深厚的“东亚文化之都”大泉州的优势，通过丰富的电影艺术展示手法，将现代思想与传统武术间所碰撞出的火花展现在观众面前。同时启动的大型科幻网络剧《本元》以2108年为时间背景，讲述因人口暴涨、资源短缺，人类只能移民火星，在火星上碰到与人类具有相同外貌的原住民，与他们接触后发生的一系列科幻事件。

泉州市推进法治化营商环境建设

泉州市近日下发《关于贯彻落实省政府推进内贸流通现代化建设法治化营商环境实施方案的通知》，提出到2020年，全市基本形成规则健全、统一开放、竞争有序、监管有力、畅通高效的内贸流通体系和比较完善的法治化营商环境，将内贸流通打造成经济转型发展的新引擎、优化资源配置的新动力和推动创新创业的新平台。

相关链接：通知提出，加强统一市场建设，降低市场准入门槛。允许有资质的拍卖企业在公共资源交易平台依法开展国有产权交易等中介服务。允许具有24小时服务能力、门店较多的连锁便利店现场经营熟食和设置便民药柜，扩大便民消费。

加快泉州网商（虚拟）产业园建设，重点发展“泉州购”“泉商汇”“泉智汇”和“泉州仓”四位一体的网商、网批平台。组建泉州市中小商贸流通企业服务平台。建设新型农产品批发市场，并鼓励新建农产品交易市场和冷链物流设施等。推进生活服务业便利化。支持餐饮企业建设“中央厨房”，推广餐饮集中配送和定制服务。建设泉州快递产业园暨跨境电商快件集散中心，运用北斗导航等技术，建设智能化仓储体系。

引导企业开展追溯体系建设。以肉品、禽蛋、果蔬、中药材和酒类等产品以及经营以上产品相关的批发市场、物流、超市、连锁专卖店、农贸市场等为重点，支持企业建立质量安全可追溯体系，利用视频监控、二维码、互联网等现代信息技术对商务流通领域企业以及种植养殖、加工生产等企业的销售流通环节、各关键点进行信息收集记录，形成“来源可查、去向可查、责任可究”的信息链条，融入全省“12312”市场秩序（追溯）监管平台，构建商品追溯体系。

完善市场监管体系，通过开展打击侵犯知识产权和制售假冒伪劣商品专项行动，加大对电子商务领域侵犯专利权、商标专用权和网上销售假冒伪劣商品行为的打击力度，组织开展网络商品交易非法主体网站专项整治。

依托全国、全省企业信用信息公示系统，完善市场主体信用信息共享系统，建立行政管理信息共享机制，及时公开流通领域市场监管信息，加大对违法市场主体的行政处罚和信用约束力度，依法实施对被吊销营业执照、列入经营异常名录和黑名单等市场主体的惩戒措施。

《泉州市对外文化交流人才培养工程实施办法（试行）》出台

市委组织部、市文广新局近日印发《泉州市对外文化交流人才培养工程实施办法（试行）》（以下简称办法）。根据办法，泉州市将设“海丝”跨国合作研究专项基金，每年资助两个跨国合作课题，最高资助金额20万元，由本市高级职称人员与国外学术机构合作，两年结题，以课题研究带动专业人才培养。泉州市将依托国内外高校、泉州艺术学校或教育培训基地，每年定期或不定期开展对外文化高级人才研修班，培养下类人才：“海丝”文化遗产保护管理与申遗的专业人才、文博骨干人才、“非遗”传承人；“南音”“南戏”对外传承人才、管理人才；涉外文化产业经营管理人才；对外广播影视外宣人才，新闻出版、版权保护人才。

泉州“数控一代”产业技术创新战略联盟成立

泉州市“数控一代”产业技术创新战略联盟在洛江区嘉泰产业园成立，并召开首届会员代表大会。泉州市“数控一代”产业技术创新战略联盟由33家企业、高校及研究机构组成，旨在围绕提升数控产业技术，加快泉州市数控行业发展主体，引导企业依靠科技进步，拓宽市场发展空间，增强泉州市在数控产业技术领域的自主创新能力。同时，建立各个产业领域数控共性关键技术研发的新机制，打造一批具有自主知识产权和较强国内外竞争力的知名品牌产品，形成资源共享和集成化自动化生产线的协同开发环境，促进泉州市装备制造业数控化、自动化、集成化发展。泉州市数控一代产业技术创新战略联盟负责人表示，联盟近期将加强对数控企业的引导和支持，以两化融合为主体、智能制造为主攻方向，促进政产学研紧密结合，发挥数控企业的示范效应、产业的协作效应、平台支撑效应，打开应用通道，促进制造业转型升级。此外，帮助联盟企业加快研发攻关和突破一批具有自主知识产权的数控创新产品和核心技术，开展产业企业技术需求调研和数控创新成果应用推广，拓展深化联盟数控示范企业的辐射作用，助力“数控一代”迈向“智能一代”，为“泉州制造2025”发展战略打好坚实基础。

3月28日

星期一
农历丙申年二月二十
温度：9℃—18℃
晴

●泉州市下发《关于贯彻落实省政府推进内贸流通现代化建设法治化营商环境实施方案的通知》。

●市委组织部、市文广新局印发《泉州市对外文化交流人才培养工程实施办法（试行）》。

●泉州市“数控一代”产业技术创新战略联盟在洛江区嘉泰产业园成立，并召开首届会员代表大会。泉州市“数控一代”产业技术创新战略联盟由33家企业、高校及研究机构组成。

●石狮市委、市政府召开2016全市企业大会，提出要挖掘石狮实体经济的积累优势和发展潜力，并出台《石狮市人民政府关于加快推进实业强市八条措施的通知》。

3月29日

星期二
农历丙申年二月廿一
温度：12℃—20℃
多云转阴

●市政协第二十九次常委会召开，杨俊峰因年龄原因辞去市政协主席职务。

●泉州军分区聘任首批随军记者。

●由市总工会、发改委、经信委、教育局、科技局、财政局、人社局和住建局等主办的泉州市“建功奉献‘十三五’·‘五个泉州’当先锋”主题劳动竞赛暨全市制鞋工职业技能竞赛在安踏（中国）有限公司举行。

●2016年度驻泉部队等级厨师培训班开班仪式在南安市举行。

●市老龄服务志愿者协会举办“情系海丝”志愿助老爱心游，110名来自全市各地的特困、孤寡老人到台商投资区海上丝绸之路艺术公园·亚洲园、晋江五店市等文化景点春游。

●泉州慧聚人文TA70爱心公益团队到洛江区罗溪镇，开展“爱心起航·聚善圆梦”关爱贫困家庭大型公益活动。

市政协第二十九次常委会召开

市政协第二十九次常委会召开，传达学习全国政协十二届四次会议精神，协商通过《泉州市政协常委会2016年工作要点》及有关人事事项。市委书记郑新聪到会讲话。市委常委、组织部部长孔繁军宣布省委、市委有关人事任免决定并作说明。市政协主席杨俊峰，副主席吴共湖、苏小青、骆沙鸣、陈铭福、王祖耀、李冀平、王瑞强，秘书长洪川夫出席会议。会议接受杨俊峰因年龄原因辞去市政协主席职务。市委决定市政协工作由吴共湖主持。

郑新聪希望市政协党组落实全面从严治党主体责任，履行并落实好“两个责任”和“一岗双责”，加强党风廉政建设，开展“两学一做”学习教育，与市委在思想上同心、政治上同向、工作上同步。

会议指出，做好2016年市政协工作，要把中央、省委和市委重大决策部署贯穿始终，积极探索实践，加强政协协商制度建设。要把助推“十三五”发展作为服务大局的主攻方向，深入调查研究，推进协商民主，加强民主监督。要按照年度工作要点及协商工作计划安排，精心组织谋划，多提针对性、前瞻性、可操作性强的意见建议。要加强政协履职能力现代化建设，增进联系合作，提高服务水平，为各界人士履职搭建好平台。

会议现场　（图/陈　翔）

泉州军分区聘任首批随军记者

泉州军分区召开随军记者培训会，发放聘任证书、采访证，并明确随军记者职责、任务，组织相关业务培训。泉州军分区此次选拔聘任随军记者，旨在促进驻泉部队新闻舆论宣传工作向军民融合方向拓展，打造军地一体舆论宣传工作的新型力量。此前，经个人申请、所在新闻单位党组织研究推荐，各人武部党委审核，并报军分区政治部批准，泉州军分区从市、县（市、区）两级主流媒体、报道组中，选拔出34名资深新闻从业人员。其中，市级新闻单位6名，县（市、区）报道组和新闻单位28名。按照章程，随军记者着重宣传报道三个方面的内容，即反映驻泉部队和民兵预备役人员在投身改革强军实践、加强军事斗争准备，以及遂行非战争军事行动任务中的出色表现；反映驻泉部队和民兵预备役人员在践行社会主义核心价值观和当代革命军人核心价值观中的先进事迹；反映泉州军地双方在加强国防动员建设、推进军民融合发展、巩固军政军民团结中的生动实践。通过上述题材的报道，为泉州深化双拥模范城创建、强化国防后备力量建设等贡献力量。

驻泉部队等级厨师培训班在南安市举办

由泉州市支前办、人力资源和社会保障局、南安红星职业中专学校主办的2016年度驻泉部队等级厨师培训班开班仪式在南安市举行。这是军地双方共同打造双拥升级版推出的一项新举措，旨在培养一批军地双方都适用的人才，推动军民融合发展。培训班为期一个月，南安红星职业中专学校派出骨干教师到厨师培训基地向学员授课，共计175个学时。培训期间，学员既要学习专业理论知识，也要参与实践技能训练，主要学习中餐热菜、中餐面点、食品雕刻、菜肴装饰、成本核算、刀勺工等制作和训练。培训结束后，学员统一参加由人力资源和社会保障部门组织的初级中式烹调师职业技能鉴定考核。培训班覆盖所有驻泉部队。

全市文化产业园区建设推进会召开

全市文化产业园区建设推进会召开。会议透露，全市文化产业园区已入驻文化企业千余家，拉动全市文化产业的发展。近年来，文化创意产业园区日益成为推动泉州市文化产业发展的重要载体，全市拥有17家市级文化创意产业园区，形成以工业美术、动漫游戏、文化创意、数字内容、文化旅游等为重点的产业集聚效应凸显的特色文化产业体系，催生诸多新型文化业态，并初步建成文化创意产业人才创业孵化、版权、技术、信息、展示与交易等服务平台，构筑了较为完善的公共服务体系。随着文化产业园区发展进程加快，其对经济和社会的拉动作用也日益凸显。晋江五店市传统街区、源和1916文创产业园分别创建国家AAAA级旅游景区，领SHOW天地创建国家AAA级景区，助推泉州市文化旅游产业发展。

新建兴国至泉州铁路可行性研究评估会召开

新建兴国至泉州铁路可行性研究评估会在泉州召开。中国中铁二院工程集团有限责任公司对新建铁路兴国至泉州线、宁化至泉州段可行性研究设计进行汇报。铁路部门、各相关部门工作人员和专家与会进行方案评审，最终方案还需报送上级部门同意后通过。

兴泉铁路（原吉永泉铁路）是由江西省兴国县至福建省泉州市的国家一级铁路。由京九线兴国站引出，经江西省赣州市兴国、于都、宁都、石城，福建省三明市宁化、清流、明溪、三明、永安、大田，经德化、永春、安溪、南安、洛江、惠安等县市，终至泉州市，正线全长495.867千米，功能定位为一条客货兼顾的干线铁路。铁路建成后，将完善海西区域铁路网布局，成为泉州市后方大能力运输通道，加快泉州市临港工业的快速发展，促进泉州市闽赣原中央苏区的经济发展，推动泉州港更好地融入国家“一带一路”战略发展，为泉州市“21世纪海上丝绸之路先行区”建设和“五个泉州”建设作出贡献。

评估会对各段线路走向设计，通过对各方案优缺对比、经济效益与社会效益、城市发展规划、建设要求、资金投入等多方面进行可行性评估。同时对重大线路方案中，引入泉州地区的货车通道外绕方案；葛洲至安溪段走向在德化盖德镇设站点，向南至永春县城西侧达埔镇设置永春站方案；德化至泉州段走向，从德化站引出后折向西南，在永春达埔镇设永春站，行至安溪参内乡安溪东站，后至南安省新镇设南安北站后至玉湖，出玉湖站后线路分线，客车引入既有福厦铁路泉州站，货车引入既有漳泉肖铁路惠安站方案等进行研究和调整。

泉州市两单位三人获省地方志系统表彰

全省地方志系统先进表彰会、2016年度地方志机构主任工作会议暨党建会在福州福建会堂召开，省长于伟国为本次会议召开作出批示。副省长李红，泉州市副市长林万明等参加会议。李红要求全省地方志工作者要认识和把握新形势新要求，增强做好地方志工作的使命感和责任感。从贯彻落实福建省规划纲要，推进依法治志，推进志鉴主业，用好用活方志资源等方面推动福建省地方志工作再上新台阶。晋江市方志办、安溪县方志办获“全省地方志系统先进集体”，泉州市方志委刘志家、晋江市方志办林莉莉、德化县方志办林两进获“全省地方志系统先进工作者”。

会议现场　（图/滕元明）

2016年“12333全国统一咨询日”活动举行

由市医保中心承办、中国工商银行泉州分行与中国农业银行泉州分行协办的2016年“12333全国统一咨询日”活动在泉州商城广场举行。为方便市民了解和熟悉社会保障卡知识，帮助市民解决在办卡、用卡过程中遇到的困难和问题，活动紧扣“走进社保卡”主题。医保中心及工商银行泉州分行、农业银行泉州分行工作人员向群众宣讲社保卡使用常识和应用功能，同时市劳动保障管理中心、就业中心、劳动人事委员会等相关机构工作人员介绍医保、养老、劳动保障等政策法规。咨询现场吸引不少市民驻足咨询、领取宣传单页。

3月30日

星期三
农历丙申年二月廿二
温度：16℃—22℃
阴转小雨

●全市文化产业园区建设推进会召开。

●新建兴国至泉州铁路可行性研究评估会召开。中国中铁二院工程集团有限责任公司对新建铁路兴国至泉州线、宁化至泉州段可行性研究设计进行汇报。铁路部门、各相关部门工作人员和专家与会进行方案评审。

●全省地方志系统先进表彰会、2016年度地方志机构主任工作会议暨党建会在福州福建会堂召开，泉州市两单位三人获省地方志系统表彰。

●由市医保中心承办、中国工商银行泉州分行与中国农业银行泉州分行协办的2016年“12333全国统一咨询日”活动在泉州商城广场举行。

3月31日

星期四
农历丙申年二月廿三
温度：17℃—23℃
多云

●创建全国质量强市示范城市动员大会暨2016年全市质监工作会议召开，总结2015年全市质监工作，部署创建全国质量强市示范城市工作及2016年度全市质监工作。

●由公安、银行机构、通信运营公司联合办公的市反诈骗中心揭牌。市反诈骗中心可实现从接处警到涉案资金拦截、涉案号码封停、案件查证打击一体化。

●全市工会基层组织建设现场会召开。

●2016工程机械产品发展（北京）论坛暨“中国工程机械年度产品TOP50”颁奖典礼在北京举行，“中国工程机械年度产品TOP50（2016）”获奖名单揭晓，泉州市三家工程机械企业的三款产品跻身榜单。

创建全国质量强市示范城市动员大会召开

创建全国质量强市示范城市动员大会暨2016年全市质监工作会议召开，总结2015年全市质监工作，部署创建全国质量强市示范城市工作及2016年度全市质监工作。市长康涛、副市长陈灿辉参加。

康涛强调，要突出质量导向，促进经济提质增效。开展质量品牌行动，提升产品质量、工程质量、服务质量等“三大质量”水平；实施品牌发展战略和技术标准战略，加大品牌培育和宣传力度，引导龙头企业通过品牌收购、兼并重组等做大做强，打造一批具有国内外竞争力的泉州品牌，鼓励企业、协会、联盟等组织参与各类标准制定。同时，要推广智能制造，强化创新驱动，助推产品、产业链甚至整个经济面迈向中高端水平。要坚守质量底线，推进质量安全建设。企业方面，要落实企业是“质量第一责任人”，通过建立惩罚性赔偿等制度，形成质量安全长效机制；政府方面，特别是食品药品等重点领域，要对违规行为零容忍、出快手、下重拳。要注重质量文化培育，倡导“工匠精神”。引导企业专注主业，将“工匠精神”的质量文化注入企业全生命周期，打造一批“泉州制造”的百年企业。要按照创建方案要求，从指标、项目、亮点、氛围、机制、档案等多方入手，抓好落实，共同促进质量发展，建设质量强市。

市反诈骗中心揭牌

由公安、银行机构、通信运营公司联合办公的市反诈骗中心揭牌。市反诈骗中心可实现从接处警到涉案资金拦截、涉案号码封停、案件查证打击一体化。针对电信网络诈骗犯罪无下班时间而且无孔不入的特点，该中心实行7×24小时常态化工作模式，即常年无休。市反诈骗中心下设案件处置室、金融防控室、通信防控室、研判打击室，人员由市公安局，中国工商银行、中国农业银行、中国银行、中国建设银行、兴业银行、交通银行、中国邮政储蓄银行泉州分行以及省联社泉州办事处，电信公司泉州分公司、移动公司泉州分公司、联通公司泉州分公司派员组成。运作机制上，案件处置室接到市公安局以及各县（市）公安局指挥情报中心推送的电信网络诈骗警情后，立即开展案件核实、流转指派和信息分类工作，将涉案银行账号迅速流转给金融防控室；将涉案电话号码、网址迅速流转给通信防控室；将警情推送给研判打击室。对警情不详，内容不清的，及时开展回访工作，确保受理的信息准确性，同时接受群众举报和咨询。接令后，金融防控室立即对涉案银行账号资金流开展查询，若发现被骗资金未被取走，迅速进行止付冻结，将被骗损失减少到最低程度。通信防控室立即对涉案电话号码、网址开展关停、屏蔽、限制访问等拦截，查清为诈骗信令提供技术传递的不法运营商和诈骗信令发起人，从源头上切断诈骗信息流传播。研判打击室立即开展网上网下、线上线下串并研判工作，开展落地取证，锁定嫌疑人身份，组织开展统一抓捕行动。同时，负责收集整理最新最常见诈骗手法和特点，做好防骗预警工作和提高防范措施。

公安、银行和通信运营公司集中入驻市反诈骗中心
（图/陈起拓）

三款泉州造跻身中国工程机械年度产品排行榜50强

2016工程机械产品发展（北京）论坛暨“中国工程机械年度产品TOP50”颁奖典礼在北京举行，“中国工程机械年度产品TOP50（2016）”获奖名单揭晓。福建晋工机械有限公司、福建铁拓机械有限公司、福建南方路面机械有限公司等泉州市三家工程机械企业的三款产品跻身榜单。“中国工程机械年度产品TOP50”评选活动始于2006年。该评选以工程机械行业内对企业产品技术创新性、市场领先性和应用贡献性为评选原则，评选出行业内前50名的产品。具体评选标准包括产品通过技术创新对提高市场竞争能力的作用、产品销售量和市场占有率、产品在重大工程中的应用等。

全市第二季度防范重特大生产安全事故会议召开

市政府召开第二季度防范重特大生产安全事故暨市安委会全体成员（扩大）会议，通报2016年以来全市安全生产工作情况，部署下阶段安全生产工作。市长康涛、副市长林万明参加会议。

会议指出，全市安全生产形势保持总体平稳，但交通事故总量仍然居高不下，建筑施工事故时有发生，危险化学品运输监管还存在一些薄弱环节。总体而言，安全生产形势不容乐观，全市上下务必坚守红线、警钟长鸣。康涛要求，各级各相关部门要按照市委关于安全生产工作的要求，坚持一手抓当前、防事故，一手抓长远、强基础，突出问题导向，强化重点攻坚，统筹抓好各项安全生产工作落实。要持之以恒查隐患，加快推进隐患排查常态化体系建设，进一步用好智慧安监平台，加强日常隐患排查；市安办要加强执法监督，严格落实约束激励机制，提高监管效能。要突出重点抓整治，根据季度特点和当前薄弱环节，深入排查重点领域，采取多样化的检查方式和强制执法措施，坚决查处到位。要标本兼治促提升，持续深化标准化建设提升工程，做好示范城市创建工作。要广泛宣教造氛围，开展好“安全生产月”等集中宣传活动，加大对相关从业人员特别是农民工、特种作业人员的安全培训。要强化演练保应急，进一步完善应急预案，加强应急救援队伍培训，配齐装备物资，提高实战能力。

会议强调，安全生产关键在于落实，必须强化责任、严肃追责。各级各相关部门要进一步落实“党政同责、一岗双责、失职追责”责任体系，坚决落实企业的主体责任，加大督查考核力度，强化责任追究，切实把问题想在前、把工作做在前，有效遏制各类生产安全事故发生。

菲律宾华裔学生学中文夏令营在泉州开营

2016年“中国寻根之旅——菲律宾华裔学生学中文夏令营”开营式在泉州师院陈祖昌大礼堂举行。这是该夏令营连续举办16届来首次在泉州开营，也是泉州历年来承办的规模最大的海外华裔学生夏令营。国侨办文化司副巡视员梁智卫，市长康涛，省侨办主任杨辉，菲华商联总会永远名誉理事长陈永栽，共同为夏令营营员代表颁授营旗。

康涛在致辞中代表市委、市政府，向参加夏令营的全体华裔师生表示欢迎，向资助夏令营的杰出乡贤陈永栽表示感谢和敬意，并简要介绍泉州市情。

夏令营资助者陈永栽在致辞中表示，中华文化源远流长、博大精深。在祖籍国开展夏令营活动，是海外华裔青少年增进对祖籍国了解、学习中华文化的重要途径之一。希望营员们珍惜机会、认真学习，争当中华文化的传承者、弘扬者，努力感染身边更多人了解中国和中华文化，增进中菲之间的友谊。

开营式结束后，现场播放菲华学生学中文夏令营十五年回顾纪念片，营员们还与泉州师院、泉州市木偶剧团等同台竞艳，共同献上富有闽南特色的文艺演出。

《泉州市工艺制品产业转型升级路线图》出炉

《泉州市工艺制品产业转型升级路线图》出炉，根据该路线图，泉州市将打造两个市级工艺制品产业转型升级服务平台：建设海西工艺文化运营中心，谋划筹建泉州市工艺美术馆。海西工艺文化运营中心位于市区美食街，是省政府与中国工艺（集团）公司战略合作签约项目，规划用地110.8亩，计划集工艺集团总部、工艺展示品交易中心、工艺美术大师工作室、工艺文化交流中心、中小企业金融服务平台为一体。眼下，泉州市已成立项目协调工作领导小组，协调推进各项工作。谋划中的泉州市工艺美术馆，将依托“海上丝绸之路国际文化交流中心”进行筹建，作为传承保护、展示交流和宣传服务平台，为泉州市工艺制品扩大宣传、提高行业地位和社会影响力提供有力支持。

针对惠安石木雕、德化陶瓷、安溪藤铁、永春香产业的转型升级，各地同样加紧建设相关公共服务平台。其中，雕艺产业服务发展平台的建设，将重点建设开成职业学校、磊石众创空间、福建省鼎立石雕设计研究院和惠安城南工业区电商创业园。陶瓷产业服务发展平台将致力于建设泉州工艺美术职业学院陶瓷类生产性实训基地，为工艺制品产业特别是陶瓷产业提供人才和智力支撑。藤铁工艺产业服务发展平台将主要建设弘桥智谷电商产业园。香产品服务发展平台将建设国家级燃香类产品检验中心和永春县电子商务产业园。

4月1日

星期五
农历丙申年二月廿四
温度：16℃—24℃
多云转阴

●泉州市第二季度防范重特大生产安全事故会议召开。

●市科协六届四次全委会议召开。

●泉州地税系统税收宣传月暨办税服务综合平台正式上线启动仪式举行，该平台也是福建省首个正式上线的办税服务综合平台。

●2016年“中国寻根之旅——菲律宾华裔学生学中文夏令营”开营式在泉州师院陈祖昌大礼堂举行。

●《泉州市工艺制品产业转型升级路线图》出炉。

●美国哥伦比亚大学博士李俏梅在泉州海交馆首次重构复原泉州元代印度教寺庙模样。此举弥补国内印度教寺庙实物研究的空白。

●法国著名导演帕特里克·索美尔带队到福建省梨园戏实验剧团与泉州梨园戏开展交流。

●余寿章烈士雕像在南安连坑部队揭幕。

●鲤城区临江街道伍堡社区老年人日间照料中心试营业，空巢老人可以在该社区“托老所”解决三餐问题。

4月2日

星期六
农历丙申年二月廿五
温度：18℃—24℃
多云

●省财政厅、省农业厅联合下达2016年福建农民创业园建设资金17300万元，泉州获1800万元资金支持。

●2015年，新登记农民专业合作社108家，全市农民合作社4130家。

●全市拥有各类家长学校4697所。

●安溪县获“国家生态县”称号。

●泉州山区多地出现雷雨天气，市气象局接连发布雷电黄色预警。郑新聪作出批示，强对流天气正逢假日，不能麻痹，各项预案和预备措施要再检查再落实。康涛要求，牵头相关部门加强预测预报工作，做好各项应对防御措施。

●2—10日，陈文令“万物皆牛”户外大型雕塑展在北京顺义国际鲜花港举行，这是泉籍著名艺术家陈文令举办的最大规模的户外雕塑作品个展。

泉州获1800万元农民创业园建设资金

省财政厅、省农业厅联合下达2016年福建农民创业园建设资金17300万元，泉州获1800万元资金支持。其中，每个省级创业园安排省级专项资金500万元，每个示范基地安排资金200万元。2016专项资金主要用于扶持2015年1月1日后新建、扩建的现代农业项目，或为园区农业发展提供公共服务的项目，重点扶持产业集中区，鼓励优势特色产业全产业链生产经营。其中，重点扶持农产品质量检验检测、农业物联网、电子商务（含现代物流与冷链系统）、农产品展示等公共服务平台建设；重点扶持各类温室大棚设施、温湿度数控设施、水肥一体化设施、无土栽培、微喷灌系统、畜禽标准化养殖设施、食用菌包（瓶、料）自动生产线，以及农产品加工、贮藏与包装、休闲观光设施等；重点扶持创业园（示范基地）产业集中区内的公共机耕路硬化、公共供水与排灌设施、园区绿化与观光道路建设等；重点支持品牌创建、农业“五新”推广、智能化育苗，以及良种引进、繁育、示范推广和品种试验繁育、扩繁基地（场）建设。在扶持数量和标准上，福建农民创业园每个县（市、区）扶持5个以上、示范基地扶持2个以上建设项目（不包括农业部门的“五新”推广项目）。同时，每个建设项目的省级补助金额不超过年度新增投资总额的1/3，补助标准30万—100万元。

全市拥有农民专业合作社4130家

2015年，新登记农民专业合作社108家，全市农民合作社4130家。同时，家庭农场达到686家。从登记的情况看，所有合作社涉及的产业范围都与当地的农业特色相结合。德化县的农民依据地理条件，将林产品、德化黑鸡、食用菌等作为合作社的主要产业；永春县农民专业合作社则主要种植芦柑和蔬菜，养殖鹌鹑；石狮市和泉港区的农民专业合作社则利用沿海的优势开展水产养殖等；惠安的洛阳利农农业生产资料专业合作社主要为入社社员提供生产资料市场信息和农业技术咨询服务，推荐引进农业新产品、新技术、农作物新品种，组织农业生产技术辅导和培训等。

泉州市将继续突出培育新型农业经营主体。计划发展家庭农场300家以上，培育市级以上示范家庭农场30家。新增农民合作社300家，培育市级以上农民合作社示范社30家。市级财政安排100万元专项资金用于新型职业农民和农村实用人才培训工作，计划培训300名家庭农场主和300名农村实用人才。选送100名家庭农场经营者到大中专院校接受免费学历培训。开展新一轮市级农业产业化重点龙头企业评选工作。扶持30家市级以上农业产业化龙头企业项目建设。

全市拥有各类家长学校4697所

市妇联召开全市家长学校工作现场会，会上命名泉州科技中学家长学校等80所家长学校为泉州市示范家长学校。至此，全市已有各类家长学校4697所。其中，有425个社区、1671个行政村设立家长学校或家庭教育指导服务点，分别占应建数的97.6%、81.12%，全面完成《泉州儿童发展纲要（2011—2020）》中“到2015年，力争全市80%的城市社区和60%的行政村建立家长学校或家庭教育指导服务点”的目标任务。此外，在全市2468所中小学幼儿园中，已建家长学校2390所，占应建数的96.8%。

近年来，全市各级妇联组织和相关部门充分发掘社会资源，借助各方力量，组建专、兼职家庭教育工作队伍，成立家教志愿者队伍，全市现有家庭教育讲师团、报告团成员1130名。不仅如此，还通过培训、宣讲等方式，深入学校、基层、农村、社区举办讲座2035场次，受益人数69.8万人次。2016年，继续组织开展“争当合格家长，培养合格人才”家庭教育宣传实践活动，每个县（市、区）都将开展10场家教讲座、1场家教沙龙活动。

安溪县获“国家生态县”称号

国家环保部根据《国家生态建设示范区管理规程》等规定，决定授予20个市（县、区、旗）“国家生态县（市、区）”称号。其中，安溪县名列其中。自2008年启动国家生态县创建工作以来，安溪县实施退出石材行业、建设生态茶园、治理水土流失、发展绿色工业、打造森林安溪和狠抓环境整治六项举措，健全组织推进体系、责任考核体系、执法监管体系、社会参与体系四大体系，在实现经济持续稳步发展的同时，保持优良的生态环境。

周银芳到石狮调研

市委副书记周银芳带领市直部门负责人，赴石狮市开展第二季度“促进项目落地、帮扶企业发展”活动周调研，深入部分重点项目、技改项目、帮扶企业现场，帮助协调解决项目建设、企业生产中遇到的实际困难。针对企业主与项目业主的困难，周银芳当场协调解决或指定相关部门进行对接。针对企业将进一步扩大项目投资，希望得到更多的政策支持的需求，周银芳指示市经信委现场对接，帮助企业向上争取扶持政策，尽快研究出台相关帮扶措施；要求市科技局从科技创新等方面予以扶持，助力企业做大做强，推动规模化产业集群形成。一路走来，周银芳对石狮市企业转型升级和项目加快建设的态势给予充分肯定。

周银芳要求，泉州、石狮两级部门要积极作为、靠前服务，主动上门走访，经常深入项目建设、企业生产一线认真听取意见、建议；定期发函征询，特别是摸清建设、生产及经营中遇到困难和问题，想企业之所想、急企业之所急，根据问题轻重缓急、难易程度，想办法、提点子、找路子，逐条落实回应，真正提高帮扶实效与时效。企业家要正确研判形势，增强信心，主动与党委政府部门对接，及时反映困难问题，合理合法提出建议措施，促进政企良性互动，共同推动经济新一轮发展。

泉州市食品产业转型升级路线图出炉

泉州市食品产业转型升级路线图出炉，提出通过推动食品产业转型升级、创新发展，发展总部经济，打造创新驱动、品牌引领、技术先进、绿色安全的现代食品产业体系，建成有泉州特色的全国休闲食品饮料基地，力争到2020年，全市食品产业总产值超过1500亿元，年增长12%，形成2—3家年产值超百亿元大集团企业。路线图指出，泉州市食品产业发展重点为推动现代先进加工技术装备应用，扶持食品企业建立起以“高要素成本、高劳动生产率、高原料利用率、高回收利用率”为特征的成本新优势。其次，扶持食品企业增强产品研发与设计能力，引导食品企业走差异化、高档化、优质化、品牌化的竞争路子，满足国内外消费者对食品品质的高要求。再次，提升食品企业基于互联网、物联网、大数据、移动终端等工具的商业模式创新能力，完善产品研发与设计、原材料供应、包装设计、渠道管理、品牌营销、专业生产均衡发展的新产业集群竞争力。鼓励与扶持达利等龙头企业创建自营开放式创新网站，强化食品工业细分行业协会的技术中介职能，扶持技术中介服务网络平台、技术猎头公司、技术经纪人的发展。最后，扶持食品企业实现设计数字化、装备智能化、生产自动化、管理现代化和营销网络化，实现大批量、标准化的生产方式向多品种、小批量、快翻新的生产方式转变。

相关链接：根据路线图，泉州市将针对食品产业重点推进五大升级路径：流程升级实现从人工生产时代→机械化生产时代→自动化生产时代→智能制造时代的升级；产品升级实现从同质化、低价格的竞争→差异化竞争策略的升级；品牌升级实现从贴牌生产（OEM）→自主设计生产（ODM）→自主品牌生产（OBM）；价值链地位跃升实现从低附加值环节→高附加值环节的升级；产业结构升级实现从劳动密集型产业→技术·资本密集型产业的升级。

同时，泉州市将壮大现有优势产业，以加工高品质安全食品为导向，延伸现有产业链，在原料采购及加工、贸易及物流配送、冷链仓储、品牌推广、产品销售等每一个环节，形成安全、营养、健康的食品供应过程。近期延伸重心包括：烘焙食品原料的预加工及标准化，加工配料的生产，速冻、快食食品及功能化饮料生产，功能食品中间体的加工，以及加强消费服务等。大力引进、移植补缺产业链配套项目和国内外（含台企）顶级食品企业等，促进产业加速转型升级。

南安高崙山风电场获批

省发改委复函核准南安高崙山风电场70MW（兆瓦）项目，该项目是中核集团在福建省非核电发展区域首个风电项目，也是福建省规模最大的单个风电项目。高崙山项目于2015年11月列入国家能源局“十二五”风电项目核准增补计划，风电场位于南安市东田镇，总装机70MW，该项目总投资为6.23亿元。据测算，该风电场项目建成后全部投资内部收益率（所得税后）为8.21%，具有较好的盈利能力，对促进当地经济、社会发展也将产生积极作用。

4月3日

星期日

农历丙申年二月廿六

温度：18℃—26℃

阵雨

●市委副书记周银芳带领市直部门负责人，赴石狮市开展第二季度“促进项目落地、帮扶企业发展”活动周调研。

●泉州市食品产业转型升级路线图出炉。

●泉州市统计局和国家统计局泉州调查队联合发布的《2015年泉州市国民经济和社会发展统计公报》。

●市人社局出台《关于加强和完善基本医保中心定点医疗机构和定点零售药店协议管理的通知》。

●省发改委复函核准南安高崙山风电场70MW（兆瓦）项目，该项目是中核集团在福建省非核电发展区域首个风电项目，也是福建省规模最大的单个风电项目。

4月4日

星期一
农历丙申年二月廿七
温度：18℃—25℃
阵雨转阴

●泉州市法制办公室全文公布由市文化广电新闻出版局起草的《泉州海上丝绸之路史迹保护条例（征求意见稿）》（以下简称征求意见稿），面向社会征求意见。

●泉州出台《关于2016年度积极扩大有效投资的实施意见》。

●从市林业局获悉，2016年泉州安排特色现代林业专项资金1200万元，用于补助设施花卉、设施油茶（林竹）、林下经济、休闲林业、森林人家等发展。

《泉州海上丝绸之路史迹保护条例（征求意见稿）》发布

泉州市法制办公室全文公布由市文化广电新闻出版局起草的《泉州海上丝绸之路史迹保护条例（征求意见稿）》（以下简称征求意见稿），面向社会征求意见。此次公布的征求意见稿共有49条，包括总则、申报评定、保护与管理、传承运用、执法监督、经费保障、法律责任和附则8个章节。

相关链接：征求意见稿提出《泉州海上丝绸之路史迹保护条例》（以下简称条例）的适用范围，明确泉州市海上丝绸之路史迹是指泉州历史上反映由海外通商贸易、对外文化交流引起的各种活动的史迹遗址、遗物，主要有航海与通商史迹、多元文化史迹和城市建设史迹等三部分，包括但不仅限于历史上反映泉州海上通商贸易的港口、航海设施，外贸商品生产基地、设施；体现东、西方文化交流成果的古建筑、古遗址、古墓葬、石窟寺和石刻、壁画；体现泉州城市建设，海、陆交通发展成果的古建筑、古遗址等。

征求意见稿还明确，泉州市海上丝绸之路史迹按保护级别，分为列入世界文化遗产名录和中国世界文化遗产预备名单的“海丝”史迹，列入各级文物保护单位的“海丝”史迹，其他则统称为泉州海上丝绸之路史迹点。

保护措施是“泉州海丝史迹”保护的重要内容。为此，征求意见稿中规定一系列的措施，以确保对“泉州海丝史迹”的保护落到实处。市、县两级人民政府应设立史迹保护管理机构，切实加强史迹的保护管理工作。县级人民政府应配备5人以上专业人员，负责开展辖区内泉州海上丝绸之路史迹的日常巡查保护监管。此外，“泉州海丝史迹”根据保护要求划定为遗产区和缓冲区、保护范围和建设控制地带，分级进行保护。史迹所在地县级文物行政主管部门应当建立日常监测巡视制度、定期通报制度、重大事项专家咨询制度，制定专项应急预案等。

征求意见稿对泉州海上丝绸之路史迹传承和史迹空间运用问题进行明确，对史迹展示、研究、管理、宣传等工作进行规范，明确史迹保护责任人的权责，鼓励社会各界人士积极参与“海丝”史迹保护研究工作。值得一提的是，泉州市海上丝绸之路史迹明确应当向社会公众开放，所有人或使用人可以根据实际情况控制参观人数和参观时间。暂时不具备开放条件的史迹，经泉州市文物行政主管部门同意可以暂缓开放。所有人或使用人可根据物价部门核定的标准收取门票。

从遗产保护的实际出发，征求意见稿中确立以市、县两级人民政府为保护主体，市、县、镇、村联动，市、县级文物行政主管部门实施监督管理，县级以上人民政府行政主管部门按规定履行保护职责及全民参与的保护机制。其中，特别指明泉州市海上丝绸之路史迹的所有权和使用权受法律保护。任何单位和个人都有依法保护泉州市海上丝绸之路史迹的义务，对破坏、损害泉州市海上丝绸之路史迹的行为有权进行劝阻、制止、检举和控告。对保护泉州市海上丝绸之路史迹做出突出贡献的单位或者个人，由泉州市海上丝绸之路史迹所在地县级以上人民政府或者文物行政主管部门给予表彰和奖励。

征求意见稿规定违反条例行为的法律责任，同时明确有关行政管理部门工作人员在保护管理过程中违反规定，应当承担的相应法律责任。

泉州出台《关于2016年度积极扩大有效投资的实施意见》

泉州市出台《关于2016年度积极扩大有效投资的实施意见》，意见旨在发挥有效投资的关键作用，加快实施惠民生、补短板、调结构的项目，在投资结构优化中实现总量扩张，顺利完成固定资产投资增长16%的目标，确保“十三五”开好局起好步。

加快基础设施建设方面，泉州市将围绕释放城镇化内需潜力，全力推进“五个泉州”建设，突出薄弱领域和关键环节，加快构建适度超前、功能配套、管理科学、安全高效的现代化城乡基础设施体系，交通、能源、市政、水利、美丽乡村、信息、环保等7个城乡基础设施建设重点领域全年力争完成投资707.58亿元。

加大工业投资力度方面，泉州市将加快实施产业龙头促进计划和“泉州制造2025”，推动产业转型升级。制定产业转型升级路线图，开展传统产业转型升级行动，推进实施新一轮企业技术改造，进一步增强制造业核心竞争力，提升产业发展质量，构建现代制造业体系，力争全年完成工业投资1360亿元。

促进房地产稳定发展方面，泉州市将围绕“促销售、去库存、稳房价、保增长”，积极落实国家、省上出台的一系列政策措施，以消化商品房库存为重点，加强保障性安居工程建设，促进房地产业转型升级，全年力争完成投资717亿元。

市政府第九十三次常务会议召开

市长康涛主持召开市政府第九十三次常务会议，研究通过《泉州市人民政府关于加速渔港经济区建设的实施意见》《泉州市公共资源交易平台整合实施方案》。会议指出，泉州发展渔港经济区根基深厚、优势明显。各级各相关部门要切实加快渔港经济区建设，努力将其打造成泉州海洋经济发展的综合性平台。会议原则通过《泉州市人民政府关于加速渔港经济区建设的实施意见》，明确提出要以中心渔港、一级渔港为依托，结合城镇建设，在全市重点打造以泉州湾祥芝渔港经济区、崇武渔港经济区为核心，以深沪湾深沪渔港经济区和湄洲湾诚峰渔港经济区为南北两翼的三大渔港经济区域，带动泉州海洋经济发展。会议强调，要进一步完善提升渔港经济区定位功能，致力建设集渔船避风和补给、渔货集散、加工贸易、休闲渔业、滨海旅游等功能为一体，带动渔港、城镇、产业联动发展的海洋经济特色园区；进一步科学规划，加强统筹，最大限度保留海洋生态和渔村风貌，完善基础设施配套，不断提升渔港经济区辐射和带动能力；进一步拓展国际合作，坚持“走出去”和“引进来”并重，持续扩大与东盟等国家和地区在远洋捕捞、贸易等领域的交流合作，真正把海洋资源优势转化为海洋经济优势。

会议指出，建立全市统一的公共资源交易平台体系，进一步推进公共资源交易法制化、规范化、透明化，对优化市场环境、促进公平竞争意义重大。泉州将整合建立本地区统一的公共资源交易平台，县级政府不再新设公共资源交易平台，已经设立的应整合为市级分支机构，力争2016年6月底前基本完成整合工作，2017年6月底前在全市范围形成统一、规范的公共资源交易平台体系，实现公共资源交易全过程电子化。会议要求，各级各相关部门要按照《泉州市公共资源交易平台整合实施方案》部署，遵循把握好管办分离、统一规范、依法监督、因地适宜等基本原则，以整合共享资源、统一制度规则、创新机制体制为重点，以信息化建设为支撑，加快构筑统一的公共资源交易平台体系，有效提高公共资源配置的效率和效益，进一步优化泉州经济社会发展环境。

市政协组织异地商会委员到台商投资区视察

市政协组织异地商会委员和部分商会会长到泉州台商投资区开展视察活动。市政协主持工作的副主席吴共湖，秘书长洪川夫等参加视察。委员们实地察看海上丝绸之路艺术公园·亚洲园、中车（泉州）轨道装备责任有限公司和泉州台商投资区雕艺展览馆，听取该区经济社会发展情况介绍，并展开交流座谈。

视察组指出，泉商是泉州经济发展的一支重要力量，希望在新的经济形势下，广大异地泉商树立五大发展理念，增强发展信心，主动适应新常态，抱团发展、壮大实力，持续提升创新能力，争当转型升级的带头人。密切家乡和所在地的联系交往，加大宣传推介泉州力度，助力泉州“大招商、招大商”，为推进“五个泉州”建设贡献智慧和力量，当好回归创业的引路人。异地商会会长要抓好商会自身建设，搭好服务平台，积极维护泉商权益，帮助会员解决实际难题，促进互通互助，做好商会服务的热心人。市政协将一如既往地关心支持泉商发展，积极为泉商回归创业、回报家乡牵线搭桥、提供服务。

霞美香港乡贤回乡捐资助教

香港南安霞美同乡会的48名在港乡贤首次回乡，与在港“彩恋教育基金会”联合捐款150万元，用于家乡两所学校奖教助学。在港乡贤一行先后走访霞美中心小学、柳南中学、陈氏宗祠，并与130多名霞美村当地乡贤组织联谊座谈会，现场捐款助力家乡教育事业发展。据统计，当晚共筹集善款150万元，其中100万元由在港的陈坚强家族以“彩恋教育基金会”的名义捐出，25万元来自于香港南安霞美同乡会，其他在场乡贤捐款25万元。

霞美中心小学创办于1918年，现拥有教学楼2座、综合楼1座，建筑总面积5800平方米，总投资800余万元。霞美中心小学仍存在校园面积偏小、设备设施欠缺等问题，制约着办学质量与办学水平的提升。获助后，将补齐图书室图书以及实验仪器、教学仪器，提高学生课外阅读水平和动手能力。

4月5日

星期二

农历丙申年二月廿八

温度：17℃—20℃

阴

●市政府第九十三次常务会议召开。

●市政协组织异地商会委员和部分商会会长到泉州台商投资区开展视察活动。

●第28期市直老干部读书班和第17期全市离退休干部党支部书记培训班开班。

●新编梨园戏《节妇吟》在梨园古典剧院上演，为到泉州交流的法国戏剧界同仁带来一次难得的观赏体验。

●香港南安霞美同乡会48名在港乡贤首次回乡，与在港“彩恋教育基金会”联合捐款150万元，用于家乡两所学校奖教助学。

4月6日

星期三
农历丙申年二月廿九
温度：19℃—27℃
多云

●6—7日，郑新聪到晋江开展活动周调研。

●泉州市召开对台工作会议暨第八届海峡论坛泉州活动项目专题会议。

●全市开展2016年第二季度“促进项目落地、帮扶企业发展”活动。

●泉州市印发《泉州市永久基本农田划定实施方案》，进一步强化耕地尤其是基本农田保护。

郑新聪到晋江开展活动周调研

6—7日，市委书记郑新聪带队到晋江市开展第二季度“促进项目落地、帮扶企业发展”活动周调研。市领导翁祖根、李建辉参加调研。在企业家座谈会上，郑新聪与大家展开交流。在听取企业家意见建议后，郑新聪指出，晋江企业家反应灵敏、韧劲十足，为全市企业树立标杆榜样；晋江各级干部服务企业、服务发展导向明晰、干劲十足；政企合力下，晋江经济发展总体平稳，为全市发展作出重大贡献。

郑新聪要求，要正确研判形势，增强改革发展的信心和责任感。要加快供给侧结构性改革，抓技术升级，加快智能化改造，聚集专业人才，弘扬工匠精神；抓企业整合，创造条件推动企业重组重整重生；抓金融跟进，把各类资金池、产业基金运作起来，创新金融服务，同时关注企业资金链风险；抓制度建设，降低门槛，提升活力，让企业更具适应性、更有竞争力。要进一步发挥政企互动的良好优势，党委政府要从提供高效便捷服务、营造引才留才环境、推动产学研对接等方面着手，为企业家营造宽松环境；企业家要遵纪守法、规范运作，狠抓内部管理，加强自我学习、教育和提升。要加快重大项目引进落地建设，抓好已定项目、在谈项目、政府性背景项目和产业龙头上下游项目，以优质的增量来调整存量。

郑新聪强调，要以落实论英雄，坚持正确用人导向，严明换届纪律各项规定，加强对经济工作的考核，营造敢担当、会担当的干事创业氛围。要靠前协调、精准帮扶，抓紧梳理解决活动周收集的问题和建议，组建课题组有针对性地展开相关研究，增强活动周实效。

全市对台工作会议召开

泉州市召开对台工作会议暨第八届海峡论坛泉州活动项目专题会议，传达贯彻中央、全省对台工作会议精神，总结部署全市对台工作。市委副书记周银芳、副市长陈荣洲参加会议。

会议要求，要发挥国家级“金改区”、台商投资区、东亚文化之都等政策平台作用，巩固提升文化、基层交流，壮大经济实力，扩大泉州在两岸事务中的作为和影响，不断开创泉州对台工作新优势。要精准开展对台各项工作，着眼互利共赢推进经贸融合，发挥独特优势推进文化融合，打牢基层基础推进民间融合。要主动适应对台工作新形势，全力找准着力点，最大限度发挥泉州对台优势，项目化推进重点工作，切实增强执行力和落实力，争取2016年全市对台各项工作有新提升、新成效，为对台工作大局和泉州发展作贡献。

186.41万亩耕地划定为泉州永久基本农田

泉州市印发《泉州市永久基本农田划定实施方案》，强化耕地尤其是基本农田保护。通过开展基本农田划定工作，在已有基本农田划定工作成果的基础上，按照城镇由大到小、空间由近及远、耕地质量等别和地力等级由高到低的顺序，将城市（县城）周边、交通沿线现有易被占用的优质耕地、已建成的高标准农田优先划为永久基本农田，将不符合划定要求的地块划出永久基本农田，完成基本农田落地、上图入库、成果验收和报备等工作，确保泉州市186.41万亩永久基本农田总量不减少、用途不改变、质量有提高方案强调，划定永久基本农田，要与城市开发边界和生态保护红线划定等工作协同开展，与经济社会发展规划、土地利用总体规划、城乡规划等多规合一工作相衔接，依法依规、统筹谋划、有序开展，确保土地利用总体规划确定的市(县)域基本农田保护目标任务全部上图入库、落地到户。

方案规定，城市(县城)周边尚未划为永久基本农田的质量等别和地力等级达到本市(县)平均水平以上的现有耕地、交通沿线尚未划为永久基本农田的质量等别和地力等级达到本市(县)平均水平以上的现有耕地、尚未划为永久基本农田的新建成的高标准农田、《基本农田保护条例》规定其他应当划为和优先划为永久基本农田但尚未划入的耕地，要优先划为永久基本农田的耕地。划定后的永久基本农田面积应不低于土地利用总体规划确定的基本农田保护目标任务。土地利用总体规划未经依法依规批准修编或调整，各地不得擅自调整永久基本农田布局，将现状基本农田中的耕地划出。

陈冬到泉州调研政法综治工作

7—8日，省委常委、政法委书记陈冬率队到泉州调研政法综治工作。市领导郑新聪、许昆贞、卢炳椿，以及市中级人民法院院长、市人民检察院检察长参加相关活动。陈冬一行实地考察永春县社会治理应急指挥中心、打击治理电信网络新型违法犯罪工作中心、社区戒毒康复工作站，安溪县看守所、中国国际信息技术（福建）产业园、弘桥智谷电商产业园，并召开座谈会，听取泉州市政法综治工作情况汇报，研究加强电信诈骗专项治理工作措施。

陈冬肯定泉州市政法综治工作，他要求，要切实把现代化科技手段与群防群治有机结合起来，构建高效便捷的网格化服务管理体系。要注重社会共治，运用社会资源、企业力量和依靠广大群众共同推进综治平安建设。要善于用法治思维和法治方式解决社会治理难题，提高社会治理法治化水平。要善于总结和推广经验，打造具有泉州特色和影响力的政法综治品牌。

全市换届工作部署暨换届风气监督会议召开

全市换届工作部署暨换届风气监督会议召开。市委书记郑新聪在会上讲话。市领导康涛、陈万里、周银芳、翁祖根、温惠榕、林伯前、李建辉、孔繁军、吴共湖等参加会议。

会议指出，换届工作事关泉州长远发展，事关“十三五”目标和建设“五个泉州”任务的实现。全市各级党委和各套班子要深入贯彻习近平总书记关于换届工作的重要指示精神，认真落实省委尤权书记专题党课讲话精神，树立全局思维，周密部署、扎实推进，确保高质量完成换届任务。要选好干部配强班子，抓住党政正职这个关键中的关键，强化领导班子整体功能，推进干部队伍年轻化和专业化，做到好中选优、优中选强。要认真做好代表、委员产生工作，把好人选质量关，优化人选结构。要统筹好换届与发展的关系，确保思想不断、工作不乱，注重在工作的担当中考察干部，通过换届换出新风气、新面貌、新作为。

会议要求，各级党委（党组）要全面落实主体责任，切实把换届作为2016年党的建设的头等大事来抓，加强统一领导，强化对下级领导班子换届工作的指导。要发挥党组织的领导和把关作用，加强人选审核把关，坚决防止用人失察、“带病提拔”。要严格选人用人标准，旗帜鲜明地为敢于担当、干事创业的干部撑腰鼓劲，树立重视基层导向，推进干部能上能下，促进能者上、廉者上、平者让、庸者下。

会议组织观看中组部制作的严肃换届纪律警示片《镜鉴》。

市政府廉政工作视频会议召开

继省政府廉政工作视频会议后，泉州市紧接着召开市政府廉政工作视频会议，部署政府系统廉政建设和反腐败工作。市长康涛，市委常委、纪委书记温惠榕，副市长周真平、卢炳椿、陈灿辉、林万明、张永宁，市政府秘书长吴友才及泉州开发区、市直部门负责人等在主会场参加会议；各县（市、区）、泉州台商投资区设立分会场。

会议强调，下阶段，全市各级政府要按照国务院、省政府廉政工作会议部署，在市委领导下，坚决惩处重点领域腐败和整肃庸政懒政怠政，努力为建设“创新、智造、海丝、美丽、幸福”的现代化泉州提供坚强保障。一要加快政府职能转变，依法管好权用好权。加强依法行政，抓好审批事项减放接管，完善权责“清单”管理，促进审批提速，强化后续监管，优化政府服务，打造一流营商环境。二要强化大督查，确保各项决策部署落实。围绕中央、省重要决策部署和市委、市政府中心工作，突出稳增长政策落实、重点项目建设、重点项目前期工作等，落实一季度一督查，强化问责问效，注重正向激励，让能者上、庸者下、劣者汰。三要持续正风肃纪，树立政府良好形象。按照市委部署，认真落实“八项规定”，严格执行“约法三章”，坚决整治侵害群众利益的不正之风，营造风清气正的干事创业氛围。四要坚持零容忍，严查案件，抓好源头防范，强化监督，始终保持惩治腐败高压态势。五要强化“一岗双责”，认真落实党风廉政建设责任制。特别是要认真落实省委尤权书记的要求和市委《关于落实党风廉政建设党委主体责任的实施意见》，强化主体责任意识、责任担当，分级负责，守好“廉洁关”。

4月7日

星期四
农历丙申年三月初一
温度：19℃—28℃
多云

●7—8日，省委常委、政法委书记陈冬率队到泉州调研政法综治工作。

●全市换届工作部署暨换届风气监督会议召开。

●继省政府廉政工作视频会议后，泉州市紧接着召开市政府廉政工作视频会议，部署政府系统廉政建设和反腐败工作。

4月8日

星期五
农历丙申年三月初二
温度：17℃—22℃
阴转阵雨

●8—9日，中国侨联副主席康晓萍率队到泉州考察安溪县清水岩、中国闽台缘博物馆、泉州少林寺等泉州3个中国侨联国际华侨文化交流基地。

●陈万里率队到惠安县企业、项目一线，开展第二季度“促进项目落地、帮扶企业发展”活动周调研。

●文化部国家级文化生态保护区总体规划实施情况交叉评估组到泉州考察，对泉州市闽南文化生态保护区建设进行评估，提出建设性的指导意见。

●省委县（市、区）巡视五组巡视鲤城区情况反馈会召开，组长林斌代表巡视组，向鲤城区反馈巡视情况。

●全市艺术创作和地方戏曲剧种普查工作会议召开。

●《瓷魂墨韵》世界巡回展在福州南后街75号展览馆开展，这是德化超薄瓷画及实心印章在榕首次公开展览。

●即日起，K503路公交车开通，路线从泉州台商投资区后见村至泉州汽车站。

康晓萍率队到泉州考察

8—9日，中国侨联副主席康晓萍率队到泉州考察安溪县清水岩、中国闽台缘博物馆、泉州少林寺等泉州3个中国侨联国际华侨文化交流基地。康晓萍对基地的工作成效表示肯定，勉励基地充分发挥辐射作用，深度策划丰富多样的华侨文化交流活动，积极向海内外侨胞、港澳台同胞传播中华优秀文化。省侨联主席王亚君、市领导翁祖根参加调研。

陈万里到惠安调研企业项目

市人大常委会主任陈万里率队到惠安县企业、项目一线，开展第二季度“促进项目落地、帮扶企业发展”活动周调研。市人大常委会秘书长吴春林参加调研。陈万里一行走访南江针织时装有限公司、创冠环保（惠安）有限公司、惠安县进出口贸易公司，实地察看了黄塘溪流域综合治理建设项目、泉惠石化园区PPP项目、中仑塑业有限公司项目，为企业发展支招，为项目建设鼓劲，并召开座谈会，协商解决困难问题。座谈会上，陈万里对惠安经济发展稳中有升表示肯定。陈万里强调，要提升认识，增强自觉，统一思想认识，深入学习领会中央、省、市经济会议精神，结合本地实际部署推进各项工作；要加强统筹，强化协调，抓好项目前期准备论证工作，加强调度和统筹力度；要攻坚克难，有效施策，针对不同问题实行“一企一策”，精准帮扶企业；要强化责任，注重实效，领导班子要强化责任担当，真抓实干，以项目为抓手促进经济转型升级。

文化部到泉州考察评估闽南文化生态保护区建设情况

文化部国家级文化生态保护区总体规划实施情况交叉评估组到泉州考察，对泉州市闽南文化生态保护区建设进行评估，提出建设性的指导意见。在鲤城区，专家组对聚宝城南·泉州闽南文化生态园的建设给予肯定，鼓励建设成为闽南文化生态保护区的标杆。评估组一行在泉期间到泉州艺术馆、泉州非遗博物馆、泉州台商投资区闽南文化生态整体性保护重点区域张坂镇、聚宝城南·泉州闽南文化生态园、泉州市传统戏剧综合传承中心、泉州市传统音乐舞蹈综合传承中心等处考察，对泉州“以点带面、点面互动、带动社会、培植生态”的工作思路给予肯定。

相关链接：聚宝城南·泉州闽南文化生态园核心保护区为城南街区，由新桥、隘南两社区为主，以聚宝街、青龙街、万寿路、中山路四条传统街巷以及车桥头水系组成，面积约0.5平方公里，这一片区历史上曾是泉州经济、文化的首善区域。这里不需要大拆大建，泉州规划对天后宫及德济门遗址、李贽故居、富美古渡、明来远驿、“升平奏”泉州南音社旧址、南门国术馆旧址、水利碑系列遗址及其他民居、宫庙及其周边等文化遗产资源，按宋元以来不同时期不同风格修复，进行“点、线、面”优化整合。同时细分民俗活动、节庆活动、宗教信仰活动、民间技艺、民间小吃、民间武术、民间医药、民间表演艺术等活态遗产展示区域，重点推出特色老字号门店等，逐步形成闽南文化生态园、“海丝”文化园、东亚文化之都民俗风情园的活态展示项目，由当地群众在生活中传承、保护非物质文化遗产、物质文化遗产和自然遗产，努力培育一个人与文化和自然相互依存、传统文化与现代文化相互融通的文化生态环境。

全市艺术创作工作会召开

全市艺术创作和地方戏曲剧种普查工作会议召开。会上表彰泉州市第32届戏剧会演中获奖的相关剧目、相关单位和个人。在此次会演中，福建省梨园戏传承中心创作的梨园戏《御碑亭》和泉州市木偶剧团创排的木偶戏《卢俊义》荣获优秀剧目奖，晋江市掌中木偶艺术保护传承中心创排掌中木偶戏《龙山情缘》等7个剧目获剧目奖；泉州市戏剧研究所、晋江市文化体育新闻出版局、晋江市文化体育新闻出版局、南安市文化体育出版局、安溪县文化体育新闻出版局等获优秀组织奖；同时还颁发编剧奖、导演奖、音乐设计和舞美设计奖等多个奖项。会议指出，衡量一个地方的文艺成就和文化创作水平，很重要的是看作品，要努力创作更多的文艺精品力作，感动观众，启迪心智。2016年是“十三五”开局之年，要努力把泉州打造成为优秀文艺人才的聚集地，优秀文艺作品的催生地和优秀文化成果的展示地，为“五个泉州”建设服务。现场还邀请省艺术研究院专家进行全国地方戏曲剧种普查培训。

《泉州市2016年城市工作要点》下发

《泉州市2016年城市工作要点》正式下发，明确泉州市2016年城市工作的指导思想，包括提升城市规划水平、推进环湾城市建设、完善城市管理机制、发展市政公用事业、逐步完善城市功能、不断丰富城市内涵、强化工作要素保障及协调发展中小城市和城镇等九大方面内容。

相关链接：提升城市规划水平方面，要加快形成“一个都市中心城市、三条发展轴线、多个发展分区”，强化对“一湾、两江、两翼”空间发展的统筹。同时，不断完善中心城区规划体系，重点编制古泉州（刺桐）史迹遗址保护规划，实施“存量提升工程”，促进中心城区现有工业厂房盘活利用。

环湾城市建设方面，要加强基础设施建设，推进福厦客专、轻轨交通等项目建设，构建“城际、城轨——有轨电车——常规公交”公共交通体系，继续打通一重环湾、二重环湾道路节点，实施北峰至城东快速通道、金屿大桥、泉州台商投资区百东大道等新建项目。其中，宜居环境建设部分，今年初步拟实施宜居环境建设项目794个，总投资2365亿元，年度计划投资417亿元。实施污水收集处理设施建设项目120个，估算投资8亿元，建设管网300公里，在泉州台商投资区等新区推进综合管廊试点项目建设，逐步解决“马路拉链”问题。

完善城市管理机制方面，要建立中心城区规划管控机制，建立980平方千米范围内的项目选址、规划条件、红线图报备制度，形成中心城区范围内的规划统一管理和实施机制。为加强城市综合管理，泉州市将全面落实市政设施精细化管理。加大黑臭水体整治力度，继续推进内沟河截污工程，确保内沟河截污率达到95%，今年完成城市建成区黑臭水体治理任务的40%；加大燃气安全监管力度，重点抓好源头治理，争取2016年初实现燃气行业100%达标。同时，加强机动车排气污染治理，根据上级部署逐步扩大机动车“绿标区”范围，加强机动车“绿标区”监督管理；加强市区饮用水源保护，建成北高干渠饮用水源输水管道“明改暗”工程。

发展市政公用事业方面，要推进省级海绵城市试点工作，完善排水防涝规划建设，构建城市雨水从源头到末端全过程的综合管控体系，争取在东海组团率先实现“海绵城市”落地。

完善城市功能方面，要加强基层体育设施建设，今年在全市范围内争取建设多功能社区运动场10个、全民健身路径60条、室内健身房5个；加快中心城区卫生项目建设，推进市第一医院城东院区二期建设前期准备工作，推动福医大附属二院东海院区二期核心病房楼主体上半年开始施工，争取下半年主体封顶，医高专附属人民医院二期综合病房大楼及光前医院病房楼力争第四季度开工建设。

永春第二届映山红旅游文化节开幕

永春“每月一主题”系列旅游活动——“2016呈祥·我的慢生活”第二届映山红旅游文化节开幕，并进行“呈祥小镇乡村旅游创客中心”“呈祥小镇文创市集”“永春呈祥大学生写生基地”“呈祥小镇乡村创作工作室”“雪山风雅颂自驾露营基地”“雪山风雅颂旅游驿站”“雪山风雅颂红薯叔户外大自然教育定制基地”“泉州市营养师协会科学膳养体验与指导中心”授牌仪式。该届映山红旅游文化节共4个板块8项活动，各项活动主题突出、特色鲜明、形式多样、雅俗共赏，将带来“周周有活动、周周有精彩”的生动局面。旅游节结合园区观光、文化创意、现代农业，是永春全域化旅游的重要组成部分，有利于推广‘山水桃源 四季永春’旅游品牌，吸引更多游客来永春旅游观光。

开幕式　（图/郭冰德）

4月9日

星期六
农历丙申年三月初三
温度：18℃—22℃
阴转小雨

●《泉州市2016年城市工作要点》下发。

●市防指、市水利局发出关于小型水库、山围塘安全度汛的有关工作通知，要求各级各部门迅速开展检查排查，提前做好预排预泄工作，强化巡查监管，确保小型水库和山围塘安全度汛。

●孙中山的孙女孙穗芳到泉州台商投资区张坂镇崧山小学，为祖父孙中山的铜像揭幕。

●永春“每月一主题”系列旅游活动——“2016呈祥·我的慢生活”第二届映山红旅游文化节开幕。

●泉港区首次举行上巳节“‘文武’泉港·诗书雅集”暨庆祝“世界读书日”活动。

●由市文联主办的“泉州市文艺公益门诊”首场活动在泉州源和1916闽南小院和泉州书法创作基地举行，泉州市8位知名文艺家到场与广大爱好者交流，“号诊把脉”提升文艺作品创作。

4月10日

星期日
农历丙申年三月初四
温度：16℃—19℃
大雨转中雨

●泉州市食品产业转型升级路线图出炉，提出通过推动食品产业转型升级、创新发展，发展总部经济，打造创新驱动、品牌引领、技术先进、绿色安全的现代食品产业体系，建成有泉州特色的全国休闲食品饮料基地。

●省发改委复函核准南安高嵛山风电场70MW（兆瓦）项目，该项目是中核集团在福建省非核电发展区域首个风电项目，也是福建省规模最大的单个风电项目。

●泉州市首届青少年机器人竞赛活动在泉州市科技馆开赛。

泉州市现代物流业转型升级路线图出炉

泉州市现代物流业转型升级路线图出炉。根据路线图，泉州市将全力建设海峡西岸现代物流中心，在2020年建设成为全国性物流节点城市。至2020年，全市交通运输、仓储和邮政业增加值583亿元，铁路、公路、水路和航空货物运输量约4亿吨，港口货物吞吐量1.5亿吨，集装箱吞吐量250万标箱，争取至2020年新增AAA级及以上物流企业30家。

相关链接：根据路线图，泉州市现代物流业转型升级将以建设完善现代物流产业链为出发点，以制造业物流、商贸物流、港口物流、临空物流、智能物流、绿色物流、空间布局为发展重点，通过物流供需链、企业链、价值链与空间链的有效对接，实现社会化物流资源的整合与专业化物流服务能力的提升。

泉州市将优先发展制造业物流，鼓励制造企业逐步剥离或外包物流服务，大力培育发展一批技术水平先进、核心竞争力强的第三方物流企业。引导物流企业功能整合，改造物流流程，延伸服务链条，不断提升物流服务专业化水平。

加快发展商贸物流方面，泉州市将推进商贸物流和电子商务协同发展，推广安溪弘桥智谷电商物流模式，加快建设全国快递网络区域中心枢纽，加强冷链物流体系建设。同时，泉州市将持续发展港口物流，加快发展港口特色物流，积极建设国际转运中心，积极打造海上合作战略支点，促进泉台运输发展，争取更多两岸集装箱货物通过两港直航。

路线图指出，泉州市将关注临空物流发展，依托泉州晋江国际机场，在机场周边建设临空物流园区，力争“十三五”末航空货运运输量在现有基础上翻一番，突破8万吨。大力发展国际航空货运业务，服务跨境电商，深化机场与陆地港合作模式，积极开通国际全货机业务。

推进智能物流发展方面，泉州市将推广应用现代先进技术，提升物流技术装备水平。推广物流信息编码、物流信息采集、物流载体跟踪、自动化控制、管理决策支持、信息交换与共享等领域的物流信息技术。通过政府引导、市场驱动、多方联动，共同搭建功能完善的物流公共信息平台。

“绿色物流”也成为发展的重点方向之一。泉州市将着力发展甩挂运输，发展多式联运，提倡绿色包装，在陶瓷工艺品等易损物品物流服务领域研发应用安全、低成本、环保的新型绿色包装，提高物流效率，降低物流成本。

泉州市将着力完善现代物流业整体规划布局，形成“一心、两带、三向、四片、多点”的发展布局。“一心”是指建设海峡西岸现代物流中心，“两带”是指打造交通物流带与产业物流带，“三向”是指拓展国内物流辐射向、对台物流辐射向与“海丝”物流辐射向，“四片”是指集聚发展中心物流片区、北部物流片区、西部物流片区与南部物流片区，“多点”是指完善建设保税物流区、物流园区、物流基地、配送中心等物流节点。

此外，对包括丰泽、鲤城、洛江、台商区在内的中心物流片区侧重发展商贸物流；泉港、惠安在内的北部物流片区侧重发展石化物流与配套港口物流；晋江、石狮、南安南部在内的南部物流片区侧重发展制造业物流、商贸物流与港口物流；德化、安溪、永春、南安中北部在内的西部物流片区侧重发展特色农业物流。形成区域物流与县域经济的协调发展，区域间物流融合发展。

泉州市首届青少年机器人竞赛活动举办

由泉州市科协、泉州市教育局联合举办的泉州市首届青少年机器人竞赛活动在泉州市科技馆开赛，活动吸引全市中小学的155支队伍326人参加。竞赛设置机器人综合技能、机器人足球、FLL工程挑战赛、VEX工程挑战赛以及机器人创意等5个项目、13个组别共123个奖项。图为活动现场。

（图/林劲峰）

康涛调研行政审批服务工作

市长康涛率队到市行政服务中心，就提升行政审批效能和服务水平开展专题调研。市委常委、常务副市长林伯前，市政府秘书长吴友才参加调研。调研中，康涛走进服务大厅，了解审批项目办理流程，察看各窗口运行情况。在行政电子综合监察中心，他要求加强监督，综合分析，及时发现和查纠办理拖沓、工作纪律执行不严等行为，提高办事效率。随后召开的专题会上，康涛听取市行政服务中心管委会、市重点办、市审改办等单位有关行政审批服务工作情况的汇报，并围绕如何提高审批效率和服务水平进行探讨。康涛指出，做好行政审批服务工作，是服务项目、服务发展的务实举措，也是广大办事群众的深切期待。各级各部门要认真落实市委的部署，高度重视行政审批服务工作，不断健全完善机制，切实提升办事效能和服务水平，为全市经济社会发展营造优良环境。

康涛到南安调研

11—12日，根据市委2016年第二季度“促进项目落地、帮扶企业发展”活动周安排，市长康涛率市直部门负责人到南安市项目建设现场和企业生产一线展开调研，并召开座谈会，帮助解决困难问题。每到一处，康涛听取相关汇报，详细询问企业家和项目负责人是否有问题需要政府帮助协调解决。座谈会上，康涛表示，南安市拥有区位、交通、土地资源等多重优势，当前产业转型升级和项目建设态势较好，干部队伍务实肯干，企业家队伍韧劲十足，完全有条件、有能力渡过难关，实现逆势超越。下一步，南安要明确定位，在推动石材、水暖厨卫、机械装备等传统产业转型升级的基础上，突出发展集成电路、光伏信息等一批高新技术产业，拓展新的经济增长点；同时，依托临港优势，大力发展空港经济和海港经济，做大做强第三产业，推动经济发展迈上新台阶。

康涛要求，针对会上企业家提出的困难问题，泉州、南安两级要尽快分解任务，督促相关部门采取精准措施加以推动解决，并定期反馈进展情况。要制定、实施阶段性的高科技新兴产业人才优惠政策，帮助企业与海关、税务、金融机构等单位加强沟通协调，帮助解决生产经营中的实际问题；要研究设立成长型企业信贷风险资金池，努力为企业贷款增信，帮助企业解决融资问题。

翁祖根到鲤城调研

市委常委、秘书长、统战部长翁祖根率市直相关部门到鲤城区走企业、看项目，现场协调解决困难和问题，为企业发展、项目推进鼓劲。市领导对企业坚持自主研发、创新经营模式的成果表示肯定，鼓励企业借助“一带一路”战略开发沿线地区的新兴市场。针对企业面临的生产扩大厂房用地紧张问题，市领导要求相关部门帮助研究可行解决方案，盘活可利用的闲置厂房资源，为企业排忧解难。要求相关部门要协助企业做好人才引进、项目落地等工作，落实相关优惠扶持措施，促进科技成果转化。市领导一行还走访调研泉州江南老年颐乐园、泉州华硕实业有限公司、鲤城东浦片区危旧房改造安置区项目、鲤城区公共卫生服务中心、泉州市中医联合医院。针对项目和企业负责人提出的手续审批、配套服务、资金难题等，市领导要求相关部门当场进行协调，主动做好后续对接和跟踪服务工作，切实提高帮扶的实效。

林万明到德化调研企业项目

副市长林万明率队到德化县企业、项目一线，开展第二季度“促进项目落地、帮扶企业发展”活动周调研。调研组走访德化高效生态循环旅游农业示范园、美图铝业生产项目、旧村复垦城东安置区项目、三峰陶瓷有限公司、坤达礼品有限公司、蒲坂水厂及输配水管网工程，为企业发展支招，为项目建设鼓劲，并召开座谈会，了解企业生产经营和项目建设遇到的问题，寻求共渡难关之计。座谈会上，市领导表示，德化县应对经济下行压力的举措比较有力，成效显著，主要体现在机器换工降成本、自主创新引人才、设施农业有进展等三方面。下一步，德化要补短板，保目标，着力开拓市场，着力抓创新，加快项目建设，推动土地流转，引进设施农业。市、县在帮扶政策上要精准到位，针对企业共性、个性的难题量身打造解决方案，政企携手激发“瓷都”经济新活力。

4月11日

星期一
农历丙申年三月初五
温度：17℃—20℃
阴

●康涛率队到市行政服务中心，就提升行政审批效能和服务水平开展专题调研。

●11—12日，康涛率市直部门负责人到南安市项目建设现场和企业生产一线展开调研。

●翁祖根率市直相关部门到鲤城区走企业、看项目，现场协调解决困难和问题。

●林万明率队到德化县企业、项目一线，开展第二季度“促进项目落地、帮扶企业发展”活动周调研。

●晋江市政府与晋江市检察院联合设立检察监督指导中心，该举措为全省首创。

4月12日

星期二
农历丙申年三月初六
温度：18℃—22℃
阴转小雨

●“华大讲堂”第58讲举行。

●安溪县举行“百企联百村帮千户”精准扶贫行动启动仪式。

●陈荣洲带领市直部门负责人，赴泉州开发区开展第二季度“促进项目落地、帮扶企业发展”活动周活动。

●2016年中国茶叶区域公用品牌价值评估结果在浙江新昌发布，安溪铁观音以60.04亿元的品牌价值再次荣膺中国茶叶区域公用品牌价值榜首。

●全市打击走私综合治理暨反走私诚信体系建设试点工作会议召开。

“华大讲堂”第58讲举行

“华大讲堂”第58讲举行。中国科学院院士、北京大学原校长许智宏作题为《中国农业发展面临的挑战和科技应对》的报告。市领导陈万里、许昆贞等市委学习中心组成员，市直有关部门、在泉各高校、各民主党派负责人，华侨大学校领导和部分师生参加报告会。许智宏围绕“全球的粮油生产态势”“中国农业生产”“中国农业生产面临的挑战”“中国农业科技及其所起的作用”“在中国未来农业发展中的植物科学”五个方面，解读中国农业发展的现状、当前面临的问题与挑战，并提出如何从科技方面入手应对农业发展的问题。许智宏院士以翔实权威的数据为支撑，深入浅出地讲解农业理论，为泉州加快构建现代农业发展体系提供有益借鉴。市人大常委会主任陈万里为许智宏院士颁发“华大讲堂”主讲嘉宾纪念牌，报告会同时通过新浪微博图文直播。

安溪铁观音品牌价值60.04亿元

2016年中国茶叶区域公用品牌价值评估结果在浙江新昌发布，安溪铁观音以60.04亿元的品牌价值再次荣膺中国茶叶区域公用品牌价值榜首。同时，安溪铁观音品牌还获得“最具品牌经营力”称号首位。2016中国茶叶区域公用品牌价值评估从2015年12月份开始，历时四个月，在全国206个茶叶区域公用品牌中筛选收集108个品牌的相关资料，依据“中国农产品区域公用品牌价值评估模型”（简称CARD模型），对品牌持有单位、消费者、专家等众多对象的多方调查研究，并根据材料的真实性、完整性要求，最终完成92个品牌的价值评估。评估数据显示，92个有效评估品牌的总价值超过1338亿元，比2015年增长50亿元。此次评估品牌的平均品牌价值为14.54亿元。品牌价值最高60.04亿元，最低0.59亿元。

陈荣洲到泉州开发区调研

副市长陈荣洲带领市直部门负责人，赴泉州开发区开展第二季度“促进项目落地、帮扶企业发展”活动周活动。作为市金改重点项目，海峡股权泉州交易中心挂牌企业425家，市领导要求海交泉州中心积极探索融资租赁、商标质押融资、商业保理、内保外贷等业务，为加快金融改革、推动产业转型升级作出更大贡献。调研中，市领导积极为企业谋划发展方向，鼓励企业加强驰名商标创建与马德里商标国际注册申请工作，把中国市场看成世界市场的一部分，强化“市场未动、商标先行”的海外商标保护意识；加强抱团发展，积极探索产业链内技术、资本、智力资源的协作，进一步降低物流、劳动力成本。

座谈会上，市领导指出，市政府将整合各项惠企措施，研究出台支持开发区的专门扶持政策。开发区要政企同心，向转型提质要空间，一方面主动引导企业将生产环节转移到官桥园区，推进基础建设和招商工作，实现发展空间的有效拓展；一方面推动清濛园区引进生产性服务业、物流型等新兴产业，发展总部经济，推进产业模式创新，进一步挖潜增效再造比较优势。企业要持续创新发展，加快智能制造、“机器换工”步伐，以“工匠精神”提升发展质量，实现产业持续转型升级。

安溪县精准扶贫行动启动仪式举行

安溪县举行“百企联百村帮千户”精准扶贫行动启动仪式，市委副书记周银芳、省工商联巡视员陈峰出席并致辞，副市长林万明参加活动。周银芳指出，泉州市从1986年起，开展多轮大规模扶贫，扶贫开发取得显著成效。安溪县实现从贫困脱帽，到基本小康，再到全省十强和全国百强的三大历史性跨越。当前，扶贫开发工作进入攻坚拔寨的冲刺阶段，任务艰巨而繁重。安溪县率先启动“百企联百村帮千户”精准扶贫行动，彰显主动作为、服务大局的责任担当，为全市开好头、发挥示范作用。

周银芳要求，相关县（市、区）要衔接落实帮扶措施，主动协调解决问题。相关部门尤其是工商联、扶贫办，要加强沟通、主动指导，为有能力、有愿望参与扶贫的民营企业提供公益平台和参与渠道。广大民营企业家要发扬大爱、博爱精神，主动承担社会责任，积极参与扶贫开发。贫困村所在乡镇要强化责任落实，把脱贫任务真正分解落实到村、到户、到人，发挥贫困村、贫困户的主观能动性，确保2018年如期实现市定贫困人口全面脱贫的目标。

4月13日

星期三
农历丙申年三月初七
温度：18℃—22℃
大雨转阵雨

●全国人大环资委调研组到泉州调研海洋环境保护。

●13—14日，许昆贞、炳春率队到丰泽区开展2016年第二季度“促进项目落地、帮扶企业发展”活动周调研。

●温惠榕带领市直有关部门负责人，到安溪县察看企业生产和项目建设，开展第二季度“促进项目落地、帮扶企业发展”活动周调研。

●陈灿辉率队到永春企业、项目一线，开展第二季度“促进项目落地、帮扶企业发展”活动周调研。

●福建省首个PPP模式智能充电站落成暨城市级充电网络群启动仪式在晋江举行。

全国人大环资委调研组到泉州调研海洋环境保护

以全国人大环资委副主任委员张宝顺为组长，全国人大环资委副主任委员王鸿举、黄小晶为成员的全国人大环资委调研组到泉州，就《中华人民共和国海洋环境保护法》修改相关情况进行调研，并对《中华人民共和国海洋环境保护法》在泉州的实施情况开展考察。省人大常委会副主任陈伦，市领导郑新聪、康涛、陈万里、林伯前、曾巍参加。

在中化泉州石化有限公司，调研组听取企业发展情况，特别是环保设施投入及运行情况的汇报。调研组要求企业不仅要加强环保设施的建设，更要注重环保设施的安全高效运行，最大限度减少环境污染，维护环境安全。随后，调研组还先后实地察看了企业中控室、质检中心和污水处理设施，鼓励企业以更先进的技术、更完善的管理，有为应对行业安全生产形势，确保污染物全面达标排放。

位于洛阳江入海口附近，泉州湾河口湿地省级自然保护区是全国乃至亚洲重要的湿地。调研组详细了解情况并指出，泉州保护修复红树林资源措施实、效果好，值得总结推广，为沿海地区科学营造人与自然和谐共处环境提供有益借鉴。调研组对泉州在海洋生态环境保护以及海洋资源开发利用上取得的成效表示赞赏，要求泉州再接再厉，高度重视经济开发和生态保护的协调，切实将生态文明建设融入经济社会发展中，努力以发展和生态的两手抓、两手硬，为人民群众带来长远福祉。同时，希望泉州贡献宝贵意见，助力海洋环境保护制度和机制不断建立完善。

许昆贞　卢炳春到丰泽区调研

13—14日，市委常委、政法委书记许昆贞，副市长卢炳春率队到丰泽区开展2016年第二季度“促进项目落地、帮扶企业发展”活动周调研，详细了解企业生产和项目的进展状况。市领导一行察看华大片区6号地块棚户区、泉州软件园、晋江下游生态整治工程一期、公式埔渔人码头、虎都（中国）实业有限公司、泉州市冠亚彩色印刷有限公司、泉州市师傅邦网络科技有限公司、泉州曦日艺品有限公司、福建即富宝信息技术有限公司等11家（个）企业和项目，帮企业发展支招，为项目建设鼓劲。座谈会上，针对企业和项目提出的人才、用地、资金、审批等系列难题，市中级人民法院，以及市经信委、科技局、公安局、民政局等单位负责人予以一一回应解决。

温惠榕到安溪调研重点项目

市委常委、市纪委书记温惠榕带领市直有关部门负责人，到安溪县察看企业生产和项目建设，开展第二季度“促进项目落地、帮扶企业发展”活动周调研，为企业发展、为项目推进加油打气鼓劲。市领导对安溪县在应对经济下行压力的形势下，企业项目的发展仍然保持较好的势头表示肯定。认为许多好的企业对地方的经济发展，对促进就业发挥积极的贡献，特别是一些安溪籍的企业家带着对家乡的感情回乡投资创业十分令人感动。各级政府和有关部门对这些项目要给予大力支持，全力支持企业发展，努力创造良好的投资环境，鼓励企业做大做强。同时对一些比较有意义的景点和古树要予以保留，遵循自然规律，保护好生态景观，为群众创造良好的生活环境。

陈灿辉到永春调研企业项目

副市长陈灿辉率队到永春企业、项目一线，开展第二季度“促进项目落地、帮扶企业发展”活动周调研。调研组先后走访永春元龙环保公司、万家美服饰公司、恒福织造项目、远翔贸易公司、永燠制药公司、美律科技公司、埔头村美丽乡村建设项目等，详细了解企业发展和项目建设情况，倾听意见建议，帮助协调解决困难问题。在万家美服饰公司，在详细询问企业设备投资回报、融资成本、用工成本、产值效益等经营情况后，市领导提醒企业积极申请贷款优惠利率政策，鼓励进一步科学设计生产流程，实现精致化管理，赢取更多利润。调研中，得知企业急需数控、模具等方面人才，市领导当场为其牵线，要求科技部门积极促成企业与华中数控、嘉泰数控等的对接合作，要求当地政府和相关部门进一步优化落实人才政策，帮助企业留人更留心。调研期间，市领导还指出，市、县两级部门要积极拓展思路，及时研究、高效解决企业、项目遇到的困难问题，切实做到靠前服务，精准帮扶。

4月14日

星期四
农历丙申年三月初八
温度：17℃—23℃
阵雨

●市委召开常委会分析第一季度经济运行情况。

●泉州市涉老组织第20次联席会召开。

●2016年全市消防工作会议暨迎接国务院2015年度消防工作考核部署会召开。

●泉州首例“4+1”大陪审模式开庭。

●由市妇联组织开展的“最美家庭”巡回宣讲活动首站走进德化，六位“最美家庭”典型代表组成的宣讲团以自己的亲身经历，为在场的300多名观众讲述各自的家庭故事。

市委召开常委会分析第一季度经济运行情况

市委召开常委会，分析第一季度全市经济运行情况，研究下一步经济工作。市委书记郑新聪主持会议，市委常委参加会议，市人大常委会、市政协党组主要负责人列席会议。

会议指出，2016年以来，市委、市政府各项部署抓得早，各级各有关部门比较努力，经济开局总体平稳，积极因素在增多。但当前形势依然严峻，经济下行压力还在加剧，指标运行差距较大；行业发展在分化，企业面临多重困难；项目前期初步形成氛围，但推进力度亟须加大。各级各有关部门要增强危机感和紧迫感，直面挑战，提高执行力，齐心协力扛起重担，长短结合推进工作，努力为巩固经济稳中向好势头不断蓄能增势。

会议要求，要督促落实，推动增长大盘尽快向好。突出加强政策兑现落实，分口研究解决企业提出的焦点问题，切实增强“活动周”实效。要坚定不移，抓好供给侧结构性改革各项重点工作。兼并重组要持续发力，把握政策方向，树立算大账意识，创造条件鼓励龙头企业参与并购和相关企业的破产重整。“泉州制造2025”要走前头，力争列入“中国制造2025”试点示范城市，筹备办好全国“数控一代”经验交流会。人才、平台等专业要素集聚要紧抓不放，积极引进创新大平台，邀请高校科研院所参与推进产业转型升级路线图；重新审视、修订现有人才政策，根据泉州实际调整人才认定门槛，突破体制机制障碍，调动人才积极性，让人才引得进、留得住；重视职业教育发展，推动高校人才培养与产业发展需求更加契合。新经济新业态培育要坚持不懈，加快打造“泉州购”“泉商汇”“泉智汇”“泉州仓”四大平台；学习借鉴先进经验，加强跨境电商通关环境建设，建好用好综合保税区。要毫不动摇，下大力气把项目投资抓上去。认真落实重大项目前期工作活动年的各项部署，全力抓前期、推项目、促投资，抓补短板工程包，抓紧建立项目库滚动管理，加大协调推进力度；抓重大项目前期，确保2016年计划开工的重大项目早日形成投资实物量，同时加紧策划一批新项目；积极筹备参加全省招商活动，组织开展产业链、现代服务、股权投资机构等系列专场专题招商。

会议强调，经济形势越是困难，越考验着各级干部的担当和作为。要以落实论英雄，以担当促发展。坚持正确用人导向，严格落实市委关于换届工作的部署，强化量化考评，激励干部干事创业。构建“亲”“清”的政商关系，教育引导广大干部大胆为企业服务，既抓作风、效能建设，又抓办事流程、服务方式的优化。要合力共为，市四套班子特别是党政班子要同舟共济，各职能部门要多担待、多担当，心往一处想，劲往一处使，任务一起挑、困难一起扛，推动全市经济稳步回升，为全省发展大局作出应有贡献。

会议还传达贯彻中央、省委“两学一做”学习教育工作座谈会精神，就抓好泉州学习教育工作作出部署，并研究有关议题。

泉州首例“4+1”大陪审模式开庭

晋江法院开庭审理晋江某车行起诉黄某华驾车撞坏车行店面一案时，审判席上出现“4名人民陪审员+1名法官”的阵容，这是泉州首起适用“4+1”大陪审模式进行开庭审理的案件。2015年4月，经全国人大常委会授权，最高人民法院确定在全国10个省（区、市）各选5个法院开展人民陪审员制度改革试点工作，晋江法院作为福建省5家试点单位之一。晋江法院出台细则办法明确规定，今后涉及群体利益、社会公共利益、人民群众广泛关注或者其他社会影响较大的刑事、行政、民事案件，采取“大陪审”模式进行审理，即由2名（含）以上人民陪审员与法官共同组成的合议庭审理。晋江法院表示，采取“大陪审”模式可以更好地发挥人民陪审员在判断案件事实上的作用，也能弥补法官在一些社会经验上的欠缺，促进案件审理更民主公正。

庭审现场　（图/吴寿民）

全市“两学一做”学习教育工作会议召开

全市“两学一做”学习教育工作会议召开。市委书记郑新聪出席会议并讲话，强调要认真贯彻中央和省委的部署，把学习教育作为一项重大政治任务抓紧抓好、抓出实效。

会议要求，各级党组织要把握中央总体要求，聚焦学习教育重要着眼点，对照市委《关于在全市党员中开展“学党章党规、学系列讲话，做合格党员”学习教育实施方案》，从严要求、全面落实。一要突出加强思想政治建设这一首要任务。二要突出经常性教育，以党支部为基本单位，以组织生活为基本形式，以落实党员教育管理制度为基本依托，推动思想政治建设常态化制度化。三要突出基层基础，持续整顿软弱涣散基层党组织，开展党员组织关系集中排查，进一步创新基层党建特色品牌，乘势推动基层党建巩固提升。四要突出以学促行，推动每个党员、干部都把自己摆进去，找准问题、整改到位，特别要把“是否自觉担当作为”“是否严格遵守换届纪律”作为检视“学”得怎么样、“做”得是否合格的重要标尺。

市委常委、组织部长孔繁军就开展全市“两学一做”学习教育作工作部署；市委常委李建辉参加会议。

郑新聪到市信访局接访群众

市委书记郑新聪到市信访局接待来访群众，面对面倾听群众心声，根据具体情况，逐一协调解决具体问题。市委常委、政法委书记许昆贞参加接访。在接访现场，市领导仔细阅读信访材料，耐心倾听、详细询问、认真记录群众所反映的困难和问题，与相关部门负责人会商解决方案，并当场责成有关部门限期解决。

市政府第九十四次常务会召开

市长康涛主持召开市政府第九十四次常务会议。会议审议通过《泉州海上丝绸之路史迹保护条例（草案）》，并研究《关于实施投资工程包的若干意见》。会议指出，泉州历史上是中国与海外文化、贸易交流的重要起点和发祥地，具有众多海上丝绸之路历史遗迹。《泉州海上丝绸之路史迹保护条例（草案）》（以下简称草案）明确要加强对“海丝史迹”的管理保护，维护“海丝史迹”周边环境，重视“海丝史迹”的研究和宣传，对破坏“海丝史迹”景观风貌及实施危及“海丝史迹”安全等违法行为追究法律责任。草案对“海丝史迹”的范围、申报评定、保护与管理以及经费保障、法律责任等方面做出明确规定。会议决定，草案进一步修改后提请市人大常委会审议。会议研究《关于实施投资工程包的若干意见》。会议指出，实施工程包是应对经济下行压力加大，进一步扩大泉州市有效投资，拉动经济稳步增长的重要抓手。各级各部门要按照市委“项目前期工作活动年”工作的总体部署，认真落实好若干意见，明确实施工程包工作分工，倒排工序时间节点，建立协调、落实、督查机制，确保前期工作顺利推进，有效推动项目加快建设。

“中国文学名家看泉州”文学笔会举行

15—17日，由市委宣传部、中国作协《小说选刊》杂志社和泉州市文联举办的“中国文学名家看泉州”文学笔会举行，名家采风团有著名小说家刘庆邦、王祥夫、东西、邵丽、王十月，著名散文家南帆、周晓枫，著名评论家王干等8位鲁迅文学奖得主，以及《人民日报》《光明日报》《文艺报》《小说选刊》等权威报刊的有关领导、作家、专家。采风团参观考察泉州市博物馆、清源山老君岩、泉州海外交通史博物馆、崇武古城、鼎立艺术馆、洛阳桥、清净寺、开元寺、天后宫（德济门遗址）、李贽故居、晋江安踏集团、五店市等名胜古迹及有关企业。中国当代文学名家将通过笔墨，让外界更直观地了解泉州多元文化，广泛深入地宣传泉州人文精神，进一步提升泉州在海内外的影响力。

名家合影　　（图/泉州晚报社）

4月15日

星期五
农历丙申年三月初九
温度：17℃—21℃
阵雨转阴

●全市“两学一做”学习教育工作会议召开。

●郑新聪到市信访局接待来访群众。

●市政府第九十四次常务会召开。

●第119届广交会在广州琶洲展馆举行，泉州市503家企业参展，总展位数1541个，参展企业数和展位数分别占省团1186家企业、3390个展位的42.4%和45.5%，其中品牌展位数452个，占省团品牌总展位数的52.1%。

●全国铁路实行新列车运行图，经停泉州站车次增至202趟。

●15—17日，由市委宣传部、中国作协《小说选刊》杂志社和泉州市文联举办的“中国文学名家看泉州”文学笔会举行。

●宁夏话剧团《回民干娘》在泉州高甲剧场上演，《回民干娘》是根据全国民族团结先进人物孙仙梅、马志英、丁晓莲的先进事迹创作的。

4月16日

星期六
农历丙申年三月初十
温度：18℃—24℃
阵雨

●林俊其、张永宁带领市直有关部门负责人，到泉港区企业项目现场、生产一线，听取企业家意见建议，力促加快项目建设，精准帮扶企业，推动工作有效落实。

●《泉州市人民政府关于鼓励和支持台湾青年来泉创业就业的实施意见》出台，鼓励和支持台湾青年到泉州创业就业。

林俊其张永宁到泉港调研

市领导林俊其、张永宁带领市直有关部门负责人，到泉港区企业项目现场、生产一线，听取企业家意见建议，力促加快项目建设，精准帮扶企业，推动工作有效落实。从纺织行业的生产车间，到粮油企业项目建设现场，市领导一路详细询问企业开工建设、技术改革和现阶段需要哪些方面的政府服务与扶持等问题。在座谈会上，市领导开门见山。企业家也畅所欲言，大方地谈了企业在发展中碰到的用地、用电和资金等方面问题。市领导肯定泉港区委、政府所做的工作，认为泉港在新常态下，在落实市委、市政府决策部署上，在促进项目落地、帮扶企业发展上，目标很明确、态度很积极、措施很有效，服务有成效，保持经济健康有序发展，城乡面貌变化大，民生水平不断提高，社会安定稳定，总体形势稳中有进。

泉州出台十条措施鼓励台湾青年到泉州创业就业

泉州市出台《泉州市人民政府关于鼓励和支持台湾青年来泉创业就业的实施意见》（以下简称意见），从十大方面对此进行扶持。根据意见，支持台湾青年以独资、合资、合伙、合作和其他投资方式，在泉州市数控一代、“泉州制造2025”、智能设备（技术）、社会服务、文化创意、技术研发、工业设计、电子商务、农业开发、物流配送、传媒广告、物联网、高新技术等行业和领域创业。鼓励创建泉州市台湾青年创业基地，重点支持晋江洪山文创园、晋江“三创”园、福建闽台农产品市场、泉州台商投资区等初具规模、条件较成熟的各类园区创建“泉州市台湾青年创业基地”。

相关链接：2016—2018年，市财政每年将安排150万元，对形成台湾青年集聚创业示范效应的泉州市台湾青年创业基地给予奖励。对累计引进8家以上台湾青年创业企业、吸引台湾青年16人以上，且持续经营满1年以上的基地，给予不超过50万元的奖励；对累计引进15家以上台湾青年创业企业，吸引台湾青年30人以上，且持续经营满1年以上的基地，给予不超过100万元的奖励。具体奖励认定办法另行制定。创业资金不足的台湾青年，可申请最高不超过10万元的小额担保贷款，并享受第一年100%、第二年80%、第三年50%的小额担保贷款财政贴息，提供贴息最长不超过3年。此外，推动泉州银行等金融机构为在泉州市创业的符合各金融机构准入条件的台湾青年提供5年以内、单户额度30万以内的优惠“台湾青年创业专项贷款”。鼓励社会资本积极参与成立创业投资基金或引进创业投资基金，为台湾青年创业提供投融资服务；鼓励民营企业、行业协会、群团组织、中介机构和天使投资人等以多种方式为台湾青年创业提供融资服务和设备融资租赁。

《意见》指出，经评审符合相应标准的台湾青年创业项目，可根据项目的科技含量、投资规模、市场前景和经济社会效益等，由项目所在地县（市、区）财政给予5万—15万元相应类别的创业项目启动资金扶持。对从事农村规模种养、农业技术推广、农产品精深加工和农产品电子商务等涉农台湾青年创业项目，可优先安排入驻各类农民创业园，享受省、市支持农民创业园建设的各项优惠政策；对投创科技型、文化创意型及动漫、设计、软件、互联网+等行业中小微企业的台湾青年创业项目，优先推荐入驻当地科技企业孵化器，享受支持入孵企业的各类优惠政策。

台湾青年创业基地所在地政府应指定1个机构，作为台湾青年创业辅导的工作机构，负责为台湾青年创业提供法律咨询、项目对接、贷款融资、工商税务、知识产权等前期服务，提供企业报建和运营期间所需的配套服务，提供投资经营者子女就学、住房补贴、驾照办理、社保医疗等相关问题的协调服务。2016—2018年，市财政每年安排50万元，对推荐或辅导台湾青年来泉创业做出实效的示范团队进行奖励。具体奖励认定办法另行制定。

在泉州创业台湾青年，符合《泉州市引进高层次创业创新人才若干规定》引进条件，经认定为泉州市创业创新领军人才或团队核心人才的，参加境内外培训，由市就业专项资金给予培训费用补贴，累计最高不超过5万元。台湾青年在台湾青年创业基地内设立公司，所在地政府通过评估可根据不同业态、投资规模、企业经营情况，向台湾青年提供免费办公经营场地或租金补贴。在泉州创业就业台湾青年，其子女接受高中阶段（含）以下教育，享受居住地或工作地居民同等待遇，由居住地或工作地所在县（市、区）教育行政部门负责办理入、转学手续，不收取国家规定以外费用。在报考泉州市高中阶段入学考试时，享受加分待遇。台湾青年在泉州创业并聘用台湾青年的，本人及所聘用的台湾青年可同等享受小微企业招收应届高校毕业生社保补贴政策。

泉州市纺织鞋服产业转型升级路线图发布

泉州市纺织鞋服产业转型升级路线图发布。路线图深刻剖析国内外及泉州市纺织鞋服业现状，制定发展路线，明确泉州将推动产业向高端化、差异化发展，产品向个性化、定制化、功能化发展，全方位转型升级，全力建设世界纺织鞋服基地。

总体目标：至2020年产值超5000亿元

路线图指出，泉州市纺织鞋服产业发展目标为：发挥纺织鞋服品牌企业、上市企业多的优势，突出研发新材料、新产品，努力完善产业生态链。整合提升石狮、晋江等地在设计、制造、营销等领域的优势，形成全市各地抱团发展、协同发展的整体效应，进一步强化产业链核心竞争力。支持龙头企业发展总部经济，积极布局国际、国内两个市场，提升晋江、石狮纺织鞋服产业集聚水平，推进石狮、晋江、永春、泉州开发区等特色轻纺基地做大做强，建设世界纺织鞋服基地。到2020年纺织鞋服业产值超5000亿元，年均增长6%。

为推动目标实现，泉州市将拓展延伸纺织服装和鞋业两大产业链，努力填平补齐纺织服装和鞋业产业链的空白点和薄弱环节，通过产业纵向和横向的整合、融合，形成一条紧密相连的产业链条，让产业在高度融合中裂变，通过大循环来释放大产能，真正激发产业链的潜力。

纺织服装：打造“运动休闲产品之都”

根据路线图，纺织服装产业链的发展目标为：力争2020年总产值达3100亿元以上，将泉州打造成国内外知名的“运动休闲产品之都”和“时尚之都”。

发展重点：形成涵盖棉纺、化纤、织造、染整、成衣、研发设计、辅料、营销等领域较为完善的产业链条，以及专业市场、物流、会展等行业资源配套完善的发展格局。支持运用高新技术改造提升纺织服装产业，着力补齐高端面料环节，开发应用新型纺织材料，发展多种功能性、超舒适高端面料，提高家用纺织品，大力发展产业用纺织品，大幅提高智能型土工布、生物医用、保健防护、交通工具用纺织品等产品的比重。

同时，泉州市将重点抓好包括提高功能性高档纺织面料开发能力，提高棉纺高档坯布织造能力，加强产业用纺织品研发应用，开发创新新型家用纺织品，建立现代服装产业链，做强闽派休闲服装品牌，加强新型女装、内衣、T恤衫、童装等开发在内的多项工作。

制鞋业：打造全国最大的鞋业生产基地

制鞋业产业链条方面，泉州市将力争2020年总产值达1900亿元以上，打造全国最大的鞋业生产基地和全球知名的现代化制鞋产业基地。

发展重点：重点提高科技创新能力和开发水平，开发高性能、智能化、舒适性鞋用新材料和鞋类新产品；加强企业内控技术标准体系建设，提高管理水平和产品质量；推动“互联网+”和智能制造对制鞋产业的改造，通过大数据的应用，向以市场和消费者为主导的大规模个性化定制和柔性化生产模式转变，向服务型制造业转变；积极传播运动、健康理念，从原来单纯生产产品向提供运动、健康理念和服装等时尚产业转变，提升泉州制鞋业产业的品牌价值和文化内涵；推动泉州制鞋业产业全产业链优势资源的系统集成和高端整合，逐步形成全国乃至全球范围制鞋业产业优质资源的配置能力和配置体系。

在制鞋设备方面，鼓励采用和发展自动化、智能化鞋底制造设备和控制系统等；在鞋面鞋材方面，重点发展高性能、多功能的真皮鞋面皮革等高端鞋面鞋材；在鞋底鞋材方面，重点发展改性橡胶及其他高性能、可降解的新型高端鞋底鞋材。

2016年石狮国际时装周举办

17—20日，2016年石狮国际时装周在石狮服装城举办。该次时装周以“创意石狮·时尚互联”为主题，定位为“互联网+产业平台型”时装周。主办方在于借力互联网，打通线上线下一体化服务，连接网批产业与时尚产业，构建互联网时尚产业生态圈，塑造一个集中、专业、及时展示商品的新兴网批模式的平台，全力打造石狮时尚产业的新未来。

时装周分为四个章节内容进行，分别为“创意石狮·时尚互联”2016石狮国际时装周、2016“石狮青创城杯”中国网商时尚模特大赛、青年创意市集暨首届石狮市青年创意文化艺术节、石狮杯·福建省第二届“十佳服装设计师”推选。各个部分都体现着专属于本次时装周的独特亮点，即跨文化交流、“互联网+产业平台”、跨界融合和服装产学研合作。

4月17日

星期日
农历丙申年三月十一
温度：18℃—24℃
阵雨转小雨

●泉州市纺织鞋服产业转型升级路线图发布。

●2016年全球鞋业暨体育产业发展趋势论坛暨中国皮革协会鞋业、鞋材专业委员会年会在晋江举行，来自全国各地的体育产业专家、龙头企业负责人共同探讨体育产业的发展趋势。

●17—20日，2016年石狮国际时装周在石狮服装城举办。

●“中国文学名家看泉州”座谈会举行，到泉州采风的文学名家团与本土作家代表交流对话，把脉泉州文学创作。

●晋江市泳装产业协会成立。

●泉州线下AB制沙龙爱心志愿者慈善组织一行，带着社会爱心人士捐赠的粮油等生活物资，来到洛江区虹山乡，慰问生活贫困的群众。

4月18日

星期一
农历丙申年三月十二
温度：15℃—19℃
阵雨转多云

●第二届中国（泉州）海上丝绸之路国际品牌博览会、第十九届海峡两岸纺织服装博览会在石狮国际轻纺城举办。

●泉州市防汛防台风工作专题会议召开。

●“中国·晋江鞋业发展指数”在鞋博会开幕式上对外发布。

●18—20日，第四届石狮电商大会在海西（石狮）电子商务园区举办。

●“看体育名城　享晋江经验”媒体采风团走进晋江鞋博会。

●由中国纺织服装教育学会和石狮市政府主办的第五届“石狮杯”全国高校毕业生服装设计大赛决赛在闽南理工学院宝盖校区体育馆内举行。

●18—20日，泉州市转型升级（深圳）研修班在深圳举行。

“海丝”海博会晋江鞋博会开幕

第二届中国（泉州）海上丝绸之路国际品牌博览会、第十九届海峡两岸纺织服装博览会（“海丝海博会”）在石狮国际轻纺城举办。同时，第十八届中国（晋江）国际鞋业（体育产业）博览会（“鞋博会”）在晋江开幕。

“晋江鞋博会”开幕式　（图/李芸生）

作为“中国最具影响力纺织服装展会”和“改革开放30个最受关注的展会”之一，海博会连续成功举办十八届，是海峡两岸纺织服装产业和市场对接的重要载体和重要平台。第二届“海丝”国际品牌博览会和第十九届海博会联合主办，突出“新丝路、新合作、新融合”及“两岸、休闲、时尚”的主题，主展馆面积10万平方米。由于双展同期举行，展会规模和档次创历届最高，国际化特点也更加突出，不仅内设英国馆、意大利馆、台湾馆、泉州商标馆等多个主题展馆，还吸引来自伊朗、泰国、越南、马来西亚等45个国家和地区的700多家企业参展。当天，石狮国际轻纺城同步开业，800多家面料企业进驻，同步设立机械馆和辅料展区。展会吸引超5000位客商到会参观和采购。

“海丝海博会”开幕　（图/颜华杰）

同日开幕的鞋博会在连续举办十七届以后，于2016年升级为体育产业博览会。展会通过全力打造汇集体育用品、体育营销资源、体育文化与科技的综合性体育产业盛会，构筑体育产业发展的高端平台。本届展会规划展览面积5万平方米，设置1800个国际标准展位，不仅集中展示鞋类制成品、鞋材及辅助材料、鞋机等传统制鞋元素，还展示泳装、户外用品、体育器械等体育元素，展会内涵进一步拓展，将是国内外体育产业最新发展趋势、最全行业信息的一次权威发布。“全产业”和“国际化”是本届展会的主要特点，一方面，在保留鞋机、鞋材、鞋类（体育用品）成品馆三大展区的基础上，新设泳装馆、体育装备馆、“互联网+电商”等专馆，基本涵盖体育产业全业态；另一方面，展会吸引德国、意大利、法国、奥地利等国家和地区的协会、企业和专家学者参会，来自法国、澳大利亚、印度、哥伦比亚、南非等70多个国家和地区的采购商参展、对接采购，并首次设立“韩国潮流馆”和“越南馆”，对接融入“一带一路”倡议，促进双向投资和贸易往来。

“中国·晋江鞋业发展指数”发布

“中国·晋江鞋业发展指数”在鞋博会开幕式上对外发布。这也是国内首个针对鞋业和鞋产品的综合指数。“中国·晋江鞋业发展指数”是遵循现代统计指数科学原理、方法和综合评价理论，结合晋江运动鞋产业特点，通过对60家鞋业企业采集的数据进行科学计算，全面反映晋江鞋材、成品鞋市场价格变化情况、鞋产业发展态势及外贸行情趋势的综合指数。“中国·晋江鞋业发展指数”发布周期为每月一次，每月初发布上个月的各项指数。

第十八届晋江（国际）鞋业博览会　（图/李芸生）

南洋华裔族群寻根谒祖综合服务平台试点启动

南洋华裔族群寻根谒祖综合服务平台在石狮市灵秀镇彭田村启动“小平台”试点，该试点从征集族谱、普查入手，再到电脑录入、形成大数据库，试运行成功后将推广到大数据平台。彭田村是著名的侨乡，这次试点的预期目标是建成彭田村谱牒、宗祠、海外华侨社团、重点人士、归侨侨眷等数据库小型平台，海内外用户可通过访问界面，补充、查询、了解家族来源、迁徙轨迹和家族生息繁衍、婚姻文化、族规祖训，以及海外宗亲社团活动侨界人士事迹等。

作为建设21世纪海上丝绸之路先行区的重要内容，泉州市拟打造南洋华裔族群寻根谒祖综合服务平台。项目将以谱牒方志为核心，建立包括姓氏宗祠、宗亲社团、海外华侨华人社团、侨商侨智和归侨侨眷等方面信息的海量数据库，力争实现姓氏族谱查询、寻根谒祖服务、宗亲联谊互动、社团交流往来、商贸投资引导服务等综合服务功能。按照计划，平台首期工程将于2019年年底前完成近万册谱牒文献的数字化，以及海外华侨华人社团、重点人士等相关数据库建设，建成比较完善的寻根平台，并对外提供服务。同步策划的第二期工程，将结合“海丝”文化中心建设和泉州华侨历史博物馆提升改造，建成集谱牒文献库房、办公区、展览区、公众服务区于一体的寻根文化园区，并对各个子数据库进行完善充实，全面建成可互动共享的寻根寻亲、亲情互动网络平台。

媒体采风团在晋江采风

“看体育名城 享晋江经验”媒体采风团走进安踏、华宇铮鍪、361°，了解晋江企业在科技创新、智能制造及企业文化塑造等方面的做法，探寻制造基地成为品牌之都背后的推动力。采风团的总编（记者）们还走访晋江五店市传统街区。此前，采风团采访晋江鞋博会。（图/泉州晚报社）

30个沿海乡镇帮扶1200户贫困户脱贫

从市农业局获悉，泉州市开展沿海发达乡镇结对帮扶扶贫开发重点乡镇贫困户工作，30个沿海乡镇（街道）结对帮扶30个市级扶贫开发重点乡镇，每个沿海乡镇（街道）结对帮扶相对应乡镇40户贫困户。相关实施方案要求，30个市级扶贫开发重点乡镇在筛选确定挂钩帮扶对象时，优先考虑少数民族、计生户等建档立卡贫困户，优先考虑老区村、少数民族村的建档立卡贫困户，优先考虑国定和省定标准建档立卡贫困户。

晋江帮扶安溪，共10对，分别是青阳街道与福田乡，罗山街道与桃舟乡，陈埭镇与蓝田乡，安海镇与祥华乡，磁灶镇与湖上乡，东石镇与白濑乡，金井镇与大坪乡，深沪镇与虎邱镇，池店镇与芦田镇，英林镇与西坪镇。石狮帮扶永春，共8对，分别是凤里街道与呈祥乡，湖滨街道与外山乡，灵秀镇与介福乡，宝盖镇与东关镇，蚶江镇与苏坑镇，永宁镇与玉斗镇，祥芝镇与桂洋镇，鸿山镇与锦斗镇。丰泽帮扶德化，共7对，分别是华大街道与春美乡，东湖街道与大铭乡，丰泽街道与汤头乡，泉秀街道与杨梅乡，东海街道与桂阳乡，城东街道与上涌镇，北峰街道与赤水镇。鲤城参与的5个对子中，3个街道对应南安乡镇，分别是开元街道与向阳乡，鲤中街道与眉山乡，海滨街道与东田镇。此外临江街道对应洛江区虹山乡，江南街道对应泉港区界山镇。

泉州市转型升级研修班在深圳举办

泉州市转型升级（深圳）研修班在深圳培训学习期间，学员们走进名校课堂、探访知名企业，问道企业创新转型、提档升级的发展之路。图为学员们参观华为总部。（图/吕斯达）

4月19日

星期二
农历丙申年三月十三
温度：15℃—22℃
多云

●南洋华裔族群寻根谒祖综合服务平台试点启动。

●“看体育名城 享晋江经验”媒体采风团走进安踏、华宇铮鍪、361°，了解晋江企业在科技创新、智能制造及企业文化塑造等方面的做法，探寻制造基地成为品牌之都背后的推动力。

●从市农业局获悉，泉州市开展沿海发达乡镇结对帮扶扶贫开发重点乡镇贫困户工作，30个沿海乡镇（街道）结对帮扶30个市级扶贫开发重点乡镇，每个沿海乡镇（街道）结对帮扶相对应乡镇40户贫困户。

●泉州市转型升级（深圳）研修班举办。

4月20日

星期三
农历丙申年三月十四
温度：19℃—27℃
阴

●市政府与中国农业银行福建省分行签订全面战略合作备忘录。

●市双拥工作领导小组召开第二十五次全体（扩大）会议。

●20—26日，2016年泉州市知识产权宣传周活动举办。

●泉州籍著名作家、外交家司马文森百年诞辰纪念活动在北京举行。

●泉州第一本《不动产权证书》在晋江市不动产登记中心服务窗口颁发。

●市商务局、旅游局、新闻办、食品药品监督局联合泉州市餐饮行业协会、泉州市名厨协会、泉州市风味小吃同业公会等行业协会联合举办的2016“泉州十大名菜”系列评选活动开幕。

●由泉州市青少年宫主办的2016年第一期“流动少年宫”活动在泉州市实验小学洛江校区举行。

●国家级非物质文化遗产乌龙茶铁观音制作技艺传习所揭牌仪式在安溪县西坪镇举行。

市政府与中国农业银行福建省分行签订全面战略合作备忘录

市政府与中国农业银行福建省分行签订全面战略合作备忘录。市长康涛出席签约仪式并感谢农行福建省分行长期以来对泉州经济社会发展的关心支持，希望农行在产业转型升级、现代农业发展、基础设施建设、新型城镇化建设等领域加大在泉金融投放力度，深化双方战略合作，努力实现共赢发展。农行福建省分行行长张建良、副市长陈灿辉、市政府秘书长吴友才参加。

市双拥工作领导小组全体会议召开

市双拥工作领导小组第二十五次全体（扩大）会议召开。市委副书记周银芳出席会议并讲话，副市长陈荣洲主持会议和部署双拥工作，泉州军分区政治部主任姚晓明、某部副政委郑宏谋参加。周银芳指出，泉州市军地双方在政治上互相爱护，工作上互相支持，双拥工作亮点纷呈，尤其是创建全国双拥模范城“八连冠”工作取得较好成效。

会议强调，各级各部门要以强化政治责任感为根本，强化政治意识、大局意识、责任意识、看齐意识，按照中央、省委的部署要求做好双拥工作。要以军民融合深度发展为主线，努力推进基础设施、通用保障、人才培养、和谐家园等全要素、多领域、高效益军民融合，推动军地建设协调发展、互利双赢。要以支持部队改革为重点，按照“军改所需、地方所能，特事特办、办就办好”的原则，全力帮助部队解决困难。要以创建“八连冠”为抓手，严格对照新颁发的《全国双拥模范城（县）考评标准》要求，全面梳理整改，确保如期实现目标。要以创新为动力，盘活军地资源，创新双拥共建平台、活动方式，打造具有泉州特色的新亮点。

司马文森百年诞辰纪念活动举行

泉州籍著名作家、外交家司马文森百年诞辰纪念活动在北京举行。活动由中国左翼作家联盟成立大会会址纪念馆、八路军桂林办事处纪念馆、中国华侨历史博物馆主办。司马文森的革命战友、一起共事的著名文化人的后代、来自各地的专家学者、友人参加纪念活动。司马文森为中国文学事业、文化外交事业和统战工作做出卓越贡献。泉州是司马文森的故乡，泉州市委党史研究室、泉州市文联等单位和司马文森泉州宗亲代表一起参加纪念活动。纪念会上，司马文森之女司马小萌向中国华侨历史博物馆赠送三部由司马文森编剧的华侨题材影片影碟复制版。这三部影片分别为《火凤凰》《海外寻夫》和反映福建侨乡人民生活的纪录片《故乡》。其中前两部影片取材于福建泉州，于20世纪50年代初在香港摄制，当时引发巨大哄动，影响很大。至今，这些作品仍被视为香港电影史上重要的一页。

相关链接：司马文森（1916—1968）出生于泉州，原名何应泉，曾用名何章平，常用笔名：林娜、耶戈、林曦、林纳、文森、宋芝、宋桐、何文浩、何汉章、马霖等。是中国共产党资深的文化工作者、统战工作者、作家和外交家。1941年创办大型文艺期刊《文艺生活》，成为国统区抗战、进步文艺的一面旗帜；至1950年7月停刊延续9年，曾在东南亚一带，产生过很大影响。司马文森著述颇丰，主要有长篇小说《雨季》《南洋淘金记》《人的希望》《风雨桐江》；中篇小说《尚仲衣教授》《折翼鸟》《转形》《成长》《菲菲岛梦游记》《汪汉国的故事》；短篇小说集：《一个英雄的经历》《人间》《奇遇》《小城生活》《孤独》《大时代的小人物》《蠢货》；散文及报告文学《粤北散记》《过客》《上水四童军》《新中国的十月》《彩蝶——新中国外交官的海外散记》等；并有多部电影剧本《火凤凰》《海外寻夫》《血海仇》。

泉州首本不动产权证书颁发

泉州市第一本不动产权证书在晋江市不动产登记中心服务窗口颁发，这标志着不动产统一登记制度在泉州正式落地。晋江作为全省首批试点，率先结束土地、房产、林木、海域等不动产分散登记的历史，实现房产、土地、林权、海域“四证合一”。开展不动产统一登记，是推进简政放权、降低行政成本的有效举措，同时也是一项便民利民的工程。在不动产信息化平台建设上，晋江把实景三维模型应用到不动产统一登记中，这在全省乃至国内属首创，它代替传统的照片采集方式，实现多维度、在线查看实景数据，使四至更清晰，产权更明确，避免不动产纠纷。

泉州市“十三五”知识产权工作专项规划出台

泉州市知识产权工作领导小组办公室发布《泉州市“十三五”知识产权工作专项规划》，明确“十三五”知识产权工作的发展方向和发展目标，将重点开展知识产权助力城市发展工程、知识产权助力产业聚合工程、知识产权助力企业发展工程、知识产权保护联动工程、知识产权人才培育工程等五大工程，更好地发挥知识产权在建设“五个泉州”中的支撑作用，力争到2020年，累计获得专利授权15万件以上，每万人口发明专利拥有量5.6件以上，境外专利申请量逐年增长。

非公企业“两学一做”调研座谈会召开

市委副书记周银芳到晋江盼盼食品有限公司召开非公有制企业开展“两学一做”学习教育调研座谈会。市委常委、晋江市委书记李建辉参加调研座谈。会议指出，非公企业开展“两学一做”，总的安排要“三统三分”，即总体部署要统一、注重分类指导；工作标准要统一、注重分层区别；保持政治本色要统一，注重分岗要求。学的方面要“三个保证”，即人员、时间、效果要保证，通过组织关系排查确保“一个党员都不少”的参加学习教育；采用分区域、小型化和实时网络视频等形式确保每个月每季度集中学习的时间；通过做好学习计划检查、督查、测试、交流经验等确保学习教育成效。做的方面要“三个到位”，即承诺、践诺、评诺要到位，每个党员要对照党员标准和岗位职责做出承诺，认真践诺发挥作用，年底对照党员标准和承诺书参加民主评议。周银芳强调，非公企业要通过“两学一做”学习教育激发党员职工干事创业的热情，促进企业发展，要用企业的发展成果检验学习教育的成效，做到学习教育和企业生产两不误、两促进。

全市经济运行分析暨“行动方案”督查落实第一次专题会议召开

市长康涛主持召开2016年全市经济运行分析暨“行动方案”督查落实第一次专题会议，分析一季度经济运行情况，通报生态环境保护检查和效能工作督查等方面情况，研究部署二季度有关工作。市委常委、常务副市长林伯前，副市长陈荣洲、周真平、卢炳椿、陈灿辉、林万明，市政府秘书长吴友才参加会议。

会议强调，一要增强信心。泉州市经济基本面总体平稳、新亮点不断呈现，各级各部门既要看到客观存在的问题与挑战，更要看到逐渐明朗的各项利好，把握机遇、振奋精神，共克时艰、共谋发展。二要坚定决心。积极作为，主动担责，特别是围绕重大项目建设、产业转型升级、稳增长等重点工作和关键环节，拿出干事创业的决心和干劲，层层传导压力责任，逐条逐项抓好落实，确保目标任务按序时推进。三要更加用心。结合自身实际，挖掘潜力和优势，进一步厘清发展思路；突出问题导向，采取更具针对性的工作措施，同时加强督查，切实把措施转化成落实的具体行动，确保工作实效；注重举一反三，建立健全工作机制，及时解决苗头性问题，推动引领发展。

会议要求，各级各相关部门要对照清单，逐一限时整改落实省、市通报的环保问题，努力实现经济发展与环境保护齐头并进；要强化效能意识，加强项目常态化监督、管理和服务，进一步提升优化行政审批服务，确保政府高效、规范运行，为全市科学发展跨越发展营造良好环境。

全市重大项目协调调度会暨项目工作推进汇报会召开

泉州市召开一季度重大项目协调调度会暨项目工作推进汇报会。市长康涛强调，要加密项目建设协调调度，坚持“一季一督查、一月一协调”，及时化解困难问题。市重点办要对标寻差，强化督促；牵头部门要负起责任，一抓到底；相关部门要主动靠前服务，加强业务指导，按照时间节点倒排计划，齐心协力把工作往前推，确保项目建设取得实效。副市长陈灿辉，市政府秘书长吴友才参加会议。

4月21日

星期四
农历丙申年三月十五
温度：21℃—29℃
阴

●全市经济运行分析暨“行动方案”督查落实第一次专题会议召开。

●泉州市召开一季度重大项目协调调度会暨项目工作推进汇报会。

●泉州市知识产权工作领导小组办公室发布《泉州市“十三五”知识产权工作专项规划》。

●非公企业“两学一做”调研座谈会召开。

●省住建厅在泉州召开住房城乡项目投融资对接会。

●由中共泉州市委党校、泉州市红十字会主办的急救知识讲座走进干部培训课堂。

4月22日

星期五
农历丙申年三月十六
温度：21℃—26℃
阵雨转阴

●22—23日，省委常委、组织部长王宁到泉州调研“两学一做”学习教育和基层党建工作，市领导康涛、孔繁军参加调研。

●市政府第九十五次常务会议召开。

●市十五届人大常委会第五十四次主任会议召开。

●市交通委召开会议，部署“创文明、强管理、重服务、提水平”巩固提升活动。

●泉州市国君创投新兴产业股权投资基金成立，该基金系泉州市政府发起设立的首只股权投资基金。

●情系八闽——何路鸿书画作品展在市区威远楼举行，展出泉州市知名书法家何路鸿书画作品近50件。

●22—24日，2015—2016中国大学生五人制足球联赛福建赛区比赛在福建师范大学进行，华侨大学足球队获冠军。

王宁到泉州调研“两学一做”学习教育和基层党建工作

22—23日，省委常委、组织部长王宁到泉州调研“两学一做”学习教育和基层党建工作，市领导康涛、孔繁军参加调研。王宁在调研中强调，要按照中央和省委的部署要求，以“两学一做”学习教育为带动，加强基层党建，使党的每一个细胞都健康起来，每一个组织都坚强起来。王宁一行到丰泽区领SHOW天地、晋江海峡国际五金机电城、磁灶镇大埔村、五店市传统街区调研，详细了解基层党建工作情况，并召开座谈会，听取基层党员干部的意见建议，对泉州“两学一做”学习教育和基层党建工作给予肯定。

市政府第九十五次常务会议召开

市长康涛主持召开市政府第九十五次常务会议，研究通过《泉州市人民政府关于进一步加强扶残助残工作 加快推进残疾人小康进程的实施意见》《泉州市江南新区单元控制性详细规划》。会议原则通过《泉州市江南新区单元控制性详细规划》。会议还研究其他事项。

市十五届人大常委会第五十四次主任会议召开

市十五届人大常委会第五十四次主任会议召开。市人大常委会主任陈万里主持会议，副主任洪泽生、吕竞、张建生、朱团能、曾巍，秘书长吴春林参加会议。会议讨论通过市人大常委会法规审议工作指引（草案）。该工作指引根据《泉州市人民代表大会及其常务委员会立法条例》的有关规定而制定，分为“制定法规的审议工作”“修改法规的审议工作”“法规解释案的审议工作”“立法技术审议工作”四部分，对市人大常委会组成人员在审议法规和做好相关准备工作时进行指导和规范，确保审议法规的工作效率和质量。

会议还讨论市政府关于提请审议《泉州海上丝绸之路史迹保护条例（草案）》的议案、市人大常委会关于泉州市医疗卫生专项资金使用管理情况的审议意见稿、市人大常委会关于泉州市防范打击虚假信息诈骗犯罪专项行动工作情况专题询问的工作方案、关于泉州市“数控一代”示范工程及《泉州制造2025》实施情况的专题调研方案、有关人事任免和辞职事项；听取市人大常委会代表资格审查委员会关于个别代表的代表资格的审查报告。

会议现场　（图/王虎文）

泉州市首只私募股权投资基金设立

泉州市国君创投新兴产业股权投资基金成立，该基金系泉州市政府发起设立的首只股权投资基金，主要投向泉州市新兴产业、智能装备、互联网+等领域的企业和创新创业企业，以资本为加速器，打造一批新兴产业集群，助推泉州市产业转型升级。

历经半年时间的筹备、募集等工作，市国君创投新兴产业股权投资基金由国泰君安创新投资有限公司（国君创投）、福建豪康金融控股集团有限公司、泉州市信和投资有限责任公司、爱登堡（中国）有限公司、上海格隆创业投资有限公司（上海格隆）、福建省豪康投资管理有限公司（豪康投资）、泉州市产权交易中心有限公司、泉州市产业股权投资基金有限公司等8名投资人参股，基金首期规模3.1亿元。除泉州市产业股权投资基金有限公司代表政府出资6000万元外，其余资本均来自企业自有资金，实现市场化募集，以企业的资本推动企业的转型升级。基金以扶持地方产业为主，政府出资部分不以营利为目的，真正起到“引导基金”的作用。

市政府在基金管理模式创新，主要负责“两端”，即在前段负责审定基金设立总体方案，在后端把握投资方向，对基金的具体投资运行管理，政府不干预，完全按照市场化原则运行。为确保基金发挥作用，该基金由两家实力强劲的管理机构，负责日常运营及投资管理。经过公开遴选征集，最终确定基金主要管理人为国君创投，该司系国泰证券全资子公司；本地基金管理机构为豪康投资，其在市值管理、成长期和天使投资等领域有一定的经验和成功案例，投资一批拥有高成长潜力的创业企业。

“欢乐泉州”走进洛江

由市委宣传部、市委文明办、市文广新局、市文联、泉州晚报社和泉州广播电视台主办，国网泉州供电公司承办的“欢乐泉州·走进国家电网”——泉州市庆祝2016年“五一”国际劳动节文艺演出在洛江举行。演出由全体演员共同演唱《咱们工人有力量》拉开序幕，为全市所有的劳动者献歌。紧接着，泉州歌舞剧团带来的大型歌舞《美丽中国走起来》，让现场气氛高扬起来。随后，专门为此次创作的诗朗诵·情景《用汗水点亮光明之城》、歌伴舞《劳动最光荣》和小组唱·情景表演《你会到工地看我吗》等节目，展示劳动者的风采。当然演出也有不少创新节目，泉州师院音乐与舞蹈学院舞蹈《炫彩》，参演大学生用青春的舞步倾情演绎舞蹈的独特魅力。最后，一曲保留节目——大型歌舞《欢乐泉州》将整场演出推向高潮。

演出现场　（图/陈智勇）

全市首个国家安全教育基地成立

鲤城区在鲤中街道清正社区举行“鲤城区（鲤中）国家安全教育基地”授牌仪式，率先在全市成立“国家安全教育基地”。该基地将成为全区国安干部教育和培训的重要平台，为鲤城经济社会发展提供强有力的安全保障。授牌仪式现场还开展全民国家安全教育宣传活动，组织机关、基层干部参观宣传展板、观看国防教育片，进一步提高干部群众国家安全意识，提升基层国安和人民防线工作水平。近年来，鲤城区发挥社区综合治理“网格化”工作优势，把国家和人民防线工作融入网格管理中，与综治平安建设、社会管理等工作进行整合，构建“一个平台、一套机制、一支队伍、一张网络”工作体系。利用“4·15”《中华人民共和国国家安全法》宣传日、“11·1”《中华人民共和国反间谍法》宣传日等时机开展国家安全工作进社区、进企业系列活动，宣传维护政治安全、金融安全、网络安全等法规知识，形成安全稳定群防群治、人人参与的工作格局。

泉州市开展知识产权进社区活动

泉州市开展知识产权进社区活动，组织专利代理机构、知识产权志愿者等通过设立知识产权宣传咨询台、发放知识产权宣传资料、赠送知识产权宣传环保袋等形式，向社会公众宣传普及知识产权基本知识和法律政策，解答有关知识产权疑难问题，增强社会公众对知识产权的了解。图为现场工作人员为市民解答知识产权疑难问题。

（图/陈小阳　林铭珊）

“世界读书日”纪念活动举行

每年的4月23日是“世界读书日”，市委宣传部、市文广新局、市教育局等部门联合在中山公园文化广场举行纪念活动。在以“奋进十三五 书香伴我行”为主题的启动仪式上，《泉州海上丝绸之路百问》新书正式发布。　（图/陈林森）

4月23日

星期六
农历丙申年三月十七
温度：21℃—27℃
阵雨

●泉州下发《关于贯彻落实计量发展规划（2013—2020）的实施意见》。

●由市委宣传部、市委文明办、市文广新局、市文联、泉州晚报社和泉州广播电视台主办，国网泉州供电公司承办的“欢乐泉州·走进国家电网”——泉州市庆祝2016年“五一”国际劳动节文艺演出在洛江举行。

●鲤城区在鲤中街道清正社区举行“鲤城区（鲤中）国家安全教育基地”授牌仪式，率先在全市成立“国家安全教育基地”。

●以“奋进十三五 书香伴我行”为主题的纪念“世界读书日”活动举行。

●泉州市开展知识产权进社区活动。

4月24日

星期日
农历丙申年三月十八
温度：18℃—26℃
中雨转阵雨

●从泉州检验检疫局获悉，2016年第一季度该局检验监管出口食品1435批、货值1.25亿美元，同比分别增长22.44%、63.04%，出口值创同期历史新高，且增幅为近年来单季度之最。

●市旅游局精心编排，推出“海丝”泉州十大经典旅游线路，供广大市民游客选择参考，畅游“海丝”泉州。

市旅游局推出“海丝”泉州十大旅游线路

市旅游局精心编排，推出“海丝”泉州十大经典旅游线路，供广大市民游客选择参考，畅游“海丝”泉州。这十大旅游线路为：

一、“海丝”泉州 · 古城文化之旅

旅游线路：九日山→清源山 · 老君岩→泉州博物馆→开元寺 · 东西塔→西街片区古街巷→新门文旅街区→府文庙→清净寺→通淮关岳庙→天后宫→城南片区老街巷→泉州南少林寺→泉州海外交通史博物馆→灵山圣墓→公式埔民俗村。

二、“海丝”泉州 · 绿色生态之旅

旅游线路：清源山风景名胜区→石牛山→岱仙瀑布（天然氧吧、“华东第一瀑”）→屈斗宫古窑址（世界陶瓷之都的摇篮）→清水岩（“蓬莱仙境 清水祖庭”）→中国茶都欣赏茶道→永春大羽村（白鹤拳故乡）→香文化创意园欣赏香道→天柱山香草世界度假村。

三、“海丝”泉州 · 蓝色滨海之旅

旅游线路：五店市传统文化街区（猴年央视元宵晚会分会场址）→草庵（世界仅存的摩尼教遗址）→安平桥（中国现存最长的跨海梁式大石桥）→姑嫂塔（南宋时期著名航标）→祥芝中心渔港→海上丝绸之路艺术公园 · 亚洲园→洛阳桥（中国现存最早的海港大石桥）→崇武古城→最美海岸线（西沙湾、青山湾）。

四、“海丝”泉州 · 铁观音茶文化之旅

旅游线路：中国茶都（品茗斗茶、茶文化博览馆）→西坪铁观音发源地→八马红星茶场→清水岩→湖头李光地故居（新衙、贤良祠）→志闽生态旅游园。

五、“海丝”泉州 · 瓷文化之旅

旅游线路：洞上陶艺村（在龙窑活化石月记窑感受国家非物质文化遗产德化瓷烧制技艺）→岱仙瀑布→石牛山→顺美陶瓷文化生活馆→九仙山（“中土蓬莱第一山”）→德化陶瓷博物馆（全省第一家陶瓷专业博物馆）。

六、“海丝”泉州 · 惠女风情之旅

旅游线路：石雕艺术景观长廊→惠女服饰传习所→崇武古城→大岞惠女客栈（惠安女民俗风情园）→大岞女民兵哨所→解放军烈士庙、西沙湾→鼎立艺术馆（触碰世界顶尖雕艺的绝代风华）→净峰寺（千年古刹、三教合一奇观、弘一法师挂锡处）→小岞东山风车之地（泉州第一缕阳光的播撒处）→小岞惠女林场→小岞惠安女文创基地。

七、“海丝”泉州 · 桃源清新之旅

旅游线路：北溪村（中国最具魅力休闲乡村）→岵山镇（闽南千年古镇，游古厝，采荔枝）→大羽村（中国武术第一村）→中国魅力香都（品香、制香、观看香道表演）→百丈岩（桃源千年古刹）→雪山生态旅游区（梦幻雪山、天空之城，探索晋江源头东溪大峡谷，醉风岩赏嶙峋稻花）→牛姆林→三岭村→船山岩。

八、“海丝”泉州 · 成功文化之旅

旅游线路：郑成功文化旅游区→安平桥→蔡氏古民居（“闽南建筑大观园”）→九日山→灵应寺→凤山寺（世界凤山文化发祥地）→天柱山香草世界度假村→山美湖（“高峡出平湖”）→叶飞故里红色旅游区（红色革命印记古石村）→黄巢谷（“闽南张家界”）。

九、“海丝”泉州 · 乡村休闲之旅

旅游线路：仙公山（“八闽名胜无双境、绝顶蓬莱显九仙”）→后深溪漂流→金钟潭景区（金钟潭瀑布、断石桥、情人谷、仙脚印）→樟脚古民居→绿笛山庄（品尝农家美食、四季瓜果）→小坝蒙古特色村寨→土坑刘氏古民居群（中国历史文化名村）→惠屿岛（泉州唯一的海岛行政村、生态旅游岛）。

十、“海丝”泉州 · 品牌观光之旅

旅游线路：安踏观光工厂→五店市传统街区→草庵摩尼教遗址→七匹狼中国男装博物馆→围头战地文化渔村（“海峡第一村”）→恒盛玩具公司→石狮服装城→大帝集团→摩天城（福建最高的摩天轮）→姑嫂塔→永宁古卫城（明朝三大古卫城之一）。

滨海公园　（图/陈起拓）

市政府办出台《关于深化标准化工作改革的实施意见》

市政府办公室出台《关于深化标准化工作改革的实施意见》（以下简称意见），提出到2020年，全市力争新增主导或参与制修订国家标准、行业标准、地方标准100项以上等具体工作目标。

意见提出总体目标：到2020年，建立政府主导制定的标准与市场自主制定的标准协同发展、协调配套的新型标准体系，健全统一协调、运行高效、政府与市场共治的地方标准化管理体制，形成政府引导、市场驱动、社会参与、协同推进的标准化工作新格局，让标准成为对质量的“硬约束”，为全市经济社会持续健康发展提供有力支撑。

具体工作目标：到2020年，力争新增主导或参与制修订国家标准、行业标准、地方标准100项以上；公开企业产品和服务标准1000项以上，国家地理标志保护产品达到11个以上；力争培育社会团体标准2项，新建国家级、省级农业标准化示范项目3个以上，新建国家级、省级服务标准化试点2个以上。

相关链接：泉州市要在五个方面推进改革工作。一是继续实施企业产品和服务标准自我声明公开和监督制度。企业自我声明公开标准的，视同完成备案。二是按照强制性标准制定原则和范围，清理泉州市企事业单位主导制定的现行有效的强制性地方标准。对不再适用的，予以废止；对不宜强制的，转化为推荐性地方标准。配合上级标准化主管部门组织开展推荐性地方标准复审和修订工作，根据复审结果进行废止、整合修订。加大强制性国家标准的宣传、监督检查和行政执法力度，严肃查处违法违规行为。三是加强信息化建设。推进跨部门、跨行业、跨区域标准化信息交换与资源共享，利用国家、省统一的标准信息网站及国家标准馆泉州技术服务中心，为社会提供强制性国家标准和推荐性地方标准文本查询指导服务。四是探索团体标准试点工作。支持企业制定联盟、团体标准，以泉州市产业发展为导向，在市场化程度高、技术创新活跃、产品类标准较多的领域开展团体标准试点工作。五是推动泉州标准“走出去”。鼓励企业继续采用国际标准和国外先进标准，提高泉州制造在国际国内市场的竞争力。加强对主要经济体技术性贸易壁垒变化趋势的研究，提高技术性贸易壁垒应对水平，免费向社会发布WTO/TBT通报，为泉州产品、技术、装备、服务走出去提供“通行证”。

泉州市中小商贸流通企业服务中心挂牌成立

泉州市中小商贸流通企业服务中心（福建省中小商贸流通企业服务中心泉州分中心）挂牌成立，该中心依托泉州市副食品保障服务中心，将为泉州市广大中小商贸流通企业提供多种公共服务。该中心的主要服务内容包括7个方面：

融资服务：通过开展企业信用征集与评价服务和市场调研，逐步建立中小商贸流通企业信用档案，鼓励引导金融机构为中小商贸流通企业开发融资服务产品；**信息服务：**为企业提供政策、法规、管理、商务、人才等信息；**培训服务：**举办职业经理人培训、店长培训等，帮助企业培养中坚力量；**市场开拓：**联合“闽货网上行”“特色中国福建馆”等电子商务平台，组织企业在线产品销售，组织企业参与各类展览、展销、抱团对接等；**互联网+服务：**与高校、科研机构合作，提升改造企业的业务流程，提供网站建设、技术服务、电子商务、网络营销等服务；**品牌培育：**开展行业内的知名品牌培育工作，制定评比标准和奖惩措施，树立行业发展标杆；**数据服务：**邀请全国知名高校、科研院所的专家学者，组建中小商贸流通企业专家库，推荐全市优秀商贸流通企业，形成企业数据库，汇聚全市具有丰富经验的金融、担保、会计、审计、律师事务所、管理咨询机构等，组成服务商资源库等。

“开展健身运动 增强职工体质”登山比赛在市区清源山举行

“五一”劳动节前夕，泉州市各地纷纷开展活动，丰富劳动者业余生活。在市区清源山脚下，“开展健身运动 增强职工体质”登山比赛举行。图为参赛者快乐出发。（图/泉州晚报社）

4月25日

星期一
农历丙申年三月十九
温度：18℃—23℃
小雨转阵雨

● 市政府办公室出台《关于深化标准化工作改革的实施意见》。

● 泉州市中小商贸流通企业服务中心挂牌成立。

● 2016年全国跆拳道锦标赛在河北迁安九江体育中心开幕，在男子58公斤级决赛中，代表福建队参赛的泉州体工队德化籍选手陈成志战胜解放军代表队选手宋博昊，夺得冠军。

● 0时40分左右，在沈海高速福州往厦门方向A道泉州大坪山隧道内，一辆载有30吨聚丙烯的货车起火。事发后，泉州消防、高速交警、路政等多个部门联合抢险，11时40分左右，险情彻底排除，全线恢复通车。

● “开展健身运动 增强职工体质”登山比赛举行。

4月26日

星期二
农历丙申年三月二十
温度：19℃—23℃
小雨转中雨

●郑新聪走访众志金刚石、铁拓机械等企业，到生产车间和劳模工作室，看望劳模和一线劳动者，与他们面对面座谈。

●泉州重点项目推介暨深圳泉州商会捐赠扶贫公益项目对接会召开。

●康涛到市公安局调研公安工作。

●由国家标准委批准的陈香型铁观音国标正式实施。同日，安溪县举办安溪乌龙茶（陈年老茶）品鉴会。

●台南安平港海运快递专区启动营运，该港至福建泉州的货运航线同日首航。

●泉州府文庙保护利用提升工程系列活动暨“国学讲堂”启动。

●安溪县反诈骗中心举行揭牌仪式，公安、银行、通信运营商将携手合作，最大限度挤压电信诈骗违法犯罪空间。

●泉州银行举行“超能卡”首发仪式。

郑新聪走访慰问劳模和一线劳动者

市委书记郑新聪走访众志金刚石、铁拓机械等企业，到生产车间和劳模工作室，看望劳模和一线劳动者，与他们面对面座谈。市领导翁祖根、孔繁军参加走访慰问活动。

在生产车间内，劳模们介绍劳模工作室的运转情况和创新成效；在座谈会上，劳模们围绕“培育工匠精神、促进企业转型升级”纷纷发言。郑新聪指出，听了劳模的介绍和发言，深刻体会到劳模崇高的思想境界和模范带头作用，体会到企业对工会和劳模工作室的重视，对非公党建工作的重视，对精细化管理和人才团队、工匠精神的重视，体会到各级工会对广大劳模的用心服务。让人感受到泉州传统产业的转型前景，感受到泉州新兴产业的勃勃生机，感受到泉州推进供给侧结构性改革的信心力量，感受到习近平总书记指出的“人民创造历史，劳动开创未来”的深刻内涵。

康涛到市公安局调研

市长康涛到市公安局调研公安工作。副市长、市公安局长卢炳椿作工作汇报，市政府秘书长吴友才参加调研。在听取全市公安工作情况汇报和公安干警代表提出的意见和建议后，康涛对全市公安工作给予肯定。康涛强调，全市公安机关要按照市委对公安工作的部署要求，提升队伍素质和服务水平，努力护航“五个泉州”建设，持续提高人民群众的安全感和满意度。要加大改革创新力度，坚持问题导向，强化服务意识，创新工作机制，推进“四项建设”，实施科技强警等战略工程，有力提升服务群众、打击犯罪和维稳处突的能力，推动泉州公安工作持续走前列、创一流。要全面加强队伍建设，严格落实党风廉政建设“两个责任”和领导干部“一岗双责”，强化督查整改，坚决查处各类违法违纪问题，清除害群之马，打造一支信念坚定、执法为民、敢于担当、清正廉洁的公安队伍。要从优待警凝聚警心，从细节着手关心爱护干警，想方设法解决基层干警工作生活中的实际难题，切实为广大公安干警提供更好的警务保障。

泉州重点项目推介暨深圳泉州商会捐赠扶贫公益项目对接会召开

泉州重点项目推介暨深圳泉州商会捐赠扶贫公益项目对接会召开。市长康涛，市委副书记周银芳，市委常委、秘书长、统战部长翁祖根参加相关活动。会上，深圳泉州商会向泉州市扶贫开发协会捐赠1000万元，用于支持泉州扶贫公益事业的发展。市领导对深圳泉州商会考察团的到来表示欢迎并介绍泉州经济社会发展情况，对商会长期以来推动两地经贸交流、支持泉州社会公益事业表示感谢。全国政协委员、深圳泉州商会永远荣誉会长、信义集团董事局主席李贤义，深圳泉州商会会长、美平集团有限公司总经理郑文红等表示，商会将一如既往支持家乡的经济社会建设，积极进行产业项目对接，支持扶贫公益事业，努力实现互利共赢，为家乡新一轮发展作出新贡献。

台南安平港海运快递专区启动营运

台南安平港海运快递专区启动营运，该港至福建泉州的货运航线同日首航。安平港海运快递专区是台湾港务股份有限公司在台湾中南部设置的唯一海运快递专区。安平港至泉州航线由丰泽船务股份有限公司旗下“丰泽园”轮执航，提供每周1个航次的运送服务，可装载672个货柜，将为台南地区业者提供更完善快捷的海运物流运输服务。在两岸跨境电商平台上，台湾“云嘉南”地区是台湾产品最主要的提供县市。安平港将实现跨境电商的就近送货，有利于降低两岸商贸成本。

泉州府文庙保护利用提升工程系列活动暨“国学讲堂”启动

泉州府文庙保护利用提升工程系列活动暨“国学讲堂”启动。标志着泉州府文庙保护利用提升工程取得阶段性成果，正式拉开泉州公共文化惠民工程——“传承薪火 筑梦海丝”府文庙百姓大舞台系列活动的序幕。上午，厦门大学闽商研究中心副主任林间、海外教育学院教授常大群在泉州府文庙国学堂带来国学讲堂的第一讲《海滨邹鲁与国学源流》，来自泉州孔子学会部分代表及各地群众100多人聆听讲座。接下来，公益演出及国学讲堂等系列活动将实现常态化，每年将开展不少于300场次的公益演出，每月举办一次国学讲堂。

全市统战工作会议暨高校统战工作会议召开

市委召开统战工作会议暨全市高校统战工作会议，传达中央、省委会议精神，回顾近年来统战工作开展情况，部署当前工作。市委书记郑新聪在会上讲话。市委副书记周银芳主持会议。市领导吕竞、陈灿辉、许连捷、陈铭福、王祖耀、王瑞强、陈益，市检察院检察长高扬捷等参加会议。

会议要求把握政策，抓好各领域重点工作。一是落实协商民主各项要求，健全完善政党协商机制，打造具有统战特色的党外智库。二是加强与海外泉籍乡亲、港澳社团等的联谊联系，密切联络感情，深化经贸合作。三是做好非公经济领域统战工作，着力构建“亲”“清”政商关系，教育各级领导干部守住底线、守住界限，主动帮助企业家解决问题，引导企业家守法经营。四是重视做好党外知识分子工作，加强对高校统战工作的领导和支持，做好新的社会阶层人士的团结引导。五是支持民主党派、指导工商联做好换届工作，严格换届工作纪律。六是统筹抓好民族和宗教工作，不断扩大团结面。要加强领导，提升统战工作水平。要种好“责任田”，各级党委要认真落实《福建省贯彻〈中国共产党统一战线工作条例（试行）〉的实施细则》。要构建“大统战”，坚持党委统一领导、统战部牵头协调、有关方面各负其责，各级各部门要支持、理解、配合统战工作。要建好队伍，认真贯彻《准则》《条例》，深入开展“两学一做”学习教育，学习党的统一战线理论和方针政策，真正成为行家里手。

会议组织学习《福建省贯彻〈中国共产党统一战线工作条例（试行）〉的实施细则》，并对2016年全市统战工作和高校统战工作作具体部署。

“华大讲堂”第59讲举行

“华大讲堂”第59讲举行。中共中央党校原副校长李君如第二次做客“华大讲堂”，带来题为《发展新理念和中国大趋势》的精彩报告。李君如围绕发展新理念和经济新常态、发展新理念和以人民为中心的发展思想、发展新理念和发展目标、发展新理念和国家治理能力现代化、发展新理念和创新驱动发展大趋势、发展新理念和中国为实现第一个百年奋斗目标的大趋势、发展新理念和中国充满自信奔向现代化的大趋势等七大方面进行阐述，特别是对五大发展理念的现实意义与中国未来的发展趋势进行透彻分析，为大家解读发展新理念的现实指向和实践要求，为泉州市加快推进“五个泉州”建设提供有益借鉴。报告会继续设立视频分会场，并通过“华大讲堂”专题网现场直播、新浪微博图文直播。

讲座现场　　（图/许晓松）

泉州229家企业参展第119届广交会

第119届广交会二期落幕，泉州229家企业参展，展位数749个，品牌特装展位数约占总展位数35%，参展商品涉及日用陶瓷、工艺陶瓷、家居用品、餐厨用具、礼品赠品、玩具以及园林用品等。泉州突破传统参展模式，实行“政府搭台、企业唱戏”的运作机制，由省、市、县三级商务部门共同扶持，在展馆A区北平台首设泉州品牌展示专区，以“世界陶瓷之都——德化”、“中国藤铁工艺之乡——安溪”、“中国石雕之乡——惠安”为主题，组织磊艺石业、聚丰工艺、龙鹏集团等11家品牌企业抱团参展，向国内外采购商集中展示泉州县域产业特色和传统文化，推介泉州名优特产品，取得良好的宣传推介效果。

德化陶瓷展区　　（图/李宏图）

4月27日

星期三
农历丙申年三月廿一
温度：20℃—28℃
阴转多云

●全市统战工作会议暨高校统战工作会议召开。

●“华大讲堂”第59讲举行。

●央视《焦点访谈》栏目播出“政务一张网 办事‘一号’通”报道，在“政务一张网”部分，以泉州为案例，报道泉州市“互联网+政务”为企业、市民带来的便利。

●第119届广交会二期落幕，泉州229家企业参展，展位数749个，品牌特装展位数约占总展位数35%，参展商品涉及日用陶瓷、工艺陶瓷、家居用品、餐厨用具、礼品赠品、玩具以及园林用品等。

●泉州台商投资区健康医疗产业系列项目签约仪式举行，国泰医疗和高品医学检验所两个项目正式落地泉州。

●27—28日，具有国际广泛声誉的音乐大师谭盾到泉州采风。

●泉州幼儿师范高等专科学校、永春县旅游事业局合作办学签约仪式举行。

4月28日

星期四
农历丙申年三月廿二
温度：18℃—27℃
晴转多云

●全市脱贫攻坚精准施策工作视频会召开。

●28—29日，市十五届人大常委会第三十三次会议召开。

●市政府第九十六次常务会议召开。

●林伯前带队到泉州动车站，检查动车站周边交通环境整治进展情况，对下一阶段工作提出明确要求。经过近一阶段时间的大力整治，动车站交通秩序有明显改观。

●市直党工委召开市直机关“两学一做”学习教育工作部署会议。

●中东欧13个国家的作曲家到泉州采风。

●安溪62个项目集中开竣工，总投资127亿元的这些项目集群，将在工业生产、城镇建设、交通设施、商贸物流、农林水利、文化旅游、社会事业等各领域，为安溪带来新变化。

●28—29日，丝绸之路音乐学院院长论坛在上海音乐学院举行。来自丝绸之路的11个国家、14所院校院长齐聚一堂。泉州师范学院副院长王珊作为海上丝绸之路城市代表参加交流。

全市脱贫攻坚精准施策工作视频会召开

在全省脱贫攻坚精准施策工作视频会后，泉州市随即召开全市脱贫攻坚精准施策工作视频会，部署下一阶段工作。市领导郑新聪、康涛、周银芳、林万明参加会议。

会议要求，坚持因人因户施策、因贫困原因施策、因贫困类型施策，把精准扶贫各项工作落实落细。一是抓造福工程搬迁，深入摸底筛选、做好政策宣传、叠加政策扶持、创造致富机会，确保搬迁户无后顾之忧。二是抓贫困人口脱贫，进一步把扶贫路径、举措落实到贫困村、贫困户。产业脱贫方面，用好产业发展专项资金，支持贫困户因地制宜发展项目，创造条件开展好村企合作；就业脱贫方面，组织“雨露计划”和“春潮行动”培训，积极引导转移就业；减负脱贫方面，对贫困户家庭学生免除学杂费，对贫困人口实行新型农村合作医疗和大病保险制度政策倾斜。三是抓社会保障兜底，逐步提高农村最低生活保障标准，加快推动低保标准和市定贫困标准“两线合一”，抓紧建立农村低保与建档立卡贫困人口数据互通互联、资源共享信息平台。四是抓政策配套完善，整合各部门扶贫资金，形成“多渠道进水、一个龙头出水”的机制。五是抓各方力量发动，实施“百企助百村帮千户”等活动，加强对驻村蹲点等督促指导，发挥群团组织作用，引导民间组织、企业和个人以多种形式参与扶贫开发。

市十五届人大常委会第三十三次会议召开 审议《泉州海上丝绸之路史迹保护条例（草案）》议案

28—29日，市十五届人大常委会第三十三次会议召开。市人大常委会主任陈万里，副主任吕竞、张建生、朱团能、曾巍，秘书长吴春林参加会议。市领导林伯前、周真平、张永宁，市中级人民法院院长欧岩峰、市检察院负责人列席会议。会议听取和审议市政府关于医疗卫生专项资金使用管理情况的报告、关于提请审议泉州市与马来西亚古晋南市建立友好城市关系的议案、关于提请审议《泉州海上丝绸之路史迹保护条例（草案）》的议案，以及市人大常委会代表资格审查委员会关于个别代表资格的审查报告；听取市政府研究处理《市人大常委会关于社会救助工作的审议意见》、《市人大常委会关于重点流域（含近海水域）环境污染综合整治情况的审议意见》（2015年）的情况，并开展审议意见办理情况满意度测评，结果分别为满意和基本满意；审议人事任免、辞职事项。

相关链接：鉴于洪泽生同志任职年龄原因，接受洪泽生同志辞去泉州市第十五届人民代表大会常务委员会副主任职务的请求。泉州市人大常委会决定任命傅春添为泉州市水利局局长，决定免去张一申的泉州市水利局局长职务；决定任命王柳玲、张小燕、张文平、洪清波、黄汉阳为泉州市中级人民法院审判员，免去郭建华的泉州市中级人民法院审判员职务；批准程和平辞去鲤城区人民检察院检察长职务，批准甘泽阳辞去泉州市人民检察院检察长职务，批准邱仲华辞去晋江市人民检察院检察长职务，批准陈林辞去永春县人民检察院检察长职务；决定免去王文龙、林志铭、施文凭、林配成的泉州市人民检察院检察员职务。

市政府第九十六次常务会议召开

市长康涛主持召开市政府第九十六次常务会议。会议研究《关于推动融资租赁服务泉州市高端装备制造业发展若干措施的通知》《泉州市新一轮国家知识产权示范城市工作方案》。会议指出，泉州推进“数控一代”示范工程，以机械换工带动传统制造业企业和产业转型升级，很有必要出台相关政策实施精准扶持。会议原则通过《关于推动融资租赁服务泉州市高端装备制造业发展若干措施的通知》。会议研究通过《泉州市新一轮国家知识产权示范城市工作方案》。会议还研究其他事项。

中东欧13国作曲家组团到泉州采风

中东欧13个国家的作曲家到泉州采风，泉州南音等独特的民间音乐受到这些国际作曲家的赞赏。此次采风活动由文化部主办，为中东欧国际艺术论坛的子项目，旨在进一步加强中国与中东欧国家的文化合作。采风团由来自波兰、捷克、匈牙利、罗马尼亚等13个国家的作曲家以及中方专家组成，为期近一个月。在华期间，采风团深入了解各地具有代表性的民族民间音乐，并根据中国器乐演奏特点进行创作。参加此次采风的音乐家几乎都是作曲家，采风结束后，中国这些独特的音乐元素将融入这些音乐家的作品中，成为国际音乐界了解中国民间音乐的“窗户”。

泉州与马来西亚古晋南市建立友城关系

市十五届人大常委会第三十三次会议审议同意泉州市与马来西亚古晋南市建立友好城市关系。古晋南市与泉州经济、文化、港口、旅游等领域合作潜力大、互补性强。2015年9月，两个城市签署建立友好城市关系意向书。双方缔结友城将有利于拓展泉州与当地甚至马来西亚的经贸、人文往来，推动泉州"海丝"先行区建设。

相关链接：古晋南市地处著名的婆罗洲海岛、沙捞越河南岸，离海岸约35公里，是马来西亚面积最大的州——沙捞越州的首府，同时也是该州最大的城市和工商业中心。古晋南市还是马来西亚的第四大城市，面积431.01平方公里，人口约193500人，其中华人占比较大。该城市有着悠久且丰富的文化遗产，由于地理位置优越，沙捞越州内大部分地区物资由此运往新加坡转口，因此古晋南市也成了马来西亚重要的旅游城市之一，素有"水上之都"之称，是近年来马来西亚很受欢迎的休闲兼商务会务中心、购物天堂，曾被亚洲周刊评为亚洲第17个最佳城市，获得世界卫生组织颁发的亚太地区最健康的城市大奖。

市政协机关召开"两学一做"学习教育动员部署会

市政协机关召开"两学一做"学习教育动员部署会议，深入学习总书记习近平系列重要讲话精神，传达贯彻全市"两学一做"学习教育工作部署会议精神，部署市政协机关"两学一做"学习教育各项任务。市政协党组副书记、副主席吴共湖主持会议并讲话，副主席李冀平、王瑞强，秘书长洪川夫出席会议。吴共湖就下阶段市政协机关开展"两学一做"学习教育指出，要坚持以学为基础，养成纪律自觉，守住基准底线，做到真学真信，更好地用党章党规和总书记习近平系列重要讲话精神武装头脑、指导实践、推动工作。要坚持以做为关键，找差距补"短板"，高标准严要求，始终保持干事创业、开拓进取的精气神，身体力行做合格党员。要坚持领导带头，做到以上率下，通过层层立标杆、作示范，形成上行下效、整体联动的良好效应。要坚持联系实际，紧紧围绕市委、市政府中心工作和政协年度工作重点，按照懂政协、会协商、善议政的要求，积极作为，善于作为，有所作为，不断提升政协形象和社会影响力，为推进新形势下政协事业创新发展和"五个泉州"建设作出新的贡献。

2016年春季铁观音开茶节举行

2016年春季铁观音开茶节安溪感德举办，同日，2016年春季安溪铁观音传统工艺（青年）制作大赛在安溪祥华举办。这些茶叶主产乡镇的活动，揭开安溪铁观音春茶全面采摘的序幕。在感德镇茶王公祠，万余名茶农茶商参加开茶节。现场举办传统的祈茶福仪式，茶王公乘着八抬大辇轿，缓缓巡视着满山翠绿的茶园，把开茶节活动推向高潮。在茶山上，采茶姑娘一边摘茶，一边演唱着古老的茶山歌。刚要上市的春茶，吸引许多知名茶企订购。在祥华乡举办2016年春季安溪铁观音传统工艺（青年）制作大赛，从该乡20个村选拔出来的30多名青年制茶能手经过现场比拼制茶技艺，角逐出一、二、三等奖和优秀奖共10人。

郑新聪批示肯定市方志委工作

市委书记郑新聪在市方志委呈送的"方志快报"——《全国地方志基层基础工作会议在四川凉山召开 泉州市方志委在大会上作典型发言》上作出批示："很好！经验值得宏扬、成绩值得肯定。"市政府副市长林万明也批示勉励："能在全国会议上作典型介绍不容易，请继续努力，加快二轮修志，提升志鉴编纂水平。"

日前，泉州市方志委常务副主任张惠评在全国会议上作典型发言，以"四位一体，存史修志"为题，介绍泉州市系统保存地情资料机制之创新实践经验。

张惠评在全国地方志基层基础工作会议上发言
（图/张惠评）

4月29日

星期五
农历丙申年三月廿三
温度：17℃—25℃
多云

●市十五届人大常委会第三十三次会议审议同意泉州市与马来西亚古晋南市建立友好城市关系。

●市政协机关召开"两学一做"学习教育动员部署会议。

●郑新聪批示肯定市方志委工作。

●2016年春季铁观音开茶节安溪感德举办，同日，2016年春季安溪铁观音传统工艺（青年）制作大赛在安溪祥华举办。

4月30日

星期六
农历丙申年三月廿四
温度：19℃—25℃
阴转阵雨

●泉州古城语音导游系统启用仪式在市区府文庙举行。

●“国宝”九日山祈风盛典活动在南安九日山下举行。

●全国重点文物保护单位施氏大宗祠重修竣工暨浔海树德堂施氏大宗祠董事会成立典礼举行。

●“五一”假期开启，西街试水步行街。

●第十九届泉州国际汽车展在晋江SM国际展览中心开幕。

●“行走古城”——鲤城区劳模一家行走西街活动举行。

泉州古城语音导游系统启用

泉州古城语音导游系统启用仪式在市区府文庙举行。泉州古城语音导游系统在市委、市政府重视和推动下，由市旅游局和鲤城区政府共同建设，是泉州智慧旅游发展规划的子系统之一。首期系统收录鲤城区古城内首批152个语音导游点，在导游点门口或街头巷尾醒目位置悬挂176块二维码标识牌。这些语音导游点以中山路历史文化街区为主轴，由北至南分为西街片区（含华侨新村、新门街片区）、文庙片区、城南片区，包括街巷、名人故居、文保单位、景点和特色旅游单位等五大类，涵盖“吃住行游购娱”旅游六大要素。游客只需在二维码标识牌前使用手机扫码，眼前的景点、文物、老店的基本情况就会娓娓道来，陪伴游客品味古城风貌。除了扫描二维码，游客还可以通过“泉州市旅游局”微信公众号中的“语音导游”菜单，查阅古城区内所有导游点的语音导游资料。

九日山祈风盛典活动举行

“国宝”九日山祈风盛典活动在南安九日山下举行。上午9时，祈风仪式开始。在袅袅和音、曼妙舞步中，“泉州知府”“南安县令”“市舶司”官员等古代人物依次出场，祭祀祈风，形象地再现宋元时期泉州作为东方第一大港的祈风盛况。祈风仪式儒、释、道三教合一，仪式中龙虎旗、彩旗、香炉、宫灯、花篮、十八般兵器、凉伞等一一出场。悠扬动人的南音乐曲，舞伎、武士从两边分别上场。舞伎们手拿如意婀娜多姿，武士们则手握拂尘气势非凡，整场表演扣人心弦。九日山昭惠庙的祈风典礼，是古代金鸡港独特的祭祀仪典，它经历千年活动，由没有具体的神与庙发展到有专一的神与庙，由分散祭祀到统一择日集中祭献，官方市舶司直接主持，成为官方祈风祈雨的盛大仪典。

活动现场（图/陈鑫炜　刘力东）

施氏大宗祠重修竣工典礼举行

全国重点文物保护单位施氏大宗祠重修竣工暨浔海树德堂施氏大宗祠董事会成立典礼举行。来自菲律宾以及中国港澳台地区、祖国大陆各地的2000多名海内外施氏宗亲共叙族情。福建省政协委员、澳门福建体育会会长施仲舒任浔海树德堂施氏大宗祠董事会董事长，福建临濮施氏宗亲总会理事长施能向任浔海树德堂施氏大宗祠董事会理事长。同日，海内外施氏宗亲参加在龙湖镇南浔村举行的晋江市廉政教育基地——“天下第一清官”施世纶“正气园”廉洁文化公园落成典礼。

相关链接：施氏大宗祠始建于明崇祯庚辰年（1640年），清康熙二十六年（1687年）靖海侯施琅平台后荣归故里后复建。祠西面为靖海侯府，背面有都督府、东衔、西衔等，形成一处清初闽南古建筑群落。施氏大宗祠坐北朝南，平面长方形，三进五开间，硬山顶，木构架建筑，整座建筑由前埕、门厅、大厅、后厅及单护厝组成，总建筑面积1451平方米。2006年，国务院公布施琅宅、祠和墓为第六批全国重点文物保护单位。2013年，国家文物局拨款600万元以及海内外施氏宗亲捐资，再次对大宗祠厝面砖瓦、铜梁、龙背全面装修，更换全部角支、受损杉木，二进西边护厝整座翻修，并对大宗祠进行全部油漆，雕梁画栋。

第十九届泉州国际汽车展开幕

第十九届泉州国际汽车展在晋江SM国际展览中心开幕，该届展会上，来自美系、德系、法系、日韩系及国产在内的近60个汽车品牌齐齐亮相。

（图/张九强）

泉州市全面推行“营改增”试点工作

“营改增”试点工作在全市全面推行。鲤城、丰泽、石狮、晋江、安溪等县（市、区）的企业，纷纷开出所在区域的第一张增值税普通发票和专用发票。各地营改增纳税人的顺利“转轨”，标志着泉州市营改增试点工作的全面推开，意味着泉州市正稳步实现营改增税制的全面转换。所谓“营改增”，就是将过去缴纳营业税的应税项目改成缴纳增值税，对产品或者服务的增值部分纳税。它打通增值税抵扣链条，消除重复征税，进而减轻纳税人负担。“营改增”不仅从制度上缓解货物和服务税制不统一及重复征税的问题，贯通服务业内和第二、三产业之间的抵扣链条，有效减轻企业税负；还将促进社会分工，带动产业升级，营造公平竞争的市场环境。为正确引导企业，确保“营改增”顺利转换，鲤城区国税局专门开辟场所，设置“营改增”绿色通道，实行一条龙服务，涵盖一般纳税人资格登记、增值税专用发票最高开票限额申请、发票票种核定、税控器具发行、增值税发票发售等涉税事项。该局还为800多户纳税人举办多场业务培训，为企业讲解“营改增”政策知识，现场解答纳税人在发票使用、申报缴税等方面的问题。

大华酒店为消费者开出丰泽区第一张增值税普通发票
（图/朱娟娟）

全市首个老党员服务站成立

市委老干部局、市关工委、鲤城区委老干部局和鲤城区开元街道党工委联合在鲤城区东北社区成立全市首个老党员服务站。此系首个由市、区、街道、社区四级联动创建的老党员服务站。该服务站在社区党支部指导下开展工作，主要工作职责包括服务党员和奉献社会两大块，并坚持每季、每月、每周开展主题活动，旨在将老党员服务站建设成老党员学习政治理论的大课堂，互助互爱快乐生活的大家庭，发挥余热奉献智慧和爱心的大舞台。

中心市区“五一”期间开展市容市貌整治

1—3日，全市城管执法系统加强值班值勤，全员上路整治市容市貌，确保城市市容环境整洁。“五一”期间，中心市区开展市容环境卫生专项整治，内容包括景观综合整治、市容市貌整治、环境卫生整治、维护城市公共设施、做好园林绿化工作等。全市城管执法系统加强值班值勤，全员上路整治市容市貌。市行政执法局成立督导组督查中心市区市容市貌整治整改情况。重点督查老城区府文庙、开元寺、清净寺、中山路、东街、西街、中国闽台缘博物馆、公园等重点节点及旅游景点周边。节日期间，中心市区出动执法人员1555人次，开展部门联合执法16次，纠正劝导流动摊点1257起、店外店占道经营705起，查处夜市大排档126起、取缔39起，清理“柱子穿衣”277起，清理各类违法广告牌95块，没收违规设立拱门39个、灯箱117个、布条161幅。督促整改落实市容问题610个，执法人员为旅客提供搬运行李、带路以及相关的咨询等服务1000余人次。

府文庙百姓大舞台首演

由市文广新局主办的府文庙百姓大舞台在市区府文庙广场首演，全市10余个演出单位携手献演一场高水准的综合节目。华侨大学醒狮团率先表演《醒狮迎春》；紧接着泉州歌舞剧团带来极具西域风情的舞蹈《海市蜃音》，受到现场观众的喜爱；泉州少林寺武僧团表演的南少林武术《少林之光》，再次激起阵阵掌声；提线木偶戏《闹元宵》、高甲小戏《桃花搭渡》、梨园戏《李亚仙·踢球》等传统剧目轮番上演，尽展泉州作为“戏窝子”的魅力；最后整场演出在舞蹈《茉莉花开》中掀起高潮。主办方表示，这场演出拉开了府文庙百姓大舞台演出的序幕，从即日起泉州市通过整合泉州专业的戏曲演出单位和民间表演团体的力量，常态化举行公益惠民演出，免费向市民开放。除特殊情况和极端天气外，力求每天在府文庙广场和李文节祠都有演出，让市民和海内外游客感受“戏窝子”的魅力。

5月1日

星期日
农历丙申年三月廿五
温度：18℃—23℃
阵雨转阴

●泉州市全面推行“营改增”试点工作。

●全市首个老党员服务站成立。

●中心市区“五一”期间开展市容市貌整治。

●府文庙百姓大舞台首演。

●1—2日，2016年福建省大众路拳道俱乐部联赛（泉州站）暨2016年晋江市首届中小学生路拳道比赛在晋江市中航城售楼中心举行。

●以“感恩故里·回馈桑梓”为主题的大型义诊和学术报告会在泉州德诚医院举行，全国各地数十名惠安籍医学专家返乡为市民免费看病。

●1—2日，由石狮市文体旅游广电新闻出版局主办，石狮市体育总会、乒乓球协会承办的福建石狮“弘宇建筑设计杯”全国业余乒乓球公开赛在石狮市体育馆举行。

●泉港区第二届驾驶技能竞赛举行。

5月4日

星期三
农历丙申年三月廿八
温度：22℃—29℃
阴

●中国作家协会党组书记、副主席钱小芊带领调研组到泉州，调研泉州市贯彻落实《中共中央关于繁荣发展社会主义文艺的意见》的情况，并与泉州作家进行座谈。

●4—20日，省纪委、省委组织部换届风气巡回督查组进驻泉州，对换届风气及风气监督工作进行督查。

●市政府召开行政审批服务专题会议，听取相关单位工作汇报。

●全市首个高校法律援助工作站在仰恩大学政法学院挂牌成立。该工作站由市司法局和仰恩大学联合成立，是政府法律援助队伍的有益补充。

●石狮市联合惩戒失信平台开通运行。石狮市将对失信被执行人实施联合惩戒，涉及金融机构审批、政府优惠性补贴、法定代表人任职、工作人员招录、限制出境、定罪处罚等多个重点领域。该平台在全省尚属首创。

●“惠安青年之声”互动社交平台上线。

中国作协副主席钱小芊到泉州调研

中国作家协会党组书记、副主席钱小芊带领调研组到泉州，调研泉州市贯彻落实《中共中央关于繁荣发展社会主义文艺的意见》的情况，并与泉州作家进行座谈。市长康涛会见调研组。市委常委、秘书长、统战部部长翁祖根参加活动。钱小芊表示，各级作协要发挥好服务作用，引导作家、文学爱好者团结在党周围，凝聚实现中华民族伟大复兴的强大力量；要围绕发展文学事业，发挥好泉州经济社会发展、人文历史和海外联谊等方面优势，活跃文学创作，推动更多反映现实生活、反映时代进步的优秀文学作品问世；要加强作协的基层组织建设，下移工作重心，密切各级作协联系，开展各类有助于繁荣、扩大文学影响覆盖面的活动。

行政审批服务专题会议召开

市政府召开行政审批服务专题会议，听取相关单位工作汇报。市长康涛，市委常委、常务副市长林伯前参加会议。康涛指出，要倒排重大项目工作节点，逐个节点盯紧，强力解决问题。要变“体外循环”为“体内循环”，按照能进就进的原则，及时梳理项目评审、投融资预算、测绘等非审批类的服务事项纳入体内监管。要强化办理登记制度落实，从进入窗口受理起的每个审批流程都实行电子、纸质“两个台账”，对审批中出现退件、补件情况进行重点监控，防止审批上的随意性。要规范中介服务，重点整治质量不高、效率低下、乱收费等问题。要规范审批行为，明确各级审批权限、时限，优化审批流程。同时，要量化细化规范技术指标、专家评审、现场踏勘等领域的自由裁量空间。

全市首个高校法律援助工作站成立

全市首个高校法律援助工作站在仰恩大学政法学院挂牌成立。该工作站由市司法局和仰恩大学联合成立，是政府法律援助队伍的有益补充。该站将利用仰恩大学政法学院在校师生资源，为在校师生和周边社区居民提供便捷的法律援助，并为学生们参与社会公益性法律服务搭建实践平台。

相关链接：近年来，泉州市法律援助网络不断健全完善。全市已构筑市、县、镇、村四级法律援助工作网络，共有市县两级法律援助中心12个、乡镇（街道）援助站163个、社团援助站115个和村居（社区）法律援助联络员2464名，实现一乡镇（街道）一工作站、一村居（社区）一联络员，打造“城镇半小时、农村一小时”法律援助服务圈。全市法律援助机构每年办案6000多件，为上万名贫弱群体提供法律援助，越来越为市民所熟知。

石狮市开通全省首个联合惩戒失信平台

石狮市联合惩戒失信平台开通运行。石狮市将对失信被执行人实施联合惩戒，涉及金融机构审批、政府优惠性补贴、法定代表人任职、工作人员招录、限制出境、定罪处罚等多个重点领域。该平台在全省尚属首创。石狮市出台《联合惩戒失信被执行人实施方案》，通过对失信被执行人进行联合惩戒，形成“一处失信、处处受限”的联合惩戒局面，促使被执行人主动履行生效法律文书确定的义务。石狮法院通过石狮市政务网平台建立石狮市联合惩戒失信平台，通过该平台向石狮联动执行部门和单位提供失信被执行人信息，并及时更新动态。其他部门和单位从平台获取失信被执行人信息，执行或协助执行惩戒措施，并将执行情况录入该平台进行公布，待执行案件实际结案后予以删除。根据实施方案，对失信被执行人实施联合惩戒涉及24个部门，包括公安、检察院、法院、司法、财政、经济、金融、海关、税务、文明办、国土规划和房产管理、教育等部门。惩戒措施达21项，包括：限制设立融资性担保公司；限制任职融资性担保公司或金融机构的董事、监事、高级管理人员；依法限制参加政府采购活动；限制补贴性资金和社会保障资金支持；限制担任国有企业法定代表人、董事、监事；限制登记为事业单位法定代表人；限制招录（聘）为公务员或事业单位工作人员；禁止参评文明单位、道德模范；限制购买不动产及国有产权交易；限制子女就读高收费私立学校；限制出境；限制成为海关认证企业；限制从事药品、食品等行业；限制担任生产经营单位主要负责人及董事、监事、高级管理人员；限制参与评先、评优；以拒不执行判决、裁定罪处罚等。

彭锦清到泉州开展《福建省水资源条例（草案）》立法调研

省人大常委会副主任彭锦清带队到泉州开展《福建省水资源条例（草案）》立法调研，并召开座谈会。市人大常委会副主任吕竞，副市长林万明参加活动。调研组指出，泉州在水资源管理方面要注意节水和保护两手抓、纳污和排污双管控，严格执行用水总量控制、用水效率控制和水功能区纳污限制“三条红线”，实施河道岸线和河岸生态保护、饮用水水源地保护、地下水警戒保护“三条蓝线”制度。在立法过程和今后法规的实施过程中，要从全省大局出发，从长远利益考虑，注意解决水资源管理差异性、均衡性和适应性问题，管住水资源这条生命线。

市委“两学一做”学习教育协调小组会议召开

市委“两学一做”学习教育协调小组会议召开，通报一段时间来学习教育进展及下阶段主要工作安排。会议指出，要科学谋划，搞好学习教育的总体谋划和顶层设计，把握好时机、进度，坚持项目化运作，确保各项工作有效推进。要注重协调，第一时间把上级和市委的部署要求传达到各地各单位，并推动贯彻实施。要精心指导，坚持领导带头与抓实基层相结合，坚持规范落实与创新实践相结合，坚持分类指导与典型引路相结合，探索积极有效的途径。要营造氛围，制定可操作的宣传计划，运用新闻媒体，及时报道学习教育进展情况。

“五个泉州·青春扬帆”青年典型分享会活动举行

团市委开展纪念五四运动97周年暨“五个泉州·青春扬帆”青年典型分享会活动，号召全市青年弘扬五四精神，争当时代先锋，为建设“五个泉州”贡献智慧和力量，为实现“中国梦”添砖加瓦。市领导周银芳、曾巍、周真平、王瑞强等出席活动。市委副书记周银芳提出三点希望：一要胸怀理想、永远跟党，在为党和人民建功立业中实现远大抱负；二要开拓进取、求真务实，发扬爱拼敢赢的精神，展现新形象、创造新财富、拿出新成果、体现新水平；三要崇德向善、砥砺品格，践行社会主义核心价值观，做党和人民事业的接班人。会上，宣传短片《“五个泉州”青春扬帆》正式上线，并邀请各界青年代表分享“精准扶贫”的经验。团市委与金融机构签署支持泉州银团合作意向书，与电商企业签署农村青年电商创业见习基地合作协议并授牌，成立泉州“海丝”青年电商创业导师团。

“为爱奔跑·为贫困母亲圆梦”活动举行

由市妇联、市计生协会主办的“为爱奔跑·为贫困母亲圆梦”活动在市区西湖公园举行。活动吸引全市各地近600名热心市民参与，募集了价值约32万元的爱心物资，为53位贫困母亲实现“微心愿”。活动帮扶的53位贫困母亲是从户籍或居住在泉州市的困难家庭中选出的，她们提出的“微心愿”包括电脑、洗衣机、电视、热水器等。活动募集到的善款除专项用于帮助本次53位贫困母亲圆梦以外，余下款项将用于救助其他的贫困母亲和贫困“两癌”患者。

“追梦海丝”系列音乐会举行

5—15日，由泉州市音乐家协会主办，泉州师范学院音乐与舞蹈学院、泉州艺术学校协办的“追梦海丝”系列音乐会举行。系列音乐会围绕“到人民中去”展开，系列活动分为8个专场音乐会，主题分别为“泉州的声音”演出、“弹指之间”吉他专场、“刺桐花星天地”童星演唱会、“动感打击乐”专场音乐会、闽南语群星专场音乐会、“继续向前行·闽南语合辑”音乐会、“琴韵古筝”专场音乐会、“魅力钢琴”专场音乐会。

南安市“造血型”慈善扶贫项目协议签约仪式举行

南安市“造血型”慈善扶贫项目协议签约仪式举行，该市慈善总会与梅山镇、东田镇、翔云镇、乐峰镇、眉山乡、蓬华镇、向阳乡7个乡镇签订帮扶协议，帮助4个合作社、28个贫困家庭脱贫致富。南安市慈善总会自2014年起推出“造血型”精准扶贫项目，根据贫困户实际情况制定扶贫方案，将扶贫方式由“输血”变为“造血”，更有成效地帮助贫困户脱贫致富。2016年，该市加大帮扶力度，投入50万元扶持资金，惠及7个乡镇、32个项目（4个合作社、28个贫困户）。除继续帮扶向阳山夫生态农业专业合作社、乐峰镇朝仙寨农林合作社外，还扶持翔云绿标家庭农场以及东田益湖生态农业有限公司，帮助周边乡镇解决劳动力就业问题。

5月5日

星期四
农历丙申年三月廿九
温度：23℃—29℃
雷阵雨转阴

●省人大常委副主任彭锦清到泉州开展《福建省水资源条例（草案）》立法调研。

●市委“两学一做”学习教育协调小组会议召开。

●市直机关“两学一做”学习教育党支部书记示范培训班开班。

●纪念五四运动97周年暨“五个泉州·青春扬帆”青年典型分享会活动举行。

●晋江市启动“全流程网上审批”。

●“为爱奔跑·为贫困母亲圆梦”活动在市区西湖公园举行。

●5—15日，“追梦海丝”系列音乐会举行。

●5—14日，由泉州历史文化中心主办的“心声墨迹——陈文岩书法展”在泉州威远楼举行。

●5—6日，晋江市“亲民情·领导关爱行”母亲节慈善慰问活动举行。

●南安市“造血型”慈善扶贫项目协议签约仪式举行。

5月6日

星期五
农历丙申年三月三十
温度：23℃—31℃
多云转阴

●市委常委“两学一做”第一专题学习会召开。

●市领导慰问鲤城区开智学校和贫困残疾人家庭。

●6—8日，由省科协、省教育厅主办的第14届福建省青少年机器人竞赛在宁德举行。泉州代表队获冠军8个、一等奖总数25个（含8个冠军）、获奖总数69个，冠军队数量、一等奖数量及获奖总数均名列全省第一。

●6—7日，福建省中小学“学校文化建设”论坛在泉州市城东中学举办。

●泉州17件旅游商品入选百件福建好礼。

●“我们的根·我们的梦”2016年“中国寻根之旅”夏令营福建石狮营暨第23届菲华石狮市青少年夏令营开营仪式在国侨办举行。

●南安市“清华大讲堂”启动。

市委常委“两学一做”第一专题学习会召开

市委书记郑新聪主持召开市委常委“两学一做”学习教育第一专题学习讨论会。会上，就贯彻落实习近平在安徽考察时对学习党章提出的要求，围绕“坚定理想信念，增强‘四种意识’”，市委领导郑新聪、温惠榕、林伯前、李建辉作主题发言，其他市委常委分别作交流发言。

会议指出，学党章党规不能是空口白话，需要我们把党员权利义务、党的制度、党组织的行为规范、党的纪律规矩等牢记于心，搞清楚该做什么、不该做什么，进而把合格的标尺立起来，把做人做事的底线划出来，把党员的先锋形象树起来。对党员领导干部而言，特别要注意在树立良好家风、构建“亲”“清”新型政商关系、严守换届纪律上带好头、作榜样。当前，经济发展、产业转型、脱贫攻坚等工作任务重、压力大，全市各级党员干部要自觉担当作为，深入一线帮助解决问题，不断增强“活动周”实效。

各位常委在发言中表示，要把思想和认识统一到中央要求上来，坚持原原本本学、反反复复学，坚持联系实际学、深入思考学。通过学习唤醒党章党规意识，在思想上政治上行动上同以习近平为总书记的党中央保持高度一致，在工作生活实际中走前头、作表率，争当“讲政治、有信念，讲规矩、有纪律，讲道德、有品行，讲奉献、有作为”的合格党员和“忠诚、干净、担当”的好干部。

2015年海外华裔青少年“中国寻根之旅”夏令营福建石狮营启动

福建旅游商品评选在第十二届海峡旅游博览会上揭晓，泉州17件作品入选百件福建好礼。此次“旅博会”举办了福建旅游商品评选暨创意设计大赛、海峡两岸旅游产品创意设计大赛暨旅游商品展示交流等多场旅游商品系列评比和交流。为提升泉州旅游伴手礼的创新力和知名度，市旅游局组织本地旅游商品企业57家72件（套）作品参加本系列活动，涉及旅游陶瓷、旅游特色食品、旅游丝织品、旅游饮品、旅游纪念品、旅游竹木品等大类，企业参展积极性明显高于往年。在揭晓的各类奖项中，泉州市旅游商品《赛珍珠系列》《拾·绘生活》《限量版包装设计》《五福礼盒》《翁螯，某翘头》《闽南民俗木板画》《拍胸舞》《书香泉州》《海滨邹鲁多贤才》《闽南民俗布贴画——嗦啰嗹》《芽庄》《茶缘》《香之礼》《五行和气茶具》《快乐童年》《子孙桶》《〈闽南童谣〉文创产品设计》17件入选“福建好礼”百佳作品；《茶缘》《禅乐》获2016年度福建省旅游商品评选暨创意设计大赛创意设计类二等奖，《海滨邹鲁多贤才》获三等奖。《时来运转》获海峡两岸旅游产品创意设计大赛实物类金奖，《古韵泉州》《闽南非遗DIY系列》《泉州木偶仔仔》分获实物类与设计类铜奖。泉州市旅游局获该系列大赛最佳组织奖。“福建好礼”百佳作品将被授权使用“福建好礼”标识。

以“清新福建·海丝泉州”为主题的“旅博会”泉州馆（图/孙灿芬）

惠安女走秀和舞蹈表演诠释“海丝乡情”（图/惠安县旅游局）

南安市“清华大讲堂”启动

由南安市和清华大学主办的南安市“清华大讲堂”开启首讲，清华大学马克思主义学院副院长、教授、博士生导师韩冬雪为南安市各级领导干部、企业和行业协会负责人作《当前我国经济形势与政策选择——“一带一路”建设的机遇与挑战》专题讲座。韩冬雪从公共投资、内需市场、外贸形势入手，全面解读和阐释产业结构改革、“一带一路”倡议和供给侧结构性改革等关键热词，并阐述经济社会发展新常态下南安面临的机遇和挑战，为南安如何立足自身独特地位和优势条件更好融入国家战略布局、加快发展地方经济提出建议。

泉州市获国家专项建设基金项目22个

国家发展改革委下达泉州市2016年第二批国家专项建设基金项目22个，共计额度47亿元，位列全省各地市首位。22个项目包括：泉港锦川小区一期等棚户区改造项目6个，额度3.71亿元；彭村水库重大水利工程项目1个，额度0.6亿元；金鸡水厂等城镇供排水供热基础设施项目2个，额度0.27亿元；公共文化中心城市停车场项目1个，额度1.2亿元；晋江金井小城镇基础设施等新型城镇化项目5个，额度4.54亿元；厦沙线泉州德化段高速公路及收费一级公路项目1个，额度0.68亿元；安溪中科生物抗肿瘤重大疾病药用中间体材料产业化等增强制造业核心竞争力项目2个，额度3.31亿元；晋华有限公司集成电路项目1个，额度30亿元；国富瑞产业园“泉州制造2025”云总平台等“互联网+”重大工程项目2个，额度2.3亿元；迈特富纺织科技有限公司军民融合工程项目1个，额度0.4亿元。

全市投入移民扶持资金7400万元

2016年全市投入移民扶持资金7400万元，精准扶持库区移民安置区环境综合整治、生产开发、社会事业等项目138个，在全市建成一批库区工业、农业、旅游、商贸及相关配套设施。精准实施后期扶持。2016年继续实施修建移民村生产区道路19条40.1千米，房前屋后路面硬化70512平方米，安装路灯1326盏，购置商业用房3935平方米，建设移民文化活动中心5座及其他配套设施等，移民村的基础设施条件得到有效改善。精准打造移民示范村品牌。坚持“一村一景、一村一韵”，打造美丽库区。集中资金加大对移民试点村环境综合整治扶持力度，突出示范村的亮点特色和影响力。向上争取1300万元用于库区美丽家园建设，其中投入1000万元对洛江区马甲镇洋坑村进行环境综合整治，投入300万元对德化县水口镇湖坂村进行旅游乡村培育。精准实施一对一扶贫济困。深入库区访贫问苦，慰问困难移民984户，发放扶贫解困慰问金61.2万元，并为91个村组解决102个实际困难问题。精准实施技能帮扶。投入201万元培训移民890人，其中自主培训汽车驾驶员385人、投入补助经费96万元；集中培训电子商务（淘宝网店）、家政服务、美容美发、育婴员、电工员、挖掘机装载机叉车驾驶等多期培训班共505人。通过培训，使移民掌握职业技能技术，拓宽就业渠道，已有147人购买小货车或小汽车从事营运工作。

福建省中小学“学校文化建设”论坛在泉州举办

6—7日，福建省中小学“学校文化建设”论坛在泉州市城东中学举办。作为福建省首届中小学“学校文化建设”论坛，活动聚集了省特级教师协会专家以及福州、厦门、泉州、三明、龙岩、南平、莆田等地的中小学校长，还特邀广西贵港覃塘教育代表团参加。论坛围绕四个层面展开，即学校精神文化、制度文化、行为文化、物质文化与学生核心素养培养的关系。参会的特级教师纷纷在论坛上发言，介绍自己对学校校园文化建设的探索和思考。

第六届“海丝情”福建省国际标准舞公开赛在石狮市举行

7—8日，由中国国际标准舞总会支持，泉州市文联、石狮市委宣传部、福建省国际标准舞协会等主办的第六届“海丝情”福建省国际标准舞公开赛在石狮市举行。全省43个代表队1500多名选手参赛，分为职业组、业余组拉丁舞和摩登舞等不同组别；选手中年龄最大的75周岁，最小的只有5周岁。比赛旨在践行全民健身计划，普及国际标准舞艺术，满足市民精神文化需求。颁奖仪式上，还特邀青岛全国公开赛甲A组拉丁舞冠军胥承忠、廖月雯和2015深圳WDC国际赛16岁组摩登舞冠军汪震、李沐昕等嘉宾表演，让观众欣赏到高水平的国标舞表演。

奥运会男单冠军吉新鹏到泉州和羽毛球爱好者交流

第27届悉尼奥运会男单冠军吉新鹏到泉州市轻扬羽毛球馆和泉州的羽毛球爱好者展开男单、男双羽毛球交流赛。比赛中，吉新鹏和泉州的羽毛球爱好者相互切磋交流，气氛热烈，其变化多端的球路、灵活的步法、“快、准、狠”的进攻，让泉州的球友大呼过瘾，在交流中享受羽毛球运动带来的快乐。吉新鹏表示，泉州是一个体育大市，应多举办影响广泛、颇受关注的民间体育交流赛事，为普通百姓搭建一个大众参与、全民健身的平台，让更多的人参与到全民健身活动中来，丰富群众的体育文化生活，加快“东亚文化之都”建设步伐。

5月7日

星期六
农历丙申年四月初一
温度：23℃—31℃
多云

●国家发展改革委下达泉州市2016年第二批国家专项建设基金项目22个，共计额度47亿元，位列全省各地市首位。

●2016年全市投入移民扶持资金7400万元，精准扶持库区移民安置区环境综合整治、生产开发、社会事业等项目138个，在全市建成一批库区工业、农业、旅游、商贸及相关配套设施，促进库区基础设施明显完善。

●福建海警二支队在泉州南北尾屿海域从搁浅渔船“闽狮渔07107”救出13名被困渔民。

●由团市委，东南早报、泉州网、丰泽区商贸业行业协会等主办的泉州市第四届社团嘉年华活动在市区中骏世界城启动。

●7—8日，由中国国际标准舞总会支持，泉州市文联、石狮市委宣传部、福建省国际标准舞协会等主办的第六届“海丝情”福建省国际标准舞公开赛在石狮市举行。全省43个代表队1500多名选手参赛。

●第27届悉尼奥运会男单冠军吉新鹏到泉州市轻扬羽毛球馆和泉州的羽毛球爱好者展开男单、男双羽毛球交流赛。

5月8日

星期日
农历丙申年四月初二
温度：23℃—30℃
阴转多云

●郑新聪、康涛就防御暴雨作批示。

●福建省残疾人事业发展研究基地落户泉州师院。该基地由福建省残疾人联合会与泉州师院合作成立。

●凌晨4时46分左右，泰宁县发生10万立方米以上大型自然灾害泥石流，多人失联。灾情发生后，根据省消防总队命令，泉州市公安消防支队迅速出动8部车和53名官兵驰援。

●泉州企业抱团进军影视产业暨院线电影《五祖拳》推介会活动在晋江市举行。

●以“文明·爱心·公益”为主题的“爱玛电动车杯”系列爱心公益行动暨爱心执行大使评选活动启动仪式在泉州府文庙举行。

郑新聪康涛就防御暴雨作批示

三明市泰宁县池潭水电厂扩建工程工地发生山体滑坡，造成多人失联。省、市防指相继发出《关于进一步做好当前防暴雨工作的紧急通知》；省、市防御暴雨工作视频会议相继召开，要求各级各部门落实各项防御措施。就做好防暴雨工作，市委书记郑新聪作出批示：“根据省委、省政府要求，各地要严格落实省防指各项工作要求和工作预案，严防死守，绝对不能因为滑坡泥石流或地质灾害造成人员伤亡。要密切关注天气变化和气候趋势变化，果断、提前和迅速撤离该撤离的人员。要坚决严肃追究因工作不负责或措施不到位造成人员伤亡事故的直接责任人和各级领导责任。”市长康涛作出批示：“要严密防控地灾隐患点，及时、妥善处置各类隐患和突发事件。”市防指要求，要全面梳理汛前安全大检查和前阶段再次检查发现的安全隐患和问题，立即整改尚未完成整改的问题。要落实群测群防工作机制，加强对山洪地质灾害危险区域的巡值守。各类水库要严格执行经批准的调度运用计划，严禁超汛限水位运行，及时预泄腾库；要全面检查城乡防洪排涝设施，及时疏浚河道和排水管网，落实应急排涝措施；要加强在建工程安全监管，适时停止施工，及时转移施工人员和设备。

福建省残疾人事业发展研究基地落户泉州师院

福建省残疾人事业发展研究基地落户泉州师院。此系全省首个残疾人事业发展研究基地，将填补福建省残疾人事业发展实践与研究相关平台的空白。该基地由福建省残疾人联合会与泉州师院合作成立。泉州师院党委书记游小波介绍，此举是校地合作推进残疾人事业理论研究的创新举措。泉州师院将发挥残疾人事业发展研究基地的作用，凝聚省内外的优秀专业研究人才，组建强有力的研究团队，围绕残疾人社会服务、残疾人与特殊教育数据库建设与应用、残疾人政策、无障碍与辅助科技等课题，搭建一个融学术研究、专业咨询、人才培训、学术交流为一体的开放式平台；围绕福建省残疾人事业发展的理论创新、战略制定、能力提升、队伍建设等进行探索，为推动福建省残疾人事业不断向前发展作出贡献。

泉州消防驰援泰宁

凌晨4时46分左右，泰宁县发生10万立方米以上大型自然灾害泥石流，多人失联。灾情发生后，根据福建省消防总队命令，泉州市公安消防支队迅速出动8部车和53名官兵，其中包括一支地震重型救援队，主要携带蛇眼生命探测器、雷达生命探测仪以及手动破拆工具、救援三脚架、球形气垫等器材，赶往三明市泰宁县池潭电站山体滑坡现场。

鲤城区爱心执行大使评选活动启动

以“文明·爱心·公益”为主题的“爱玛电动车杯”系列爱心公益行动暨爱心执行大使评选活动启动仪式在泉州府文庙举行。为弘扬民族精神、时代精神和新时期泉州精神，倡导文明交通，热心公益事业，从而营造和谐文明的社会环境，鲤城区委文明办、综治办、公安分局、文联、团委、交警大队等部门主办，全芳面包、中悦汽车、民心医药、嘉太名酒协办开展鲤城区系列爱心公益行动暨爱心执行大使评选活动，历时3个月。启动仪式上，设立早报·爱玛爱心公益金，开展鲤城区“警营是我家”征文比赛。同日，还举行鲤城区“文明交通·低碳出行”快乐骑行活动，各文明单位骑行督导志愿服务队队员和骑行爱好者参加。各级领导和嘉宾带头在“文明交通·低碳出行——10公里/10分钟减少雾霾不开车”条幅上签名，宣读文明交通·低碳出行倡议书，倡导市民群众文明交通的安全理念，全面提升交通参与者的低碳出行意识，宣传发动市民群众关注支持鲤城区交通管理，营造和谐文明的交通环境。活动上，鲤城区公安文体联成立文学分会，并聘任12名当地知名作家为顾问。骑行队伍随后骑行宣传文明交通，最小的选手年龄才10岁。

启动仪式　　（图/王盼阳）

郑新聪康涛部署防汛工作

就进一步做好防汛工作，市委书记郑新聪作出批示：“各地要根据市委、市政府一系列工作部署，紧盯当前防汛、安全生产等工作落实。市‘两办’（委办、政府办）要专发通知，强调责任落实、汛期特点、安全生产工作、各重点领域的专项整治工作。各级换届过程中，在法定程序未履行完毕前，原岗位人员必须履行原有职责，失职要严肃追究责任，市效能办要突击抽查。”市长康涛召开全市防汛视频会议，部署当前防汛工作。市委副书记周银芳、副市长林万明、市政府秘书长吴友才参加会议。康涛要求，要确保县、乡、村三级行动起来，各地要把干部派到一线去，把群众发动起来。要确保点对点预报与指挥落到实处，气象、国土和水文等部门要把握好预报的时间节点，凡是可能出现短历时强降雨或降雨集中发生的区域，属地指挥长必须到指挥部指导部署防御工作。要确保人员转移全面到位，各地必须落实好转移避险工作。要落实岗位抽查监管，值班人员必须保持通讯畅通，随时待命。

郑新聪在市防指了解防范暴雨工作情况

康涛在市防指了解防范暴雨工作情况 （图/陈昌技）

2016年海外华裔青少年“中国寻根之旅”夏令营——福建泉州营开营

由国侨办、省侨办和市外侨办主办的2016年海外华裔青少年“中国寻根之旅”夏令营——福建泉州营开营仪式在泉州黎明职业大学举行。活动吸引祖籍泉州的52名菲律宾华裔青少年参加。活动为期10天，除汉语、武术、茶艺、书法、剪纸等学习课程，还安排参观泉州少林寺、海外交通史博物馆、闽南文化展示中心、华侨历史博物馆、晋江草庵摩尼教遗址、五店市闽南文化建筑群、德化陶瓷博物馆、开元寺、府文庙、“海丝”艺术公园等，既有利于菲律宾华裔青少年感悟泉州深厚的历史人文，又便于他们了解泉州当前的社会发展状况。

晋江市2016年“匠心智造 创新突围”企业创新大会召开

晋江市2016年“匠心智造 创新突围”企业创新大会召开。市长康涛，市委常委、晋江市委书记李建辉，市政协副主席许连捷，以及晋江市负责人、晋江工商企业界千名代表等参加会议。康涛要求，要用好用足中央、省、市各项政策利好，立足本地实体经济基础扎实、优秀企业家数量众多、干部敢于担当作为、海内外乡亲恋土恋乡等宝贵财富和优势，满怀希望、昂首向前，率先走出困境。要坚守实体，夯实实业根基；扎根本土，把精品工厂、营销中心、总部留在晋江和泉州；以诚为本，在创造社会财富的同时，为生态文明、社会公平正义、民生改善多作贡献。企业家要秉承“匠”的精神，争做百年生意，力创百年老店；提升“匠”的技术，乘势泉州打造“中国制造2025”地方样板，推出更多走在同行业前排的创新产品；锻造“匠”的团队，通过强化人才队伍和企业文化建设，降低成本、提高效率。党委、政府要以政企互动为抓手构建“亲”“清”新型政商关系，以路线图为抓手引领创新发展，以“点、线、面”为抓手提升城市环境，以规范自由裁量空间为抓手促进服务提速提效。会上还举行重大项目合作协议签约仪式，表彰2015年纳税超10亿元企业、超3亿元的晋江企业，以及晋江“五个创新”中取得突出业绩的先进企业和优秀创新人才。

大会现场 （图/泉州晚报社）

5月9日

星期一
农历丙申年四月初三
温度：24℃—28℃
阴转阵雨

- 全国政协副主席马飚带领“繁荣社会主义书画艺术”调研组到泉州调研书画艺术工作。
- 郑新聪、康涛部署防汛工作。
- 泉州市启动防汛隐患排查督查。
- 由市社科联和泉州市职业教育技术研究会、泉州市高教发展中心管理委员会办公室主办的，以“培育创业素质，服务创业成功”为主题的两岸高职教育论坛第四次峰会在泉州轻工学院举行。
- 2016年海外华裔青少年“中国寻根之旅”夏令营——福建泉州营开营仪式在泉州黎明职业大学举行。
- 晋江市2016年“匠心智造 创新突围”企业创新大会召开。
- 建发国旅、万达旅业与华侨大学EDP中心短期游学研修班项目战略合作签约仪式在华侨大学举行。
- 9—15日，防灾减灾宣传周，永春县开展防灾减灾科普宣传教育、灾害风险隐患排查治理和防灾减灾演练等系列活动。

5月10日

星期二
农历丙申年四月初四
温度：21℃—28℃
中雨转阵雨

●青岛市党政代表团到泉州考察。

●郑新聪部署防汛工作。

●省统计局公布《福建省2015年1%人口抽样调查主要数据公报》，泉州市人口总数850万人，是全省人口数量最多的设区市。

●市检察院与市工商联召开服务非公有制经济发展联席会议。

●市发改委·农发行项目融资暨国家专项建设基金对接会召开。

●10—16日，宁夏特色优质农产品推介展销活动在市区中骏世界城举行。

●首届公安网络正能量十佳评选揭晓仪式在北京举行。石狮市公安局廉政微电影《爱的守护》获动漫音视频作品类“十佳”，系全省唯一进入“十佳”的作品。

●晋江市青年创新创业公益基金启用。

●祖籍南安梅山镇竞丰村的新加坡李氏基金主席、著名慈善家李成义逝世，享年95岁。

青岛市党政代表团到泉州考察

由山东省委常委、青岛市委书记李群，市长张新起带领的青岛市党政代表团到泉州考察。福建省委常委、统战部部长雷春美对代表团的到来表示欢迎，希望他们多到福建传经送宝，为建设机制活、产业优、百姓富、生态美的新福建多提宝贵意见。李群表示，青岛和泉州渊源深厚，两地在创新、转型和改革等方面拥有广阔相互学习借鉴空间，希望双方加强交流，共同促进两市繁荣发展。市委书记郑新聪介绍泉州经济社会发展情况，欢迎代表团和青岛企业家多到泉州走走看看，共同分享新常态下的发展经验。市领导翁祖根陪同考察。

郑新聪到市防指部署防汛工作

市委书记郑新聪到市防汛抗旱指挥部，了解当前及下一阶段降雨情况，听取相关部门工作汇报，就做好防汛工作作出部署。市领导翁祖根、林万明参加。

郑新聪要求，要密切监测研判，及时预警预报。各地各部门要落实24小时值班和领导带班制度。各级防汛部门要密切监测雨情汛情，及时发布预警信息；国土、气象、水文、交通、市政、安监等部门要互通互联、密切配合。各县（市、区）主要领导要到基层检查汛情与值班值守情况，及时掌握辖区水雨工险情况，出现趋势性问题，要及时启动预案，采取应急措施有效处置。要全力巡查隐患，迅速落实整改。各地各部门要坚持隐患不放过的原则，不厌其烦，深化对在建水利工程、危旧桥、地质灾害点、高陡边坡隐患点、海堤、尾矿库、下穿通道、桥涵桥洞、易涝积水点、临山临水在建工地、临时工棚和弃土渣场等安全隐患的排查治理，落实安全防范措施。要密切监测地质灾害点，一旦发现险情征兆，立即果断转移群众，杜绝人员伤亡事故发生。要针对汛期安全生产工作，开展一次全市年中大排查大整治专项行动。特别是对石化、危化等重点行业领域要开展隐患排查整治，规范安全管理。

郑新聪强调，要强化效能督查，责任落实到位。各县（市、区）要强化基层换届后防汛责任的落实，法定程序没有完成、工作未正式交接的，原任岗位人员必须负责到位，对因工作不负责或落实不到位造成严重后果的，要严肃追责；各地要对新任的乡镇党政主官强化岗位培训，提高防汛决策与应急指挥能力，确保上任后能迅速进入角色。各级党委、政府要加强组织领导，高度重视当前防汛工作，及时组织防汛抗灾工作，落实防汛工作责任。各有关部门要按照职责分工，做好相关防汛工作，确保人民群众生命财产安全。

市检察院与市工商联召开服务非公有制经济发展联席会议

市检察院与市工商业联合会召开服务非公有制经济发展联席会议，会签《关于加强协作依法保障和促进非公有制经济健康发展的意见》（以下简称意见）、《联席会议制度》和《挂钩联系重点企业》三份文件，达成工作共识，意在发挥检察机关、工商联在保障和促进非公有制经济健康发展中的积极作用，构建“亲”“清”的新型政商关系。

意见提出14条服务非公有制经济发展的措施。包括要主动适应经济发展新常态，坚持对非公有制经济提供法律上的平等保护；要打造亲上加清的新型检企关系，坚持“安商、护商、亲商”工作理念，以“亲”密切检企关系，用“清”规范检企关系。既要“零距离”提供服务，为企业提供精细化、个性化和差异化的法治服务模式，助力企业转型升级和创新发展，又要“保持距离”相处，通过服务保障和引导自律并举，改进服务方式和提升服务效果相促，推动严格依法履职和保障非公有制经济充分融合。

同时，检察院与工商联建立联席会议制度、挂钩联系企业制度，通过整合各方信息资源，满足企业信息服务需求。探索建立办理涉非公企业案件经济影响评估制度，以及涉非公企业重大疑难案件会商制度，把握“错”与“罪”的界限，对涉企轻微刑事案件，可捕可不捕的坚决不捕，可诉可不诉的坚决不诉，把办案可能对经济生活及企业正常经营活动产生的负面影响降至最低。

此外，围绕保护产业技术创新和企业品牌建设，建立与公安、工商等执法部门的协作机制，主动对接企业打假自治组织，引导企业运用法律手段维权，并根据企业需求，为其异地打假提供法律协助。定期发布知识产权保护白皮书，为企业提示风险防范重点，为企业技术产品创新、企业模式创新提供保障。加强对涉及非公有制经济主体刑事案件侦查监督，营造公平正义的法治环境。

周银芳到市防指检查防汛工作

市委副书记周银芳到市防汛抗旱指挥部检查防汛工作。周银芳听取气象、水利、国土、交通、住建、市政等部门相关情况汇报，了解10日短历时强降雨对各重点县（市、区）的影响，询问各地隐患排查整改、群众转移安置等情况。周银芳强调，各地各部门思想上绝不能松懈，工作上要全力以赴，贯彻省、市领导批示精神，按照省、市防指具体工作部署，全面检查排查重点部位，提前做好准备应对15—16日的强降水工作。要迅速开展灾后修复，各职能部门要利用未来几天雨情缓解的关键时期，及时疏排内涝积水，抓紧修复受损的供水、供电、交通、通讯等基础设施，尽快恢复正常的生产生活秩序。要强化责任落实，密切监测预报，及时预警预报，加强值班值守，及时启动预案，强化效能督查，确保人民群众生命财产安全。

全市开展干部包干到户、结对帮扶建档立卡贫困户工作

从2016年起，全市范围内开展干部包干到户、结对帮扶建档立卡贫困户工作，具体工作实施方案近日印发。方案要求，市四套班子的市（厅）级领导干部，每人结对帮扶2户贫困户。市直部门的处级干部（含领导职务和非领导职务）每人结对帮扶2户贫困户。洛江、泉港、南安、惠安、安溪、永春、德化和泉州台商投资区8个有扶贫开发工作任务县（市、区）的县（处）级干部每人结对帮扶2户贫困户；科（局）级干部每人结对帮扶1户贫困户。鲤城、丰泽、石狮、晋江4个市（区）的县（处）级干部、科（局）级干部可参照市8个有扶贫开发工作任务的县（市、区）标准执行。在筛选确定挂钩帮扶对象时，遵循“三个优先”原则，即优先考虑少数民族、计生户的建档立卡贫困户；优先考虑老区村、少数民族村的建档立卡贫困户；优先考虑国定和省定标准建档立卡贫困户。结对帮扶的干部每人每年到户帮扶联系指导不少于2次。要坚持分类施策，帮助贫困户理清发展思路，制定脱贫项目，为贫困户就医、子女上学及就业和危旧房改造建设等提供帮助，解决实际困难，所结对帮扶的贫困户要力争1—2年实现脱贫，稳定实现挂钩帮扶对象“两不愁、三保障”（不愁吃、不愁穿，保障其义务教育、基本医疗和住房安全）等目标。

“海丝风情摄影展”在福州举行

由省侨联和泉州市委宣传部主办的“海丝风情摄影展”在福州三坊七巷举行。展览旨在配合国家“一带一路”倡议，促进侨乡“海丝”文化的繁荣发展。泉州是“海上丝绸之路”的起点、东亚文化之都，此次摄影展展出作品均由泉州侨乡的摄影爱好者创作，一共70幅。作品内容丰富而翔实，作品新颖而富创造力，彰显泉州侨乡历史文化名城魅力，再现海上丝绸之路起点城市的辉煌，以不同的角度、不同的手法表现侨乡人民对艺术的追求和对生活的热爱。

泉州人重走马可·波罗东游路

从2015年9月开始，泉州人刘海翔以绿色环保的单人骑行方式，重走马可·波罗东游路，从意大利威尼斯出发，途经15个国家，历时250天，骑行里程12000多千米。11日，刘海翔完成壮举，经广西东兴口岸回到中国。刘海翔是华侨大学MBA联合会副会长、世界泉州青年联谊会会员、泉州市侨界青年联合会会员。刘海翔之所以选择重走马可·波罗东游路，是因为这是一条意义重大的路线。13世纪，意大利商人马可·波罗由陆上丝绸之路进入中国，在中国游历17年后，又从泉州出发，经由海上丝绸之路回到家乡威尼斯。刘海翔表示，以骑行方式重走当代丝绸之路，与沿途民众深入交流，不仅可以宣传中华文化，也可以以新媒体的方式将“一带一路”的真实面貌展现给大家。2015年9月5日，刘海翔从马可·波罗的故乡意大利威尼斯出发，途经意大利、梵蒂冈、希腊、土耳其、埃及、沙特阿拉伯、阿联酋、印度、斯里兰卡、印度尼西亚、新加坡、马来西亚、泰国、柬埔寨、越南15个国家，足迹遍布欧亚非大陆。刘海翔还运用互联网社交媒体，将沿途的奇闻逸事通过图文视频的方式，进行实时分享交流，带大家重走马可·波罗东游路。

5月11日

星期三
农历丙申年四月初五
温度：18℃—25℃
多云

●周银芳到市防汛抗旱指挥部检查防汛工作。

●全市开展干部包干到户、结对帮扶建档立卡贫困户工作。

●由省侨联和泉州市委宣传部主办的“海丝风情摄影展”在福州三坊七巷举行。

●即日起至9月30日，中心市区开展户外广告整治。

●从2015年9月开始，泉州人刘海翔以绿色环保的单人骑行方式，重走马可·波罗东游路，从意大利威尼斯出发，途经15个国家，历时250天，骑行里程12000多千米。是日，刘海翔完成壮举，由广西东兴口岸回到中国。

●由市旅游局、市检察院、市志愿者协会、泉州宝中国际旅行社主办的“感受海丝 护航青春”青年文明号关爱残障青少年公益春游活动举行，138名视力障碍学生免费游览泉州市美景。

●洛江区“健康洛江行 幸福进万家”活动启动仪式暨2016年纪念“5·12国际护士节”趣味运动会举行。

5月12日

星期四
农历丙申年四月初六
温度：19℃—27℃
晴转多云

●全市推进简政放权放管结合优化服务改革视频会议召开。

●全市防汛工作会议召开。

●九三学社中央院士专家到泉州开展科普巡讲。

●市政协开展“司法改革与创新”考察。

●第三届“关爱明天·普法先行”青少年普法教育活动动员部署会召开。

●“绽放生命之花·唱响文化助残”泉州市2016残疾人艺术作品展举行。

●市防指、市水利局组织志愿者到永春县达埔镇溪源村、光烈村和蓬壶镇魁都村，开展防灾减灾宣传活动。

●12—13日，泉州市第五届小学生生活与劳动技能比赛在石狮市实验中学附属小学举行。

●由中国红十字会总会事业发展中心和伟冠集团兴办的晋江拔萃双语学校开工奠基仪式在晋江市博览片区举行。

●12—13日，2016中国化工园区与产业发展论坛在湖北武汉举办，中国石油和化学工业联合会化工园区工作委员会发布“2016中国化工园区20强”，泉港石化工业园区成为福建省唯一入选园区。

全市推进简政放权放管结合优化服务改革视频会议召开

全市推进简政放权放管结合优化服务改革视频会议召开。市长康涛强调，要深化简政放权，做到能减则减、能放则放。抓清单管理，完善清单动态调整机制；抓减权放权，做到依法下放、彻底放权；抓上下衔接，解决不同步、不协调、不到位等问题。要强化监督管理，确保全程监管、权责到位。明确责任，做到“法定职责必须为”；创新方式，加快落实“双随机、一公开”监管；规范行为，改进政府部门涉企检查活动；加强诚信，打造以信用监管为核心的综合监管体系。要提升审批服务，更加方便企业、方便群众。把规范压缩自由裁量空间作为工作重点，突出倒排重大项目前期工作节点；坚持“能进就进”原则，及时梳理一批非审批类服务事项进入体内监管；强化办理登记制度落实，对每个审批流程都实行台账管理；明确各级审批权限和时限，推行服务标准化管理。深化“马上就办”，强化靠前服务，改进审批方式，简化审批流程，全面实行网上审核审批。

九三学社中央院士专家到泉州开展科普巡讲

由市委统战部、九三学社市委会主办的九三学社中央“院士专家科普巡讲”福建行暨统战大讲堂活动举行。中国科学院院士、中科院上海技术物理研究所研究员、华东师范大学信息学院院长褚君浩作题为《新工业革命和创新驱动转型发展》的专题讲座。褚君浩认为科学技术与产业发展的新特征在于信息技术深入各类技术深度融合，科学发现到技术发明、技术发明到产业应用的转化周期愈益缩短等。褚君浩还通过两极冰川融化导致海平面上升的例子号召在场人员合理利用能源，共同保护地球环境。北京大学医学部公共卫生学院医学与健康教育系教授钮文异则作《健康生活，和谐人生》的主题演讲。钮文异认为一个人的健康应该包括躯体健康、心理健康和社会适应性，营养、锻炼、饮水、阳光、节制、空气、休息、信念是健康生活的八个要素。在生活节奏日益加快的今天，应倡导健康、和谐、有序的新生活。此次活动共在泉州开展4场科普讲座。

市政协开展“司法改革与创新”考察

市政协组织部分政协委员，开展“司法改革与创新”重点视察活动。市政协副主席吴共湖、许连捷、王瑞强，秘书长洪川夫参加考察，市委常委、政法委书记许昆贞应邀参加。吴共湖指出，全市法院和检察机关要按照上级党委关于全面深化改革的部署要求，主动适应形势新变化和经济发展新常态，为实现“十三五”良好开局和全面建成小康社会提供司法保障；要坚持改革创新，解决影响司法公正、制约司法能力的深层次问题，提高司法服务的能力和水平；要完善工作机制，加强信息化手段的运用，在各个环节更好地服务人民群众；要加强思想建设，教育引导干警践行司法为民的宗旨。

考察现场　　（图/陈　翔）

泉州市2016残疾人艺术作品展举行

开幕式　　（图/吴寿民）

由市委宣传部、市委市直机关工委、市文联、市残联、泉州广播电视台主办的“绽放生命之花·唱响文化助残”泉州市2016残疾人艺术作品展举行。作品展旨在弘扬人道主义精神，倡导扶残助残的社会风尚，促进全市残疾人文化事业繁荣发展，丰富残疾朋友的精神生活，同时为残疾人艺术爱好者提供一个展示和交流的平台，实现共同提高、共同发展。活动共收到全市残疾人创作的书法、绘画、摄影、工艺美术、手工，以及特殊群体的艺术作品183件。

全市宣传部长会议召开

全市宣传部长会议召开，学习习近平关于意识形态工作和宣传思想工作的一系列论述，研究部署下阶段宣传思想工作。

会议强调，要对号入座扛起责任，各级党委（党组）要作为分内事、“责任田”，党委（党组）书记是第一责任人，分管领导是直接责任人，领导班子成员要履行“一岗双责”，宣传、组织、纪检等部门要发挥组织协调、督促考核、执纪监督等作用。要旗帜鲜明把牢方向，保持政治清醒和政治定力，严明政治纪律和政治规矩。要寸步不让守好阵地，抓牢理论武装，巩固壮大主流舆论，占领新媒体阵地，强化学校思想政治工作。要十分重视提升应对应变能力，树立正确的舆论导向，开展有章法的舆论引导。

会议要求，要营造正面向上舆论氛围，组织建党95周年、推进供给侧结构性改革、建设“五个泉州”、打造“中国制造2025”试点示范城市、“海丝”先行区等主题宣传，加强舆论引导。要深化群众性精神文明创建活动，巩固、完善文明城市创建行之有效的工作机制，培育和践行社会主义核心价值观，弘扬优秀传统文化，倡导时代新风正气。要提升城市文化软实力，挖掘“海丝”“文都”等品牌的产业潜力，把文化资源优势转化为现实生产力。各级宣传部门要提高干部队伍的思想政治素质、履职履责能力和专业化水平；各有关部门要加强同宣传思想工作部门的沟通和配合，自觉支持宣传思想战线开展工作；各人民团体要动员社会力量支持参与宣传思想工作。

市人大常委会党组“两学一做”第一专题学习会召开

市人大常委会党组“两学一做”第一专题学习会召开。市人大常委会党组书记、主任陈万里主持会议，副主任朱团能、曾巍，秘书长吴春林参加会议。会议强调，市人大常委会机关要更加坚决地贯彻落实党中央提出的一系列新理念、新思想、新战略，更加坚决地推进依法治国，推动人大制度和人大工作与时俱进；要筑牢防线，增强政治意识、大局意识、核心意识、看齐意识，做政治上的明白人、大局上的执行人、核心上的守护人和看齐上的带头人；要加强督促，推进学习教育，落实党建主体责任，把专题学习抓出成效；要以学促做，完成岗位职责，把学习教育作为推动工作的重要机遇和强大动力，同人大工作紧密结合。

泉州市获“全国人民防空先进城市”称号

第七次全国人民防空会议在北京召开，泉州市获国家国防动员委员会颁发的“全国人民防空先进城市”称号。此系继2011年后，泉州市连续第二次获该称号。“全国人民防空先进城市”是国家授予人防建设工作的最高荣誉。泉州地处东南沿海重要战略位置。近年来，泉州市人防工作在市委、市政府和泉州军分区领导下，在全市人民努力下，加强科学统筹，深化改革创新，推进防空、防灾一体化建设，实现人防工作全面发展，为提升城市竞争力和市民安全感付出巨大努力，并取得显著成效。

泉州市与北印绿色印刷研究院签署战略合作框架协议

泉州市与北京印刷学院绿色印刷包装产业技术研究院（以下简称北印绿色印刷研究院）签署战略合作框架协议，合作共建北印绿色印刷研究院泉州分院。北印绿色印刷研究院是中关村首批建设项目，是北京印刷学院科研成果转化和产业化平台，在绿色印刷包装领域有较强的技术优势。泉州拥有印刷企业1200多家，规模以上印刷企业46家（含亿元企业24家）。《泉州市印刷产业转型升级路线图》提出，泉州将打造海峡两岸先进印刷业基地，保持年增长10%以上，到2020年总产值达到300亿元。此次合作，双方将共建绿色印刷包装产业协同创新基地成果转化平台，以国家战略与市场需求为导向，以学院科研成果为基础，结合泉州地区以及国家印刷包装产业结构调整升级需要，重点开展绿色印刷、创意印刷、印刷数字化和印刷产业延伸等领域的成果转化。北印绿色印刷研究院将根据国内外相关领域技术发展趋势提出研究课题，联合泉州市共同申报国家、地方或行业的科研开发和技术创新项目，合作开展新产品、新工艺、新装备的研发与推广。同时，泉州市将依托北印绿色印刷研究院的教育资源，结合本地企业需求，开展具有针对性、实用性、前瞻性的技术教育培训。

5月13日

星期五
农历丙申年四月初七
温度：22℃—30℃
多云

●市委十一届十一次全体会议召开，审议通过《关于召开中共泉州市第十二次代表大会的决议》。

●全市宣传部长会议召开，学习习近平关于意识形态工作和宣传思想工作的一系列论述，研究部署下阶段宣传思想工作。

●市人大常委会党组“两学一做”第一专题学习会召开。

●全市防汛工作视频会议召开，贯彻中央、省、市主要领导批示精神，部署防汛抗灾工作。

●第七次全国人民防空会议在北京召开，泉州市获国家国防动员委员会颁发的“全国人民防空先进城市”称号。

●全省专养公路养护管理现场会在泉州召开。

●泉州市与北印绿色印刷研究院签署战略合作框架协议。

●泉州市2016年度“市道德模范、身边好人、美德少年基层巡讲”首场活动在泉州第五中学举行。

●以“筑梦 启航”为主题的2016年高雅艺术进校园活动在泉州师院举行。

●“绽放生命之花，唱响文化助残”泉州市2016残疾人文艺汇演在泉州电视台举行。

●13—15日，2016年全国体操锦标赛暨里约奥运会选拔赛男子全能决赛在安徽合肥奥体中心进行，泉州运动员林超攀获男子全能和男子双杠冠军。

5月14日

星期六
农历丙申年四月初八
温度：24℃—28℃
阴

●康涛到山美水库调研，察看水库运行情况，召开座谈会听取七库连通工程进展，并就全市防汛工作进行再部署。。

●泉州受邀参加“一带一路”国际旅游城市大会。

●泉州首届大学生戏剧节开幕。

●14—15日，第十七届全国太极拳健身月暨2016年福建省全民健身运动会泉州市“长峰太极杯”太极拳比赛在市区侨乡体育馆举行。

●福建省第二届“丹桂奖”少儿曲艺大赛泉州赛区选拔赛在市艺术馆举行。

●14—15日，“2016泉州春季房展会”在市区浦西万达广场举办。

●14—15日，泉州市青少年宫“红领巾相约中国梦”教学体验周活动举行。

●“狮城青商·卡飒杯石狮青年健行马拉松”活动举行。

康涛到山美水库调研

市长康涛带队到山美水库调研，察看水库运行情况，召开座谈会听取七库连通工程进展，并就全市防汛工作进行再部署。康涛要求，要克服麻痹松懈思想，一级抓一级、层层抓落实，做到责任到岗到人，确保防汛工作无死角、无盲点。要用心细致，重视每一个环节、每一个步骤、每一个细节，形成“协调联动、环环相扣”的防汛工作格局。要总结经验教训，针对已暴露的问题，举一反三，查缺补漏，标本兼治。

泉州受邀参加“一带一路”国际旅游城市大会

2016西安“一带一路”国际旅游城市大会召开。泉州作为“海丝”城市代表受邀参会，并上台推介旅游资源。由市旅游局市场科负责人“代言”，从海上丝绸之路起点、闽南建筑大观园、世界宗教博物馆、世界多元文化展示中心、最中国美食城、爱拼敢赢的泉州精神以及神奇秀丽的山水胜景七个方面切入，讲述泉州深厚“海丝”文化底蕴和多元文化魅力。大会以“城市旅游为一带一路建设添彩”为主题，围绕城市旅游合作与发展，举办丝绸之路旅游项目合作与旅游推介大会、丝绸之路国际旅游合作联盟工作会议等活动，共有美国、英国、柬埔寨、斯里兰卡、斯洛伐克、日本、韩国、老挝、马尔代夫、泰国等国家和地区的政府官员，旅游企业、驻华机构代表，国内广州、兰州、乌鲁木齐等城市相关政府领导和旅游业界代表，相关旅游专家、学者，以及旅游投资商、A级景区、星级酒店等代表350人参加会议。

泉州知名“海丝”景点——灵山伊斯兰教圣墓
（图/吴寿民）

泉州首届大学生戏剧节开幕

泉州首届大学生戏剧节开幕。开幕大戏本土原创话剧《我想说的爱，与遗憾》在华侨大学上演。泉州首届大学生戏剧节是由华侨大学、仰恩大学、泉州师范学院、泉州理工学院四所大学的学生社团发起的话剧艺术活动，旨在提高大学生的文化素养，拓宽艺术视野，展示大学生艺术创作的热情和风采。通过戏剧创作、舞台演出、研讨沙龙等多种形式，让大学生感受戏剧文化的魅力，丰富校园精神生活。

泉州市“长峰太极杯”太极拳比赛举行

14—15日，由市体育局主办，市委文明办、市委老干部局、市老龄办协办的第十七届全国太极拳健身月暨2016年福建省全民健身运动会泉州市“长峰太极杯”太极拳比赛在市区侨乡体育馆举行，全市270多名太极拳爱好者参赛。参赛运动员按年龄分为老、中、青三个组别。比赛项目包括24式简化太极拳，杨、陈、吴、孙、武式太极拳竞赛套路和42式太极拳竞赛套路，杨式老六路，杨式太极拳传统套路、陈式太极拳传统套路；32式太极剑、42式太极剑竞赛套路，杨式、陈式传统太极剑，武当拳、剑，传统器械（刀、枪、棍）。

福建省第二届“丹桂奖”少儿曲艺大赛泉州赛区选拔赛举行

由市文联、市教育局主办，泉州市曲艺家协会、泉州市艺术馆承办的福建省第二届“丹桂奖”少儿曲艺大赛泉州赛区选拔赛在市艺术馆举行。选拔赛吸引全市各地南音、南音表演唱、闽南答嘴鼓、方言小品、相声、泉州讲古、双簧、锦歌等曲种的72个节目参加。最终，南音表演唱《海丝灯景颂》《信仰》，情景剧《半首童谣》，群口表演《民俗方言赞》，琵琶弹唱《元宵十五》，闽南童谣《“婀娜”惠女好美德》，相声《坑爹》，讲古剧《真番和假番》等30个节目入围，其中儿童组10个、少年组20个。

杨双智第一钢琴组曲《梅花》创作座谈会在泉州举行

由泉州市音乐家协会和泉州歌舞剧团主办的杨双智第一钢琴组曲《梅花》创作座谈会在泉州南音艺苑举行，海内知名音乐家与会为泉州南音探索新路建言献策。座谈会上，泉州市青年钢琴家倪晓云现场演奏第一钢琴组曲《梅花》。第一钢琴组曲《梅花》由国家一级作曲、泉州市音乐家协会副主席杨双智创作，取材于南音古谱《梅花操》第二、三、四、五节，在不改变原曲结构和旋律走向的前提下进行钢琴化的创作。

“全国助残日”泉州系列活动举行

第26个“全国助残日”，市残联、鲤城区残联、丰泽区残联、市公园管理中心在市区东湖公园举行助残系列活动，向残疾儿童赠送轮椅。2016年助残日的主题为“关爱孤残儿童，让爱洒满人间”。系列活动旨在增进社会对孤残儿童的重视和了解，提高全社会对孤残儿童权益保护的认知水平，营造全社会共同关注孤残儿童的合法权益保护工作的氛围，促进孤残儿童保护工作健康发展。

全市各地开展关爱残疾人活动　　（图/戴涵琦）

石狮市一家庭获评全国“最美家庭”

“国际家庭日”，全国妇联在北京人民大会堂举行2016全国“最美家庭”揭晓暨全国五好文明家庭表彰大会。由石狮市推荐的林丽娜家庭获评2016年全国“最美家庭”。在林丽娜家中，夫妻二人相敬如宾、教子有方，平日里勤俭节约。11年来，每年都为玉湖爱心慈善会捐款5000元，全家捐款30多万元。作为玉湖社区居委会党委副书记、工会主席、福建省五一劳动奖章获得者，为群众排忧解难是林丽娜工作上的重中之重。林丽娜牵头设立环卫工人爱心服务站，为外来环卫工人免费提供爱心早餐。高度重视教育事业，积极组织筹集资金。

“跟着厦航空姐游晋江”系列活动举行

由晋江市政府主办，晋江市旅游局、厦航泉州分公司承办的“跟着厦航空姐游晋江”系列活动举行。活动以厦航空姐、空少游晋江为视角，全方位展示晋江优质旅游资源、旅游工作成效和城市形象。系列活动包括启动仪式、厦航空姐游晋江活动、晋江市旅游推价暨国内优质旅行社对接活动，以及“跟着厦航空姐游晋江”驴友大征集、“遇见大美晋江”旅游拍客大赛两个配套活动。启动仪式上，晋江市旅游局与厦航泉州分公司签署《战略合作协议》。根据协议内容，双方将在市场、产品、品牌和信息等方面进行全方位合作，协同开发旅游市场，同时发挥各自优势，推出系列旅游航空新产品，根据旅游淡旺季，制定不同营销计划和市场推广计划。

活动现场　　（图/泉州空港）

台湾宗教交流团到泉州谒祖进香

由台湾新北市林口区顶福岩组织的宗教文化交流团到安溪县湖头镇泰山岩谒祖进香。进香团在湖头镇举行巡境仪式。“报马仔”“神偶”先行开道，230多名台湾信众护驾当地的显应祖师金身紧随其后。队伍沿镇区大道徒步前行数千米，最终抵达泰山岩谒祖朝拜。顶福岩主任委员吴水源介绍，清乾隆十九年（1754年）湖头感化里福寿村村民李序颜和李序原兄弟二人，因家境贫寒，相伴欲往台湾岛创业谋生，心想乡里供奉的显应祖师十分灵验，便将祖师神像分灵到台湾台北立炉奉祀，后陆续分炉到台湾各地，顶福岩便是其中一脉。

5月15日

星期日
农历丙申年四月初九
温度：20℃—30℃
阴转小雨

●康涛到市信访局接访群众。

●全国公安机关打击和防范经济犯罪宣传日，由市公安局、工商局、金融局、质监局、人民银行泉州中心支行等主办的以“防范风险、护航发展”为主题的大型广场宣传活动在市区浦西万达广场举行。

●第26个“全国助残日”，市残联、鲤城区残联、丰泽区残联、市公园管理中心在市区东湖公园举行助残系列活动。

●由市总工会和泉州广播电视台主办的“兵来‘匠’挡”大型竞技综艺节目举行。

●杨双智第一钢琴组曲《梅花》创作座谈会在泉州南音艺苑举行。

●“校园戏剧与城市剧场的对接”专家研讨会、戏剧沙龙讲座在华侨大学举办。

●石狮市一家庭获评全国“最美家庭”。

●石狮市“家风力量 幸福守望”家庭文化季在该市星期YI创意博览园举办。

●“跟着厦航空姐游晋江”系列活动举行。

●由台湾新北市林口区顶福岩组织的宗教文化交流团到安溪县湖头镇泰山岩谒祖进香。

5月16日

星期一
农历丙申年四月初十
温度：19℃—24℃
阵雨转多云

●郑新聪、康涛到鲤城区、石狮市、晋江市调研，了解企业生产情况。

●周银芳到永春县东平镇冷水村和东山村，调研农村“两学一做”学习教育、防汛防灾以及美丽乡村建设等工作，并召开座谈会。

●市政协党组“两学一做”第一专题学习会召开。

●安溪志闽生态旅游区、泉州台商投资区华光文博园获批国家AAA级旅游景区，全市A级旅游景区达到36家。

●由泉州师院、泉州市美术家协会、泉州画院主办的游遵绍水彩画作品展在泉州师院开幕。

●16—20日，2016年鲤城市区小学生足球联赛举行。

●庆祝“5·19”中国旅游日“茶韵安溪·清新之旅”主题活动推介会在安溪县中国茶博汇会展中心举行。

郑新聪 康涛到鲤城石狮晋江调研

市委书记郑新聪、市长康涛带队到鲤城区、石狮市、晋江市调研，了解企业生产情况。市领导翁祖根、李建辉参加调研。

郑新聪、康涛指出，全市企业要认识在经济发展新常态下创新整合、适者生存的趋势，把握国家推进供给侧结构性改革、支持创新转型的政策导向，开展技术创新。要适应市场需求变化，加快变革改革，产品要瞄准高端消费和新兴需求，提高性能和性价比；企业运行要适应小批量、个性化市场趋势，主动变革体制机制、内部制度、决策模式；管理模式涵盖战略决策、工资岗位设置、供应链管理等内容，也要不断创新改良。要不断提升，增强市场竞争力，加快应用“机器换工”、智能制造，发展物联网、第四方物流，降低流通环节成本，发展互联网+设计、制造、销售、融资等，推广云计算、云平台、云支付等先进模式。

郑新聪强调，要增强政府服务效能，开展“两学一做”学习教育，发挥党员先锋模范作用；推进简政放权，让企业少跑腿；理解支持企业，及时调整服务方式和相关政策；减轻企业负担，提供便捷高效服务；坚持“亲”“清”政商关系，只要不搞利益输送，就要旗帜鲜明、大胆帮扶企业。

周银芳到永春县调研

市委副书记周银芳到永春县东平镇冷水村和东山村，调研农村“两学一做”学习教育、防汛防灾以及美丽乡村建设等工作，并召开座谈会。周银芳强调，各级各部门要落实防汛工作部署，隐患排查要做到地质隐患灾害点、重要部位、高危地点“三个不放过”，责任落实要做到值班责任、领导责任、工作责任“三个不放松”，效能督查要做到防汛责任督查、岗位责任督查、严格问责“三个不放手”，确保人民群众生命财产安全。就美丽乡村建设工作，周银芳指出，要在面上推广、层次提升等方面多下功夫，把发展旅游、促进农民增收与美丽乡村建设结合起来。

市政协党组“两学一做”第一专题学习会召开

市政协党组“两学一做”第一专题学习会召开。市政协党组副书记、副主席吴共湖主持会议并讲话，副主席苏小青、李冀平、王瑞强，秘书长洪川夫参加会议。会上，大家围绕“坚定理想信念，增强‘四种意识’”主题，结合自身学习和思考，谈认识、谈体会、谈理解。

会议指出，市政协机关开展“两学一做”学习教育，要把思想教育作为首要任务，通过学习党章，学习党规党纪和系列讲话，更加自觉地尊崇党章，坚定理想信念，增强政治意识、大局意识、核心意识、看齐意识。党员干部在政协工作中要增强政治意识，把政协工作置于市委领导下，多在聚力、助力和合力上下功夫，确保人民政协正确的政治方向；要增强大局意识，自觉把政协工作放在服务泉州科学发展、跨越发展的大局中思考和谋划，发挥人民政协的重要作用；要增强核心意识，对党绝对忠诚，维护党中央的权威和党的团结统一；要增强看齐意识，贯彻落实中央和省委、市委的各项决策部署，与党政工作同频共振，为推动“五个泉州”建设和全面建成小康社会贡献力量。

泉州市新增2家AAA级旅游景区

安溪志闽生态旅游区、泉州台商投资区华光文博园近日获批国家AAA级旅游景区，全市A级旅游景区达到36家。安溪志闽旅游区位于安溪县龙门镇与厦门市同安区交界处，先后被评为福建省四星级乡村旅游经营单位、省级森林公园、森林人家经营单位。旅游区现已建成桫椤谷休闲度假村、大龙门汽车露营地等，设有野战、攀岩、峡谷观光、野外生存、拓展训练、会议接待、休闲品茗等旅游项目；泉州台商投资区华光文博园位于泉州台商投资区洛阳镇324国道边，园区主要有恕园、中华摄影胜地、吴印咸摄影艺术馆、红色文化藏品馆、郎静山摄影艺术馆、陈复礼摄影艺术馆、吴文季音乐厅、二十四孝园、“全球粥会”承运阁、世界文化名人郁之余光中馆、摄影大观园、五代同堂摄影艺术馆等。

全市经济运行工作会议召开

全市经济运行工作会议召开，贯彻落实中央、省里关于做好经济工作的要求，分析梳理泉州市经济运行情况，研究部署下阶段工作。

会议强调，要严厉严格督促指标序时推进，层层传导压力，采取精准措施强力攻坚、迎头赶上；分组分块实地督促，力促各地不拖后腿、多作贡献；灵敏应对发展态势，主动靠前引导服务，及时兑付落实企业减负等各级各类稳增长政策。要趁热打铁抓好重大项目打包运作，乘势全市重大项目前期工作活动年，抓紧对接落实已列入国家专项基金项目，积极策划申报新项目；加快政府性投资项目和在建重点项目建设，集中力量突破白濑水利枢纽工程、中化乙烯、莲花汽车等一批重大项目。要坚定不移地推进供给侧结构性改革，各级各部门要引导服务好传统产业产品、工艺装备、商业模式等领域创新，想方设法扩大有效投资，围绕重大项目、龙头项目开展产业链上下游招商，全面推进“大众创业、万众创新”，加快推动百家企业重整重组，确保每个阶段有看得见、摸得着的进展。要责任倒逼下力气化解金融风险，加强协调、卡死时限、创新举措、严肃问责，维护好金融市场秩序和良好信用环境。

会议指出，要抓好产业提速、投资拉动和风险防控等重点工作。产业提速上，加速工业发展，抓好工业投资，加强运行调度，找准帮扶的着力点，精准施策，更好服务企业，强化工业支撑作用；引导和推动房地产、金融、基础设施等方面发展，挖掘经济增长潜力。投资拉动上，加大招商力度，加快前期工作，推动一批见效快的重大项目尽快落地和上马，同时优化提升行政审批服务，为项目和企业发展提供良好环境。风险防控上，各地要主动担当，强化力量，落实责任；市相关部门要加强指导，帮助基层对接、理顺和解决问题。要强化指标意识。

全国城市节约用水宣传周活动在泉州启动

全国城市节约用水宣传周活动启动仪式暨节水型企业（单位）表彰大会在泉州信息工程学院举行。刚被评为市级节水型企业（单位）、小区的泉州信息工程学院、泉州金田电子线路板有限公司、南益湖景花园受到表彰。15—21日是全国城市节约用水宣传周，2016年主题是“坚持节水优先，建设海绵城市”。市节水办要求，各单位要利用宣传周契机，自行组织节约用水大检查，从管理机制、制度落实情况到工艺流程、给水管网、用水器具等进行一次全面检查，发现问题及时整改，杜绝跑冒滴漏。

2016年泉州市残疾人就业专场招聘会举行

17—18日，由省残疾人劳动就业服务中心、市残联、市人力资源和社会保障局主办的“福乐就业·牵手行动”2016年泉州市残疾人就业专场招聘会在丰泽区和安溪县举行。在丰泽区专场，包括新华都、国美电器、万达文华酒店、永辉超市、沃尔玛等在内的62家用人单位为应聘者提供了商场理货员、保洁员、服务员、操作工、话务员、设计师等200多个岗位，300余位残疾人到场，有近80人达成初步就业意向。

中国陶瓷电子商务标准化项目在德化县启动

中国陶瓷电子商务标准化项目在德化电子商务创业园启动，德化县将与国家标准化研究院深度合作，牵头制定四个陶瓷类电子商务国家标准，这也是陶瓷领域的首批国家电商标准，标准的制定将规范陶瓷产品的在线交易行为，助推行业的健康发展。德化县委、县政府高度重视标准化工作及电子商务产业的发展，“一把手推进、多平台运作、全生态打造”的德化电商发展经验已成为全国“政府驱动型”四大电商发展经验之一，同时出台一系列奖励政策，鼓励技术机构、陶瓷同业公会和陶瓷企业制（修）订陶瓷行业相关标准，推动陶瓷行业标准化生产。此次德化县与国家标准化研究院深度合作，在省、市质量技术监督部门的领导和支持下，牵头制定的国内首批四个陶瓷类电子商务国家标准，分别为《电子商务交易产品信息描述规范（日用陶瓷）》《电子商务交易产品分类及代码（日用陶瓷）》《跨境电子商务多语种产品分类的命名（工艺陶瓷）》和《跨境电子商务多语种产品信息描述（工艺陶瓷）》。

5月17日

星期二
农历丙申年四月十一
温度：17℃—23℃
多云

●全市经济运行工作会议召开，贯彻落实中央、省里关于做好经济工作的要求，分析梳理泉州市经济运行情况，研究部署下阶段工作。

●全国城市节约用水宣传周活动启动仪式暨节水型企业（单位）表彰大会在泉州信息工程学院举行。

●17—18日，“福乐就业·牵手行动”2016年泉州市残疾人就业专场招聘会在丰泽区和安溪县举行。

●鲤城公安分局巡特警反恐大队民警在鲤城区机关幼儿园开展防暴反恐演练活动。

●中国陶瓷电子商务标准化项目在德化电子商务创业园启动。

5月18日

星期三
农历丙申年四月十二
温度：19℃—26℃
阴转多云

●市政府党组“两学一做”第一专题学习会召开。

●康涛到晋江市调研产业转型升级和重大项目建设情况。

●“5·18”国际博物馆日暨中国闽台缘博物馆开馆十周年系列活动举行。

●“泉州购”综合平台上线试运营。

●18—24日，由市侨联主办，泉州华侨历史博物馆承办的“祖先的足迹”泉州百个家族移民东南亚族谱展暨姓氏文化雕塑特展在泉州华侨历史博物馆举行。

●2016中国好声音全国城市海选福建省赛区泉州分赛区在市区中骏世界城开赛。

●由石狮市政府、泉州市科技局主办的泉州创客活动周（石狮专场）暨2016年石狮科技活动周在石狮市星期YI服饰创意博览园启动。

●安溪县扶贫开发协会成立。

市政府党组“两学一做”第一专题学习会召开

市政府党组“两学一做”第一专题学习会召开，围绕“坚定理想信念、增强‘四种意识’”主题进行集中学习讨论。市政府党组书记、市长康涛主持会议，康涛和市政府党组成员卢炳椿、陈灿辉分别作主题发言，其他人作交流发言。

会议指出，既要强化理论学习，把握党章党规和习近平系列讲话精髓，内化于心，坚定理想信念；又要学做结合，外化于行，对照“四讲四有”标准，自觉增强“四种意识”。党员领导干部要发挥示范带动作用，带头参加学习讨论，谈体会、讲党课、作报告，形成上行下效、整体联动的总体效应；要突出问题导向，学要带着问题学，做要针对问题改，解开思想扣子、纠正认识偏差，边学边改、即知即改；要注重统筹兼顾，把学习教育与贯彻落实“四个全面”战略布局和五大发展理念结合起来，与做好全市改革发展稳定各项工作结合起来，与推动建设“五个泉州”结合起来，用发展的成效来检验学习教育的实效。

康涛到晋江市调研产业转型升级和重大项目建设情况

市长康涛带队到晋江市调研产业转型升级和重大项目建设情况。康涛对晋江发展成效和干事创业的良好精神风貌给予肯定，要求晋江全市提振精气神，立足良好的实业根基，推动传统产业转型升级、新兴产业异军突起，支撑全市发展大盘；落实重大项目前期工作活动年的部署，加大招商引资力度，加快项目落地和建设，推动持续稳健发展；完善各项扶持和配套，提升优化行政审批服务，更好支持“大众创业 万众创新”，真正以实干实绩为全市转型发展作出新表率。

中国闽台缘博物馆开馆十周年系列活动举行

“5·18”国际博物馆日暨中国闽台缘博物馆开馆十周年系列活动举行。受市委书记郑新聪、市长康涛委托，市委副书记周银芳代表市委、市政府向长期以来关注和支持泉州发展，对中国闽台缘博物馆建设发展给予帮助的海内外各界朋友表示感谢。周银芳指出，开馆十年来，闽台缘博物馆发挥优势、主动作为，以祖地文化、宗亲文化为纽带，深化姓氏宗亲、民俗文化和泉台青少年交流交往，为台湾同胞回祖地寻根谒祖提供对接和服务。闽台缘博物馆通过丰富展示内涵、充实馆藏文物、联合举办展览、加强社会教育功能等途径，逐步建成闽台、泉台交往合作的窗口、旅游对接的基点、两岸文化学术交流的平台、推动两岸关系和平发展的重要基地。希望闽台缘博物馆以十周年为新起点，致力于推动闽台、泉台交流交往，为增进两岸同胞的民族和文化认同发挥积极作用。同时希望社会各界人士一如既往地关心支持闽台缘博物馆，为扩大两岸交流，促进两岸合作，构建和平稳定的两岸关系做出新贡献。市领导吕竞、周真平、骆沙鸣及省市相关部门负责人参加活动。两岸文博专家围绕博物馆的功能、作用和发展进行研讨交流。

活动现场　（图/吴寿民）

“泉州购”综合平台上线试运营

作为《泉州市电子商务发展三年行动方案（2016—2018）》的重要内容之一，“泉州购”综合平台上线试运营。“泉州购”是泉州首个以F2B2C（其中“F”指厂家、“B”指商户或平台、“C”指消费者）模式为主导，线上线下一体化（“O2O”）的综合性网络交易平台。“泉州购”的建设理念，就是要发挥泉州生产基地的货源优势，搭建本地生产企业与实体门店、网店、微店等经销商户之间的供、进货网络平台，通过引领供应链电商模式转型，实现“供应商、销售商、服务商”三方的无缝对接。“泉州购”着眼于商户进货环节，主要以批发交易为主。“泉州购”上成交的第一单就是一笔总价为5616元的泳装批发采购交易，随后成交的两笔是鞋服批发交易，总价为793元。

海上丝绸之路联合申遗城市联席工作会议在泉州召开

海上丝绸之路联合申遗城市联席工作会议在泉州召开，泉州、广州、宁波、南京四城共同谋划推进“海丝”申遗工作。会上，国家文物局世界遗产处负责人就中国“海丝”保护和申遗作工作指导；泉州、广州、宁波、南京四城通报“海丝”保护和申遗工作进展，并签订《海上丝绸之路保护与申遗中国城市联盟章程》《中国海上丝绸之路保护与申遗城市联盟关于保护海上丝绸之路遗产的联合协定》。

泉州、广州、宁波、南京签订联盟章程和联合协定 （图/陈晓东）

市长康涛表示，泉州历届党委、政府都高度重视“海丝”保护和申遗工作。20世纪90年代起，泉州着手开展“海丝”申遗，2001年在全国率先全面启动“海丝”申遗工作。2006年、2012年“海上丝绸之路：泉州史迹”两次列入中国世界文化遗产预备名单。其间，泉州与广州、宁波、南京等城市加强交流合作，结下深厚的申遗情谊。今天，泉州与广州、宁波、南京又结成城市同盟，联合推进“海丝”申遗。下阶段，泉州将贯彻落实国家“一带一路”倡议，借历史的符号做现代的文章，活化“海丝”基因，提质“海丝”古城，推动古港复兴，加快建设21世纪海上丝绸之路先行区；担当起“海丝”联合申遗牵头城市的职责使命，在国家文物局、省文化厅的领导下，在各兄弟城市的支持下，做好各项协调和服务工作，举全市之力推进“海丝”申遗，高标准高质量按联合国文化遗产申报标准和要求完成所有规定工作和程序。

“做文明游客 为中国加分”文明旅游公益活动启动

由市委文明办、市旅游局和鲤城区政府主办的“做文明游客 为中国加分”文明旅游公益活动暨泉州首条廉政旅游线路发布仪式举行。20名“泉州市文明旅游公益大使”集体亮相，并获发聘书和绶带。“文明旅游公益大使”代表在现场宣读文明旅游倡议书。“文明旅游公益大使”是根据国家旅游局相关要求，由市旅游局于近期在全市范围进行招募并择优选聘。这批公益大使将以身作则，践行社会主义核心价值观，倡导文明旅游新风，向市民和游客树立展示“海丝”泉州文明旅游的良好形象。

“泉州市文明旅游公益大使”获发聘书 （图/吴寿民）

中国国际信息技术福建产业园VR基地暨云平台在安溪县启动

中国国际信息技术福建产业园VR基地暨云平台在安溪县启动。中国国际信息技术（福建）产业园与VR创作基地、VR主题公园、中国制造2025公共服务云平台、数据中心二期工程、外经贸大学安溪国际学院等多个项目签约。VR公共服务云平台、政务云、中小企业云、公证云、产业云、智慧交通云、信息消费大卖场等云平台也于现场发布。另外，随着产业园VR公共服务平台上线，泉州盘古数据有限公司、泉州数字云谷公司入驻产业园。

项目签约仪式 （图/刘伯怡）

5月19日

星期四

农历丙申年四月十三

温度：20℃—28℃

阴

●省政协副主席陈荣凯到泉州调研“加强宗教团体自身建设和推进宗教活动场所文物保护长效机制建设”情况。

●海上丝绸之路联合申遗城市联席工作会议在泉州召开。

●“做文明游客 为中国加分”文明旅游公益活动暨泉州首条廉政旅游线路发布仪式举行。

●19—26日，2016年全国OP帆船锦标赛在广东阳江举行，代表福建队参赛的泉州选手蔡雅婷获女子甲组个人冠军，由泉州选手郑伟强、陈永超和厦门选手王宝鑫组成的福建队获男子组团体冠军。

●泉州市网商（虚拟）产业园鲤城分园挂牌。

●中国国际信息技术福建产业园VR基地暨云平台在安溪县启动。

●由安溪县茶业管理委员会办公室、县农业与茶果局、县文体新局、县旅游事业局、县广播电视局、安溪县茶叶协会主办的中国茶博汇“海丝茶文旅”首届才艺大赛决赛举行。

5月20日

星期五

农历丙申年四月十四

温度：21℃—26℃

阵雨转小雨

●郑新聪、康涛就防御暴雨作出批示。

●市委办党支部“两学一做”第一次专题学习讨论举行。郑新聪等市领导以普通党员身份参加。

●康涛调研中心市区市政项目。

●“向人民汇报”泉州市文艺界学习贯彻习近平《在文艺工作座谈会上的重要讲话》主题晚会在泉州广播电视台举行。

●20—21日，中国作家海上丝绸之路采访采风团到泉州采风。

●丰泽区国税局与华侨大学工商管理学院签约合作共建“丰泽区志愿服务实践基地”，组建“丰泽区大学生税收志愿服务队”。

●丰泽区“廉政文化进校园”课题研讨暨成果展示活动在丰泽区第八中心小学举行。

●由惠安团县委、中化泉州石化有限公司、县教育局、县卫计局、县旅游局主办的“青春扬帆·共创惠安”青年交流主题活动在该县崇武镇西沙湾举行。

●德化县第三届“关爱明天、普法先行”青少年普法教育活动启动仪式在该县关工委举行。

郑新聪康涛就防御暴雨作出批示

市委书记郑新聪就防御新一轮强降雨作出批示：“新一轮强降雨恰逢周末，各级各有关部门领导要在岗在位，相关人员要加强值守，关键时刻要果断决策，撤人转移要预判提前。”市长康涛作出批示：“各级各部门要加强预测预报预警，切忌麻痹大意。”市防指要求，要强化值班值守，各级各部门要落实24小时防汛值班和领导带班制度，周末，所有乡（镇、街道）、村（社区）、水管单位和在建工程业主单位、施工单位都要至少安排一位主要领导在岗带班。要强化监测预警，加强部门联动，严密监测预报天气动态和雨水情的发展变化。要做好重点、难点、弱点部位的防范工作。防范山洪、泥石流、滑坡，加大对地质灾害隐患点、山洪易发区和在建工程工地、临时工棚、山边水边、高陡边坡、桥梁涵洞、堆取土区、塔吊、深基坑、矿山、尾矿库、山边养殖场、酒窖、乡村公路、靠山禽畜养殖场等危险部位的巡查监测，发现隐患隐情要设立警示牌，并立即整改；要落实群防群测机制，转移发生过洪涝灾害的部位和处于高风险地域的群众。

市委领导以普通党员身份
参加党支部“两学一做”专题学习讨论

市委办党支部“两学一做”第一次专题学习讨论举行。市委书记郑新聪，市委副书记周银芳，市委常委、秘书长、统战部部长翁祖根等以普通党员身份参加。学习讨论以“坚定理想信念、增强‘四种意识’”为主题。会上，支部党员联系岗位职责和个人实际进行交流发言。郑新聪指出，各级党员干部既要埋头苦干，又要抬头看天，了解时事，学习近平治国新理念新思想新战略，强化理论武装，增强道路自信、理论自信、制度自信。要严守党的政治纪律，自觉维护中央权威，在政治方向、立场、言行上同党中央保持高度一致。要注重学习研究，读懂市场语言，弄明白经济数据及其变化背后隐藏的信息，做到政治过硬、业务过硬，更好服务推动改革发展。郑新聪要求，市委办全体党员干部要自觉践行“五个坚持”，做到对党忠诚、精益求精、深入实际、为民清廉，以“严”和“实”的精神提升“三服务”水平。要自觉把纪律和规矩挺在前面，在廉洁自律上追求高标准，在严守党纪上远离违纪红线，做守纪律、讲规矩的表率。要自觉担当作为，以实绩论英雄，对市委的决策部署，要雷厉风行、敢抓敢管、一抓到底。

康涛调研中心市区市政项目

市长康涛调研中心市区“2+2”生态景观提升、城市绿道山线及中心城区公共自行车系统等项目，市政府秘书长吴友才参加调研。康涛指出，绿化景观提升、城市山线绿道及公共自行车项目是市委、市政府高度重视的市政项目，也是关系民生的系统工程，相关部门要提高认识，加大工作力度，建立长效机制，持续不断推进；要优化城市整体设计，科学制定绿化长期规划，全面部署，分步实施，逐年提高城市绿化水平；要学习借鉴其他城市的经验和做法，博采众长，统筹规划，做好前期规划设计；要尽量避免人工雕琢的痕迹，保留自然“野趣”，在保护关键节点生态环境、还原自然景观的同时，适当融入原汁原味的传统闽南建筑元素，体现泉州城市独特文化气质；要紧扣时间节点，落实项目工期，狠抓工程进度，确保按时按质完成各项工程建设，早日造福市民群众。

泉州市文艺界学习贯彻习近平
《在文艺工作座谈会上的重要讲话》主题晚会举行

由市委宣传部、市文联等主办的“向人民汇报”泉州市文艺界学习贯彻习近平《在文艺工作座谈会上的重要讲话》主题晚会在泉州广播电视台举行。晚会集中展示近年创排的戏曲精品。有新编南音剧《凤求凰》、泉州提线木偶戏《卢俊义》、梨园戏《御碑亭》和高甲戏《妈祖》等精彩片段，这些剧目有的获得省戏剧节一等奖，有的得到国家艺术精品工程支持。

晚会现场　（图/陈智勇）

《全市非公企业党员开展“两学一做”学习教育指导意见》出台

市委组织部、市委非公企业工委印发《全市非公有制企业党员开展“两学一做”学习教育指导意见》（以下简称意见），明确在非公企业开展“两学一做”学习教育的总体要求、目标任务和具体措施。

相关链接：意见强调，非公企业党员开展“两学一做”学习教育，在工作安排上要做到“三统三分”：总体部署要统一，注重分类指导。根据企业党组织和党员的数量分布、行业特点、党建基础等情况，做到“一企一方案”。工作标准要统一，注重分层区别。针对企业业主党员、高级管理层党员、一般技术管理层党员、一线员工党员等不同层次党员的特点，在学习安排、教育效果、考评标准等方面提出不同要求。保持政治本色要统一，注重分岗要求。对照党章关于党员权利义务和中央提出“四讲四有”新时期合格党员标准，教育引导企业党员坚持行为标准、保持政治本色，并根据每名党员的岗位职位，提出发挥党员作用的具体要求和不合格党员的具体表现，指导引导企业党员立足岗位发挥作用。

意见明确，非公企业党组织要通过组织关系集中排查，摸清“口袋”“隐形”党员等情况，抓好参学单位的整合工作，确保学习教育全覆盖、不遗漏。在学习时间上，要紧贴企业实际，采取“业余、小型、短时、多次”的方式，因岗制宜、因企制宜，灵活安排集中学习时间。原则上每名企业党员累计学习时间不少于6天。在学习形式上，要坚持个人自学和集中学习相结合，采取分区域、小型化实时网络视频等方式，借助党员e家平台、远程教育平台、手机APP终端等信息化渠道，组织企业党员研读中央和省委、市委文件规定的学习资料。

意见指出，非公企业党员开展“两学一做”学习教育，要坚持承诺、践诺、评诺“三个到位”。在学习教育一开始，每名企业党员应通过在工作期间佩戴党徽等形式，亮明党员身份，同时对照岗位职责作出承诺，明确承诺完成的时限、目标，并由所在支部审查，张贴公开公示。在学习教育中期，要重点查摆个人在思想、组织、作风、纪律等方面的突出问题，逐一列出整改措施清单，明确整改目标、措施和时限，做好整改践诺。在学习教育中后期，要组织开展“我心中的合格党员”专题讨论、召开专题组织生活会、开展民主评议党员等活动。党支部要综合民主评议情况和党员亮岗践诺表现，确定评议等次，给予奖惩。

中国作家海上丝绸之路采访采风团到泉州采风

20—21日，中国作家海上丝绸之路采访采风团到泉州采风。采风团到晋江安平桥、草庵摩尼教遗址、泉州海外交通史博物馆、开元寺等地，感受泉州“海丝”文化魅力。此次采风活动由中国作协组织。图为采风团在泉州海外交通史博物馆采访、采风。（图/张九强）

2016年中国足协D级教练员培训班在石狮市举办

21—27日，由中国足协技术部主办、省足协承办的2016年中国足协D级教练员培训班在石狮市足球协会培训中心举办。中国足协指派亚足联A级教练员张悦虹、李伟到场担任讲师，来自泉州、深圳以及杭州等地的24名学员参加培训。此次培训中，学员们系统学习包括热身活动、球性球感、带球、传球、头球进攻与防守、守门员技术、射门等课程的理论及实践学课程，并需经过严格的理论考试、裁判规则考试、实践课考试，成绩合格才能取得D级教练员证书。石狮市足球协会已连续三年承接中国足协D级足球教练员培训任务，为泉州市培养了几十名具有一定水平的专业足球教练员，不断加强泉州市基层足球教练员的业务水平。同时，以此为契机，不断加强与全国各地足球教练员的业务交流，引进优秀教练充实到泉州，推动泉州市校园足球、社会足球水平的提高。

5月21日

星期六
农历丙申年四月十五
温度：21℃—24℃
大雨转中雨

●市委组织部、市委非公企业工委印发《全市非公有制企业党员开展“两学一做”学习教育指导意见》，明确在非公企业开展“两学一做”学习教育的总体要求、目标任务和具体措施。

●由市教育局和泉州晚报社主办的2016年市初招中招志愿填报咨询会在泉州晚报大厦举行。

●21—22日，由泉州市体育局、泉州市教育局主办，南安市文化体育局承办的2016泉州市少年儿童举重锦标赛在南安市体育运动学校举行。

●21—27日，由中国足协技术部主办、省足协承办的2016年中国足协D级教练员培训班在石狮市足球协会培训中心举办。

●21—22日，由福建省象棋协会、南安市体育总会主办的福建省全民健身运动会象棋系列赛暨“南安棋友杯”象棋团体赛在南安市洪濑镇举行。

5月22日

星期日
农历丙申年四月十六
温度：22℃—25℃
小雨转阴

●市防指发布《关于做好雨后防灾抗灾工作的通知》，要求各级各部门保持高度警惕，采取强有力措施，防止次生灾害的发生。

●由市委组织部策划的全省首部人才政策动漫系列宣传片《创业梦工场——泉州》在腾讯视频、“泉州高层次人才”微信公众号等新媒体上线，赢得网友好评。

●2015年度泉州文学奖和2015年度《泉州文学》优秀作品奖颁奖活动在南安市举行，共有20篇作品获奖。

●由泉州市医学会、泉州市康复医学会主办，闽西南乳腺学术联盟、泉州市第一医院乳腺科、泉州市农村女“两癌”筛查工作小组协办的2016年闽西南乳腺学术高峰论坛在泉州举办。

●由丰泽区委宣传部、区委文明办、智善慈航公益平台、中骏世界城发起的“爱心小屋”揭牌成立。

全市雨后防灾抗灾工作展开

20—22日，全市普降大雨，导致部分溪流水位上涨，部分城乡低洼村落民房受淹、内涝积水，农田受淹。22日，雨势趋于减弱，市防指发布《关于做好雨后防灾抗灾工作的通知》。通知要求，要迅速组织开展灾后重建工作，针对已发生受淹的区域，当地镇村要立即组织干部群众及时清理疏排积水点的排水通道，必要时采取抽排方式尽快降低内涝水位，同时要对房前屋后和各排水沟渠开展清理疏浚，确保排水通畅，以防二次涝。要开展隐患检查排查，对降雨集中的镇村，要组织力量对危旧房屋、高陡边坡、乡村道路、桥涵、地灾点、水库、水闸、山围塘、在建工地等逐一开展全面检查排查，发现隐情隐患要果断转移受威胁的群众，同时要采取应急措施和挂牌示警。水利、防汛、气象、水文、国土、交通、市政、住建、安监等部门要密切监测天气的发展变化，及时向基层向群众发布灾害预警信息；国土部门要与气象部门加强地质灾害点地区的监测，及时发布灾害预警信息。

全省首部人才政策动漫宣传片《创业梦工场——泉州》获好评

由市委组织部策划的全省首部人才政策动漫系列宣传片《创业梦工场——泉州》近日在腾讯视频、“泉州高层次人才”微信公众号等新媒体上线，赢得网友好评。此系继2014年泉州市中国首部人才主题微电影《追梦者》后，在招贤纳士宣传形式上的又一次创新。

《创业梦工场——泉州》由市委组织部与功夫动漫公司出品，分《共绘蓝图》《求贤若渴》《筑巢引凤》《助力腾飞》《真情服务》《温陵圆梦》6集，每集时长5分钟，全片总时长30分钟，主要讲述怀揣创业梦想的海外留学人才刘温陵，在考察基础上，决定回泉州创业发展的故事。以刘温陵为首的创业团队在市委人才办的引导、支持下，通过运用泉州近年来出台的人才政策，克服在引进人才、培育人才、激励人才、服务人才等方面遇到的一系列难题，最终梦想成真，成为泉州市海外留学人才回国创业的先进典型。

该片利用形象生动的动漫人物，融合主人公刘温陵创业团队的故事，宣传泉州市近年来一系列人才政策的良好成效，打破传统生硬的解说式宣传，是泉州人才工作宣传方式的一次创新。据不完全统计，从5月10日上线以来，该片点击量超过10万次。市委组织部负责人表示，通过动漫来进行人才政策解读，就是要以生动活泼的形式，让人才喜闻乐见，入脑入心，用政策的红利，提升人才干事创业，创新创造的激情。

2015年度泉州文学奖颁奖

2015年度泉州文学奖和2015年度《泉州文学》优秀作品奖颁奖活动在南安市举行，共有20篇作品获奖。经泉州市文联、泉州市作家协会组织评委会进行评审，李相华的《青蛙》（短篇小说）等10名作者的作品获“福田杯”2015年度泉州文学奖。2015年度《泉州文学》优秀作品奖由市文联、泉州文学院评选，陈惠国《荣誉》（小说）等10篇作品获奖。主办方希望获奖者继续深入生活，扎根人民，再创佳绩，为泉州文学事业的繁荣发展做出更大贡献。

2016年闽西南乳腺学术高峰论坛在泉州举办

由泉州市医学会、泉州市康复医学会主办，闽西南乳腺学术联盟、泉州市第一医院乳腺科、泉州市农村女“两癌”筛查工作小组协办的2016年闽西南乳腺学术高峰论坛在泉州举办。乳腺癌被称为“红颜杀手”，严重威胁着女性的健康和生命，同时，男性乳腺病的发病率也在逐年递增，乳腺健康已成为全球性最为关注的问题。论坛旨在为从事乳腺疾病治疗领域的医学工作者搭建一个自由交流的平台，建立和推进多学科综合治疗协作，提高泉州地区乳腺癌的筛查和早期诊治水平。

丰泽区“爱心小屋”揭牌成立

由丰泽区委宣传部、区委文明办、智善慈航公益平台、中骏世界城发起的“爱心小屋”揭牌成立。约50平方米的爱心小屋接受八成新以上的鞋服、图书，以及安全可使用的小家电、家庭闲置的小型物品等捐赠，市民可根据需求从爱心小屋领取所需物品。爱心小屋负责人表示，它的成立将为爱心人士传递小善大爱提供新的平台，在帮助部分需要相关物品的人群的同时也解决社区居民闲置衣物及小型物品的烦恼。

全市落实省2016年绩效管理工作方案暨绩效评估整改提升工作会议召开

全市落实省2016年绩效管理工作方案暨绩效评估整改提升工作会议召开，通报2015年度福建省对泉州市绩效评估情况，查摆泉州市绩效评估薄弱环节及存在问题。市长康涛主持会议，市政府秘书长吴友才参加会议。

会议指出，要坚持问题和绩效“两个导向”。突出问题整改，查摆工作短板，分析原因，举一反三，确保落实到位。探索提升工作绩效的方法和途径，建立以目标为导向、以实绩为核心的绩效评估工作方案，提高政府机关服务效能；突出对绩效考评结果的应用，积极争先进位，进一步优化政府服务。

会议要求，各县（市、区）要坚持“属地管理”原则，主要领导要落实“第一责任人”责任，亲自抓、经常问，分管领导具体抓，采取强有力措施，提升辖区绩效管理水平。各职能部门主要领导要主动靠前，突出抓落后指标、落后项目，提出切实可行的整改措施，齐心协力抓绩效。

会议强调，要坚持“一季度一督查”机制，紧盯省行动计划重点及察访检验重点，动态调整督查内容，做到有的放矢；针对市委、市政府阶段性中心工作和群众关切热点，主动开展专项督查；增强督查实效，帮助基层查找问题、抓好整改。同时，规范自由裁量空间，提高服务企业和群众的质量；注重向上沟通和对外宣传，及时得到上级的指导和社会各界的认同，提高政府绩效工作水平。

泉州市建筑业骨干企业到广西云南考察省外建筑市场

23—27日，市住建局、市工商联、市建筑行业协会组织泉州市部分建筑业骨干企业到广西、云南考察省外建筑市场，了解泉州市建筑企业外埠市场的开拓情况，与两家商会达成战略合作框架协议。近年来，泉州市建筑业企业对外开拓势头强劲，建筑企业积极抢占和开辟省外市场，闽南泉州工匠的足迹遍布全国除台湾省外的各省（市、自治区），初步形成以珠三角、长三角为重点的区域市场，并取得较好经济效益，外向度水平在全省各区市中名列前茅。此次考察是为贯彻市委、市政府关于企业实施“走出去”战略，开拓省外市场的一个具体步骤。考察团到广西南宁、云南丽江、云南昆明，与当地商会座谈，利用VCD影像和宣传画册推介泉州优势企业，走访泉州市在当地开拓市场的企业，了解当地建筑市场情况。考察期间，市建筑行业协会与广西南宁泉州商会、云南福建总商会达成战略合作框架协议，南宁泉州商会、云南福建总商会将通过自已所拥有的品牌优势、业务资源、社会人脉关系等条件，为泉州市建筑行业协会提供资源开发业务；市建筑行业协会将对两家商会所提供的项目进行落实、开发、运作、实施，对资源进行优化配置，实现互利共赢。考察团负责人表示，今后双方将精心合作，泉州市的建筑业企业将对两家商会提供的项目给予支持，两家商会将为泉州建筑业企业提供当地政府项目以及其他建设项目的信息，起到穿针引线、牵线搭桥的作用。泉州今后如果有好的项目也将向商会进行推介，促进乡贤回乡投资兴业，加强双方的深度合作。

华大讲堂第60讲举行

华大讲堂”第60讲举行。国家税务总局税收科学研究所所长李万甫作题为《基于供给侧治理方略的税收改革与发展问题》的报告。李万甫从“供给侧结构性改革”的内涵、政府与市场的关系、经济发展中需要关注的问题等方面，并从减税是供给侧结构性改革的政策诉求的视角，解读引领经济新常态的治国方略。结合全面实施“营改增”的政策，深度分析中国税收改革与发展的问题，为泉州市经济转型时期面临的税务问题提供有益借鉴。

“到人民中去”电影晚会举行

23—25日，由市文联主办，泉州市电影家协会、泉州影剧院和泉州威远楼文保所承办的纪念毛泽东在《延安文艺座谈会上的讲话》发表74周年“到人民中去”电影晚会在市区威远楼广场举行，免费向市民播放。晚会播放了电影《红灯记》《大转折——鏖战鲁西南》《四渡赤水》《小城春秋》《闪闪的红星》《大进军——南线大追歼》等和音乐舞蹈史诗《东方红》，以革命题材的经典电影为主。

5月23日

星期一
农历丙申年四月十七
温度：22℃—27℃
阵雨转阴

●全市落实省2016年绩效管理工作方案暨绩效评估整改提升工作会议召开。

●泉州市组织收听收看全国特色产业精准扶贫工作电视电话会议，并对特色产业精准扶贫工作进行部署。

●23—27日，市住建局、市工商联、市建筑行业协会组织泉州市部分建筑业骨干企业到广西、云南考察省外建筑市场。

●“华大讲堂”第60讲举行。

●23—25日，纪念毛泽东在《延安文艺座谈会上的讲话》发表74周年“到人民中去”电影晚会在市区威远楼广场举行。

●鲤城区纪念5·23“到人民中去”文艺志愿服务主题活动周暨郑明忠石雕艺术展在市区苏廷玉故居举行。

5月24日

星期二
农历丙申年四月十八
温度：23℃—29℃
多云转阴

●24—26日，黄琪玉带领省直相关部门负责人到泉州调研“三农”工作。市领导康涛、李建辉、林万明参加。

●郑新聪到洛江区调研，了解机械装备企业技术研发和生产经营情况，与企业家共同探讨转型升级的发展方向，解决企业发展中遇到的困难和问题。

●市府办第一党支部“两学一做”第一次专题学习讨论举行。市政府领导以普通党员身份参加党支部“两学一做”专题学习讨论。

●24—28日，第一期中国戏剧家协会会员培训班在泉州举办。

●市招生考试委员会全体成员会议召开，部署泉州市高考招生考试工作。

●24—30日，2016年泉州市少年儿童足球锦标赛在华侨大学举行。

●“我们和留守流动儿童在一起”关爱结对活动在泉港区举行。

黄琪玉到泉州调研“三农”工作

24—26日，副省长黄琪玉带领省直相关部门负责人到泉州调研“三农”工作。市领导康涛、李建辉、林万明参加。调研组察看南安官桥粮食城，晋江盼盼食品公司、力豪现代农业项目、陆地港、深沪渔港经济区，安溪农资监管平台、白濑水利枢纽工程、三安植物工厂等项目。

黄琪玉强调，要加快粮食流通基础设施建设，探索建立区域性粮食综合交易平台。要培育壮大龙头企业，鼓励领军企业主动参与制定行业标准。要继续实施品牌战略，引导农业企业到海外开拓市场、建立基地。要加快推进农民创业园和创业示范基地建设，发挥园区的辐射带动作用。要实施农产品质量安全“1213”行动计划，确保老百姓“舌尖上的安全”。要加快白濑水利枢纽工程前期工作，抓紧编制环评报告和移民安置规划大纲。要加快陆地港建设，为农产品进出口提供通关、物流、电商等综合服务。要加快建设以渔港为龙头、城镇为依托、渔业产业为基础，集渔船避风和补给、水产品集散和加工、商贸物流、休闲渔业、旅游餐饮、城镇建设和渔民转产转业等为一体，产业层次较高、辐射效应明显、具有渔区渔港特色的深沪渔港经济区。

郑新聪到洛江区调研

市委书记郑新聪到洛江区调研，了解机械装备企业技术研发和生产经营情况，与企业家共同探讨转型升级的发展方向，解决企业发展中遇到的困难和问题。市领导翁祖根参加调研。郑新聪勉励企业要把握“数控一代”“智能制造”示范应用机遇，提升自主创新能力，为传统产业转型升级提供硬件支持；制造业企业要采用智能化、信息化装备，发展精密制造，推动生产效率、产品质量再上新台阶。

郑新聪在洛江区调研 （图/陈起拓）

市政府领导以普通党员身份参加党支部“两学一做”专题学习讨论

市府办第一党支部“两学一做”第一次专题学习讨论举行。市政府党组书记、市长康涛以普通党员身份参加。康涛指出，要按照中央、省委和市委统一部署，通过强化理论学习、拓宽工作视野、坚持知行合一，增强政治、大局、核心、看齐“四种意识”。要联系泉州实际，突出保障改善民生、推进供给侧结构性改革等重点工作，发扬“四下基层”“马上就办”“滴水穿石”等作风，开展“三比一看”和“促进项目落地、帮扶企业发展”等系列活动，推行“月嫂式”和“一对一”服务。市府办全体党员干部要努力在“两学一做”学习教育中走在前列，争当“四讲四有”模范表率。具体而言，就是要服从和服务于市委、市政府工作大局，做讲政治、有信念的表率；严守政治纪律、政治规矩，坚持廉洁从政，做讲规矩、有纪律的表率；加强道德修养，过好家庭关、亲情关，做讲道德、有品行的表率；谋事不谋利，奉献不索取，做讲奉献、有作为的表率。

第一期中国戏剧家协会会员培训班在泉州举办

24—28日，由中国文联、中国戏剧家协会主办，福建省剧协、泉州市文联等承办的第一期中国戏剧家协会会员培训班在泉州举办。中国文联党组副书记、书记处书记、副主席李屹，中国剧协分党组书记、驻会副主席季国平，市委副书记周银芳等参加开班仪式。

周银芳表示，泉州是中国首批历史文化名城、闽南文化生态保护区的核心区，戏剧艺术积淀深厚、独树一帜。市委、市政府高度重视戏剧工作，制订《关于支持戏曲传承发展的意见》，使弥足珍贵的戏曲文化遗产得到很好传承和发展。中国音乐的活化石“南音”入选人类非遗名录，梨园戏、高甲戏、打城戏、提线木偶是中国独特剧种，泉州成为中国唯一拥有联合国教科文组织全部三大类别非遗名录的城市。将以此次研讨班举办为契机，学习有关讲话精神，弘扬传统，加强创新，促进泉州戏剧事业的繁荣与发展。

国务院促进民间投资专项督查组到泉州督查

23—26日，国务院促进民间投资健康发展专项督查组，到福建省进行专项督查。25日，督查组到泉州展开督查，并分别召开行业协会商会代表、民营企业负责人座谈会。市委书记郑新聪，市长康涛，市委常委、常务副市长林伯前，副市长张永宁参加相关活动。26日，督查组召开专项督查意见反馈会，省委常委、常务副省长张志南参会。督查组认为，福建省委、省政府高度重视民间投资工作，措施有力，成效显著。出台相关配套措施及时，简政放权和改善政府管理服务力度大，优化投资环境和加大政策扶持措施实，促进企业创新和推动转型升级动手早。督查组同时指出存在的问题和不足，对福建省促进民间投资提出建议。

国家“两纲”中期评估督导组到泉州督导

以全国妇联副主席、书记处书记焦扬为组长的国家“两纲”（《中国妇女发展纲要（2011—2020年）》和《中国儿童发展纲要（2011—2020年）》）中期评估督导组到泉州评估督导。市领导郑新聪、周真平参加相关活动。督导组到丰泽区实验小学、丰泽区领SHOW天地创意园、丰泽区法院、永春县港永幼儿园、永春县医院、永春县盈晖特教学校等地，了解当地妇女儿童生存教育环境、合法权益维护、女性就业创业环境、妇联组织建设等情况。

全市社科界学习习近平在哲学社会科学工作座谈会上的讲话精神座谈会召开

全市社科界学习习近平在哲学社会科学工作座谈会上的讲话精神座谈会召开。会议要求，全市社科工作者要为改革提供重要的理论支撑，为发展战略的实施做好论证、阐释、普及工作。要自觉接受马克思主义对哲学社会科学的指导，学通弄懂马克思主义；坚持以人民为中心，以破解影响经济社会发展的难题和人民群众最关心的突出问题为切入点，开展战略性问题和前沿性问题研究；强化新型智库建设，构建“联合智库”平台，引导推动各类智库的沟通交流。要推动和加强基层社科联建设，健全和完善各种工作机制；重点做好市社科规划、社科活动资助项目，开展全市哲学社会科学领军人才遴选，发动社科界专家学者参与社科普及活动。

泉州六县市入选2015年中国“电商百佳县”榜单

第三届中国县域电子商务峰会在山东寿光举行，阿里研究院发布《2015年中国县域电子商务报告》和“2015年中国电子商务百佳县”榜单，以及大众电商创业、大众网购消费、快递服务、电商扶贫等子榜单。报告中指出，农产品电商增长势头良好，2015年阿里巴巴零售平台上，县域农产品电商销售额同比增长超过65%。在2015年农产品电商销售额增长贡献最大的五个县中，安溪县名列第二位。而根据“阿里巴巴电子商务发展指数”，阿里研究院分析形成2015年中国“电商百佳县”榜单，泉州市石狮、德化、晋江、安溪、南安、惠安6个县（市）位列其中，石狮、德化进入榜单前十，分列第二和第九位。根据网商密度，即平均每万人中的网商数量，阿里研究院还分析形成“2015年中国大众电商创业最活跃的50个县”排行榜。石狮、德化、晋江、安溪分列第三、第九、第二十三和第二十五位。这份榜单还指出，近两年，在部分县域最大的亮点是农民通过电商大规模创业，在当地涌现出数个甚至数十个淘宝村，其中晋江就拥有25个淘宝村，数量位居全国前列。此外，在“2015年中国大众网购消费最活跃的50个县”排行榜中，从地级城市来看，泉州是“大众网购消费县”数量最多的前五个城市之一，石狮、德化、晋江纷纷入榜。

“丝路唐风”洛阳市文物考古研究院唐三彩特展开幕

由中国闽台缘博物馆、洛阳市文物考古研究院主办的“丝路唐风”洛阳市文物考古研究院唐三彩特展在中国闽台缘博物馆开幕，展期至8月20日。展览遴选洛阳市文物考古研究院院藏唐三彩精品68件套，展品造型逼真、色泽艳丽，既有人物、动物、神兽造型，如牵马俑、驮囊骆驼、镇墓兽等；又有盘、碗、杯、盏等生活器皿，如七星盘、三足鍑等。展览分成：洛阳——唐三彩的故乡、镇墓神物、丝路胡风、釉光溢彩四个部分。

5月25日

星期三
农历丙申年四月十九
温度：23℃—28℃
多云

●国务院促进民间投资专项督查组到泉州督查。

●25—27日，中国科协第八届常委会继续教育专委会调研组到泉州调研。

●国家“两纲”中期评估督导组到泉州督导。

●25—26日，市人大常委会专题调研全市防范打击虚假信息诈骗工作情况。

●全市社科界学习习近平在哲学社会科学工作座谈会上的讲话精神座谈会召开。

●泉州六县市入选2015年中国“电商百佳县”榜单。

●全市金融业“营改增”政策培训举办。

●泉州市创客活动周“创新创业资本对接专场”举行。

●市公安局巡特警支队突击大队首届“我是特警·我是尖兵”警务技能比武举行。

●“丝路唐风”洛阳市文物考古研究院唐三彩特展在中国闽台缘博物馆开幕。

●“南安全球招商平台”上线。

5月26日

星期四
农历丙申年四月二十
温度：24℃—30℃
阴

●中央统战部五局局长张天昱带队到泉州开展“民间固定资产投资情况”调研。

●《关于实施泉州市21世纪海上丝绸之路人才培养工程的意见》。

●全市高校毕业生就业创业工作视频会议召开。

●市工商局、市公安局工作人员到泉州师范学院，为在校大学生举办防止传销进校园的宣传活动。

●省水利厅调研组到南安市调研“两溪一湾”安全生态水系治理情况，并召开座谈会。

●26—31日，“德化·中国白——文化交流的使者”主题瓷器展在北京东城区欧美同学会会址举行，展出包括苏献忠、曾玉真、黄永星、寇富平、陈桂玉等在内的60多位德化陶瓷工艺大师创作的300多件作品。

中央统战部调研组到泉州开展“民间固定资产投资情况”调研

中央统战部五局局长张天昱带队到泉州开展“民间固定资产投资情况”调研。市领导翁祖根参加相关活动。调研组了解泉州民营投资规模、产业结构、民营企业发展、金融信贷结构等情况，对泉州民营经济持续向好、民营企业积极转型升级等表示肯定，希望泉州能发挥优势，优化民营投资产业结构，增强经济发展的活力。

泉州市储备“一带一路”专业人才

围绕党中央、国务院和省委、省政府关于建设“一带一路”的决策部署，以及泉州建设21世纪海上丝绸之路先行区的发展要求，泉州市近日出台《关于实施泉州市21世纪海上丝绸之路人才培养工程的意见》，同时从对外文化交流、港口航运、法律等8个领域着手，配套出台《泉州市对外文化交流人才培养工程实施办法（试行）》《泉州市涉外法律人才培养工程实施办法（试行）》等8个文件，为加快泉州市21世纪海上丝绸之路先行区和民营企业人才聚集区建设提供更强有力的人才支撑和智力保障。

泉州市开展防止传销进校园活动

市工商局、市公安局工作人员到泉州师范学院，为在校大学生举办防止传销进校园的宣传活动。活动旨在提高在校大学生对传销活动的辨别能力，增强对传销的抵制和防范意识，营造防范、抑制、打击传销的舆论氛围。该校约700名师生参加活动。市工商局相关负责人介绍，有的传销组织打着直销、连锁加盟、特许经营、虚拟货币的旗号，以高额回报为诱饵，以拉人头、团队计酬的方式进行非法活动；有的传销组织鼓吹金钱至上和金钱万能，参与人员为拉拢下线，不惜泯灭亲情、友情、爱情，扭曲人生观、价值观和道德观，严重破坏社会道德和诚信体系；有的传销组织甚至采取暴力手段实施非法拘禁、故意伤害，导致被骗人员身心受到巨大创伤。

省水利厅调研组到南安市调研“两溪一湾”安全生态水系治理情况

省水利厅调研组到南安市调研“两溪一湾”安全生态水系治理情况，并召开座谈会。座谈会上，南安市政府还与福建省水利投资开发集团有限公司签订水利水务项目合作框架协议。对非经营性、准经营性项目，双方将采用“PPP政府和社会资本合作模式”合作投资建设；对自来水、污水、水电等优质经营性项目，原则上采用股份合作模式。投资规模暂定为人民币50亿元，根据实际情况分期实施。调研组表示，“两溪一湾”综合整治工程是以重大项目推进县域经济发展的大胆尝试，通过项目的落地实施，将有效地保护环境、拉动投资、引领产业发展、推动南安县域经济社会全面发展。省水利厅将全程参与、全力支持南安市“两溪一湾”安全生态水系综合整治工程，争取将该工程涉及的相关项目纳入国家级、省级建设盘子，帮助南安争取建设贷款和国家专项资金。

“德化·中国白——文化交流的使者”主题瓷器展在北京举行

26—31日，“德化·中国白——文化交流的使者”主题瓷器展在北京东城区欧美同学会会址举行。瓷器展展出包括苏献忠、曾玉真、黄永星、寇富平、陈桂玉等在内的60多位德化陶瓷工艺大师创作的300多件作品。

为在全球范围内推广德化白瓷艺术和文化，推动德化陶瓷走出去、请进来，在展览开幕式上，泉州市政府、德化县政府携手中法文化艺术机构，共同签订合作框架，启动世界陶瓷艺术大奖赛。由中法文化论坛组委会主办，中法文化艺术研究中心、艺术8—中法艺术之家、德化县政府承办的世界陶瓷艺术大奖赛，是一项针对全球范围内陶瓷艺术创作的公益驻地项目。根据赛事计划，每年的11月初至次年4月底，来自全球范围的12位驻地奖获得者，到德化进行为期四个月的驻地创作。次年5月底，从12人中挑选6位入围艺术家，到法国参加ICA Award入围艺术家联展，并最终评选出包括新锐陶瓷设计奖、新锐陶瓷艺术奖以及评委特别奖在内的3位大奖获得者。在此过程中，艺术家将享受到优厚的创作津贴和其他相关待遇，而入围奖和大奖获得者，还将分别获得3万美元、5万美元的奖励。作为回报，上述艺术家的优秀作品不仅将结集印制画册，授权德化当地企业投入生产，艺术家的工作室也将融入德化参观交流、工业旅游等领域的工作大局。

康涛对话中法五城市长推介“海丝”泉州

25—27日，主题为“一带一路：文明对话与融合”的首届中法文化论坛在北京举办。在27日举行的分论坛——中法文化创意产业与城市发展论坛上，市长康涛作为泉州市代表，与北京市、西安市以及法国巴黎市、里昂市、安格鲁姆市五城市长，围绕论坛主题开展面对面交流对话。全国人大常委会副委员长陈竺；法国前总理、法国参议院外交国防与军事委员会主席拉法兰，中国国家科技成果转化引导基金理事长马蔚华主持本次分论坛活动。

回顾历史，康涛介绍，作为联合国海上丝绸之路考察团认定的“海丝”起点，泉州是中华文明走向世界的重要出发站。在古代“海丝”鼎盛时期，泉州曾与近百个国家和地区有贸易往来，是沿线各国多元文化的交汇交融之地。泉州城市一度呈现“市井十洲人”的繁华盛景，世界上几乎所有的主要宗教聚集分布于此，被联合国教科文组织定址为“世界多元文化展示中心”。

审视现状，康涛指出，沿着海上丝绸之路，“走出去、请进来”。千年的交流与融合，铸就泉州开放包容、和谐共处、互利共赢的城市性格和辉煌的城市文明史。时至今日，在中国“一带一路”愿景中，泉州仍是对外交流合作的重要窗口和平台，并始终把推动中华文明、文化、艺术与国际的交流作为城市不懈追求。

随后，康涛以海上丝绸之路主要商品德化陶瓷为例，从史书记载、考古发现、世界各地博物馆馆藏等方面切入，介绍千百年来“世界陶瓷之都”德化乃至泉州城市与世界鲜有间断的密切交往和深厚渊源；宣布泉州和德化两级政府将与论坛组委会共同发起“世界陶瓷艺术大奖”，设立“中国瓷路基金”，支持全世界参赛艺术家用德化白瓷创作，推动本地和国际艺术家的双向交流。

中国科协第八届常委会继续教育专委会调研组到泉州调研

25—27日，以全国人大常委会委员、中国科协副主席冯长根为组长的中国科协第八届常委会继续教育专委会调研组到泉州，开展“福建省纺织民营企业实施继续教育工作现状”专题调研，并召开座谈会。市领导孔繁军、骆沙鸣等参加相关活动。调研组到晋江市信龙机械工业有限公司、浩沙实业（福建）有限公司，鲤城区海天材料科技股份有限公司等民营纺织类企业，调研企业生产情况及科技工作者继续教育的基本情况。针对企业关于继续教育制度建设、培训工作等相关问题，调研组提出指导性意见。座谈会上，调研组肯定泉州市继续教育工作取得的成效，认为泉州建立了一套较为完整的继续教育体系，尤其在推动民营纺织企业技术研发、产品创新、人才培养等方面发挥重要作用。继续教育是当今时代的主旋律之一，调研组要求，福建省和泉州市两级科协和学会要深化继续教育工作，与企业建立紧密联系，同时勉励企业培养更多数量、更高水平的科技人员，让其跟上时代步伐，加快创新驱动发展。

泉州市“百企帮百村”精准扶贫行动启动

由市委统战部、市工商联、市扶贫办主办的泉州市“百企帮百村”精准扶贫行动启动。100家民企、行业商协会与100个贫困村签订结对帮扶协议书。此次结对帮扶将按照中央和省委、市委部署，精准聚焦全市101个建档立卡的省定贫困村和6.5万贫困人口。根据结对帮扶协议书，参与结对帮扶的民企、行业商协会将创新帮扶形式内容，发挥信息、资金、技术、市场、管理等优势，采取产业、就业、电商、智力、商贸等多种扶贫方式，因企制宜、因村施策开展精准扶贫；以“百企帮百村”精准扶贫行动为载体，从“助学、就业、助病（医疗）、助房（造福工程）、助灾、助困”六个方面帮扶当地贫困户，做到精准入户，扶到点上。

惠安县第三届“薯花文艺奖”颁奖

惠安县第三届“薯花文艺奖”颁奖暨“惠安画家画惠安女”美术作品展开展仪式在惠安县文庙举行。颁奖活动对35件文艺作品的作者进行表彰，并对惠安县首批创客新工场进行授牌。作为惠安县最高级别的综合性文艺大奖，该届薯花文艺奖获奖作品涵盖戏曲、书法、美术、文学、新闻报道、广播、电视7个门类，奖金总额103216.67元。此次获奖的35件作品，授牌的20个创客新工场，是众多文化作品和新闻佳作的杰出代表，反映了惠安县文艺工作和新闻工作的创作成果，展示了文艺和新闻工作者的时代风采。

5月27日

星期五

农历丙申年四月廿一

温度：25℃—31℃

多云

●康涛对话中法五城市长推介“海丝”泉州。

●泉州市“百企帮百村”精准扶贫行动启动。

●由省残联、省残疾人福利基金会、市残联和永春县残联主办的“同在蓝天下，共筑中国梦”2016年福建省关爱残疾儿童行动捐赠仪式在永春县特殊教育学校举行。

●由市妇联、永春县妇联等主办的“我们和留守流动儿童在一起”关爱主题活动在永春县蓬壶镇中心小学举行。

●泉州市高甲戏传承中心举行王冬青百年诞辰纪念活动。

●27—28日，由海峡两岸医药卫生交流协会海西甲状腺微创美容外科专家委员会主办、福建医科大学附属第二医院等协办的第二届海西甲状腺微创美容外科学术会议（CSOPES年会）在泉州召开。

●“筑梦中国幸福起航走进‘全面两孩’新时代”——纪念中国计生协会第18个“会员活动日”暨宣传贯彻中国计生协会第八次全国会员代表大会精神及创建新一轮国家级计生优质服务先进区启动仪式在鲤城区常泰街道issue大八姑庙广场举行。

●惠安县第三届“薯花文艺奖”颁奖暨“惠安画家画惠安女”美术作品展开展仪式在惠安县文庙举行。

5月28日

星期六
农历丙申年四月廿二
温度：25℃—31℃
阴

●第十届中国（武汉）国际园林博览会闭幕，“泉州园”获室外展园综合奖金奖、展园创新金奖、展园设计优秀奖、工程质量优秀奖、植物配置优秀奖和建筑小品大奖等多个奖项。

●全国机械密封标准化技术委员会“SAC/TC491/WG1旋转接头工作组”大会暨全国机械安全标准化技术委员会泉州标准化服务中心授牌仪式在泉州举行。

●2016年中国国家跆拳道示范团全球巡演泉州站在泉州师院举行。

●由中国Fablab校际联盟和市教育局主办的第二届国际青少年（中国泉州）科技创意大赛在泉州第五中学城东校区举行。

●“知根知味 安溪铁观音”主题茶会活动在北京大学举行。

●中国共产党党员，中共泉州市纪委原书记、离休干部郭荣宗因病逝世，享年88岁。

“泉州园”获第十届中国国际园林博览会多项大奖

由住房和城乡建设部主办的第十届中国（武汉）国际园林博览会闭幕，“泉州园”获室外展园综合奖金奖、展园创新金奖、展园设计优秀奖、工程质量优秀奖、植物配置优秀奖和建筑小品大奖等多个奖项。泉州市政府、泉州市市政公用事业管理局、泉州市园林管理局分获优秀组织奖、展园建设最佳奖、先进单位。市园林管理局负责人介绍，“泉州园”集闽南传统园林的传承与创新为一体，并赋予丰富内涵和隽永韵味，将生态、绿色、人居有机连接，旨在留得住历史，记得住乡愁。“泉州园”以突出茶文化与生活的关系为主线，结合传统闽南建筑艺术，通过对造园布局、空间排序、旧物利用、生态环保、植物造景等的有机结合，将简约的物质运用与追求回归自然和谐统一起来，营造一座“野茗春深苦，山泉雨后甘”之意的园林，名“泉山野茗园”。绿树掩映下的泉州园，主景构筑“山居茶坊”为采用燕尾脊、出砖入石、蚝壳墙等原汁原味体现闽南传统建筑的营造手法；全园构筑墙面、地铺、壁砖、石构件、木作等均特选泉州古民居之废弃旧料，经加工重砌，彰显泉州园之历史积淀。泉州百姓素有在房前屋后多植果树之传统，展园中植有杨梅、莲雾、番木瓜、枇杷、桃树等乡土果树，尽显杂树生花之景；设有“茶山”，植铁观音、佛手、金花茶、十八学士等。

全国机械安全标准化技术委员会泉州标准化服务中心授牌

全国机械密封标准化技术委员会“SAC/TC491/WG1旋转接头工作组”大会暨全国机械安全标准化技术委员会泉州标准化服务中心授牌仪式在泉州举行。国家标准化管理委员会、中国机械工业联合会标准化处、全国机械安全标准化技术委员会、全国机械密封行业协会等领导，省、市相关领导出席大会。全国机械安全标准化技术委员会泉州标准化服务中心，是全国机械安全标准化技术委员会在福建省的首个标准化服务试点单位，是以闽旋科技为主导，依托机械科学研究总院、中机生产力促进中心、全国机械安全标准化技术委员会作为技术支撑，并与中国标准化研究院联合，覆盖机械全行业标准起草和编写、标准化咨询、培训、安全评估、认证、两化融合、区域和企业发展规划编制、设备改造等技术服务的服务型机构。

2016年中国国家跆拳道示范团到泉州巡演

2016年中国国家跆拳道示范团全球巡演泉州站在泉州师院举行。胡明达、刘雨清、魏梦月等跆拳道世界锦标赛冠军和18名全国跆拳道冠军组团献艺，吸引上千名跆拳道爱好者到场欣赏。中国国家跆拳道示范团是国内最顶尖的跆拳道专业团队，包括世界级跆拳道冠军、国家级跆拳道冠军、跆拳道专业教练等跆拳道专业团队，曾在中国梦想秀舞台取得优秀成绩并获得导师肯定。累计参加过500多场大型活动演出，受邀参加中央电视台和地方卫视节目录制19次，视频网上点击量高达数11亿。中国国家跆拳道示范团团长张银余表示，举办此次活动旨在让泉州青少年近距离感受跆拳道竞技表演的魅力，接受“更快、更高、更强”奥林匹克体育精神的洗礼，更好地普及跆拳道运动。

第二届国际青少年（中国泉州）科技创意大赛举行

由中国Fablab校际联盟和市教育局主办的第二届国际青少年（中国泉州）科技创意大赛在泉州第五中学城东校区举行。全国11个省、市的中国Fablab校际联盟成员校、国际友好学校共28支队伍参赛。大赛以“未来城市交通”为主题，以“让创意变成现实，培育具有创新意识、创新思维、创新技能的青少年”为宗旨，针对城市交通拥堵现象，各参赛队纷纷拿出解决方案：或是对未来城市交通的概念构思与规划设计、或是局部特色空间的微景观构想与制作、或是针对未来交通工具等某一要素进行设计。大赛特邀国家教育咨询委员、教育部校长培训中心主任、华东师范大学终身教授、考试与评价研究院院长陈玉琨教授为嘉宾，评审专家团队由交通大学、同济大学、福州大学等大学教授及中国Fablab校际联盟的创客导师组成。

相关链接：中国FabLab校际联盟，是由美国麻省理工大学、上海市格致中学、上海市延安初级中学等教育机构发起并成立的中国校际联盟。在美国麻省理工大学支持下，致力于推动FabLab在中国教育事业上的推广。

32家院士工作站助力“泉州制造”

市科协大力推动院士专家工作站的建设，全市累计建成32家院士工作站。通过开展创新驱动助力工程——“院士专家泉州行”活动，市科协为泉州市企业与院士专家团队交流合作搭建起桥梁，助力企业转型升级。其中，福建领航信息科技有限公司与中国人工智能学会神经网络与计算智能专委会接触后，看到“智能视频”产业广阔的市场前景，决定加入到智能视频监控技术发展的浪潮中。双方随即在“智能视频内容分析”方面开展合作攻关。“国土土地违法与地质灾害监测预警系统”项目已在晋江市国土局上线运行。此外，部分企业通过与院士及其团队建立合作关系，共享院士团队优质的科研资源及实验设备，助力企业科研工作的开展。其中，海天材料公司与东华大学合作建立“东华海天生物聚酯开发中心”，通过该平台与东华大学材料学院开展广泛的产学研合作，成功开发“生物基聚酯PDT纤维及面料”。该项目入选泉州市科技项目，申请并获受理发明专利5项。

泉州市首办蔬菜产销对接会

由市农业局和福建禾恒蔬菜批发市场有限公司主办的泉州市蔬菜产销对接会举行，通过搭建蔬菜产销平台，力促农产品供给侧改革。市农业局相关负责人表示，泉州市首次举行蔬菜产销对接会，是想引导农产品生产基地根据市场需求进行“订单式”生产。此次参加蔬菜产销对接会的63家蔬菜生产基地，蔬菜种植规模均在133340平方米以上。这些基地的蔬菜种植总面积达2.28平方千米，2016年预计蔬菜产量15.2万吨，占全市蔬菜产量的11.1%。63家蔬菜生产商和13家蔬菜经销商通过产销双方对接，达成合作意向，建立长期供求关系。地瓜种植大户、晋江市新鹏农场负责人表示，以前都是菜贩直接上门订购蔬菜，现在通过产销对接，可以与经销商建立长期合作关系，拓展销售渠道。

知名老文艺家赴闽采风团到泉州采风

29—30日，中国文联组织的知名老文艺家赴闽采风团到泉州采风。泉州独特的“海丝”文化、闽南文化和深厚的历史文化吸引了老文艺家的目光，活力四射的现代文化发展成果受到老文艺家的赞赏。采风团阵容强大，有许多全国文艺界的名家大腕，如赵化勇、胡珍、白淑湘、郭刚、王悦等。在泉州期间，采风团到泉州海外交通史博物馆、开元寺、泉州古船博物馆、清源山老君岩、中国闽台缘博物馆等处采风。此次到泉州采风的文艺家有的已经多次到泉州，对泉州的文化艺术十分熟悉。中国舞蹈家协会原主席白淑湘表示，第一次来泉州时就被泉州的“海丝”文化和戏曲文化吸引，此后又多次来泉州，深深地被“戏窝子”魅力打动。建议在今后的保护传承过程当中，一定要根植传统，将自己传统文化的基因保护好，在此基础上才能考虑创新发展。

南安市海丝泛家居产业联合会首届家装节举办

5月29日—6月1日，由南安市政府、泉州市经信委、泉州晚报社主办的“泉州建材中国行”系列推介活动、南安市海丝泛家居产业联合会首届家装节在南安成功会展中心举办。此次家装节汇聚南安建材业界知名度美誉度最高的品牌，总计12个品类、33个家居建材品牌，堪称南安家装建材市场上史无前例的大型品牌活动。联合会家装节，是2016年“泉州建材中国行”，也是南安“泛家居”产业项目的“开场戏”。家居建材产业是泉州市传统重点支柱产业。为推动产业转型升级、实施供给侧结构性改革，市委、市政府相继出台多项扶持举措，发展工业电子商务，培育一批集采购、生产、销售全流程的电子商务供应链平台，推动传统品牌向网络品牌拓展。特别是2016年的“泉州建材中国行”系列推介活动，在市域内、福州、长沙等落地推介四场，200多家本地家居建材企业参展，打响泉州建材区域品牌，助推建材品牌企业开拓国内市场。

南安市“海丝”泛家居项目推介会　（图/郭冰德）

5月29日

星期日
农历丙申年四月廿三
温度：26℃—32℃
阵雨转阴

●32家院士工作站助力“泉州制造”。

●由市农业局和福建禾恒蔬菜批发市场有限公司主办的泉州市蔬菜产销对接会举行，通过搭建蔬菜产销平台，力促农产品供给侧改革。

●29—30日，中国文联组织的知名老文艺家赴闽采风团到泉州采风。

●泉州女作家吕亦涵携作品《阮陈恩静》在市区七彩艺文会馆举办全国巡回签售分享会。

●5月29日—6月1日，由南安市政府、泉州市经信委、泉州晚报社主办的“泉州建材中国行”系列推介活动、南安市“海丝”泛家居产业联合会首届家装节在南安成功会展中心举办。

5月30日

星期一
农历丙申年四月廿四
温度：26℃—32℃
阵雨转阴

●市十五届人大常委会第五十五次主任会议召开，讨论市人大常委会关于开展《中华人民共和国旅游法》执法检查的工作方案、关于开展市十五届人大七次会议代表建议办理情况调研的方案等。

●市政府第九十八次常务会议召开，研究并通过《关于加快转变农业发展方式的实施意见》等文件和事项。

●《泉州市公共资源交易平台整合实施方案》出台，泉州市加快推进建立统一的公共资源交易平台。

●鲤城区龙舟文化促进会与浮桥观音禅寺举行首届端午节巡境踩街活动。

●30—31日，大型粤剧《璎珞传》在晋江市和石狮市上演。

市十五届人大常委会第五十五次主任会议召开

市十五届人大常委会第五十五次主任会议召开。市人大常委会主任陈万里主持会议，副主任吕竞、张建生、朱团能，秘书长吴春林参加会议。会议讨论市人大常委会关于开展《中华人民共和国旅游法》执法检查的工作方案、关于开展市十五届人大七次会议代表建议办理情况调研的方案；听取市人大常委会农经委关于泉州市“七库连通”工程建设情况的调研报告。陈万里强调，要在执法检查前通过专题辅导讲座提升懂法执法、知法用法水平。要以执法检查为契机，做大做足旅游文章，通过开展执法检查切实发现问题、查找突破、寻找对策、提出建议。要以专题调研为动力，推动人大代表意见办理落地生根。要以专项考察为载体，推动项目建设提质增效。

会议现场　（图/王虎文）

市政府第九十八次常务会议召开

市政府第九十八次常务会议召开，研究并通过《关于加快转变农业发展方式的实施意见》《泉州市推进建筑产业现代化试点实施方案》《泉州市“十三五”现代物流业发展专项规划》《泉州市推进智慧城市建设三年行动方案（2016—2018）》《关于加快电网优化升级提升电力保障能力若干措施的通知》《关于打造一流营商环境的意见》等文件和事项。市长康涛主持会议。

会议指出，要加快转变农业发展方式，强化农业科技创新推广，增强农业综合生产能力；突出“接二连三”，做强做优设施农业，支持农产品深加工，畅通农产品销售流通渠道，发展特色休闲农业；鼓励农业适度规模经营，培育新型农业主体；治理面源污染，提升农产品安全水平。要推进建筑产业现代化，突出标准化设计、工厂化生产、装配化施工、一体化装修、信息化管理等关键环节，抓好一批试点项目、试点企业。要加快发展现代物流业，重点发展制造业物流、商贸物流和冷链物流，提升港口、机场集疏运能力，推广发展智能物流和绿色物流。

会议认为，改善城乡基础设施是推动经济社会持续健康发展的重要保障。要立足产业、服务民生，加快信息化与城市发展全面深度融合，通过实施基础设施智能化、公共服务便利化、社会治理精细化、产业经济高端化四大行动计划，力争将泉州市打造成为国家新型智慧城市试点城市。要加快电网优化升级，通过打造智能电网、加大配电网建设力度、完善住宅小区供配电设施建设等措施，提升泉州市电力保障能力。

《泉州市公共资源交易平台整合实施方案》出台

《泉州市公共资源交易平台整合实施方案》（以下简称方案）出台，泉州市加快推进建立统一的公共资源交易平台。6月底前，基本完成市、县两级公共资源交易平台整合工作，实行统一机构、统一场地、统一管理。

相关链接：市直层面，泉州市进一步整合工程建设招标投标、土地使用权和矿业权出让、政府采购、国有产权交易等交易平台，建立全市统一的公共资源交易平台体系，实现信息和资源共享，依法推进公共资源交易高效规范运行。

县级层面，按照因地适宜原则，考虑到区域面积和公共资源交易总量，取消洛江区已设立的公共资源交易平台，鲤城区、丰泽区、洛江区、泉州开发区公共资源交易活动统一进入泉州市公共资源交易中心交易。晋江市在整合分散设立的工程建设招标投标、土地使用权和矿业权出让、政府采购、国有产权交易平台的基础上，设立统一的公共资源交易平台；保留泉港区、石狮市、南安市、惠安县、安溪县、永春县、德化县、台商投资区等地已经整合的公共资源交易平台。上述地区公共资源交易平台，整合为市公共资源交易平台的分支机构，统一加挂“泉州市公共资源交易中心×××分中心”牌子，实行统一的管理制度和交易规则，接受市公共资源交易管理与服务机构的业务指导。

郑新聪到泉港丰泽调研企业和项目建设情况

市委书记郑新聪到泉港区、丰泽区调研企业和项目建设情况。市领导翁祖根、陈灿辉、林万明参加调研。郑新聪强调，各级各部门要落实省委、市委要求，做到抓换届工作与抓经济社会发展两不误、两促进。静下心来，接受组织和干部群众的挑选；抓好工作，展示个人的能力和境界；严守纪律，落实“九个严禁、九个一律”，营造风清气正的换届环境。要转变工作作风，在守住纪律底线的前提下，主动关心企业、理解企业、帮助企业，简化办事手续和流程，及时为企业和项目业主排忧解难，营造“亲”和“清”的良好政商关系。

郑新聪在丰泽区调研　（图/陈起拓）

康涛到惠安县调研

市长康涛到惠安县调研。市政府秘书长吴友才参加调研。康涛指出，一方面要加大人才培养力度，在做好传统雕艺传承的同时，鼓励年轻雕艺匠人到国内外艺术院校深造，接受现当代艺术熏陶，用二三十年乃至更长时间培育一批新生代雕艺大师，延续惠安雕艺文脉；另一方面要加大平台建设力度，打造一批集交易、展示、交流等功能为一体的平台载体，搭建惠安石雕企业、匠人与世界雕艺界沟通交流的桥梁，将惠安打造成世界石雕艺术殿堂。

全市职业教育工作会议召开

全市职业教育工作会议召开，传达贯彻全省职业教育工作会议精神，研究部署下阶段工作。市长康涛强调，要突出改革创新，结合“十三五”教育专项规划编制工作，研究明确职业教育发展的目标、任务和路径。坚持遵循市场需求和产业发展规律，建立与该地区产业体系相适应的职业教育体系；坚持遵循人才成长规律，重点打通职业教育从中职、专科、本科到研究生的通道；坚持遵循职业教育自身发展规律，每年集中解决几个重大问题，策划实施一批职教项目。要落实《关于推动职业教育与产业需求紧密结合的实施意见》，推动职业教育人才培养与产业发展在方向、布局、能力上相契合。要加快建立和完善职业教育联席会议制度，强化职业教育发展过程中面临的组织领导、项目建设、资金投入、舆论宣传等方面的工作保障；坚持长短结合、分步实施，致力解决好“双师型”教师队伍建设、专业设置、校企合作和工学结合模式探索、加大多方投入等突出问题。

泉州市在全省率先推出文化惠民卡

由市文改办主办的泉州文化惠民卡上线试运营暨电影卡首发启动仪式举行。市文改办通过“互联网+文化消费”的模式，在全省率先启动并实施泉州文化惠民卡。泉州文化惠民卡是根据泉州市文化消费特点与需求开发的创新服务产品，力求通过政府激励引导、专业机构运作、整合企业资源、促进供需对接，在企业与消费者之间有效地搭建起一个互惠互利、共促共赢的文化消费平台。该卡的一大特性就是众多优惠叠加，不仅让消费者能享受到特定的折扣，还能够获得相应积分。经过半年来的努力，已有326家480多款产品加盟“文惠卡”商城，涵盖文化艺术、文化旅游、教育培训、影院书店、休闲娱乐、健康养身、特色美食7大类文化产品。启动仪式上，还举办“泉州文化惠民卡电影兑换卡”首发仪式。“电影卡”会员价低至3—5折，覆盖市区主要影城，以及石狮、晋江、南安、安溪、永春、德化等县市。是泉州市与福建中影票务通电子商务有限公司联合推出的第一款线下产品，力求通过团购的方式，将“电影卡”打造成为文化下乡、文化扶贫和文化走亲的惠民工程。

启动仪式　（图/傅少峰）

5月31日

星期二
农历丙申年四月廿五
温度：26℃—34℃
多云

●郑新聪到泉港区、丰泽区调研企业和项目建设情况。市领导翁祖根、陈灿辉、林万明参加调研。

●康涛到惠安县调研。

●全市职业教育工作会议召开，传达贯彻全省职业教育工作会议精神，研究部署下阶段工作。

●由市文改办主办的泉州文化惠民卡上线试运营暨电影卡首发启动仪式举行。

●市关工委、市老促会老领导组成慰问组，到安溪县、德化县等地，看望革命老区学校的少年儿童。

●广东省木偶艺术剧院携原创大型励志人偶儿童剧《木偶总动员》到泉州木偶剧院演出。

●由丰泽区文明办、道安办、丰泽交警大队和华侨大学美术学院青年志愿者协会主办的“文明出行”宣传活动举行。

6月1日

星期三
农历丙申年四月廿六
温度：27℃—35℃
多云

●南安市“海丝”泛家居产业联合会成立大会暨泛家居项目推介会举行。

●亲情伦理、关爱女孩题材电影《憨爸》在泉州开拍，拉开大爱“海丝”系列电影创作的序幕。

●关爱新石狮青少年“六一”圆梦行动暨“四点钟课堂”开班仪式在石狮市湖滨街道玉湖社区举行。

●“六一”儿童节，全市各大小学、幼儿园举行各种活动，庆祝孩子们的节日。

●由共青团泉州市委、泉州市关工委主办的“五老牵手红领巾，共圆美丽中国梦”大型主题游园活动在泉州市青少年宫内举行。

●“六一”儿童节，全市的小朋友在这个节日收到一份大礼——泉州西湖公园首次开放人工沙滩。

●南安市公安局“公安文化下乡”活动到南安市第一实验小学，与3000多名师生一起欢度一次“别样六一”。

●以“青春在禁毒中出彩”为主题的鲤城区第二届“十佳禁毒志愿者”评选暨毒品预防教育进高校活动启动仪式在泉州经贸学院举行。

●泉州工艺美术职业学院2016届艺术类毕业作品展开展，共展出艺术设计（陶瓷方向）、雕塑艺术设计、材料工程技术等9个专业200多件毕业设计作品。

南安市“海丝”泛家居产业联合会成立大会举行

南安市“海丝”泛家居产业联合会成立大会暨泛家居项目推介会举行。市长康涛，省直、市直相关部门负责人、相关行业协会代表以及南安市领导等出席成立大会。康涛在致辞中首先代表泉州市委、市政府，对泛家居产业联合会的成立表示热烈祝贺，向长期以来关心支持泉州、南安发展的社会各界表示衷心感谢。他指出，联合会的成立，标志着南安泛家居产业发展迈上一个崭新高度，是整合各方资源、加强产业协作、抱团共赢发展的有益探索。真诚希望联合会充分发挥桥梁纽带作用，引领泛家居企业广泛交流、相互协作，形成竞争合力，打响南安泛家居区域品牌，打造成为全市乃至全省跨行业联盟的典范；广大企业家踊跃参与，共同做大做强泛家居品牌，把泉州更多优质产品推向全国、全世界，真正实现自身发展与区域经济发展的互动共赢。泉州和南安两级党委政府将大力支持联合会发展，想方设法帮助联合会和会员企业整合资源、开拓市场、转型升级，努力把南安泛家居产业培育成为全市经济发展的亮点和新增长点。

在现场，南安市泛家居产业发展有限公司进行股权签约，泛家居有关项目举行签约仪式；宣布启动由泉州晚报社、南安市政府等主办的南安市首届“成功杯”室内设计大赛。围绕泛家居顶层设计方案和家装线上平台运作的主题，上海东华大学教授林剑放、互联网家装平台“齐家网”副总裁左汉荣分别作主旨演讲。会前，南安市泛家居产业联合会召开选举大会，选举产生第一届理事会。九牧厨卫股份有限公司董事长林孝发当选为会长。

相关链接：泛家居是以家居设计为基础关联，以建材生产、装饰设计等跨行业资源整合为营销点的新型家居营销理念。当前，泛家居已成为家居流通行业的发展趋势，南安的石材、陶瓷、厨卫产品和本地及在外投资生产的家具系列产品，均属泛家居产品范畴。

电影《憨爸》在泉州开拍

“六一”国际儿童节，一部关于亲情伦理、关爱女孩题材的电影《憨爸》在泉州开拍，拉开大爱“海丝”系列电影创作的序幕。该片由泉州本土影视公司乐影盟出品，福建西窗影业联合出品并承制，青年导演杨木生执导。作为以“大爱海丝”为主题的10部电影计划的首部作品，电影《憨爸》深度植入“海丝”泉州的民风民俗、风景名胜、非遗和戏剧戏曲等具有浓郁泉州地域色彩和“海丝”标签的元素，意在将它打造成泉州乃至福建最大的一个影视IP。影片以平民视角，围绕着养父刘老实带着养女小花一路寻找亲生父母的旅途展开，向人们讲述一个曲折动人、催人泪下的亲情故事。它将深入挖掘泉州地区丰富的文化资源，打造城市文化品牌，助力泉州“海丝”文化建设。《憨爸》表面上描述的是寻亲故事，实际上是为了更好地展现“海丝”泉州的文化底蕴和人文情怀。希望通过一个小人物的人性光辉故事，带出“关爱女孩”“弃婴”和“拐卖儿童”等深度的社会问题，并且通过这部作品传达一座城市的“真情与大爱”，引导观众对亲情、伦理和人性展开思考讨论，让市民产生共鸣。

泉州首个政社合办“四点钟课堂”开班

关爱新石狮青少年“六一”圆梦行动暨“四点钟课堂”开班仪式在石狮市湖滨街道玉湖社区举行。石狮市首个由政府相关职能部门与专业社工服务机构共同建立的“四点钟课堂”正式开班，首期接收学生50人。玉湖社区“四点钟课堂”将为新石狮青少年提供作业及课外阅读辅导，同时广泛动员“阳光公仆”进社区，积极参与“四点钟课堂”义务支教志愿服务，让广大新石狮青少年更加热爱学习和生活。活动中，石狮市阳光太太志愿者协会、石狮市地方税务局、国网石狮供电公司、农工党石狮市总支部等爱心单位团体为“四点钟课堂”首期学生、新湖中心小学的50名新石狮青少年实现“六一”微心愿。

泉州市表彰2015年度文化名家和文化产业优秀人才

2015年度泉州市文化名家和泉州市文化产业优秀人才表彰会举行。在市委人才工作领导小组的领导下，市委宣传部牵头，会同市文广新局、文联、社科联等部门，组织实施泉州市文化名家和文化产业优秀人才等评选活动。经过认真审核和公开评审，并经市委人才工作领导小组确认，2015年度泉州市文化名家、文化产业优秀人才的入选名单已经产生。其中刘宝生、陈江锋、林景辉、何振良、陈阳辉、洪宗洲、蒋钦全、蔡美娜、蒋惠民、苏献忠等入选泉州市文化名家；王双奇、蒋杰雄、张小聪、黄庆发、林同顺、傅华中、温雅国、王志强、陈志翰、兰辉程等入选文化产业优秀人才。

会议指出，要进一步加大文化人才的培养，发现一批、培养一批、储备一批，壮大人才队伍，提升人才质量，提升人才的影响力；文化名家和文化产业人才要当好表率，将发展放在首位，不断提升发展的能力和水平，融合资源，调动各个方面的积极性，在经济新常态中，寻找更多的发展机会；要加大宣传力度，营造尊重文化人才的良好社会氛围，为文化产业人才创业提供帮助，引导和激励更多人才投身于文化建设，推动泉州市宣传思想文化事业的科学发展。

泉州市2016年首批工程包确定

泉州市2016年首批工程包已经确定，涉及18个领域，446个项目，总投资913.12亿元，年度计划投资111.76亿元。涉及的18个领域包括：易地扶贫搬迁、城市公共停车场、农网改造升级、充电基础设施、信息网络、危险废物污染防治、污水处理和供水设施、建筑产业现代化基地（园区）、远洋渔业、安全生态水系建设、养老服务、泉港化工园区安全控制区建设、中小学幼儿园建设、旅游服务、美丽乡村建设、农村公路建设、医疗卫生服务、城市公共（文化）配套设施等。根据计划，新增停车泊位3000个以上，在中心市区及各县、市，规划建设一批公共停车场，重点布局建设医院、学校、车站、大型商场、城市公园、影剧院等人群密集场所的公共停车场，特别是地下、立体停车场。全年新建路外公共停车设施项目22个，新增停车泊位3000个以上。

计划提出，基本完成全市ADSL/LAN改造，以“全光城市”建设、城市提供100M接入能力、农村提供50M接入能力为目标，持续开展宽带提速行动。提升城市深度覆盖水平，加快实现城区、乡镇镇区、景区、高速高铁等重要区域的4G网络全面覆盖。推进各县及农村地区广电双向网络建设以及升级改造。计划提出，建设充电站55座，合计充电桩820个，全市充电基础设施服务能力10000台标准车。重点建设高速快充站、公交快充站、城市快充站、公共停车场分散桩等公共充电基础设施。

《实施畅通城市三年行动计划》出台泉州试行公交信号优先

省政府印发《实施畅通城市三年行动计划（2016—2018年）》。计划明确，福州、厦门、泉州须在有条件的道路上设置公交专用道，交通流量大及单向3车道以上的城市道路应当设置公交专用道。同时，福州、厦门、泉州三地将试行建设公交优先信号系统。行动计划主要任务包括全面排查主次干道、支路、内街内巷等存在的拥堵情况，调查拥堵原因，分类建档，建立完善基础台账。福州、厦门、泉州各选择两条以上城市主干道，先行开展交通治堵设计试点，保障“公交优先”，联合相关部门在有条件的道路上设置公交专用道，交通流量大及单向3车道以上的城市道路应当设置公交专用道；加强公交专用道使用管理，试行建设公交优先信号系统。智能管理方面，完成市、县两级公安交通指挥中心（室）建设任务，加快交通信号联网联控、“绿波”通行、交通流量、气象信息、卡口、测速、视频监控等智能交通控制系统建设，加强部门间资源共享；通过各类媒体、交通诱导屏等媒介，向社会及时发布道路状况、交通拥堵、管控措施、公共交通服务、交通气象等信息。推动解决“人非共道”“机非混行”问题，在交通流量较大的次干道以上道路视情况设置分隔设施，确保非机动车合理通行路幅，优先保障非机动车、行人通行路权，引导短距离交通向非机动车和步行等绿色出行方式转变。同时，严管易堵区域、重点路口、重要部位等，劝导轻微交通违法行为，常态严查机动车、非机动车、行人重点交通违法行为，落实每月逢六逢九统一行动，强化现场查处和秩序管控。

6月2日

星期四
农历丙申年四月廿七
温度：25℃—30℃
阵雨转小雨

●2015年度泉州市文化名家和泉州市文化产业优秀人才表彰会举行。

●泉州市2016年首批工程包已经确定，涉及18个领域，446个项目，总投资913.12亿元，年度计划投资111.76亿元。

●省政府印发《实施畅通城市三年行动计划（2016—2018年）》。计划明确，福州、厦门、泉州须在有条件的道路上设置公交专用道，交通流量大及单向3车道以上的城市道路应当设置公交专用道。

●2016第十一届美国洛杉矶国际武术大会在洛杉矶圣塔莫妮卡体育馆排出座次。泉州市武术协会副主席吴明怀应邀参赛并斩获拳、刀术、剑术3枚金牌及最高奖的传统项目全能冠军。

6月3日

星期五
农历丙申年四月廿八
温度：23℃—31℃
阴

●在泉州市第七批援藏干部即将完成任务之际，泉州市派出考察慰问团，看望慰问援藏干部，并向当地捐赠500万元，设立“泉州奖学金”。

●3—6日，第三届“6·6”两岸民间（涂岭）交流活动举行。

●由泉州市科技局主办的泉州市创客活动周——3D打印产业创新技术成果现场推介会专场举行。

●2016年泉州市心理健康辅导公益行动进机关、进社区首场仪式暨家庭教育心理辅导讲座举行。

●泉州市游泳联谊赛在南安武荣公园游泳馆内举行，来自石狮、鲤城、丰泽、晋江等各县（市、区）30多支冬泳协会、俱乐部代表队400多人参加。

西藏工布江达县“泉州奖学金”成立

在泉州市第七批援藏干部即将完成任务之际，泉州市派出考察慰问团，看望慰问援藏干部，并向当地捐赠500万元，设立“泉州奖学金”。2002年起，泉州市对口支援西藏自治区工布江达县，先后向工布江达县选派5批32名援藏干部和专业技术人员，投入资金2.18亿元，为工布江达县经济社会发展提供强劲的资金和人才支持。2013年7月，泉州第七批援藏工作队在历届援藏工作队的基础上，制定实施工布江达县全县经济社会发展总体思路，提炼出“爱国爱家、自强不息、敢为人先、无私奉献”的“工布江达精神”，构建“依法治县、优势立县、民生稳基”三位一体的“工布江达模式”。3年来，泉州实现援藏项目投资7590万元，实施五大类27个项目。其中，在教育援助上，工布江达县委、县政府和援藏工作队加大投入，积极创造条件，完善基础设施建设，优化配置教育资源，推进义务教育均衡发展。2013年投入1244万元实施7个教育项目；2014年投入2400万元，实施乡镇小学教师周转房、乡镇幼儿园等13个建设项目，并投入400万元用于奖学奖教和教师培训；2015年投入4976.2万元，实施果林卡社区幼儿园、县中学运动场改造等教育建设项目17个。7月，泉州市援藏工作对口县将从林芝市工布江达县转为昌都市洛隆县。为探索与工布江达长效沟通交流机制，增强两地间的情谊，泉州市赠予工布江达县500万元，成立“泉州奖学金”，以提升该县办学水平，培养更多人才。同时，考察慰问团还向该县娘蒲乡小学捐赠20万元，帮助改善办学条件。

第三届“6·6”两岸民间（涂岭）交流活动举行

3—6日，由福建省台湾同胞联谊会、海峡两岸中小企业联合促进会主办，由福建省海峡两岸农副产品市场运营管理有限公司承办，由泉州市新辉大投资发展有限公司赞助支持的第三届“6·6”两岸民间（涂岭）交流活动暨台湾农副产品、美食、农业机械展销订货会（以下简称“两岸民间（涂岭）交流活动”）在泉港区新辉大电子商务园区开幕。

交流活动以“两岸农业合作，创新驱动发展”为主题，活动包括两岸民间（涂岭）交流活动推出农业交流会、台湾农特产品订货会、台湾农业机具展、台湾美食展、对台招商说明会等，并为海峡两岸创业创新农业培训学校揭牌。

开幕式上，海峡两岸中小企业联合促进会与台湾相关高校、企业等签订多项合作协议，将培育和引进农业人才，开拓农业市场。另有30家台湾企业于当天签约入驻新辉大电子商务园区。

3日，由海峡两岸中小企业联合促进会联合台湾院校、农业合作社、农场、种养殖业、食品深加工等方面的专家学者和一线行家能手，共同筹办的海峡两岸创业创新农业培训学校揭牌成立。培训学校选址新辉大电子商务园区内，设有教学楼、实训楼、师生宿舍、食堂等，面积达一万多平方米，各项设施设备完善，实习场地近1.34平方千米。4日，百余家台湾企业参加对台招商说明会，与有意对台招商的机构直接对接。为协助两岸青年创业，交流活动期间，主办方邀请台湾嘉义大学、中州大学、屏东大学、南华大学、台湾大学等高校的研究农业领域的教授出席，分享关于食品深加工、绿色农业、休闲农业、青年农业电商的成功案例。

泉州3D打印产业创新技术成果现场推介会专场举行

由泉州市科技局主办的泉州市创客活动周——3D打印产业创新技术成果现场推介会专场举行，活动旨在进一步推广3D打印技术应用，助力泉州市制造业转型升级。推介会上，泉州市3D打印协会会长林逢春以“3D打印在工艺、礼品行业创新应用”为主题进行介绍，重点围绕3D打印设备功能、创新应用、产品成型开发、产业发展等方面进行解读。泉州3D打印技术应用企业有500多家。对于泉州市庞大的制造产业集群来说，3D打印技术市场潜力仍然巨大。

泉州市心理健康辅导公益行动启动

由市直机关工委、市委文明办、市民政局举办的2016年泉州市心理健康辅导公益行动进机关、进社区首场仪式暨家庭教育心理辅导讲座举行。活动以讲座的形式走进机关、事业单位、社区等，每月分期举办若干主题讲座。旨在加强家庭心理健康指导与服务工作，广泛普及心理健康知识，帮助未成年人健全完善人格，有效提升家长教子水平，进一步促进社会、家庭和谐。泉州师院教授林永乐以《改变教育方法才能改变孩子》为题做首场活动讲座。

向巴平措率队到泉州调研城市民族工作

4—5日，由全国人大常委会副委员长向巴平措率领的调研组到泉州调研城镇化进程中的民族工作。5日，调研组在泉州召开汇报座谈会。全国人大民族委员会副主任委员刘胜玉，全国人大常委会委员、全国人大民族委员会委员刘振来出席汇报会。省人大常委会副主任张广敏主持会议。市领导郑新聪、康涛、吕竞、周真平参加相关活动。在泉州期间，调研组还到丰泽区源淮社区、清源山、开元寺、晋江市三六一度（中国）有限公司实地考察少数民族流动人口服务管理工作、宗教管理工作和少数民族务工人员权益保障情况等。

调研组肯定泉州近年来经济社会发展取得的成绩以及依法深入开展民族工作的成效。调研组认为，多年来泉州市认真贯彻落实中央民族工作政策，并积极推进对口援藏援疆等工作，依法保障各民族群众权益，在城镇化进程中探索积累不少民族工作的好经验、好做法，值得总结推广。调研组强调，做好城市民族工作，对于新形势下民族团结进步繁荣发展至关重要。各级党委政府要一如既往地关心爱护少数民族同胞，让城市更好接纳少数民族群众、让少数民族群众更好融入城市；要保持清醒，坚持问题导向，认真查摆薄弱环节，着力解决问题，推动民族交往交流交融；要始终坚定贯彻党和国家的民族工作大政方针和各项决策部署，善用法律思维和方式推进城市民族工作，依法管理民族宗教事务。地方各级人民代表大会要依法行使地方国家权力机关职权，认真调研，推动民族地区经济社会发展；加强监督，保障少数民族群众合法权益。

全市防范当前强降雨工作视频会议召开

市防汛抗旱指挥部召集防汛、水利、气象、水文、国土、住建、交通、市政、安监等部门进行防汛会商，并召开全市防范当前强降雨工作视频会议，对当前泉州市防暴雨工作进行部署。市防指要求，要加强值班值守，各级各部门要严格落实24小时防汛值班和领导带班制度，山区县乡（镇）、村周末双休日要有一位主要领导带班，各水管防洪单位和在建工程业主单位、施工单位要安排一位主要领导在岗带班。要加强预测，加密预报，精准预警，第一时间向防汛部门和群众发布短历时灾害预警信息，对可能发生险灾情的重点区域、重点部位以及出现暴雨的乡（镇）、村要实行不间断“点对点预警”，并做好上传下达工作。要突出防范重点，县、乡、村三级防汛责任人，特别是刚调整到位的县和乡（镇）防汛责任人要立即熟悉辖区内的防汛重点防控区域，防范因山洪、泥石流造成的灾害，及时转移受威胁群众。要防范内涝积水，组织力量对城乡排水沟渠和泵站进行巡查，及时消除阻水杂物，加强涝水抽排工作；加强低洼村庄、过水桥梁涵洞和农田的渠道疏浚，及时排出积水；要加强对临海堤防闸门的维修养护，及时开闸排涝。要加强景区管理，接到短历时强降雨信息，要适时关闭沿山、沿溪旅游景点，特别是对漂流旅游景点，要立即停止漂流活动，并做好旅客疏导和安全工作。

1—5月，全市平均降雨量931.8毫米，较上年同期偏多近1倍。据气象部门预报，泉州市仍有中雨到大雨，局部暴雨。前期强降雨已导致部分地区内涝积水、山体滑坡、公路塌方等洪涝灾害，部分低洼村落民房受淹、内涝积水、农田受淹。

市委办市府办联合下发《关于做好挂钩帮扶民族村工作的通知》

市委办、市府办联合印发《关于做好挂钩帮扶民族村（社区）工作的通知》。2016—2018年，全市48个民族村（社区）将实现挂钩帮扶全覆盖。根据部署，市直单位需从实际情况出发，采取资金扶持、技术改进、生产指导等形式，开展一对一帮扶工作，帮助全市民族村（社区）经济和社会事业全面发展。其中，资金方面，市直各挂钩帮扶单位每年须安排不少于5万元的专项帮扶资金，帮助民族村（社区）完善基础设施。该次挂钩帮扶特别将少数民族年人均可支配收入低于4500元的2个民族村（洛江区河市镇眉斗畲族村、德化县龙门滩镇大溪畲族村）纳入扶贫开发整村推进实施范围。市级每年给予每个村10万元的资金支持，所在县（区）每年安排不少于30万元的配套帮扶资金，以精准扶贫为目标、促进群众增收为核心，帮助发展特色产业，完善基础设施，不断改善群众生产生活条件，到2018年实现少数民族人均可支配收入不低于所在县（区）的平均水平。

6月4日

星期六
农历丙申年四月廿九
温度：24℃—31℃
阵雨转多云

●4—5日，向巴平措率领调研组到泉州调研城镇化进程中的民族工作。

●市防汛抗旱指挥部召集防汛、水利、气象、水文、国土、住建、交通、市政、安监等部门进行防汛会商，并召开全市防范当前强降雨工作视频会议，对当前泉州市防暴雨工作进行部署。

●市委办、市府办联合印发《关于做好挂钩帮扶民族村（社区）工作的通知》。2016—2018年，全市48个民族村（社区）将实现挂钩帮扶全覆盖。

6月5日

星期日
农历丙申年五月初一
温度：24℃—28℃
中雨转阵雨

●泉州市启动困境未成年人社会保护试点工作。

●泉州市环保局在《泉州晚报》发布《2015年度泉州市环境质量状况公报》。

●永春县获得首届“中国生态文明奖”先进集体称号。

●泉州闽南语音乐学会在晋江成立。

泉州市启动困境未成年人社会保护试点工作

泉州市启动困境未成年人社会保护试点工作。试点工作将持续至2017年3月31日，帮助对象为生存困难、监护困难、成长障碍、家庭暴力、流浪乞讨等困境未成年人（困境未成年人是国家民政部2013年正式提出的新概念，指受经济贫困、监护缺失、家庭暴力、教育失当等影响而遇到生存困难、监护困境和成长障碍的未成年人）。由专业社工为他们建立动态个人档案，每月定期跟进回访，及时更新档案内容，建立困境未成年人基础信息数据库。由高校大学生志愿者与困境未成年人建立挂钩帮扶，并由高校大学生志愿者定期提供课业辅导、户外陪伴等服务。在课后放学、周末、寒暑假为家长无法监管的困境未成年人，提供课业辅导、兴趣培养、素质提升、个人能力建设等服务。提供“一对一”的个案辅导及医疗诊断服务。组织亲子活动、家庭教育讲座等。

2015年9月，泉州被确定为省级未成年人社会保护试点地区之一。为探索未成年人社会保护工作新模式，促进未成年人健康成长，市民政局、市救助管理站、海西社工事业发展中心联合启动此次试点工作，选择泉州市区外来务工人员子女较多的区域，建立“123”试点服务区（一个街道、两个社区、三所小学）。“一个街道”即丰泽区城东街道办事处，“两个社区”即鲤城区鲤中街道清正社区、丰泽区泉秀街道华丰社区，“三所小学”即泉州市群石小学、丰泽区第五中心小学和海滨小学。

永春获首届“中国生态文明奖”

永春县获得首届“中国生态文明奖”先进集体称号，是福建省两个获评单位之一。中国生态文明奖是经中央批准的生态文明建设领域唯一的政府奖项，由环保部主办、中国生态文明研究与促进会承办，每三年评选表彰一次。首届中国生态文明奖于2015年6月启动，在12个部委31个省（区、市）环保部门组织推荐的基础上，经资格审查、专家评审、评委会评审、公示，评选出先进集体19个、先进个人33名。永春县2013年被确定为“全国生态文明建设试点地区”，成为全省首批全国生态文明建设试点县后，统筹推进生态文明建设工作，分层次、有重点地开展生态示范创建工作，建成国家级生态乡镇20个，取得显著成效。此次获评首届“中国生态文明奖”，是该县继被列为全国生态文明建设试点地区、首批国家级生态保护与建设示范区后，取得的又一生态文明建设成绩。

相关链接：中国生态文明奖，是中国设立的首个生态文明建设示范方面的政府奖项，旨在表彰和奖励在生态文明建设一线和实际工作中，对生态文明创建实践、理论研究和宣传教育等方面做出重大贡献的集体和个人。中国生态文明奖每三年评选表彰一次，首届表彰名额拟设先进集体奖20个，先进个人奖30人。2015年6月3日，首届“中国生态文明奖”评选表彰工作在北京启动。在世界环境日当天，首届中国生态文明奖揭晓，来自四川、浙江、西藏、新疆等地的19个先进集体和33名先进个人获奖。

世界环境日，永春举行环保登山比赛　（图/姚德纯）

泉州闽南语音乐学会成立

泉州闽南语音乐学会在晋江成立，来自世界各地的闽南语音乐人、文化学者、商界大咖、社会各界人士近500人助力闽南语音乐发展。泉州闽南语音乐学会将制造良好的闽南语音乐环境，深入调查、研究，不断积累和探索闽南语音乐事业的经验和规律；组织闽南语音乐的理论研讨及实践交流，组织创作优秀的闽南语音乐作品，举办闽南语音乐相关赛事，开展演出、培训和咨询活动，展示闽南语音乐艺术的优秀成果；编辑出版闽南语音乐读物及音像制品，编辑出版闽南语音乐教育家教学经验及成果，编辑出版学会内部交流刊物和画册等；加强闽南语音乐团体、闽南语音乐教育人士的联系，开展广泛的学术和文化交流活动；积极创造条件，为闽南语音乐爱好者搭建交流和展示的平台，更好地服务社会。

泉州市举办2016年“放鱼日”活动

中国第二个“放鱼日”。泉州市举办2016年“放鱼日”活动，市领导郑新聪、康涛、周银芳、李建辉、吴共湖、吕竞，市有关部门负责人，海洋环保志愿者等70余人参加活动。在晋江深沪国家级中心渔港远洋渔船通关码头，市领导一行登上中国海监8003船，来到深沪湾湾外海域。船上的鱼桶中，黑鲷鱼苗体格健壮、活蹦乱跳。当船到达指定海域后，放流活动正式开始，市领导顺着船外侧临时搭建的放生槽提桶倒水。

市委书记郑新聪指出，开展增殖放流活动，不仅将有效改善泉州海洋生态环境，促进生物多样性和水域生态安全，同时也将促进渔业资源的恢复和增长，提高渔业捕捞产量和渔民从业收入，具有经济、社会、生态多重效益，意义十分重大。要开展好这项活动，让增殖放流的好做法代代相传，造福环境、造福民生。

除深沪湾增殖放流活动外，泉州市海洋与渔业主管部门还同步在湄洲湾泉港区海域和围头湾晋江市金井海域开展两场增殖放流活动。全市放流水产苗种2.15亿多尾，其中对虾苗种2.13亿尾，真鲷鱼苗32万尾，黑鲷鱼苗193.7万尾，为单日泉州市增殖放流水产苗种数量最多的一次。

国土部下发2015年度废弃园地审查结果
泉州市通过率全省第一

国土部下发2015年度废弃园地审查结果，泉州市2015年度废弃园地上报面积4.95平方千米，审查通过面积3.38平方千米。审查通过面积位居全省第三，通过率全省第一。泉州市园地资源丰富，由于病虫灾害、树龄老化、村庄搬迁和灾毁问题，致使现有果园、茶园等园地大面积荒废。做好废弃园地资源开发再利用，既为挖掘耕地后备资源、严守耕保红线提供有效途径，也为泉州市城镇化进程中的用地需求提供有力保障。泉州市重视废弃园地的认定开发工作，督促指导各县（市、区）开展废弃园地资源的挖掘工作，定期由市国土资源局、农业局组成专家小组，对县（市、区）上报的相关成果进行内业外业审查，审查范围包括废弃园地界址、地类、坡度、土壤层等，对这些要素进行综合评估，提高上报成果的真实性和有效性。

安溪南安永春德化获老区专项扶持资金

从有关部门获悉，安溪、南安、永春、德化4个老区县（市）获近5000万元老区专项扶持资金。全市共有老区行政村954个，占全市行政村数量的39%，在全省总数中占12%；老区人口占全市36.9%，占全省总数的17%。根据福建省政策，2017年省老区办对泉州市省定扶贫开发重点村中的老区村，每村补助将不少于10万元；省民政厅对第四轮省定扶贫开发重点村也将优先资助农村幸福院建设项目专项资金。

市委、市政府高度重视革命老区建设发展，多年来通过对欠发达老区村实行部门挂钩、干部驻村、资金捆绑等综合措施，集中力量实施一批基础设施、特色产业、生态建设、民生工程项目，助推老区加快发展。近年，泉州市又接连出台《关于贯彻落实〈赣闽粤原中央苏区振兴发展规划〉的实施意见》《泉州市深化农村体制改革实施方案》《关于强化精准扶贫打赢脱贫攻坚战的实施意见》等政策，持续加大对苏区老区的政策支持和投入，明确市级扶贫开发重点帮扶村中的老区村不少于70%；2016—2017年度，从30个市级扶贫开发重点村中安排24个老区村，占比80%，每村安排帮扶资金200万元；108个老区村被列入市直单位干部驻村蹲点村；安溪、南安、永春、德化等4个县（市）在安排中央预算内投资和国外优惠贷款资金时，参照苏区县执行西部地区政策。此外，各级、各部门对革命老区从政策和资金、项目上进行了倾斜支持，确保在精准扶贫、脱贫中“不让一个苏区老区掉队”，与全市经济社会事业发展相协调、相同步。

相关链接：2012年年初，泉州市安溪、南安、永春、德化四个县（市）积极申请确认为原中央苏区范围，争取纳入《支持赣南等原中央苏区振兴发展的若干意见》和《中央苏区振兴规划》。市委、市政府领导高度重视“申苏”工作，市政府专门组织召开“关于整体推进安南永德原中央苏区县申报确认工作”专题会议，对申报原中央苏区工作进行研究部署。2013年8月，中共中央党史研究室下发《关于原中央苏区范围认定的有关情况》。其中，认定泉州市安溪、南安、永春、德化四地在历史上与中央苏区有密切关系，建议视同中央苏区考虑，纳入原中央苏区振兴发展规划实施范围，实行有关的优惠政策。

6月6日

星期一
农历丙申年五月初二
温度：24℃—30℃
阵雨

●国家文物局副局长宋新潮一行到泉州调研“海丝”申遗工作，先后考察江口码头、真武庙、石湖码头、六胜塔、金交椅山窑址等“海丝”世遗考察点，以及泉港土坑村港市遗址。

●国土部下发2015年度废弃园地审查结果，泉州市2015年度废弃园地上报面积4.95平方千米，审查通过面积3.38平方千米。审查通过面积位居全省第三，通过率全省第一。

●中国第二个“放鱼日”。泉州市举办2016年“放鱼日”活动，市领导郑新聪、康涛、周银芳、李建辉、吴共湖、吕竞，市有关部门负责人，海洋环保志愿者等70余人参加活动。

●安溪南安永春德化4个老区县（市）获近5000万元老区专项扶持资金。

6月7日

星期二
农历丙申年五月初三
温度：25℃—32℃
多云转阴

●7—9日，由国家文物局主办，福建省文化厅、泉州市政府承办的海上丝绸之路国际学术研讨会在泉州举办。

●7—8日，2016年高考举行，泉州33460人报考（其中外省务工人员随迁子女3416人），设12个考区，45个考点，1165个考场。泉州市出租车公司、爱心企业等纷纷推出免费接送服务，爱心助考。

●“华大讲堂”第61讲举行。

●由泉州知名动漫拍摄的动画大片《小童猫之喵星来客》正式登陆央视少儿频道。

海上丝绸之路国际学术研讨会在泉州举办

7—9日，由国家文物局主办，福建省文化厅、泉州市政府承办的海上丝绸之路国际学术研讨会在泉州举办。国家文物局副局长宋新潮、福建省副省长李红、联合国教科文组织世界遗产中心政策与法规执行部申报及预备名单主管亚历桑德罗·巴尔萨摩、国际文物保护与修复研究中心保护部项目主管加米尼·维杰苏里亚、泉州市委书记郑新聪、泉州市长康涛、泉州副市长周真平，以及国家文物局相关司室负责人，中国文化遗产研究院、国家文物局水下文化遗产保护中心相关负责人，福建、广东、浙江、江苏四省文物局领导，泉州、广州、宁波、南京市政府相关领导出席会议。

宋新潮认为，海上丝绸之路和平、合作、共赢并寻求发展的理念，可以为解决今天的许多现实问题给予启迪和借鉴，同时增强不同地区、不同文化的理解与信任，促进文化间的交流与合作，提高当地民众的文化自觉，并在文化遗产保护中获得实际利益。

李红在讲话中强调，当前，福建正在加快21世纪海上丝绸之路核心区建设，将秉持这一精神，从丰厚的历史积淀中吸取营养，全方位推进与“海丝”沿线国家、地区的交流合作，与中外专家学者一起集思广益，深入交流探讨，共同谱写海上丝绸之路的历史新篇章。

郑新聪代表泉州市委、市政府欢迎海内外嘉宾莅临千年“海丝”古城。他指出，丝绸之路承载着人类文明互鉴的美好回忆，也是沿线国家地区人民往来交好的“大合唱”。这次学术研讨，专家学者从“海丝”文化遗产价值、考古历史等不同维度，解读“和平合作、开放包容、互学互鉴、互利共赢”千年丝路精神的当代魅力，分享文化遗产保护的宝贵经验，给泉州很多启发，对今后泉州海上丝绸之路文化遗产的研究、保护和申遗工作，将会是一次很好的促进和推动。

康涛介绍泉州与古代海上丝绸之路的深厚渊源，代表泉州做《泉州在海上丝绸之路中的地位和作用》报告。围绕“泉州在海上丝绸之路的地位”“泉州海上丝绸之路文化遗产的价值”和“泉州海上丝绸之路文化遗产的保护和管理”三个问题，他用数据和案例给出答案，全力推介“海丝”泉州。

亚历桑德罗·巴尔萨摩代表联合国教科文组织世界遗产中心，对会议的召开表示祝贺。为期三天的会议中，来自联合国教科文组织和希腊、印度、印度尼西亚、日本、韩国、马来西亚、摩洛哥、新加坡、坦桑尼亚、泰国等国家的知名文化遗产专家，与国内专家学者一道，围绕海上丝绸之路文化遗产保护和申报世界文化遗产工作举办多场主题学术研讨。泉州、广州、宁波、南京四城就各自海上丝绸之路发展历史和遗产保护情况进行发言。会议期间，来自国内以及日本、韩国、泰国和坦桑尼亚等国家和地区的近30位文化遗产专家，考察九日山、天后宫、德济门遗址、晋江草庵、开元寺、清净寺、伊斯兰教圣墓、清源山、海交馆等多处泉州“海丝”文化重要史迹、馆藏。

会议现场　（图/陈晓东）

华大讲堂第61讲举行

“华大讲堂”第61讲举行。全国党的建设研究会特邀研究员、浙江省委党校党史党建教研部主任郭亚丁作题为《深入开展“两学一做”，坚持全面从严治党——习近平党建思想研究》的精彩报告。郭亚丁围绕总书记习近平党的建设思想论述，结合正在开展的“两学一做”学习教育，分别从全面从严治党的背景意义、主要内容、基本要求三个方面做详细讲解，系统解答为什么要从严治党、如何把握好从严治党、怎么落实从严治党等问题。深刻阐释习近平党建思想的形成过程、主要内容、基本特点和重大意义，为泉州市深入推进“两学一做”学习教育，加强党的基层组织建设，提供大量的思想信息和理论指导。报告会还设立视频分会场，并通过“华大讲堂”专题网现场直播、新浪微博图文直播。

国务院常务会批准建设福州、厦门、泉州国家自主创新示范区

国务院总理李克强主持召开国务院常务会议，批准福州、厦门和泉州3个国家高新技术产业开发区建设国家自主创新示范区。这对于福建省贯彻实施国家创新驱动发展战略，建设21世纪海上丝绸之路核心区，加快经济结构调整、产业转型升级和企业自主创新，以及推动全省国家高新区新一轮的创新发展，具有重要意义。福厦泉国家自主创新示范区将进行全面创新改革试验，努力建成海峡两岸协同创新先行区、海上丝绸之路技术转移核心区、产业转型升级示范区、科技体制机制改革先导区、创新创业生态引领区。

福厦泉高新区联合申报建设国家自主创新示范区历时1年半，是中国批准建设的第15个自主创新示范区。2014年12月获悉国务院计划在全国再建一批国家自主创新示范区的决策部署后，福建省委、省政府立即组织专题研究，根据国家自主创新示范区的创建要求，决定以全省最具发展实力和创新活力的福州、厦门、泉州3个国家高新区为核心联合申报创建福厦泉国家自主创新示范区，并以省政府名义向国务院提出申请。

示范区建设进程中，国家将赋予福厦泉国家自主创新示范区开展全面创新改革试验等新的内涵，重点围绕《中共中央、国务院关于深化体制机制改革加快实施创新驱动发展战略的若干意见》等文件部署进行改革试验，充分授权部门和地方统筹产业链、创新链、资金链和政策链，这将有利于提升福建省及福厦泉地区在全国科技创新布局中的地位，促进福建省加快创新发展。

泉州市召开全面深化改革领导小组会议

泉州市召开全面深化改革领导小组会议，学习贯彻中央、省深改领导小组会议精神，研究推进企业重组重整、小城镇综合改革试点、农村“两权”抵押贷款改革试点等工作，部署下一阶段改革任务。市委书记、市全面深化改革领导小组组长郑新聪主持会议，市长康涛、市委副书记周银芳等市全面深化改革领导小组全体成员参加会议。就做好下一阶段改革工作，会议强调，各地各部门要细化形成具有泉州特色的“路线图”和“施工图”，打通改革落实“最后一公里”，推动泉州市改革走在全省、全国前列。要着力抓好目标任务落实，对照2016年深改工作要点和重点项目搞好对账盘点，抓好年中对标、专项督查、工作交接和业务培训等工作，保持工作接续性。要着力强化成果总结推广，进一步归纳总结各领域改革成效，及时报送信息，创新宣传方式，加强舆论引导，让群众充分体会改革红利，激发参与热情。

泉金航线开通10周年运送旅客87.2万人次

泉金航线开通10周年纪念日。上午首个航班“八方轮”高速客轮载着173名两岸旅客驶出泉州石井码头，50分钟后抵达金门水头码头。同日，市交通委、南安市政府联合石井口岸服务部门、大陆参航企业，在泉金客运码头大厅向两岸旅客推出“八方轮”客船优惠购票，并赠送旅客十周年纪念品。泉金航线是福建省第三条对台海上直航客运航线，2006年6月8日开通至今，泉金航线运行近2万航次，运送出入境旅客87.2万人次，其中，台湾同胞人数占比超过七成。航线从开通初期的每天2个航次，增加为现在的每天8个航次，年度运送旅客量也从不足2万人次增加到2015年的12万人次，增长5倍。两岸旅游团体，成为泉金航线的主要服务对象。

全国首个专业化海洋科普馆在泉州揭牌

全国首个专业化海洋科普馆——福建崇武海洋科普馆揭牌运行。福建崇武海洋科普馆坐落于惠安县崇武镇高雷山半岛，由国家海洋局东海分局、福建省海洋与渔业厅、泉州市政府、惠安县政府四级共建，2014年底开始规划建设，2015年11月建成，投资1000多万元，面积1600平方米。经过半年多的试运营，先后接待社会各界90批次2000多人次参观。开馆后，将于每个周末免费对外开放。该馆以裸眼3D、感应触控等先进技术手段，系统演绎“走进海洋”“认知海洋”“经略海洋”三大主题，设有沧海桑田、梦幻海洋、探海奥秘、挺进极地等13个展示区，内容涵盖海洋科学、海洋灾害与防御知识。科普馆还设有120平方米试验区、气象观测场、预报区等现场观摩、体验区。

6月8日

星期三
农历丙申年五月初四
温度：24℃—31℃
阴

●国务院总理李克强主持召开国务院常务会议，批准福州、厦门和泉州3个国家高新技术产业开发区建设国家自主创新示范区。

●泉州市召开全面深化改革领导小组会议。

●泉金航线迎来开通10周年纪念日。

●全国首个专业化海洋科普馆——福建崇武海洋科普馆揭牌运行。

●世界海洋日暨全国海洋宣传日，市海洋与渔业局在《泉州晚报》发布《2015年泉州市海洋环境状况公报》。

●满载着2093.96吨远洋捕捞渔获的“福远渔运87”轮在泉州口岸入境，成为泉州关区2016年首批入境的远洋渔获。

6月9日

星期四
农历丙申年五月初五
温度：26℃—31℃
多云转阵雨

●即日起至15日泉州出现持续性降水过程，时间长、强度强，又恰逢端午节假期。市防汛抗旱指挥部发出《关于做好近期持续性降雨防范工作的通知》，要求各县（市、区）及市直有关部门要持续关注降雨情况，及时落实各类防范措施要求，提前做好防汛抗灾各项准备。

●省教育厅公布普通本科高校向应用型转变试点名单，全省31所普通本科高校将率先探索应用型发展模式，泉州师范学院、闽南理工学院、泉州信息工程学院、仰恩大学等4所泉州高校列入试点。

●晋江恒安集团和惠安达利集团上榜福布斯全球2000强。

●晋江市（安海）第五届端午民俗旅游文化节开幕，“两岸两安平”文创市集举办。

市防指发通知要求做好防范新一轮强降雨工作

市防汛抗旱指挥部发出《关于做好防范新一轮强降雨工作的通知》，要求各级各部门充分认清当前防汛面临的严峻形势，克服松懈麻痹思想，高度重视，倍加警惕，结合气象预报，做好防汛抗灾各项工作。市防指要求，要严格落实24小时防汛值班、领导带班和“预警到乡、预案到村、责任到人”工作机制，特别是各乡（镇、街道）、村（社区）、水管单位和在建工程业主单位、施工单位都要安排一位主要领导在岗带班，及时处置可能发生的险灾情。要突出重点部位防范，加密关注天气态势变化，对暴雨多发区域、地质灾害重点防控乡镇、重点监管的矿山、尾矿库和中心市区易涝点、建筑垃圾填埋场等重点区域、重点部位以及出现暴雨的乡（镇）、村实行不间断、多频次的“点对点预警”，一旦发现异常情况，迅速排险除险，果断转移危险区域群众。各项防范工作要抢在暴雨到来前。要加强城乡防洪排涝，全面检查城市防洪排涝设施，开展低洼地带、地下室、车库、下穿通道等重点部位的安全检查，及时清除阻水杂物，适时开闸预泄预排；乡（镇）、村（社区）要加强低洼村庄和农田的渠道疏浚。要加密对小型水库、山围塘、病险水库等水利工程的巡查、监测，预排预泄高位运行水库、山围塘，并做好蓄水保水工作，保障泉州市夏秋季节生产生活用水需求。

泉州4所高校上榜向应用型转变试点名单

省教育厅公布普通本科高校向应用型转变试点名单，全省31所普通本科高校将率先探索应用型发展模式，泉州师范学院、闽南理工学院、泉州信息工程学院、仰恩大学等4所泉州高校列入试点。高校向应用型转变的试点分为整体转型和专业群转型两个类别。31所普通本科高校将以专业群建设为核心推进转型发展，试点涉及143个本科专业群，覆盖理、工、农、医、管等10个学科门类，专业点615个，占本科专业布点数的40.2%；专业群主动对接福建省重点产业领域，其中服务电子信息产业、互联网经济、现代服务业、机械装备高端产业、传统特色产业、文化创意产业等专业群占比80.4%。泉州师范学院、闽南理工学院、泉州信息工程学院将试点整体转型，仰恩大学试点专业群转型。泉州师范学院转型包括“泉州智造2025”“东方米兰”纺织鞋服、“海丝互联互通”交通服务、“海丝泉州”电子商务产业应用型人才培养专业群，“海西绿色”石油化工产业技术人才培养专业群，泉州海洋与食品产业应用型创新人才培养专业群。闽南理工学院转型包括智能制造产业、电子信息产业、鞋服与创意设计产业、电商物流产业、绿色节能建筑产业、创新财务金融产业应用型人才培养专业群。泉州信息工程学院转型包括电子信息、高端装备制造、互联网、建筑工程、创意设计、现代服务专业群。仰恩大学转型试点有金融服务业专业、文化创意产业专业群。

泉州两企业上榜福布斯全球2000强

美国《福布斯》杂志发布2016全球上市公司2000强榜单，中国有172家企业上榜。中国工商银行位列榜首，并连续四年称冠；中国建设银行和中国农业银行紧随其后。泉州两家企业上榜，分别是晋江恒安集团位列1474位，惠安达利集团位列1677位。恒安集团作为晋江龙头企业，2015年业绩244.50亿元（港币），比增约2.6%；经营利润及净利润分别约为61.51亿元（港币）和40.50亿元（港币），分别增加约7.0%和3.4%。达利集团2015年实现销售收入168.65亿元（人民币），同比增长约13.2%；毛利率达34.5%，同比增长45.4%；净利润约为29.12亿元（人民币），同比增长约40.2%。

晋江市（安海）第五届端午民俗旅游文化节开幕 “两岸两安平”文创市集举办

晋江市（安海）第五届端午民俗旅游文化节开幕，除了嗦啰嗹与水上捉鸭等安海传统习俗节目，2016年的文化节，首次举办的“两岸两安平”文创市集，邀请包括台湾台南文化协会、安平文教基金会等台湾社团在内的数十家机构。以及泉州、厦门等地的60多家优秀文创业者参加。现场设有近百个文创展位，展出领域涵盖海峡两岸现代文创、传统艺术、工业设计、互动表演、台湾文创五大类，不仅为远道而来的游客带来全方位的视觉体验，增加互动乐趣，更体现民间对“两岸两安平，两岸一家亲”的文化认同感。

6月10日

星期五
农历丙申年五月初六
温度：26℃—29℃
阵雨

●康涛率市经信委、文广新局、金融工作局等部门负责人到安溪调研，到聚丰、富华等藤铁工艺企业，考察安溪藤铁工艺产业发展情况。

●2016年泉州市继续实行市领导、市直机关单位挂钩联系市级新农村建设试点示范村制度，20位市领导和20个市直机关单位分别挂钩联系20个新农村建设试点示范村。

●10—15日，“闽台走亲乡镇行”大型图片展在中国闽台缘博物馆举行，来自海峡两岸的200多名代表参加开幕式并观看展览。

康涛到安溪调研藤铁工艺产业

市长康涛率市经信委、文广新局、金融工作局等相关部门负责人到安溪调研，到聚丰、富华等藤铁工艺企业，考察安溪藤铁工艺产业发展情况。在聚丰工艺品公司的展厅内，康涛详细询问企业的运营情况，并指出，准确把握市场趋势，及时调整发展战略对于企业乃至产业转型升级具有重要意义，相关部门要主动搭建平台，通过举办或组织企业参加展会等方式，帮助企业进一步拓展市场，增强发展动能。在富华工艺品公司，当康涛听说企业为更好引进设计人才，与清华大学研究生院合作共建实习基地时，他鼓励企业积极引进人才，加强创新，贴紧市场，努力设计、生产出更多满足消费者需求的产品。康涛指出，安溪藤铁工艺产业与茶业、陶瓷业、石雕业、香产业等都是泉州市重要的特色产业，要继续拓展内销市场，在稳固现有市场地位的同时，深耕市场，积极开拓园林市政工程、建筑工程等市场空间，做大产业规模；要加强创新人才培养，做好传统工艺传承与行业技术创新，提升产品附加值，丰富产业内涵；要推动产业互相渗透，探索藤铁工艺与茶业、陶瓷业等其他产业在产品设计、销售等方面的新思路、新理念，开创产业合作新模式，助推产业转型升级。

相关链接：安溪县是国家农业部授予的“中国藤铁工艺之乡”，是全国藤铁工艺品最大的生产出口基地。作为“中国藤铁工艺之乡”，安溪藤铁工艺产业已有40多年的发展史，从最初的竹编生活用品，到后来的藤铁工艺品，再到如今的藤铁家居，安溪藤铁工艺产品不断丰富，2015年总产值95亿元，带动相关从业者近12万人，成为继茶产业之后，安溪的第二大支柱产业。安溪尚卿乡的竹藤编技艺自古有之，而长坑乡由“竹藤工艺”到“藤铁工艺”虽是一字之差，却见证安溪县顺应市场，及时调整行业生产结构，促使该产业历经30年风雨，不断发展壮大的过程。安溪县拥有各类藤铁工艺企业300多家，年出口值10多亿元，产品远销欧美、中东等40多个国家和地区。

20个新农村建设试点示范村确定

从市农业局获悉，2016年泉州市继续实行市领导、市直机关单位挂钩联系市级新农村建设试点示范村制度，20位市领导和20个市直机关单位分别挂钩联系20个新农村建设试点示范村。2016年确定的20个新农村建设试点示范村中，晋江市、南安市、安溪县各3个，石狮市、惠安县、永春县、德化县各2个，洛江区、泉港区、台商投资区各1个。具体为晋江市磁灶镇前尾村、南安市洪梅镇洪梅村、惠安县螺阳镇尾透村、洛江区罗溪镇洪四村、石狮市永宁镇后杆柄村、惠安县山霞镇前张村、安溪县参内乡田底村、石狮市蚶江镇石渔村、安溪县虎邱镇竹园村、德化县雷峰镇潘祠村、台商投资区张坂镇后曾村、晋江市英林镇三欧村、南安市美林街道松岭村、德化县春美乡古春村、安溪县龙涓乡培福村、南安市官桥镇洪岭村、永春县桂洋镇桂洋村、永春县下洋镇曲斗村、泉港区前黄镇古县村、晋江市新塘街道杏坂社区。

根据相关工作方案，示范村要按照“村庄秀美、环境优美、生活甜美”的美丽乡村建设要求，完善经济发展、村庄建设、村级组织建设和社会事业发展等规划，力争在发展现代农业、深化农村综合改革、转变农业发展方式上有所突破，在统筹城乡发展、缩小城乡差距上见成效，实现科学发展、跨越发展目标。方案同时要求，挂钩联系的市领导和市直单位要进村入户开展调研，指导和帮助示范村立足资源优势、区位优势、人文优势，制定发展规划、建设计划、扶持办法和具体措施，抓好项目、资金、规划等工作落实。协调市直有关部门筹措捆绑扶持资金1000万元，安排每个示范村各50万元补助资金，用于扶持村庄建设规划、壮大集体经济、村容村貌整治、发展社会事业等项目建设。

“闽台走亲乡镇行”图片展在泉州举行

10—15日，“闽台走亲乡镇行”大型图片展在中国闽台缘博物馆举行，来自海峡两岸的200多名代表参加开幕式并观看展览。此次大型图片展由海峡之声广播电台、中国闽台缘博物馆、台湾导报社联合主办。展览制作35个展板，展出连续三年开展“闽台走亲乡镇行”大型系列报道时所采集的图片及部分报纸的刊载版面。展板图文并茂，生动地展现闽台两地的历史渊源、交流往来、共有信俗和台胞祖地的发展状况。

6月11日

星期六
农历丙申年五月初七
温度：26℃—30℃
中雨转阵雨

●中国第11个“文化遗产日”，由市文广新局主办的泉州市2016年“文化遗产日”启动仪式在市区府文庙举行。

●11—13日，第八届海峡论坛·第四届南安郑成功文化节在南安举行。

●“校花绽放——泉州南音音乐会”在泉州高甲剧场举行，泉州艺术学校南音班和泉州培元中学南音艺术团的同学同台演出。

泉州市2016年“文化遗产日”活动举行

中国第11个“文化遗产日”，由市文广新局主办的泉州市2016年“文化遗产日”启动仪式在市区府文庙举行。此次活动的主题为“让文化遗产融入现代生活”“加强文化遗产保护，振兴传统工艺”。在府文庙拉开序幕的泉州市非遗纪实摄影大赛获奖作品展是泉州市非遗摄影展最大规模的一次展示，囊括民间文学、传统技艺和民俗等十大类非遗项目近百个小项目，全面展示泉州市非遗的生活、生产和表演场景，多视角反映泉州市非遗项目保护、传承、利用的工作成果。展览将持续至7月10日。为弘扬“工匠精神”，泉州市首评市级非遗生产性保护示范基地，福建泉州吴氏花灯工艺有限公司、泉州市春生堂酒厂有限公司、德化县凤池瓷雕厂等在内的29个单位上榜，这29家单位在启动仪式上获授牌。在活动现场，市文广新局为第五批市级非物质文化遗产代表性项目保护单位授牌。泉州养生香制作技艺、通远王信俗、泉州什音、泉州踢球舞、泉州布袋木偶戏等43个项目入选，其中有不少项目与“海丝”文化息息相关。这批市级非遗项目，涵盖传统音乐、传统舞蹈、传统戏剧等近10个类别。活动启动仪式后，“我们的节日”大型传统民俗广场表演举行，火鼎公婆、拍胸舞、香龙等项目集中展示，刚刚入选第五批市级非物质文化遗产代表性项目——泉州少林花拳也到场参加表演，与创狮同台表演，展示南少林武术魅力。

文化遗产日”活动启动仪式　（图/吴寿民）

第四届南安郑成功文化节在南安举行

11—13日，由泉州市政府与福建省闽台交流协会指导，南安市政府和南安市政协主办的第八届海峡论坛·第四届南安郑成功文化节在南安举行。海峡两岸以及香港、澳门嘉宾，海外社团和异地商会代表等550多人参加盛会。该届郑成功文化节如期举行包括开幕式、郑成功陵园拜谒活动、民俗活动——郑成功庙进香、大型高甲戏《郑成功》演出、郑成功文化论坛、旅游推介会、两岸社区农渔业交流合作发展论坛、成功故里游、少儿闽南语讲古电视大赛等9项活动。活动旨在推动两岸郑成功信仰、习俗、文化等元素深度交融，进一步增进两岸的文化认同。作为本届郑成功文化节的重要组成部分，12日举行“郑成功家族的海上功业”主题论坛吸引两岸众多郑成功文化学者专家与会交流。论坛收到海内外论文31篇，呈现出数量较多、质量较高的特点，其中11篇在大会上作发言交流，并由厦门大学台湾研究院原院长邓孔昭和台南文献委员郑道聪分别作点评。论坛上，两岸农渔会、社区基层农渔民及企业代表，台湾各社区报刊社负责人等，共话交流、合作与发展，在文化节文化交流的基调上，增添经贸合作的新内涵。

文化节开幕式　（图/南安市报道组）

文化节开幕式　（图/南安市报道组）

海峡两岸智能制造（泉州）研讨会举行

11—12日，海峡两岸智能制造（泉州）研讨会举行，来自大陆及台湾的250余名专家学者汇聚泉州，围绕制造业转型升级、智能技术、机器换工、工业4.0等议题开展为期两天的研讨交流活动。研讨会旨在加强海峡两岸智能制造领域的学界和业界交流，挖掘海峡两岸科技社团的资源，促进制造业转型升级，推进两岸合作与可持续发展。研讨会举行两场分论坛，并对泉州典型企业进行实地考察。泉州是“中国制造2025”唯一的国家级样板城市，也是中国科协19个创新驱动示范市的建设城市之一。2013年，泉州在福建率先启动“数控一代”示范工程，由此拉开制造业“机器换工”序幕。开幕式上，海峡两岸科技社团及有关专家与泉州企业签订《工厂物联网终端及自动化系统》《针织圆纬机智能卷取落布装置》《纺织瑕疵智能检测与行业MES系统项目》等8个项目合作和平台共建协议，涉及电子、机械制造、物联网、生态农业、科技、人才等多个领域，通过两岸科技社团的智力和科技优势，助力泉州智能制造产业发展。作为第八届海峡论坛·2016海峡科技专家论坛分会场之一，在泉州召开的智能制造研讨会开展内容丰富、形式多样的研讨活动。来自两岸的多位知名专家围绕“智能制造·转型升级”主题开展4场主旨报告会。其中，由中国科学院自动化研究所复杂系统管理与控制国家重点实验室主任王飞跃主讲的《平行机器人与智能制造：迈向可编程的工业》，从世界工业发展动态、智能产业与智慧社会等方面大胆预测未来智能社会的发展趋势。台湾大学特聘教授、国际制造工程学会（SME）台湾分会理事长杨宏智主讲《美国的制造政策——两岸生产力4.0的政策动力——3D打印技术于自动化产业与半导体产业之最新应用》，详解最新智能技术与应用。

研讨会现场　　　　（图/戴涵琦）

第八届海峡论坛·闽台“三同文化”交流展示活动在泉港举办

11—12日，第八届海峡论坛·闽台“三同文化”交流展示活动在泉港举办。省政协副主席陈绍军参加活动并致辞，市政协副主席陈益参加。省政协委员、台湾中华新世代艺术文化交流协会会长吴清菊代表来自台湾的协会团员发言。来自台湾台北、台中、新竹等地的160多位台湾宗亲代表，到泉港寻根续缘，畅叙乡情乡谊。近年来，泉港区积极探索闽台文化交流的新途径、新载体，创新性地开展两岸“同名村结对、同宗村寻根、同礼乐交流”的“三同文化”活动，参与文化交流的台湾宗亲遍布台湾12个县市5万多人次。泉港区与台湾隔海相望，“五缘”优势明显。明清时期，泉港先民到台湾垦荒，并将家乡地名和自身姓氏带到海峡彼岸，形成许多与泉港血脉相连的同名、同宗村镇，主要集中在台北万华区、新竹市香山县等八大片区。其中，苗栗县后龙镇、台中市南埔镇与泉港区后龙镇、南埔镇是同名镇，并有数十个同名（同宗）村。泉港与台湾成功对接15对同名村、同宗村。为推动闽台同名（同宗）村文化交流与寻根参访，泉港在全省率先成立政府文化顾问团，同时编著出版《闽台同名村》《泉港头北人·闽台同宗村》等专著，介绍闽台谱牒宗祠、宗姓播迁、堂号昭穆、人文历史等，成为海峡彼岸追本溯源的重要载体。

参加“三同文化”活动的台胞在后龙镇土坑村参观
（图/陈起拓）

6月12日

星期日
农历丙申年五月初八
温度：26℃—29℃
中雨

●省政府公布福建省第五批省级历史文化名镇名村，认定第五批省级历史文化名镇16个、历史文化名村62个，泉州市11个镇村入选其中，分别是石狮市永宁镇、南安市丰州镇、晋江市安海镇、德化县水口镇、德化县上涌镇、永春县岵山镇、泉港区涂岭镇樟脚村、南安市官桥镇漳州寮村、晋江市龙湖镇福林村、永春县五里街镇西安村、德化县龙门滩镇霞山村。

●11—12日，第八届海峡论坛·海峡两岸智能制造（泉州）研讨会举行。

●11—12日，第八届海峡论坛·闽台“三同文化”交流展示活动在泉港举办。

●“海峡两岸红十字青少年人道传播基地”在中国闽台缘博物馆揭牌。

6月13日

星期一
农历丙申年五月初九
温度：25℃—29℃
中雨转阵雨

●由民革中央和水利部主办的以“清新福建”为主题的第八届海峡论坛·两岸乡村农田水利建设交流会在泉州举行。

●市委、市政协召开“生态文明体制改革”专题协商会。

●郑新聪前往晋江调研企业和项目建设情况，现场协调解决问题。

●郑新聪前往晋江调研新农村建设、基层“两学一做”和落实党风廉政建设责任制检查整改情况，并慰问结对帮扶的困难群众。

●郑新聪与到泉州参加项目签约的中国工程院院士、树兰医疗发起人李兰娟，中国工程院院士、树兰医疗总院院长郑树森一行座谈。

●13—14日，市人大常委会调研组实地察看泉州公共文化中心、连捷国际东海总部大楼、惠安县垃圾焚烧发电厂、泉惠石化园区等地，对市十五届人大七次会议代表建议（环城类）办理情况进行调研，并听取有关汇报。

●13—15日，第八届海峡论坛·千年清水祖师两岸信众叙缘交流会在茶乡安溪举行。

●由市经信委主办，市商务局、市物流与供应链协会承办的“纺织鞋服供应链与物流融合发展高级研修班”开班。

两岸乡村农田水利建设交流会在泉州举行

由民革中央和水利部主办的第八届海峡论坛·两岸乡村农田水利建设交流会在泉州举行。全国政协常委、民革中央副主席郑建邦，水利部副部长田学斌，省人大常委会副主任邓力平出席会议并致辞。市领导郑新聪、康涛、陈万里、周银芳、吴共湖、朱团能、陈荣洲、林万明参加会议和相关活动。会议围绕水资源管理与安全生态水系建设、现代设施农业两大议题展开交流。其间，泉州市水利学会与台湾中华农业暨水利事业发展协会签订合作协议书。会议期间，与会人员还现场考察中国水利优质（大禹）奖工程——金鸡拦河闸、福建省流域综合治理示范段——永春桃溪、永春县五里街镇高垅村现代农业示范基地等。

郑新聪到晋江调研企业和项目建设情况

市委书记郑新聪前往晋江调研企业和项目建设情况，现场协调解决问题。市领导翁祖根、李建辉参加调研。作为国内领先的公路物流行业平台整合运营商，传化物流在海西布局的首个中心物流枢纽平台落户泉州。郑新聪对“公路港物流服务平台”模式表示赞许。他指出，降低物流成本是提升地方制造业竞争力的有效途径。泉州高度重视物流业发展，鼓励企业打通上游货源信息、中游物流服务信息和下游车源信息的物流价值链，持续创新“物流+互联网+金融”模式，完善配套设施、立足泉州，辐射海西。

郑新聪与李兰娟郑树森一行座谈

市委书记郑新聪与到泉州参加项目签约的中国工程院院士、树兰医疗发起人李兰娟，中国工程院院士、树兰医疗总院院长郑树森一行座谈。市领导李建辉参加座谈。郑新聪表示，泉州高度重视医疗卫生事业发展，树兰医疗落地泉州，有助于把最新医学成果转化为服务百姓的优质资源。泉州将搭好平台，做好服务，不断创新体制机制，建设健康泉州、卫生强市。

市人大常委会调研代表建议办理情况

13—14日，市人大常委会调研组实地察看泉州公共文化中心、连捷国际东海总部大楼、惠安县垃圾焚烧发电厂、泉惠石化园区等地，对市十五届人大七次会议代表建议（环城类）办理情况进行调研，并听取有关汇报。市人大常委会主任陈万里，副主任张建生，副市长张永宁参加相关活动。座谈会上，陈万里就办理《关于加强泉州湾城市规划与统筹整合的建议》指出，要把加强泉州湾城市规划与统筹整合作为泉州发展的新引擎，立足全市格局，以此为中心推动产业转型升级、项目提质增效；要把加强泉州湾城市规划与统筹整合作为泉州建设的新动力，强化宏观调控，杜绝各自为政，多措并举促进经济社会稳定发展；要运用泉州享有的地方立法权，制定独具特色的地方性法规，服务环湾城市规划建设。

第八届海峡论坛·千年清水祖师两岸信众叙缘交流会举行

13—15日，第八届海峡论坛·千年清水祖师两岸信众叙缘交流会在茶乡安溪举行。此次叙缘交流会由安溪县政府、蓬莱镇政府、清水岩景区、安溪县清水祖师文化研究会主办，是继2014年海峡两岸清水祖师文化节暨首届世界（安溪）清水祖师文化联谊会在安溪举办后，安溪举办的又一有关清水祖师文化的盛事。叙缘交流会由“一场研讨会”（清水祖师文化研讨会）、“两个基地”（中国华侨国际文化交流基地、厦门大学人文学院安溪清水岩教研实习基地揭牌）、“三项成果”（中之胜·湾美两岸文创街开业启动、辣木国家综合标准化研究基地揭牌、两岸清水祖师文化交流结出新成果）组成。活动期间，先后举行清水祖庭祭典仪式、《清水祖师》微电影首发仪式、台湾佛光山向清水岩赠送星云法师墨宝仪式、《清水润生——清水祖师文化论集》首发仪式，以及茶乡观光考察等。

相关链接：发祥于安溪的清水祖师文化，是海峡两岸重要民间信仰，也是文都泉州的重要文化组成部分。2015年安溪清水岩祖庙接待游客180万人次，其中台胞游客约12万人次，是大陆吸引台胞最多、台胞拜谒最集中的寺庙之一。此次参会的100多名台湾嘉宾，既有来自基层的清水祖师信众，也有专门从事清水祖师文化信仰研究的专家、学者及政商各界人士，体现出草根性、平民性、学术性、专业性的融合，密切两岸同胞的情感联系。

水利部调研组到泉州调研农村饮用水安全工作

14—15日，水利部副部长田学斌带领省有关部门负责人到泉州调研农村饮用水安全工作。市长康涛、副市长林万明参加调研。调研组一行察看南安市水头镇自来水厂、石壁水库、罗东镇自来水厂，入户走访询问水头镇星辉村用水户，详细了解泉州市农村饮用水工程的运行管护、经营状况、水源地保护和水质检测、水价形成、水费收取、供水保障等情况。田学斌对泉州市农村饮用水安全工作给予肯定，要求要做好日常检查检测工作，加强水质监测，确保水质安全，让老百姓喝上“安全水、放心水”；要加强饮用水水源地保护工作，确保水源安全；要在完善农村供水管网建设、确保农村饮用水安全的情况下，做好农村排污管网规划，让农村供水、排水不成问题；要加大农村饮用水安全宣传力度，让农民对政府解决农村饮用水安全问题的政策、法规及时了解。

孟晓驷到泉州调研妇联组织改革创新和基层组织建设工作

14—15日，全国妇联党组副书记、副主席、书记处书记孟晓驷率调研组一行到泉州市调研妇联组织改革创新和基层组织建设工作。市委书记郑新聪，市委常委、晋江市委书记李建辉，副市长周真平参加相关活动。调研组一行到晋江市华泰社区、泉州开发区九牧王有限公司、丰泽区领SHOW天地创意园实地考察“妇女之家”“儿童之家”的建设情况并召开座谈会。会上，孟晓驷对泉州市基层妇联组织建设做法给予肯定，要求各级妇联立足广大妇女儿童需求，发挥“联”的优势，以推动“两新组织”“妇女之家”建设和参与购买政府公共服务为着力点，扩大妇联基层组织网络的覆盖面，为广大妇女儿童和家庭提供大量贴心、暖心的服务，使妇联组织真正成为妇女群众可依靠信赖的“妇女之家”。

郑新聪分别与王健颜安生座谈

市委书记郑新聪与用友科技高级副总裁王健一行座谈。郑新聪指出，泉州是制造业大市，正处于转型升级关键时期，传统企业亟须借助现代信息技术加快生产管理自动化、智能化、数字化，双方合作空间广阔。希望用友科技与泉州市龙头企业深入对接、强化合作，树立行业转型标杆。泉州市委市政府将进一步提升服务，努力搭建更多对接平台，携手推动泉州“智造”加速发展。

同日，市委书记郑新聪与香港经济导报总编辑颜安生一行座谈。郑新聪指出，长期以来，导报关注泉州、宣传泉州，为弘扬闽南文化、“海丝”文化，提升泉州对外影响力作出积极贡献。希望导报发挥媒体的影响力，继续关注支持泉州企业创新转型，加大“历史文化名城”“海丝重要起点城市”等宣传报道，为深化泉港合作交流营造良好氛围。市政协副主席李冀平参加座谈。

市人大常委会调研重点督办件办理情况

14—15日，市人大常委会调研组实地察看泉州天地汇公路港、晋江五店市、晋江国际工业设计园、晋江跨境电商洪山园、池店蔬菜批发市场、迪特工业设计有限公司、泉州安通物流有限公司等地，对市十五届人大七次会议代表建议重点督办件《关于加快发展泉州市现代服务业的建议》办理情况进行调研，并听取有关汇报。市领导陈万里、李建辉、朱团能、陈灿辉、林万明、张永宁参加相关活动。陈万里指出，各级各部门认识要再加深，树立新的发展理念；规划要再加紧，在现有基础上抓紧形成现代服务业专项规划；创新要再加大，立足泉州实际，通过创新做好现代服务业文章；建设要再加快，推进现代服务业项目；人才要再加快培养和引进，为现代服务业提供人才支撑；落实要再加强，齐心协力把泉州现代服务业推上新台阶，争取在全省走前列。

海峡两岸工艺美术高级研修班在泉州开班

由泉州市委人才办、泉州市城镇集体工业联合社、泉州师院美术与设计学院、泉州市工艺美术协会举办的“传承创新，跨界融合——2016年海峡两岸工艺美术高级研修班”开班。来自泉州各县（区、市）的省、市级的85人工艺美术大师参加研修。研修班邀请台湾联合大学、中国艺术研究院、厦门大学、山东工艺美术学院等两岸知名专家学者，开展专题讲座、企业家现场授课、圆桌式交流研讨、作品讲评等，旨在围绕建设泉州工艺产业基地，保护和传承传统工艺美术，推进工艺美术产业跨界融合、创新发展。

6月14日

星期二
农历丙申年五月初十
温度：26℃—30℃
阵雨转阴

●14—15日，田学斌带领省有关部门负责人到泉州调研农村饮用水安全工作。

●14—15日，孟晓驷率调研组一行到泉州市调研妇联组织改革创新和基层组织建设工作。

●郑新聪与用友科技高级副总裁王健一行座谈。

●14—15日，市人大常委会调研重点督办件办理情况。

●泉州市召开深化创建全国文明城市工作专题会议，部署深化创建全国文明城市工作。

●市防汛抗旱指挥部召集防汛、水利、气象、水文、国土、住建、交通、市政、安监等部门进行会商，通报前阶段的雨情水情和灾情，并召开全市防范强降雨工作视频会议。

●周银芳率市直相关部门负责人赴洛江区马甲镇永安村和万安街道万福社区，调研农村工作和“两学一做”学习教育情况。

●海峡两岸工艺美术高级研修班在泉州开班。

6月15日

星期三
农历丙申年五月十一
温度：26℃—32℃
阵雨

●市委召开常委会暨市全面深化改革领导小组会议，分析前5月全市经济运行情况，部署下一步经济工作，研究《泉州市生态文明体制改革实施方案》。

●市委召开常委会，传达学习全国科技创新大会精神。

●市食品安全委员会召开全体成员会议，贯彻落实党中央、国务院领导同志在国务院食品安全委员会第三次全体会议上的批示和讲话精神，以及全国食安办主任会议和省食安委会议精神，部署下阶段工作。

●城东至北峰快速通道项目动工建设。

市委召开常委会暨市全面深化改革领导小组会议

市委召开常委会暨市全面深化改革领导小组会议，分析前5月全市经济运行情况，部署下一步经济工作，研究《泉州市生态文明体制改革实施方案》。市委书记郑新聪主持会议，市委常委参加会议，市政协党组主要负责人等列席会议。

会议要求，要兑现政策，针对落实情况组织督导检查，加强政策传导解读；要靠前督促，把“活动周”收集的事项落到实处，及时有效为企业排忧解难。要强化目标倒逼，稳住工业大盘，提升第三产业，做大金融业，把稳增长和防风险牢牢抓在手上。重点抓指标督促推进，保持定力、增强责任感，查欠账、攻难点、挖潜力，力促指标上扬、位次前移；抓不良率压降，把各项任务的目标、措施和时限落实到人、落实到点。要加大项目攻坚突破，推动投资加快回升上扬。深入实施“重大项目前期工作活动年”，抓好打包对接推进，争取国家专项基金，确保重大项目库只增不减，推动在建项目加快形成实际投资量。建好用好国家自主创新示范区，沟通对接国务院、省里政策支持，研究整体运作框架，凸显泉州制造业大市的地位和作用。

会议研究《泉州市生态文明体制改革实施方案》（以下简称方案），强调要按照中央、省里方案要求及工作部署，结合建设国家生态文明示范市，为“美丽泉州”建设保驾护航。要突出重点领域，在生态文明评价考核、自然资产产权制度和用途管理、网格化监管、市场化运作等方面积极尝试。要压实工作责任，健全组织领导，落实责任分工，尽快建立起系统完整的制度体系，推动生态文明体制改革有序展开。会议还对抓好当前各项工作提出要求。

市食品安全委员会召开全体成员会议

市食品安全委员会召开全体成员会议，贯彻落实党中央、国务院领导同志在国务院食品安全委员会第三次全体会议上的批示和讲话精神，以及全国食安办主任会议和省食安委会议精神，部署下阶段工作。市领导康涛、吴共湖、张建生、陈荣洲，市政府秘书长吴友才等参加会议。副市长、市食安委副主任陈荣洲主持会议并作工作部署。会上听取市人大决议案办理情况、市食安委主要成员单位前5月工作及下阶段工作计划等。

会议强调，市委、市政府历来高度重视食品安全工作，市人大将加强食品安全监督管理作为决议案重点推进，市政协围绕食品安全开展专题调研，全市食品安全工作呈现持续向好发展态势。各级各部门要立足良好基础，直面问题不足，以实际行动将食品安全工作落实到一线。

会议要求，加强防范监管，全面提高食品安全治理水平。一要抓严查重罚，以“零容忍”的态势严厉查处食品安全违法行为。二要抓重点整治，围绕社会关注、群众反映强烈的食品安全突出问题，开展专项整治，以实际成效取信于民。三要抓日常监管，坚持问题导向，建立健全风险的评估研判、清单挂账销账、分级分类等机制，同步提升食品安全突发事件处置能力。四要抓源头把控，严格落实食品生产企业首负责任制，全面建立食品生产经营企业诚信档案，实行违法违规生产经营企业淘汰退出机制。五要抓技术支撑，大力提升技术检测能力，建设完善风险信息发布平台。六要抓问责问效，严格落实食品安全监管属地责任，严肃问责和处理失职渎职行为，综合运用组织处理、责任约谈、行政问责、司法追究等手段，督促各地各部门履职尽责。

城东至北峰快速通道动工

城东至北峰快速通道项目动工建设，计划工期为30个月（两年半）。该快速通道全长7.21千米，按城市快速路标准设计，设计时速60千米/小时，主线双向6车道，不设红绿灯。城东和北峰片区沿线设置地面辅道，城东段地面辅道为双向六车道，北峰段地面辅道为双向四车道。项目概算投资约14亿元。城东至北峰快速通道起点位于城东山海路桃花山公园，向西设置高架连续上跨安吉路、福厦高速公路（沈海高速公路福建段的主体部分），在324国道设置互通；设隧道贯穿古塔山，在刺桐北路设置互通；从泉州监狱东北侧经过，设隧道贯穿于五台尾山，至城北路设置互通后，设高架上跨泉山路，顺接北峰普贤路延伸段。全程设2个隧道、3个互通、4个出入口。

康涛到南安开展落实党风廉政建设责任制“回头看”检查

市委副书记、市长康涛带队前往南安市开展落实省委、市委党风廉政建设责任制检查“问题清单”整改情况“回头看”检查。在听取南安市2015年度党风廉政建设责任制落实整改情况汇报后，康涛指出，南安市委能够把省、市两级年度责任制检查反馈的问题整改工作作为一项重要的政治任务来抓，认真落实主体责任和监督责任，“一把手”亲自抓，分管领导具体抓，层层传导压力，针对问题清单立行立改、即知即改，取得较为显著成效。他强调，全面从严治党永远在路上，各级党委（党组）要切实担负起主体责任，厚植党执政的政治基础。

就落实好党风廉政建设责任制，康涛强调三点意见。一要坚持以问题为导向，全面抓好整改落实，务必重视解决一些地方和部门落实主体责任不到位、对“关键少数”管理监督不够有力、一些重点领域制度执行不够严格、监督执纪问责力度有待加大等问题。二要以责任制检查为契机，增强全面从严治党主体责任意识，加大责任追究力度，切实把管党治党的政治责任扛在肩上，落到实处。三要深入推进党风廉政建设和反腐败工作，用好监督执纪“四种形态”，加强对各级“一把手”的监督，扎紧扎牢制度的笼子，深入落实中央“八项规定”精神，保持惩治腐败高压态势，持续营造不敢腐的氛围。

当天，康涛还围绕“领导干部如何做合格党员发挥示范表率作用”主题，上了一堂生动、深刻的党课，与南安市党政机关党员干部共同学习领会“两学一做”学习教育要求。

泉州市实施基层党建促脱贫攻坚计划 选派300名干部驻村帮扶

从市委组织部获悉，根据2016年市级基层党建促脱贫攻坚计划安排，泉州市将遵循“按需选派、供需对接”原则，从机关企事业单位选派300名农业、科技、金融等部门的干部到扶贫开发重点村驻村任职、驻村蹲点。市级基层党建促脱贫攻坚计划，是泉州市2016年度基层党建十大重点项目之一。按照市委提出的“党建工作项目化”要求，基层党建促脱贫攻坚计划也列出了10个项目抓手，旨在汇聚各类党建资源，集中解决当前基层党建热难点问题。为了增强扶贫开发重点村班子带领群众脱贫致富的能力，2016年，泉州市不仅将选派善于攻坚克难、有发展潜力的优秀年轻干部到扶贫开发重点乡镇挂职2年，还将从机关企事业单位选派300名农业、科技、金融等方面的干部到扶贫开发重点村驻村任职、驻村蹲点，帮助扶贫开发重点村建强组织、发展经济、精准扶贫。党员干部人才培养方面，2016年下半年，围绕扶贫精准识别、精准分类、精准施策，举办扶贫开发重点村党组织书记培训班和扶贫开发重点村党员专题培训班，通过邀请专家授课、组织参观学习等方式，为扶贫开发重点村党员干部提供技术培训、创业指导，增强致富能力；举办扶贫开发重点村实用人才专题培训班，通过对有一定技能的贫困户进行实用技术培训，帮助其掌握创业就业的技能。此外，在乡镇换届中，对全市30个扶贫开发重点乡镇逐一开展议干部、议班子活动，旨在充实熟悉“三农”工作、能够带领群众脱贫致富的干部进入班子，探索从驻村任职、驻村蹲点干部中选拔乡镇领导班子成员，选准配强党政“一把手”。

“海丝泉州·风情惠安”旅游推介会在安徽和江西举办

16—20日，“海丝泉州·风情惠安”旅游推介会在安徽合肥、江西南昌举办，惠安县旅游局向当地市民做整体旅游推介，围绕“最美海岸”“惠安女民俗风情”“世界石雕之都”三张名片，“醉美惠安八大体验”和“快乐一夏，惠安度假”等篇章进行阐述，现场气氛热烈。惠安女民俗风情表演、南派布袋名戏《欢庆人偶》《武松打虎》等精彩演出，秀出惠安特色民俗，引得当地市民争相拍照留影。在推介会现场，两名身穿惠安女传统服饰的女子伴着一名锦衣丽服的女子，演绎流传于惠安的千年习俗——新娘梳妆。梳妆完毕，新娘款款走向人群派送美味特产渔签，送出来自福建东南沿海的清新海味。此次推介会，16家旅游企业联袂推介惠安好山好水好风光。

6月16日

星期四
农历丙申年五月十二
温度：27℃—32℃
中雨转阵雨

●康涛带队前往南安市开展落实省委、市委党风廉政建设责任制检查“问题清单”整改情况“回头看”检查。

●泉州市实施基层党建促脱贫攻坚计划，选派300名干部驻村帮扶。

●16—20日，“海丝泉州·风情惠安”旅游推介会在安徽合肥、江西南昌举办。

6月17日

星期五
农历丙申年五月十三
温度：26℃—31℃
阵雨转多云

●从市发改委获悉，国家发改委批复同意建设兴国至泉州铁路宁化至泉州段。项目总投资273.4亿元，建设工期4.5年。

●中共中央台办、国务院台办决定在已有的43家海峡两岸交流基地的基础上，增设安徽黄山、福建省晋江五店市传统街区、三明尤溪朱熹诞生地、南平武夷山朱子故里、辽宁张氏帅府博物馆、天津天后宫等六家海峡两岸交流基地。

●泉州市发布《关于进一步改善台资企业融资服务的意见》，通过密切政银企合作、增加信贷投入、提高转贷效率、提供贴息支持、创新金融产品等五大举措强化台资企业资金保障。

国家发改委批复同意建设兴泉铁路宁化至泉州段

国家发改委批复同意建设兴国至泉州铁路宁化至泉州段。项目总投资273.4亿元，建设工期4.5年。按照批复，线路起自福建省三明市宁化县，经清流、明溪、永安、大田和泉州市德化、永春、安溪、南安，终至福厦铁路泉州站，正线长约302千米。同步修建泉州地区货车外绕线30.2千米，安溪东漳泉肖铁路联络线11.4千米，以及引入永安、泉州等地区相关配套工程，并对漳泉肖铁路惠安南至肖厝段约23.3千米实施电气化改造。全线设34个车站，其中新建31个。该线路按国铁I级标准建设，正线数目为单线（安溪东至玉湖段双线），设计行车速度为160千米/小时。规划运输能力为宁化至安溪东段客车8对/日、货运2200万吨/年，安溪东至泉州段为客车20对/日、货运2700万吨/年。该段铁路是福建省通往中西部地区唯一的货运通道，它的建设将结束德化、永春两县没有铁路的历史，带动赣闽粤沿线原中央苏区振兴发展，提升海峡西岸经济区交通运输能力，促进东南区域路网布局进一步完善。

五店市获准成为海峡两岸交流基地

中共中央台办、国务院台办批准设立6家海峡两岸交流基地，晋江五店市传统街区位列其中。至此，泉州已有两家海峡两岸交流基地，另一家是中国闽台缘博物馆。与台湾深厚的历史渊源、频繁的往来交流、密切的经贸合作，是此次五店市入选的主要原因。街区拥有目前闽南地区成片保护和开发规模最大的红砖古厝建筑群，与台湾尤其台南地区的闽南特色建筑群落同出一脉，遥相呼应。近年来，街区以共同的语言和文化背景为依托，先后举办一系列泉台文化交流交往活动，着力推进两岸文化交流合作，连接两岸历史文化。

街区同名院线电影《海角有个五店市》开机仪式　（图/苏素华）

《关于进一步改善台资企业融资服务的意见》发布

泉州市发布《关于进一步改善台资企业融资服务的意见》，通过密切政银企合作、增加信贷投入、提高转贷效率、提供贴息支持、创新金融产品等五大举措强化台资企业资金保障。

相关链接：提高转贷效率方面，鼓励银行业金融机构根据台资企业贷款业务特点创新“无还本续贷”等转贷方式，对台资企业申请续贷的，实行限时办结，7个工作日内放款，最长不超过15个工作日。创新金融产品方面，“无间贷”和设备按揭等创新产品优先在台资企业使用；对台资企业当年出口业务投保出口信用保险，按企业实际缴纳保费的30%给予补助；对台资出口企业运用出口信用保险保单进行融资，在归还融资贷款并支付利息的前提下，按年息2%的标准给予贴息；对融资租赁公司当年购入泉州市台资“数控一代”和“智能制造”示范项目产品开展业务的，按照采购发票总价（不含税）1%给予奖励（市、县两级各承担30%和70%），单家企业的奖励资金最高不超过100万元。三大方式拓宽台资企业融资渠道，一是支持上市融资，台资企业成功上市、挂牌享受各级政府出台的扶持政策，优先将台资企业纳入泉州市重点上市、挂牌后备企业资源库；二是推动股权融资，推动政府财政资金发起、社会资本参与设立新兴产业股权投资基金、创业投资基金、兼并重组基金，支持基金投资泉州市台资企业；三是推动债券融资，支持台资企业到银行间债券市场和交易所市场发行企业债券等直接债务融资工具融资，并按票面利息的10%给予贴息。泉州市支持台商、台资企业协会组建信用担保机构，满足不同规模的台资企业的担保需求。

省人大常委会组织全国及省人大代表到晋江调研

省人大常委会组织一批全国、省人大代表到晋江，调研行政审判在晋江旧城改造和城市规划建设方面的推动作用和司法保障情况。作为全国新型城镇化试点城市，晋江按照“中国品牌之都、现代产业中心、滨海生态城市”的定位，确立“全市一城市、一主两辅”城市布局，多位一体推进新型城镇化建设。针对处在跨越发展的关键期，城市征迁工作面临巨大压力，晋江推出能动司法服务，做到“重点项目拆迁推进到哪里，司法保障到哪里；哪里的人民有法律需求，法律人就出现在哪里”。特别是对各个征地和拆迁项目的补偿和安置办法，都通过司法建议、法律咨询、参与方案论证和风险评估等多样化的方式提供法律服务，提高拆迁方案的科学性、透明性和可行性，在政府和群众之间搭建起一座沟通的桥梁。此外，晋江还积极引导个案证据收集，总结、复制梅岭组团的“零诉讼”拆迁经验，提供全方位司法建议，探索重点建设项目和谐执行新思路。

泉州在“6·18”对接合同项目881项311亿元

18—21日，第十四届中国·海峡项目成果交易会在福州海峡国际会展中心举行。泉州在“6·18”通过省组委会审核的对接合同项目881项，总投资311亿元，项目数和总投资均位居全省第一。在对接项目中，投资总额超亿元的有40项，超5000万元的有93项。对接项目以电子信息、机械制造、新型材料、新能源和节能技术、现代农业、环保和综合利用等领域为主。同时全市在线征集技术需求211项。本届“6·18”泉州展馆突出“大众创业、万众创新”主题，集中展示创新成果，发布技术需求。重点组织互联网经济、智能制造、节能环保、新材料、新能源、生物医药等领域的33个“创业、创新”和战略性新兴产业方面的成果产品参展。会议期间，泉州请来自北京交通大学、武汉大学、南京大学、四川大学等高校和科研机构的101名专家参会。全市有680多家企业参加会议期间的各种现场活动。会议期间，泉州还围绕产业转型升级，举办绿色化工前沿技术论坛、2016年泉州石化产业技术创新研讨暨技术对接会两场专场对接活动。其中绿色化工前沿技术论坛邀请40余名国内知名化工专家莅会，中国工程院院士、清华大学教授金涌等3位专家做主题报告。2016年泉州石化产业技术创新研讨暨技术对接会签约4个项目，包括福州大学化工学院与泉惠石化工业园区对接《石化产业学研技术开发联盟》；厦门大学、福建师范大学、中国人民解放军63983部队、福建立恒涂料有限公司对接成立“海西立恒新材料研究院暨海西立恒化学化工检测中心”等。

首届泉州“海丝”古城定向穿越活动举行

由泉州古城保护发展工作协调组、市文广新局、市旅游局、市体育局、泉州晚报社主办的以“穿越泉州、探寻古城”为主题的首届泉州“海丝”古城定向穿越活动举行，来自泉州、漳州、青岛、深圳等国内多个城市，以及法国、美国、荷兰等国家的数千名参赛者，共赴这场以古城之名开展的城市徒步盛会。活动分6千米体验、25千米经典、40千米挑战3条线路，路线沿途人文景观丰富、文化历史韵味深厚，充分展示泉州古城独特的文化、旅游资源优势。穿越线路串联泉州市舶司、聚宝街、天后宫等“海丝”遗迹，以及古榕巷、花巷、孝感巷等泉州特色老街巷，沿途还能看到唐的碑文、元的雕刻、明的建筑等历史遗存，基本包含老城区的主要文化景点和特色巷弄。线路设计“有山有水、有宽有窄”，在穿越中探索千年的多元文化，在红砖白石的巷弄里寻访历史的痕迹，给参与者全新的徒步体验。穿越活动展现泉州古城独特的文化，是一项集国际性、群众性、融合性、专业性为一体的体育盛会，也是一次体验古城建筑格局和巷弄文化的特色之旅。

开展定向穿越活动旨在以泉州历史文化为背景，以“海丝”侨乡为纽带，以古城街巷为特色，以低碳环保绿色的徒步健身为载体，展现泉州古城文化魅力，提升泉州古城影响力。通过举办活动，将进一步促进全民健身活动开展，带动古城集体育、文化、休闲、旅游于一体的新兴产业发展，对推动“创新、智造、海丝、美丽、幸福”的现代化泉州建设具有积极促进作用。

6月18日

星期六
农历丙申年五月十四
温度：27℃—32℃
阵雨转多云

●省人大常委会组织一批全国、省人大代表到晋江，调研行政审判在晋江旧城改造和城市规划建设方面的推动作用和司法保障情况。

●18—21日，第十四届中国·海峡项目成果交易会在福州海峡国际会展中心举行，泉州在“6·18”对接合同项目881项311亿元。

●以“穿越泉州、探寻古城”为主题的首届泉州“海丝”古城定向穿越活动举行。

6月19日

星期日
农历丙申年五月十五
温度：26℃—32℃
多云

●中国工程院院长周济一行到泉州调研，并召开“泉州制造2025”示范项目实施情况座谈会。

●19—21日，第十四届“6·18”海峡两岸人才交流合作大会泉州专场举办。

●应市科协、市农业局邀请，中国工程院院士、新疆农垦科学院研究员陈学庚到泉州，为农机系统工作人员作题为《科技创新全面提升中国农机装备制造应用水平》的学术报告。

●泉州微公益协会成立大会举行。

●纪念庄子诞辰2385年暨《庄严书画名家作品集》研讨会在石狮举行。

“泉州制造2025”示范项目实施情况座谈会召开

中国工程院院长周济一行到泉州调研，并召开“泉州制造2025”示范项目实施情况座谈会。副市长陈灿辉主持会议。康涛汇报泉州制造“21211”工作以及申报“中国制造2025”城市试点示范工作进展情况。会上，中国工程院院长周济、中国工程院院士段正澄与市委书记郑新聪、市长康涛为泉州华中科技大学智能制造研究院和福建省嘉泰数控科技股份公司两个院士专家工作站揭牌。会上，中科院海西研究院泉州装备制造研究所、福建省嘉泰数控科技股份公司等6家单位相关负责人和鲤城区、洛江区相关领导就科研单位服务支撑地方产业发展、自动化生产线研发应用、平台建设运行、智能装备产业园规划建设等情况作了发言。周济听取泉州市推进泉州制造“21211”工作以及申报“中国制造2025”城市试点示范工作进展情况汇报，并与与会相关单位进行交流。郑新聪感谢中国工程院、中国科学院、各高校科研院所和院长周济、各位院士专家对泉州的大力支持。他表示，泉州市、县两级和示范企业将按照此次会议精神和专家意见，推进“数控一代”示范工程和“泉州制造2025”示范项目建设。

海峡两岸人才交流合作大会泉州专场举办

19—21日，第十四届“6·18”海峡两岸人才交流合作大会泉州专场举办。泉州专场主要活动有泉台人才交流合作座谈会、大会启动及签约仪式、大会对接洽谈等，并邀请台湾参会代表赴泉州台商投资区有关园区、企业参观，洽谈合作事宜。台湾知名人力银行、企管咨询顾问、职业证照考试培训、中高阶猎才寻访等人力资源机构代表参会，台湾各大公会、协会负责人，从事电子商务、电子信息、金融投资、互联网、文化创意等台湾优势产业中高级专业的90名人才也到场参会。泉州市有逾50家单位代表参加专场对接会。此次人才交流合作大会旨在发挥台商投资区的对台优势，深化两岸人才交流，促进两岸人才项目对接和合作，携手构建21世纪海上丝绸之路建设新格局。

活动现场　（图/泉州晚报社）

中国工程院院士到泉州作现代农业学术报告

应市科协、市农业局邀请，中国工程院院士、新疆农垦科学院研究员陈学庚到泉州，为农机系统工作人员作题为《科技创新全面提升中国农机装备制造应用水平》的学术报告。讲座中，陈学庚简要介绍国外农机装备制造企业的发展状态及农机装备制造与应用的发展趋势，系统总结中国农机化的发展现状、主要特点、存在问题及发展优势，并介绍农机农艺融合的成功案例，从提升影响、解决关键难题、土地整理、扶持重点、突破农机化瓶颈、加强农机装备公共检测平台建设等方面指出中国农机化的攻关目标。在现场的互动环节，针对泉州市丘陵山地居多的农业资源现状，陈学庚建议，应加快土地流转步伐，使土地连成片，为发展农业机械化创造条件。在生产中，应改变观念，尽可能使用高效可靠的农机具，发展“低投入高收入”的种植模式，让年轻人爱上耕作，建设现代农业。

泉州微公益协会成立

泉州微公益协会成立大会举行。首届泉州微公益协会会长捐赠50万元善款，希望有更多志同道合的人能一起从力所能及的项目出发，为需要帮助的人亲和、友善地提供帮助。泉州微公益协会即将启动“寻找公益伙伴”与“寻找·发现·感动”两个公益项目及2016首届泉州市青少年公益文化艺术节，通过帮扶互动，传递爱心，让更多的人参与到公益事业中。此前，由泉州市委文明办、泉州市民政局指导的泉州微公益协会于2015年12月18日在泉州市民政局正式注册，是具有社会团体法人资格的非营利性公益团队，以“快乐公益，从心出发”为理念，陆续开展关爱孤寡老人、帮扶贫困学生、培训救护知识等十余次公益活动。

全国“数控一代”创新应用工程现场会在泉州召开

全国“数控一代”创新应用工程现场工作会议在泉州召开。全国政协副主席、国家科技部部长万钢，中国工程院院长周济，省长于伟国出席会议并讲话。

万钢指出，要按照五大发展理念的要求，充分认识推动“数控一代”工作的重要意义，系统谋划科技支撑制造业转型升级蓝图，发挥市场的决定性作用和企业的研发主体作用，加强工程实施过程中的体制机制创新，加强组织、各方联动、形成合力，共同把“数控一代”创新应用工程继续抓紧抓好、抓出成效，为落实创新驱动发展战略、实现制造强国战略目标作出新的更大贡献。

周济在会上指出，“数控一代”创新应用工程是“顶天立地”的工程，“立地”指的是根植于产业转型升级的强烈需求，为中国制造企业的全面升级换代作出历史性贡献；“顶天”指的是异军突起、出奇制胜，用创新的思路和技术攀登世界工程科技高峰，使中国的制造业走到世界的前列。他还从新形势下加快实施创新驱动发展战略、组织实施《中国制造2025》、推动智能制造等方面作系统报告。

于伟国在会上代表省委、省政府，代表省委书记尤权，对国家有关部门长期以来给予福建发展的大力支持表示感谢。他说，福建省委、省政府把实施“数控一代”创新应用工程作为加强供给侧结构性改革、加快产业转型升级的重要抓手，积极支持、大力推进，取得积极成效。要认真贯彻全国科技创新大会精神，深入实施创新驱动发展战略，充分发挥福厦泉国家自主创新示范区的带动作用，在规划引领和政策扶持上下功夫，在技术创新和装备推广上求突破，在平台建设和人才聚集上见成效，努力打造“中国制造2025”的地方样板和实践范例。

省委常委、常务副省长张志南，中国工程院副院长田红旗，省政协副主席薛卫民，省政府秘书长刘道崎，市领导郑新聪、康涛、翁祖根等参加会议。“数控一代”创新应用工程领导小组及办公室、专家咨询委和专家组成员等出席会议。

市委书记郑新聪在会上就泉州实施“数控一代”创新应用工程情况作典型发言。他表示，下一步，落实全国科技创新大会和这次现场会精神，学习兄弟地区的先进经验，争创“中国制造2025”示范城市，推动“数控一代”示范工程提质扩面，进一步集聚高端研发平台和高层次人才，加速“数控一代”创新产品专利成果产业化，深化创新体制改革，建立有利于科技成果产业化的体制机制和政策导向，大力推进福厦泉国家自主创新示范区建设。

会议听取“数控一代”创新应用工程“十二五”规划实施情况报告，重庆市、陕西省的地方或企业代表也在会上作典型发言。与会同志还实地考察泉州洛江区智能装备产业园、领SHOW天地，参观全国“数控一代”工程成果展。

会议现场　（图/陈晓东）

全市检察机关开展第18个“举报宣传周”活动

20—24日，全市检察机关开展第18个“举报宣传周”活动，此次活动的主题是“加强举报人保护，惩治群众身边腐败”。宣传周期间，市检察院联合南安、永春两个基层检察院开展系列宣传活动：组织市检察院、南安市检察院干警走进乡村、社区、机关、企业、学校开展普法活动，并接受群众咨询和当面举报；结合永春县检察院检察长接待日活动，开展检察长接待、约访和受理群众举报活动。同时组织机关干部、企业职工、乡镇基层组织人员到永春县检察院警示教育基地参观，通过观看专题片、案例演示等形式深入宣传。2015年以来，全市检察机关举报中心审查处理各类举报线索433件，所有举报线索均严格按照受理、审查、分流、答复反馈流程办理。其中，移送自侦部门立案5件，开展举报奖励29件31人，奖励10.8万余元，开展举报宣传47次。

6月20日

星期一
农历丙申年五月十六
温度：27℃—34℃
多云

●全国“数控一代”创新应用工程现场工作会议在泉州召开。全国政协副主席、国家科技部部长万钢，中国工程院院长周济，省长于伟国出席会议并讲话。

●20—24日，全市检察机关开展第18个“举报宣传周”活动。

6月21日

星期二
农历丙申年五月十七
温度：27℃—34℃
多云转晴

●21—22日，受全国人大常委会办公厅委托，陈伦带队到泉州开展《中华人民共和国环境保护法》实施情况执法检查，并召开座谈会听取有关情况汇报。

●康涛会见到泉州参加“泉籍精英故乡行”活动的菲律宾总统中国事务特使、上好佳（国际）有限公司名誉董事长施恭旗。

●康涛会见到泉州参加大型旅游项目签约仪式的山东客人。

●周银芳到石狮调研农村和非公有制企业“两学一做”学习教育情况，检查落实党风廉政建设责任制检查整改情况，并慰问结对帮扶的困难群众。

●泉州台商投资区大型旅游项目签约仪式在泉州迎宾馆举行。

●2016年初中毕业班学生毕业、升学考试开考，全市7万多名考生在12个考区2428个考场参加考试。

●2016年全国田径冠军赛暨大奖总决赛在重庆结束，福建队获得4枚金牌，其中泉州市体工队南安籍运动员王乌品获女子三级跳远冠军。

陈伦到泉州开展环境保护法实施情况执法检查

21—22日，受全国人大常委会办公厅委托，省人大常委会副主任陈伦带队到泉州开展《中华人民共和国环境保护法》（以下简称环境保护法）实施情况执法检查，并召开座谈会听取有关情况汇报。市委常委、常务副市长林伯前，市人大常委会副主任张建生参加相关活动。检查组一行实地察看泉州安平桥（五里桥）周边环境整治、陶瓷天然气改造项目，肯定泉州市深入贯彻执行《环境保护法》，推进生态文明建设所取得的突出成效。检查组指出，泉州是福建省经济体量最大、民营经济最活跃、制造业发达的城市，近年来，泉州市委、市政府高度重视生态文明建设和环境保护工作，以严字当头、重在落实、勤查重罚、改革创新为着力点深入贯彻执行《环境保护法》，特色经验值得推广。“不欠新账，快还旧账”是泉州对环保的明确要求，各级各部门必须进一步牢固树立环保意识，全面执行《环境保护法》。一是自觉性，环保工作贵在自觉，尤其是领导主动带头贯彻执行；二是参与性，强化宣传和引导，营造全民参与环保的氛围；三是制度性，健全环境保护管理制度，巩固环保成果；四是常态性，创新环保举措，形成环保习惯。

康涛分别会见菲律宾总统中国事务特使和山东客人

市长康涛会见到泉州参加“泉籍精英故乡行”活动的菲律宾总统中国事务特使、上好佳（国际）有限公司名誉董事长施恭旗及其家族成员。康涛代表市委市政府对施恭旗一行表示热烈欢迎，感谢他们多年来对祖籍国和家乡建设的贡献，希望施恭旗能多回乡看看，寻求合作，共谋发展。副市长陈荣洲、市政府秘书长吴友才参加会见。

同日，市长康涛会见到泉州参加大型旅游项目签约仪式的山东客人，指出泉州旅游资源丰富，但大型旅游项目仍较为缺乏，此次签约项目的落地有效填补市场空白，对带动泉州乃至闽南区域旅游业发展具有重要意义。他要求，下一步，台商投资区及相关部门要积极做好各项服务工作，保障项目顺利进行。副市长周真平参加会见。

市领导到石狮调研农村和非公有制企业“两学一做”学习教育情况

市委副书记周银芳到石狮调研农村和非公有制企业“两学一做”学习教育情况，并慰问结对帮扶的困难群众。周银芳指出，石狮市重视抓好农村和非公有制企业“两学一做”学习教育，把省、市两级年度责任制检查反馈的问题整改工作作为一项重要的政治任务来抓，各项相关工作有序推进。周银芳要求，在农村（社区）、非公有制企业党组织中认真开展“承诺、践诺、评诺”工作，从党员标准、参加“两学一做”学习教育表现、完成岗位工作和执行党风廉政建设情况等方面，把各类党员的承诺具体化、项目化，立起合格党员的标尺，划出做人的底线，树立党员的先锋形象，用实际行动体现“两学一做”的成效。周银芳强调，全面从严治党永远在路上，要坚持以问题为导向，全面抓好整改落实；要以责任制检查为契机，夯实全面从严治党主体责任意识；要深入推进党风廉政建设和反腐败工作，强化对权力运行的制约和监督，进一步推动风清气正政治生态形成。周银芳还前往鸿山镇东园村、永宁镇梅林村慰问结对帮扶的困难群众。他要求广泛发动社会力量，为困难群众提供基本的生活、医疗、教育和住房保障，结合实际精准施策，帮助贫困户自力更生尽快脱贫。

泉州台商投资区大型旅游项目签约仪式举行

泉州台商投资区大型旅游项目签约仪式在泉州迎宾馆举行，这标志着泉州市首个大型旅游项目正式落地。该项目总投资50亿元，包含极地海洋世界、鲸豚驯养繁殖基地、海上游乐、欧乐堡梦幻世界等子项目，预计年吸引游客超200万人次。其中，极地海洋世界项目将引入北极熊、白鲸、海豚等百余种海洋生物、万条珍稀鱼类，项目拟建设热带雨林馆、极地馆、海底隧道、科普馆等场馆，并设置海豚、海狮、白鲸、海象等动物表演项目；欧乐堡梦幻世界项目则定位为高端游乐场，规划建设7个主题、30多个游乐设施、近50个娱乐场景等。值得一提的是，鲸豚驯养繁殖基地将致力于海豚、鲸鱼等海洋生物的保护、繁殖，并依托基地建设青少年海洋科普项目，让青少年进一步认知海洋、了解海洋、保护海洋。

市委召开常委会传达贯彻全国全省政法队伍建设工作会议精神

市委召开常委会，传达贯彻全国、全省政法队伍建设工作会议精神。市委书记郑新聪主持会议，市委常委参加会议，市人大常委会、市政协、市中级人民法院、市检察院党组主要负责人和市政府分管领导列席会议。

会议强调，总书记习近平就加强法治队伍建设的重要指示，深刻阐明政法队伍建设的总目标、总要求、方向、路径等根本性重要问题，是新时期政法队伍建设的总纲。全市各级党委要认真学习贯彻习总书记重要指示精神和省委尤权书记讲话要求，各级政法机关要组织广大干警原原本本学习，全面领会全国、全省工作会议新要求，抓牢政法队伍建设，更好守护一方平安，为“五个泉州”建设提供坚强保障。

会议要求，坚持素质强警，把能力建设作为一项重要任务，完善岗位练兵和人才培养机制；坚持从严治警，扎实开展反腐倡廉教育，坚决纠正不正之风，严惩执法司法腐败；坚持从优待警，解决好政法机关特别是基层政法单位经费、人员、装备不足等问题。要选好配强班子，结合市、县集中换届，加大对政法领导班子考核考察和日常监督管理。要落实党建主体责任，各级党委要定期听取法院、检察院党组工作汇报；政法各部门党组要认真贯彻《中国共产党党组工作条例（试行）》，抓牢思想建党、制度治党、纪律管党；党组成员要严格履行“两个责任”“第一责任人”责任和“一岗双责”，严在经常、管在平时、防微杜渐，真正关心和爱护政法干警，切实以铁的纪律带出一支铁的队伍。

《泉州市推进智慧城市建设三年行动方案》出炉

泉州市出台《泉州市推进智慧城市建设三年行动方案（2016—2018年）》，提出把泉州打造成“宜居宜商智慧城”，基本形成全市“任何时间、任何地点、任何人、任何物”都可上网的环境，力争成为国家新型智慧城市试点城市。根据行动方案，三年内，泉州市将搭建绿色集约、开放共享的基础设施新环境；建立信息协同共享、城市大数据治理体系；打造高效协同、精准治理的社会管理新模式；建立以人为本、公平普惠的民生服务新体系；形成开放共享、万众创新的信息经济新格局；构建安全健全、制度完善的保障措施新机制。其中，力争实现城区、乡镇家庭宽带用户平均带宽分别达到100M、30M；建立城市公共信息平台，实现跨行业、跨部门、跨区域的数据共享和业务应用；鼓励企业和公众开发利用政府开放的数据资源。根据方案，泉州市将通过“规划引领 基础先行”“整合资源 集约建设”“互联互通 融合应用”三个阶段，围绕基础设施智能化、公共服务便利化、社会治理精细化、产业经济高端化4个行动，组织实施22个重点专项工程，推进智慧城市建设。

动漫作品《惠女阿芳》赴斯里兰卡参加“海丝”文化交流获“最高荣誉奖”

泉州师院教授、市美协副主席蔡永辉创作的《惠女阿芳》动漫作品重走“海丝”路后回到泉州。此前，应斯里兰卡斯中友协主席班德拉邀请，《惠女阿芳》作为“海丝”友好使者，进行为期一周的21世纪海上丝绸之路文化交流之旅。蔡永辉两幅《阿芳诞生》的作品、中斯友好使者阿芳和米兰达的小雕塑及2015年《惠女阿芳》重走“海丝”路（斯里兰卡站）的摄影图片，参加“斯里兰卡和中国国家友谊艺术展”，并获最高荣誉奖“吉祥奖”。阿芳和米兰达雕像及《惠女阿芳画说闽南》一书还被科伦坡艺术学院收藏。

德化县举办纪念中国共产党成立95周年剪刻纸作品展

德化县举办纪念中国共产党成立95周年暨中国工农红军长征胜利80周年剪刻纸作品展，参展的168件作品中，巨幅刻纸作品《海丝瓷路》尤为突出。《海丝瓷路》长28米，宽1.2米，是德化县浔中中心小学的20多名师生花两年多时间刻制而成的。图为巨幅刻纸作品《海丝瓷路》。（图/ 王双季）

6月22日

星期三
农历丙申年五月十八
温度：27℃—35℃
晴

●市委召开常委会，传达贯彻全国、全省政法队伍建设工作会议精神。

●泉州市出台《泉州市推进智慧城市建设三年行动方案（2016—2018年）》。

●赴斯里兰卡参加“海丝”文化交流的动漫作品《惠女阿芳》获“最高荣誉奖”。

●德化县举办纪念建党95周年暨中国工农红军长征胜利80周年剪刻纸作品展，参展的168件作品中，巨幅刻纸作品《海丝瓷路》尤为突出。《海丝瓷路》长28米，宽1.2米，是德化县浔中中心小学的20多名师生花两年多时间刻制而成的。

6月23日

星期四
农历丙申年五月十九
温度：27℃—35℃
晴

●市政协组织开展“中心市区城市建设与管理工作”重点考察活动。

●泉州跨境电商公共服务平台——“泉州跨境通”基本完成搭建工作。

●泉州考生高考成绩总体成绩较好，永春一中的林锦情以原始分641分夺得泉州市高考文科第一名泉州五中的熊方宇以原始分682分摘得泉州市高考理科第一名。

市政协组织开展城市建设与管理工作视察活动

市政协组织开展“中心市区城市建设与管理工作”重点考察活动。市政协副主席吴共湖，秘书长洪川夫参加考察活动。副市长周真平应邀参加相关座谈会。考察组实地察看泉州市公共文化中心、安吉路绿化景观提升、泉州植物园、泉州动车站、田安公园及慢道等项目建设管理情况，并召开座谈会听取泉州市中心市区城市建设与管理工作的通报。视察组指出，区域之间的竞争较量主要体现在城市发展的成效好坏，城市功能的完善与否，城市环境的宜居程度等。各级各职能部门要把开创思路、创新体制、创新机制贯穿于城市建设管理的各个方面，凝聚共识形成合力，多出精品，推动泉州市城市建设管理迈上新台阶。要强化规划调控功能，做好规划引领，兼顾当前与长远，坚持“一张蓝图绘到底”。要突出特色保护生态，坚持以传承泉州文脉、彰显泉州特色、保留泉州风貌来建设城市，只做加法，不做减法，打造更美、更亮、更宜居的城市。要一手抓建设一手抓管理，制定、完善并组织实施城市管理体制方案，整合城市管理职能，不断提升城市科学化、精细化管理水平。

“泉州跨境通”完成搭建工作

由市商务局牵头，与市口岸办、泉州海关、泉州出入境检验检疫局、泉州市国税局、泉州市外汇管理局等单位共同召开泉州外贸进出口联席会议，对泉州跨境通平台建设进行初步论证与讨论。泉州跨境电商公共服务平台——“泉州跨境通”基本完成搭建工作。“泉州跨境通”将通过线下集聚产业园区、监管中心等各类实体资源，线上以“互联互通”为抓手和突破口，通过与广大电商企业、电商平台、物流企业、支付企业、金融企业、监管场所和各口岸相关部门的互联互通及数据交换，构建成跨境电子商务的“数据邮局”和“高速通道”。同时向跨境电子商务交易、物流、金融、支付、担保等增值服务延伸，为泉州跨境电商企业提供全方位的公共服务,促进泉州市跨境贸易电子商务行业健康有序发展，带动产业升级，集聚优势资源。

泉州考生高考成绩总体成绩较好
林锦情、熊方宇夺得泉州高考、文理科第一名

2016年高考成绩揭晓。据学校及考生查分后反馈，2016年泉州市考生高考总体成绩较好。泉州五中的熊方宇以原始分682分摘得泉州市高考理科第一名；永春一中的林锦情以原始分641分夺得泉州市高考文科第一名。2016年福建省回归使用“全国卷”，试卷难度较高，600分以上的考生比上年有所减少。泉州市学生的总体成绩向好，文史类、理工类高分考生在全省中仍占有优势。泉州五中继续在全省名列前茅，7人进入全省文科前50名，2人进入全省理科前100名，文科600分以上20人，占全省600分以上比例为10.3%，近6年来仅次于2013年，文科本一率近90%，理科600分以上93人，占全省600分以上的3.4%，为近6年最高，理科本一率近90%；晋江养正中学李晓雯考出理科681分的佳绩，获得泉州市第二名，该校2人进入全省理科前100名，3人进入全省文科前100名；泉州七中文科2人进入全省前50名，理科1人进入全省前150名，加上高考前保送的5人，预计该校2016年考进清华、北大人数将继续保持在8人左右，居全省前列；晋江一中苏琪红取得文科631分的高分，预计3名学生考上清华、北大；安溪一中理科640分以上的有4人，5名同学有望被清华大学录取；泉州一中多名考生在600分以上，有理科学生考出全省第165名的佳绩，呈现“整体创优”的态势；泉州实验中学理科7人上600分，文科3人进入全省前350名，本一上线率超50%，本科上线率超95%；惠安一中预计2名学生考入清华北大；泉州培元中学、泉州城东中学、泉州外国语中学、泉州现代中学等学校的学生也考出不错的成绩，保持大面积丰收的态势。

相关链接：23日，福建省高等学校招生委员会召开全体会议，研究确定2016年福建省高考切线方案，部署高招录取工作。各科类各批次录取控制分数线具体如下：本科一批理工类465分、文史类501分；本科二批理工类352分、文史类403分；高职（专科）批理工类251分、文史类319分。

6月24日

星期五
农历丙申年五月二十
温度：27℃—35℃
多云

●福建向金门供水工程海底管道施工典礼在晋江金井镇海堤砂场举行。

●市十五届人大常委会第五十六次主任会议召开。

●“青春同行”共青团助力脱贫攻坚行动动员部署会议召开。

福建向金门供水工程海底管道开工

福建向金门供水工程海底管道施工典礼在晋江金井镇海堤砂场举行。下午2时，随着涨起的潮水淹没滩涂，托起海上敷管船，福建向金门供水工程海底管道第一段水管，从晋江金井镇入海点缓缓沉入海底。海底管道施工是福建向金门供水工程的重要节点，是实现两岸同饮一江水梦想的又一个里程碑。此次开工的海底管线部分，从晋江金井的入海点至金门上岸点，全长近16千米，沿线最大水深24米。全线铺设高密度聚乙烯管，每段水管长40米，整个海底管道大约需要铺设400段水管。福建向金门供水工程工程设计流量为每日3.4万立方米，远期预留可扩大至每日5.5万立方米。后段工程由龙湖取水泵站、陆地输水管道和跨海输水管道三部分组成。跨海输水管道工程包含晋江至金门田埔跨海管线、金门岛上岸点至田埔水库陆域管线，以及晋江端流量计井。龙湖取水泵站主厂房封顶，2016年10月具备供水条件，全长11.68千米的陆地输水管道接近完工。海底管道预计2016年10月基本完成铺设，管道后续的检修井以及其他保护性工程2017年完工。

市十五届人大常委会第五十六次主任会议召开

市十五届人大常委会第五十六次主任会议召开。市人大常委会主任陈万里，副主任吕竞、张建生、朱团能、曾巍参加会议。会议讨论《泉州海上丝绸之路史迹保护条例（草案二审稿）》；市人大常委会调研组关于泉州市防范打击虚假信息诈骗犯罪专项行动工作情况的调研报告；市人大常委会关于泉州市“数控一代”示范工程及《泉州制造2025》实施情况的审议意见稿、关于泉州市2015年市本级财政收支决算报告与2015年市本级预算执行和其他财政收支审计工作报告的审议意见稿、关于泉州市城市管理行政执法工作情况专题询问的工作方案；市人大常委会财经委关于2015年市本级地方政府债务限额的初步审查报告；人事任免事项。会议还听取市人大常委会华侨委和财经委分别所作的泉州市生态寺观建设情况、泉州市电梯安全管理工作情况报告。就会议讨论议题，陈万里强调，市人大常委会要精心组织审议，确保首部实体法立法质量效益；要持续跟踪督办，推动专题调研提质增效；要加强预算监督，保证财政收支平衡有效；要用好专题询问，提升城市管理行政执法水平；要关注民生保障，推动电梯安全管理落实到位；要保护文化古迹，推动寺观生态文明建设。

会议现场　（图/王虎文）

“青春同行”共青团助力脱贫攻坚行动动员部署会议召开

“青春同行”共青团助力脱贫攻坚行动动员部署会议召开。根据计划，泉州市将面向市级扶贫开发工作的30个重点乡镇和300个重点村，针对农村留守儿童、事实孤儿（事实无人抚养儿童）和建档卡贫困人口中的青少年群体，从扶志行动、创业行动、助学行动等7大行动开展扶贫攻坚活动。围绕生产扶贫，泉州市将对贫困地区青年创业就业开展帮扶活动，组织农村青年致富带头人带动贫困青年脱贫，扶持贫困青年自主创业脱贫。与此同时，泉州市将重点开展“青耕创业计划”，通过技能培训、项目扶持、金融支持等途径支持农村青年发展电子商务，力争在三年内，每个县（市、区）均有1个典型镇和1个典型村，同时扶持农村电商青年200名以上。泉州市还将发动全国级、省级和部分市级青年文明号集体结对200个贫困户，采取政策宣讲、学业辅导、学费资助、就业帮扶等扶贫方式，营造人人关心扶贫、支持扶贫、参与扶贫的良好氛围。依托“银团合作”的平台，泉州市还将通过开发“青年创业”为主题的“青创卡”等专属金融产品，帮助解决泉州市创业青年的资金难题。

6月25日

星期六
农历丙申年五月廿一
温度：27℃—35℃
多云转阴

●福建省安芯产业投资基金揭牌仪式暨半导体产业招商推介会在晋江举行。

●“欢乐泉州·走进华大”庆祝中国共产党成立95周年文艺演出举行。

●由泉州市教育局、泉州晚报社等单位举办的“泉州市第三届中小学名校长候选人演讲论坛”在培元中学举行。

福建省安芯产业投资基金揭牌仪在晋江举行

福建省安芯产业投资基金揭牌仪式暨半导体产业招商推介会在晋江举行。这是国家集成电路产业投资基金首次在地级市设立产业投资基金，也是继福建省晋华存储器集成电路生产线项目纳入国家“十三五”集成电路重大生产力布局规划后，泉州市发展集成电路产业再获国家重大支持。

中科院副院长、中科院大学校长丁仲礼，市长康涛，国家集成电路产业投资基金股份有限公司董事长王占甫，市委常委、晋江市委书记李建辉，华芯投资管理有限责任公司总裁路军，国家发改委、工信部、国开行有关领导以及华为、中兴、航天科工、中航科技等逾百名半导体产业界企业代表参加揭牌、项目对接活动。

受市委书记郑新聪委托，康涛在致辞中说，集成电路产业是信息技术产业的核心，也是支撑经济社会发展、保障国家安全的战略性、基础性和先导性产业，前景十分广阔。2016年是泉州集成电路产业发展“元年”，福建省安芯产业投资基金正式揭牌落户，具有里程碑意义，必将推动人才、技术、资金等产业资源快速向泉州集聚，极大促进集成电路和半导体高尖端技术产业的发展，带动产业转型升级，再造竞争新优势。希望各级领导和企业界人士继续鼎力支持泉州集成电路产业发展，泉州、晋江两级政府必将做好服务，加快构建完善产业生态，全力打造中国集成电路内存基地，让“泉州芯”引领产业、闪耀世界。

王占甫表示，国家集成电路产业投资基金运行一年多以来，推进产业链上下游对接，并注重与国家政策协同，多渠道改善产业投融资生态，极大地提振产业信心。福建具有独特的区位优势，省市政府对集成电路产业发展给予全方位政策支持。此次安芯基金落户福建，必将凝聚各方力量，迎来广阔发展前景。

相关链接：国家集成电路产业投资基金于2014年9月设立，重点投资集成电路芯片制造业，兼顾芯片设计、封装测试、设备和材料等产业，系国家集成电路产业投资的航母巨舰。基金投资的专业性和权威性已经成为国家战略布局和社会资本取向的风向标。福建省安芯产业投资基金由福建省、泉州市、晋江市三级政府联合国家集成电路产业投资基金、华芯投资管理有限责任公司、三安集团等共同设立，目标规模500亿元，首期出资规模75.1亿元人民币。基金将充分发挥资金引导作用和杠杆效应，主要投向Ⅲ－Ⅴ族化合物集成电路产业群以及其他集成电路产业链为主的半导体领域，推动境内外集成电路项目并购、技术研发和新建、扩建生产线等，重点支持泉州晋江发展集成电路产业和半导体等高尖端技术产业，共同打造涵盖设计、制造、封测、材料、设备和应用等全链条的集成电路产业生态。

“欢乐泉州·走进华大”
庆祝中国共产党成立95周年文艺演出举行

由市委宣传部、市委文明办、市文广新局、市文联、泉州晚报社、泉州广播电视台主办，华侨大学承办的“欢乐泉州·走进华大”——泉州市庆祝中国共产党成立95周年暨中国工农红军长征胜利80周年文艺演出精彩上演。来自华侨大学、晋江市青少年宫、泉州师院、泉州五中、泉州南少林国际学校的师生及社会各界文艺工作者以精湛的表演技艺从不同角度，追溯建党的历史长河，礼赞英勇的长征精神。鼓舞、歌舞、配乐诗朗诵、合唱、二胡演奏、武术等丰富多彩的节目轮番上演。演出活动充分讴歌中华民族实现伟大复兴中国梦的奋斗历程，激发广大市民的爱国主义热情。

泉州市第三届中小学名校长候选人演讲论坛举行

由泉州市教育局、泉州晚报社等单位举办的“泉州市第三届中小学名校长候选人演讲论坛”在培元中学举行，全市各县（市、区）的中小学校长近500人前来参加论坛。演讲台上，11位名校长候选人结合自身特点，围绕提升学校管理效能、打造特色学校、营造文化治校氛围等主题展开演说。台下，由教育专家组成的评委团结合候选人的演讲内容、演讲表现、演讲效果等方面进行现场打分。此外，每一位名校长候选人演讲完毕，都有教育专家上台作精彩点评。在“十三五”开局之年，泉州市教育局及有关部门继续推动全市基础教育事业“名校长工程”，旨在培养造就一批具有较大社会影响力的专家型校长，并产生若干名在省内乃至在国内有较高知名度的教育专家。

6月26日

星期日
农历丙申年五月廿二
温度：27℃—31℃
阵雨转阴

●康涛就全市禁毒工作作电视讲话。

●2016年泉州高招咨询会举行。

●《中山路市容市貌精细化整治管理方案》出台。

●石狮市举行“让青春在禁毒中出彩”主题公益晚会。

康涛就全市禁毒工作作电视讲话

国际禁毒日，市长康涛就全市禁毒工作作电视讲话。康涛在讲话中首先代表市委、市政府和市禁毒委，向长期战斗在禁毒斗争第一线的全体工作者表示亲切慰问，向支持禁毒工作的广大市民和社会各界表示衷心感谢，对全市近年来禁毒工作的行动和成效表示肯定。就下阶段工作，康涛强调，各级党委、政府和禁毒职能部门要认真贯彻落实中央、省关于加强禁毒工作的重要精神，深入开展禁毒专项行动，加强毒品预防教育，深入实施“8·31”社区戒毒、社区康复工程，深化毒品问题突出区域综合治理，同时完善工作机制，构建党委统一领导、禁毒委组织协调、各部门各负其责、全社会广泛参与的禁毒工作格局，努力夺取禁毒人民战争新胜利。康涛呼吁，广大市民群众和社会各界积极行动起来，更加关心支持禁毒工作，踊跃举报涉毒违法犯罪，坚决抵制毒品毒害，让毒品远离泉州、远离生活；每一名吸毒人员自尊自爱，早日戒除毒瘾、回归社会，以上下一心、合力肃毒，共同为加快建设“五个泉州”营造良好环境。

2016年泉州高招咨询会举行

由泉州市教育局和泉州晚报社联合举办的2016年泉州高招咨询会在泉州晚报大厦举行，高招咨询会为高校和考生搭起沟通的桥梁，体现权威性、服务性、公益性，便民利民，赢得各方点赞。省内外100多所高校与考生面对面交流，前来咨询的考生和家长接踵而至，排起长龙。“高考志愿填报讲座”同日举行，多年致力于高考志愿研究的资深专家杨永清和厦门大学国际学院副院长吕子玄带来的讲座，为学子填报志愿提供有益参考。

活动现场　（图/陈小阳）

《中山路市容市貌精细化整治管理方案》出台

《中山路市容市貌精细化整治管理方案》出台，方案提出行政执法、公安、交警、文体、住建、市政交通、工商及辖区街道办事处等部门将联合开展中山路市容市貌专项整治，进行精细化管理。街道各自成立专职整治组，全时段劝导纠正沿街两侧出现的各类乱摆摊、乱占道、乱堆放、乱搭挂、乱涂写、乱停放、乱排倒、乱设广告等“城市八乱”现象，坚决取缔各类违规行为。

相关链接：相关社区在对沿街经营店铺调查摸底的基础上，成立店委会，与各商家店铺签订《文明公约》；各社区成立2—3人的志愿者队伍，坚持每天对中山路临街两侧经营店铺存在的不规范行为进行纠正劝导，督促各经营业主严格履行“门前三包”责任制，开展优秀经营店铺考核评选活动，表彰先进、曝光不文明行为，调动各经营业主积极参与创建的积极性。增加中山路保洁和垃圾清运的频次，确保中山路道路路面干净整洁，无存留垃圾，地面无明显污迹，垃圾做到日产日清，沿街两侧垃圾箱、果壳箱等环卫设施齐全，布局合理，功能完好，保持整洁美观；确保中山路道路两侧的各类窨井盖完好无缺损；绿化养护良好，无空缺绿化带，无缺株死株，绿化带卫生保洁良好，无黄土裸露。组成专门队伍，对不按规定行驶的车辆和流动摊贩利用微型货车、电动三轮车等无牌、拼装车作为经营工具的车辆，依法进行查扣；对各经营店面外乱停放的车辆及电动车、自行车进行规范劝导；各类道路交通标志、标识做到齐全规范，对道路两侧的车辆停放区域进行重新划线，交通隔离栏（墩）要保持整洁，无明显污脏、破损。整治中山路沿街两侧设置不规范店面招牌等，进一步规范中山路沿街两侧的各类广告招牌、店牌设置，做到整洁、美观、无破损、文字使用规范；户外广告总量控制、密度合理，设置应符合城市容貌标准和设置技术规定，与街景风貌相协调。对中山路临街两侧建筑物存在的各类擅自悬挂、书写、张贴或设置有经营服务内容的广告性标语或标贴，建筑物门窗防护（盗）栏超出墙体立面，临街建筑物遮阳（雨）篷不规范设置等现象进行整治。

6月27日

星期一
农历丙申年五月廿三
温度：27℃—33℃
多云转阴

●市政府第一百次常务会议召开。

●泉港诚峰国家一级渔港动工建设。

●“全景中国·晋江城市周”中外媒体联合采访活动启动。

●泉州社区4条巴士线路开通。

●“市中医院至海星小区”的K7路公交开通。

市政府第一百次常务会议召开

市长康涛主持召开市政府第一百次常务会议。会议研究《泉州市城市住宅小区公益性配套服务用房规划建设暂行规定》《泉州市“十三五”水利建设专项规划》《泉州乡村教师支持计划（2015—2020）实施办法》。

会议通过《泉州市城市住宅小区公益性配套服务用房规划建设暂行规定》。会议指出，规范城市住宅小区公益性配套服务用房的规划建设和管理，有利于完善泉州市城市社区综合管理和小区服务保障体系，提高居民生活质量和水平。会议要求，相关部门要明确分工，理清欠账，落实责任，规范公益性配套用房权属界定、验收、移交与接收以及监督管理等环节，做好社区服务、居家养老、幼儿园等小区公益性配套服务用房的规划和建设，为市民创造良好居住环境。

会议通过《泉州市“十三五”水利建设专项规划》。会议指出，“十三五”时期是泉州市加快生态文明先行示范区建设、全面建成小康社会的关键时期，编制和实施规划，对加快完善防洪防潮安全、水资源安全、水生态安全等三大体系，支撑保障全市经济社会发展具有十分重要的意义。要按照规划确定的目标任务，持续深化水利重点领域改革攻坚，着力构建系统完备、科学规范、运行有效的水治理制度体系，集中力量建设一批打基础、管长远、促发展、惠民生的水利工程，不断推动泉州市水利事业迈上新台阶。

会议通过《泉州乡村教师支持计划（2015—2020）实施办法》。会议指出制定实施乡村教师支持计划，对于优化乡村教师资源配置、保障和提高乡村教师合理待遇、提升乡村教育教学水平具有重要意义。要拓宽补充渠道，优化编制配置，加强乡村教师队伍管理；要建立荣誉制度，提高生活待遇，在评先选优和职称评聘方面重点向乡村教师倾斜；要强化师德师风建设，落实城镇优秀教师向乡村学校合理流动制度，全面提升乡村教师能力素质，打造一支扎根乡村、素质优良、乐于奉献的教师队伍。

泉港诚峰国家一级渔港动工建设

在泉港区峰尾镇诚峰村，随着一声哨响，几台大型推土机缓缓将土石方推进海里，此举标志着诚峰国家一级渔港正式开工建设。该项目总投资5692万元，将建设300马力泊位码头115米，150马力泊位码头285米、防波堤1050米、拦沙堤630米以及给排水、消防等配套工程。项目计划2018年建成，可实现年鱼货卸港量4.45万吨，港内水域面积51.2万平方米，港内避风水域面积30万平方米以上，有效提升防灾减灾能力，推进泉港渔港经济升级跨越。诚峰国家一级渔港项目自2012年经国家农业部批准立项，完成各项基础工作，进入实质性施工建设阶段。项目集渔船避风和补给、水产品集散和加工、休闲渔业和海洋旅游、集镇建设和渔民转产转业等为一体，将带动渔港、城镇、产业的联动发展，对打造泉港经济发展新的增长极具有重要意义。

“全景中国·晋江城市周”中外媒体联合采访活动启动

由中国国际广播电台、晋江市委宣传部、中国公共外交协会主办的“全景中国·晋江城市周”中外媒体联合采访活动在晋江启动。中国国际广播电台、中华网、韩国中央日报、马来西亚国家新闻社、印度亚洲新闻社、印度人民力量报、孟加拉独立报、尼泊尔加德满都邮报、阿富汗国家广播电视台等来自七个国家的多家中外媒体参加联合采访活动。考察走访路线包括晋江草庵、安平桥、龙山寺、丁氏宗祠等历史文化古迹，探寻晋江作为海上丝绸之路重要起点城市的印迹，同时走进安踏集团、文创园等，了解晋江当地的重要产业。各国媒体将在全球范围内推广晋江城市形象，提升晋江国际影响力，向海内外展现晋江的璀璨文明和蓬勃生机。

泉州社区巴士线路开通

服务丰泽区东片区的4条社区巴士线路正式开通，分别为X1、X2、X3、X4线路，运营时间从早上7时至晚上7时。为保证安全，车速不能快，时速控制在30千米以内。每辆社区巴士的车头都贴有大红的“社区巴士”字样，其外形与中巴相似，车身颜色为暗黄色。每辆车内设22个座位、投币箱、刷卡区等。

泉州市举行庆祝中国共产党成立95周年大会

泉州市举行庆祝中国共产党成立95周年大会暨“两学一做”先进事迹报告会，表彰全市改革发展中涌现出的优秀共产党员、优秀党务工作者和先进基层党组织。市领导郑新聪、康涛、周银芳、陈万里、翁祖根、林伯前、林俊其、李建辉、孔繁军、吴共湖等出席大会并为受表彰对象代表颁奖。市委副书记、市长康涛主持大会。市委常委、组织部长孔繁军宣读表彰决定。会上，3位优秀共产党员作先进事迹报告。

市委书记郑新聪代表市委，向全体党员致以节日的问候，向为泉州市革命、建设、改革事业作出重要贡献的广大离退休老党员、老同志致以崇高的敬意。他指出，纪念中国共产党成立95周年，是全市政治生活中的一件大事、喜事。组织系列纪念活动，重温党的历史，讴歌党的丰功伟绩，对推进党的建设新的伟大工程和中国特色社会主义伟大事业具有十分重要的意义。全市各级党组织要深入宣传中国共产党的光荣历史和丰功伟绩，广大党员要把学习党史、国史作为坚定理想信念的必修课，增强道路自信、理论自信、制度自信，坚定不渝走中国特色社会主义道路。

郑新聪主持召开市委全委会对17名县（市、区）党政正职拟任人选和推荐人选进行票决

市委书记郑新聪主持召开市委全委会，对县（市、区）领导班子换届涉及调整变动的17名县（市、区）党政正职拟任人选和推荐人选进行票决。17名同志在票决中得同意票数均超过应到会市委委员的半数，根据有关规定，这17名同志的任用或推荐获得通过。28—29日，有关县（市、区）召开领导干部大会，市委书记郑新聪，市委常委、组织部部长孔繁军宣布省委、市委有关县（市、区）党政正职调整变动的决定。经省委、市委研究决定，黄阳春任鲤城区委书记、黄景春任丰泽区委书记、洪飞跃任洛江区委书记、吴礼源任泉港区委书记、刘文儒任晋江市委书记、朱启平任石狮市委书记、王春金任南安市委书记、黄文胜任惠安县委书记、高向荣任安溪县委书记、蔡萌芽任永春县委书记、梁玉华任德化县委书记。

第六届APEC电子商务工商联盟论坛在晋江举行 APEC电子商务工商联盟发布《晋江倡议》

28—30日，由亚太经合组织和商务部主办的以“通过跨境商务实现普惠贸易”为主题的第六届APEC电子商务工商联盟论坛在晋江举行。在29日的开幕式上，APEC秘书处行政主任艾伦·博拉德、商务部部长助理王炳南、副省长洪捷序分别致辞。中国国际电子商务中心主任、APEC电子商务工商联盟主席朱小良，泉州市长康涛、市委常委李建辉、副市长陈灿辉，以及商务部、海关总署、省市有关部门领导，APEC电子商务工商联盟第二届专家委员会委员、APEC成员体代表、全球知名企业和学术界代表出席开幕式。

洪捷序在欢迎致辞中表示，该届论坛以“通过跨境电子商务实现普惠贸易”为主题，顺应大势、贴近实际，希望福建省电子商务领域的相关政府部门、企业和研究机构，要以此次论坛为契机，与海内外同行深入探讨、加强交流，认真学习借鉴好的经验和做法，为福建扩大对外合作、提升电子商务发展水平注入新的活力。

论坛开幕后，举行APEC电子商务工商联盟第二届专家委员会成立仪式，并首次对外发布《中国电子商务报告（2015）》核心数据。论坛还根据“跨境电子商务促进普惠贸易”这一主题，设置五场分会，议题包括围绕国际贸易发展新情况展开探讨，阐述普惠贸易概念和意义；探索分析跨境电商发展现状和面临的诸多问题，深度研判和把握中小企业参与国际贸易的新趋势、新机遇、新挑战；分享各国先进做法和理念；解“大数据时代数据隐私安全”之惑；展望国际贸易发展边界和跨境电商的未来。

各个成员体代表提出很多富有建设性、创新性的意见与建议，达成多项共识。值得一提的是，论坛形成APEC电子商务工商联盟《晋江倡议》，此项倡议将上报APEC电子商务指导组和高官会，倡议包括采取积极行动助推中小微企业通过电子商务参与国际贸易以及融入国际价值链，以及经济体内中小企业参与跨境电子商务贸易合作的标准制定、法律制定、平台建设等八个方面的内容。

论坛期间，APEC电子商务工商联盟为晋江市颁发APEC电子工商联盟合作伙伴城市荣誉牌，晋江成为APEC电子商务工商联盟合作伙伴城市。

6月28日

星期二
农历丙申年五月廿四
温度：27℃—34℃
阵雨转阴

●泉州市举行庆祝中国共产党成立95周年大会。

●市委书记郑新聪主持召开全委会，对县（市、区）领导班子换届涉及调整变动的17名县（市、区）党政正职拟任人选和推荐人选进行票决。

●郑新聪与新一届县（市、区）党政正职人选进行集体谈话。

●28—30日，由亚太经合组织和商务部主办的以“通过跨境商务实现普惠贸易”为主题的第六届APEC电子商务工商联盟论坛在晋江举行。

●泉州市庆祝中国共产党成立95周年诗歌朗诵会举行。

●泉州首个以跨境电商为主题的产业园——晋江跨境电商洪山园开园。

●泰国投资推介会在泉州举行。

●泉州市品牌培育与价值提升专题研修班开班。

●安溪举行“忆党史·品老铁”老干部品茗交流会。

●晋江检察院金融检察科成立，这是全省基层检察机关成立的首个专门金融检察机构。

●泉州27座充电桩进行升级改造。

●泉州剧目《杜鹃山》《俏，掌婶》参加“福建省庆祝中国共产党成立95周年戏曲晚会”演出。

●泉州银行厦门分行开业典礼举行，标志着泉州银行正式进驻厦门。

6月29日

星期三
农历丙申年五月廿五
温度：27℃—33℃
多云

●29—30日，市十五届人大常委会第三十四次会议召开。

●十一届市政协常委会第三十次会议召开。

●周银芳率市直相关部门负责人到南安市美林街道溪洲村，调研“两学一做”学习教育和村集体经济发展情况。

●泉州市各县（市、区）调整的党委主要领导全部到位。

●庆祝中国共产党成立95周年泉州书法美术作品展开幕。

●在安溪县尚卿乡纪念中国共产党成立95周年系列党建活动现场，泉州市首个“两学一做”大学生宣讲团成立。

市十五届人大常委会第三十四次会议召开 农刚任泉州市人民政府副市长

29—30日，市十五届人大常委会第三十四次会议召开。市人大常委会主任陈万里，副主任吕竞、张建生、朱团能、曾巍参加会议。副市长周真平、卢炳椿，市中级人民法院、市检察院负责人列席会议。会议对泉州市首部实体法进行二审，听取和审议市人大法制委关于《泉州市海上丝绸之路史迹保护条例（草案一审稿）》的修改报告和条例草案。会议听取和审议市政府关于泉州市“数控一代”示范工程及《泉州制造2025》实施情况报告、关于2015年市本级财政收支决算草案的报告、关于2015年市本级预算执行和其他财政收支的审计工作报告，审查和批准2015年本级决算；听取和审议市政府关于提请审议2015年市本级地方政府债务限额的议案；审议人事任免、撤职、辞职事项。会议听取和审议泉州市防范打击虚假信息诈骗犯罪工作情况报告，并开展专题询问。

相关链接：泉州市人大常委会决定任免人员名单：决定任命农刚为泉州市人民政府副市长，决定免去颜志煌的泉州市科学技术局局长职务；接受吴春林辞去泉州市第十五届人民代表大会常务委员会秘书长职务的请求的决定；撤销黄永桐的泉州市中级人民法院审判员职务；任命余冬阳、吴美满、洪游逸、兰剑彬、李新鹏、张晓梅、陈小喜、林复旺、郑真贤、谢国军为泉州市人民检察院检察员；免去苏耀群的泉州市人民检察院检察员职务。

会议现场 （图/王虎文）

十一届市政协常委会第三十次会议召开

十一届市政协常委会第三十次会议召开，围绕“助推古城文化复兴”议题建言献策。市政协副主席吴共湖、苏小青、骆沙鸣、陈铭福、王祖耀、李冀平、王瑞强、陈益，秘书长洪川夫参加会议。副市长周真平应邀参会。吴共湖指出，保护泉州古城文化，就是保护泉州古城的历史见证和古城记忆，借此可唤起海内外更多泉州人的荣誉感、归宿感和责任感。他强调，要切实担负起推动古城复兴的文化责任，把古城文化复兴作为带动区域发展的重要动力源，协力推进泉州“21世纪海上丝绸之路先行区”建设。要积极探索古城文化可持续发展之路，挖掘古城独特的文化内涵，整合传统文化资源，引导新型文化业态，更加重视“非遗”保护，留住文脉人脉，让广大市民共享“古城文化复兴”的丰硕成果。要协力营造“古城文化复兴”的良好社会氛围，扩大社会参与，发挥政协凝聚共识、智慧、力量和人心的优势，展现古城文化的亲和力与凝聚力，让文化自觉落实到更多泉州人的身上，为助力“五个泉州”建设作出新贡献。

庆祝中国共产党成立95周年泉州书法美术作品展开幕

由市委宣传部、市文联、泉州军分区政治部、中国闽台缘博物馆主办，市书法家协会、市美术家协会承办的，庆祝中国共产党成立95周年暨中国工农红军长征胜利80周年泉州书法美术作品展在中国闽台缘博物馆开幕，泉州市书画艺术工作者以精心创作的120件优秀作品向党的生日献礼。

此次展览至7月5日。展览集中展示泉州市书画艺术创作的新成果，其中书法作品70件、美术作品50件，这些作品主题鲜明，形式多样，风格突出，凝聚着泉州市广大的书法、美术工作者的智慧和心血。主办方表示，泉州市广大文艺家把对党的无限热爱、对改革开放建设成就的歌颂和对幸福生活的赞美，凝聚在笔端，化作美丽的线条和画面，以书言志、以画寄情，抒发对党、对祖国、对家乡的热爱，共同唱响共产党好、社会主义好、改革开放好、伟大祖国好的时代主旋律，共筑中华民族伟大复兴的中国梦。此次书法美术作品展不但讴歌党的辉煌业绩，同时，对于弘扬中华优秀传统文化，加强书画艺术交流，展示泉州作为东亚文化之都、海上丝绸之路起点、中国历史文化名城的良好形象将起到积极的促进作用。

6月30日

星期四
农历丙申年五月廿六
温度：27℃—32℃
阵雨转阴

●市政府、市政协联合对《关于加大对外公交场站建设和利用的支持力度促进公交良性发展的提案》《关于进一步解决市区停车难问题的提案》《关于加强规范停车收费管理的提案》等3件年度重点提案的办理情况进行督办。

●泉州市中心城区公共自行车启用仪式在市区中山公园举行。

●“光影欢歌”——泉州市庆祝中国共产党成立95周年暨中国工农红军长征胜利80周年摄影作品展在市区源和1916创意园区开幕。

●泉州大开元寺扶贫救灾公益协会与安溪县政府签订捐赠协议，资助安溪县开展为期3年的教育智力精准扶贫工作。

●由市慈善总会与泉州晚报社主办的“‘共同托起他们的理想’16行动”启动。

市政府市政协联合督办年度重点提案

市政府、市政协联合对3件年度重点提案的办理情况进行督办，分别是《关于加大对外公交场站建设和利用的支持力度促进公交良性发展的提案》《关于进一步解决市区停车难问题的提案》《关于加强规范停车收费管理的提案》。督办组实地视察中心市区万德商贸大厦立体停车楼、宝洲街停车诱导系统（东南医院门口）、滨海公园公交场站，并召开相关座谈会。

关于公交场站建设：市城乡规划部门结合城市近期建设规划和中心市区各片区开发建设指挥部的建设计划，提出10处公交场站用地的建设方案。其中，北峰组团2处，分别为高铁公交枢纽站、中国闽台缘博物馆西侧临时场站；东海组团3处，分别为院前公交站、东海综合场站、海星小区首末站；城东组团3处，分别为城东东辅路场站、桃花山公交首末站、财富广场公交首末站；洛江组团2处，分别为公交双阳站、公交河市站。其中，院前公交站、城东东辅路场站投入使用。

关于停车难问题：根据计划，2016年泉州市安排年度停车场实施项目21个，年度新增车位3177个，至6月底，建成车位1550个，完成投资5000万元，占年度计划的51%；下半年将再建设1627个停车位。至2020年，泉州市计划建成公共停车位超2万个，将有效缓解停车难问题。

关于停车收费问题：根据要求，路内停车泊位原则上采取电子计时收费方式，尚未具备电子计时收费条件的，采取按次收费（停放时间不超过30分钟的车辆免收费）方式，但应使用电子收费（POS机）和税务票据。如果市民碰到停车场乱收费的情况，可以拨打“12358”投诉。市物价部门将加强收费公示管理，要求新批准设立的停车场必须同步设立收费公示牌；对已经设立公示牌的停车场所，要求悬挂地点不显著的，必须调整；且有污损、字体偏小的，应及时更换。对停车场经营者不执行政府指导价的，责令改正，没收非法所得，并处违法所得5倍以下的罚款；没有违法所得的，处5万元以上50万元以下的罚款；对不执行明码标价的，处5000元以下罚款。

市区首批公共自行车启用

泉州市中心城区公共自行车启用仪式在市区中山公园举行。启用仪式后，首批1500辆公用自行车正式投入使用。市领导周银芳、张永宁参加仪式。

作为2016年市委、市政府“为民办实事”项目，中心城区公共自行车项目是泉州2016年重要民生工程之一，自投建以来，完成首批43个站点建设，配套的1500辆自行车投放完毕。市民只要凭借公交卡普通卡或者购买特制版公共自行车卡并注册成为会员，就可以立即享受公用自行车带来的便利。泉州中心城区公共自行车项目总投资约1.178亿元，规划建设410个租赁点，计划投入1.312万辆公共自行车。价格方面，消费者骑行1小时内免费，超1小时部分由消费者自行支付。自行支付部分采取阶梯收费：超1小时未满2小时，收费1元；超2小时未满3小时，收费2元；超过3小时，每小时3元（未满一小时按一小时计费），每日封顶60元。消费者开通租赁公共自行车会员服务，则需缴纳300元押金。

租赁点规划范围主要以鲤城区、丰泽区为主，而启用的43个租赁点主要集中在鲤城老城区和丰泽区东海片区的43个租赁点，分别位于中山公园、西街、开元寺、新华路中闽百汇、南俊北路C区、学府路口、观东巷、状元街口、鲤城大酒店、文化宫、百源路、新门街头、鲤城区政府、新门菜市、芳草园、T淘园、远建花园、幸福广场、新华旱闸、新华南路、江滨豪园、五堡公园、鲤城公安分局、天后宫、碧水湾、坪山路南段、宝洲花园、市第一医院、孟衙巷口、石笋公园、笋江公园、市行政中心等地附近。

泉州大开元寺扶贫救灾公益协会捐资900万元扶助安溪贫困生

泉州大开元寺扶贫救灾公益协会精准扶贫捐赠座谈会召开。会上，该协会与安溪县政府签订捐赠协议，资助安溪县开展为期3年的教育智力精准扶贫工作。泉州大开元寺扶贫救灾公益协会积极参与社会公益慈善事业，用实际行动回报社会。此次，泉州大开元寺扶贫救灾公益协会将在安溪县开展中职学校和大学阶段教育精准扶贫活动，将力争帮助每个学生不因家庭经济困难而失学，人人“上得起学、读得起书”。该协会计划于2016—2018年期间每年向安溪县政府捐赠300万元，共计900万元。安溪县政府按每年300万元使用捐赠资金，不足部分由县财政统筹补足。

7月1日

星期五
农历丙申年五月廿七
温度：26℃—33℃
阴转晴

●泉州市组织收听收看中国共产党成立95周年庆祝大会。

●市人大常委会机关庆"七一"上党课。

●国家旅游局"美丽中国——2016丝绸之路旅游年"主题巨型旅游广告在澳门登场，宣传推介中国内地旅游品牌。泉州洛阳桥、老君岩、东西塔作为海上丝绸之路的代表景点入选"国家旅游画面"。

●1—15日，"辉煌壮丽的史诗——庆祝中国共产党成立九十五周年"大型图片展在泉州市博物馆举行。

●"做合格党员，展先锋风采"主题演讲比赛举行。

●由市慈善总会与泉州晚报社主办的"共同托起他们的理想'16行动"启动。

●1—7日，"红色记忆"电影海报展在市区威远楼举行。

●1—3日，由丰泽区委宣传部、丰泽区文联、丰泽区书法家协会主办的"纪念中国共产党成立95周年暨红军长征胜利80周年"丰泽区书协会员书法作品展在泉州海外交通史博物馆举行。

●1—31日，"四有干部"谷文昌生平事迹图片展在晋江市博物馆举行。

●2015年度国家艺术基金资助项目《陶瓷雕塑与加彩技艺人才培养》在德化县启动。

泉州市组织收听收看中国共产党成立95周年庆祝大会

市委常委会在泉州集中收听收看中央庆祝中国共产党成立95周年大会现场直播。市委书记郑新聪，市委副书记、市长康涛，市委副书记周银芳等市委常委，市人大常委会、市政协党组主要负责人和部分党员干部一起，聆听习近平讲话。郑新聪要求，全市各级党组织、党员要把学习习近平讲话精神作为必修课，领会讲话蕴含的马克思主义立场观点方法，坚定中国特色社会主义道路自信、理论自信、制度自信、文化自信，强化政治意识、大局意识、核心意识、看齐意识。要抓好学习宣传，掀起学习讲话的热潮，全市党员特别是党员领导干部要结合"两学一做"学习教育，原原本本学、联系实际学。各级党组织要开展党课学习、集中辅导、专家讲座、座谈交流等活动。党校、行政学院要把讲话精神作为当前理论教学、干部培训的重要内容。党报、电台、电视台、网站等新闻媒体要开展有声势、有力度的系列报道。

泉州市组织收听收看中国共产党成立95周年庆祝大会
（图/陈小阳）

市人大常委会机关庆"七一"上党课

市人大常委会机关党员聚集一堂，重温入党誓词，表彰先进典范。市人大常委会主任、党组书记陈万里结合"两学一做"学习教育，围绕"做'四讲四有'合格党员 为人大事业作出新贡献"主题，为全体机关党员上党课。市人大常委会副主任吕竞、张建生、朱团能、曾巍参加活动。陈万里指出，做合格党员，要打牢道路自信、理论自信、制度自信和文化自信的思想政治根基，始终坚持讲政治，强化党性修养，认真研读党章，坚持和完善人民代表大会制度；要始终坚持讲规矩，守纪律，严格遵守党规国法，用制度管人管权管事，保障政令执行和通畅；要始终坚持讲道德，强化品行修养，坚守为官之德和为人之德。

市人大常委会机关党员重温入党誓词 （图/王虎文）

庆祝中国共产党成立九十五周年大型图片展在泉州举行

1—15日，由省委宣传部、省委省直机关工作委员会、省委党史研究室、省委教育工委、新华通讯社福建分社、市委、市政府主办的"辉煌壮丽的史诗——庆祝中国共产党成立九十五周年"大型图片展在泉州市博物馆举行。图为图片展现场。

（图/陈智勇）

"做合格党员 展先锋风采"主题演讲比赛举行

由中共泉州市直党群系统委员会主办的"做合格党员，展先锋风采"主题演讲比赛举行。演讲比赛吸引市委组织部、市委老干部局、市科协等个14党群系统代表参加。各系统结合"合格党员"标准开展大讨论活动，引导党员对照中央和省委提出的"四种意识"和"四讲四有"要求，立足自身岗位特点，缅怀党的光荣历史，畅谈在"两学一做"学习教育中的感受，激励系统党员干部立足岗位争先创优，向身边先进看齐，做合格党员。

康涛调研部分城建项目

市长康涛察看城市绿道山线、水线等部分城建项目。副市长张永宁、市政府秘书长吴友才参加。

康涛到绿道水线白水营公园施工现场和绿道山线示范段大坪山节点，了解项目策划设计、功能布局和实施情况，要求指挥部与设计单位要树立精品意识，加强沟通，反复雕琢，提升设计方案，运用最佳表现形式，统筹考虑整体格局和各区域功能特点，突出生态自然、保留野趣，因地制宜，就势造景，就地取材，最大限度减少项目对山体、水体、生物植被等自然环境的破坏。康涛询问城东至北峰快速通道全线四个施工段的具体施工计划，要求抓紧推进项目征迁等前期工作，科学组织施工，加大宣传力度，加强交通疏导，尽可能减少项目施工对群众生活和出行的影响。在芳草园和安吉路与山海路交叉口桃花山边坡，康涛嘱咐相关部门在实施绿化提升项目过程中要坚持规划引领，逐个片区、逐条主干道列出绿化提升实施计划，突出各自的主题特色，力争通过几年的努力，使中心市区的绿化水平上一个档次；要结合原有地貌，精心选择苗种，确保“四季有花”，打造市民游憩活动、游客度假观景的新热点。

泉州推出红色旅游线路

市旅游局推出6条红色旅游线路。线路一：龙岭爱国主义教育基地→泉州革命烈士纪念碑→肖厝山腰镇三朱革命斗争纪念碑。线路二：市区→泉州革命烈士纪念碑→龙岭爱国主义教育基地→南安金淘镇叶飞将军故居。线路三：永春革命纪念碑→德化革命烈士纪念碑及水口镇中共福建省委旧址。线路四：晋江市革命烈士陵园→永宁李子芳烈士陵园→金井围头安业民烈士陵园。线路五：市区→安溪革命烈士纪念碑→南安金淘镇叶飞将军故居。线路六：市区→安溪革命烈士纪念碑→魁斗镇佛仔阁村闽南工农游击二支队诞生地旧址、东溪安南永德苏维埃政府旧址、莫耶故居。市旅游局有关负责人表示，泉州的生态、文化、“海丝”文化等旅游线路已成为泉州旅游的几大亮点，“红色旅游”也在渐渐升温。

泉州革命烈士纪念碑　（图/李芸生）

“遇见·爱”军地青春派对举行

由团市委、解放军第一八〇医院主办的“遇见·爱”军地青春派对举行，60名单身青年参与联谊活动。活动不仅有互动游戏、面对面交流，还创新设立爱心助学基金20000元，参与活动的前十组嘉宾可通过互动游戏赢取助学基金各2000元，用于捐赠给南安市省新镇的10名贫困应届高中毕业生。活动旨在为军地青年搭建一个沟通交流、开阔视野、增进友谊的平台，呼吁更多青年参与和支持扶贫帮困，共建幸福泉州。

石狮市法院在全省首创立案登记释明机制

石狮市法院制定《民商事立案登记释明规则》，系全省基层法院出台的首部关于民商事立案登记释明规则。立案释明指，在立案阶段针对当事人之起诉，根据立案受理相关程序规范所进行之解释、明晰和指引。根据规则要求，在立案登记时应当对诉讼一般程序性事项予以释明，包括诉讼权利义务告知、诉讼风险提示、提供/确认送达地址告知书、送达地址确认书，并对当事人有疑问的其他程序性事项进行说明；对当事人所列诉讼主体存在诉讼主体不适格、姓名（名称）错误或不准确等瑕疵的释明；对诉讼请求不明确、诉讼请求不充分、诉讼请求不正确的释明；以及对法院管辖、跨域立案、提交证据材料、诉前调解、诉讼风险、法律援助和司法救助等方面的释明。

7月2日

星期六
农历丙申年五月廿八
温度：26℃—33℃
多云

●康涛察看城市绿道山线、水线等部分城建项目。

●市旅游局推出6条红色旅游线路。

●由团市委、解放军第一八〇医院主办的“遇见·爱”军地青春派对举行，60名单身青年参与联谊活动。

●石狮市法院制定《民商事立案登记释明规则》，系全省基层法院出台的首部关于民商事立案登记释明规则。

●晋江市2016年“同心杯”趣味运动会举行。

●由晋江市文化体育新闻出版局主办的“莲韵清音”晋江市古琴音乐会在晋江文化中心举行。

7月3日

星期日
农历丙申年五月廿九
温度：26℃—34℃
多云

●“两学一做”学习教育开展以来，泉州市创新开展以“承诺、践诺、评诺”为内容的“三诺”工作，促进无职党员有位有为，推动农村（社区）、非公领域“两学一做”学习教育深入开展。

●泉州市推进电话实名制打击虚假信息诈骗犯罪。

●由市委宣传部、泉州军分区政治部、团市委、市关工委、市少工委主办，市青少年宫承办的泉州市第三十一期少年军校在洛江区军腾教育训练基地开营。

●由福建医科大学附属第二医院主办的“精准医疗的基础与应用”国际研讨会在泉州举行。

●驻泉州某部随军家属军嫂刘凤举行“天籁玉鸣”古筝独奏音乐会。

泉州市创新开展“三诺”工作推动无职党员边学边做

“两学一做”学习教育开展以来，泉州市针对农村（社区）、非公有制企业无职党员数量多、作用发挥不明显的情况，创新开展以“承诺、践诺、评诺”为内容的“三诺”工作，促进无职党员有位有为，推动农村（社区）、非公领域“两学一做”学习教育深入开展。

“个性特点”与“共性要求”兼顾，促科学承诺。将承诺内容分为“共性承诺”和“个性承诺”两部分。在“共性承诺”方面，主要看党员是否按照“四讲四有”等党员标准要求自己，遵守党纪国法，就落实“两学一做”规定动作等内容作出承诺。一些县（市、区）在落实市里要求的基础上，把推进本地区年度重点任务作为“共性承诺”内容，引导党员服务大局。在“个性承诺”方面，主要引导党员立足岗位，结合自身特点，围绕解决党员群众关心的实际问题，承诺办理1—2件看得见、摸得着的实事，防止承诺内容千篇一律，缺乏针对性、操作性。

“个体实施”与“团队协作”互补，促真诚践诺。各县（市、区）组织基层党组织建立“党员承诺台账”，将党员承诺内容按照服务发展、结对帮扶、宣传引导、改革创新、志愿服务等类别进行分类；在此基础上，各基层党组织将年度重点工作任务对照“党员承诺台账”划分的类别和每个类别党员人数，进行初步分解立项。对党员承诺事项和党组织分解任务中较为简单、党员个人可完成的项目，由党员个人按照承诺书明确的目标、完成时限等要求有序推进。对实施难度大、时间跨度长、涉及面广的项目，由党组织综合项目性质、特点、难度以及承诺党员人数等因素，采取组建团队共同推进、建立流水线分工负责等形式，组织推进。

“个人自评”与“组织考评”结合，促民主评诺。把民主评诺作为促进党员学习和做合格党员的重要抓手，采取党员自评和组织考评相结合的方式组织实施，确保考评结果民主公正。“个人自评”方面，明确党员对照承诺内容和践诺情况，每季度开展一次自评活动，同时，注重把践诺过程中所想所感融入“两学一做”学习教育中，形成“学习微体会”，自评情况和“学习微体会”撰写情况作为个人践诺自我鉴定重要参考。“组织考评”方面，党组织在“两学一做”学习教育每个专题学习讨论中，组织党员汇报践诺情况，根据党员汇报情况打分，并帮助纠正和解决存在问题。

泉州市推进电话实名制打击虚假信息诈骗犯罪

虚假信息诈骗犯罪是当前社会普遍关注的热点，是一种新型犯罪手段，严重侵害人民群众财产安全和合法权益。根据工作安排，市人大常委会对“一府两院”关于防范打击虚假信息诈骗犯罪工作情况进行专题询问。

询问中，有市人大常委会委员问及电话实名制情况。通管办答复，按照国家工信部近期下发的通知要求，各电信企业要采取措施，坚决杜绝代理商批量开卡、养卡问题，各基础电信企业要确保在2016年12月31日前本企业全部电话用户实名率达到95%以上，2017年6月30日前全部电话用户实现实名登记。

近年来，泉州市还大力搭建专业平台，推进市、县（市、区）反诈骗中心建设，科学整合公安部门、银行机构、通信运营商等资源和力量，搭建反诈骗一体化平台，提升防范打击效果。全市已建立市级和丰泽、晋江、石狮、南安、安溪、永春7个反诈骗中心，建成投用数量全省最多，初步形成“以专对专、技术反制”的打击新模式。

“精准医疗的基础与应用”国际研讨会在泉州举行

由福建医科大学附属第二医院主办的“精准医疗的基础与应用”国际研讨会在泉州举行。随着基因组学、蛋白组学及代谢组学等学科的飞速发展，精准医疗的概念已逐步深入到临床医务工作者的脑海中，不仅能够实现精准的疾病分类和诊断，为患者提供最大疗效和最小毒性的治疗方案，也能够更为有效地使用医疗资源。近年来福建省在该领域的研究已取得一定进展，但仍处于初级阶段。研讨会邀请日本著名遗传代谢病专家——“citrin缺陷病”发现者、鹿儿岛大学生化研讨室佐伯武赖教授，著名神经病学专家——“HAM病”发现者之一、鹿儿岛大学难治性疾病教研室出云周二及久保田教授，代谢组学专家、松本生命研讨所张春花博士以及国内中科院生物物理研究所姬广聚教授等专家，就精准医疗的临床与基础研究、相关诊治的国内外发展状况等进行探讨。

郑新聪到安溪县调研

市委书记郑新聪到安溪县，宣传贯彻习近平“七一”讲话精神，现场办公协调解决企业和项目问题。

郑新聪指出，要积极听取企业的需求和建议，围绕光电产业发展做好相关规划；完善城镇配套，强化从镇区到园区的道路、绿化、立面改造；引进优质教育、医疗资源，提供优质住房保障；研究出台灵活人才政策，建好人力资源供需对接平台，多措并举助推光电产业园成长为全市发展新的增长极。

新聪强调，各地要迅速行动，掀起学习习近平“七一”讲话精神热潮。习近平讲话以“不忘初心、继续前进”为主题，鲜明提出“八个坚持”“四个自信”等重要论断，是指引党奋力推进中国特色社会主义伟大事业和全面推进党的建设新的伟大工程的纲领性文献。要按照中办通知和省委常委会要求，坚持领导带头，组织党员原原本本学习，真正入脑入心、外化于行。要细化方案、周密安排，通过党委（党组）中心组学习、专题研讨、宣讲等方式，扩大学习覆盖面。要增强学习效果，凝聚起推动发展的强大合力。

就抓好当前各项工作，郑新聪指出，当前县一级换届进入关键时期，要做好代表、委员产生工作，起草好党代会等系列报告，按照相关程序和规范开好会议，做好干部思想工作，保持干部队伍安定稳定。要抓好稳增长、促转型、引增量、防风险、抓脱贫、优服务的各项工作，保持经济社会持续健康发展。要抓紧新任干部党规党纪和业务培训，学习贯彻党内问责条例，深化“两学一做”学习教育，强化落实主体责任和监督责任，开展防洪防汛防台维稳等各项培训，确保各项工作平稳交接。

康涛调研“数字城管”平台建设运行情况

市长康涛带领市直相关部门和鲤城、丰泽、洛江、泉州开发区负责人到市城管办监督指挥中心调研“数字城管”平台建设和运行情况，并研究解决有关问题。副市长张永宁、市政府秘书长吴友才参加调研。在了解“数字城管”平台运行情况后，康涛召开协调会，就视频系统接入、信息采集模式、绩效奖惩机制等问题进行研究，要求相关部门的城市监控视频系统端口接入上予以支持，实现“数字城管”平台与市区视频监控系统间的信息资源共享。

就提升城市管理水平，康涛要求，要加强组织领导，建立有效协调机制，发挥市城管办职能作用，进一步理清事权，优化职责分工，落实好市、区管理责任；市区两级有关部门要加强力量，加大投入，密切配合，形成齐抓共管、常抓不懈的工作态势。要根据岗位实际需求，选聘专业人员，充实提高队伍素质；整合“数字城管”和考评中心工作职能，建立综合考评机制。要制订长远规划和阶段目标，将“数字城管”纳入城市规划建设管理提升工作中，细化任务，明确中、近期阶段性目标和时间安排，确保取得阶段性成效。要加大宣传力度，营造“家园共造”的良好氛围，增强群众的认同感、获得感和责任感，调动群众积极性，掀起全民参与城市管理的热潮，实现城市管理向城市治理的转变。

市政府第一〇一次常务会议召开

市长康涛主持召开市政府第一〇一次常务会议。会议研究《泉州市市级政府投资房建市政项目代建制管理规定》。会议通过《泉州市市级政府投资房建市政项目代建制管理规定》。会议指出，随着中心市区城市建设的加快推进，现有项目建设组织力量相对薄弱、部分建设单位缺乏专业力量、项目建设管理队伍不稳定等问题日益凸显。对市级政府投资的房建、市政项目实行代建制管理，有利于进一步提高项目质量、安全生产管理水平和投资效益。会议要求，要明确责任，厘清建设单位和代建单位的权责事项。住建部门作为房建、市政项目代建工作的主管部门，要履行好对代建单位的管理监督职责，培养和打造一批专业性较强的代建单位和人才队伍；要发挥统筹协调职能，及时协调解决项目代建过程中出现的问题，同时总结推广成功经验，使代建制逐步走向规范化、专业化。相关部门要根据各自职责做好项目代建的配合工作，共同推动城市建设水平再上新台阶。

7月4日

星期一
农历丙申年六月初一
温度：27℃—33℃
多云

●郑新聪到安溪县，宣传贯彻习近平“七一”讲话精神，现场办公协调解决企业和项目问题。

●康涛带领市直相关部门和鲤城、丰泽、洛江、泉州开发区负责人到市城管办监督指挥中心调研“数字城管”平台建设和运行情况，并研究解决有关问题。

●市政府第一〇一次常务会议召开，研究并通过《泉州市市级政府投资房建市政项目代建制管理规定》。

●由市教育局主办的首届“泉州市教育信息化创新与发展”论坛举办。

7月5日

星期二
农历丙申年六月初二
温度：27℃—34℃
多云

●市委常委（扩大）会召开，专题学习习近平在庆祝中国共产党成立95周年大会上的讲话精神和省委常委会精神。

●市委常委会召开，传达全省“两学一做”学习教育座谈会精神，研究部署泉州市下阶段学习教育工作。

●中国晚报协会“一带一路”旅游城市媒体联盟在河南开封成立，泉州晚报与32家城市晚报成为联盟首批会员。

●鲤城区、丰泽区5761名小学毕业生参加6所公办中学初中招生电脑派位。

●由福建师范大学美术学院等主办的2016中外艺术家泉州对话《回归与融合》第二届国际当代陶瓷驻地创作与展览启动仪式在德化县万旗艺术中心举行。

市委常委（扩大）会学习习近平在庆祝建党95周年大会上的讲话精神

市委常委（扩大）会召开，专题学习习近平在庆祝中国共产党成立95周年大会上的讲话精神和省委常委会精神。市委书记郑新聪主持会议，市委常委参加会议，市人大常委会党组、市政协党组主要负责人等列席会议。会议传达学习中办有关通知要求和省委常委会精神。市委常委，市人大常委会党组、市政协党组主要负责人结合泉州实际和各自工作，交流学习心得。

市委书记郑新聪表示，作为党员领导干部，要有“革命理想高于天”的崇高追求，增强“四个自信”，自觉在“八个坚持”指引下“继续前进”，凝心聚力推进伟大事业和伟大工程。市委副书记、市长康涛表示，“不忘初心，继续前进”，对于政府来讲，就是要抓好最根本、最本质的事情，扭住发展第一要务，激发改革开放创新，站在人民立场，把市民的期待变成行动。市委副书记周银芳表示，贯彻讲话精神应做到，改革要执着、要求实、要有方、要碰硬、要实效，强化责任担当。市人大常委会党组书记、主任陈万里表示，“要把人民放在心中最高位置”，就要求市人大必须发挥立法的引领推动、监督的督促落实、决定的凝聚共识、任免的组织保证作用。市委常委、政法委书记许昆贞表示，全市政法干警要发挥先锋模范作用，牢记职责使命，敢于担当，维护社会安定稳定，营造良好的社会环境。市委常委、秘书长、统战部部长翁祖根表示，党的领导干部应时时保持理论上的清醒、政治上的坚定，加快知识更新、加强实践锻炼，扎实做好本职工作。市委常委、市纪委书记温惠榕表示，党的建设关系重大、牵动全局，反腐倡廉、拒腐防变必须警钟长鸣。要坚定全面从严治党的决心，坚持作风建设永远在路上。市委常委、常务副市长林伯前表示，“初心”就是为人民服务，就是永远保持对人民的赤子之心。党的十八大把生态文明建设纳入“五位一体”的总体布局，这也是不忘初心的题中之义。市委常委、泉州军分区司令员林俊其表示，要坚定政治定力不等不靠，认真履行本职职责，加强党的“五个建设”，坚强党委集体领导，发挥核心领导作用。市委常委李建辉表示，党员领导干部要坚持党的领导核心，坚定理想信念、增强自信；牢记发展第一要务，强化创新驱动，用好改革“利器”；聚天下英才，创复兴伟业。市委常委、组织部部长孔繁军表示，要理解“不忘初心、继续前进”的重大意义、丰富内涵和内在联系，增强“四种意识”、坚持“四个自信”，更加坚定马克思主义信仰。市政协党组副书记、副主席吴共湖表示，要理解“不忘初心，继续前进”的精髓要义，把懂政协、会协商、善议政贯穿履职全过程，多建睿智之言，多献务实之策。

就当前及今后一段时期组织学习贯彻习近平“七一”讲话精神，会议提出三点要求：一要作为当前重要政治任务。各级党组织要按照中办通知和省委常委会要求，抓好理论武装，贯穿于“两学一做”学习教育全过程。党员领导干部要率先垂范、先学一步，坚定理想信念，坚定不移地贯彻“五位一体”总体布局、“四个全面”战略布局。二要细化学习贯彻安排。细化学习安排，制定详实方案，指导推动各级党组织尤其是基层党组织深入学习，在全市迅速掀起学习贯彻热潮。三要增强学习贯彻实效。按照中办通知“五个结合”要求，注重以学促做、知行合一，引导党员干部勇于担当、务实苦干。

市委常委会传达全省“两学一做”学习教育座谈会精神

市委常委会召开，传达全省“两学一做”学习教育座谈会精神，研究部署泉州市下阶段学习教育工作。市委书记郑新聪主持会议，市委常委参加会议，市人大常委会党组、市政协党组主要负责人等列席会议。会议要求，要压实主体责任，督促县乡“一把手”落实“第一责任人”责任，把压力传导到基层、到村一级；各学习教育协调小组成员单位要根据职责分工，主动配合做好相关工作。要以县乡村学习教育为重点，抓好党规党纪教育，抓好整顿软弱涣散基层党组织、党员组织关系集中排查、提升基层党建特色品牌等工作，强化政治功能和服务功能。要推动真学真做，把学习贯彻习近平“七一”讲话精神贯穿“两学一做”学习教育全过程，宣传优秀共产党员先进事迹，引导党员对照标杆、以学促行，争做“四讲四有”合格党员。

郑新聪就泉州转型发展接受福建电视台专访

福建电视台综合频道《新闻启示录》栏目，播出《“解码新常态”之地市实践篇》，聚焦泉州转型发展成效。市委书记郑新聪在节目中，讲述泉州市推广“数控一代”“智能制造”应用、改造提升传统制造业、推动供给侧结构性改革的创新举措。

郑新聪介绍，自2014年起，泉州在科技部、工信部、中国工程院等国家部委和省里的支持下，推广“数控一代”“智能制造”应用。近3年，全市规模以上企业生产过程装备数控化率每年提升近10%。为解决用工紧缺的问题，泉州通过示范引导、奖励补助、专家“问诊”等方式，让智能工厂、数字化车间逐步普及。为突破人才技术、创新要素积累不足的瓶颈，泉州开创“创新平台+高端人才”“职业教育+产业工人”“团队+项目”等模式，集聚33个高端平台，引进700多位高层次人才，2015年新增高技能人才1万多名，吸引20个服务机构注册落地。为逐步摆脱对进口设备的依赖，泉州每年拿出超亿元资金，开发纺织、鞋业、食品、茶叶、石材等首台套数控设备，乘势发展千亿智能装备产业，自主研发出许多技术含量高、适销对路的产品。

在郑新聪看来，泉州推动供给侧结构性改革，就是要转变发展方式，以消费需求为导向，推进制造端的产品、工艺、装备、管理和商业模式等方面的综合创新。郑新聪手持泉州通达公司生产的手机外壳，用案例来讲述泉州企业的创新故事。郑新聪介绍，这样一个巴掌大的外壳，涉及外观设计、后续组装、天线信号处理等多个精度加工环节。过去这家做家电面板的53333.6平方米地工厂，转型后的供货量占到华为、小米、OPPO等品牌的两成，每年产值24亿元、税收1亿元。而在企业转变提升的过程中，数控设备的运用，让良品率从原来的30%提高到80%。郑新聪指出，这正是泉州数控装备制造，产业链上下延伸、左右拓展，携手发展的生动体现。郑新聪还介绍泉州传统制造业转型升级的几种典型的模式。如上下延伸、左右拓展，从低端到中高端；如线上线下、跨界融合，从单打到抱团；如“+新技术、+新功能”，从一般消费品到可穿戴设备。

全市防御“尼伯特”台风视频会议召开

全市防御“尼伯特”台风视频会议召开，对防御台风工作进行全面动员和部署，提出具体措施和明确要求。会前，市委书记郑新聪就防御“尼伯特”作出批示：全市上下要高度警惕，及早准备，落实责任，细化部署，加强落实，确保人民群众的生命和财产安全。市长康涛作出批示：各级各部门要结合实际，提高警惕，提早防备，认真抓好贯彻落实。副市长、市防指总指挥林万明作具体工作部署。

会议要求，全市各类防汛责任人都要提前做好防台抗灾一切准备，及时有效处置可能发生的险情、灾情，及时转移受威胁、有危险的群众。要停止一切海上及临海施工活动，确保所有出海作业渔船和过往的船只全部进港避风，作业人员撤离上岸；要关闭沿海各港口码头、渡口渡船、旅游景区景点和海滨浴场，及时疏散并禁止游客游玩。要提前加固沿海平原地带和城区高空设施、高空悬挂物，全面检查各小区楼房墙壁和门窗情况。全市所有高校、中小学校、幼儿园要全部取消辖区的暑期夏令营户外活动，做好留校学生的服务和安全管理工作。要启动地质灾害群测群防工作机制，对地质灾害重点防控乡镇的各地灾隐患点进行24小时不间断巡查监测。要对水库、山塘、水闸、沿海堤防进行巡查、值守、监测及防洪排涝调度，并开展乡村河道溪流清淤清障疏浚，以确保排洪顺畅；要组织对防洪排涝设施开展全面过细的检查、维修、养护，确保安全运行；要全面停止水利、交通等在建工程施工，做好施工人员、设备转移撤离准备和防洪风险的保障措施落实。要提前集结抢险救灾队伍，做好抢险救灾物资储备。

会议现场　（图/市防汛办）

7月6日

星期三
农历丙申年六月初三
温度：27℃—34℃
多云

●福建电视台综合频道《新闻启示录》栏目，播出《“解码新常态”之地市实践篇》，聚焦泉州转型发展成效。郑新聪在节目中，讲述泉州市推广“数控一代”“智能制造”应用、改造提升传统制造业、推动供给侧结构性改革的创新举措。

●郑新聪、康涛就防御台风“尼伯特”作批示。

●全市防御“尼伯特”台风视频会议召开。

●吴共湖到南安市蓬华镇开展结对帮扶活动。

●国家工业和信息化部公布2016年智能制造试点示范项目名单，泉州2家企业入选。

7月7日

星期四
农历丙申年六月初四
温度：28℃—35℃
多云转阴

●郑新聪、市长康涛到市防汛抗旱指挥部，了解“尼伯特”台风路径走向和对泉州市可能造成的影响，召开全市防御“尼伯特”台风工作视频会议，针对各地防台工作提出具体要求，并作全面动员和部署。

●省总工会调研组到市公共文化中心的工人文化宫建设工地现场，向生产一线的建筑工人送上降温物品。

●由市总工会、市文明办、市关工委、市工商联、东南早报等主办的泉州市2016年金秋助学活动启动。

●由石狮市委组织部、团市委主办的“红色基因·我们传承”石狮市机关青年主题演讲比赛决赛举行。

●7—10日，首届中国茶都·安溪茶叶包装新品发布会在安溪县金融行政服务中心举行。

郑新聪 康涛部署防御“尼伯特”台风工作

市委书记郑新聪、市长康涛到市防汛抗旱指挥部，查看卫星云图，了解“尼伯特”台风路径走向和对泉州市可能造成的影响，召开全市防御“尼伯特”台风工作视频会议，听取气象、水文、海洋渔业、市政、国土、住建等部门和各县（市、区）防台工作落实情况汇报，针对各地防台工作提出具体要求，并作全面动员和部署。市领导林俊其、林万明、农刚参加会议。

郑新聪强调，要精准灵敏预警，协同联动严阵以待。防汛、气象、水利、水文、海洋渔业等部门要全程跟进，加密预报、及时通报。各类新闻媒体、网络渠道要不间断、滚动发布台风动态和预警信息。要盯紧重点难点，分兵把口严防死守。紧盯重点区域、重点部位、重点目标，采取果断有力措施。沿海县（市、区）、海洋渔业、海事部门要做好安全撤离工作，出海作业渔船全部就近进港避风，沿海养殖渔排上人员全部撤离上岸，过往船舶全部回港避风，海上及临海施工活动全部停止。加强安全管理，动态掌握各类船只进港避风和沿海渔排养殖人员上岸情况。加强各类船只管理，严防私自出海作业。对广告牌、高空设施、建筑工地、高空悬挂物、电力、电信、道路、绿化等进行全面检查、加固和拆除。沿海各港口码头、渡口渡船、旅游景区景点和沿海大排档、海滨浴场一律关闭；组织对临海、临江、居民住所、临水的在建工程、港口码头、工地厂房、海堤、水闸、低洼地带等进行全面检查；各类建筑工地一律停工；及时组织进港避风船只有序停靠。加强水库、水闸、堤防的巡查、监测，对部分高水位运行的水库、山围塘要果断采取预排预泄方式；国土部门和山区县（市）、乡镇、村要启动地质灾害群测群防机制，对山区临水、临崖和矿区等危险地带再排查；要严防潮水顶托造成城市内涝；适时关闭停运高速公路、机场、港口、码头。要果断有力处置，把保障群众生命财产安全放在第一位。

康涛要求各地各部门要把各项工作要求和防御措施落实到乡镇、村，落实到基层各单位，落实到各防汛责任人。要做好各级防汛岗位的新老交接工作，强化防汛业务指导，加强协同协作，确保各项防御工作有序衔接。要抓紧抓实各项准备工作，对渔船进港、人员转移、景点关闭、腾库迎洪、管网疏浚、应急保障、巡查值守等重点环节和工作进行再过细再检查。

郑新聪、康涛部署防台防汛工作　（图/市防汛办）

2016年金秋助学活动启动

由市总工会、市文明办、市关工委、市工商联、东南早报等主办的泉州市2016年金秋助学活动启动。助学对象主要是国家助学体系尚未覆盖，或已覆盖到但仍需进一步帮扶的困难职工家庭的就学子女，重点关注艰苦行业困难职工中被录取到公办职业技术学院的就学子女，包括以下三类困难职工家庭：一是家庭人均收入低于当地最低生活保障线，经政府救助后仍生活困难的职工家庭；二是家庭人均收入虽略高于当地最低生活保障线，但由于患病、子女上学、残疾、单亲及其他特殊原因造成生活困难的职工家庭；三是因职工本人或家庭成员遭遇突发事件、意外伤害、重大疾病或其他特殊原因导致生活困难的职工家庭。此外，帮扶对象为困难农民工的，应符合以上条件且须加入工会组织。值得一提的是，2016年助学标准较往年有所提高。对符合资助条件的，本科生每人资助3500元，大专生每人资助3000元，中专或职校（高中）生每人资助2000元，高中生以下的资助1000元；结对资助的一般每年不低于5000元。

省市领导检查防台防汛工作落实情况

省长于伟国到泉州等地检查防台防汛各项工作落实情况。于伟国强调，各级各部门要落实“预警到乡、预案到村、责任到人”的防灾减灾机制，靠前指挥、值班值守，防止工作脱节；要在已经转移海上渔船渔排人员的同时，及时做好陆地危险区域人员的转移避险；要高度重视城市防洪排涝，提前调度部署抢险力量，做好救灾应急物资储备；要加强宣传发动，提高群众防灾意识和自救能力。

市委书记郑新聪要求全市各级各有关部门贯彻全省防御视频会省委书记尤权讲话精神和于伟国指示要求，落实省、市防指的防御部署要求。随后，郑新聪到惠安县防汛抗旱指挥部，对防御台风作进一步安排部署。郑新聪反复叮嘱，要杜绝麻痹大意思想，坚守岗位、强化巡查、果断撤离，做好群众思想工作，严防擅自返回，严禁防台期间讨小海等海上生产经营活动。郑新聪强调，各级各部门要深入基层逐项逐条检查防御工作，把各项措施抓实、抓细、抓到位。要做好抢险救灾应急准备，全面落实兵力、人员、物资准备。要灵敏协调调度，各级各部门都要听从市、县防汛抗旱指挥部的统一指挥和调度，及时沟通、冷静应对。

市长康涛到永春、德化、南安察看避灾点、抢险物资仓库、地灾隐患点、水库等地的台风防御准备工作。康涛强调，各级各部门要密切关注台风路径动向，紧盯雨情水情，决不能麻痹大意；干部职工要坚守岗位，加强巡查值守，重点关注高陡边坡等地灾隐患点、各类水库等重要区域；要做好地灾点群众转移工作，在隐患消除前，要防止群众返回地灾点；要完善各类防灾应急预案，做好应急抢险队伍集结和抢险物资准备工作，提高应急处置能力。

同日，市领导陈万里、周银芳、许昆贞、温惠榕、林伯前、林俊其、李建辉、孔繁军、吴共湖、吕竞、卢炳椿、陈灿辉、张永宁、农刚、苏小青，分赴惠安、石狮、丰泽、安溪、泉州台商投资区、泉港、晋江、南安、洛江、鲤城、德化、永春、泉州开发区等地检查台风防御、防洪排涝工作，市防指总指挥林万明坚守市防汛指挥部坐镇指挥防御台风工作。

国家防总工作组到泉州检查防台风工作

8—9日，国家防总派出工作组检查泉州市防御台风“尼伯特”工作。市委书记郑新聪，市长康涛，副市长、市防指总指挥林万明参加相关活动。工作组到晋江深沪国家中心渔港、晋江金井海堤和石壁水库，检查沿海渔船回港避风、海上作业人员安全转移、水库预排预泄调度情况，并听取全市防台风工作情况汇报。工作组对泉州市防台风各项工作有序有效、措施有力、重点突出、责任落实、准备充分、应对灵敏表示满意和肯定。工作组要求，台风登陆前后要重点抓好防风防雨两个关键环节，一是严防强风引发的高空设施坠物伤人，发生意外事故；二是防范强降雨导致的城区内涝灾害和山区引发山洪地灾，以及水库、水闸、堤防发生险情灾情事故。

国家防总工作组在泉州检查防台风工作（图/市防汛办）

2016年台南大（中）学生海西乡土文化研习营文化讲座在泉州举行

2016年台南大（中）学生海西乡土文化研习营文化讲座在泉州师范学院举行。两岸师生和志愿者等百余人参加活动。2016年台南大（中）学生海西乡土文化研习营由台盟中央委员会主办、台盟福建省委员会承办，在一周时间内，营员们走访厦门、武夷山、泉州等地，以体验文化为主，风光览胜为辅，是一次追寻文化根源、探访先人足迹的旅程，旨在促进两岸文化交流，加深台湾青年学子对祖国大陆的了解。在讲座上，泉州师院闽南文化研究基地主任林华东教授为全体营员作题为《闽南文化与海上丝绸之路》的讲座。当晚举行闭营仪式，之后举办联欢晚会。两岸学生同台上演，分别表演琵琶独奏、声乐独唱、流行演唱、南音等节目。

7月8日

星期五
农历丙申年六月初五
温度：25℃—33℃
中雨转暴雨

●8—9日，国家防总派出工作组检查泉州市防御台风“尼伯特”工作。

●省、市领导检查防台防汛工作落实情况。

●全省法院、工会推进职工维权工作现场会在石狮市召开。

●由泉州市经信委、晋江市政府主办的2016年海峡两岸大学生设计工作坊启动仪式在晋江市国际工业设计园举行。

●2016年台南大（中）学生海西乡土文化研习营文化讲座在泉州师范学院举行。

●泉州市连城商会成立。

7月9日

星期六
农历丙申年六月初六
温度：24℃—27℃
暴雨转中雨

●尤权与郑新聪通电话，关心泉州防御台风有关情况。国家防总工作组到市防汛抗旱指挥部，检查指导泉州市防御工作。郑新聪、康涛坐镇市防汛抗旱指挥部，再次就各地防御重点提出针对性要求。

●13时45分，2016年第1号台风“尼伯特”以强热带风暴级在石狮市再次登陆，中心最大风力10级。

●市重点流域水环境综合整治工作领导小组办公室印发《泉州市水污染防治2016年度计划》，全市计划投资约30亿元，重点突出小流域环境综合整治。

●省科协公布第六批福建省院士专家工作站名单，在全省27家院士专家工作站中，泉州有7家入选。

省市领导部署防台防汛工作

省委书记尤权与市委书记郑新聪通电话，关心泉州防御台风有关情况。尤权要求泉州要把人民群众生命安全放在第一位，要继续巩固这几天工作成效，要把各项措施再细化再落实，要保持思想不麻痹、不放松。

国家防总工作组到市防汛抗旱指挥部，检查指导泉州市防御工作，并对泉州市有序有效开展防台防汛各项工作、在风势减弱的情况下毫不松懈做好最后坚守的做法给予肯定。

市委书记郑新聪、市长康涛坐镇市防汛抗旱指挥部，了解台风最新动态，研判后续发展情况，并通过视频连线，实时了解德化、永春、南安、安溪等地风情、雨情、水库水位，再次就各地防御重点提出针对性要求。郑新聪强调，各地要贯彻落实尤权的要求和国家防总工作组的要求，抓住有限时间做足充分准备。一定要巩固前一阶段的成效，看住转移安置和上岸的群众确保不回流，防止沿海居民下海滩讨小海；看住已在港避风的船，防止擅自上船出海；新旧地灾点上午要再去查看，有隐患立即处置，并撤离人员；要对水库、山围塘等加强水位观测和科学调度；要做好抢险救灾应急准备，充实兵力、市政抢险队伍、应急电力和物资，确保能第一时间排涝和抢修水、电设施。康涛要求各地各部门要层层落实责任，高度警惕台风登陆带来的后续影响，细化落实转移人员安置、巡查值班值守、抢险应急保障等重点环节和工作，及时有效处置可能发生的险情、灾情。副市长、市防指总指挥林万明参加相关活动。

2016年第1号台风“尼伯特”登陆石狮市

13时45分，2016年第1号台风“尼伯特”以强热带风暴级在石狮市再次登陆，登陆时中心附近最大风力有10级(25米/秒)，中心最低气压为990百帕。受其影响，福建中部沿海地区发生暴雨到大暴雨，局部特大暴雨，造成莆田、闽清、永泰等多地内涝严重。登陆后，“尼伯特”以每小时15千米左右的速度继续向西北方向移动，强度逐渐减弱。

泉州市水污染防治年度计划出台

市重点流域水环境综合整治工作领导小组办公室近日印发《泉州市水污染防治2016年度计划》，全市计划投资约30亿元，重点突出小流域环境综合整治。

相关链接：根据国家《水污染防治行动计划》和《福建省水污染防治行动计划工作方案》、市政府《关于印发水污染防治行动计划工作方案的通知》中确定的年度工作任务，2016年，全市重点推进工业污染防治、城镇生活污染治理、农业农村污染防治、船舶港口污染控制、水资源节约、水环境管理、保障水生态安全、近岸海域生态环境保护、健全市场机制和提高监管水平十个方面58个项目。为严格落实责任，确保水污染防治工作顺利有序开展，泉州市还建立目标任务考核制度，考核各地水质目标完成情况和年度计划任务完成情况，并将其纳入县（市、区）党政生态环保目标责任书进行考核。

2016年水污染防治主要目标：全市主要流域水质优良（达到或优于Ⅲ类）比例达100%，Ⅰ—Ⅱ类水质比例达53.33%以上；辖区内问题突出的小流域得到有效治理，达到年度考核目标。市级集中式水源地水质全部达到或优于Ⅲ类，县级集中式水源地水质达到或优于Ⅲ类的比例达95%以上；近岸海域水质优良（Ⅰ、Ⅱ类）比例达72%；主要湖库水质达标率力争达60%。各地完成党政领导生态环保目标责任书确定的城市黑臭水体年度消除目标。

泉州7家工作站入选第六批省院士专家工作站名单

省科协公布第六批福建省院士专家工作站名单，在全省27家院士专家工作站中，泉州有7家入选。新增的7家省级院士专家工作站分别为嘉泰数控科技股份公司院士专家工作站、泉州华中科技大学智能制造研究院院士专家工作站、福建省物联网科学研究院院士专家工作站、石狮华宝新材料工程有限公司院士专家工作站、泉州理工职业学院院士专家工作站、兴业皮革科技股份有限公司院士专家工作站、南威软件股份有限公司院士专家工作站。此外，信和新材料股份有限公司院士专家工作站被授予“福建省院士专家示范工作站”称号。近年来，市科协推进院士专家工作站组建工作，围绕全市产业发展特点和企业在创新中的技术需求，促进科技创新与经济发展紧密结合。

康涛到惠女水库检查调研

市长康涛带队到惠女水库调研，察看水库运行和防汛备汛情况，并就安全度汛工作提出要求。市政府秘书长吴友才参加调研。

康涛强调，全市各水库要加大运行管理力度，完善应急处置预案，强化科学防洪调度，形成防汛长效机制，确保安全度汛。康涛指出，随着经济社会发展和城镇化步伐加快，惠女水库功能已逐步由灌溉向供水转型，成为惠安、泉港和台商投资区城乡居民生活和工业生产的应急备用水源，对泉州东部地区发展意义重大。在惠女水库纪念馆，康涛了解水库建设历史后指出，当前，泉州市正集中力量推进白濑水利枢纽工程等一批水利重大项目建设，各级各部门要按照市委、市政府重大项目前期工作活动年等部署，弘扬惠女精神，攻坚克难、艰苦奋斗，以高涨的干事创业激情，加快推进重大项目建设，为全市经济社会平稳持续健康发展作出新贡献。

“尼伯特”台风造成全市直接经济损失2.31亿元

截至是日15时，2016年第1号台风“尼伯特”造成全市直接经济损失2.31亿元。台风带来大量的蓄水。截至10日8时，全市19座大中型水库蓄水量6.5亿立方米，占汛限库容的74.44%，比7日增加6017万立方米。惠女、菱溪、陈田、石壁、坂头、五一等高位运行的大中型水库从6日起提前预排预泄，19座大中型水库通过开闸预泄或发电放水预排4700万立方米。未出现水库超汛限、各类河道水文水位站超警戒运行。

台风对泉州市主要造成城乡内涝、民房受淹、农田受淹、山体滑坡、房屋倒塌、水利设施损毁等洪涝灾害，导致渔业、建筑业、企业、交通运输业、市政设施、在建工地等各行业遭受不同程度的损失。截至10日15时，共有12个县（市、区）135个乡镇受灾，受灾人口7.04万人，转移人口5.24万人，房屋倒塌34间，农作物受灾面积169.85平方千米，其中成灾面积68.01平方千米，绝收面积17.02平方千米，因灾减产粮食2.09万吨，水产养殖损失7.04平方千米0.75万吨；停产工矿企业13个，公路中断10条次，机场港口关停1个次，供电中断12条次，通讯中断7条次；损坏堤防21处，长度0.230千米，损坏护岸72处，损坏水闸12座，损坏灌溉设施153处，损坏水电站1座。全市直接经济损失2.31亿元，其中农林牧渔业直接经济损失0.87亿元、工业交通运输业直接经济损失0.94亿元、水利设施直接经济损失0.2亿元、其他损失0.3亿元。

台风来临前，边防官兵帮助渔民加固缆绳和防撞轮胎

（图/陈晓东 刘文杰）

泉州女队获2016年福建少儿足球锦标赛冠军

10—15日，由省体育局主办，福建省足球运动管理中心、南平市体育局承办的2016年福建少儿足球锦标赛在南平市举行，泉州市女队获冠军，提前为泉州市体育代表团获得一枚2018年省运会金牌。共有10支男子组球队和9支女子组球队400多名运动员参赛。比赛实行“八人制”足球赛制，通过分组循环、交叉淘汰的方式，决出冠军队。参加比赛的基本上都是参加2018年宁德省运会的适龄球员。相比2015年，各支队伍间的差距正在逐步缩小。

2016年福建省青少年象棋锦标赛在南安市举行

10—14日，由省体育局、省教育厅主办，省社会体育指导中心承办，泉州市启德棋类俱乐部协办的2016年福建省青少年象棋锦标赛在南安市举行。全省各设区市的43支队伍531人参赛，分个人赛和团体赛，分设男、女青年组，男、女少年甲组，儿童丙组（男女混合组）5个组参加个人赛；男、女少年乙组、丙组，男、女儿童甲组、乙组8个组别参加个人赛、团体赛。泉州市代表队获得三个组别的团体冠军，成绩居各参赛队之首。

7月10日

星期日
农历丙申年六月初七
温度：26℃—30℃
中雨

●康涛带队到惠女水库调研，察看水库运行和防汛备汛情况，并就安全度汛工作提出要求。

●截至是日15时，2016年第1号台风“尼伯特”造成全市直接经济损失2.31亿元。

● 10—15日，由省体育局主办，福建省足球运动管理中心、南平市体育局承办的2016年福建少儿足球锦标赛在南平市举行，泉州市女队获冠军。

●10—14日，由省体育局、省教育厅主办，省社会体育指导中心承办，泉州市启德棋类俱乐部协办的2016年福建省青少年象棋锦标赛在南安市举行。全省各设区市的43支队伍531人参赛。

7月11日

星期一
农历丙申年六月初八
温度：26℃—30℃
小雨

●郑新聪到永春县调研。

●市政府党组（扩大）会议召开，专题学习贯彻习近平在庆祝中国共产党成立95周年大会上的讲话精神。

●市政府第一〇二次常务会议召开，研究《泉州市“十三五”旅游业发展专项规划》等。

●“海丝”先行区建设协调推进会议召开，听取各县（市、区）、泉州开发区、泉州台商投资区和市直有关部门关于“海丝”先行区建设的工作汇报，研究部署下阶段工作。

●互联网金融风险整治工作培训会召开。

●省委党校、福建行政学院非公企业党建教学基地在市委党校揭牌。

●全市数控与智能装备技术工人岗位提升培训活动启动。

●两岸大学生“海丝”聚落文化传统建筑调查夏令营暨学术研讨会开幕仪式在泉州市博物馆举行。

●11—13日，澳门教委及教专委“一带一路”考察团访问泉州，就促进两地教育交流与合作及“一带一路”建设等内容，与晋江一中、华侨大学开展交流活动。

●第12个中国航海日，泉州海事局举办海巡船艇公众开放日活动。

●鲤城区“爱在鲤城，携手成长”快乐暑期志愿服务活动启动。

●泉州晋江集成电路产业发展规划专家论证会在北京召开。

郑新聪到永春县调研

市委书记郑新聪到永春县，围绕学习贯彻习近平“七一”讲话精神，只争朝夕、全力以赴抓发展，开展项目、企业和经济调研，了解农村基层组织建设、美丽乡村发展成效。郑新聪要求，要自觉担当作为，把握发展主动权。一方面要接续奋斗，及时主动帮助企业排忧解难，抓好经济运行监测调度，密切防范金融风险。另一方面要开拓进取，推进“重大项目前期工作活动年”，推动传统产业焕发新活力，打赢精准脱贫攻坚战，做足做优生态经济、美丽乡村、健康养生、特色农业等文章，推动发展新旧动能转换，营造绿色、特色发展新优势。就县级换届工作，郑新聪要求，要周密组织推进，抓好换届后续工作，守好纪律，写好报告，开好会议，保持干部队伍安定稳定。各级干部要加强业务学习和实战锤炼，适应新形势、新风险的挑战和新岗位的要求，讲政治、守纪律、抓发展、作奉献，以实际成效回报组织，回报人民群众。

郑新聪在永春县调研　（图/陈起拓）

市政府党组（扩大）会议专题学习贯彻习近平“七一”讲话精神

市政府党组（扩大）会议召开，专题学习贯彻习近平在庆祝中国共产党成立95周年大会上的讲话精神。市委副书记、市政府党组书记、市长康涛主持会议并讲话。市政府党组成员参加会议、非中共党员副市长列席会议。会议传达学习中办有关通知要求和省委、市委常委会精神。会议指出，要把讲话精神学深学透，入心入脑。要结合“两学一做”学习教育，把学习讲话精神延伸拓展到基层，增强政治意识、大局意识、核心意识、看齐意识，同以习近平为总书记的党中央保持高度一致。要以讲话精神武装头脑、指导实践。围绕市委“五个泉州”决策部署，盯紧年初市《政府工作报告》确定的各项目标任务，统筹推进经济发展、改革创新和社会民生等各项工作。要加强市政府党组自身建设。坚持从我做起，有理想、有情怀，在学习讲话精神中作好表率，为全市政府系统党员、干部树立标杆。全面加强思想建设、作风建设、廉政建设、制度建设，提高市政府党组的思想政治水平、领导决策水平和推动发展水平。

互联网金融风险整治工作培训会召开

互联网金融风险整治工作培训会召开。会议邀请中国人民公安大学教授、博士生导师、二级警监王铼和中信信托信息技术部总经理初壮作专题培训，各县（市、区）相关负责人、在泉金融机构、准金融机构、交易场所负责人等参加培训。王铼作《互联网金融的刑事法律风险》专题讲座，从互联网金融的本质、风险防范的逻辑、法律溯源、展望等多个角度进行阐释。初壮则以《互联网+金融的维度》为题，以“互联网+”是一个新的社会维度的视角，介绍互联网金融的几个流派、互联网最重要的经济规律等，并指引企业如何争夺维度、提高维度。他们分别从法律和维度两个方面解析互联网金融发展现状、风险和未来趋势，并从思维创新、注重法律边界等角度对互联网金融未来的创新发展和风险防范进行分析。

两岸大学生“海丝”聚落文化传统建筑调查夏令营在泉州开营

由市文广新局、市文物局、市台联和市社科联主办的两岸大学生“海丝”聚落文化传统建筑调查夏令营暨学术研讨会开幕仪式在泉州市博物馆举行。两岸高校建筑及相关专业的学生参加活动，通过调研海上丝绸之路历史文化研究、传统村落的保护和传承、传统建筑遗产的价值认识及利用等问题形成研究论文，并组织专题研讨。活动旨在通过夏令营活动以及两岸大学生共同对闽南文化的探讨和

活动现场　（图/洪　旭）

省政府安办督查组到泉州督查

12—14日，省政府安办2016年上半年安全生产目标责任制暨重点工作落实情况督查组到泉州督查，听取泉州市安全生产工作情况汇报。汇报显示，根据统计，上半年全市发生各类生产安全事故178起，与2015年同期相比下降20.29%。全市发生2起较大事故，控制在省政府下达的目标范围内。2016年以来，泉州市把标准化建设作为安全生产工作的“牛鼻子”工程，通过典型示范带动、安全培训指导、规范评审制度等系列举措，提升企业本质安全水平。全市应达标的企事业单位15295家，已通过评审达标14185家，达标率超九成。其中有1224家工贸行业大中型企业实现达标，达标率95%。6036家小微企业实现达标，达标率近九成。

现代农业物联网建设培训会召开

现代农业物联网建设培训会召开，市农业局相关业务科（站）负责人，有关县（市、区）、台商投资区农业行政主管部门相关负责人，各县（市、区）拟建设农业物联网的38家农业企业近60人参加培训。培训会邀请北京专家授课，向学员介绍物联网设施、农场云管理平台、溯源系统、掌上农场APP等。为推动“互联网+”现代农业加快发展，探索农业物联网系统集成、重点领域和发展模式，提高农业信息化水平，促进农业省功省力、节本增效，泉州市从2014年起，在食用菌、果蔬、茶叶、畜禽养殖等特色优势产业中认定20个市级农业物联网应用示范点，市财政局、农业局、经信委下达2014年市级农业物联网应用示范项目建设补助资金80万元。2016年，泉州市继续推进物联网建设，培育一批网络化、智能化的现代“种、养、加”生态农业，并给予一定奖励。

相关链接：现代农业物联网通过传感、通讯、计算机网络技术及专家决策模型的研发应用，对农业生产环境及农业生产操作环节进行智能化监测控制，从而为农产品生长（生产）提供适宜的环境，提高农业劳动生产率、土地产出率、资源利用率及农产品安全率。

助农取款服务点可申请补贴

为调动助农取款服务点商户积极性，巩固助农服务覆盖面和提高服务点使用率，改善农村地区支付服务环境，提升农村金融服务水平，人民银行泉州市中心支行、市财政局、市金融工作局近日制定《泉州市银行卡助农取款财政补贴方案》。补贴对象为助农取款服务点商户，按服务点业务量给予补贴。助农取款服务点须报备辖区人民银行各县（市）支行确定；服务点按照有关要求，设置交易类型和限额。服务点须合规经营，未发生非法集资、民间借贷、盗取客户资金等重大风险事件。方案明确，按助农取款服务点业务量补贴，补贴标准为0.4元/笔，每半年封顶600元。服务点所在地属于市级贫困乡、贫困村的，补贴标准为0.6元/笔，每半年封顶900元。服务点商户属于市级贫困户的，补贴标准为0.8元/笔，每半年封顶1200元。助农取款收单机构于每半年后20个工作日内向辖区人民银行各县（市）支行提出助农取款业务补贴申请。

泉州三企业入选出入境检验检疫信用管理AA级企业

国家质检总局近日发布第5批获得出入境检验检疫信用管理AA级企业名单，福建省15家企业榜上有名，其中晋江恒盛玩具有限公司成为该批泉州市唯一获此荣誉的企业，也是福建省玩具行业唯一获此荣誉的企业。加上此前的泉州匹克鞋业有限公司、富贵鸟股份有限公司，泉州市共有3家企业获此称号。出入境检验检疫信用管理AA级企业，是国家质检总局授予的中国进出口企业信用管理的最高评级，是讲诚信、重质量的标杆。

安溪县2016年国家“双遗”技艺青年体验营开营

安溪县2016年国家“双遗”技艺青年体验营活动开营。体验营在素有“非遗技艺传承人摇篮”之称的安溪华侨职校和安溪茶校同步开营，为期12天，分两期举行。来自厦门大学、福州大学、福建农林大学等省内高校的80多名大学生，与藤铁、制茶工艺大师面对面交流，参与竹藤编技艺基础知识学习与实践，学习茶叶品鉴和安溪铁观音制茶工艺，开展竹藤编和制茶体验之旅。开营仪式上还举行“福州大学厦门工艺美术学院大学生藤艺研习实践基地”授牌仪式。主办方表示，通过活动宣传、弘扬安溪“双遗”技艺文化，让更多青年朋友接触、学习、热爱和传承安溪“双遗”的工匠精神和工匠技艺。

7月12日

星期二
农历丙申年六月初九
温度：27℃—31℃
阵雨

●12—14日，省政府安办2016年上半年安全生产目标责任制暨重点工作落实情况督查组到泉州督查。

●现代农业物联网建设培训会召开，市农业局相关业务科（站）负责人，有关县（市、区）、台商投资区农业行政主管部门相关负责人，各县（市、区）拟建设农业物联网的38家农业企业近60人参加培训。

●人民银行泉州市中心支行、市财政局、市金融工作局制定《泉州市银行卡助农取款财政补贴方案》。

●国家质检总局发布第5批获得出入境检验检疫信用管理AA级企业名单，晋江恒盛玩具有限公司成为该批泉州市唯一获此荣誉的企业。

●丰泽区法院与西南政法大学合作共建“教学科研实践基地”揭牌仪式举行。

●晋江市第六届悦读节之“寻找晋江最爱读书的孩子”读书创意展示大赛（擂台总决赛）在晋江市图书馆举行。

●安溪县2016年国家“双遗”技艺青年体验营活动开营。

7月13日

星期三
农历丙申年六月初十
温度：27℃—32℃
阵雨转多云

●市委常委会召开，分析上半年全市经济运行情况，部署下半年各项工作。

●2016年市政府与中级法院联席会议召开，回顾总结2015年府院良性互动工作情况，并围绕“规范破产重组，化解信贷风险”主题，协调解决相关问题。

●康涛与到泉州访问的瑞士施维茨州州长安德烈亚斯·巴劳特座谈。

●准金融机构评审专家库名单出炉。

●13—14日，泉州市紧急派出两批防疫消杀人员，赶赴福州市永泰县清凉镇，支援当地开展台风“尼伯特”灾后防疫消杀工作。

●第二届泉州工艺美术大师暨“天工奖”大赛颁证仪式及获奖作品展在中国闽台缘博物馆举行，150名工艺美术工作者被授予泉州市工艺美术大师称号。

●由市委宣传部、市文联、市双拥办等主办的庆祝中国人民解放军建军89周年泉州市文艺家“到人民中去”文艺演出在泉州市仁凤军休所举行。

●市委宣传部、文明办、讲师团，市文联、社科联，泉州晚报社、泉州广播电视台组织处级干部到南安市东田镇走访贫困户，对接帮扶工作。

●《财富》（中文版）发布《2016年中国500强》排行榜，9家泉州籍企业上榜。

市委常委会分析上半年经济运行情况

市委常委会召开，分析上半年全市经济运行情况，部署下半年各项工作。市委书记郑新聪主持会议。会议要求，要接续奋斗，加强经济运行监测调度，提高企业帮扶的精准度，守住金融风险底线，开展“重大项目前期工作活动年”，落实好市委、市政府年初分解下达的既定目标任务。要加快转型，主动对接省委关于创新驱动、供给侧结构性改革、现代服务业发展部署，落实好市里关于做好企业兼并重组、企业家培训、产业基金体系构建运作、“数控一代”扩面、综合创新平台建设、双创主体扶持等重点工作安排。

2016年市政府与中级法院联席会议召开

2016年市政府与中级人民法院联席会议召开。市领导康涛、周真平、陈灿辉、林万明，市中级法院院长欧岩峰等参加会议。会议要求，各级政府各部门要深化府院良性互动内涵，重点在金融管控、企业破产案件审理、生态环境审判等方面开拓新思路，加快探索当地政府与异地管辖法院良性互动机制；要加大应诉人员培训力度，全面提升行政机关应诉水平；要强化非诉行政执行工作，加强与法院在立案、审查、执行等环节的沟通协调，推广涉不动产非诉行政执行的“裁执分离”模式。

准金融机构评审专家库名单出炉

根据准金融机构相关法规政策规定和《泉州市准金融机构评审专家库管理暂行规定》，泉州市公布准金融机构评审专家库专家名单，专家库实行动态管理，原则上每3年更新一次，旨在促进小额贷款公司、融资性担保公司、典当行等准金融机构的设立和变更等工作更具规范性、权威性和科学性，体现公平、公正原则，发挥专家在行业政策研究、机构设立及变更评审、监管工作的作用。此次公布的纳入准金融机构评审专家库专家共15人，从专家库人员所从事的职业分布构成看，有会计师事务所注册会计师、资产评估房地产土地评估从业人员、银行工作人员、律师事务所从业律师、院校教师等。入选专家库的专家，必须坚持原则、公正廉洁、责任心强，遵纪守法、服从管理、自觉接受监督；熟悉小额贷款公司、融资性担保、典当行等准金融机构方面的法律法规和政策规定；从事相关专业领域工作10年以上且熟悉行政许可、项目评审等流程和相关规则。专家库专家可接受市金融工作局的委托，担任小额贷款公司、融资性担保公司、典当行等准金融机构设立及变更事项的审核工作；依法对申请材料、相关资料及文件等独立进行审阅并提出评审意见，不受任何单位或个人的干预；接受市金融工作局等监管部门的委托，对小额贷款公司、融资性担保公司、典当行等准金融机构财务状况、注册资本金使用状况等专项进行审查。

第二届泉州工艺美术大师暨“天工奖”大赛颁证仪式举行

第二届泉州工艺美术大师暨“天工奖”大赛颁证仪式及获奖作品展在中国闽台缘博物馆举行，150名工艺美术工作者被授予泉州市工艺美术大师称号。图为颁证仪式。（图/吴寿民）

庆祝中国人民解放军建军89周年泉州市文艺家“到人民中去”文艺演出举行

由市委宣传部、市文联、市双拥办等主办的庆祝中国人民解放军建军89周年泉州市文艺家“到人民中去”文艺演出在泉州市仁凤军休所举行。图为演出现场。（图/陈智勇）

2015年闽台（泉州）食品交易会在晋江市举行

14—17日，由福建省食品工业协会、台湾地区食品发展协会、台湾整厂发展协会、台湾包装设计协会、欧中食品文化交流协会主办，晋江市食品行业协会承办的2015年闽台（泉州）食品交易会（以下简称“食交会”）在晋江市SM国际展览中心举行。该届展会专业化、国际化、规模化、商业化、市场化、联盟化六大特色更加突出，吸引境内外311家企业参展。该届“食交会”借鉴3月成都喜来登酒店的成功运营模式，除SM展馆外，新增佰翔酒店作为第二展区，重点展示知名休闲食品企业品牌形象。展会参展面积3.5万平方米、近1600个展位。

展会吸引台湾食品发展协会、台湾中华整厂发展协会、台湾包装设计协会、欧中食品交流文化协会等机构参会，并专设进口食品馆，吸引包括中国港澳台地区以及日韩、越南、马来西亚、印尼、欧美等17个国家或地区的特色食品企业参展，引领推动参会食品企业对接国际先进技术设备，带动中国食品业创新发展、转型升级。紧扣全国休闲食品制造上下游产业链，该届展会设置休闲食品成品、食品加工包装机械、食品工艺技术、食品原辅材料及添加剂、动漫品牌授权及包装设计五大类别的全食品产业链名优特产品，集中展示食品行业最新动态、最新技术、最新潮流，为来自世界各地的客商提供国际性、专业化食品产业对接平台。

同时，该届“食交会”也体现出更加商业化的操作模式，发动10家晋江食品企业与食交会同期举办订货会，并委托中国休闲食品连锁采购商联盟、欧中食品文化交流协会以及台湾地区相关协会协助招引境内外采购商，其中台湾地区组织35人采购团到会。此外，由晋江市食品行业协会倡议发起的中国食品产业战略联盟也在该届“食交会”期间成立，联盟秘书处设于晋江，海峡两岸有15家食品相关协会加入联盟。展会期间到会客商6.22万人，较上届同比增长44.18%。参展企业达成交易额80.21亿元，同比增长22.83%。展会同期还有嘉士伯等11家该市企业举办订货会，吸引大量海内外采购商到场。

《泉州府志》佐证南海自古属中国

所谓的“南海仲裁”公布后，市方志委反应迅速，立即行动，组织人员从《泉州府志》等旧志文献中找出例证，证明南海自古以来属于中国。在挖掘整理关于南海的史料中，市方志委发现，《泉州府志》（清乾隆初刻版）第三十八册第五十六卷第四十三页记载，“吴陞……擢广东副将，调琼州。自琼崖，历铜鼓，经七洲洋（今西沙群岛海域）、四更沙，周遭三千里，躬自巡视，地方宁谧。”七洲洋，即今西沙群岛海域。史料清晰记载，清康熙年间，广东水师副将吴陞曾率水师巡海，当时西沙群岛海域由广东省海军负责巡逻。据了解，西沙群岛和南沙群岛当时隶属广东省琼州府万州（今海南岛万宁、陵水县境）。历史上，吴陞为泉州府同安籍人士，他曾率中国水师巡视南海，被明确记载于《泉州府志》。南海自古以来属于中国，历史记载，有志为证。市方志委第一时间在“泉州史志”公微号发布佐证材料。是日，《泉州晚报》刊登对此事的采访报道，引发反响。同日，中国地方志指导小组办公室在“方志中国”官微摘登，并号召全国方志系统充分挖掘史料，系统整理，全面公布，用毋庸置疑的事实再次证明南海主权属于中国，所谓的“仲裁”只是废纸一张。

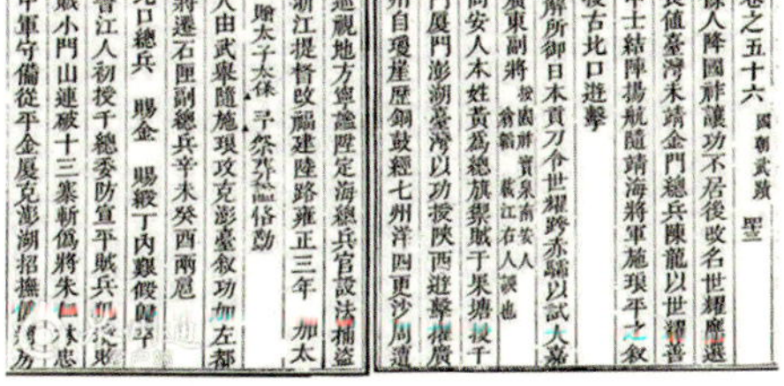
泉州府志　卷之五十六　國朝武蹟

率所部七萬餘人降國祚讓功不居後改名世耀應選

總閩爲千夫長值臺灣未靖金門總兵陳龍以世耀善

習水師令率甲士結陣揚航隨靖海將軍施琅平之叙

功加都督銜授古北口遊擊

聖祖北幸召見解所御日本寶刀令世耀跨赤騮以試大喜

嘆遷參將擢廣東副將　按閩書賓泉南安人翁銘載江右人誤也

○吳陞字源澤同安人本姓黃爲總旗禦賊于果塘授千

總又從征金門廈門澎湖臺灣以功授陝西遊擊擢廣

東副將調瓊州自瓊崖歷銅鼓經七州洋四更沙周遭

三千里躬自巡視地方寧謐歷定海總兵官設法捕盜

奸宄屏跡晉浙江提督改福建陸路雍正三年　加太

子少保明年卒　贈太子太保　予祭葬謚恪勤

○王廷彪晉江人由武舉隨施琅攻克澎臺叙功加左都

督授龍泉參將遷石匣副總兵辛未癸酉兩扈

駕出塞陞古北口總兵　賜金　賜緞丁內艱假歸卒

○洪範字壽貫晉江人初授千總委防宣平賊兵

之隨大兵攻賊小門山連破十三寨斬僞將朱

等復興泉糧中軍守備從平金廈克澎湖招撫

《泉州府志》相关记载

本报报道《泉州府志》佐证南海自古属中国引发反响——

全国地方志系统挖掘南海史料

本报讯（记者朱彩云）本报报道《泉州府志》佐证南海自古属中国（详见7月14日《泉州晚报》第15版），引发强烈反响。目前，全国地方志系统正在进一步挖掘整理南海史料。

泉州市方志委常务副主任张惠评昨日接受记者采访时指出，以清乾隆初刻版《泉州府志》记载为证：“吴升……擢广东副将，调琼州，自琼崖，历铜鼓，经七洲洋（今西沙群岛海域），四更沙，周遭三千里，躬自巡视，地方宁谧。”当时西沙群岛海域由广东省海军负责巡逻。历史上的吴升系泉州府同安人，志书记载他曾率中国水师巡视南海。

而在本月12日，由菲律宾单方面提出设立的南海仲裁案临时仲裁庭罔顾事实，肆意践踏国际法和国际关系基本准则，作出并且公布严重损害中国领土主权和海洋权益的所谓“裁决”，激起我国各族人民的强烈愤慨。

据悉，中国地方志指导小组办公室对泉州的佐证资料进行了转发，号召全国地方志系统充分挖掘史料，系统整理，全面公布，用毋庸置疑的事实再次证明南海主权属于中国，所谓的“仲裁”只是废纸一张。

《泉州府志》佐证南海自古属中国引发强烈反响

7月14日

星期四

农历丙申年六月十一

温度：27℃—32℃

阴转多云

●14—17日，由福建省食品工业协会、台湾地区食品发展协会、台湾整厂发展协会、台湾包装设计协会、欧中食品文化交流协会主办，晋江市食品行业协会承办的2015年闽台（泉州）食品交易会在晋江市SM国际展览中心举行。

●所谓的“南海仲裁”公布后，市方志委反应迅速，立即行动，组织人员从《泉州府志》等旧志文献中找出例证，证明南海自古以来属于中国。《泉州晚报》刊登对此事的采访报道，引发反响。

●中国食品产业战略联盟在晋江市成立。

●匹克无界篮球训练营在泉州师院开营，全市300多名少儿篮球爱好者参加活动。

7月15日

星期五
农历丙申年六月十二
温度：27℃—34℃
多云

●康涛到市信访局接访群众。

●第一次全国年鉴工作会议在山西太原召开，会议对全国地方志优秀成果（年鉴类）进行通报表扬，《泉州年鉴》获地市级特等奖（全国8部），《晋江年鉴》获县级特等奖（全国14部），《惠安年鉴》获县级二等奖。

●15—20日，第十六届全国大学生田径锦标赛在位于石狮市的闽南理工学院举行。

●15—21日，由市纪委、市检察院主办，市国税局、国网泉州供电公司、市书法家协会、市美术家协会、市直机关书法家协会、丰泽区检察院协办的“讲规矩、守纪律、强作风”廉政书画作品展在泉州市海外交通史博物馆举行。

●中国·岵山第四届荔枝文化旅游节开幕。

泉州市方志委获全国地方志优秀成果（年鉴类）地市级特等奖

第一次全国年鉴工作会议在山西太原召开，会议对全国地方志优秀成果（年鉴类）进行通报表扬。中国社科院副院长、中国地方志指导小组常务副组长李培林宣读表彰通报。全国各省、自治区、直辖市和全军、武警部队方志机构负责人以及获奖城市代表120多人出席会议。泉州在此次表彰中喜获丰收，其中：《泉州年鉴》获地市级特等奖（全国8部），《晋江年鉴》获县级特等奖（全国14部），《惠安年鉴》获县级二等奖。在中国地方志指导小组表彰中获特等奖，这在泉州市乃至全省地方志工作中实现历史性突破，且市、县两级同时获特等奖，在全国也是少有。《泉州年鉴》自2000年开编以来，连续出版15卷，历经先搭架、后完善、再提升三个阶段，特别是近年来，市方志委更着力于打造年鉴精品，此次报送的年鉴因扣紧年度重点、突出地方特色、内容翔实丰富、编纂体例规范、装祯精美等优点，获得评委专家和中指组一致好评。

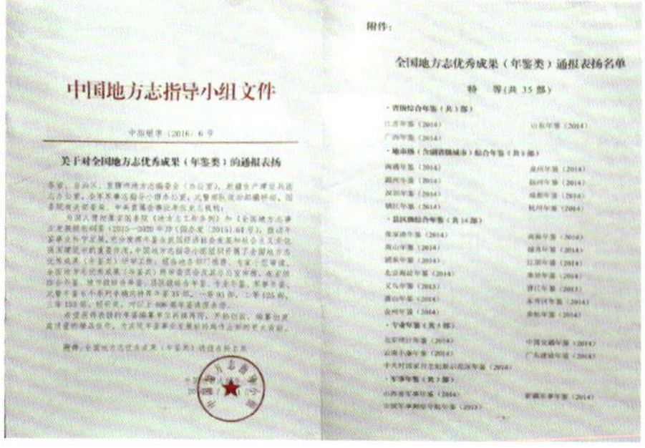

中指组文件

第十六届全国大学生田径锦标赛在石狮市举行

15—20日，第十六届全国大学生田径锦标赛在位于石狮市的闽南理工学院举行。全国大学生田径锦标赛是国内规模最大、时间最长、参赛学校和人数最多的全国性大学生田径赛事，是仅次于全国大学生运动会的高校体育盛会。该届大赛设甲、乙两组（普通高校为甲组，体育院校为乙组）。为公平竞争，甲组又分设A、B组，普通学生为A组，高水平运动员为B组。比赛项目设置齐全，男子组22个项目、女子组18个项目，三个组别共有120个项目，除马拉松、50公里竞走以及链球项目外，凡是奥运会田径比赛的项目都已纳入其中。该届大赛有两个特点。首先，该项赛事首次来到福建，并打破名校办比赛的惯例，首次由民办高校举办。其次，该届比赛的参赛人数达到历史之最，全国31个省（市、自治区）和香港、澳门特别行政区的190多所高校的近2800名运动员、教练员参加，参赛的高校数量及运动员人数均创历届新高。

“讲规矩、守纪律、强作风”廉政书画作品展举行

15—21日，由市纪委、市检察院主办的“讲规矩、守纪律、强作风”廉政书画作品展在泉州市海外交通史博物馆举行。作品展面向纪检、检察、税务、电力、市直机关以及预防联席单位征集书画作品，收到作品200余幅，从中精选出158幅参加展出。作品展以“传播廉洁理念，弘扬新风正气”为主题，是市检察院丰富预防宣传模式、推进廉政文化建设的又一创新举措。

作品展现场　（图/许雅玲　庄志阳）

中国·岵山第四届荔枝文化旅游节开幕

中国·岵山第四届荔枝文化旅游节开幕。此届旅游节以荔枝为媒，以节会友，通过开展一系列节庆活动，将特色节庆与乡村旅游有机整合，为当地特色农业及乡村旅游搭建一个交流互动、宣传推介、招商引资的平台，展示永春生态旅游形象、打造“山水桃源，四季永春”生态旅游品牌，让更多的人了解文明、美丽、和谐的新永春。

相关链接：岵山镇位于永春县城南部，是一座具有千年历史的古镇。该镇有4个中国传统村落，其中包括中国最有魅力休闲乡村——北溪村，是清水祖师的故里，也是南陈陈氏支系的祖地，历史文化底蕴深厚，旅游资源丰富，古厝、古寨、古树、古街、古民俗等汇聚于此，共同展现该镇古老的遗韵、厚重的历史、质朴的风情。

福建晋华存储器集成电路生产线项目在晋江市开工

福建晋华存储器集成电路生产线项目在晋江市开工。省委常委、常务副省长张志南，工信部副部长陈肇雄，海协会常务副会长郑立中，工信部信息通信司司长闻库，国台办经济局局长张世宏，国家开发银行评审总监郑旭东，国家集成电路产业基金总裁丁文武，国家发改委高技术产业司副司长孙伟，工信部电子司副司长彭红兵，省有关部门负责人，泉州市领导郑新聪、康涛、李建辉、农刚参加项目开工动员会。国家相关部委、国家集成电路投资基金、国家科学院微电子研究所等单位近百名国内外资深专家，以及海内外近200家产业链相关企业代表参加动员会。

开工仪式　　（图/陈起拓）

加快推动集成电路产业快速发展，是实现创新驱动发展、推动供给侧结构性改革、培育经济发展新动能的重要着力点和突破口，对提升产业竞争力和保障信息安全具有重要意义。晋华存储器集成电路生产项目坐落在晋江市的福建集成电路产业园，由福建省电子信息集团和泉州、晋江两级政府共同投建，建设内容包括晶圆制造、产业链配套等，预计2018年9月形成月产6万片内存晶圆的生产规模。该项目已纳入国家“十三五”集成电路重大生产布局规划，作为全国重点培育的内存基地之一，获得国家专项建设基金支持。

为保持和国际先进技术接轨，晋华项目将通过技术合作开发的方式，吸引招募国际存储器研发及营运管理人才。晋华存储器集成电路公司已携手著名半导体工业巨头在全球启动关键技术顶尖团队招募计划。泉州、晋江两级政府还积极搭建前沿技术研发平台，成立福建省集成电路产业园院士专家工作站，依托福州大学建设微电子学院；与中科院微电子研究所等商洽联合办院计划；与工信部知识产权中心、中国集成电路知识产权联盟合作设立知识产权服务平台。

国际集成电路产业发展高峰论坛在泉州举办

由中国电子学会、中国半导体行业协会主办的国际集成电路产业发展高峰论坛在泉州举办。论坛以“海丝起点·内存启航”为主题。国家自然科学基金会副主任、中科院院士姚建年，中科院院士吴德馨、郑有炓，美国工程院院士、台湾半导体协会理事长卢超群，国家集成电路产业投资基金总裁丁文武，工信部电子信息司副司长彭红兵，中国电子学会总部党委书记葛程远，大唐电信副总裁陈山枝，省电子信息集团董事长邵玉龙，原信息产业部巡视员郑敏政；泉州市市长康涛、市委常委李建辉、副市长农刚及晋江市领导，与国内外知名专家学者、业界精英等出席开幕式。

开幕式上还举行福建省集成电路产业园区院士专家工作站揭牌仪式。工作站已邀请7位院士专家进站指导。进站院士专家代表吴德馨表示，专家组团队将发挥优势，重点围绕集成电路技术开发和应用、高级技术人才培养等方面深入合作，服务于园区的科技创新和成果孵化。欢迎更多的科研机构和院所参与工作站工作，协同攻关前沿技术，共同推动集成电路技术创新。

论坛现场　　（图/赖进财）

7月16日

星期六
农历丙申年六月十三
温度：28℃—34℃
多云

●张志南、郑新聪、康涛在泉州会见工信部副部长陈肇雄、海协会常务副会长郑立中、国家发改委高技术产业司副司长孙伟等参加福建晋华存储器集成电路生产线项目开工的国家部委领导和海内外集成电路领军企业代表。

●福建晋华存储器集成电路生产线项目在晋江市开工。

●国际集成电路产业发展高峰论坛在泉州举办。

●16—20日，2016年福建省青少年跆拳道锦标赛在龙岩举行，泉州队获男子团体总分和女子团体总分双第一。

●16—20日，2016年福建省少年篮球锦标赛在莆田举行，泉州市男队获冠军。

●由市体育局主办的2016年全国百城千村健身气功交流展示系列活动泉州市展示大会暨福建省全民健身运动会泉州市健身气功站点联赛在市区侨乡体育馆举行。

7月17日

星期日
农历丙申年六月十四
温度：28℃—34℃
多云

●市政府第一〇三次常务会议召开，研究通过《关于化解房地产库存的实施意见》《泉州市“十三五”综合交通运输发展专项规划》。

●由泉州晚报社主办、泉州信息工程学院承办的2016年福建省本二批高校泉州联合招生咨询会举行。

●“泉城约跑”2016年长跑活动在市区举行。

●17—20日，石狮市青商会参访团到台湾参观交流。

●晋江市集成电路产业推介会召开。

市政府第一〇三次常务会议召开

市政府第103次常务会议召开，研究通过《关于化解房地产库存的实施意见》《泉州市“十三五”综合交通运输发展专项规划》。市长康涛主持会议。会议研究并通过《关于化解房地产库存的实施意见》。会议指出，各级政府和相关部门要立足本地实际，及时掌握库存动态，完善工作协调和督促检查机制，通过实施加大合理购房消费支持力度、打通库存转换通道、加强金融信贷支持、促进商业和办公用房销售、鼓励农民和外来务工人员进城购房、提升房地产项目开发品质和质量等多项举措，推动房地产市场继续保持平稳健康发展态势。会议研究并通过《泉州市“十三五”综合交通运输发展专项规划》。会议指出，规划的制订为泉州市发展现代化综合交通运输明确方向和目标，对于推动经济发展、促进城市建设、服务百姓民生具有重要意义。相关部门要立足实际、着眼长远，针对综合交通枢纽、港口发展、城市公共交通等薄弱环节，精准设计、科学编制，完善规划内容。规划发布后，各级各部门要按照规划制定的目标任务，加快推动形成铁路、高速公路、国省干线、城市快速路、港口、机场“六个交通”为主骨架主枢纽的现代化综合交通运输网络，构建便捷舒适的公共出行服务体系和经济高效的现代交通物流服务体系，为泉州建设“创新、智造、海丝、美丽、幸福”的现代化工贸港口城市奠定坚实基础，为全面建成小康社会提供有力支撑。

第九届“朱子之路”研习营在泉州开营

由福建省对外文化交流协会、福建省闽台交流协会、福建省海峡两岸高校交流促进会、中国闽台缘博物馆、中国朱子学学会、中华朱子学会、台湾朱子学研究协会、台湾海峡两岸朱子文化交流促进会、世界朱氏联合会、闽北朱子后裔联谊会、武夷山朱熹研究中心主办的第九届“朱子之路”研习营——书院文化之旅在中国闽台缘博物馆开营。此次研习营有来自北京大学、清华大学、台湾大学、台湾师范大学、香港大学、日本京都大学、韩国成均馆大学、韩国人民大学、新加坡南洋理工大学等海内外34所高等院校的专家学者、青年学子及朱子后裔等140多人参加。在开营仪式上，营员们举行拜师礼（释菜礼），齐诵《朱子家训》，共唱《走在朱子之路上》等，演绎“尊师重教”之礼，弘扬中华文化。自2008年起“朱子之路”研习营每年举办一届，2016年的主题为“书院文化”。在8天的活动时间里，营员到福州、厦门、泉州等地，参访筼筜书院、同安府学（旧址）文庙、石井书院等，并举办多场专题讲座、研讨会等朱子文化学术交流活动。通过走访朱熹出生成长、拜师求学、入仕为官、讲学著述、终老之地，重温朱熹讲学著述立说的历史，感受书院的文化底蕴，感悟朱子理学的内涵。此次活动为青年学生搭建了一个相互交流的平台，同时也让营员近距离感受福建历史文化和风土人情。

相关链接：泉州是朱熹青年时期做官讲学之地，也是其一生中任地方官时间最长的地方。当年，喜好山水之乐的朱熹，利用公务之暇常常与朋友相偕遍游泉州名山胜景，在游历过程中，留下大量诗文。泉州东海法石村宝觉山上至今保留有朱子所题的匾额。据考证，朱熹在泉州曾多次游历九日山。他对泉南诸山所吟咏诗作的数量，以九日山为最，且在不同的心境下，留下不同意境的诗歌，如《题廓然亭》《题九日山》《题九日山乱峰轩》《题九日山石佛岩》等，而后又与泉人傅自得月夜载酒泛舟金溪，留下“扁舟转空阔，烟水浩将平。月色中流满，秋声两岸生”等诗句。

“泉城约跑”2016年长跑活动举行

“泉城约跑”2016年长跑活动在市区举行。来自大泉州长跑协会联盟30多个会员单位共200多人参加活动。图为活动现场。（图/李芸生）

全市“两学一做”学习教育工作推进会召开

全市“两学一做”学习教育工作推进会召开，贯彻习近平“七一”讲话精神和全省“两学一做”学习教育工作座谈会精神，总结交流做法，推动学习教育扎实深入开展。

会议强调，要深化认识，全面领会中央和省委、市委的最新部署精神，强化责任感和使命感，用心用力抓好学习教育。要注重实效，推动党员真学真做，做到学习内容有侧重、学习形式多样化、学习对象全覆盖，使每一名党员都能受到教育、得到提高；引导党员聚焦问题改、立足岗位做，开展农村（社区）、非公党员“承诺、践诺、评诺”工作，把“合格党员”要求落到实处。要把学习教育与基层党建工作、推动中心工作紧密结合，把学习教育融入日常工作。要落实责任，加强对学习教育工作的组织领导，各级党组织要把责任扛在肩上，层层传导压力；注重典型引导，推动党员见贤思齐；营造良好氛围，推动学习教育健康有序开展。

会上，鲤城区委组织部、惠安县螺城镇党委、南安市梅山镇蓉中村党委、晋江市福源集团公司党委4个单位作典型发言。

美籍华裔及台港青少年“中国寻根之旅”夏令营（丰泽营）开营

由省侨办、市侨办、丰泽区政府主办的2016年美籍华裔及台港青少年“中国寻根之旅”夏令营（丰泽营）开营。美籍华裔及台港青少年夏令营访问团通过寻根谒祖、旅游参观、学习中华传统文化以及与丰泽区学生开展联谊结对等活动，了解泉州的传统文化和社会事业、经济发展变化。夏令营活动持续13天。60多名参营的青少年在泉州、三明、南平等地开展系列活动。

全国旅游管理专业（本科院校）师资培训班在华大开班

18—25日，由中国旅游协会旅游教育分会主办、华侨大学旅游学院承办的2016年全国旅游管理专业（本科院校）师资培训班在华侨大学开班，全国70所旅游院校150余名教师参加培训。培训班邀请中国旅游协会教育分会副会长、北京大学旅游研究和规划中心主任吴必虎教授等11位国内旅游管理界的知名专家、学者授课，除专题讲座、座谈，还采取星级酒店现场教学、外出专业考察等多种灵活生动的授课方式。培训内容涉及旅游发展与研究的转型、旅游新业态、旅游教育、旅游项目投资管理、产业旅游发展、旅行商供给侧改革等。

相关链接：华侨大学旅游学院的前身华侨大学旅游系创建于1984年，是教育部最早批准成立的全国8所旅游高等院校之一，拥有从博士、硕士、本科到高职的完整学历人才培养体系。2012年，华侨大学旅游实验教学示范中心获批国家级实验教学示范中心，成为国内旅游领域第一个国家级实验教学示范中心。2015年，华侨大学旅游虚拟仿真实验中心入选国家级虚拟仿真实验教学中心，成为国内旅游领域唯一一个国家级虚拟仿真实验教学中心。

国家艺术基金资助陶瓷类项目在德化县开班

国家艺术基金资助项目“陶瓷雕塑与加彩技艺人才培养”在德化县山花陶瓷有限公司开班，全国各地30名从事艺术创作与设计及相关行业的人才进行为期2个月的免费培训。此系德化县第一个被列为国家艺术基金资助的项目，也是国家艺术基金在福建资助的首个陶瓷类项目。

国家艺术基金是由国家设立的，旨在繁荣艺术创作、打造和推广原创精品力作、培养艺术创作人才、推进国家艺术事业健康发展的公益性基金。德化陶瓷文化是中国古代文化和泉州“海丝”文化的一个重要组成部分，在中国陶瓷文化史上占有极其重要的地位，千年以来一代代陶瓷艺术家在继承好传统的基础上，也不断创新注入新的时代文化和精神内涵。

此次“陶瓷雕塑与加彩技艺人才培养”的开班，旨在培养陶瓷雕塑和加彩技艺高端艺术人才，让德化传统陶瓷文化、陶瓷雕塑技艺和“山花彩”加彩技艺在全国推广。德化“山花彩”创始人、陶瓷艺术大师郑雄文表示，培训班聘请清华大学美术学院孙玉敏等著名教授、学者和省级以上陶瓷艺术大师、高级工艺美术师等名师协助授课，全方位提升学员的艺术创作素养和创新能力。

7月18日

星期一
农历丙申年六月十五
温度：27℃—32℃
中雨转多云

●全市“两学一做”学习教育工作推进会召开，贯彻习近平“七一”讲话精神和全省“两学一做”学习教育工作座谈会精神，总结交流做法，推动学习教育扎实深入开展。

●由省侨办、市侨办、丰泽区政府主办的2016年美籍华裔及台港青少年“中国寻根之旅”夏令营（丰泽营）开营。

●18—25日，2016年全国旅游管理专业（本科院校）师资培训班在华侨大学开班。

●18—21日，2016全国传统武术比赛在江西九江举行，泉州选手获5枚金牌。

●国家艺术基金资助项目“陶瓷雕塑与加彩技艺人才培养”在德化县山花陶瓷有限公司开班。

●中央电视台《相约里约》栏目组到泉州取景拍摄。

7月19日

星期二
农历丙申年六月十六
温度：27℃—33℃
阵雨

●19—20日，以叶双瑜和苏增添为召集人的省十二届全国人大代表到泉州开展“实施创新驱动加快制造业升级”专题调研。

●19—21日，市人大常委会调研组对城市管理行政执法工作开展专题调研。

●周银芳到惠安县山霞镇山霞村和闽南建筑工程有限公司，调研农村和非公有制企业开展“两学一做”学习教育情况，并召开座谈会。

●全市农产品质量安全监管工作视频会议召开，回顾总结泉州市农产品质量安全监管工作情况，分析当前所面临的形势，研究部署下阶段农产品质量安全工作。

●“海丝泉州”旅游推介会在杭州举行。

省十二届全国人大代表到泉州开展“实施创新驱动加快制造业升级”专题调研

19—20日，以省人大常委会党组副书记、副主任叶双瑜和苏增添为召集人的省十二届全国人大代表到泉州开展“实施创新驱动加快制造业升级”专题调研。全国人大常委会委员、全国人大教科文卫委副主任委员、致公党中央专职副主席严以新，武警福建省总队司令员曹勇等参加调研。市领导康涛、陈万里、朱团能，市人大常委会党组成员欧阳秋虹参加相关活动。调研组到鑫华、百宏、黑金刚、火炬电子科技、南方路机、领SHOW天地等企业调研，并召开座谈会。市委副书记、市长康涛代表市委、市政府作工作汇报。王美香、李川等11位全国人大代表作调研发言。

叶双瑜指出，2016年以来，泉州主动适应经济新常态，及时转变发展理念，创新思路、优化服务，突出供给侧结构性改革，促进传统产业转型升级的措施务实精准，政企合力专心致志谋发展的精神状态足，在全省改革创新先行先试中起到探路者的作用。各级各部门要坚定转型升级、深化供给侧结构性改革的信心和决心；要研究行业和企业需求，主动靠前服务；要挖掘经济新增长点，力促重大项目落地生根；要学习领会新形势下党和国家对领导干部提出的新要求，完善法制环境，营造创业氛围，构建“亲”“清”政商关系，推动泉州在全省发展中作出新贡献。康涛表示，泉州各级各部门将保持激昂向上的精神面貌，梳理和研究代表们在产业转型升级、城市软实力提升、政府服务优化、体制机制改革等方面提出的意见和建议，加以转化落实，将各项工作推向新的高度。

周银芳到惠安县调研农村和非公企业开展“两学一做”学习教育情况

市委副书记周银芳到惠安县山霞镇山霞村和闽南建筑工程有限公司，调研农村和非公有制企业开展“两学一做”学习教育情况。周银芳强调，“两学一做”学习教育基础在学，关键在做。学的方面，要讲究方式方法，坚持分类指导，引导党员抓紧自学，组织集中学习讨论，增强党员学习的积极性主动性；要通过抽查、测试等形式，确保学习实效。做的方面，要做到承诺、践诺、评诺到位，设定好年度发展目标，围绕目标确定承诺事项，把承诺内容具体化、项目化；要公开承诺内容，接受党员群众监督；要树好身边合格党员典型，发挥榜样力量；要加强过程督查和跟踪问效，抓好年底党员评议工作，使承诺践诺评诺落到实处。

全市农产品质量安全监管工作视频会议召开

全市农产品质量安全监管工作视频会议召开。副市长林万明出席会议。会议回顾总结泉州市农产品质量安全监管工作情况，分析当前所面临的形势，研究部署下阶段农产品质量安全工作。林万明指出，要肯定成绩，正视问题，客观评价农产品质量安全工作；要统一思想，提高认识，增强抓好农产品质量安全工作的责任感和紧迫感；要落实措施，全力推进，提升农产品质量安全工作水平。

“海丝泉州”旅游推介会在杭州举行

“海丝泉州”旅游推介会在杭州举行。泉州各县（市、区、管委会）旅游主管部门及旅行社、景区、酒店等40多家旅游企业与杭州当地旅行社、新闻媒体代表百余人参会。杭州是泉州旅游的重要客源市场。泉杭两地交通便利、旅游产品互补性强、交流往来频繁。推介会上，泉州通过“海上丝绸之路起点”“闽南建筑大观园”“世界宗教博物馆”“世界多元文化展示中心”“最中国美食城市”“爱拼敢赢的泉州精神”“神奇秀丽的山水胜景”“名人眼里的泉州”8个篇章向杭州旅游界全面展示“海丝”泉州旅游魅力；并通过旅游宣传片播放、宣传资料发放、旅游知识有奖问答、特色伴手礼抽奖等互动环节，让与会人员加深对泉州旅游的印象。

泉州开元寺游人如织　（图/吴寿民）

市委市政府上半年工作老干部通报会召开

市委、市政府召开工作通报会，向老干部通报上半年全市工作情况。市长康涛，市委常委、组织部部长孔繁军参加会议。市长康涛通报上半年全市重点工作和当前面临的困难问题，以及下一步工作安排。2016年以来，全市主动适应新常态，推进“五个泉州”建设，各项工作都有新进展。经济方面，主要突出稳增长、谋长远、控风险。围绕稳增长、稳大盘，及时出台稳定工业、技改等10多份政策文件，精准施策，定向发力；每季度开展的“促项目落地、帮扶企业发展”活动周，突出一线调度，帮扶企业发展；组织开展“重大项目前期工作年”活动，压缩审批自由裁量空间，建立项目建设全过程提速机制，对接国家建设专项基金，强化投资拉动作用。立足长远发展，编制实施17个重点产业转型升级路线图，加快“数控一代”示范工程和“泉州制造2025”进程，集聚创新要素，打造传统优势产业、重化产业、高新技术产业三大板块。着眼防控风险，综合施策，化解不良贷款，维护良好金融生态。城建方面，以“海丝”申遗为契机，启动实施古城复兴计划，提升古城品位，倡导家园共造理念；推进城市建设“点、线、面”提升，集中资源推进城市关键节点、组团连线、重点片区建设提升。民生方面，重点抓好扶贫攻坚、特色现代农业、教育、医疗卫生、环保等领域的工作，保基本、兜底线、补短板，把市民的期待变成我们的行动，把市民的希望变成生活的现实。下一步，市委、市政府将围绕“转型升级、跨越发展”主线，下大力气推进供给侧结构性改革，提高经济发展质量效益，提升群众生活幸福水平，推进“五个泉州”建设。

市政协开展“城区公园和旅游景点建设与管理”视察

市政协组织开展“城区公园和旅游景点建设与管理”重点视察活动。市政协副主席吴共湖、陈益，秘书长洪川夫参加。委员们察看清源山AAAAA级旅游景区、西湖公园、东湖公园等项目的建设与管理情况，并召开座谈会听取相关工作情况汇报。吴共湖指出，城区公园和旅游景点建设管理关系百姓生活、关乎城市形象，相关职能部门要按照市委、市政府部署，从五个方面着手促提升。要重视人文建设，将泉州积淀深厚的人文历史元素融入公园建设，打造内涵丰富的城区公园。要树立精品意识，加强和完善基础配套设施，提升公园品位，打造精品工程。要重视规划引领，坚持高水平规划设计，高质量、高标准建设，整合现有资源，提升管理水平。要重视绿化管理，用好地方立法权，健全规章制度，做到依法管理，引导市民文明游园。要加强队伍建设，提高职业化、专业化水平，提供优质服务；把市民和游客需求作为建设管理工作的出发点和立足点，强化市民的主人翁意识，引导他们自觉维护公园环境，共同建设美好家园。

清源山瀑布 （图/李芸生）

高甲戏《凤冠梦》表演人才培训开班

国家艺术基金2015年度艺术人才培养资助项目，高甲戏《凤冠梦》表演人才培养开班仪式在安溪县高甲戏剧团剧场举行。全省30名学员免费学习，培训结束后进行《凤冠梦》的汇报演出。此次表演人才培养授课老师阵容强大，由福建省艺术研究院副院长、国家一级编剧周明，福建省京剧院原院长、国家一级导演刘作玉，著名导演艺术家、国家级非物质文化遗产高甲戏代表性传承人吕忠文，国家一级作曲、中国戏曲音乐学会副会长朱伟捷等组成。高甲戏《凤冠梦》由著名剧作家诸葛辂于1982年创作，著名导演艺术家吕忠文导演，是安溪县高甲戏剧团的代表作。该剧排演后获多项全国和省级大奖，1983年至今演出场次1500多场，受到专家和市民的喜爱。

7月20日

星期三
农历丙申年六月十七
温度：27℃—33℃
多云

●市委、市政府召开工作通报会，向老干部通报上半年全市工作情况。

●市政协组织开展“城区公园和旅游景点建设与管理”重点考察活动。

●泉州市组织收听收看全国安全生产电视电话会议。

●福建百折传统折子戏展演在福州开幕，包括泉州高甲戏、梨园戏在内的共137个折子戏参加展演。

●国家艺术基金2015年度艺术人才培养资助项目，高甲戏《凤冠梦》表演人才培养开班仪式在安溪县高甲戏剧团剧场举行。全省30名学员免费学习，培训结束后进行《凤冠梦》的汇报演出。

7月21日

星期四
农历丙申年六月十八
温度：27℃—34℃
晴

●全市重点项目协调调度会召开，听取1—6月重点项目完成情况和第一季度全市重大项目协调调度会议定事项工作落实情况，协调解决存在的问题。

●市政府专题会议召开，研究部署全市规范自由裁量权、加快项目前期工作。

●继省政府贯彻实施《福建省医疗纠纷预防与处理方法》视频会议后，泉州市随即召开视频会议部署相关工作。

●21—22日，由省旅游局主办的首批“观光工厂建设与服务规范”培训班在晋江市举办。

●21—23日，全国医药卫生职业教育联盟2016年年会暨书记校长会议在泉州召开。

●泉州志愿者服务联盟的5位成员带着募捐到的66491元善款到湖北麻城洪灾区赈灾。

●晋江市危化品重点企业生产安全事故应急处置演练活动在晋江经济开发区五里园消防站举行。

全市重点项目协调调度会召开

全市重点项目协调调度会召开，听取1—6月重点项目完成情况和第一季度全市重大项目协调调度会议定事项工作落实情况，协调解决存在的问题。市长康涛，市委常委、常务副市长林伯前，市政府秘书长吴友才，市直相关部门、各县（市、区）、泉州开发区、泉州台商投资区管委会以及部分重点项目、企业负责人等参加会议。

会议指出，上半年，各地各相关部门落实市委、市政府“项目前期工作活动年”各项工作部署，形成抓前期、促项目的良好氛围，重大项目建设取得新进展、新实效。各级各部门要树立协调意识、统筹意识，主动加强条块间的沟通对接，群策群力，密切配合，协同抓好协调调度会议定事项的落实，及时分解细化工作任务，研究提出具体的工作措施，在时限内解决问题。要按照“一个实施计划或方案、一套工作班子、一套考核推进机制”工作机制要求，提高重大项目建设的质量和效率。要以“月嫂式服务”贯穿项目策划、招商、前期、落地等各个环节，做好项目建设的审批指导、要素保障、施工协调、资金调度、物资供应等工作，确保项目完成序时进度。要创新思路方法，破解项目推进过程中遇到的瓶颈问题；市重点办、行政审批服务中心管委会要总结推广各地的好经验好做法，发挥典型示范带动作用，促进重大项目建设提速提效。

市政府专题会部署规范自由裁量权加快项目前期工作

市政府专题会议召开，研究部署全市规范自由裁量权、加快项目前期工作。市长康涛主持会议并讲话。市委常委、常务副市长林伯前，市政府秘书长吴友才参加会议。

会议指出，国务院和省政府高度重视简政放权、放管结合、优化服务工作，作为加强政府自身建设重点工作全力推动。近年来，泉州市各级政府及工作部门大力实施简政放权、放管结合，加快转变政府职能。特别是2016年以来，按照市委、市政府“重大项目前期工作活动年”部署，针对审批服务基础性工作不够完善、部分业主单位对项目前期工作专业水平不高等导致自由裁量空间较大的问题，创新探索规范自由裁量权、加快项目前期工作，取得一定成效。各级各部门要按照中央、省和市委部署，继续推进行政审批改革、投资审批改革、商事制度改革、负面清单制度建立完善等“放管服”改革工作，同时结合泉州实际，加大力度，规范自由裁量权，优化政务环境，提高社会投资的准入效率，让权力接受监督和制约，实现阳光运行，更好推动企业发展和项目落地。

就下阶段如何做好规范自由裁量权、加快项目前期工作，会议要求，要做实做细审批基础性工作，减少弹性，特别是要明确政府投资项目的行业规范、技术标准、造价定额等，做到事事有依据、有标准、有流程。要实行全过程监控监管，70个市级重点项目要倒排进度、梳理环节、明确节点，并变体外循环为体内监督，按照序时要求推进项目进度。要做好项目安排“提前量”，及早谋划和确定下一年度年投资计划，分项周密安排部署，确保各级各部门各尽其职、各负其责。要推行完善项目建设代建制，通过让专业的人做专业的事，加快项目进度，减轻业主单位负担。要建立工作台账，从台账入手发现问题、分析问题、解决问题。特别是对于前期工作中存在的共性问题，要举一反三，建立长效机制。要强化责任落实、督促和阶段性总结，发改委等审批部门要发挥牵头协调作用，帮助业主单位梳理和解决问题，做到主动服务、靠前服务、优质服务；各地要根据本地实际，研究探索一些接地气的办法和机制，促进项目前期工作提速增效，推动改革取得更大实效。

泉州志愿者联盟成员赴湖北麻城灾区赈灾

泉州志愿者服务联盟的5位成员带着募捐到的66491元善款到湖北麻城洪灾区赈灾。志愿者在麻城市救助协会的引导下与麻城团市委书记接洽了解灾情，并连夜采购灾区所需的大米食用油等物资。隔天，志愿者在麻城市夫子河镇邹家湾安置点发放物资，物资主要是大米和油。随后，志愿者还落实了8名品学兼优，因洪灾失去家园的应届大学生，他们每人领到助学款3000元，感受到泉州人民的爱心。

市委常委会开展“两学一做”第二专题学习讨论

市委书记郑新聪主持市委常委会“两学一做”学习教育第二专题学习讨论。市委常委参加会议，市人大常委会党组、市政协党组主要负责人列席会议。郑新聪强调，要持续深入学习，坚持读原著、学原文、悟原理，学深吃透党章党规和习近平系列讲话精神，领会“七一”讲话精神。特别是党员领导干部要当好表率，在学习上深一步、认识上高一筹，坚持学用结合、知行合一，以思想自觉引领行动自觉。要强化压力传导，督促抓好分管领域和挂钩县（市、区）、乡镇的学习教育，层层传导压力，压实主体责任。要突出基层重点，加强对村镇等基层组织的指导，督促既完成“规定动作”，又实事求是、紧扣当地实际，结合党员“承诺、践诺、评诺”工作，多做群众看得见、摸得着的好事实事。要切实推动工作，坚持两手抓、两促进，紧密结合完成年度目标任务、推进重点建设、增进社会和谐稳定、为民惠民等工作，把学习的成效体现到推动中心工作上。

市委常委会学习《中国共产党问责条例》

市委召开常委会，学习《中国共产党问责条例》（以下简称问责条例）。市委书记郑新聪主持会议，市委常委参加会议，市人大常委会党组、市政协党组主要负责人列席会议。会议要求，要把学习问责条例纳入“两学一做”学习教育内容，广泛组织学习，增强落实全面从严治党、依规治党的自觉性和坚定性。各级党组织、党的工作部门要以理论中心组学习、党组织集中学习、专题研讨等形式，组织党员干部原原本本、逐条逐句学，真正入脑入心。领导干部要发挥表率作用，尤其是新提任的领导干部要先学先懂、学深一步，警醒自己、对号入座，对照问责条例，检视存在的问题和不足，更加自觉地履行好“第一责任人”责任、“一岗双责”，更加自觉地抓好分管领域的党建工作。要注重抓早抓防，对事业负责的同时，真正爱护干部于出问题之前。各级党委（党组）、纪委（纪检组）和党的工作部门要严格贯彻执行问责条例，按照问责主体的权限、问责的情形、问责的程序，正确运用7种问责方式，既追究主体责任、监督责任，又追究领导责任，让失责必问、问责必严成为常态。要言出纪随、敢于较真碰硬，抓住典型问题，勇于铁面问责，发挥震慑警示效应，推动管党治党从宽松软走向严紧硬。

全市安全生产和防汛工作视频会召开

全省视频会议结束后，泉州市随即召开全市安全生产和防汛工作视频会，贯彻落实上级精神，部署相关工作。市领导郑新聪、周银芳、许昆贞、翁祖根、林万明参加会议。会议强调，防汛防台和安全生产责任重于泰山。各级各部门要做到守土有责、失责必问，倒逼各项工作落到实处。要落实主体责任，按照“党政同责、一岗双责”“行政首长负责制”的要求，盯紧责任单位、重点部位。要严明纪律，依法依纪严肃追责。要确保新老交替不空档，尽快熟悉工作，沉到一线，查看工作现场，掌握第一手资料，确保应急指挥忙而不乱、果断精准、措施到位。要加强业务实操培训，市县两级安监局、防汛办要加强对县市区、乡镇的对口指导，让新到任人员及相关人员尽快熟练掌握指挥调度和应急处置流程。尤其要加强对新调整的县、乡防汛指挥长的培训，提高防汛应急指挥调度能力。

市人大常委会党组“两学一做”第二专题学习会召开

市人大常委会党组“两学一做”第二专题学习会召开。市人大常委会党组书记、主任陈万里主持会议，副主任吕竞、张建生、朱团能、曾巍，党组成员欧阳秋虹参加会议。会议强调，市人大常委会党员干部要在思想上增强自觉，把纪律和规矩挺在前面，带头践行社会主义核心价值观，保持共产党人的正义感、是非观和原则性；要在言行上加强自律，履行从严治党的职责，强化“四种意识”，严要求、严管理、严监督、严处理，树立公仆意识，以高尚的道德修养严格约束自己、感召群众、引领社会良好风气；要在执行上增进自强，严明纪律、坚守底线、率先垂范，从严肃党内政治生活制度入手，健全完善机关党建各项制度，结合“两学一做”查摆问题、认真整改，紧紧围绕中心，服务大局，力促落实、力求实效。

7月22日

星期五
农历丙申年六月十九
温度：27℃—35℃
晴

●市委常委会开展“两学一做”第二专题学习讨论。

●市委召开常委会，学习《中国共产党问责条例》。

●全省视频会议结束后，泉州市随即召开全市安全生产和防汛工作视频会，贯彻落实上级精神，部署相关工作。

●市人大常委会党组“两学一做”第二专题学习会召开。

●教育部公布2016年度全国青少年校园足球试点县（区）、全国青少年校园足球特色学校名单，南安市成为全省唯一入选的全国青少年校园足球试点县（区），泉州市10所学校获认定为全国青少年校园足球特色学校。

●国家海洋局东海分局在泉州举行2016泉州外海海上搜救目标漂移预测应急演练。

●重走海上丝绸之路——“未来领袖，青春使者”国际青年夏令营接力仪式（泉州站）在泉州少林寺举行。

7月23日

星期六
农历丙申年六月二十
温度：27℃—35℃
晴

●为支持全市各地建设台湾青年创业基地，鼓励社会团体、企业、机构等积极推荐台湾青年到泉州创业就业，《泉州市台湾青年创业示范基地和推荐示范团队认定及奖励规定（试行）》出台。

●由市全民健身领导小组主办，市体育局和泉州晚报社承办，同衣网、福建省燕京惠泉啤酒股份有限公司协办的“中骏杯”第四届泉州市全民健身千人自行车骑行活动举行。

●由321电商学院主办，晋江市商务局、晋江市跨境电商洪山园为指导单位，晋江网商会、海西汇、漳州市跨境电商协等协办的中国（晋江）跨境电商高峰论坛暨321电商学院福建分院开业典礼在晋江市百翔世纪酒店举行。

泉州市鼓励推荐台湾青年到泉州创业就业

为支持全市各地建设台湾青年创业基地（以下简称“基地”），鼓励社会团体、企业、机构等积极推荐台湾青年到泉州创业就业，《泉州市台湾青年创业示范基地和推荐示范团队认定及奖励规定（试行）》（以下简称规定）近日出台。规定中所称的基地，是指各地专门面向台湾青年设立并形成一定聚集规模的创业园区，园区须有规范的建设规划和管理机构、专业创业辅导服务团队、相对完善的基地设施以及专门出台配套扶持政策。规定明确，凡累计引进持续经营满1年、台湾青年创业企业8家以上的，且入驻时间满1年、台湾青年16人以上的示范基地，市级财政给予50万元的奖励；凡累计引进持续经营满1年、台湾青年创业企业15家以上的，且入驻时间满1年、台湾青年30人以上的示范基地，市级财政给予100万元的奖励。

第四届泉州市全民健身千人自行车骑行活动举行

由市全民健身领导小组主办，市体育局和泉州晚报社承办，同衣网、福建省燕京惠泉啤酒股份有限公司协办的“中骏杯”第四届泉州市全民健身千人自行车骑行活动举行。中心市区、晋江、石狮、惠安、永春等地的30多支骑行队伍、1000多名骑手参加活动。骑行的起点设在城东中骏世界城，途经体育街、丰海路、北山隧道、后渚大桥立交桥、丰海路、云鹿路、津淮街，最后到达终点，即津淮街与坪山路交接处的中骏广场，全程约20千米。

此次活动旨在倡导全民健身和绿色出行，共建和谐泉州。活动紧扣“海丝”“环湾”主题，参与者沿着泉州洛阳江与晋江“双江入海”的壮美江湾一路骑行，沿途的“海丝”遗迹俯拾皆是，来到后渚大桥立交桥，可以远眺被誉为古代“东方第一大港”泉州港的重要组成后渚港区，感受千年前“涨海声中万国商”的盛况；路过蟳埔渔村，还能邂逅盛装的蟳埔女及东南沿海极具特色的“蚵壳厝”民居；来到国家级重点文物保护单位文兴古码头，充满沧桑感的古码头和镇风塔，让人有时空穿越的错觉；而距离文兴古码头不远处的真武庙，则是古代地方举行祭海仪式的场所，也是“海丝”重要史迹。同时，整条线路串联起城东、东海两大泉州极具发展前景的新区，沿途的自然、都市美景让参与者感受到泉州版的“城市让生活更美好”。

活动现场　（图/戴涵琦）

中国（晋江）跨境电商高峰论坛举办

由321电商学院主办，晋江市商务局、晋江市跨境电商洪山园为指导单位，晋江网商会、海西汇、漳州市跨境电商协等协办的中国（晋江）跨境电商高峰论坛暨321电商学院福建分院开业典礼在晋江市百翔世纪酒店举行。论坛以“晋无止境闽通全球”为主题，邀请亚马逊、Wish平台相关负责人及平台大卖家对跨境电商平台最新政策、运营方式、产品调研等方面进行分享。论坛上，晋江市妇联授予321电商学院福建分院“晋江市跨境电商洪山园巾帼创业孵化基地”称号。电商洪山园集平台、货源、通关、物流等一体化，是福建最大跨境电商产业集聚地和一站式产业链平台，也是泉州首个以跨境电商为主题的产业园。该基地位于洪山园5栋402，以“培训、内训、输出、猎聘、咨询、孵化”为核心点，构建跨境电商行业“一站式”服务生态圈，将为有意从事网络经营的妇女提供跨境电商实战技巧培训、跨境电商营销实战内训、跨境电商实操人才输出、跨境电商高端人才猎聘、跨境电商营销实战咨询、企业跨境电商团队孵化等高品质业务，延伸工作手臂，拓展妇女电商创业渠道，为晋江跨境电商发展培养人才。

市政府出台中心市区旧厂房改造意见

市政府同时出台《关于中心市区旧厂房改造为商业办公场所的若干意见（试行）》（以下简称意见一）、《关于中心市区旧厂房改造为公共服务设施和市政配套设施的若干意见（试行）》（以下简称《意见二），旨在盘活旧厂房资源，提高土地利用效率，支持发展新兴业态，为打造众创空间，培育2.5产业，完善城市公共配套提供政策支持。

相关链接：所谓旧厂房，是指已取得国有土地证，经鲤城区、丰泽区政府、泉州开发区管委会（以下简称辖区政府或管委会）核实已经投入工业生产，根据城乡规划和中心市区“退二进三”（缩小第二产业，发展第三产业）要求，不适合继续保留工业生产的厂房及其配套设施。

两份文件试行期1年，适用于鲤城区、丰泽区和泉州开发区（清濛园区），洛江区可参照执行，其他县（市、区）可结合实际制定具体实施意见。原《泉州市人民政府关于推进中心市区旧城镇旧厂房旧村庄改造的试行实施意见》同时废止。意见二的政策重点，是鼓励旧厂房改造为公共服务设施和市政配套设施，完善城市功能、改善人居环境。其中，拟改造为公共服务设施的，涵盖范围较广，包括教育、体育、医疗、养老、幼托等。拟改造为市政基础设施，包括公共停车场、通信机房（基站）、电力开闭所、公共厕所等。值得注意的是，这一类型改造中的旧厂房，将适当放宽适用范围，不再要求核实已经投入工业生产，分为两种改造方式：保留利用原有旧厂房仅改变建筑使用功能和改建、扩建、翻建（新建）原有旧厂房。符合要求的旧厂房业主，可以制定改造实施方案，向辖区政府或管委会提出改造申请。

旧厂房改造为商业办公场所，将诞生一批众创空间，进而促进2.5产业的发展。根据意见一，旧厂房改造方式有3种，为业主自行改造、政府主导成片改造和收储改造。业主自行改造。符合要求的旧厂房业主，可以制定改造实施方案，向辖区政府或管委会提出改造申请。政府主导成片改造。由辖区政府或管委会主导对城市规划主次干道或支路围合而成的成片改造单元，组织旧厂房业主参与实施改造。收储改造。根据城市建设（更新）需要，市、区两级政府可以对基础设施不完善、环境条件较差的区域实施收储改造；旧厂房业主可以申请将旧厂房的土地交由政府收储。

由旧厂房改造的领SHOW天地已成为时尚地标　（图/吴寿民）

2016年福建省青少年击剑锦标赛在泉州举行

24—28日，2016年福建省青少年击剑锦标赛在泉州市侨乡体育中心体育馆举行。8支代表队600多名运动员参赛。比赛设置有男女花剑、重剑两个剑种的团体赛和个人赛，按年龄分为少年甲组、少年乙组、儿童甲组、儿童乙组四个组别。此系泉州市体育局首次承办省击剑赛，同时也是一次测试赛，为8月在泉州举行的全国冠军赛（总决赛）做准备。泉州队派出132名运动员，参加男女重剑、男女花剑32个项目的角逐，获21金、7银，6铜。泉州男队以总分151分获团体第一名，泉州女队以团体总分200分问鼎。

相关链接：在此次出征里约奥运会的中国花剑队6名队员中，有4人来自福建，其中陈海威、刘咏诗、施嘉洛3人来自泉州市体工队。

散文名家到泉州分享创作心得

省作家协会副主席、原《福建文学》主编黄文山应邀到泉州市图书馆作《关于山水散文写作》专题讲座，吸引全市近百位知名作家和文学爱好者到场听讲。此次活动由泉州市图书馆、泉州市作家协会主办，泉州市青促会读书俱乐部协办。黄文山在讲座中从中国文化和西方文化的差异、中国山水散文的源流、山水散文的创作三个方面，联系自己的创作经验讲述山水散文的写作方法和心得。

7月24日

星期日
农历丙申年六月廿一
温度：27℃—35℃
多云

●市政府出台《关于中心市区旧厂房改造为商业办公场所的若干意见（试行）》《关于中心市区旧厂房改造为公共服务设施和市政配套设施的若干意见（试行）》。

●24—28日，2016年福建省青少年击剑锦标赛在泉州市侨乡体育中心体育馆举行。8支代表队600多名运动员参赛。

●省作家协会副主席、原《福建文学》主编黄文山应邀到泉州市图书馆作《关于山水散文写作》专题讲座，吸引全市近百位知名作家和文学爱好者到场听讲。

●由美国著名爵士钢琴家、作曲家肖恩Pianis带队的多位爵士乐大师到泉州七中表演。

7月25日

星期一
农历丙申年六月廿二
温度：26℃—34℃
多云

●市十五届人大常委会第五十七次主任会议召开，听取市十五届人大七次会议代表建议、批评和意见办理情况的报告、泉州市县乡人大建设和换届选举工作的调研报告等。

●由中华文化联谊会、省政府主办，中国作协协办，省文化厅、台湾“中国青年大陆研究文教基金会”承办的“情系青春——两岸青年八闽行”活动走进泉州。

●2016年福建省青少年网球锦标赛在龙岩闭幕，泉州队获7枚金牌和男子团体总分第一。

●市台办组织市台资企业协会到南安市眉山乡开展帮扶结对活动。

●德化县居家养老信息呼叫服务签约暨启动仪式举行。首批3078名80周岁以上的老年人享受政府购买的基础信息服务，获赠一部老人专用手机。

市十五届人大常委会第五十七次主任会议召开

市十五届人大常委会第五十七次主任会议召开。市人大常委会主任陈万里，副主任吕竞、张建生、朱团能、曾巍，党组成员欧阳秋虹参加会议。会议听取市十五届人大七次会议代表建议、批评和意见办理情况的报告、泉州市县乡人大建设和换届选举工作的调研报告；讨论市人大常委会立法规划和立法计划编制办法（草案）、市人大常委会关于《中华人民共和国森林法》执行情况的检查方案。市人大常委会环城委和研究室分别书面报告中心市区垃圾处理产业园规划建设情况、城市社区居家养老服务站建设情况。就会议议题，陈万里强调，市人大常委会要突出重点、精确站位，依法依规、严格严谨推进换届选举，持续跟踪、求质求效办理代表意见建议，深入论证、不断优化立法工作；要强化担当、精准履职，树立强烈的责任心和敢于动真碰硬的决心，永葆认真负责的态度，采取科学有效的措施推动问题的解决；要加强协调、精心运作，切实加大统筹、调度、效能、督促的力度，推动各项工作顺利开展；要注重效果、精致办会，规范会议规程，完善会议制度，提高会议质量，增强会议成效。

会议现场　（图/王虎文）

“情系青春——两岸青年八闽行”活动走进泉州

由中华文化联谊会、省政府主办，中国作协协办，省文化厅、台湾“中国青年大陆研究文教基金会”承办的“情系青春——两岸青年八闽行”活动走进泉州。作为文化部、国台办2016年重点交流项目，此次活动吸引海峡两岸300多位青少年参加，共同领略清新福建的美丽风光，感受闽台两地同宗同源的深厚历史文化。在泉州，活动团成员参观源和1916创意园区的门里博物馆、刺桐里等，在中国闽台缘博物馆了解闽台历史渊源，在南音艺苑感受南音和戏曲的魅力。“情系青春——两岸青年八闽行”活动形式多样，内容包括文化参访、文化交流、文化体验、文化联谊等。参加活动的两岸青年分五组开展活动。在为期9天的活动时间里，他们参观中国闽台缘博物馆等文博机构，考察文化古迹，探寻两岸文化根源；体验泉州地方戏、建盏制作等活动，感受传统技艺的魅力；聆听茶文化讲座，体会中华文化的博大精深；参访泉州源和1916文创园、海峡两岸建筑设计园等文创园区，了解两岸文创产业合作发展的潜力；参与“青春·梦想家”两岸青年分享交流会、两岸青年分组座谈会等文化研讨活动，增进两岸青年的了解与共识。

德化县居家养老信息呼叫服务签约暨启动仪式举行

德化县居家养老信息呼叫服务签约暨启动仪式举行。首批3078名80周岁以上的老年人享受政府购买的基础信息服务，获赠一部老人专用手机。250名特困失能老人，享受每年价值600元的居家养老上门服务，包括助洁、助购、助餐等。老人专用手机每个月可免费拨打国内电话200分钟。该手机具有远程定位功能，老人通过一键拨号的方式，可接通禾康公司的养老信息服务平台，该平台24小时有人值班，可提供咨询、协助处理紧急救援等服务。泉州市禾康智慧养老服务中心副总经理洪月辉表示，德化为250名特困失能老人提供政府购买服务，这些老人每人每月可享受1次上门服务，每次1.5小时。部分特困失能老人居在偏远山上，护理员上门存在困难。对于这部分老人，由德化各乡镇老龄委工作人员将全年12张服务卡发放到位，由老人的邻居或乡镇、村里的“老人互助小组”成员上门为老人提供助洁、助浴等服务。服务后，相关人员持服务卡到各乡镇老龄委领取服务费。居住在县城的特困失能老人可选择由禾康智慧养老服务中心派护理员上门服务，也可选择邻居或“老人互助小组”提供服务，工作人员通过电话进行回访，了解特困失能老人们接受服务的情况。

市委常委会暨市全面深化改革领导小组会议召开

市委常委会暨市全面深化改革领导小组会议召开，传达贯彻省委九届十六次全会精神，听取2016年上半年安全生产工作情况汇报，部署下阶段安全生产工作，研究《关于深化供销合作社综合改革的实施意见》。市委书记郑新聪主持会议，市委常委参加会议，市人大常委会党组主要负责人列席会议。

会议要求，要按照省里的文件精神，对号入座、分头研究，细化出台关于创新驱动、供给侧结构性改革、防范化解金融风险等政策措施。更加重视产学研用结合的体制机制创新，强化资金支持、成果转化、人才激励；对“数控一代”扩面、兼并重组、企业家培训、产业基金体系、创新平台建设等运作情况，认真总结、查找不足、拓展深化；制定具体工作方案，把补短板工作落实到具体项目、具体工程和具体资金上。

会议强调，全市各级各部门、党员领导干部要把主要精力放在抓发展、抓稳定上，盯紧盯牢2016年目标任务，着手组织8月中旬“活动周”，与企业一道共克时艰；要综合施策、标本兼治、疏通出口，严防死守金融风险底线。

会议强调，要坚持问题导向、常抓不懈，强化危化品、油气管道、道路交通、海洋渔业等专项整治，全面堵塞各类安全漏洞。要“防”字为先、标本兼治，抓牢遏制重特大事故“牛鼻子”工程，全面开展城市风险点、危险源普查和辨识评估，从生产力布局、规划设计等严格把控源头，推动安全防范关口前移；加强对县（市、区）、乡镇新任同志的业务培训，加快市安全生产培训演练基地、泉港泉惠石化应急救援基地等生命防护工程建设，完善预测预警和应急协调联动机制。要“严”字当头、强化问责，坚决落实“党政同责、一岗双责、失职追责”，严格督导、严肃执法，倒逼企业主体责任落到实处，拉紧安全生产责任链条。要“细”字着手、盯紧当前，抓好暑期学生安全、夏季临海涉水活动、高温生产作业等领域安全，加快防汛指挥作战图制作、应急报警网络建立等基础工作，防范汛期自然灾害引发生产安全事故。

会议要求，要贯彻习近平关于供销合作社一系列指示、批示精神，统筹协调推进改革，坚持为农服务方向，拓展经营服务理念，更好发挥新时期服务“三农”骨干作用。要加强对供销合作社综合改革的领导，落实好各项支持政策和配套措施。

全市各地陆续召开党代会

全市各县（市、区）陆续召开党代会，听取、审议并通过各地党委和纪委的工作报告。市委对县（市、区）党委换届工作高度重视，作出一系列部署，提出明确要求，有关部门加强具体工作指导。各县（市、区）党委根据市委要求，紧密结合实际，统筹安排，周密组织，加强指导，普遍成立换届工作领导机构和具体工作机构，主要领导亲自抓，组织部门负责具体实施，有关部门密切配合，形成上下联动、层层负责的换届工作组织体系，确保换届工作的扎实推进。市委组织部根据全市统一部署，制定县级领导班子换届选举工作方案，对各阶段工作内容和时间要求进行指导，并多次召开县（市、区）换届选举业务培训会，深化部署和业务指导，确保各县（市、区）党委换届工作规范有序推进。

《泉州市建筑节能和绿色建筑“十三五”专项规划》出台

市住建局发布《泉州市建筑节能和绿色建筑“十三五”专项规划》提出，到2020年，全市新建民用建筑节能标准执行率达100%；新建民用建筑执行绿色建筑标准达100%；完成公共建筑节能改造10万平方米。“十二五”期间：全市新增绿色建筑196个，面积约786万平方米；同时推动丰泽区公务大楼中央空调设备改造等8个建筑节能改造项目约37万平方米，但绿色建筑占比仍然偏低。“十三五”期间：泉州市将对新建建筑实施更高水平的节能标准，重点改造达不到国家现行节能设计标准的5000平方米以上公共机构建筑、2万平方米以上社会投资公共建筑，主要改造空调、热水、照明等用能系统和建筑外窗。同时结合可再生能源建筑应用示范城市的建设，继续启动学生宿舍、医院、宾馆酒店及使用中央空调系统的办公建筑示范改造。到2020年，完成公共建筑节能改造10万平方米。泉州市还将推动具有一定规模的公共建筑、开发区和工业园区推广太阳能屋顶光伏发电技术，鼓励住宅实施分布式光伏发电系统。

7月26日

星期二
农历丙申年六月廿三
温度：26℃—34℃
多云

●市委常委会暨市全面深化改革领导小组会议召开，传达贯彻省委九届十六次全会精神，听取2016年上半年安全生产工作情况汇报，部署下阶段安全生产工作，研究《关于深化供销合作社综合改革的实施意见》。

●全市各县（市、区）陆续召开党代会，听取、审议并通过各地党委和纪委的工作报告。

●市住建局发布《泉州市建筑节能和绿色建筑“十三五”专项规划》提出，到2020年，全市新建民用建筑节能标准执行率达100%；新建民用建筑执行绿色建筑标准达100%；完成公共建筑节能改造10万平方米。

7月27日

星期三
农历丙申年六月廿四
温度：27℃—35℃
晴

●郑新聪带队走访慰问正在开展海训的驻泉州部队官兵，市领导翁祖根、林俊其、陈荣洲参加慰问。

●继全省征兵工作电视电话会议后，泉州市召开征兵工作电视电话会议，总结2015年全市征兵工作情况，研究部署2016年征兵工作。

●市政府党组开展“两学一做”第二专题学习讨论。

●泉州市组织到公共文化中心建设现场开展慰问城建项目义诊活动，市住建局、解放军180医院、福建五建等单位参加活动。

●泉州市法律援助中心到驻惠安某部队开展“八一”送法进军营活动。

郑新聪走访慰问驻泉州部队官兵

市委书记郑新聪带队走访慰问正在开展海训的驻泉州部队官兵，市领导翁祖根、林俊其、陈荣洲参加慰问。郑新聪指出，驻泉州部队官兵长期支持地方经济社会发展，参与地方抢险救灾，体现了军民鱼水情。特别是近期在防御“尼伯特”的关键关口“拿得出、用得上、打得响”，严阵以待、冲锋在前，与全市人民一起筑起防汛防台的铜墙铁壁，为这次防御台风实现“不死人、少损失”作出重要贡献。市委、市政府历来高度重视双拥工作，军政军民同呼吸、共命运、心连心。泉州将以获评全国双拥模范城“八连冠”为契机，贯彻习近平国防和军队建设战略思想，支持部队建设，落实军队转业干部安置政策，当好驻泉州部队改革建设的坚强后盾；把部队官兵当自己的家人，更加精准回应新形势下官兵的关切，不遗余力为军人军属解决实际困难、后顾之忧。希望军地双方加强沟通、密切联系，共同探索双拥工作新思路、培育新亮点、打造新品牌，推动泉州双拥工作继续走在全国前列。

全市征兵工作电视电话会议召开

继全省征兵工作电视电话会议后，泉州市召开征兵工作电视电话会议，总结2015年全市征兵工作情况，研究部署2016年征兵工作。会议强调，各级各有关部门要把提高兵员质量放在首位，采取有力措施，为部队选好兵、征好兵。要加大宣传发动力度，准确解读优属政策，挖掘兵源潜力；要突出征集主体，抓好高学历青年的跟踪服务；要严把征集标准，严格规范征集程序，把好质量关口；要加强廉政建设，坚持“依法征兵、廉洁征兵”，强化督导检查。各级各有关单位要明确责任分工，建立健全征兵工作的领导机制，主要领导要亲自挂帅抓，分管领导要集中精力抓；要讲政治、讲大局，兵役机关要发挥桥梁纽带作用，相关职能部门要各司其职；要强化保障，各级领导要履职尽责，调动各方力量，深入一线研究解决问题，兵役机关和相关职能部门要抓好基层服务保障工作。

市政府党组开展“两学一做”第二专题学习讨论

市政府党组书记、市长康涛主持召开市政府党组“两学一做”第二专题学习讨论。会前，市政府党组成员学习《中国共产党廉洁自律准则》《中国共产党纪律处分条例》，习近平在庆祝中国共产党成立95周年大会上的讲话以及关于严明党的政治纪律和政治规矩等讲话精神。

康涛指出，讲规矩、守纪律，对于政府来说，就是要坚持依法行政，按制度办事、按规矩行事。具体而言，要将纪律和规矩挺在前面，严守党纪国法，推动市委、市政府重大决策部署落到实处；深化“放管服”改革，进一步简政放权，规范自由裁量权；坚持廉洁自律，推进政府廉政建设，构建为民务实清廉的服务型政府，创造经得起实践、人民和历史检验的实绩。

就开展好下阶段政府系统学习教育，康涛强调，要持续深入学习，学深吃透党章党规和习近平系列讲话精神，领会“七一”讲话精神。特别是党员领导干部要当好表率，坚持学用结合、知行合一，以思想自觉引领行动自觉。要强化压力传导，压实主体责任，既完成“规定动作”，又实事求是、紧扣实际，结合党员“承诺、践诺、评诺”，多做群众看得见、摸得着的好事实事，推动整个学习教育扎实有效开展。

泉州市开展慰问城建项目义诊活动

泉州市组织到公共文化中心建设现场开展慰问城建项目义诊活动，市住建局、解放军180医院、福建五建等单位参加活动。图为义诊现场。

（图/李芸生）

市人大常委会和市政府联席会召开

市人大常委会和市政府联席会召开，互相通报上半年工作情况，并围绕“立法工作和法治建设”议题展开座谈。市人大常委会主任陈万里、市长康涛出席会议并讲话；市委常委、市政府常务副市长林伯前通报市政府上半年工作情况，市人大常委会副主任吕竞通报市人大常委会上半年工作情况；市人大常委会副主任张建生、朱团能，党组成员欧阳秋虹；副市长陈荣洲、周真平、林万明、张永宁，秘书长吴友才参加会议。

会议指出，2016年以来，市人大常委会围绕“五个泉州”建设，推动全市重点工作，将依法监督和代表履职与支持政府工作紧密结合，积极提出意见建议，帮助解决问题，促进政府工作的进一步提升。就如何落实市人大立法工作计划上，康涛要求，是思想认识要到位，各政府相关部门要认识立法工作的重要性，对照时间节点，加快工作进度，确保全年立法任务全部完成。责任落实要到位，有关起草单位要做到任务、人员、时间、经费四落实，重大问题要主动协调，解决在早；法制办要加强协调指导，抓好立法计划的组织实施，对部门报送的文稿，要依法严格把关，及早提请审议；各相关部门要加大宣传力度，做好普法工作，让执法人员规范执法，让群众自觉守法。沟通配合要到位，法制办要主动与市人大常委会各专委和法工委沟通联系，加强立法计划编制工作的衔接；有关起草单位和法制办要主动邀请市人大常委会有关专委和法工委提前参与法规草案的起草和审核工作，听取、吸纳市人大常委会委员、市人大代表和社会各界意见建议；各相关部门要主动配合市人大常委会审议地方性法规草案，做好立法调研、征求意见、协调论证和修改完善等工作。

会议指出，2016年是实施“十三五”规划的开局之年，在经济下行压力和风险防控压力叠加、行业艰难盘整和企业两极分化交织的情况下，市政府有力施政、有用施策、有效应对，坚持稳中求进、改中激活、转中促好、变中取胜，打好稳增长、调结构、促改革、惠民生、优环境“五场战役”，实现全市经济基本面和社会大局基本稳定，同时坚持向市人大及其常委会负责，虚心接受监督，主动报告工作，形成互相理解、互相支持、互相配合、共同推动发展的良好工作局面。对下阶段工作，陈万里强调，要加快“法治泉州”建设，发挥法治在调整经济关系、规范经济行为、指导经济运行、维护经济秩序、激发经济活力上的作用。要抓紧启动政府规章制定，配合做好地方立法前期工作，深化行政审批制度改革；要以“七五”普法为契机，加大法制宣传力度，开展执法检查，推进依法行政，维护群众合法权益；要更加重视中心城市管理的立法执法工作，提高行政诉讼应诉水平，加强规范性文件备案审查，为加快“五个泉州”建设提供法治保障。

会议现场　（图/王虎文）

全市30名学子考上北大清华

2016年全市共有30名文史、理工类考生考上北京大学和清华大学。同时，泉州市还有20名考生被香港高校（不含香港城市大学和香港中文大学）录取，4名考生被空军招飞录取。2016年福建省共有102名考生被北大录取，有100名考生被清华录取；其中泉州市有13名考生被北大录取，有17名考生被清华录取。被两所名校录取的考生来自市区、安溪、南安、惠安、晋江、永春、德化等地学校，其中泉州五中有5名学子考上北大、有1名学子考上清华，泉州七中有3名学子考上北大、3名学子考上清华，安溪一中有1名学子考上北大、4名学子考上清华，南安一中有1名学子考上北大、2名学子考上清华，晋江一中有2名学子考上北大、1名学子考上清华，惠安一中有2名学子考上清华，永春一中有1名学子考上北大、1名学子考上清华，晋江养正中学有2名学子考上清华，德化一中有1名学子考上清华。

7月28日

星期四
农历丙申年六月廿五
温度：28℃—36℃
多云

●市人大常委会和市政府联席会召开，互相通报上半年工作情况，并围绕“立法工作和法治建设”议题展开座谈。

●全市共有30名文史、理工类考生考上北京大学和清华大学。同时，泉州市还有20名考生被香港高校（不含香港城市大学和香港中文大学）录取，4名考生被空军招飞录取。

●28—30日，2016年福建省青少年武术套路锦标赛在莆田体育运动学校举行，泉州队获男团总分冠军。

●泉州清流商会成立。

●28—31日，由鲤城区科协、教育局主办的首届外来员工子女科普夏令营在泉州市昇文小学举行。

7月29日

星期五
农历丙申年六月廿六
温度：27℃—35℃
阵雨

●全国双拥模范城（县）命名暨双拥模范单位和个人表彰大会在北京召开，泉州市、晋江市、石狮市、南安市获全国双拥模范城称号。市委书记郑新聪、泉州军分区政委郑健作为全国双拥模范城（县）军地代表参加大会。

●省“两学一做”先进事迹巡回报告会在泉州举行。

●市政协党组“两学一做”第二专题学习会召开。

●29—31日，由省体育局、省社体指导中心、省武术协会指导和主办的第十届华夏南少林国际武术大赛在惠安县举行。

泉州获全国双拥模范城“八连冠”

全国双拥模范城（县）命名暨双拥模范单位和个人表彰大会在北京召开，泉州市、晋江市、石狮市、南安市获全国双拥模范城称号。市委书记郑新聪、泉州军分区政委郑健作为全国双拥模范城（县）军地代表参加大会。会上，泉州市获全国双拥模范城“八连冠”，晋江市、石狮市、南安市分别获全国双拥模范城“六连冠”“五连冠”和“三连冠”，再次实现创建全国双拥模范城的目标，受命名表彰数量居于全国设区市前列。

泉州素有双拥的优良传统。2012年2月第七次获评全国双拥模范城以来，泉州市军地双方围绕“推进军民融合深度发展”，实现“能打仗、打胜仗”的强军目标，坚持“经济建设与国防建设同步发展、拥军优属与拥政爱民同步发展、拥军与优属同步发展”的指导思想，打造泉州双拥工作升级版，开创双拥工作新局面。近年来，泉州市军地双方从全局高度重视做好双拥工作，落实党委领导、政府主导、部门协作、军地配合、群众参与的双拥工作机制，推动双拥工作持续健康发展。开展科技拥军、文化拥军、司法拥军等活动，推进基础设施、平战力量、产业保障、思想文化等方面融合发展，为驻泉州部队强军建设提供支撑。开展跨区共建、城舰共建、军企共建等群众性双拥活动，双拥工作社会化程度不断提升。落实拥军优属政策法规，解决双拥工作热点难点问题，依法维护好实现好官兵和优抚对象的合法权益，增强军人的使命感和荣誉感。多年来，广大驻泉州部队“视驻地为故乡，把人民当亲人”，主动适应经济发展新常态，支持地方经济社会建设，开展扶贫帮困献爱心活动，承担抢险救灾等急难险重任务，共同促进泉州经济社会持续健康发展。

省“两学一做”先进事迹巡回报告会在泉州举行

省“两学一做”先进事迹巡回报告会在泉州举行。报告会前，市委副书记、市长康涛会见报告团全体成员并座谈。市委常委、组织部部长孔繁军参加会见、座谈。康涛要求，全市党员干部要向先进典型学习，唱响主旋律，传递正能量，形成学先进、赶先进的良好氛围；要吸取榜样的力量，在实际工作中牢记宗旨，不忘初心，立足岗位，无私奉献，形成更加昂扬向上的工作精神状态，以实实在在的工作成果来检验“两学一做”学习教育的成效。报告团以省委组织部部务委员张晓华为团长，成员包括龙岩市新罗区西安社区党委书记章联生、国网南平供电公司女子电缆班班长洪燕、福建师范大学团委书记陈志勇、泉州市汽车站站务员曾清华、福建省假肢有限公司技术科科长张孝超、福州港引航站高级引航员叶全忠6人。报告团成员从受中央和省委表彰的“两优一先”模范代表中遴选出来，是福建省共产党员中的杰出代表。

报告会现场　（图/陈起拓）

市政协党组“两学一做”第二专题学习会召开

市政协党组“两学一做”第二专题学习会召开，并组织学习《中国共产党问责条例》。市政协党组副书记、副主席吴共湖主持会议，副主席苏小青、骆沙鸣、李冀平、王瑞强，秘书长洪川大参加。会议要求，要深化学习，领会核心要义和精神实质，把党章党规内化于心、外化于行，增强纪律意识和规矩意识。要守住底线，敬畏纪律，以《中国共产党廉洁自律准则》和《中国共产党纪律处分条例》为准绳，学习贯彻《中国共产党问责条例》，把纪律和规矩挺起来、严起来。要以学促做，按照2016年政协常委会工作要点和年度协商计划，开展履职活动，以推进政协事业创新发展、服务“五个泉州”大局的新成果，来对照检验学习教育的成效。

省“两学一做”先进事迹报告团到泉州市基层巡讲

省“两学一做”先进事迹巡回报告团到泉州市部分基层单位作巡回报告、互动交流。报告团分成三组，分别到泉州市部分非公企业、街道社区、教育系统党支部（工委）作巡回报告、互动交流。

国网南平供电公司女子电缆班班长洪燕将最美好的青春年华献给闽北山区的万家灯火；福建省假肢有限公司技术科科长张孝超专注于假肢等辅具的研发设计，帮助遭遇不幸的人实现肢体康复；龙岩市新罗区西安社区党委书记章联生用近30年的时间帮助西安村脱贫致富；泉州汽车站流动稽查组站务员曾清华忠于职守、敢抓敢管，在平凡工作中实现自己的价值；福建师范大学团委书记陈志勇通过“占领”网络阵地，引导学生树立正确的世界观、人生观和价值观；福州港引航站高级引航员叶全忠以精湛的技术、勇于担当的气魄，指挥和引领船舶安全进出港口。

在听完福建省“两学一做”先进事迹报告后，基层党员干部被一个个典型、具体、感人的故事所感染。菲莉集团（福建）有限公司党务工作者冯玉莲表示，报告人的故事感动每一个在场人员，引导党员干部兢兢业业地做好本职工作，肩负起历史赋予我们的使命。特步（中国）有限公司党委副书记姚成忠认为，作为一名合格的非公企业党员，在做好党员先锋模范作用的同时，更应该树立服务意识与服务精神，全心全意为企业员工服务。

泉州市大气污染防治年度计划施行

《泉州市大气污染防治2016年度实施计划》近日开始施行。根据计划，泉州市从强化多源综合治理、优化产业结构、加快技术改造、调整能源结构、完善保障措施等方面入手，实现空气质量优良率高于全市2015年水平的年度目标。

为改善环境空气质量，泉州市采取财政补贴、绿标车限行区域电子抓拍等经济、执法手段，加快淘汰黄标车和老旧车辆。同时，全面实行机动车环保标志管理，对尾气不达标车辆不予发放环保合格标志。各地加强机动车“绿标区”（禁止黄标车及没有张贴环保合格标志的机动车通行）监督管理，并结合实际逐步扩大“无绿标车”限行范围，9月底前，全市机动车“绿标区”扩大至所有建制镇（乡）镇区。相关部门强化对黄标车违法通行、尾气超标等违法行为的现场执法，加大处罚力度；加强机动车排气检测机构监管，督促机动车排气检测机构按工况法检测要求规范开展检测工作，从检测源头把好排气治理关。

市环保局公开泉州市区空气质量预报信息，实时公开泉州市区空气质量监测数据；每月公布各县（市、区）空气质量状况排名。各地也根据辖区实际，通过网络、电视、报纸等平台发布该辖区大气环境质量监测信息。市环委办定期向各地政府和泉州开发区、泉州台商投资区管委会通报空气质量改善情况。对环境空气质量改善幅度明显的进行表扬，对空气质量持续下降或连续3个月全省或全市空气质量排名靠后以及大气污染防治工作进度缓慢、工作不力的采取预警、约谈、督办等方式，形成倒逼机制，督促其加快改善进度。

晋江市深化试行党代会常任制

中共晋江市第十三届代表大会第二次全体会议表决通过关于深化试行党代会常任制的决议，批准《中共晋江市代表大会常任制试行办法》。

决议指出，深化试行党代会常任制，有利于进一步严肃党内生活、发扬党内民主、加强党内监督，加强和改善党的领导，进一步提高党的创造力、凝聚力和战斗力。决议强调，深化试行党代会常任制，要坚持民主集中制原则，落实全面从严治党要求，严格遵循党章、遵守党规，全面总结全市和各地实践创新、制度创新、理论创新成果，重点围绕代表任期制、党代会年会、代表团活动、党代表提案等四个方面大胆探索、积极实践，切实有效发挥党代会的领导机关作用、增强党代表的履职行权作为，确保深化试行工作取得实实在在的成效。决议要求，晋江市党代会各代表团和全体代表，以及全市党的各级组织，要认真学习、准确理解、全面执行《中共晋江市代表大会常任制试行办法》，在实施过程中与严格贯彻落实中共十八大以来中央出台的一系列党内法规结合起来，不断拓展新领域、丰富新内涵、创造新经验，深化推进党的建设制度改革，为泉州、全省乃至全国探索一套可复制、可推广的试点经验，提高全市党的建设科学化水平。

7月30日

星期六
农历丙申年六月廿七
温度：27℃—34℃
多云

●省“两学一做”先进事迹巡回报告团到泉州市部分基层单位作巡回报告、互动交流。报告团分成三组，分别到泉州市部分非公企业、街道社区、教育系统党支部（工委）作巡回报告、互动交流。

●《泉州市大气污染防治2016年度实施计划》开始施行。

●吴其萃摄影作品集《人生》首发式在泉州台商投资区举行。

●中共晋江市第十三届代表大会第二次全体会议表决通过关于深化试行党代会常任制的决议，批准《中共晋江市代表大会常任制试行办法》。

●经总装备部批准，解放军东部战区向晋江市围头村赠送的一辆退役坦克在八二三战地公园“安家”。

7月31日

星期日
农历丙申年六月廿八
温度：28℃—34℃
多云

●全市防御“妮妲”台风视频会议召开，要求各级防汛部门、防指有关成员单位、防洪工程单位加强24小时值班和领导带班，加密会商研判，及时作出安排部署。

●国家质检总局下发通知，批准筹建国家质检总局休闲食品检测区域性中心实验室（泉州），成为继国家质检总局福建石油化工检测中心实验室、国家质检总局福建陶瓷及矿产品检测中心实验室后，泉州检验检疫局获批建设的第3个区域性中心实验室

●工信部中国电子信息产业发展研究院下属的赛迪顾问股份有限公司发布“赛迪百强榜——县域经济100强”排行榜。泉州市4个县（市）上榜，石狮市名列百强榜单第5位、晋江市第8位、南安市第62位、惠安县第75位。

●石狮市“军民团结一家人，齐心共建美丽海岸”爱民志愿活动举行。

全市防御“妮妲”台风视频会议召开

全市防御“妮妲”台风视频会议召开。会议要求，各级防汛部门、防指有关成员单位、防洪工程单位要加强24小时值班和领导带班，加密会商研判，及时作出安排部署。要密切监测“妮妲”最新动向，加强水情、雨情、风情、潮情监测。要强化沿海防风防浪，8时前组织位于台湾浅滩渔场和闽南渔场作业的渔船全部就近进港避风，原定于12时结束伏休的所有渔船伏休时间延迟到台风影响结束；同时要提前做好渔船、渔排的加锚、加缆、加粗、加固和作业人员转移上岸的准备工作。市海洋与渔业、水利、海事、旅游、市政、住建等部门要组织检查组分别到沿海和城区的重点区域、重点部位开展检查督查工作。市政、水利、国土等部门要围绕防洪排涝、地灾隐患点等，加强重点部位防范。各级水利部门、水管单位要加强水库、山围塘、堤防、水闸的巡查监测，科学调控，根据汛情发展变化对高水位运行的水库、山围塘采取提前预排预泄方式，腾库纳洪，同时要做好上下游的预警工作，确保排洪安全。

国家质检总局休闲食品检测区域性中心实验室（泉州）获准筹建

国家质检总局下发通知，批准筹建国家质检总局休闲食品检测区域性中心实验室（泉州），成为继国家质检总局福建石油化工检测中心实验室、国家质检总局福建陶瓷及矿产品检测中心实验室后，泉州检验检疫局获批建设的第3个区域性中心实验室，将为泉州及至福建休闲食品产业发展提供有力的技术支撑。

近年来，泉州食品产业发展很快。2015年产值突破1000亿元，以休闲食品为主，糖果、果冻、饼干、膨化食品占全国市场份额较大，其中糖果产业占全国的20%。泉州食品企业中达利、蜡笔小新、中绿、安记9家食品企业分别在内地和香港上市，行业拥有中国驰名商标15件、福建省著名商标52件，金冠、雅客、蜡笔小新均为全国糖果企业销售收入前十强的企业。在膨化食品方面，成功打造“可比克”“好吃点”“达利园”“盼盼”法式小面包等多个全国知名品牌。晋江和惠安分别被中国食品工业协会授予“全国食品工业强县”称号。泉州已成为中国重要的休闲食品出口基地，2015年全市出口值达1.65亿美元，由44家糖果、调味紫菜、蜜饯、果冻、糕点饼干类等出口休闲食品生产企业组成的产业集群已初具规模，产品热销东盟、欧美、中东、非洲、南美洲等50多个国家和地区。

在休闲食品产业快速发展的同时，检测实验室建设尚不能与之匹配，建设高水平、高层次的休闲食品检测中心实验室十分必要和紧迫。泉州检验检疫局相关负责人表示，此次获准筹建国家质检总局休闲食品检测区域性中心实验室（泉州），由现泉州局综技中心食品实验室为基础建设。该实验室现检测范围覆盖干果、膨化食品、糖果、酒类、饮料、罐头、果脯蜜饯、粮油、乳及乳制品、肉及肉制品、水产品、调味品等，经中国合格评定国家认可委员会（CNAS）认可的检测项目有217项。新建休闲食品检测中心实验室，将缩短检测周期，为泉州及至福建休闲食品产业的行政执法、企业产品自控、应对国外技术性贸易壁垒促进扩大出口等提供有力的技术支持和保障。

泉州四县（市）入选2016全国“县域经济百强”

工信部中国电子信息产业发展研究院下属的赛迪顾问股份有限公司发布“赛迪百强榜——县域经济100强”排行榜。泉州市4个县（市）上榜，石狮市名列百强榜单第5位、晋江市第8位、南安市第62位、惠安县第75位。县域经济作为中国国民经济中相对独立的基本单元，在整个国民经济中占据着基础性地位，是国民经济又好又快发展的中坚力量。榜单旨在服务于县域经济发展，反映县域经济发展状况，为地方政府了解各地发展情况、学习先进县市发展经验提供案例和学术支持。

第十届华夏南少林国际武术大赛在惠安县举行

29—31日，由省体育局、省社体指导中心、省武术协会指导和主办的第十届华夏南少林国际武术大赛在惠安县举行。奥地利、俄罗斯、德国等10多个国家及全国各地的120多支代表队、2400多名选手参赛。比赛内容包括各武术拳种、流派拳术、器械等单练、对练套路，以及集体武术拳术和器械、健身功法。按年龄分为儿童组、少年组、青年组、壮年组、中年组和老年组。

泉州市举办庆祝获得全国双拥模范城“八连冠”电视文艺晚会

泉州市举办庆祝获得全国双拥模范城“八连冠”暨纪念中国工农红军长征胜利80周年电视文艺晚会。晚会用丰富多彩的文艺形式，展示泉州市“军爱民，民拥军，军民团结一家亲”的和谐景象。配乐诗朗诵《双拥情满泉州湾》深情回顾泉州市创建全国双拥模范城“八连冠”的不凡历程；《军魂》《真情》等情景短剧，生动再现新时期侨乡泉州军民同呼吸、共命运、心连心的深厚情谊；《军民共建，美丽泉州》《石壁情深》《谁最美》等一个个动人的场景和画面，勾勒着泉州雄浑多姿的拥军全景。

晚会开始前，市领导郑新聪、陈万里、陈灿辉、陈奕辉、陈荣洲，驻泉部队领导郑健、龚贵发、林超平、夏志军、简国正、张功贵、姚晓明等，到场慰问驻泉部队英模、拥军爱民模范单位和个人代表，各级爱国拥军模范单位和个人代表。

演出现场（图/陈晓东）

郑新聪到中化泉州公司现场办公

市委书记郑新聪带领泉州市发改委等部门负责人，到中化泉州公司开展现场办公，了解炼油项目生产经营情况，查看乙烯项目建设进展，听取项目推进过程中存在的困难和问题，并予以协调解决。市委常委、常务副市长林伯前参加现场办公。在听取企业生产经营和项目建设情况汇报后，郑新聪与相关县（市、区）、泉州市直部门负责人一道，就企业建设发展存在的问题，逐一协调，提出解决方案。

就做好安全生产工作，郑新聪强调，炼油项目生产经营和乙烯项目建设过程中，先天条件要达标、管理责任要落实、企业主体要突出、员工教育要到位、施工冲突要协调，务必做到严格管控安全，确保本质安全。

中心市区全面启动不动产统一登记

泉州市不动产登记局、泉州市不动产登记中心、泉州市不动产交易登记档案馆揭牌，标志着泉州市中心市区不动产统一登记工作全面启动。当天，泉州市国土资源局颁发首批6本不动产权属证书。市民拿到的不动产权证书，红色封面的证书内详细记载房产权利人、共有情况、坐落位置、不动产单元号、权利性质、用途、面积和使用期限等。此次中心市区不动产登记采取“不变不换”原则，房屋如果不进行交易，以前颁发的产权证继续有效，市民可自愿选择更换或不换。在房屋下一次交易，办理过户的时候将换发新的不动产权证书。除中心市区外，晋江、永春、石狮、惠安、南安等县（市、区）也实施不动产统一登记。

南安实现国内异地商会全覆盖

新疆维吾尔自治区南安商会暨第一届理、监事会就职典礼在乌鲁木齐举行，南安成为全国首个实现各个省（市、自治区）异地商会全覆盖的县级市。南安市建立异地南安商会67家，分布在9个国家、全国各省（市、自治区）和澳门特别行政区，会员总数近5万人，从业人员超过50万人，异地商会总数位居全国县级市首位。近年来，异地南安商会为经济社会全面发展献策献力，成为南安一大特色、一大品牌、一大优势，打响独具特色的‘南商’品牌。南安发挥异地南安商会载体、平台、纽带等作用，引导异地商会在经贸洽谈、招商引资、公益慈善、项目生成、人才回归等方面发挥积极作用，成为南安经济社会发展的重要力量。

8月1日

星期一
农历丙申年六月廿九
温度：28℃—35℃
阵雨

●泉州市举办庆祝获得全国双拥模范城“八连冠”暨纪念中国工农红军长征胜利80周年电视文艺晚会。

●郑新聪带领泉州市发改、经信、环保等部门负责人，到中化泉州公司开展现场办公。

●9时，市防汛抗旱指挥部启动防第4号台风“妮妲”Ⅲ级应急响应。

●泉州市不动产登记局、泉州市不动产登记中心、泉州市不动产交易登记档案馆揭牌，标志着泉州市中心市区不动产统一登记工作全面启动。

●泉州市妇联第十三届执委会召开第六次会议，替补泉州市妇联十三届执委会执委，选举泉州市妇联十三届执委会主席、副主席、常委。庄灿霞当选市妇联主席。

●新疆维吾尔自治区南安商会暨第一届理、监事会就职典礼在乌鲁木齐举行，南安成为全国首个实现各个省（市、自治区）异地商会全覆盖的县级市。

●由目维影视、庭柯文化和至美影业有限公司联合制作的网络电影《全力青春》在泉州领SHOW天地的数媒中心举行开机仪式。

8月2日

星期二
农历丙申年六月三十
温度：26℃—31℃
阵雨

●以泉州永春籍中国工程院院士、中国人民解放军少将、爆炸力学工程技术专家、2012年感动中国人物之首林俊德为原型的电视剧《马兰谣》在央视一套黄金档开播。

●经国家质检总局批准，泉州晋江国际机场成为国家质检总局进境食用水生动物指定口岸。

●《中心城区主次干道推行清洗保洁实施方案》出台。

●泉州市10所学校入选全国足球特色校。

●泉州市台风警报解除，沿海恢复海上渔业生产，结束伏季休渔。

以林俊德为原型的电视剧《马兰谣》在央视一套黄金档开播

以泉州永春籍中国工程院院士、中国人民解放军少将、爆炸力学工程技术专家、2012年感动中国人物之首林俊德为原型的电视剧《马兰谣》在央视一套黄金档开播。《马兰谣》是中国首部揭秘“两弹一星”背后鲜为人知故事的军旅题材剧，该剧以林俊德75年的人生历程为主线，讲述他怀着报效祖国的梦想，走出山村，走进大学；走出北京，走进马兰，从此扎根在那个充满神秘的戈壁大漠核试验基地——马兰半个多世纪的故事，特别展现林俊德在生命最后8天坚持工作的感人一幕。马兰基地部分的拍摄完成之后，《马兰谣》主创60多人，曾于2015年1月11—19日到永春取景。《马兰谣》播出后，《福建日报》《泉州晚报》《东南早报》以及新华网、中新网、人民网、新浪、腾讯、搜狐等各大媒体报纸纷纷刊发《央视黄金档开播〈马兰谣〉 原型为闽籍院士林俊德》《〈马兰谣〉昨晚央视一套开播 展现核爆专家泉州人林俊德传奇一生》等文章。

相关链接：1938年3月，林俊德出生于泉州市永春县介福乡紫美村，靠助学金上完中学和大学。林俊德是“核试验冲击波机测仪器研制小组组长”，面对西方国家的技术封锁，他们用了半年时间研制出第一台样机，一年后成功用于中国的第一次核试验，第一时间准确测得核爆炸的冲击波参数。从1964年中国的第一颗原子弹爆炸，到1996年中国进行的最后一次地下核试验，参与中国的全部45次核试验。2012年，林俊德因病离开人世。

电视剧《马兰谣》剧照　　（图/泉州晚报社）

泉州晋江国际机场获批进境食用水生动物指定口岸

泉州口岸国际航空运输业务迎来新突破，经国家质检总局批准，泉州晋江国际机场成为国家质检总局进境食用水生动物指定口岸，这意味着该机场拿到进口食用水生物正式“通行证”。泉州市民可以吃到来自全球各地的最新鲜水海产品。

在此之前，全省仅有厦门高崎机场、福州长乐机场两个进口食用水生动物空港口岸。

数据显示，泉州每年的海产品消费量45万吨，而泉州晋江机场只能满足2000—3000吨的供应量，泉州市民想要购买进口生鲜水产品，只能等待漫长的海运或通过国内其他空港中转。泉州晋江国际机场获批进境食用水生动物指定口岸，将有利于促进食用水生动物进口，满足国内市场要求，扩大泉州口岸对外开放。

中心城区主次干道清洗保洁方案出台

《中心城区主次干道推行清洗保洁实施方案》出台，方案提出，10月1日起，泉州市将在中心城区主次干道全面推行清洗保洁模式，在现有清扫保洁的基础上，对市区主次干道开展全面的冲洗、洗刷工作。清洗范围主要包括鲤城区老城区、丰泽区中心区域主次干道及城东、东海、北峰片区重要出入中心城区通道。具体包括车行道、非机动车道和人行道，清洗包括67条道路，约465万平方米。其中，鲤城区道路面积约82万平方米、丰泽区道路面积约383万平方米。

泉州市10所学校入选全国足球特色校

教育部公布2016年全国青少年校园足球特色学校及试点县（区）名单，南安市被认定并命名为全国青少年校园足球试点县（区）。泉州市10所中小学被教育部认定为“全国青少年校园足球特色学校”。

泉州市10所入选的学校为泉州师范学院附属小学、鲤城区实验小学、泉州市通政中心小学、洛江区双阳中心小学、洛江区南山小学、惠安县城南第二实验小学、安溪县金火中学、晋江市金井镇围江学校、晋江市灵源街道灵水中心小学、南安市柳城中学。至此，泉州市的全国青少年校园足球特色学校已增至110所。

8月3日

星期三
农历丙申年七月初一
温度：26℃—33℃
阵雨

●郑新聪到德化县开展项目和经济调研。

●市外事侨务办、世界泉州青年联谊会主办的以“逐梦海丝，相约泉州”为主题的2016年世界泉州青年联谊会武术文化夏令营在泉州南少林国际学校开营。

●泉州市第九届校长读书班开班仪式举行。

●第27届“威远楼之夏”戏剧节开幕。

●3—4日，泉州市第26届中小学生南音比赛在石狮市举行。

郑新聪到德化开展项目和经济调研

市委书记郑新聪到德化县，围绕贯彻省委九届十六次全会精神，推动只争朝夕、全力以赴抓发展，开展项目和经济调研。在宝源酒厂，郑新聪鼓励企业要注重引进高级技术人才，根据现代人口味需求加强产品研发，引入现代商业模式，将地方品牌发扬光大。在陶瓷产园区，郑新聪要求园区要完善基础设施、搭建公共服务平台、引入公司化运营模式；相关部门要加强扶持引导，共同将园区打造为陶瓷产业创新孵化基地。在三班镇，郑新聪指出，要优化招商政策，引进专业运营团队，吸引茶具上下游产业链相关企业入驻，提升行业整体竞争力。

座谈会上，郑新聪指出，德化县工作思路清晰、重点突出、方向明确。当前要全力贯彻落实省委全会精神，深刻领会推进创新驱动战略和供给侧结构性改革“两大部署”，主动对接国家自主创新示范区建设，明晰创新转型主攻方向，推动国家、省、市政策文件细化落地，着力发展陶瓷、旅游、现代农业等优势产业，培育更多增长点。要一任接着一任干，盯紧盯牢各项指标任务，把服务企业的事情做到位、做到底，继续开展“重大项目前期工作活动年”，加大招商引资，推动经济发展平稳接续。

调研现场　（图/陈起拓）

泉州市第九届校长读书班开班仪式举行

泉州市第九届校长读书班开班仪式举行，中小学和幼儿园校长（园长）300多人参加开班仪式。读书班将在永春进行为期一周的“集体充电”，以全面提升泉州市中小学校长适应现代教育管理能力和水平。该届读书班的主题为“加强和改进学校美育工作”，以加强学校美育工作，提高学生审美和人文素养，提升学生综合素质能力为主要内容，通过读书活动，重点讨论新时期学校美育工作的形势与任务，进一步加强学校美育工作，切实落实美育教育目标，提升学生综合素质能力，为学生的终身发展奠定坚实的基础。校长读书班的活动，包括加强学校美育工作大家谈、专家报告、读书学习、总结交流、校长论坛等。

世界泉州青年联谊会武术文化夏令营开营

市外事侨务办、世界泉州青年联谊会主办的以“逐梦海丝，相约泉州”为主题的2016年世界泉州青年联谊会武术文化夏令营在泉州南少林国际学校开营，来自美国、英国、葡萄牙、日本、越南等多个国家和中国香港地区的20位世界泉州青年联谊会会员子女齐聚一堂体验中华武术、感受家乡文化。开营式上，由南少林国际学校学生表演的太极剑、拳术、刀术、剑术、棍术等武术套路。

“威远楼之夏”戏剧节开演

第27届“威远楼之夏”戏剧节正式拉开序幕，南安市岑兜高甲戏剧团率先登场，献演《双太后》。该届戏剧节将持续至31日。该届“威远楼之夏”戏剧节不但延续历届“威远楼之夏”的“戏宴”特色招牌菜，还突显“闽南艺馨”大拼料——汇集原创闽南语演唱、闽南四句、古楼讲古、汉服旗袍秀等等具有传统民俗的“综艺菜”。此外，主办方还精心安排几场以讴歌伟大中国共产党和中国工农长征胜利经典故事题材的影片和歌曲。

演出现场　（图/陈智勇）

8月4日

星期四
农历丙申年七月初二
温度：26℃—34℃
多云

●市政府第一〇四次常务会议召开。

●从市商务局获悉，商务部印发《关于确定智慧物流配送示范单位的通知》，首批智慧物流配送示范单位揭晓，福建省有5家物流企业入选，泉州弘桥智谷物流有限公司上榜。

●由市教育局、市发改委、市人社局、市科技局、市科协、泉州晚报社主办的泉州市2016年大学生创新创意作品大赛评选结果揭晓。

●闽南语原创歌曲演唱会在中心市区威远楼举行。

市政府第一〇四次常务会议召开

市长康涛主持召开市政府第一〇四次常务会议。会议研究并通过《关于降低成本减轻企业负担的实施意见》（以下简称实施意见），指出要狠抓政策兑现，将实施意见中降低企业融资成本、生产要素成本、人力资源成本、创新成本、市场流通成本、兼并重组成本和制度性交易成本以及减轻企业税费负担等措施落到实处；要增强服务意识、转变工作作风，营造程序简化、审批快捷、服务成本低的政务服务环境。效能办要加强对政策兑现落实、办事人员服务态度等情况的督促检查，发现问题严肃问责追究。经信部门要及时做好政策实施效果“回头看”，了解、分析企业的实际需求，不断完善政策，激发实体经济活力，促进经济平稳健康发展。

会议听取2016年上半年全市安全生产工作情况汇报，研究并通过《泉州市“十三五”安全生产专项规划》，指出安全生产事关重大、不容忽视。各级各部门要贯彻落实好市委有关安全生产工作的部署，严格按照“党政同责、一岗双责”规定，把落实安全生产主体责任抓到位；要着力查缺补漏，全面摸排安全生产的“底数”和“薄弱点”，有针对性地制定出台预防措施和应急预案，及时发现和消除隐患；要加强督促检查，把规划制定的各项目标任务层层分解落实到镇、村一级，筑牢安全防线。

会议研究并通过《泉州市“十三五”现代农业发展专项规划》，指出加快发展现代农业，既是转变经济发展方式、全面建成小康社会的重要内容，也是提高农业综合生产能力、增加农民收入、建设社会主义新农村的必然要求。各级各部门要加强沟通，密切配合，细化规划各项目标任务，建立健全以工促农、以城带乡的长效机制，为加快现代农业发展提供有力保障。

泉州企业入选首批国家级智慧物流配送示范单位名单

从市商务局获悉，商务部印发《关于确定智慧物流配送示范单位的通知》，首批智慧物流配送示范单位揭晓，福建省有5家物流企业入选，泉州弘桥智谷物流有限公司上榜。智慧物流配送体系是一种以互联网、物联网、云计算、大数据等先进信息技术为支撑，在物流的仓储、配送、物流加工、信息服务等各个环节实现系统感知、全面分析、及时处理和自我调整等功能的现代综合性物流系统，具有自动化、智能化、可视化、网络化、柔性化等特点。业内人士分析，智慧物流配送将实现精准营销，是推动电子商务发展的重要支撑，也是今后物流业发展的趋势和竞争制高点。

成为国家级智慧物流配送示范企业必须满足三个条件：在智慧物流信息服务平台方面，能够提供撮合交易、诚信、金融、结算、信息等综合服务，实现与用户信息系统或平台间的互联互通，有效整合供应链资源和跨界资源；能够对物流交易、货源结构、流向分布以及车源结构等大数据进行挖掘分析，为客户提供个性化服务，为政府部门决策提供服务；会员企业达到3000家以上，日撮合交易量平均达到1000条以上，形成成熟的运营模式。

泉州市2016年大学生创新创意作品大赛评选结果揭晓

由市教育局、市发改委、市人社局、市科技局、市科协、泉州晚报社主办的泉州市2016年大学生创新创意作品大赛评选结果揭晓，大赛组委会组成专家评审组，从全市遴选出的176件大学生作品中评出获奖作品87件，其中A组（本科组）一等奖5件、二等奖7件、三等奖11件、优秀奖12件；B组（高职高专组）一等奖6件、二等奖10件、三等奖14件、优秀奖22件。大赛主题为“创新创意展风采　主动融入促发展”，共有16所高校参加，从3月份启动，至今历时5个多月。大赛根据学生类别分成A组与B组两个组别，每个组别分别设置科技创造发明、技术革新、创意设计三个类型。

闽南语原创歌曲演唱会在中心市区威远楼举行

闽南语原创歌曲演唱会在中心市区威远楼举行，这是“威远楼之夏”戏剧节举办27年来首次举办的专场原创歌曲演唱会，市原创歌曲交流协会精心组织《刺桐恋情》《一生的好朋友》和《故乡路》等近20首闽南语原创歌曲到现场演唱；市汉服文化研究会也组织数十名会员，到场献演旗袍秀《重回汉朝》和《女人花》等。

康涛到晋江检查指导征兵体检工作

泉州市征兵工作领导小组组长、市长康涛率队到晋江检查指导征兵体检工作，并就做好征兵工作举行座谈会。泉州市征兵工作领导小组副组长、泉州军分区政委郑健，泉州市征兵工作领导小组副组长、副市长陈荣洲，泉州市征兵办公室主任、泉州军分区参谋长王永春，市政府秘书长吴友才参加检查。至5日，全市上站体检人数5259人，其中大学生人数1514人。在体检现场，前来应征的适龄青年正秩序井然地等待体检。康涛逐一查看体检项目，了解体检事项，详细询问2016年应征青年的基本情况。2016年，泉州市征兵体检工作首次引入信息化手段，投入近300万元在全市16个征兵体检站建立"征兵体检信息系统"，进一步提高工作效率，规范征兵体检工作。康涛指出，各级党委政府、兵役机关精心准备、宣传到位、工作扎实，全市征兵工作呈现出应征青年数量足、素质好的良好局面。下阶段，各级各相关单位要继续加大宣传力度，深入解读国家和省、市出台的各项征兵政策，充分调动适龄青年的应征热情，确保圆满完成征兵任务；要提高认识，主动作为，稳妥做好复转军人的安置接收工作，切实推动优抚安置政策落实到位；要做好征兵体检保障工作，为应征青年及家属热情引导、提供方便、全程服务；要持续加强国防教育和宣传，提高市民国防意识，提升军人荣誉感，增强适龄青年责任感、使命感，为今后征兵工作打下坚实基础。

市人大常委会组织开展《中华人民共和国森林法》执法检查

3—5日，市人大常委会组织开展《中华人民共和国森林法》（以下简称森林法）执法检查。市人大常委会副主任吕竞、党组成员许文贵、部分常委会委员和市人大代表参加执法检查。执法检查组一行深入晋江、南安、永春、德化等县（市），实地察看晋江市绿洲公园、安平桥文化公园、东石镇檗谷公园、深沪镇沿海基干林带建设，南安市码头镇宫占村珍贵树种造林示范基地，五台山国有林场、山美水库水源涵养林项目，永春县仙夹镇龙水村漆篮、新希望林业发展、大花蕙兰设施大棚，德化唐寨山森林公园、雷峰蕉溪村养生源合作社基地、潘祠村千亩樱花基地等，听取市政府关于贯彻执行《中华人民共和国森林法》情况汇报并进行了座谈，与会的常委会委员发表各自的意见。

执法检查组认为，市政府高度重视林业工作，严格执行《中华人民共和国森林法》，林业普法持续开展，执法检查严格认真，植树造林成效明显，林业发展势头良好，森林管理扎实有效，林业改革持续深化。检查组也指出了法治意识有待增强、依法治林的能力有待提升等方面存在的问题。吕竞就今后工作提出要坚持普法宣传、坚持依法治林、坚持管护并重、坚持惠民富民、坚持依靠科技进步等五点意见。

座谈会现场　　（图/王虎文）

市人大常委会举办《中华人民共和国森林法》专题讲座

市人大常委会邀请专家刘玉英作森林法专题讲座。市人大常委会主任陈万里，副主任吕竞、张建生、朱团能、曾巍，党组成员许文贵、欧阳秋虹，市人大机关全体干部职工、市林业局部分干部职工等100多人参加讲座。刘玉英从森林法的立法背景、立法目的、主要特点和森林法贯彻执行中可能遇到的问题，深入浅出地进行解读、分析，内容丰富，具有很强的指导性、针对性和启发性，让大家对森林法及其实施条例的精神实质有更深刻的认识和把握，有助于大家进一步树立法治精神，认真履行监督职责，增强执法检查实效，为巩固"全国绿化模范城市"成果，推进国家森林城市创建作出新贡献。此前，市人大常委会检查组到南安、安溪、永春、德化等地开展《中华人民共和国森林法》执法检查。

8月5日

星期五
农历丙申年七月初三
温度：27℃—35℃
多云

●康涛率队到晋江检查指导征兵体检工作，并就做好征兵工作举行座谈会。

●市人大常委会邀请专家作森林法专题讲座。

●福建省检察院在南安召开南安市检察院获"第六届全国先进基层检察院"表彰暨授牌仪式。

●5—21日，第31届夏季奥林匹克运动会在巴西里约热内卢举办，泉州籍体操运动员林超攀、击剑运动员刘咏诗、陈海威、施嘉洛随中国体育代表团出赛。

8月6日

星期六
农历丙申年七月初四
温度：27℃—33℃
阵雨

●国家文物局批复同意泉州市8个“海丝”史迹的修缮工程设计方案，包括开元寺双塔、九日山摩崖石刻石佛亭、真武庙、天后宫西厢房、伊斯兰教圣墓、草庵、屈斗宫德化窑遗址、德济门遗址。

●3月至今，在全市范围内开展创建农村（社区）司法行政工作室试点工作，建成214个。

●省教育厅公布确定59个专业群为2016年福建省职业院校服务产业特色专业群建设项目，泉州18所院校19个专业群入选省特色专业群建设项目。

●泉州市人力资源市场发布2016年第二季度人力资源市场供求状况分析。分析显示，第二季度以来，泉州人力资源市场求人倍率逐步回落，企业用工态势逐渐平稳。

●在泉州直招的28名士官分批奔赴所在部队集训。其中，泉州海洋学院入选14人。

泉州8个“海丝”史迹修缮方案获批复

从市文广新局获悉，国家文物局批复同意泉州市8个“海丝”史迹的修缮工程设计方案，包括开元寺双塔、九日山摩崖石刻石佛亭、真武庙、天后宫西厢房、伊斯兰教圣墓、草庵、屈斗宫德化窑遗址、德济门遗址。各个项目正在根据国家文物局批复函对方案进行修改、补充和完善，之后将陆续启动。2016年，国家文物局正式确定，由泉州牵头，联合广州、宁波、南京等城市，推进中国“海丝”联合申遗。当前，泉州切实担当起“海丝”联合申遗牵头城市的职责使命，按联合国文化遗产申报标准和要求，高标准高质量地开展所有规定工作和程序。

该次获批复的“海丝”史迹都在“海丝申遗”考察点范围内。其中，开元寺双塔修缮为保养维护工程，以治理和防止雨水渗漏造成的损坏为主，将于近日动工修缮。天后宫西厢房此次修缮重点是解决房屋漏雨和白蚁虫蛀等问题，由泉州乾景古建筑设计研究院承担此次修缮方案制定，整体修缮工作将于2017年7月底前完成。国家文物局还要求省文物局督促有关单位制定并实施九日山摩崖石刻的岁修保养制度，加强对其巡视和维护，及时消除病害及隐患。

全市开展创建农村（社区）司法行政工作室

从市司法局获悉，3月至今，在全市范围内开展创建农村（社区）司法行政工作室试点工作，建成214个。化解各类矛盾纠纷2125件，开展法制宣传515场（次），安置刑释人员2143人，接茬社区矫正对象1056人，提供各类法律服务2882人次，办理法律援助申请712件，初步实现矛盾纠纷零上访、法制宣传零死角、服务群众零距离的工作目标。

司法行政工作室集人民调解、法制宣传、社区矫正、安置帮教、法律援助等司法行政工作于一体，将村居（社区）现有的人民调解室、普法宣传室、法律服务工作室、法律援助联系点等多室合一，将人民调解员、法治宣传员、社区矫正协管员、法律援助联络员等多员合一，为广大群众提供“一站式”服务。

在职能发挥上，司法行政工作室具有灵活性和时效性强的特点。灵活服务，不“坐等上门”。由工作人员主动保持与居民的沟通，及时向司法所上报有关社情民意；定期走访刑释解教人员和社区服刑人员，掌握其活动情况和思想动态，有针对性地进行帮扶教育；利用节点开展一些集中解答法律问题的活动。及时掌握动态、调处矛盾。司法行政工作室要随时掌握社区内矛盾纠纷信息，及时予以调处化解，当有突发事件时，第一时间发现、报告、稳控、介入解决；定期征求本社区居民的意见和建议，梳理归纳群众的普遍性需求，有的放矢地开展工作，提供特色服务，及时发现、解决并报告问题。

全省建设59个特色专业群
泉州18所院校19个专业群入选

省教育厅公布确定59个专业群为2016年福建省职业院校服务产业特色专业群建设项目。首批省职业院校服务产业特色专业群建设项目，涉及高职院校的有25个专业群，涉及中职学校的有34个专业群。泉州地面上18所院校19个专业群入选省特色专业群建设项目，高职院校有黎明职业大学节能电子与信息技术、智能制造专业群，泉州幼儿师范高等专科学校艺术教育专业群，泉州纺织服装职业学院纺织服装技术专业群，泉州轻工职业学院智能制造专业群，泉州工艺美术职业学院文化创意专业群；中职学校有安溪华侨职业中专学校家具工艺专业群，泉州华侨职业中专学校艺术设计专业群，南安职业中专学校现代制造技术专业群，晋江安海职业中专学校加工制造专业群，晋江华侨职业中专学校汽车维修专业群，晋江晋兴职业中专学校财经商贸专业群，晋江职业中专学校电子与信息技术专业群，惠安开成职业中专学校建筑工程技术专业群，南安市工业学校模具制造技术专业群，泉州工商旅游学校旅游服务与管理专业群，泉州财贸职业技术学校 电子商务专业群，德化职业技术学校工艺美术专业群，安溪陈利职业中专学校工艺美术（藤铁）专业群。省级财政将安排经费重点支持服务产业特色专业群建设，对于非省级示范性现代职业院校建设工程培育项目院校，按照每个专业20万元标准予以补助；对于省级示范性现代职业院校建设工程培育项目院校，由学校从示范校建设专项资金中安排经费用于专业群建设。项目建设期3年，建设期满，将组织专家进行验收，验收合格的认定为省级职业院校服务产业特色专业群。

晋江市医院院士专家工作站增补为第五批泉州市院士专家工作站

市政府下发相关通知，决定将晋江市医院院士专家工作站增补为第五批泉州市院士专家工作站，管理年限为2016—2019年。至此，全市建立33家院士专家工作站，数量全省最多，涵盖泉州市主要产业。6月，晋江市与树兰医疗集团正式签订合作协议书，根据协议，晋江市医院和晋江市医院晋南分院成为与树兰医疗集团具体合作的对象。随后，晋江市医院与中国工程院院士、树兰医疗发起人郑树森、李兰娟等院士建立合作关系，双方签订“院士专家工作站”共建协议及“重型肝炎病人感染微生态和感染免疫研究”项目合作协议，项目总投资200万元。该院士工作站的建立，将更有效地利用院士专家资源，进一步提高医疗服务水平。根据相关规定，院士专家工作站的设站单位应具备独立法人资格，生产经营状况良好，能为院士进站工作提供必要的科研、生活条件及其他后勤保障；建有专门的研发机构，拥有水平较高、结构合理的研发团队，具备较强研发能力。

泉州新增3家新三板挂牌企业

泉州市嘉泰数控、名品电子、德化恒亿相继在新三板挂牌。泉州市2016年新增新三板挂牌企业10家，泉州市在新三板挂牌企业25家。该次挂牌的三家企业主营业务涉及智能制造、汽车电子产品、日用陶瓷等领域。嘉泰数控是一家主要从事自动化、智能化数控机床的研发、生产、销售和服务的创新型企业，上年净利润7145.79万元。名品电子主要从事汽车电子产品的研发、生产及销售，为汽车整车厂商、汽车销售服务商提供汽车电子零部件产品，2015年净利润36.80万元。德化恒忆主要从事艺术陶瓷、能量养生功能性陶瓷及其他高档日用陶瓷的研发、设计、创作及经营，上年净利润459.55万元。

泉州5人上榜第三届中国陶瓷艺术大师名单

第三届中国陶瓷艺术大师名单出炉，福建省6名大师入选，其中5名来自世界瓷都德化，分别为许瑞峰、陈明良、陈明华、赖礼同、苏玉峰，他们在陶瓷艺术传承和创新方面取得令人瞩目的成绩，精湛的艺术备受全国陶瓷界瞩目。中国陶瓷艺术大师评选由中国轻工业联合会和中国陶瓷工业协会主办，在2003年、2010年举行两届，评选出128位中国陶瓷艺术大师。泉州市健在的前两届中国陶瓷艺术大师有邱双炯、柯宏荣、陈桂玉、苏献忠等人。

相关链接：许瑞峰是许氏瓷塑第六代传人，现为福建省工艺美术大师，自幼随父亲许兴泰（中国工艺美术大师）学艺，传统瓷塑造诣较深，又在作品中融入许家瓷塑世代相传的制作技艺，率先攻克陶瓷釉艺中很难控制的高温红釉和结晶釉，填补了德化空白。

陈明良现为中国传统工艺大师、福建省工艺美术大师、德化县明玉陶瓷研究所艺术总监、德化县收藏家协会首任会长。擅长传统风格结合现代艺术特征。其作品《千手千眼观音系列》《自在观音》获得国际性博览会金奖。

陈明华现为福建省工艺美术大师、德化明华陶瓷艺术研究所所长，擅长花瓶刻花工艺，其作品《达摩》获中国第三届“大地奖”陶瓷作品评比金奖。

赖礼同享受国务院特殊津贴，现为福建省工艺美术大师、德化县博古陶瓷研究所所长兼艺术总监，其作品造型优美，风格独特，具有地方传统特色。多件作品被中国国家博物馆等收藏。

苏玉峰为一代雕塑名师苏学金之孙,是德化蕴玉瓷庄第三代传人,自幼爱好美术与瓷塑工艺,现年过七旬仍在探索陶瓷艺术。其作品十八罗汉瓷塑，1994年荣获全国(成都）星火科技精品金奖。

泉州“全民健身日”活动启动

泉州市“全民健身日”启动仪式在府文庙举行。2016年“全民健身日”活动主题为“全民健身促健康·同心共筑中国梦”，活动由泉州市政府主办，鲤城区政府、泉州市体育局承办，鲤城区300多名干部群众参加启动仪式。启动仪式上，大鼓凉伞、独轮车、拍胸舞、火鼎公婆、太极扇表演、武术大汇演、广场舞等各种兼具文化和运动元素的健身活动相继登场。在“全民健身日”期间，鲤城全区各类公共体育设施也免费向广大群众开放，为群众健身提供条件。

8月7日

星期日
农历丙申年七月初五
温度：27℃—33℃
阵雨

●市政府下发相关通知，决定将晋江市医院院士专家工作站增补为第五批泉州市院士专家工作站，管理年限为2016—2019年。

●泉州市嘉泰数控、名品电子、德化恒亿相继在新三板挂牌。

●第三届中国陶瓷艺术大师名单出炉，福建省6名大师入选，其中5名来自世界瓷都德化，分别为许瑞峰、陈明良、陈明华、赖礼同、苏玉峰。

●泉州市“全民健身日”启动仪式在府文庙举行。

●泉州海上丝绸之路文化申遗展示馆陈列大纲讨论会在泉州海外交通史博物馆举行。

●闽南乡韵高甲戏迷联谊会在晋江举行。

8月8日

星期一
农历丙申年七月初六
温度：26℃—33℃
阵雨

●郑新聪到市中级法院、市检察院走访慰问并开展工作调研。

●市政府第一〇五次常务会议召开。

●市领导陈铁晗、周真平率领检查组到丰泽区丰海路蟳埔段、市客运中心站、鲤城区新门社区、文化宫公交始末站、东湖公园等公共场所，对环境整治、公共服务、公益广告制作刊播等内容进行实地模拟测评。

●中国电子检验检疫(e-CIQ)主干系统在泉州检验检疫局正式上线运行，标志着泉州市正式迈入“互联网+质检”时代，泉州进出口报检进入“快车道”。

●30位清华大学博士生结束在泉州为期40天的社会实践活动。

●胡丹小提琴弦乐团全省巡回音乐会泉州站的演出在泉州音乐厅举行。演出以一组维瓦尔第的《四季》小提琴协奏曲拉开序幕，整场演出分为10大单元。

郑新聪走访市中级人民法院和市检察院

市委书记郑新聪到市中级法院、市检察院走访慰问并开展工作调研。市委常委翁祖根、林锦明参加调研。市中级法院院长欧岩峰、市检察院检察长高扬捷分别作工作汇报。在听取市法院、市检察院工作情况汇报后，郑新聪代表市委高度肯定“两院”工作成效，对全市法院、检察院广大干部职工的努力和贡献表示感谢。

郑新聪指出，当前，推进司法体制改革、为经济社会保驾护航的任务越来越重，法院、检察院工作面临新的考验和挑战。法院、检察院要深入贯彻习近平总书记关于政法工作重要指示精神，继续与党委政府同频共振。要把维护社会公平正义作为最根本任务，不断创新司法便民为民体制机制，做法治泉州建设的守护者。要巩固提升工作亮点、创新工作机制，打造更多新的司法品牌，为全省、全国司法体制改革创造新经验。法院、检察院党组要把队伍建设作为各项工作的重中之重，责无旁贷地建好、管好、带好队伍，打造“政治过硬、业务过硬、责任过硬、纪律过硬、作风过硬”的法干部队伍。

市政府第一〇五次常务会议召开

市长康涛主持召开市政府第一〇五次常务会议，听取泉州市2016年推进简政放权放管结合优化服务工作情况和2016年度泉州市专利奖评选工作汇报。会议研究通过《2016年泉州市推进简政放权放管结合优化服务改革工作要点》（以下简称工作要点），指出推进简政放权、放管结合、优化服务改革是深化行政体制改革、推动政府职能转变的重要抓手，有益于破除制约泉州市企业和群众办事创业的体制机制障碍，降低制度性交易成本，优化营商环境，激发市场活力。各级各相关部门要根据工作要点细化工作任务，明确具体改革事项，提出可操作性措施。

会议研究通过2016年度泉州市专利奖评审结果，包括一等奖3个、二等奖9个、三等奖18个，共30个项目获奖。会议指出，开展专利奖评选工作对于激励发明创造、促进专利成果转化、实施创新驱动发展战略具有重要意义。下一步，各级各相关部门要进一步完善评选机制，创新评选方法，加强引导，立足地方产业转型升级实际和产业发展关键共性技术，明确专利发展导向，力争在重要技术领域取得一批重大创新成果和发明专利，为助推泉州产业转型升级注入新的活力。

清华大学博士在泉州开展社会实践活动

2016年清华大学博士在泉州结束社会实践活动。在40天的实践时间里，30位来自清华大学材料学院、建筑学院、人文学院、计算机科学与技术系、热能工程系、化学工程系、电子工程系等学院和专业的博士生，分赴鲤城、丰泽、洛江、晋江等8个县（市、区）的22个单位进行学习实践。清华大学共有67支社会实践小组赴全国各地开展活动，泉州博士生支队人数规模位居第二。在社会实践期间，博士生们为企业和项目解决技术难题，开发新型产品，也在走访泉州的过程中深入感受闽南文化的魅力，留下难忘的“泉州印记”。

清华博士生走访调研恒安集团、嘉泰数控、铁拓机械等企业，实地了解泉州企业的管理体系、技术创新模式等。清华大学材料学院材料科学与工程专业的霍文龙和机械工程系先进材料专业的魏亚蒙、胡可辉3名博士生，分别到南安恒忆陶瓷和德化顺美陶瓷开展实践和科研活动。他们所研究的项目是将泡沫陶瓷制备技术和传统日用陶瓷相结合，利用注浆成型或者滚压法成型制备同时具有泡沫结构和保温隔热功能的新型日用陶瓷。此外，《垃圾压缩设备压实机构优化方案》《建材类商品电商售后O2O安装与维修服务设计相关的技术方案》《永春县马跳水库水利枢纽工程》等28个针对泉州实际情况的项目已完成调研阶段，将在不断论证后投入实际应用，为泉州企业转型升级注入新活力。

走访现场 （图/吴寿民）

中共泉州市委十一届十三次全会召开

中共泉州市委十一届十三次全会召开。会议主要任务：深入贯彻党中央一系列决策部署，贯彻五大发展理念、全国科技创新大会精神，认真落实省委九届十六次全会要求，研究泉州市系统推进创新驱动和供给侧结构性改革工作。市委书记郑新聪讲话，市委副书记、市长康涛作有关文件说明。市领导陈奕辉、陈万里、陈灿辉、许昆贞、翁祖根、温惠榕、林伯前、孔繁军、陈铁晗、林锦明等出席会议。

会议要求，各级各部门要把握关键环节，紧紧抓住五个着力点，全力攻坚突破，推动创新驱动发展战略和供给侧结构性改革各项任务落到实处。一要紧抓国家自主创新示范区和“中国制造2025”示范城市“两大机遇”，发挥泉州市制造业优势，在产业创新、成果转移转化、质量品牌上先行。二要紧抓科技创新和体制创新“双轮驱动”，发挥企业主体、政府先导作用，一拨一拨地突破瓶颈制约。三要紧抓人才政策和营商环境“两个保障”，制定更有吸引力、更精准的“政策包”，实施精准柔性引才模式。四要紧抓主攻供给侧和兼顾需求端“两个协调”，把低端产能压下去、把高端产能升起来，把释放房地产需求和去化传统制造业库存放在重要位置，把补短板、挖潜力、扩投资结合起来，深化“重大项目前期工作活动年”，着力提升利用外资水平，激活民间投资，既落实好“去降补”各项任务，又积极拓展有效投资。五要紧抓稳增长和控风险“两个关键”，继续开展好“促进项目落地、帮扶企业发展”活动周，守好金融风险防控底线，引导企业诚信经营、诚信贸易，树好品牌质量形象，全面建设“诚信泉州”。

全会审议通过《中共泉州市委十一届十三次全体会议决议》，讨论《关于实施创新驱动发展战略建设国家自主创新示范区的意见》、《关于贯彻落实〈福建省推进供给侧结构性改革总体方案（2016—2018年）〉的实施意见》及相关配套文件。

会议现场　（图/陈起拓）

第四届海峡两岸七夕返亲节举行

9—10日，由福建省妇联、晋江市政府主办的第四届海峡两岸（晋江·围头）七夕返亲节举行。活动包括“围头新娘恳亲会”“海峡两岸”围头村跑活动、闽台乡村旅游座谈会、“家和两岸亲”亲子互动活动、两岸海上义务救生演练交流、两岸海上休闲垂钓比赛，以及为两岸未婚青年搭起的七夕“鹊桥”——“海峡邂逅·情缘晋江”交流等。9日上午，百余位台湾姻亲和嘉宾到围头村的雄阙殿点香、上香，虔诚朝拜。简短的朝拜仪式，是当地的姻亲祭拜主帅公民俗，寄托着在外围头人的深切情怀。每年七夕，外嫁的“围头新娘”回娘家时，都会举行这样的朝拜仪式，到雄阙殿祈求平安吉祥；这一仪式，同时沉淀着厚重的历史文化与民情乡愁。海峡两岸围头村跑活动，是活动的亮点之一，“村跑”的全称是“乡村越野跑”，是一项以村民为参加主体，以休闲跑、越野跑为载体的休闲健身娱乐活动。参赛者可以在奔跑中领略围头滨海风光、战地文化和古街韵味。相比村跑，海峡两岸海上休闲垂钓比赛则是充满闲情逸致。每两年举办一次的七夕返亲节，到2016年已经是第四届。2016年的围头返亲节，被国台办纳入2016年对台交流重点项目，规格进一步提高，两岸手足喜相聚，共度七夕传统情人节。七夕返亲节通过一系列活动的举办，彰显海峡两岸同胞同源、血脉相连、情同手足的深厚情谊，为两岸的文化和旅游的进一步交流提供一个良好的平台。

七夕返亲节开幕式　（图/洪　旭）

8月9日

星期二
农历丙申年七月初七
温度：26℃—33℃
阵雨

●中共泉州市委十一届十三次全会召开。

●泉州籍运动员林超攀夺取里约奥运体操男团铜牌后，福建省政府和泉州市委、市政府分别向中国体育代表团致贺电。

●全市老干委会议召开，学习贯彻中办、国办《关于进一步加强和改进离退休干部工作的意见》精神，研究当前老干部工作。

●9—10日，由福建省妇联、晋江市政府主办的第四届海峡两岸（晋江·围头）七夕返亲节举行。

●2016海上丝绸之路环泉州湾国际公路自行车赛新闻发布会举行。

8月10日

星期三
农历丙申年七月初八
温度：27℃—33℃
阴

●郑新聪到洛江调研，了解基层创新驱动和供给侧结构性改革的方向和思路，协调解决企业创新遇到的具体难题。

●市政府召开全市经济运行分析暨“行动方案”督查落实专题会议。

●8月10—14日，由福建省侨办与香港新家园协会举办的第二届“四海一家·闽港青年交流团”到厦门、泉州、龙岩、武夷山开展文化交流活动。

●第三届“创青春”福建省青年创新创业大赛在石狮启动。

郑新聪到洛江区调研

市委书记郑新聪到洛江调研，了解基层创新驱动和供给侧结构性改革的方向和思路，协调解决企业创新遇到的具体难题。市委常委、秘书长、统战部长翁祖根参加调研。

在座谈会上，郑新聪强调，各地各部门要全面贯彻市委全会精神，认真对照省、市部署要求，迅速行动起来，系统谋划推动，把创新驱动战略和供给侧结构性改革两大任务落到实处，更好地推动发展新旧动能转换。要坚持问题导向，从实际困难出发，一个一个破解落实思路过程中的工作难题，采取有针对性的措施。要主动对接政策支持，根据省、市系列文件精神，结合各地实际，跟进细化研究，认真分解任务，逐项落实到位。就推动洛江新一轮发展，郑新聪要求，要立足优势特色，深入具体谋划主攻方向，建好园区平台、跟进金融服务、引进技术团队，在智能制造、电子电气等领域快求突破；深挖生态旅游、特色农业、生产性服务业等新兴业态，促进产城融合、人气商气集聚。要紧抓发展大盘，盯紧目标协调发力，深入一线为企业排忧解难，着力抓项目、抓招商、抓外资，全面建设“诚信泉州”，打赢精准脱贫攻坚战，自觉担当保一方平安职责。要全面从严治党，抓好省、市党风廉政建设责任制检查反馈问题整改的后续巩固提升，开展好“两学一做”学习教育，维护好政治生态，建立“亲”“清”新型政商关系，充分调动干部群众、企业家干事创业的热情。

工人使用智能化的光学检测仪器检测电子元器件的焊接状况
（图/陈起拓）

全市经济运行分析暨“行动方案”督查落实专题会召开

市政府召开全市经济运行分析暨“行动方案”督查落实专题会议，贯彻落实市委十一届十三次全会精神，分析当前泉州市经济形势，督查推进生态环境保护、机关效能建设等工作。市长康涛主持会议，副市长陈荣洲、周真平、卢炳椿、陈灿辉、林万明、农刚，市政府党组成员季翔峰、洪自强，市政府秘书长吴友才参加会议。

面对严峻经济形势，会议指出，各级各部门要认真学习贯彻市委十一届十三次全会精神，按照全会部署要求，在市委的坚强领导下，解放思想，开拓进取，加快实施创新驱动发展战略，推进供给侧结构性改革，全力抓好各项工作落实，推动泉州市经济保持平稳健康发展态势。一要紧盯经济指标。各指标责任单位、各方块要对照年初下达的计划目标，强化主要经济指标运行调度，研究提出具体工作措施，把任务细化到具体区域、行业、企业和项目上，把进度细化到每月、每周，扎实推进，确保完成全年各项目标任务。二要紧抓投资重点。坚持以项目建设为抓手，积极扩大有效投资，重点围绕推进“五个一批”和四个领域补短板，全力抓好项目生成、项目招商、项目前提等工作，及时解决项目推进过程中存在的困难问题，不断增强投资和发展后劲。三要加强金融风险防控。各地要提高认识，主动担当，强化力量，全面落实防范化解金融风险工作机制，综合运用过桥缓解、化圈解套、打包转让、以物抵债、破产重整、打击逃废债等“组合拳”，切实加大不良贷款化解力度，坚决守住不发生区域性、系统性金融风险的底线。四要持续推进环保工作。对于省、市通报的问题，各地要对照问题清单，采取有效措施，确保按照时限要求，逐一整改落实到位；对于整改不到位的，要坚决问责问效。市环保局要加强巡查，强化指导督促，积极帮助各地加快环保问题整改。五要继续做好效能督查。各相关单位要明确领导责任，加强管理力度，提高行政审批服务水平；要落实问责机制，用好督查成果，坚持有责必问；要注重举一反三，逐步形成解决问题的体制机制。要开展“放管服”改革督查，加快推进自由裁量权改革工作，进一步提高审批效率，确保项目前期工作提质增效。

市委召开常委会听取市人大常委会立法工作汇报

市委召开常委会，听取关于市人大常委会立法工作开展情况的汇报。市委书记郑新聪主持会议，市委常委参加会议，市人大常委会党组、市政协党组主要负责人列席会议。会议指出，泉州市获准行使地方立法权后，市人大常委会行动迅速，抓得准，成效好，走在全省前列。会议要求，一要加强党的领导；二要提升立法能力；三要凝聚共识力量。发挥人大代表立法主体作用，调动社会各界踊跃参与立法，围绕市委中心工作、群众关注热点，编制好2017—2021年立法规划和2017年立法计划，科学确定立法项目，最大限度衔接改革发展、凝聚立法共识。要营造浓厚氛围，提高全社会法治意识。

第六批市级非遗代表性传承人公布

市文广新局公布第六批市级非物质文化遗产代表性项目代表性传承人名单（共138名），涵盖十大非遗类别。代表性传承人是非物质文化遗产的重要承载者和传递者，掌握着非物质文化遗产的丰富知识和精湛技艺，是非物质文化遗产活态传承的代表性人物。

代表性传承人名单如下：

一、民间文学：陈继川

二、传统音乐：吴秋准、陈连法、杜振枝、黄国新、丁则友、蔡龙眼、蔡长荣、陈育才、吴文俊、蔡忠庭、刘聪富、王一鸣、林国春、庄炳文、连跃平、郭承梅、黄汉溪。

三、传统舞蹈：郭锋

四、传统戏剧：黄文君、林晓军、陈维心、姜杰、庄伟国、张白云、尤天相、陈代宫、姚赞成、陈玲玲、黄德模、黄秋明。

五、曲艺：杨江东、张铁铮

六、传统体育、游艺与杂技：释理农、柯锦祥、苏思义、吴跃文、释理刚、姜雄雄、郑昆渊、陈向明、卢荣智、卢瑞艺、卢章立、卢建华、卢维国、卢少华、曾显权、郑晓嵘

七、传统美术：陈炳生、李静咏、周梅森、方永宗、林伟欣、黄雪玲、吴平峰、王向明、张文山、吴敏达、王少卿、张聪明、许为民、张旭明、杨庆聪、陈志忠、陈阳山、王烈阳、庄平章、庄金标、黄惠祥、黄树权、孙晓东、郑煌祥、黄建强、李良斗

八、传统技艺：陈美英、黄明霞、陈克忍、许晓松、辜劲拓、詹宁宁、黄振煌、黄同生、黄唐安、刘德辉、吴辉木、陈树芳、黄美玲、黄毓川、黄保英、陈两固、陈清元、汪健仁、杨三海、林水田、林茂安、王志宏、陈艺峰、陈永东、黄少生、蒲良宫、林文溪、郭志煌、刘铭志、林建胜、连德理、张遵山、陈丽玲、郑玉林、陈文德、郑金星、吴志勇、林厚堂、刘育发、陈梗生、赖诗恩、杨柳青、庄固本、郭永平、林新庆、曾秀莲、黄财成、孟丽玲、黄丽英、叶锦龙、钱瑞芳、张修景

九、传统医药：周文强、庄垂加、林月娥、柯秀珍、廖聪龙、廖德成、庄颜瑜

十、民俗：吴弘禄、魏朝阳、曾梅霞、李丽英

泉州市“海丝”社科新型智库联盟人才沙龙活动举行

由市委宣传部、市社科联、市委人才办主办的泉州市“海丝”社科新型智库联盟人才沙龙在市区温陵书院举行，现场举行“海丝”社科新型智库联盟揭牌仪式。泉州市“海丝”社科新型智库联盟由中国社科院文化研究中心闽南文化研究基地、华侨大学“海丝”研究院、黎明大学外贸与旅游学院“海丝”跨文化交流研究中心、市委讲师团、泉州历史文化中心、中国闽台缘博物馆研究部、泉州海外交通史博物馆、泉州学研究所、市委党校市情研究所、泉州市文物保护研究中心、泉州市博物馆、泉州华侨历史博物等组成，成员单位间进一步合作联动、共享研究成果、推动成果运用，发挥泉州市社科人才优势，合力打造成为推动泉州市21世纪海上丝绸之路先行区建设的重要力量。与会专家围绕“创新、智造、海丝、美丽、幸福”泉州建设和泉州市“海丝”社科新型智库联建设畅所欲言。

活动现场　　（图/洪　旭）

8月11日

星期四

农历丙申年七月初九

温度：26℃—29℃

暴雨

●市委召开常委会，听取关于市人大常委会立法工作开展情况的汇报。

●市文广新局公布第六批市级非物质文化遗产代表性项目代表性传承人名单（共138名），涵盖十大非遗类别。

●由市委宣传部、市社科联、市委人才办主办的泉州市“海丝”社科新型智库联盟人才沙龙在市区温陵书院举行，现场举行“海丝”社科新型智库联盟揭牌仪式。

8月12日

星期五
农历丙申年七月初十
温度：26℃—31℃
阵雨

●康涛率市直相关部门负责人到华侨大学、泉州师范学院调研。

●许荣茂率闽港青年交流团到泉州访问，康涛会见交流团一行。

●市财政局与市文广新局出台《泉州市市级地方戏曲保护与传承专项资金管理暂行办法》。

康涛到华侨大学和泉州师范学院调研

市长康涛率市直相关部门负责人到华侨大学、泉州师范学院调研。康涛详细询问华侨大学的办学规模、师资力量、华文学院招生等情况，并参观华侨大学国家教学实验示范中心和华侨大学教育科研成果展，与校领导和教师代表座谈。康涛指出，华侨大学因“侨”而设，“侨”的特色和优势鲜明，学科建设、人才培养与地方发展紧密结合，在服务国家战略、地方经济发展和文化传承方面发挥独特作用。希望华侨大学融入和服务泉州经济社会发展，在产业发展研究、科技成果转化等领域，整合专门力量，发挥好智囊团、思想库的作用；依托泉州雄厚的产业基础，提高人才培养质量，提升学校发展与产业发展契合度；做好“侨”的文章。他表示，办好华侨大学是全市上下的共同期待，市委市政府将一如既往为学校发展创造更好的条件。随后，康涛走访泉州师院的“福建省大数据管理新技术与知识工程重点实验室”和“云计算物联网电子商务智能福建省高校工程研究中心”，听取泉州师院工作情况汇报。康涛指出，师院坚持“植根泉州、服务泉州”，办学定位和办学思路清晰，软硬件建设齐头并进，师资力量日益雄厚，师生干事创新热情高，办学质量稳步提升，为泉州市经济社会发展培养大量急需人才。他表示，市里将继续支持泉州师院发展，希望师院坚持以服务泉州发展为己任，创新办学理念，加快转型发展，致力建设一所开放型、有特色、高水平的应用型大学。

调研现场　（图/华侨大学）

许荣茂率闽港青年交流团到泉州访问

全国政协委员、全国政协经济委员会副主任、世茂集团董事局主席、香港新家园协会会长许荣茂率四海一家·闽港青年交流团到泉州访问，市长康涛会见交流团一行。康涛欢迎交流团的到来，并感谢许荣茂多年来对家乡建设的支持，希望通过活动增进闽港青年交流，为深化两地合作打下基础。市政府党组成员季翔峰，市政府秘书长吴友才参加会见。

泉州市地方戏曲保护传承专项资金管理办法出台

市财政局与市文广新局出台《泉州市市级地方戏曲保护与传承专项资金管理暂行办法》。这是泉州市首次出台相关办法，明确专项资金的补助范围与方式、申报与分配。符合条件剧团的创作、演出、奖励都将纳入。由市级财政预算安排，用于扶持和促进泉州市地方戏曲保护与传承的专项资金，将对泉州地方戏曲的传承发展起到支持作用。

专项资金支持对象，包括市直各剧团和文化事业单位，以及符合专项资金扶持方向的县级剧团和文化事业单位。补助范围包括地方戏曲剧目创作、传统剧目保护、戏曲人才培养、地方戏曲和相关史料的抢救、优秀剧目展演及比赛等项目。补助标准也有相关规定，对于新考入高等艺术院校相关戏曲专业，并与泉州市剧团签订服务合同的学生，每人每年补助学费1万元，对输送单位按照每人2万元的标准给予人才培养经费补助。对于到高等艺术院校进修的市直剧团演员，进修期间每人每年补助学费0.5万元。

市直剧团及文化事业单位创作的戏曲作品，获得常设全国性和省文艺评奖奖项的，实行分档奖励。其中，获得中宣部“五个一”工程、文化部“文华奖”等奖项国家级评选大奖、特等奖、金奖的，单位综合性奖励40万元，个人单项奖励3万元；获得国家级评选银奖、剧目奖的，单位综合性奖励35万元，个人单项奖励2.5万元；获得国家级评选铜奖、入选奖的，单位综合性奖励30万元，个人单项奖励2万元。获得省政府“百花奖”、文化厅“福建艺术节”等奖项省级金奖的，单位综合性奖励20万元，个人单项奖励1万元等。市直剧团对地方戏曲剧目的创作、复排也将获得基础补助。具体为新编剧目每部补助30万—50万元，复排传统剧目每部补助20万—30万元。

泉州市完成造林年度任务

从市林业局获悉，泉州市完成造林绿化任务39.53平方千米，占年度计划的111.3%，超额完成年度造林绿化和森林经营任务。其中，“三带一区”完成造林27平方千米，包括作为省政府“为民办实事项目”的沿海防护林基干林带，完成人工造林1.997平方千米，占年度计划106.5%；沿海防护林基干林带林分修复完成53.95平方千米，占年度计划100.7%。市林业局组织各地申报2017年中央及省级造林绿化项目。此次项目申报以“三带一区”建设为重点，鼓励各县（市、区）申报高速公路森林生态景观通道、中心城区环城一重山森林生态景观提升、沿海基干林带、生物防火林带、乡村生态景观林等与创建国家级森林城市、与绿化美化泉州密切相关的建设项目，也鼓励企事业单位和林农积极申报设施油茶、设施竹林、竹园茶园补植套种等一批涉及民生、关乎基层一线扶贫的项目。申报工作要求，在重点生态区位通过间伐、补植、套种等措施，加快调整树种组成，形成多种多样、针阔混交、异龄复层林分，优化林分质量。而在非林地绿化方面，则要求多注重选择景观效果好、经济价值高的名贵和优良乡土阔叶树种，提高城乡绿化美化水平。在经济林产业提升方面，鼓励通过完善现代设施、提升栽培技术含量、加强套种等立体经营手段，为竹林、油茶等经济林的生长和产出提供良好的环境条件。

泉州市364.53万人参加城乡居民保

据全省城乡居民保缴费统计数据显示，泉州市364.53万人参加城乡居民保，参保率99.89%。市县人社部门着力破解参保人员缴费水平低、中断缴费难题，重点解决新增参保人员缴费积极性不高的问题；结合实施全民参保登记计划试点，组织开展重点宣传活动，确保参保人数、缴费人数及缴费水平稳中有升。与此同时，泉州市建立养老金发放月调度制度和发放工作联系人制度，每月及时统计汇总各地发放情况。各地居民保经办机构与合作金融机构均已实现联网经办，参保人员在居民保合作金融机构网点就可以直接缴存保费、变更信息、查询个人权益记录等。泉州市还实施城乡居民保“金融服务不出村”工程，方便群众就近凭社保卡或关联银行卡进行保费缴纳、待遇领取和政策咨询。全市81.3万老年居民每月按时足额领取养老金，月人均养老金水平108.69元，养老金发放成功率99.96%；有93.11万人纳入被征地（海）人员养老保障、28.92万名被征地（海）人员每月按时足额领取养老保障金，月人均征地（海）保障金水平173.45元。2016年前7月，全市13572名死亡居民的家属领取丧葬补助金2551.22万元。有11个县（市、区、台商区）建立长缴多得机制，落实老农保个人账户折算城乡居民保缴费年限的优惠政策，确保衔接。全市23.87万名老农保参保人员中，19.58万人办理新老制度衔接过渡手续，完成率82.03%，居全省首位。

《泉州抗战史话》出版

泉州市地方志编纂委员会牵头编纂的《泉州抗战史话》出版。《泉州抗战史话》为抗战纪实类地情书籍，主要收录泉州抗战纪实、泉州抗战遗址、泉州抗战档案选录和泉州志士名人录四个部分的内容，多角度、多层次地展现泉州抗战画卷。由于战争环境等多重因素影响，一些抗日英烈的事迹和一些小型战斗没有被及时记载、完整保存下来，后人在整理、传颂中也存在不一致的状况。为力求准确，泉州市方志部门反复查阅《南侨机工：中国抗战史上英勇悲壮的群体》等诸多史志著作和相关地情史料，借助许多亲历者、研究者的智慧，还专程拜访史志专家、学者，到泉州各个抗战遗址，尽可能多地掌握第一手资料，力求最大程度地还原泉州抗战历史原貌。该书还收录大量抗战时期珍贵图片以及泉州抗战遗址照片，以图文并茂的方式真切形象地反映泉州抗日史实。

达利教育基金颁奖仪式举行

由惠安县委、县政府主办的第六届“达利集团许世辉惠安教育基金”奖学金颁奖仪式举行。该届颁奖仪式颁发学生类奖学金716.6万元，2823名学生获得奖励。2011年达利集团董事长许世辉捐资1亿元设立“达利教育基金”，每年从基金中提取400万元用于全县教育教学奖励和助学。为鼓励惠安教育再创辉煌，教育基金由原来的1亿元增加到2亿元，每年从基金中提取1000万元，用于奖教、奖学和助学。

8月13日

星期六
农历丙申年七月十一
温度：26℃—29℃
中雨

●从工商部门获悉，作为全省首个全面推行商事制度改革的地级市，泉州从2014年1月启动改革至2016年7月底，新增各类市场主体28万多户，同比增长64.11%，占市场主体总数的51.25%，全市实有各类市场主体54.7万户，总量居全省首位。

●泉州市完成造林绿化任务39.53平方千米，占年度计划的111.3%，超额完成年度造林绿化和森林经营任务。

●泉州市364.53万人参加城乡居民保，参保率99.89%。

●泉州市地方志编纂委员会牵头编纂的《泉州抗战史话》出版。

●第六届“达利集团许世辉惠安教育基金”奖学金颁奖仪式举行，颁奖仪式上，颁发学生类奖学金716.6万元，2823名学生获得奖励。

8月14日

星期日
农历丙申年七月十二
温度：26℃—32℃
阵雨

●康涛带队到南安市英都镇龙江村，实地走访青少年社会教育活动中心，调研泉州市委、市政府为民办实事项目落实情况。

●泉州25家企业到印度参展家居装饰、礼品及家庭用品。

●2016年养正中学种胜教育基金会颁奖仪式在安海镇文化中心举行。种胜教育基金会拨出600万元奖励师生，养正中学36位学子获得基金会拨出的400万元专项奖励。

●由泉州晚报主办的首届中国茶博汇夏季艺术节汇报演出在安溪中国茶博汇会展中心举办。

●泉州著名土楼——德化水口镇祥光村厚德堡修缮工程启动。

康涛调研为民办实事项目落实情况

市长康涛带队到南安市英都镇龙江村，实地走访青少年社会教育活动中心，调研泉州市委、市政府为民办实事项目落实情况。康涛对青少年社会教育活动中心建设工作给予肯定。他指出，各级党委、政府高度重视这项民心工程，各级关工委引导各界参与，树立先进典型，推广成功经验，全市青少年社会教育活动中心呈现出覆盖广、影响大、水平高的特点。下阶段，各级各相关单位要认真总结经验，整合利用多方力量参与青少年教育活动中心建设；各相关部门负责人要切实做有情怀的干部，关注青少年需求，引导、教育和关爱青少年健康快乐成长，把实事办到群众心坎上；要加强经费保障，切实解决日常运行管理困难，突破“建、管、用并重”瓶颈，确保孩子在青少年乐园健康成长。

相关链接：原龙江小学的旧教学楼在2013年这里被改建为老少活动乐园，并于2015年作为青少年社会教育活动中心列入了市委、市政府为民办实事项目。文化长廊、运动场、图书阅览室、农家博物室、民乐室……中心虽小，“五脏”俱全。依托一个又一个特色的活动场所，包括泉州南音、科技制作、演讲与口才、阅读与写作等8个寓教于乐的兴趣班相应开设，一群热心公益的非遗传承人、民间艺人、退休老师、大学生志愿者，在这里免费为230多名8岁至14岁的留守儿童、孤儿、贫困生授课。从2012年起，泉州市把五年内扶持建设100个青少年社会教育活动中心纳入为民办实事项目。在各级党委、政府的有力推动下，市关工委积极发挥牵头作用，各成员单位积极配合，推进项目建设，至2016年7月，超额完成五年建设目标，全市建成青少年社会教育活动中心118个，投入总资金3165.82万元。

泉州25家企业到印度参展家居装饰、礼品及家庭用品

2016年印度家居装饰、礼品及家庭用品展览会在孟买举行。泉州市组织25家企业参加该展览会。印度家居装饰、礼品及家庭用品展是一个集家用纺织品、家居装饰、礼品和家庭用品于一身的专业展览会，其目标是把国际品牌、制造商、出口商、进口商、分销商和供应商连接到快速增长的印度家庭用品和礼品市场，影响力辐射整个东南亚及中东地区。该展会接纳来自中国、印度、韩国、马来西亚、英国、德国、美国等20多个国家的450多家参展企业。展会现场商品琳琅满目，吸引大批民众进行采购，人气火爆。该届展会中，中国参展企业79家，其中仅泉州市企业25家，参展产品以石雕、玉雕、木雕、铁艺、陶瓷、树脂工艺品、油画、香制品为主。

“闽港青年交流团”到泉州开展活动

10—14日，由福建省侨办与香港新家园协会举办的第二届“四海一家·闽港青年交流团”到我省开展文化交流活动。500多名交流团团员分赴厦门、泉州、龙岩、武夷山等地，围绕创新创业、“海丝文化”、红色之旅、世遗文化四个主题进行交流活动。150名团员到达泉州开展为期两天的交流活动，他们走访泉州海外交通史博物馆、源和1916创意园区等地，感受泉州“海丝”文化的魅力。

德化厚德堡修缮工程启动

泉州著名土楼——德化水口镇祥光村厚德堡修缮工程启动。当天，厚德堡江氏的数百后裔汇集古堡，举行中元节祭祖暨厚德堡修缮工程启动仪式。厚德堡是泉州市现存规模宏大、年代久远、结构精巧、建筑风格独特的清代土楼，始建于清道光丁酉年（1837年）。出于缅怀先人，修复祖业古迹，弘扬中华民族传统文化的愿景，江氏后人自愿认捐修缮款项修缮古堡。

相关链接：厚德堡系本村江氏先祖江开安公所建。江开安生于清乾隆五十八年（公元1793年），卒于清咸丰八年（1858年），考上秀才后，累至“贡生”“承德郎”和候补知县等功名。江开安富甲一方，因逢乱世，他没有出去做官从政，便耗费巨资修造厚德堡，以保护身家财产。古堡外沿采用古老的夯土板筑技术，就地选取生土、砂石、竹片，在高达3米的石墙上夯筑起2米高的土墙，壁垒森严。古堡不仅外形壮观，而且防御性好、抗震性强，防潮隔音，虽历经几百年风雨侵袭和地震、战火洗礼，至今仍巍然屹立。古堡的内部建筑物以木结构为主，占地面积3000多平方米，有360多间房屋。

郑新聪到市信访局接访群众

市委书记郑新聪到市信访局接待来访群众，面对面听取群众诉求，逐一协调解决具体问题。市领导许昆贞、翁祖根参加接访。在接访现场，市领导仔细阅读信访材料，耐心倾听、认真询问和记录群众反映的困难和问题，与相关部门负责人研究具体解决方案，要求有关部门限期解决。郑新聪强调，要提升做好新时期信访工作的能力，各级党委、政府要高度重视信访工作，坚决落实信访主体责任，加强信访工作队伍和工作网络建设，主要负责人要亲自部署，重大复杂问题要亲自督办。要坚持重心下移，强化工作责任，及时回应群众诉求，把问题化解于基层、解决在萌芽状态。要注重和风细雨，在做细工作基础上，自觉运用法治思维、法治方式化解矛盾，依法依规有序推动化解。

全市乡（镇、街道）党政主要领导防汛和安全生产培训班举办

泉州市举办全市乡（镇、街道）党政主要领导防汛和安全生产培训班。培训班深入贯彻习近平总书记关于当前安全生产和防汛抗洪救灾工作一系列重要讲话和指示精神，认真落实全省县级党政主要领导防汛培训班部署要求，对做好当前及下一阶段全市防汛抗灾和安全生产进行再动员再部署。市委书记郑新聪在培训班上讲话。副市长林万明作指导，市政府党组成员肖汉辉主持。

省防汛办、泉州水文分局及市气象局、水利局、安监局、移动公司有关负责人在培训班上分别讲授防汛抗灾工作要领、气象灾害防御、防汛水文知识、防汛指挥长履职要点等课程。安溪湖头镇、晋江金井镇作防汛减灾工作交流。

市政府第一〇六次常务会议召开

市长康涛主持召开市政府第一〇六次常务会议，听取清理规范行政审批和服务事项申报材料工作情况、调整市直部门行政权力事项等问题的汇报，研究《泉州市“十三五”能源发展专项规划》《泉州市“十三五”防灾减灾专项规划》等。会议听取清理规范行政审批和服务事项申报材料工作情况、调整市直部门行政权力事项等问题的汇报。会议要求，各相关部门要把此项工作作为“放管服”的一项重要任务抓紧抓好，继续梳理审批事项，简化审批程序，规范和减少申报材料，尽可能缩减自由裁量空间，提高审批效率；要建立台账制度，理清审批环节出现的问题，并完善相应工作机制，做到审批管理精细化；市效能办、督查室要组织专门力量，强化监督指导，帮助落实推进，确保各项工作落地见效。会议通过《泉州市“十三五”能源发展专项规划》《泉州市“十三五”防灾减灾专项规划》。会议指出，两个专项规划的编制为今后泉州市能源发展和防灾减灾工作指明方向，下一步，相关部门要进一步细化分解目标任务，根据规划安排，制订近、中期工作计划，明确阶段性工作目标任务、工作重点、完成期限和具体措施，全力推动落实，促进泉州市能源发展、防灾减灾工作再上新台阶。会议还研究其他事项。

市政协党组学习贯彻市委全会精神

市政协召开党组（扩大）会议，传达学习市委十一届十三次全会精神，听取各委（办、室）、机关党委汇报2016年以来的履职情况及下一步工作安排，提出要坚持围绕中心、履职尽责，聚焦创新发展，发挥政协作用，更好地服务大局。市政协党组书记陈灿辉，副主席吴共湖、苏小青、骆沙鸣、陈铭福、李冀平、王瑞强、陈益，秘书长洪川夫，市有关民主党派负责人及市政协机关全体干部参加。

会议指出，市政协要认真学习贯彻市委十一届十三次全会精神，按照全会部署要求，广泛凝聚各方面力量，紧紧围绕创新驱动发展和供给侧结构性改革，积极开展多种形式的协商议政活动，加强调研视察、反映信息动态、积极建言献策，提高履职质量和履职实效，为协力推进“五个泉州”建设贡献力量。

会议现场　（图/陈　翔）

8月15日

星期一
农历丙申年七月十三
温度：26℃—33℃
多云

●15—26日，泉州市开展2016年第三季度“促进项目落地、帮扶企业发展”活动。

●郑新聪到市信访局接待来访群众。

●市政府第一〇六次常务会议召开。

●市政协召开党组（扩大）会议，传达学习市委十一届十三次全会精神，听取各委（办、室）、机关党委汇报2016年以来的履职情况及下一步工作安排。

●全市乡（镇、街道）党政主要领导防汛和安全生产培训班举办。

8月16日

星期二
农历丙申年七月十四
温度：27℃—31℃
小雨

●16—17日，周联清到泉州调研工业经济运行有关情况。

●郑新聪到晋江市启动第三季度“促进项目落地、帮扶企业发展”活动周调研。

●市领导陈铁晗、林万明带队到德化县调研部分重点项目及企业。

●由中国电视艺术委员会和中央军委政治工作部宣传局主办的“电视剧《马兰谣》专家研讨会”在中国职工之家举行，永春县派代表参加。

●《泉州少林寺探奇》首发式在泉州少林寺举行。

周联清到泉州调研工业经济运行情况

16—17日，副省长周联清率省直有关部门负责人到泉州调研工业经济运行有关情况。市委书记郑新聪、市长康涛、市政府党组成员洪自强参加。周联清一行先后考察嘉泰数控、嘉华智能科技、南威软件、中化、联合石化等公司，并召开企业座谈会，与泉州市部分企业家代表座谈。调研中，周联清听取企业家们的发言，并就相关问题与企业家代表展开交流。

周联清指出，近年来，面对经济下行压力，泉州企业家准确把握未来发展方向，提前布局产品结构、商业模式的调整，为企业转型升级打下良好的基础。泉州民营企业专注实体、深耕主业，为泉州经济领跑全省提供有力支撑，成绩难能可贵。希望广大企业特别是传统产业要认清方向，抓住当前转型升级的机会，主动适应市场、琢磨市场、贴近市场，加快推动供给侧结构性改革。要坚定信心，把握国家、省、市全力支持制造业发展的契机，扩大投资，通过技改降低成本，提高市场竞争力；加强市场研究，预估国内市场和消费者需求，在产品创新和研发上下功夫，提升产品质量，打造“百年老店”。

郑新聪到晋江开展“促进项目落地、帮扶企业发展”活动周调研

市委书记郑新聪到晋江市，启动第三季度“促进项目落地、帮扶企业发展”活动周调研，推动省委、市委全会精神贯彻落实，检查党风廉政建设责任制落实情况。市领导翁祖根参加调研。在座谈会上，郑新聪肯定晋江创新转型、稳增长、党风廉政建设等工作。他指出，要结合地方实际，深入贯彻省委、市委全会精神，提升转型升级的路径和水平。既要抓好总体设计，又要解决好落实层面存在的问题，认真对接分解省市文件，研究具体细化措施，深入企业和项目现场了解问题、突破瓶颈。既要升级存量，又要优化增量，构建好政策、人才、孵化、金融等体系，加快培育新产业、新技术、新业态。既要迈向中高端，又要保持中高速，下更大力气保稳促稳，旗帜鲜明服务企业和项目，分级分类协调推进活动周企业反映的问题。既要盯经济报表，又要盯平安预警，抓好防汛防台、安全生产、信访维稳、环境保护等工作。要持续深化“重大项目前期工作活动年”，集中组织“征地搬迁攻坚活动”，抓好补短板“工程包”，保持利用外资良好势头，激活民间投资，全力以赴扩大有效投资。要打造“诚信晋江”“诚信泉州”，维护好金融生态、商业生态。要按照省委“五抓五看”要求，始终把党风廉政建设“两个责任”扛在肩上、落实到具体工作中，加强制度建设，持续从严抓好监督执纪。

调研现场　（图/陈起拓）

《泉州少林寺探奇》首发式举行

《泉州少林寺探奇》首发式在泉州少林寺举行。《泉州少林寺探奇》是一部历史文化散文集，分为“禅武少林”和“梵宇吟思”等两辑，选录陈志泽、林鼎安、戴冠青、曾纪鑫、辛茜、蔡芳本、高公博、彭耕耘、蔡飞跃、林轩鹤、郑剑文、姚雅丽等42位知名作家、文学新秀的45篇散文佳作。在“禅武少林”中，作家们以不同的角度，不同的切入点，为读者展现南少林禅意武风的历史传奇。“梵宇吟思”以单体建筑为场景，抒写的景观更加丰富，诸如大雄宝殿、天王殿、观音阁、法堂藏经阁、方丈楼等梵宇经过作家们的精心构思，典雅壮观的名刹熠熠生辉。该书插配精美的图片，图文并茂，怀古叙今，既可作为旅游作品来读，亦可作为乡土教材传诵。

康涛到南安开展活动周调研

根据市委、市政府开展第三季度“促进项目落地、帮扶企业发展”活动周的安排，17—18日，市长康涛率队到南安调研，走访企业生产、项目建设一线，召开座谈会，帮助解决困难问题。座谈会上，在认真听取企业家的汇报和建议后，康涛首先向困难形势下仍敢于拼搏、勇于创新的企业家表示敬佩，对大家为泉州发展作出的贡献表示感谢。他表示，对于大家提出的问题和建议，要认真梳理，抓紧落实，及时反馈；一些共性问题、关键问题，要市县联手，专题研究解决。针对企业反映的用气、贷款等细节问题，康涛当场责成市、县两级相关部门要马上介入协调，主动跟进，帮助企业降低生产成本和融资成本。针对产品销售问题，要扶持本土企业的名优产品、自主创新产品开拓市场，紧抓“一带一路”建设机遇，帮助企业寻找商机、争取政策支持。针对产业集群培育问题，要立足现有基础，以泛家居、机械制造等行业为重点，明确规划定位，从园区建设、科技平台、人才培养、社会配套等方面发力，加快构建良好产业生态。针对项目推进问题，要加强协调调度，倒排时间节点，强力攻坚突破，有效解决征迁、审批、融资等制约和瓶颈，全力扩大有效投资。

泉州原始瓷窑址发掘成果公布
泉州市制瓷史前推千余年

泉州原始瓷窑址考古队公布发掘成果：初步断定泉州原始瓷窑址大约为商周时期，为福建省发现的最早的原始瓷窑址，该窑址的发现将泉州的制瓷史向前推1000多年。泉州原始瓷窑址包括苦寨坑和辽田尖山两处窑址，两窑址直线距离约200米。泉州原始瓷窑址东北距德化县城13千米，南距永春县城20千米，历史上是德化、永春著名窑场之一。泉州原始瓷窑址于2007年初被发现。经国家文物局审批，福建博物院文物考古研究所与泉州市博物馆组成泉州原始瓷窑址考古队，对其进行两次考古发掘。2014年10月下旬至2014年11月中旬，对德化县与永春县交界的辽田尖山原始瓷窑址进行首次发掘。2015年11月底至2016年1月中旬，对辽田尖山原始瓷遗址与永春苦寨坑原始瓷遗址同时进行发掘。两次考古发掘发现原始瓷窑炉遗迹17座，其中辽田尖山8座、苦寨坑9座，完全清理其中的9座窑炉遗迹。两次考古发掘出土大量遗物，其中绝大部分为原始瓷标本，还有极少数的黑衣陶器标本和一件石戈。原始瓷出土时主要为残片，从残片的形状判断，它们可分为生活用品和窑具两类。生活用品器型有尊、罐、钵、豆、纺轮等。器物胎多呈灰色或黄白色。装饰上采用刻划、拍印、戳印、堆贴、镂空等手法。此外，还对窑址周边的山坡进行考古调查，新发现多处同时期的窑址。

通过比较，泉州原始瓷窑址出土的原始瓷标本具有浓重的地域特色，它与福建周边浙江省、江西省，甚至是福建本省闽北地区的原始瓷标本有着较大的差异。仅晋江流域的丰泽区、南安市、永春县、安溪县等地遗址中发现与其相类似的原始瓷标本。因此，泉州原始瓷可能是自成体系。泉州原始瓷窑址窑炉窑室短且窄，窑壁薄，窑床大多斜度较小，有的几乎接近水平，这些体现早期龙窑的原始性特征。出土器物胎体采用手工捏制而成，钵或罐底部为圜底、豆的高足部分镂空或刻划折线、钵的口沿穿孔等，这些特点为福建地区商周时期遗址中器物较为普遍的做法。综上所述，初步断定泉州原始瓷窑址大约为商周时期。泉州原始瓷窑址的发掘，不仅清理出多座结构完整、保存相对较好的龙窑遗迹，而且这处窑址还出土一批珍贵的原始瓷标本，对于研究商周时期原始瓷窑炉的结构形态、窑业技术及原始瓷发展提供重要的实物资料。

永春晋江源获评国家水利风景区

从永春县水利局获悉，永春晋江源水利风景区通过水利部水利风景区建设与管理领导小组审议，并经过公示，成为全国第十六批国家水利风景区，为泉州市唯一入选的景区。国家水利风景区，是经水利部水利风景区评审委员会评定，由水利部公布的可以开展观光、娱乐、休闲、度假或科学、文化、教育活动的区域。永春县利用呈祥乡水利资源及周边自然环境与人文资源，开展风景旅游项目，打造集水利功能、生态功能，休闲度假、游览观光、环境教育等综合功能为一体的水利风景区。该景区于2014年获批成为第四批省级水利风景区。

8月17日

星期三
农历丙申年七月十五
温度：26℃—31℃
阵雨

●根据市委、市政府开展第三季度“促进项目落地、帮扶企业发展”活动周的安排，17—18日，康涛率队到南安调研，走访企业生产、项目建设一线，召开座谈会，帮助解决困难问题。

●市领导温惠榕、肖汉辉到安溪县开展第三季度“促进项目落地、帮扶企业发展”活动周调研。市领导林锦明、周真平带队到洛江区调研。

●泉州原始瓷窑址考古队公布发掘成果：初步断定泉州原始瓷窑址大约为商周时期，为福建省发现的最早的原始瓷窑址，该窑址的发现将泉州的制瓷史向前推1000多年。

●永春晋江源获评国家水利风景区。

8月18日

星期四
农历丙申年七月十六
温度：26℃—31℃
阵雨

●泉州市召开泉州军分区党委七届二十次全体（扩大）会议暨县（市、区）人武部党委第一书记任命大会。

●市十五届人大常委会第五十八次主任会议召开。

●市人大常委会召开党组（扩大）会，传达贯彻市委十一届十三次全会精神。

●按照市委、市政府2016年第三季度“促进项目落地、帮扶企业发展”活动周统一部署，市领导翁祖根带队到鲤城区调研部分重点项目及企业，协调解决相关问题。

●市领导洪自强率市直有关部门负责人，到永春开展第三季度“促进项目落地、帮扶企业发展”活动周调研活动，并召开座谈会，协调解决企业发展和项目建设遇到的问题。

●由泉州市慈善总会与泉州晚报社联合举办的“共同托起他们的理想·16行动”助学金发放仪式在泉州江南老年颐乐园举行。2016年的助学活动筹得150余万元善款，405名学子受益。

●承天寺向来自鲤城区鲤中街道各社区的157名贫困学子捐资17万元。

●首届泉州市高甲戏行当比赛在泉州市高甲戏传承中心开幕。

泉州军分区党委七届二十次全体（扩大）会议召开

泉州市召开泉州军分区党委七届二十次全体（扩大）会议暨县（市、区）人武部党委第一书记任命大会。会上，市委书记、泉州军分区党委第一书记郑新聪为新任职人武部党委第一书记颁发任命书。泉州军分区党委书记、政委郑健主持会议，市委常委、泉州军分区党委副书记、司令员林俊其宣读人武部党委第一书记任职命令，军分区常委和各县（市、区）委书记、人武部党委第一书记、人武部主官等参加会议。

会议强调，各县（市、区）人武部党委第一书记要强化党管武装政治责任，认真履行职责，管方向、抓根本，更好发挥党委在实现强军目标中的核心领导作用。要主动担当作为，把学习掌握国防和军队建设相关政策法规作为履职尽责的必修课，把支持深化国防和军队改革当做分内之事，融入工作大局、列入重要议事日程统筹推进。要传承优良传统，持续深化当代革命军人核心价值观培育，确保国防后备力量建设始终保持正确的方向。要紧抓军事斗争国防动员准备，贯彻总体国家安全观，强化备战思想，盯紧重点任务，加强基层武装规范化建设，夯实民兵基层基础。

会议要求，要加快军民融合深度发展，主动对接部队所需，坚持高位谋划，抓实项目建设，畅通“民参军”渠道，推动资源整合、力量共用、成果共享，努力形成全要素、多领域、高效益的军民深度融合发展格局。要推动双拥工作继续走前列，适应部队改革形势，以获评双拥模范城“八连冠”为契机，创新拥军方式做法，营造“军爱民、民拥军”浓厚氛围，做部队改革建设的坚强后盾，支持部队发挥“生力军”“突击队”作用，努力推动泉州军地双方各项事业再上新台阶。

市十五届人大常委会第五十八次主任会议召开

市十五届人大常委会第五十八次主任会议召开。市人大常委会主任陈万里，副主任吕竞、朱团能、曾巍，市人大常委会党组成员许文贵、欧阳秋虹参加会议。会议研究讨论《泉州市海上丝绸之路史迹保护条例（草案三审稿）》、市人大常委会关于开展代表建议、批评和意见办理情况满意度测评的工作规定（草案）、市人大常委会关于泉州市重点流域（含近海水域）环境污染综合整治情况和加强食品安全监督管理工作专题调研方案、人事任免等10件重要事项。

会议现场　（图/王虎文）

市人大常委会党组学习贯彻市委全会精神

市人大常委会召开党组（扩大）会，传达贯彻市委十一届十三次全会精神。市人大常委会党组书记、主任陈万里主持会议，党组成员、副主任吕竞、朱团能、曾巍，党组成员许文贵、欧阳秋虹，市人大机关处级干部参加会议。陈万里代表党组提出四点贯彻意见。一要认清形势，增强责任。把思想和行动统一到市委的决策部署上来，主动适应形势、发展、民生的需要，树立责任感和使命感，全力推进市委出台的关于创新驱动和供给侧结构性改革两个文件的贯彻落实。二要深入调研，积极作为。围绕全会精神，结合泉州实际，深入开展调研，努力增强工作的针对性和实效性，提供更多合理化的意见和建议。三要突出重点，精准发力。把推动创新驱动发展、加强法律监督和工作监督力度、突出关注防控风险摆上重要议事日程，研究全方位、全过程的有效监督方式，积极教育、引导代表诚信守法，坚定促进泉州经济社会发展的信心。四要有效担当，统筹推进。切实担当起管党治党的主体责任，凝心聚力，合力推进“五个泉州”建设，深入开展“两学一做”，加强党的建设和机关作风建设，两手抓、两促进，按省委、市委部署要求，抓好市、县、乡三级换届选举工作。

市委召开常委会听取当前经济工作情况汇报

市委召开常委会，听取当前经济工作情况汇报，研究下阶段工作安排；传达贯彻全省党校工作会议精神，研究《中共泉州市委关于加强和改进新形势下党校工作的实施意见》和《泉州市党校系统“十三五”建设和发展规划》。市委书记郑新聪主持会议，市委常委参加会议，市人大常委会党组主要负责人列席会议。

会议强调，要正视困难和问题，强化事前研判分析，及早出手，精准施策，分级分类协调调度，推动稳增长各项措施落到实处，进一步巩固向好趋势。要抓好项目策划、对接、招商、落地攻坚、建设等各个环节，全力以赴扩大有效投资。要协同协力，综合施策、标本兼治，坚决守住金融风险防控底线。

会议要求，要认真贯彻全省党校工作会议精神，坚持党校姓党，强化党的理论教育和党性教育的龙头地位。突出质量立校，探索更有针对性的培训方式，提高教师的思想政治和业务能力水平。要坚持党管党办，把党校工作纳入党建工作总体安排，及时帮助解决实际困难和问题，不断把党校事业向前推进。

市政府市政协联合对年度重点提案进行督办检查

市政府、市政协联合对年度重点提案《关于盘活国有资源，促进泉州学前教育共享发展的提案》等建议和提案的办理情况，进行督办检查，并听取相关汇报。全市有独立幼儿园1424所，在园幼儿36.16万人。而鲤城区、丰泽区有独立幼儿园169所，其中公办幼儿园26所，仅占鲤城、丰泽幼儿园总数的15.38%，可提供学位数约8000个。市教育局表示，泉州的学前教育仍存在发展不均匀、公办资源短缺、财政经费投入比重偏低、普惠性幼儿园民办园数量不足等现象。针对上述难题，市教育部门经过深入调研并提出：推广集团化办学、名园办分园、一园多区等多种模式，最大限度缓解中心城区压力，力争实现公办性质学位数占总学位数的50%以上；通过实行民办幼儿园等级评定及奖励办法，支持和鼓励举办优质普惠民办幼儿园，力争至2017年，普惠性学前教育覆盖率75%。教育部门建议，争取政策盘活中心市区闲置且符合条件的办公用房，改造成公办幼儿园。据悉，鲤城区适合办园的闲置用房有4处，位于新华路北段、打锡街等路段；丰泽区有闲置用房1处，位于刺桐东路附近。

2016年度泉州市基层“最美人物”评选揭晓

泉州市召开2016年度基层“最美人物”评选活动组委会会议，评选出10名2016年度泉州市基层“最美人物”获得者和10名提名奖获得者。会议指出，评选出的“最美人物”虽然职业各异，但都是基层工作者，他们的“美”体现在爱国爱民、恪尽职守、追求卓越、奉献他人。会议要求，各级各有关部门要积极组织开展学习宣传“最美人物”活动，重视和加强先进典型的培养工作，善于发现先进典型，为他们的成长搭建舞台，发挥先进典型的激励、示范和导向作用。

“最美人物”获得者名单：最美职工福建省桃城建设工程公司班组长、助理工程师苏昌泉，最美农民安溪县老固茶叶专业合作社理事长陈两固，最美教师丰泽区实验小学党委书记、小中高级教师王玉萍，最美医生泉州市第一医院副院长、主任医师许荣誉，最美警察晋江市公安局刑侦大队副大队长王炼武，最美村官南安市美林街道溪州村党委书记陈垂知，最美环保人石狮市鸿峰环保生物工程有限公司副董事长蔡彩虹，最美志愿者东南早报新闻中心副主任、市青年志愿者协会副秘书长刘波，最美社区工作者丰泽区丰泽街道丰泽社区书记、主任杨婷婷，最美文化工作者石狮市绿洲读书社社长蔡友谋。

“最美人物”提名奖名单：最美职工提名奖获得者泉州维盾有限公司研发部主任、高级工程师贾冬霞，最美农民提名奖获得者永春县阳升禽畜有限公司总经理黄宏旭，最美教师提名奖获得者安溪县龙涓乡内灶小学教师、小教高级教师陈幸棹，最美医生提名奖获得者泉州市儿童医院产科副主任、副主任医师唐煦青，最美警察提名奖获得者南安市公安局官桥派出所副所长陈宝福，最美村官提名奖获得者永春县仙夹镇山后村党支部书记郭金国，最美环保人提名奖获得者南安市环保局环境保护监测站站长、高级工程师陈文艺，最美志愿者提名奖获得者石狮市公共文明引导队队长连秀凤，最美社区工作者提名奖获得者晋江市梅岭街道竹园社区居委会主任、社会工作师王春芬，最美文化工作者提名奖永春县文化馆副馆长、副研究馆员周梁泉。

8月19日

星期五
农历丙申年七月十七
温度：26℃—32℃
多云

●市委召开常委会，听取当前经济工作情况汇报，研究下阶段工作安排；传达贯彻全省党校工作会议精神，研究《中共泉州市委关于加强和改进新形势下党校工作的实施意见》和《泉州市党校系统“十三五”建设和发展规划》。

●市政府、市政协联合对年度重点提案《关于盘活国有资源，促进泉州学前教育共享发展的提案》等建议和提案的办理情况，进行督办检查，并听取相关汇报。

●陈奕辉带队到市人大常委会征求十一届市委工作报告意见。

●泉州市召开2016年度基层“最美人物”评选活动组委会会议，评选出10名2016年度泉州市基层“最美人物”获得者和10名提名奖获得者。

8月20日

星期六
农历丙申年七月十八
温度：26℃—33℃
阵雨

●康涛到安溪专题调研乡村旅游工作。

●“两岸百对家庭传统文化互动亲子游”活动在晋江金井镇福全古村落开幕，来自台湾的近70组家庭与晋江本地的约30组家庭，携手开展传统文化互动亲子游活动。

●《兰亭问学》赠书仪式暨“书学与泉州文化”座谈会举行。

●20—22日，2016年“威远楼之夏”·第四届“古楼讲古”民俗文化活动将在市区威远楼广场举行。

康涛调研乡村旅游工作

市长康涛到安溪专题调研乡村旅游工作。位于虎邱镇的自在仙境侨墅是由3座百年闽南古大厝改造而成的民宿旅游项目，内设手工制茶作坊、文化创意空间、户外休闲空间和特色农产品等，可供来客游玩体验。接连多日的雨天并未打消市民出游的热情，古厝中游人如织。在手工制茶作坊内，康涛与游客一同摇青、揉捻，共话家常，倾听他们对乡村旅游发展的意见建议；同时，鼓励业主要不断完善配套设施，丰富旅游要素，提升服务水平，打造融汇闽南文化和茶文化的特色民宿。长潭农业公园是近年来安溪在虎邱镇精心打造的一处休闲农业观光项目。依托环湖生态观光走廊、河岸休闲步道、水上娱乐活动区、荷花主题观光区等景点，公园日均接待游客1500名以上。在听取公园未来发展规划介绍后，康涛叮嘱相关部门和项目业主要紧抓有利契机，发挥自身优势，合理开发建设，确保休闲农业健康发展。官桥镇善坛村是安溪最大的少数民族村，4356名畲族村民在此繁衍生息。近年来，该村积极发展畲族民俗文化、少数民族传统体育射弩基地等，逐渐成为安溪旅游新亮点。康涛指出，广大畲族同胞要保护传承好畲族宝贵文化遗产，将少数民族文化建设与美丽乡村建设紧密结合，创建环境优美、文明和谐的幸福家园。

调研中，康涛强调，全市各级各有关部门要围绕泉州市“十三五”旅游业发展专项规划，进一步整合乡村特色旅游资源和相关产业要素，发展别具一格的乡村旅游；要注重文化传承保护，讲好文化故事，让乡村旅游可赏、可触、可体验；要加强宣传推介，全面展示特色乡村面貌，打造泉州乡村旅游品牌。

相关链接：乡村旅游是以具有乡村性的自然和人文客体为旅游吸引物，依托农村区域的优美景观、自然环境、建筑和文化等资源，在传统农村休闲游和农业体验游的基础上，拓展开发会务度假、休闲娱乐等项目的新兴旅游方式。乡村旅游是以旅游度假为宗旨，以村庄野外为空间，以人文无干扰、生态无破坏、以游居和野行为特色的村野旅游形式。其概念包含了发生在乡村地区以及以乡村性作为旅游吸引物两个方面，二者缺一不可。随着乡村旅游的迅速发展，近几年围绕乡村旅游提出很多原创新概念和新理论，如游居、野行、居游、诗意栖居、第二居所、轻建设、场景时代等，新概念和新理论的提出使乡村旅游内容丰富化、形式多元化，有效缓解了乡村旅游同质化日益严重的问题。中国各地的乡村旅游开发以农业观光和休闲农业为主，民俗风情旅游；以收获各种农产品为主要内容的务农采摘旅游和以民间传统节庆活动为内容的乡村节庆旅游等几个方面。

两岸百对家庭互动亲子游活动在晋江举行

“两岸百对家庭传统文化互动亲子游”活动在晋江金井镇福全古村落开幕，来自台湾和金门的近70组家庭与晋江本地的约30组家庭，携手开展传统文化互动亲子游活动。开幕式上，来自金门的金门鼓舞、极具古典与现代特色的电音三太子、华夏传统射礼展示拉开活动的序幕。由华夏传统箭阵领头，骑马走入福全古城城门，开启入城仪式，掀起活动的高潮。入城仪式后，来自两岸的百对家庭在北门体验华夏传统射艺。此次活动为期四天，来自两岸的100组家庭从礼仪晋江、传承晋江、风韵晋江以及五缘晋台四个方面展开活动。

第四届“古楼讲古”开讲

20—22日每晚7点30分，2016年“威远楼之夏”·第四届“古楼讲古”民俗文化活动将在市区威远楼广场举行。“古楼讲古”是2013年第二十四届“威远楼之夏”戏剧节中延伸出的另一场民俗传统文化节目，当年在泉州获评“东亚文化之都”后，为重现和传承闽南讲古习俗，更好地发现泉州本地讲古优秀精英新秀，威远楼设立这个“草根”群众文化讲古舞台。该舞台一搭建便深受爱好民俗的讲古人追捧，大家踊跃登台讲古，给厝边带来不少欢乐，丰富泉州市民文化生活。

演出现场　（图/李芸生）

康涛调研为民办实事项目落实情况

市长康涛带队到惠安县螺城镇西北社区老年人活动中心实地调研。走进刚刚翻建一新的西北社区老年人活动中心，现代感十足的综合楼、教学楼、室外配套健身场迎面而来，老人们三五成群在室外场地开展健身活动。门球、地掷球、气排球、柔力球、拳剑操、广场舞……时下“银发族”最受欢迎的体育运动在此一应俱全。作为惠安县最大的社区（村）级老年人活动中心，这里形成“天天有活动、月月有赛事”的可喜局面，老年人生活丰富多彩。

康涛对“百村百座”老年人活动中心建设工作给予充分肯定。他指出，在社会老龄化持续加速的宏观背景下，让“老有所依、老有所养”的美好愿景成为现实，是党委、政府必须认真研究解决的课题。全市各级老体协发挥老同志优势，引导社会力量参与活动中心建设，培训骨干力量，创新健身项目，结合闽南文化创作一系列丰富多彩的、接地气的文体活动，体现地方特色，深受老年人喜爱。各级各部门要主动作为，密切配合，加强经费保障，协调解决困难问题，继续支持这项民生事业；要认真总结成功经验，因地制宜提升设施建设，与时俱进创新活动载体，为广大老年人安享幸福晚年打造康乐之园。

相关链接：近来年，在各级党委、政府的有力推动下，市老体协积极发挥牵头作用，多方筹集资金，全市投入逾3.5亿元超额建设完成82座老年活动中心，其中30多座建在老区村，12座建在海拔较高的山区村，3座建在少数民族村，并与美丽乡村建设紧密结合，取得良好的社会效益。依托这些康乐阵地，老年体育健身活动不断由城市向乡村延伸，从城区向社区拓展。

泉州市推进精准就业扶贫六条措施发布

市人社局、市财政局发布《关于推进精准就业扶贫六条措施的通知》，明确泉州市贫困家庭劳动力可享受社保补贴、职业培训补贴、鉴定补贴、公益性岗位补贴、创业资助等就业困难人员优惠政策。根据通知，泉州市将建档立卡贫困家庭劳动力纳入就业困难人员对象范围。在泉州市各级公共就业人才服务机构办理就业创业实名制登记后，可享受就业困难人员各项就业创业扶持政策。

相关链接：在创业就业方面，泉州市鼓励各类互联网创业孵化基地、创业大本营等孵化基地吸纳贫困家庭劳动力创业就业。对吸纳贫困家庭劳动力较多的孵化基地，各地可在规定幅度内适当提高孵化基地补助标准。同时，鼓励各类劳动密集型企业在乡镇、村设立扶贫加工点，吸纳贫困家庭劳动力就近就地务工。相关企业可按就业专项资金管理办法的规定享受相应补贴。在公益性岗位方面，泉州市鼓励各地充分考虑建档立卡贫困家庭劳动力就业特点，设置一定比例适合贫困家庭劳动力就业的岗位，按规定享受公益性岗位补贴政策。此外，对到公共就业人才服务机构办理求职登记的贫困家庭劳动力参加居民养老保险的，泉州市将参照相关规定，给予不低于最低标准养老保险费50%的社保补贴。泉州市还将基层就业工作平台当年帮扶辖区内贫困家庭劳动力就业实效，纳入就业专项资金绩效考核范围，在就业专项资金安排上予以倾斜。

泉州“贤銮奖”颁奖仪式举行

泉州“贤銮奖”颁奖仪式举行，该届获奖人数1024人次，发放奖助学金和社会福利金123.46万元。泉州贤銮福利基金会是爱国侨胞何瑶煌捐资创办的社会福利事业。基金会成立于1986年9月，并设立泉州“贤銮奖”，旨在支持地方教育事业，激励培育优秀人才。“贤銮奖”连续颁奖29届，坚持“公平、公正、公开”的原则，择优奖励优秀学子。全市有11747人次的优秀学子和先进科技工作者荣获“贤銮奖”，泉州贤銮福利基金会发放奖、助学金和社会福利金1788.22万元。“贤銮奖”覆盖面非常广，除了小学优秀毕业生奖、中考优秀生奖、高考优秀生奖以外，还在华侨大学、泉州师院、黎明大学设立“贤銮优秀贫困生奖”，对参加各级技能竞赛获奖的中职学生、参加各项竞赛的优胜中学生给予嘉奖，并拨出专项资金支持设立福建省科协“贤銮科学教育基金专项奖”，泉州市科协“泉州市青少年贤銮科技奖”，鲤城、丰泽、洛江三区（包括市直中小学）“青少年贤銮科技创新奖”等，鼓励支持学校科技教育。同时，拨款支持泉州市盲聋哑学校、鲤城区开智学校、东海中学、何瑶煌希望小学奖教奖学工作；免费开展英语助学、扶优培训等。

8月21日

星期日

农历丙申年七月十九

温度：26℃—33℃

多云

●康涛带队到惠安县螺城镇西北社区老年人活动中心实地调研。

●市人社局、市财政局发布《关于推进精准就业扶贫六条措施的通知》，明确泉州市贫困家庭劳动力可享受社保补贴、职业培训补贴、鉴定补贴、公益性岗位补贴、创业资助等就业困难人员优惠政策。

●泉州“贤銮奖”举行颁奖仪式，本届获奖人数1024人次，发放奖助学金和社会福利金123.46万元。

●泉州6个“志愿服务驿站”列入全省首批示范点，晋江石狮两地的“爱心小屋”投入使用，提供多项免费服务。

8月22日

星期一
农历丙申年七月二十
温度：26℃—34℃
多云

●泉州市PPP项目签约落地量全省最多，10个项目总投资197.84亿元。

●泉南高速公路泉州段、福诏高速公路泉州段、莆永高速公路泉州段等泉州境内主要高速路段的限速标志牌更换完毕，完成提速。

●由市商务局主办的品牌国际化视野研修班开讲。

●市妇联向全市广大妇女发出“学习中国女排精神、投身‘五个泉州’建设热潮”的倡议。

泉州市PPP项目签约落地量全省最多 10个项目总投资197.84亿元

从市财政局获悉，泉州市10个政府与社会资本合作（PPP）模式项目签约或落地，占全省38个签约落地项目的26.32%，为全省最多。这10个项目总投资197.84亿元，而泉州市10.42%的PPP项目签约落地率，高出全国平均水平3.75个百分点。

为充实PPP项目库，泉州市根据总体规划和近期建设任务，广泛征集交通、环保、教育、水利、保障性安居工程、文化等方面的项目96个，总投资规模1153亿元。泉州市有25个项目申请列入省级PPP示范备选项目。其中，两个新建项目——泉厦漳城市联盟路泉州段高速公路工程、泉州（海西）植物园项目成为省财政厅和省发改委共同推荐的试点项目。

泉州市落地或签约10个项目总投资197.84亿元，包括惠安县泉惠石化园区码头及配套工程、泉州市公共文化中心、晋江市国际会展中心、泉厦漳城市联盟路泉州段高速公路工程、泉州市中心城区公共自行车项目、洛阳江流域河市段河道综合整治项目、山线绿道项目、晋江下游生态整治工程一期、泉州市工业废物综合处置中心、城东至北峰快速通道及两侧片区棚户区改造等。

泉州市境内部分高速路段完成提速

泉南高速公路泉州段、福诏高速公路泉州段、莆永高速公路泉州段等泉州境内主要高速路段的限速标志牌更换完毕。双向六车道路段提速后分车型分车道限速，7座及以下小客车最高限速提至110千米/小时，其他车型最高限速提至100千米/小时；双向四车道路段提速后分车型限速，7座及以下小客车最高限速提至100千米/小时，其他车型最高限速提至80千米/小时。高速公路泉州管理分公司所辖路网累计“提速”里程300千米。提速后，泉州往返德化行驶时间将从1小时左右缩短至50分钟，福州、莆田等地经洛江北收费站往返厦门行驶时间将从1个半小时左右缩短至1个小时。

市妇联向全市广大妇女发出倡议 学习女排精神 建设“五个泉州”

市妇联向全市广大妇女发出“学习中国女排精神、投身‘五个泉州’建设热潮”的倡议——

学习中国女排胸怀祖国、为国争光的崇高境界。中国女排的英勇和顽强是爱国主义精神的生动体现。学习中国女排，就是要学习她们胸怀祖国、为国争光的崇高境界。全市四百万妇女是推动泉州改革发展的重要力量，希望全市广大妇女以中国女排为榜样，增强参与我市经济社会建设的主人翁意识和使命感责任感，主动把实现个人理想、家庭梦想融入建设“五个泉州”的决策部署当中，助力泉州科学发展、跨越发展，集聚为实现中华民族伟大复兴“中国梦”的巾帼力量。

学习中国女排不断超越、永不言弃的拼搏精神。面临逆境，中国女排靠一分分磕、一场场拼取得一个又一个奇迹。学习中国女排，就是要学习她们不断超越、永不言弃的拼搏精神。希望全市广大妇女以中国女排为榜样，爱岗敬业，勤勉工作，在参与巾帼建功、创业创新中兴家业、干事业、创实业；加强学习，勇攀高峰，在我市实施创新驱动发展战略和推进供给侧结构性改革中施展才干、大展英姿；坚定信心，自强不息，在克服逆境困难中砥砺前行，努力开创属于自己的一片广阔天地。

学习中国女排团结奋进、发奋图强的团队品质。中国女排在里约奥运会夺冠依靠的是队员、教练之间团结协作的团队精神。学习中国女排，就是要学习她们团结奋进、发奋图强的团队品质。希望全市广大妇女切实增强建设“五个泉州”的集体荣誉感，发挥女性在家庭文明建设中的独特作用，为推进我市创建全国文明城市、“平安泉州”“美丽乡村”建设增色添彩；发挥巾帼志愿服务精神，更多地关注、关心和关爱贫困母亲、农村留守老人、留守儿童等困难妇女儿童群体，积极参与“巾帼扶贫攻坚行动”，帮助困难妇女儿童摆脱困境，共享改革发展成果。

希望广大姐妹们在女排精神的感召下，脚踏实地，岗位建功，以点滴奉献汇入时代大河，在推进“五个泉州”建设的征程中，凝聚巾帼力量，彰显巾帼之美，续写“半边天”新的篇章。

市委召开常委会研究军转安置工作

市委召开常委会，传达2016年全省军转安置工作会议精神，研究泉州市贯彻意见。市委书记郑新聪主持会议，市委常委参加会议，市人大常委会党组、市政协党组主要负责人列席会议。会议指出，做好军转安置工作是支持国防和军队建设及军队改革的具体工作，是地方应尽的职责。全市各级各部门要深刻领会习近平总书记关于深化国防和军队改革期间军队转业干部安置工作的重要讲话精神，认真落实全国、全省会议部署要求，增强政治责任感，切实接收好、安置好、使用好军转干部，以实际行动支持和服务改革强军。

会议要求，要严格落实中央、省里安置政策，妥善安排好计划分配的军转干部，促进就业创业，做细教育培训、待遇保障、家属子女安置等相关服务，切实解决他们的后顾之忧。要按照妥善安置、合理使用、人尽其才、各得其所的原则，完善安置办法、拓宽渠道方式、创新工作机制，确保如期完成任务。要严肃工作纪律，绝不允许各级各部门以任何理由拒绝接收军转干部。市军转安置工作领导小组要加强指导协调、督促检查，加强与部队配合；各成员单位要合力推动安置任务落实，让每一名军转干部都感受到党委政府的关心关爱。

市政府第一〇七次常务会议召开

市长康涛主持召开市政府第一〇七次常务会议，听取2016年泉州市“桐江学者奖励计划”特聘教授选聘工作的汇报，研究《泉州市中心城区声环境功能区划分》等。会议研究通过2016年泉州市“桐江学者奖励计划”特聘教授选聘结果，共13位同志被聘任。会议指出，“桐江学者奖励计划”实施以来，为泉州引进、培养、造就一批具有影响力的学科（专业）领军人才，在推动泉州市高校学科专业建设和服务产业发展中发挥着重要作用。下一步，各相关部门要立足泉州市中长期发展规划重点方向和经济社会发展重大需求，进一步明确特聘教授岗位设置重点突破的研究方向、任务和目标，聘任更多在实际科研能力、技术创新水平和服务产业发展等方面有突出贡献的人才，助推全市经济社会发展。

会议研究通过《泉州市中心城区声环境功能区划分》。会议指出，城市区域声环境功能区划分是城市各类噪声监测和声环境质量管理的重要依据，泉州市原有的功能区划分已不能满足城市环境管理要求，有必要进行修编。会议强调，各级各部门要严格按照新修编的功能区划分，加大城市环境噪声综合整治力度，使各功能区噪声状况基本满足城市声环境要求，促进经济、社会、环境可持续发展。

相关链接：为了吸引人才到泉州高校执教，泉州市政府决定投入专项资金，实施“桐江学者计划”，建立特聘教授岗位制度。泉州市“桐江学者计划”特聘教授在聘期间，每人每年可奖励10万元和教研活动经费（理科类50万元，文科类20万元），同时享受相应的工资、保险及福利待遇。此外，泉州市还将为特聘教授提供安家费5万元，提供三室二厅住房一套，服务6年以上的，如续聘的话，应聘者可获得住房产权，并解决配偶工作调动及子女入学问题。特聘教授要满足4个条件：具有博士学位（国内学者需同时具有教授职称）；年龄一般在55周岁以下；能带领学科队伍，为省市经济建设、科技进步、社会发展作出重大贡献；已取得国内外同行公认的重要研究成果。

省督查组到泉州督查城乡环境卫生整洁行动

23—24日，由省卫计委、环保厅、住建厅、水利厅、疾控中心等省直有关单位人员组成的督导组，对泉州市城乡环境卫生状况进行检查督导。督查组听取泉州市和德化县的相关情况汇报，查阅相关文件，了解两地城乡环境整洁行动的组织开展情况，并到德化、鲤城、丰泽、洛江的菜市场、垃圾中转站等地，就城乡环境整洁行动总体效果展开实地检查。检查过程中，督查组对泉州市城乡环境卫生整洁行动工作所取得的成绩给予充分肯定，同时指出，2017年泉州将迎国家卫生城市复审，下阶段要尽快完成垃圾专项规划编制，抓紧建设安溪、永春等地的垃圾转运站；将“创建国家健康城市，打造国家卫生城市升级版”这一事项列入议事日程，为群众营造更好的宜居宜业环境。

8月23日

星期二

农历丙申年七月廿一

温度：26℃—34℃

多云

●市委召开常委会，传达2016年全省军转安置工作会议精神，研究泉州市贯彻意见。

●市政府第一〇七次常务会议召开。

●23—24日，由督导组对泉州市城乡环境卫生状况进行检查督导。

●市教育局公示2016年秋季泉州市公办中小学收费标准，从2016年秋季起，全市城乡义务教育学生（含民办学校）全部免收课本费。

●由里约残奥会中国体育代表团合作伙伴三六一度（中国）有限公司为代表团专门设计的出场礼服及领奖服在北京发布。

●2016年度“金秋助学”筹集助学金371万元，资助贫困生872名。

●2016年“爱在鲤城、情满金秋”助学活动，通淮关岳庙向200余名贫困学子捐资60多万元。

●以“巾帼建功、筑梦海丝”为主题的2016泉州市巾帼巧匠工艺美术精品展作品征集正式启动。

8月24日

星期三
农历丙申年七月廿二
温度：27℃—34℃
多云

●郑新聪到泉港区，围绕全面贯彻省委、市委全会精神，推动“稳增长、防风险、促投资”开展工作调研。

●根据市委、市政府开展“促进项目落地、帮扶企业发展”活动周的安排，市领导陈奕辉率队到石狮调研，深入企业生产和项目建设一线，帮助解决困难问题。

●市领导陈荣洲、季翔峰带队到泉州开发区调研部分重点项目及企业，并召开座谈会协调解决相关问题。

●2016年全省计划生育家庭发展工作现场会暨卫生计生法治工作会议在泉州召开。

●新华社福建分社、中央人民广播电台、台湾东森电视台等多家媒体记者开展联合采访活动，实地走访福建闽台农产品市场、福建向金门供水工程、晋江五店市传统街区。

●由福建省出版物监测与研究中心牵头组织的泉州市报刊审读工作座谈会在泉州晚报大厦举行，全市20多家报刊代表参加。

●以晋江市公安局刑侦大队为原型拍摄的电影《刑侦队》在晋江市举行首映仪式暨新闻发布会。

郑新聪到泉港区开展工作调研

市委书记郑新聪到泉港区，围绕全面贯彻省委、市委全会精神，推动“稳增长、防风险、促投资”开展工作调研。市领导翁祖根参加调研。在参观福源凯美特火炬气综合利用项目后，郑新聪要求企业秉承严谨严密的态度，加强自动化控制等相关培训，确保项目安全运行。离开国内先进的气体检测研发中心，郑新聪一行随即到国内首条DN4000管道生产线。郑新聪强调，要积极引导推动，加强撮合对接，让产业上下游形成配套合力。郑新聪一行还到福建天原化工有限公司、福建和盛置信非晶合金变压器有限公司，实地走车间、看产品，鼓励企业推动技术改造，专注产品研发，加强市场细分，建设超市化采购平台，不断拓展市场份额。

座谈会上，郑新聪指出，面对保稳促稳的发展压力，下阶段要注重长短结合，既要抓痛点，加强重点企业调度，强化多元产业支撑，多种渠道吸引外资，加快发展第三产业，全力推动指标位次前移；又要促转型，加紧产业链上下游撮合，吸引更多研发机构、创新人才集聚，让创新链和产业链协同发力，加快动能转换接续。要再接再厉，实行挂图作战，坚持问题导向，严格考评督促，集中攻坚项目策划、对接、招商、落地等，全心全意为企业、项目排忧解难，全力以赴扩大有效投资。要守住底线，维护良好金融生态。要力保安全，把石化工业区安全控制区建设作为“十三五”重中之重，向上对接专项基金，扎实抓好风险评估、征迁安置、土地盘活等工作。

调研现场　（图/陈起拓）

陈奕辉到石狮开展“促进项目落地　帮扶企业发展”活动周调研

根据市委、市政府开展“促进项目落地、帮扶企业发展”活动周的安排，市委副书记陈奕辉率队到石狮调研，深入企业生产和项目建设一线，帮助解决困难问题。在通达电器和泓一食品公司，陈奕辉针对企业提出的完善厂区生活配套问题，他当即要求两级相关部门加强沟通和服务，探索为企业提供外包式的社会化后勤服务。在海西电商园、国际轻纺城，各类产业资源的聚集效应，为企业的华丽转身创造沃土，园区不断发展壮大。陈奕辉对此给予肯定，指出园区要把握“一带一路”建设机遇，继续发挥服务功能，搭建展示平台，对接国际脉动，助力转型升级。在石狮永宁镇前埔村，“工业邻里型”农村社区建设成效显著，陈奕辉指出，要探索发展乡镇工业园区周边农村服务业，培育新业态，在帮助企业解决后勤问题的同时，为乡村发展注入新动能；在厦门外国语学校石狮分校建设现场，工人们正加紧施工，陈奕辉要求，要加快项目和师资队伍建设，为市民提供更好的教育资源，让人民群众有更多获得感。在祥芝国家中心渔港，陈奕辉详细询问项目进度及存在问题，要求两级相关部门要加大服务力度，帮助渔港扩建工程尽快开工。

泉州市报刊审读工作座谈会召开

由福建省出版物监测与研究中心牵头组织的泉州市报刊审读工作座谈会在泉州晚报大厦举行，全市20多家报刊代表参加。泉州晚报社和各家报刊代表在会上介绍报刊质量管理工作的经验和做法，内容包括栏目设计、文章组织、编辑加工、市场推广、队伍建设等方面的情况，并对今后进一步提高报刊编校质量提出有益的建议。泉州晚报社历来对报纸质量管理工作十分重视，建立一套完整的规章制度，并根据不同时期出现的新情况、新问题加以修订、完善，形成防范差错、杜绝虚假报道的长效机制。

全市加快项目建设百日大会战动员视频会议召开

全市加快项目建设百日大会战动员视频会议召开。市领导郑新聪、康涛、陈灿辉、林伯前、张永宁，市政府党组成员洪自强、肖汉辉在泉州主会场参加会议。

市委书记郑新聪强调，“百日大会战”活动方案既是军令状，也是责任书，必须主动认领、倒逼推进、确保完成，以实际成效接受检验。各级各部门“一把手”要负总责、亲自抓；广大干部要敢于担当，在划清个人利益与事业、划清法规纪律红线底线与公正干事的情况下，大胆负责，迎难而上，用事业心激励自己，用智慧解决问题。

市委副书记、市长康涛作工作部署。他要求，要全力以赴组织实施四个攻坚会战：重大项目攻坚方面，要加快350个市级重点项目建设，利用年底前施工的黄金季节，确保完成投资和项目进度；城市基础设施攻坚方面，要发挥政府性投资拉动作用，组织实施8个专项提升行动计划；工业技改攻坚方面，要落实新一轮企业技术改造专项行动计划；补短板工程包攻坚方面，要抓好第一批18个领域、446个项目，对接落实好第二批8个投资工程包。

市十五届人大常委会第三十五次会议召开
决定任命季翔峰为泉州市政府副市长

25—26日，市十五届人大常委会召开第三十五次会议。市人大常委会主任陈万里，副主任吕竞、张建生、朱团能、曾巍，党组成员许文贵、欧阳秋虹参加会议。副市长陈荣洲、周真平、林万明、张永宁，市中级人民法院院长欧岩峰、市人民检察院检察长高扬捷列席会议。会议对泉州市首部实体法进行三审，审议通过《泉州市海上丝绸之路史迹保护条例（草案表决稿）》。会议听取和审议市政府关于2016年上一阶段泉州市国民经济和社会发展计划、预算执行情况的相关报告；批准市本级预算调整方案；听取市政府关于泉州市城市管理行政执法工作情况的报告，并开展专题询问。会议听取市政府研究处理《市人大常委会关于农产品质量安全法执行检查的审议意见》《市人大常委会关于专题询问泉州市公立医院和基层医疗机构综合改革情况的审议意见》的情况，并开展审议意见办理情况满意度测评，测评结果分别为满意和基本满意。会议还听取和审议市人大常委会执法检查组关于旅游法执行情况的检查报告；决定任免一批国家工作人员，决定任命季翔峰为泉州市人民政府副市长。

会议现场　　（图/王虎文）

圆明园四大兽首开箱仪式在泉州举行

“国之重器·幸会文都——2016圆明园国宝展暨南北朝石佛像珍品展”开箱仪式在泉州晚报大厦举行。四大兽首牛首、虎首、猴首、猪首，一一展现。这4尊曾因外国列强侵略中国火烧圆明园而致流落海外的兽首，历经140余年的流离重回祖国怀抱。首先亮相的是一尊极具异国情调的牛首铜像，该铜像两眼圆瞪，双角弯曲向前，威风凛凛。第二尊虎首铜像更与中国传统的虎大相径庭，虎首与狮子相似，脖颈有一圈鬃毛，额头上“王”字表明其百兽之王的身份，更显霸气。猴首铜像是一个“美猴王”的形象，兽首铜像上的“毛发”都能一根根数清，最有精神处是眼睛，栩栩如生，神态活灵活现。猪首铜像与中国传统的造型差别较大，尖嘴长吻，獠牙外凸，颇似野猪，但蒲扇般伏贴的大耳，又有浓郁的中国传统审美趣味。

展览现场　　（图/晚报社）

8月25日

星期四
农历丙申年七月廿三
温度：27℃—33℃
多云

●全市加快项目建设百日大会战动员视频会议召开。

●25—26日，市十五届人大常委会召开第三十五次会议。

●市政协组织视察泉州市“做大做强建筑业”等项目生产建设情况，并召开座谈会。

●“国之重器·幸会文都——2016圆明园国宝展暨南北朝石佛像珍品展”开箱仪式在泉州举行。

●泉州市自来水有限公司发布关于供水价格调整成本公开的公告，公开其经营成本情况，并接受广大市民的查询和监督。

●泉州市伊斯兰教协会第二次代表会议召开，选举产生市伊协新一届领导班子。

8月26日

星期五
农历丙申年七月廿四
温度：27℃—33℃
中雨

●陈灿辉到永春调研。

●泉州首个旅游服务标准化试点项目——崇武古城旅游服务标准化项目通过验收。

●取景于晋江市陈埭镇丁氏宗祠的纪录片《古厝寻珍——从商人到科学家》于18时45分在央视4套《国宝档案》播出。

●“昊天投资”接手诺奇管理权，福建首例H股重整案获得成功。

●为泉州拿下史上首枚奥运奖牌的晋江籍体操运动员林超攀回到家乡。8月9日，林超攀获得里约奥运会男子体操团体决赛铜牌。

●2016年全国击剑冠军总决赛在泉州举行，泉州选手陈海威获得男子花剑个人比赛项目冠军。

陈灿辉到永春调研

市政协党组书记、副市长陈灿辉带队到永春调研，协调解决企业发展和项目建设遇到的相关问题。走进泉州雷恩生化有限公司，陈灿辉详细了解药品的生产过程，得知公司产品得到美国、英国等欧美国家客户的认可，产品质量达到甚至优于世界跨国公司同类产品水平后，他鼓励企业坚持“质量求生存，创新求进步”，树立好品牌；要以科技为导向，与高校科研机构建立合作机制，加大自主创新产品开发力度，增加企业在国际上的竞争力。在泉州市邦正运动用品有限公司，陈灿辉肯定企业的转型思路，针对企业发展资金难题，他指导企业在积极向银行贷款的同时，还要开拓思路，运用好基金等融资渠道，为产品开发和推广赢得先机；要引入合作伙伴，发挥好各自优势，迅速抢占市场份额，为企业跨越发展打下基础。在福建省春江源食品工业有限公司新厂区建设工地，陈灿辉详细了解企业的生产销售和未来建设发展情况，倾听企业在发展中遇到的问题。他指出，食品生产关乎民生，安全健康要放在首位，传统行业也要注重科学发展，提高加工工艺水准，注重环境保护，生产出更多优质安全的食品。

泉州首个旅游服务标准化试点项目通过验收

受国家标准委委托，省质监局组织安徽省质量和标准化研究院、海南认证审核中心、福建省政府办公厅绩效管理处等单位的专家，对惠安县崇发旅游服务有限公司承担的福建崇武古城旅游服务标准化试点项目进行终期评估。专家组在听取试点工作汇报，查看现场，查阅相关资料和工作记录后，最后宣布福建崇武古城旅游服务标准化试点项目以91.5分的优秀成绩通过验收。

相关链接：在省标准化研究院的技术支撑和指导下，崇武古城围绕打造“清新福建”“风情惠安”旅游品牌，推进试点建设，形成以标准促规范、以标准优服务、以标准提品质、以标准助发展的旅游标准化工作机制，实现崇武古城旅游的提档升级。在试点开展过程中，崇武古城把创建工作作为推动旅游发展的重要抓手，应用标准化原理，形成以标准约束行为，建立起“人人遵守标准、人人按标准办事”的协调自律机制。同时，该项目还以问题和需求为导向，在相关国家标准指导下，结合惠女风情民俗，建立了较为完善的标准体系，标准体系含各级标准266项，其中，工作组自主制订基础标准13项、服务保障标准51项、服务提供标准58项等共计122项景区标准，保障实施有据。通过试点建设，崇武古城旅游收入实现逐年增长，2014年该景区收入同比增长22.5%，旅游人次同比增长15.8%；2015年景区收入同比增长5.19%，旅游人次同比增长7.1%。

“昊天投资”接手诺奇管理权

福建诺奇股份企业管理权交接仪式在清濛的诺奇企业总部举行，作为诺奇股份未来的控股股东，昊天投资受委托取得诺奇的管理权，标志着福建首例H股重整案获得成功。作为诺奇股份未来的控股股东，昊天投资相关负责人张爱平从管理人手中接过诺奇股份的营业执照、印章等相关资料，至此，昊天投资受委托取得诺奇股份企业的管理权。诺奇重整的成功案例，福建省部分危困企业在经济新常态下的转型升级、再获新生积累宝贵的司法经验。此前昊天投资已按照重整方案的要求，向诺奇股份注资约1.5亿元，资金正式到位后，根据重整方案，昊天投资将取得诺奇股份的管理权。

相关链接：2016年7月28日，诺奇与昊天投资在香港联交所发布联合公告，宣布双方签订重整协议，昊天投资（系昊天发展的全资子公司）代替罗马世家（天津）服装服饰销售有限公司（简称罗马世家）成为诺奇股份新的重整方，昊天投资将出资约1.5亿元保留诺奇资产并获得诺奇已发行总股本51%股权。2015年年底，罗马世家介入诺奇重组事宜。根据双方签订的重组协议，罗马世家应向诺奇支付投资额约1.5亿元，获得诺奇的主要营运资产和已发行总股本51%的股权，成为控股大股东。然而，在重整执行过程中，原定重整方罗马世家未能在约定时间到资，诺奇重整过程受阻。为确保重整计划的实现，经各方努力，最终确定具有较强经济实力和专业能力的昊天投资作为新的重整方，取代原来的罗马世家。据悉，接管诺奇后，昊天投资将继续经营诺奇现有主要业务，并积极向香港联交所提交复牌提案。

泉州市公布推进简政放权放管工作要点

泉州市公布《2016年推进简政放权放管结合优化服务工作要点》，并明确责任单位和完成时间，旨在在更大范围、更深层次，以更有力举措推进简政放权、放管结合、优化服务改革，使市场在资源配置中起决定性作用和更好发挥政府作用，破除制约企业和群众办事创业的体制机制障碍，着力降低制度性交易成本，优化营商环境，激发市场活力和社会创造力，促进泉州市经济社会持续健康发展。

该工作要点主要分9方面28个重点。在深化行政审批制度改革方面，继续减权放权，做好上级取消、下放审批事项的衔接落实，完善权责清单制度，调整和完善公共服务事项清单，清理年检和政府指定培训，进一步精简申报材料，清理政府内部审批事项，推进行政审批服务标准化管理。在深化投资审批制度改革方面，继续深化投资领域改革，继续开展市场准入负面清单改革试点。在深化职业资格改革方面，规范职业资格管理，加强职业资格清理整顿后续监管。在深化商事登记制度改革方面，继续推进“一照一码”登记制度改革，进一步放宽准入便捷退出。在继续开展收费清理改革方面，严格执行收费目录清单，开展收费情况专项检查。在深化教科文卫体领域改革方面，扩大高校和科研院所自主权，深化文体领域改革，深化医药卫生体制改革。在加强事中事后监管方面，实施公正监管，推进综合监管。在简化优化政务服务方面，提高公共服务供给效率，提高政务服务效率，加快推动形成更有吸引力的国际化、法治化、便利化营商环境。在建立健全工作机制方面，加强组织领导，加强统筹协调，加强监督检查，营造良好改革氛围。

“对外投资讲座”举行

由泉州市外事侨务办公室、泉州市贸促会等单位举办的“对外投资讲座”举行，泉州市70余家有意向到海外投资发展的企业代表参加该讲座。该讲座特邀投石智库投资专家沈郁峰、日本西村朝日律师事务所(东京）外国法合伙人张翠萍作精彩分享。两位主讲嘉宾分别介绍“海丝”沿线东南亚、日本等国家和地区的产业发展状况、经济形势及投资机会，并结合具体案例，详尽介绍国内企业海外投资现状、投资渠道、投资风险、法律法规等，为企业传经送宝。讲座现场，企业代表与主讲嘉宾进行互动。与会代表表示，本次讲座内容丰富，具有很强的实用价值，不仅能够帮助企业提高对外贸易、投资过程中的风险防控能力，而且对泉州市企业应对当前全球经济疲软、“走出去”拓展海外市场具有一定的帮助。

福州大学石化学院泉港校区交付使用

130多名大四学生先行入驻位于泉港区前黄镇的福州大学石油化工学院，学生们在泉港区镇两级干部和青年志愿者帮助下完成行李搬运和入住手续办理。近500名本科生和部分研究生将先后入驻泉港校区。福州大学石油化工学院泉港校区由福州大学、泉港区政府和福建石化集团公司三方合作创办，实行校地企联合办学。该校区一期总建筑面积4.6万平方米，包括教学楼、实验楼、图书行政楼、师生公寓等计11幢，以及运动场所、市政道路、绿化景观等配套基础设施。教学方面，一期办学规模本科教育为1600人、研究生教育为600人；师资建设方面，该学院具有博士学位教师50人，引进海内外专家学者17人，将打造成为集本科、研究生、职业培训、基地实践为一体的综合性学院。

相关链接：随着泉港校区交付使用，国家级重点实验研究机构——化肥催化剂国家工程研究中心等一批科研机构和国家级化工领军人才也将随之进驻，可为泉港石化工业技术创新和产业转型升级、服务“石化强省”战略提供强有力人才支撑和智力保障。在向国家级石化产业基地推进中，泉港探索“人才+项目”“人才+产业”“人才+课题”等培养模式，打造“科技石化”，推动泉港既成为石化产业高地，也成为人才集聚高地。该区积极构建以福州大学石油化工学院泉港校区、福建师范大学泉港石化研究院、国家阀门产品质量监督检验中心、福建石化产品质量监督检验中心等“两院两中心”为核心的公用配套支撑体系，以此为依托，加快建设集科技研发、产学研对接、人才培养、质量检验为一体的石化科技服务高地，提高服务石化基地建设的能力水平。

8月27日

星期六
农历丙申年七月廿五
温度：26℃—33℃
阴

●泉州市公布《2016年推进简政放权放管结合优化服务工作要点》。

●由泉州市外事侨务办公室、泉州市贸促会等单位举办的“对外投资讲座”举行。

●泉州市船政文化交流协会成立。

●位于泉港区前黄镇的福州大学石化学院（泉港校区）迎来首批本科生。

8月28日

星期日
农历丙申年七月廿六
温度：26℃—31℃
中雨

●市政协组织开展“做大做强建筑业”重点考察活动。

●泉州北站（惠安）综合交通枢纽站主体结构完工。

●“海丝文化交流之旅——国际安徒生奖插画大师罗杰·米罗泉州行”交流活动在泉州市区中骏世界城举行。

市政协组织开展“做大做强建筑业”视察活动

市政协组织开展“做大做强建筑业”重点考察活动。市政协委员实地察看福建省东霖建设工程有限公司产业园及技能实训基地、福建省闽南建筑工程有限公司总部大楼和惠安县建筑业大厦等项目生产建设情况，并召开座谈会听取相关工作汇报。

会议指出，相关部门和单位要按照市委市政府部署，做大做强建筑业，加快推动建筑业转型升级。要在智力支撑方面有新突破，提高建筑业科技含量，引进优秀人才，加强技工人员培训，打造一批高素质的建筑业技工人员队伍。要在龙头企业支撑方面有新突破，整合行业优势资源，精心培育建筑龙头企业，提升建筑企业市场的竞争力。要在资本支撑方面有新突破，盘活现有资产，增加企业融资能力，激发建筑业活力。要在产业支撑方面有新突破，加快产业结构调整，促进创新转型升级，推进新型建筑工业化。要在政策扶持方面有新突破，创新体制机制，营造良好发展环境，构建现代建筑产业发展体系。

泉州北站（惠安）综合交通枢纽站主体结构完工

泉州北站（惠安）综合交通枢纽站主体结构全部完工。该项目位于惠安动车站站前广场东北侧，于2014年3月列入《交通运输部“十二五”综合客运枢纽和重点物流园区建设规划》，是惠安县辖区内首个按一级综合交通枢纽站标准建设的客运场站。项目总用地面积14.16公顷，设计能力1.5万人次/日，主要建设内容包括客运枢纽站主站房、车辆检测维修车间、日检车间、站前广场、停车场等附属配套设施。泉州北站（惠安）综合交通枢纽站主站房共三层，其内外装饰基本结束。主站房沿袭闽南风，屋顶为闽南式燕尾脊，采用红砖铺设。站房外墙四面挂有约60幅浮雕，浮雕图案刻画惠安女的形象及其劳动生活的场景，尽展惠安风情。泉州北站（惠安）综合交通枢纽站与惠安动车站之间，通过一条长约200米的廊道相连，乘客可通过该廊道实现动车与客运班车、公交、出租车的无缝换乘。

泉州北站　（图/吴寿民）

国际安徒生奖插画大师罗杰·米罗到泉州交流

由国家新闻出版广电总局、国际儿童读物联盟中国分会（CBBY）指导，中国少年儿童新闻出版总社、泉州市委宣传部、市教育局、市文广新局主办的“海丝文化交流之旅——国际安徒生奖插画大师罗杰·米罗泉州行”交流活动在市区中骏世界城举行，这位来自巴西的著名插画家以“海丝之路”为主题创作一幅特别的作品献给泉州人民，他说这幅作品的创作灵感来自于泉州城雕上的“飞天”，他想用这幅作品表达自己对泉州的热爱。主办方精心安排插画大师艺术心路分享、读者互动、《灵瓷祈福》纪念品首发和“我心中的光明之城”小手画泉州手绘明信片征集赛启动等一系列“海丝文化交流”的活动，古老的“海丝”文化和巴西的现代艺术进行交流碰撞，让中西文化在泉州再次对话交融。

交流现场　（图/陈智勇）

郑新聪到市委党校调研

市委书记郑新聪到市委党校开展工作调研。市委常委、组织部长、党校校长孔繁军参加调研。在听取市委党校工作汇报后，郑新聪指出，党校因党而立、为党而办，要全面提升办学质量和水平，发挥党员干部教育培训的主渠道作用。要强化党的理论教育和党性教育的龙头地位，抓牢主业主课，做到重要理论第一时间进课堂，确保党的最新理论成果、重大战略部署及时传递到每一名学员中；坚持高标准办学，突出党校特色、泉州特色，加强重要理论研究，争创一流科研成果、建设一流新型智库。

调研现场　（图/苏展辉）

县处级领导干部思想政治建设专题培训班开班

8月29日至9月7日，市委党校举办县处级领导干部思想政治建设专题培训班。29日，市委书记郑新聪参加培训班开班式，以“勇于担当 善于创新的县级领导班子队伍”为主题，为学员作专题讲座。市委常委、市纪委书记温惠榕也为培训班学员授课。市委常委、组织部长、党校校长孔繁军主持开班式。

市政府第一〇八次常务会议召开

市长康涛主持召开市政府第一〇八次常务会议，研究《泉州市“十三五”现代服务业发展专项规划》《泉州市“十三五”深化医药卫生体制改革专项规划》《泉州市“十三五”教育事业发展专项规划》《泉州市“十三五”消防工作专项规划》等。

会议通过《泉州市“十三五”现代服务业发展专项规划》（以下简称规划）。会议指出，各级各部门要对照规划要求，推动《规划》确定的各项目标任务落到实处。会议通过《泉州市“十三五”深化医药卫生体制改革专项规划》。会议指出，加快构建资源配置合理、服务层次有序、机构运行高效的医药卫生服务体系，让医改成果更多惠及广大群众。会议通过《泉州市“十三五”教育事业发展专项规划》。会议指出，各级各相关部门要提升教育治理现代化水平，增强教育服务经济社会发展的能力，在更高水平上全面建成小康社会提供强有力的人才支撑。会议通过《泉州市“十三五”消防工作专项规划》。会议指出，要发展多种形式消防队伍，提升火灾防控和综合应急救援能力，创造良好的消防安全环境。

泉州“十三五”教育规划出炉

泉州市“十三五”教育事业发展专项规划经市政府研究原则通过。从2016—2020年，泉州将争取高质量普及15年基本教育，将幼儿园到普通高中全部纳入教育基本公共服务范畴，统筹协调、整体推进，努力让适龄孩子享有接受普惠、优质、多样化教育的机会。

规划提出，全市新建公办园200所，推动学前教育优质普惠发展；建设“老百姓身边好学校”，促进义务教育优质均衡发展；实施普通高中免费教育，推动普高优质特色多样发展；让九成外来工子女就读公办校，促进教育包容发展与机会公平；构建现代职业教育体系，加快高等教育内涵建设。此外，“十三五”教育规划还从立德树人、教师队伍建设、教育信息化、全民终身教育等方面，提出“十三五”教育改革发展的具体任务。

晋江南安石狮惠安入围2016年中国工业百强县

工信部直属单位中国信息通信研究院发布《2016年中国工业百强县（市）发展报告》显示，泉州四个县（市）入围。其中，晋江排名第5，南安排名第27，石狮排名第46，惠安排名第55。根据上述报告，2016年工业百强县（市）分布于18个省份，其中福建有7个。

8月29日

星期一
农历丙申年七月廿七
温度：24℃—32℃
多云

●郑新聪到市委党校开展工作调研。

●8月29日至9月7日，市委党校举办县处级领导干部思想政治建设专题培训班。

●市政府第一〇八次常务会议召开。

●泉州市“十三五”教育事业发展专项规划经市政府研究原则通过。

●晋江南安石狮惠安入围2016年中国工业百强县。

8月30日

星期二
农历丙申年七月廿八
温度：24℃—31℃
多云

●郑新聪到石狮市，就项目建设“百日大会战”等工作开展调研。

●市政协组织听取市中级法院2016年以来工作情况通报。

●泉州市2015年度动漫产业发展专项资金补助项目名单公布，泉州4家企业、13个项目列入资金补助项目名单，整体补助237.52万元。

●泉州市跨境电子商务协会成立。

●30—31日，大型提线木偶戏《卢俊义》在中国评剧院大剧场连续上演两场，这是《卢俊义》首次到北京展演。

郑新聪到石狮就项目建设“百日大会战”开展调研

市委书记郑新聪到石狮市，就项目建设“百日大会战”等工作开展调研。市领导翁祖根参加调研。郑新聪还到石狮法院了解全省首个县级失信联合惩戒平台建设进展，要求法院创新意识，党委人大政府大力支持，部门联合行动，把失信惩戒各项工作落到实处，营造诚实守信的社会环境。

在座谈会上，郑新聪指出，近年来，石狮创新转型、实业强市思路清晰，产城融合、城乡一体发展取得一定成效，稳增长、促投资、防风险举措有力。下阶段，要继续拿出第一方阵责任担当，下大力气抓指标促回升，俯下身子抓大户帮企业，鼓励企业坚定信心、坚守实业，加快技术改造和转型升级。要深挖新业态发展潜力，对出现的困难一一诊断出招，推动有序集聚，体现发展效益。要从动力转换中抓根本找出路，围绕智能装备、专业市场、港区经济等优势特色产业，多渠道引进多层次人才，一业一策解决好思路落实层面的问题。要坚决有力防范化解金融风险，统筹抓好防汛防台、安全生产、信访维稳等工作，确保社会安定稳定。要自觉落实全面从严治党主体责任，坚持合力共为，加强干部教育培训，健全干事创业激励机制，抓好党风廉政建设，深化“两学一做”学习教育。

郑新聪指出，加快项目建设百日大会战已经打响，全市上下要将会战作为2016年绩效考评的重要内容，层层拿出有力措施，营造浓厚的比学赶超氛围，不断提升会战热度。要始终保持有效投资强度，主动出击招商选商，加强项目前期工作力量，深入一线提供全过程、“月嫂式”服务，乘势攻克一批“老大难”问题。要发挥石狮港口优势、产业基础、体制活力、营商传统，策划实施一批港口基础设施、高端制造业和现代服务业项目，为经济持续健康发展注入新的动力。

市政协听取市中级法院工作情况通报

市政协组织听取市中级法院2016年以来工作情况通报。市政协党组书记陈灿辉，副主席吴共湖、苏小青、王祖耀、李冀平、王瑞强、陈益参加会议。市中级法院院长欧岩峰通报2016年以来法院工作情况。委员们围绕如何司法为民、加大执法力度等建言献策。陈灿辉肯定市中级法院2016年以来在加强队伍建设、提高创新意识、抓好执法办案、增强领导协作等方面所取得的成效。

市级动漫产业发展专项资金补助项目公布

从市经信委获悉，泉州市2015年度动漫产业发展专项资金补助项目名单公布，泉州4家企业、13个项目列入资金补助项目名单，整体补助237.52万元。入选的4家企业分别为泉州市功夫动漫设计有限公司、福建省子燕动漫科技有限公司、熊仔动漫有限公司、晋江市在野软件开发有限公司，获资金补助的项目包括《笨笨鼠》《梦想总动员2》《小熊优恩》《燕尾侠之重装出击》等原创动画播放，获奖作品《传说的盗贼王》，参与第八届中国（厦门）国际动漫节、2015年法国戛纳影视动漫节、美国拉斯维加斯国际品牌授权展会等国内外重大展会以及动漫产品出口等。

根据《关于推动我市动漫产业发展的试行意见》，专项资金支持范围包括原创动画播出奖励、获奖作品与原创游戏上线奖励、动漫企业认定奖励、出口奖励、国内外重大展会补贴、国内外动漫企业来泉创业补助等6个项目。其中，原创动画播出每部最高可获100万元奖励；获奖的原创动漫产品最高可获50万元的一次性奖励；企业初次获得国家动漫企业认定的给予10万元一次性奖励；动漫企业出口国外、境外的动漫产品，除享受市政府出台的当年度外贸出口扶持政策外，最高可获40万元奖励；对参加国内外重大展会的企业按其展位费的50%予以补贴；对自带重大动漫游戏原创题材作品（项目）入驻泉州发展，且注册资金在300万元以上的动漫企业，经评定后给予20万元创业补助。

泉州市跨境电子商务协会成立

泉州市跨境电子商务协会成立，全市跨境电商企业正式形成联盟，108家泉州跨境电商行业企业的自主抱团。此举意味着相关企业将在更深、更广的层面实现各环节资源和服务的共享、合作，提升外贸效率，打造泉州外贸新优势。与此同时，协会还与泉州各高校、银行、电商园区达成战略合作关系，在人才培养及输送、授信融资、项目孵化等多方面开展合作。

全市党风政风监督员座谈会召开

全市党风政风监督员座谈会召开，会议通报全市党风廉政建设和反腐倡廉工作情况。座谈会上，市领导为新一届市党风政风监督员颁发聘任证书，并听取监督员们就党风廉政建设以及政府部门在承办事务中存在的问题等方面提出的意见和建议。会议通报，2016年以来，全市各级纪检监察机关强化责任导向，严格落实“两个责任”，共对93名党政领导干部实施责任追究，给予党纪政纪处分26人；加强纪律审查，深化正风肃纪，持之以恒纠正“四风”，查处违反中央“八项规定”精神问题129个，实名通报47批94起典型案例；注重抓早抓小，把纪律和规矩挺在前面，各项工作取得阶段性新成效。

会议强调，全体党风政风监督员要以高度的政治责任感和强烈的事业心，积极发挥职业优势和专业特长，更好地发挥参谋助手作用，不断开创监督员工作的新局面；要勤学善思，处理好监督工作与本职工作、个人事务的关系，严格遵守各项纪律，不断加强监督员队伍建设。

泉州出台政策为企业降成本减负担

市政府组织相关部门深入调研企业发展，吸收借鉴沿海省、市“降成本”相关举措，结合实际情况，出台《关于降低企业成本减轻企业负担的实施意见》（以下简称实施意见）。仅可直接减免企业费用的政策条款部分，实施意见每年就将为全市企业“减负”近14亿元。针对企业生产经营流程的主要环节，实施意见从降低企业融资成本、降低企业生产要素成本、降低企业人力资源成本、降低企业创新成本、降低企业市场流通成本、降低企业兼并重组成本、降低制度性交易成本、减轻企业税费负担、保障措施等九个方面提出31条措施，旨在切实帮助企业降低成本，激发实体经济活力，促进经济平稳健康发展。

降低生产要素成本方面，针对用电、用气、用地等实施意见均制定相应措施。用电部分，泉州要进一步降低企业用电成本，鼓励企业错峰生产和夜间用电，对趸售区符合条件的龙头、高成长和新增长点项目企业延长3个小时谷时段，适时在特定行业执行丰弃水期电价，每年约降低企业用电成本1.26亿元。

国台办授予福建闽台农产品市场作为海峡两岸青年就业创业示范点

从市台办获悉，国台办授予福建闽台农产品市场作为海峡两岸青年就业创业示范点。福建闽台农产品市场位于南安市石井镇，是一个以对台农产品贸易为主，兼具农业产业带动，集农产品冷藏、加工、物流等一系列功能的大型涉台、涉农民营商贸流通企业，已成为对台农产品贸易的重要基地与民间友好交流的重要平台。

海峡两岸青年就业创业示范点将建设成为集农产品贸易（交易）、电子商务、现代物流、展会展示以及创意农业研发的创业中心。按照台湾青年的需求定位，提供交流（交易）平台，设立服务中心，配套保障措施，为台湾青年交流、学习、就业、创业提供便利，为台湾青年创业提供有利的条件与良好的环境。同时，配套海关查验监管、国检备案仓储，以及中央储备肉承储等功能完善的设施。

相关链接：福建闽台农产品市场有限公司是福建省农业产业化省级重点龙头企业，成立于2001年9月，注册资金3500万元，是一个以对台农产品贸易为主，兼具农业产业带动，农产品冷藏、加工、物流等一系列功能的大型涉台、涉农民营商贸企业，在台湾设有“高雄办事处”和云林“台湾闽台农产有限公司”。

福建闽台农产品市场位于郑成功的故乡——南安市石井镇，市场总规划占地8.54平方千米，投资5.8亿元。一期投资2亿元，建筑面积总计13.5万平方米，主要设施包括复式商铺、商务办公室、多功能展厅、加工车间、交易大厅、2.3万吨冷库、台湾真品馆、农产品公共保税仓库（1800平方米的低温冷库和2500平方米的普通仓库）等；配套了现代化的农产品交易电子结算系统和电子商务平台、农产品质量安全可追溯系统、保障农产品食品安全的检验检测中心和全方位覆盖市场的安全监控系统等软硬设施。市场被农业部授予“定点市场”，成为“9·8”中国国际投资贸易洽谈会重要活动之一的“海峡两岸（泉州）农产品采购订货会”的举办地。2008年9月，经商务部批准，福建闽台农产品市场成为大陆首家海峡两岸商品/农产品交易物流中心，授牌“海峡两岸（泉州）农产品交易物流中心”。2009年3月，万吨冷库正式投产，2010年1月，果蔬冷库正式投产。

8月31日

星期三
农历丙申年七月廿九
温度：24℃—32℃
阴

●全市党风政风监督员座谈会召开，会议通报全市党风廉政建设和反腐倡廉工作情况。

●国台办授予福建闽台农产品市场作为海峡两岸青年就业创业示范点。

●市政府出台《关于降低企业成本减轻企业负担的实施意见》，每年将为全市企业“减负”近14亿元。

●随着110千伏散湖变电站的启动送电，国网泉州供电公司在一个月内完成7个中央农网110千伏变电站投运工作。

9月1日

星期四
农历丙申年八月初一
温度：26℃—32℃
阵雨

●省委、省政府环境保护督察组督察泉州市工作动员暨情况汇报会召开。

●市政府组织第十九次防空警报试鸣。

●《泉州市中心市区2014年度土地定级和基准地价》施行。

●是日起，泉州市正式实施“五证合一、一照一码”改革，企业营业执照上的统一社会信用代码兼具营业执照、组织机构代码证、税务登记证、社保证、统计证5本证照的功能。

●621名泉州旅客从泉州侨乡体育馆出发，前往福州搭乘援疆旅游专列，开始为期15天的丝绸之旅。

●泉州奥运健儿林超攀应邀作客泉州师范学院,与师生分享自己的心路历程。

●2016年度鲤城区见义勇为表彰大会在市区府文庙广场举行。

●“水上校车”护航海岛学生。

省环保督察组督察泉州市工作动员暨情况汇报会召开

省委、省政府环境保护督察组督察泉州市工作动员暨情况汇报会召开。会上，督察组组长魏克良、副组长杨荣郎就做好督察工作分别讲话；市委书记郑新聪汇报近年来泉州市生态环境保护工作情况，并就配合做好督察工作表态。市长康涛主持会议。省委省政府环境保护督察组成员，市领导陈万里、陈灿辉、温惠榕，林伯前、孔繁军、张永宁、洪自强等参加会议。

魏克良强调，省委、省政府环境保护督察组此次进驻泉州市，将坚持问题导向，深入调查研究，以推动落实“党政同责、一岗双责”为重点，围绕6个方面开展督察：一是国家和省环保决策部署的贯彻落实情况，特别是国家和福建省环保计划、规划、重要政策措施落实情况；二是环保责任落实情况，特别是地方党政领导生态环保目标责任书、部门生态环保任务书落实情况；三是环境质量改善情况；四是生态省及环保重点任务推进情况，特别是福建省“十三五”生态省建设专项规划分解落实到各地各部门的目标任务进展和完成情况；五是突出环境问题处理情况；六是环保督察整改要求落实情况。

郑新聪表示，全市各级各部门将进一步提升思想认识，自觉诚恳地接受督察组的监督检查，做好联络、协调、保障等配合服务工作，强化目标倒逼和问题攻坚，持之以恒抓好整改，把泉州的生态环境保护工作抓得更好、更实。杨荣郎就落实中央和省委、省政府决策部署，配合做好督察工作提出具体要求。

省委、省政府环境保护督察组8月31日进驻泉州市，督察对象主要为泉州市党委和政府及其有关部门，并延伸至部分县（市、区）党委和政府及其有关部门。主要采取听取汇报、调阅资料、调研座谈、个别谈话、受理举报和现场督察等方式开展工作。督察进驻分市级督察、延伸督察、梳理分析三个阶段推进，时间为20个工作日左右。督察进驻期间，设立专门值班电话和专门邮政信箱，受理投诉举报。根据省委、省政府要求和督察组职责，督察组主要受理泉州市生态环境保护方面的来信来电举报。

泉州中心市区新土地定级和基准地价施行

《泉州市中心市区2014年度土地定级和基准地价》施行。上一轮修编（2011年）的泉州市中心市区土地定级和基准地价停止执行。此轮基准地价修编的工作范围为泉州市中心市区（含鲤城区、丰泽区、泉州经济技术开发区清濛园区覆盖的行政辖区范围内用地）。基准地价的用地类型范围包括商服用地、住宅用地、工矿仓储用地及其他用地类型。基准地价年期为：公寓式办公用地50年，除公寓式办公以外的商服用地40年，住宅用地70年，工矿仓储用地50年，其他用地类型50年。基准地价的开发程度为“五通一平”（通路、通上水、通下水、通电、通讯、土地平整）。商服用地和住宅用地一级区范围与上一轮一致，2—5级区范围均有局部调整。工矿仓储用地、其他用地类型范围与上一轮一致。中芸洲二岛和泉州湾河口湿地保护区土地利用现状为滩涂用地，暂不设定基准地价。商服用地路线价区段共114条，主要分布于商服用地一级、二级、三级区域，路线价最高值路段为打锡街。较上一轮，商服用地基准地价和住宅用地基准地价均下降；别墅等高级住宅用地，1—3级基准地价下降，4—5级区域增长。工业用地基准地价的价格区间为34万—55.33万元/亩，较上一轮平均增长4.4%。仓储用地的价格区间为30.33万—49.33万元/亩，较上一轮平均增长3.6%。营利性公共管理与公共服务用地基准地价较上一轮平均下降2.1%，而营利性停车场用地平均增长4.64%。

“水上校车”护航海岛学生

开学第一天，在泉港区惠屿岛码头，沙格边防所驻岛官兵护送岛上24名小学生乘坐“泉港号”渡轮到对岸渡口码头，“水上校车”成为当地独特的景象。　（图/陈晓东　刘泽阳）

市委常委会研究《关于加强人民政协协商民主建设的实施意见》

市委常委会召开，研究《关于加强人民政协协商民主建设的实施意见》。市委书记郑新聪主持会议，市委常委参加会议，市人大常委会党组、市政协党组主要负责人列席会议。会议指出，长期以来，全市各级政协发扬协商民主好传统，有为开展工作，政协委员广泛参与、建言献策，参政议政氛围浓厚。全市各级各部门要贯彻中央、省委关于加强人民政协协商民主建设的有关文件精神，认识人民政协作为协商民主重要渠道和专门协商机构的重要作用，高度重视政协协商民主建设，把协商民主贯穿履行职能全过程，推动政协协商各项工作有效开展。会议要求，各级政协要围绕党委、政府中心工作，丰富协商内容形式，在供给侧结构性改革、创新转型、社会民生、生态环保等方面多建言献策；要拓展协商形式，通过考察调研、专题协商、重点提案督办等方式，提升政治协商、民主监督、参政议政水平。各级党委要定期听取和研究政协工作，支持政协依照宪法法律和政协章程独立负责、协调一致开展工作。政协党组要贯彻《中国共产党党组工作条例（试行）》，发挥好领导核心作用，确保党的重大决策和工作部署贯彻到政协工作中。

市政协听取市检察院工作情况通报

市政协组织听取市检察院2016年以来工作情况通报。市政协党组书记陈灿辉，副主席吴共湖、苏小青、骆沙鸣、王祖耀、李冀平、王瑞强、陈益，秘书长洪川夫参加。市检察院检察长高扬捷通报工作情况。陈灿辉要求，检察机关要积极主动作为，更加注重防控风险、维护企业合法权益、保护知识产权等工作，服务和保障泉州发展大局。要认真履行职能，加大对犯罪行为的惩治力度，加强法律监督，强化法制宣传教育，维护社会公平正义。要坚持有腐必反，严格依法办案，惩防职务犯罪，打击行贿犯罪，完善预防工作制度，营造风清气正的良好环境。市政协机关、政协各参加单位和政协委员，要一以贯之地支持检察工作，在政协调研考察、提案办理等活动中，及时建言献策。

市政协听取市检察院工作情况通报　（图/陈　翔）

市防指部署防御强降雨工作

全市部分地区出现大雨、暴雨和局部大暴雨，其中南安向阳中学站点3小时雨量达113毫米、南安飞云站点3小时雨量达102毫米。市防指发出《关于做好防范强降雨工作的通知》。通知要求，市防指成员单位、各级防汛部门和各乡（镇）、村要落实24小时防汛值班制和领导带班制度，严密监测天气动态和雨情水情发展变化，及时准确发布灾害预警信息，加强对乡、村等基层单位的"点对点预警"指导，提醒做好防汛抗灾工作。各地和国土、水利、交通、市政、住建、安监、教育、旅游等部门要加强地质灾害隐患点、山洪易发区、低洼地带、高陡边坡、易涝积水点、水库、山围塘、水闸、堤防、校园校舍、在建工程、乡村道路、桥梁涵洞、矿山、尾矿库和临山、临水景区景点等危险部位的巡查监测，一旦发现异常情况，要立即挂牌示警，迅速排险除险，果断转移危险区域群众，防止发生人员伤亡事故。要科学调度水库，对处于高水位运行的水库、山围塘要采取预排预泄的方式降低库水位，严禁超汛限水位运行，同时注意水库下游的行洪安全。

斯里兰卡媒体访华代表团到安溪县参访考察

斯里兰卡媒体访华代表团到安溪县参访考察。代表团一行走访中国茶都、茶史馆、八马茶业公司等地，了解中国茶叶的发展史，铁观音的发源、传说及制作工艺。在八马茶业公司，代表团参观各种类型的制茶机械，了解茶叶机械的功能和使用方法，希望两国之间能够多多交流合作，共同推动茶产业发展。

9月2日

星期五
农历丙申年八月初二
温度：26℃—32℃
中雨

●市委常委会召开，研究《关于加强人民政协协商民主建设的实施意见》。

●市政协组织听取市检察院2016年以来工作情况通报。

●全市部分地区出现大雨、暴雨和局部大暴雨，其中南安向阳中学站点3小时雨量达113毫米、南安飞云站点3小时雨量达102毫米。市防指发出《关于做好防范强降雨工作的通知》。

●"以法兴善，助力脱贫"宣传活动在晋江市万达广场举行。

●斯里兰卡媒体访华代表团到安溪县参访考察。

9月3日

星期六
农历丙申年八月初三
温度：23℃—29℃
阴

●全市“海丝”申遗工作会议召开，传达贯彻国家文物局关于“海丝”申遗工作会议的精神，并对国家文物局布置的《海上丝绸之路·中国史迹申报世界文化遗产近期工作任务》进行责任分解。

●为提高学校校园及周边食品安全水平，保障青少年饮食安全，市食安办、市综治办转发《关于进一步加强学校校园及周边食品安全工作的实施意见》。

●来自泉州、石狮、港澳台以及菲律宾等地的500多位宗亲代表在石狮市灵秀镇洋下，共同祭祀血缘始祖姜太公。

●厦门外国语学校石狮分校竣工暨揭牌仪式举行。

全市“海丝”申遗工作会议召开

全市“海丝”申遗工作会议召开，传达贯彻国家文物局关于“海丝”申遗工作会议的精神，并对国家文物局布置的《海上丝绸之路·中国史迹申报世界文化遗产近期工作任务》（2016年8月—2017年6月）进行责任分解。根据国家文物局“海丝”申遗工作会议精神，“海上丝绸之路·中国史迹”已经明确为2018年中国申报世界文化遗产的项目，是文化遗产领域响应国家战略的一个重要举措。

会议强调，“海丝”申遗时间紧、任务重，要服从4省（8地市）联合申遗、协同推进的大局。各联盟城市应相互支持，各职能部门应相互配合，牵头城市泉州应发挥好领衔作用。面对申遗工作的压力，相关团队及地方政府部门要集中优势力量全力以赴做好各项具体工作。市委书记郑新聪、市长康涛就泉州市“海丝”申遗工作作出批示。批示指出，牵头“海丝”申遗，是国家赋予的职责，责任重大、任务艰巨，需举全市之力共同推动。各级各相关部门务必密切协作、全力以赴，按质按量完成各项任务，确保“海丝”申遗工作做早、做紧、做好。

按照会议部署，泉州作为“海丝”申遗牵头城市的工作任务有9大项，包括城市联盟工作、管理协调工作、标识系统建设、专项保护管理办法、申遗宣传片拍摄、公布实施管理规划、展示总中心及泉州节点片区（包括泉州、漳州、莆田）分中心建设、迎接国际专家检查工作、宣传工作。各遗产点统一的工作任务有5大项，包括监测工作、基础数据库、制度建设、补充资料、保护展示整治工程。会议还公布各个遗产点的本体保护、环境整治、展示与利用、管理工作、有关地形图提供等具体任务清单，明确各项工作任务的具体内容、责任主体、时间节点。

泉州市加强校园食品安全治理

为提高学校校园及周边食品安全水平，保障青少年饮食安全，近期，市食安办、市综治办转发《关于进一步加强学校校园及周边食品安全工作的实施意见》。意见要求，通过加强学校校园及周边食品安全综合治理，健全学校校园及周边食品安全管理制度，提高学生食品安全意识，改善学校校园及周边食品安全状况。

相关链接：学校是校园食品安全管理的责任主体，在落实主体责任方面，意见要求，学校要实行食品安全校长负责制，每学期要进行专题研究。建立健全校园食品安全管理制度，明确食品安全管理人员和岗位职责，签订食品安全责任书。同时，要严格管控原料采购、加工制作、清洗消毒和用水卫生等关键环节，定期开展食品安全自查。采用集体用餐配送单位供餐的，要把是否能保障食品安全作为选择供餐单位的重要标准，并与供餐单位签订食品安全责任书。

校园周边食品经营者要持证经营，严格把控食品采购关口，严格规范加工制作行为。校园周边家庭托餐经营者要经基层食品药品监管部门许可或在上述部门备案、登记后方可经营，经营过程中应严格执行原料采购和加工制作要求。在加强食品安全教育方面，教育行政部门将督促学校将食品安全、营养和节约食物纳入健康教育内容，确保每学期开展食品安全知识教育不少于2课时；通过国旗下讲话、团会队会、主题班会、课外实践等活动，利用校园网络、广播、微信、微博、手机客户端、宣传栏等手段，定期向学生传播食品安全、营养等知识，提高学生食品安全意识，推动学生形成健康的饮食习惯。食药监部门将加强对校园周边食品经营者的食品安全宣传教育，强化经营者食品安全培训和职业道德教育，督促经营者拒绝经营来源不明、标识不清、超过保质期限、感观性状异常及长期食用不利于学生身体健康的食品。

海内外乡亲到石狮市纪念姜太公诞辰

来自泉州、石狮、港澳台以及菲律宾等地的500多位宗亲代表在石狮市灵秀镇洋下，共同祭祀血缘始祖姜太公。姜太公原名姜尚，字子牙，辅佐周武王伐纣并建立周朝。其一支直系后代经河南迁至闽地，并逐渐繁衍出本地的姜、邱、吕、卢、高、纪、许、谢八姓。姜太公同时也是齐国的缔造者，齐文化至今仍影响深远。为传承其遗德遗风，后人特别为姜太公举行祭祀仪式。祭祀仪式按传统习俗举行，旨在让后代子孙继承先贤遗志，弘扬姜太公爱国爱乡精神，从而加强乡情宗谊，齐心协力为海西及泉州环湾建设而努力。

《2016年推进简政放权放管结合优化服务工作要点》公布

泉州市公布《2016年推进简政放权放管结合优化服务工作要点》，涉及深化行政审批制度改革、深化投资审批制度改革、深化职业资格改革九方面，并明确责任单位和完成时间。为推进简政放权放管结合优化服务工作，泉州市取消市级行政审批和服务事项申报材料900件。

相关链接：2016年以来，针对行政审批和服务事项申报材料不规范，导致审批部门受理环节自由裁量权空间较大、审批效率不高等问题，泉州市在全省率先布置开展清理规范行政审批和服务事项申报材料工作。清理工作涵盖市发改委、经信委、商务局、教育局、科技局等42个部门721项行政审批和服务事项所需的11091件申报材料，涉及法律、法规、规章500多部以及各级政府规范性文件300多件。清理后，保留申报材料10191件，取消申报材料900件（其中证照证明类541件），规范1352件。主要包括行政许可、行政确认、公共服务事项和依法申请办理的其他行政权力事项。此次清理坚决去掉各类不必要的证明和申报材料，对于无法律法规规章、国务院决定和市政府及省级以上规范性文件作为依据的申报材料一律取消。对于含有“有关部门”“有关材料”“相关证明”等表述进行细化，明确具体部门、具体材料、具体证明，方便申请人办事。

压缩审批时限，提升办证效率。今后，简易审批服务事项按即办件实行即收即办，对于复杂事项，如办理土地证、林业采伐许可证、施工许可证等证件，承诺时限统一压缩至法定时限35%以内。此外，对不需要现场勘查的复杂审批事项原则上审批环节一律压至4个以内。对办理涉企抵押登记的承诺时限由5个工作日压缩为4个工作日，特别是对涉及纺织鞋服行业、建筑石材和水暖厨卫行业的企业贷款，将承诺时限进一步压缩为3个工作日。

全市87名法官参加首次法官入额考试

全市两级法院87名法官参加全省首次法官入额遴选考试。根据《福建法官入额考试工作实施细则》，今后泉州中院的法官限额占全院人员规模40%左右，办案法官人数将较明显减少。在全面推进法院人员分类管理改革过程中，泉州法院坚持“考核为主、考试为辅”原则，对全市现有法官进行严格入额遴选。对审判员以上人员采取考核为主的办法；对三年以上助理审判员采取考核加考试的办法，在坚持政治标准基础上，突出对办案业绩、职业操守的考核，把政治素质好、审判业务能力强、道德品行佳、群众满意的法官选拔出来，作为入额法官。此次考试对象就属于三年以上助理审判员这一种情形。法官入额后，将与法官助理、书记员等审判辅助人员组成精英化的办案团队，按照更加科学的程序办案，实行案件终身责任制，有利于实现办案质量和效率的提高。

福建法院法官入额考试泉州考场　（图/市中级法院）

泉州三家涉海部门开展“净海2016—1”专项执法行动

4—6日，福建海警二支队、泉州海事处、市海洋与渔业局开展“净海2016—1”专项执法行动。三家涉海部门派出三艘船艇共同在泉州海域内开展巡逻执勤，重点巡查治安热点海域、港口、码头，以查处无证人员出海、船舶违规作业和排查船舶安全隐患为主要内容，通过检查消防器材、船舶证件、船载货物以及比对出海人员信息等方式，对辖区重点水域、航道、锚地和码头周边的船只进行集中检查，打击海上各类违法行为。

9月4日

星期日
农历丙申年八月初四
温度：26℃—31℃
阴

●《2016年推进简政放权放管结合优化服务工作要点》公布。

●全市两级法院87名法官参加全省首次法官入额遴选考试。

●4—6日，福建海警二支队、泉州海事处、市海洋与渔业局开展“净海2016—1”专项执法行动，对辖区重点水域、航道、锚地和码头周边的船只进行集中检查。

●2016年晋江市“新忠鞋材杯”青少年象棋大奖赛在晋江大剧院举行。

9月5日

星期一
农历丙申年八月初五
温度：26℃—32℃
阵雨

●福厦泉国家自主创新示范区揭牌。

●5—6日，陈冬到泉州调研打击电信诈骗犯罪工作。

●5—17日，“大道之行——‘两学一做’学习教育廉政书画展”泉州巡展在中国闽台缘博物馆举行。

●由市委宣传部和泉州广播电视台参与拍摄的大型纪录片《一带一路》在中央电视台综合频道播出。

●5—6日，惠安县通过创建省级旅游标准化试点县终期评估验收。

福厦泉国家自主创新示范区揭牌

福厦泉国家自主创新示范区建设动员大会在福州召开。全国政协副主席、科技部部长万钢，省委书记尤权为示范区揭牌并作讲话。省长于伟国主持会议。科技部副部长侯建国宣读《国务院关于同意福厦泉国家高新区建设国家自主创新示范区的批复》。省委常委、常务副省长张志南出席会议。

万钢要求，福建要贯彻落实国务院批复精神，加强先行先试，高标准建设福厦泉国家自主创新示范区。要推进示范区率先发展，深化简政放权、放管结合、优化服务改革，特别是在海峡两岸协同创新、科技成果转化、科技创新重大平台建设等率先试点，为示范区发展探索新途径、积累新经验。要加快培育创新创业新生态，推动众创空间向众创经济发展，打造有国际竞争力的产业集群，带动区域经济转型升级。要推进开放与协同创新，发挥福厦泉三市的区位、侨乡和生态资源优势，深化与“海丝”沿线国家（地区）协同创新，实现示范区功能布局和主导产业的错位、协调发展。

尤权指出，要加快把示范区打造成为引领福建省创新发展的高地。要更加注重激发创新主体活力，政府要营造公平竞争的市场环境和激励创新的制度环境；企业要按照市场规律办事，提升科技创新的经济效益和对企业发展的促进作用；科研机构和高校要健全科技成果转化考核、奖励制度，激发高端人才创新创业的热情。要更加注重科技创新与产业转型升级相融合，促进新技术、新产业、新业态、新模式融合发展，构建具有市场竞争力的现代产业体系。要更加注重创新平台和载体建设，发展一批高水平科研单位，建设一批龙头企业研发中心，培育一批新型创新创业孵化平台，扶持一批技术转移转化中心，引进和推动一批国家重点实验室和工程技术研究中心在示范区落地。要更加注重汇聚高水平创新创业人才，优化人才培养模式，完善人才管理改革政策，打造高端人才与“双创”结合的重要平台。

陈冬到泉州调研打击电信诈骗犯罪工作

5—6日，省委常委、政法委书记陈冬带队到泉州走访安溪县长坑乡、魁斗镇和安溪县公安局网安大队、反诈骗中心，调研泉州市打击电信诈骗犯罪工作。市领导郑新聪、康涛、许昆贞、林锦明参加相关活动。陈冬要求，要坚持综合治理、源头治理，遏制电信网络诈骗犯罪高发态势。要构建对有诈骗前科人员等高危人群的管控机制，构建专业规范的公检法证据认定机制。要综合施策，源头治理，标本兼治，强化教育引导；强化基层治理，推行网格化服务管理；强化联动治理，加强对电话卡社会营销渠道和银行卡安全管理；强化技术治理，围绕信息、资金、人员，强化大数据、云计算等新一代信息技术深度应用，提升源头阻断电信网络诈骗犯罪的智能化水平。

“两学一做”学习教育廉政书画展泉州巡展举行

5—17日，由省纪委主办的“大道之行——‘两学一做’学习教育廉政书画展”泉州巡展在中国闽台缘博物馆举行。市四套班子领导郑新聪、康涛、陈万里、陈灿辉、翁祖根、温惠榕、林锦明等到场参观。书画展旨在纪念中国共产党成立95周年、中国工农红军长征胜利80周年，推进“两学一做”学习教育。巡展展出作品近百幅，分为开篇作、三个篇章和压轴作等部分。开篇作以优秀共产党员群像图为引领，号召党员干部向他们看齐，做到忠诚、干净、担当；三个篇章分别是“大象无形”“大音希声”“大道无疆”，解读党章党规、习近平系列讲话的丰富内涵和深刻思想，诠释新一届党中央治国理政的大境界、大格局；压轴作描绘祖国的壮丽山河，寓意中华民族伟大复兴梦想一定能实现。

书画展现场　　（图/吴寿民）

市政府第一〇九次常务会议召开

市政府第一〇九次常务会议召开，研究《泉州市专利奖评奖规定》等。市长康涛主持会议。会议研究通过新修订的《泉州市专利奖评奖规定》。会议指出，通过设立市专利奖，表彰在泉州市行政区域内具有显著经济社会效益的专利项目，对于加快实施创新驱动战略，调动发明者的创造积极性具有重要意义。为鼓励自主创新，决定自2017年起，增加泉州市专利奖数量和奖励经费，其中，奖项由31项增加至51项，奖励经费每年增加245万元；调整市专利奖评奖委员会成员及办公室，明确专业评审组人员组成，完善评奖标准；按照属地推荐原则及程序申报，明确申报范围，防止重复授奖。

市政协组织到泉港区民族村视察帮扶

市政协组织部分市宗教团体、宗教界委员和有关市直单位到泉港区山腰街道鸢峰畲族村开展视察调研和帮扶活动。市政协党组书记陈灿辉，副主席吴共湖、苏小青、王瑞强、陈益，秘书长洪川夫，党组成员、机关党委书记陈伟平参加。视察调研组察看鸢峰畲族村为民办实事项目建设和基层扶贫工作情况，并召开座谈会，听取该村工作汇报，落实帮扶资金。陈灿辉指出，镇、村两级要管好用好帮扶资金，组织实施帮扶项目，保质保量地按时完成任务。在实施过程中，要立足村情，因地制宜制定准确可行的扶贫发展规划，强化自身“造血”功能，拓宽村民增收渠道，确保脱贫攻坚工作持续推进；要注重基础设施建设，改善农村生产生活环境和条件，为村民谋发展、办实事；要加强村民就业技能培训，增强就业水平能力，以应对多变用工需求。

调研现场　　（图/陈　翔）

泉州市第九个民族团结进步宣传月活动启动

由市委宣传部、市委统战部、市民族与宗教事务局、市文学艺术界联合会主办的福建省泉州市第九个民族团结进步宣传月活动启动仪式，在安溪县官桥镇善坛畲族村举行。现场开展书画名家下乡送墨宝、茶艺展示、畲族男女茶歌对唱、民族知识问答、猜灯谜、拔河、射弩等活动。

“泉州市第三届名校长”评选揭晓

由市教育局、泉州晚报社、市广播电视台、市教育基金会、泉州市现代家居企业有限公司主办的“泉州市第三届中小学名校长”评选揭晓，11位校长获得“名校长奖”。11位校长为泉州第七中学校长陈龙斌、晋江市第三实验幼儿园园长陈白鹭、丰泽区第二实验小学校长赖艳梅、泉州市盲聋哑学校校长蔡景灿、德化县尚思小学校长苏志强、泉州市实验幼儿园园长佘雯、丰泽区机关幼儿园园长陈秀敏、南安市第三实验小学校长林小波、永春世哲幼儿园园长郑智梅、德化职业技术学校校长陈文森、安溪县实验幼儿园园长李红华。评选活动历时6个多月，分推荐、提名、公示、展示、评定五个阶段。

泉州市建立中小学生金融教育示范点

中国人民银行泉州市中心支行与市教育局在泉州市中小学生社会实践基地举行“泉州市中小学生金融教育示范点”启动仪式。在泉州市中小学生社会实践基地设立“泉州市中小学生金融教育示范点”，是人民银行、教育局共同推进辖区金融基础教育的创新举措。此举将发挥实践基地面向全市中小学生、教学资源丰富的优势，把金融知识教育、诚信教育、社会责任感教育与社会实践有机结合，开辟一个覆盖面广、受众多、影响深远的金融基础教育新平台，对全省推进金融基础教育具有示范意义。示范点启动后，人民银行泉州市中心支行和泉州市中小学生社会实践基地将密切合作，构建金融基础教育长效机制，人民银行将培训师资队伍、确定金融基础教育课程范本，编发《金额基础知识学习手册》作为中小学生金融知识学习教材；泉州市中小学生社会实践基地则负责组织中小学生参与金融知识教育活动，承担常态化金融知识教学管理。

9月6日

星期二
农历丙申年八月初六
温度：26℃—31℃
阵雨

●市政府第一〇九次常务会议召开，研究《泉州市专利奖评奖规定》等。

●市政协组织到泉港区民族村视察帮扶。

●参加由省旅游局、中国晚报工作者协会、省新闻工作者协会主办的“全国晚报总编清新福建行”的总编、记者到泉州采风。

●由市委教育工委、市教育局、泉州晚报社主办的“教育随笔”征文大赛启动。

●泉州市第九个民族团结进步宣传月活动启动仪式在安溪县官桥镇善坛畲族村举行。

●“泉州市第三届名校长”评选揭晓。

●“泉州市中小学生金融教育示范点”启动仪式在泉州市中小学生社会实践基地举行。

9月7日

星期三
农历丙申年八月初七
温度：26℃—30℃
小雨

●7—8日，工信部联合国家制造强国咨询委员会部分委员及中国工程院部分院士专家组成联合工作组，到泉州考察评估"中国制造2025"城市试点示范创建工作。

●郑新聪会见到泉州考察的联合国工发组织总干事李勇。

●康涛会见约旦交通部部长叶哈叶·吉斯比及世界贸易中心协会代表团。

●全市城建工作推进会召开，贯彻落实市委、市政府加快项目建设"百日大会战"会议精神，对开展城市基础设施会战进行动员部署。

●泉州市深化创建全国文明城市宣传教育工作会议召开，通报创建全国文明城市工作有关情况，部署下阶段创城迎检宣传教育工作。

●7—8日，全市文艺工作培训班在市委党校开班。

●7—18日，由政协泉州市委员会办公室、民革泉州市委员会主办的"纪念孙中山先生诞辰150周年书画摄影作品展"在泉州海交馆举行。

国家联合工作组到泉州考察"中国制造2025"城市试点示范创建工作

7—8日，工信部联合国家制造强国咨询委员会部分委员及中国工程院部分院士专家组成联合工作组，由中国工程院院长周济带队，到泉州考察评估"中国制造2025"城市试点示范创建工作，并主持召开"中国制造2025"城市试点示范创建工作评估会。中国工程院副院长田红旗，工信部规划司副司长刘树华，副省长李红，市长康涛，市政协党组书记、副市长陈灿辉，市政府党组成员洪自强等参加会议及现场考察活动。

周济指出，希望泉州结合"金改区"、国家自主创新示范区、国家电子商务示范城市等政策机遇，创建"中国制造2025"城市试点示范，把产业结构优化摆在重要位置，在推进传统产业转型升级的同时，全力以赴抓好集成电路、光电信息等战略性新兴产业，培育新的经济增长点。要以开展创建工作为契机，推进制造业数字化、网络化、智能化，支持企业技术改造和设备更新，推广"数控一代"机械产品，建设数字化、自动化车间和工厂，在智能制造、服务型制造、绿色制造等领域走在"中国制造2025"的全国前列。

康涛表示，泉州将按照此次现场考察调研提出的要求，贯彻实施"中国制造2025"部署，把大规模推进传统产业数控化、智能化改造作为重要内容，打造新型制造业体系；以建设国家自主创新示范区为抓手，构建区域协同创新体系；强化高端创新人才、产业技能人才"二元支撑"，健全人才培养体系；突出全方位服务，完善政策保障体系，为全国制造业转型升级作示范、作贡献。

郑新聪会见联合国工发组织总干事李勇

市委书记郑新聪会见到泉州考察的联合国工发组织总干事李勇，副市长陈荣洲参加座谈。郑新聪介绍泉州经济社会发展情况和历史人文特色，感谢工发组织对泉州融入"一带一路"建设的支持和指导，希望工发组织继续关心关注泉州、宣传推介泉州，在绿色工业、食品安全等方面给予更多帮助。

全市城建工作推进会召开

全市城建工作推进会召开，贯彻落实市委、市政府加快项目建设"百日大会战"会议精神，对开展城市基础设施会战进行动员部署。市长康涛参加会议，副市长张永宁主持会议。市住建、规划、市政、行政执法等部门分别布置五个专项行动等相关工作。

会议要求，城建工作要按照"125"的思路推进，"1"即一个定位，做足"海丝"城市特色定位。"2"即两大区域，古城要着力提质、新城要力促集聚。古城提质方面，总的要"整体性保护、微扰动改造、低冲击更新、家园式管理"，让古城"见人、见物、见生活"。新城集聚方面，要通过3—5年的努力，重点将东海、城东及晋江、石狮、洛江、台商投资区等环湾新城打造成经济扬帆区、生活宜居城、文化复兴区、人才回归地。"5"即五个专项行动，要抓好城市综合交通提升行动，通过加快推进城东至北峰等片区快速通道建设，发展社区公交、公共自行车系统等，提高快速通达能力，完善慢行系统；抓好历史文化名城保护行动，重点做好各类历史遗存、传统建筑、工业遗产和文化遗产的保护、修复、开发和利用；抓好生态景观建设提升行动，加快推进"山线绿道"等建设，提升晋江、洛阳江的滨水景观，开展城市内河整治，做好景观绿化提升，开展景观设计，打造动静结合夜景工程；抓好公共配套设施提升行动，在教育医疗、公共文体、社会保障、商业服务、市政公用设施等方面下功夫，逐步完善城市公共配套；抓好城市管理提升行动，构建"大城管"格局，提高城市管理的数字化、精准化、智慧化水平。

全市文艺工作培训班开班

7—8日，由市委宣传部主办的全市文艺工作培训班在市委党校开班，近70人参加培训。培训班旨在进一步提升泉州市文艺工作者的能力和水平，全面推动文艺精品创作，推进泉州市文化艺术工作再上新台阶。授课课题包括《泉州本土题材的挖掘与创作》《文艺形态与创作思路的拓展》《电视语言漫谈》《漫谈音乐创作》《关于我市文艺创作的若干问题》等。

王钦敏到泉州调研

8—9日，全国政协副主席、全国工商联主席王钦敏带队到泉州调研。市领导郑新聪、康涛、陈灿辉、翁祖根等陪同调研或参加相关活动。王钦敏到中科院海西研究院泉州装备制造研究所、晋江市创意创业创新园、晋江华宇集团、黑金刚公司等地考察，并出席“坚定信心，创新发展”主题座谈会。座谈会上，与会代表围绕创新驱动转型升级和构建新型政商关系等方面发言，介绍泉州实体经济在技术、品牌、管理等方面的创新实践，以及在转型升级和供给侧结构性改革方面的成功经验，畅谈新形势下民企发展的现状和问题。

泉州在“投洽会”成功对接项目74个

8—11日，第十九届中国国际投资贸易洽谈会（以下简称）在厦门举行。泉州市领导郑新聪、康涛、陈荣洲、季翔峰等参加相关活动，并到福建展馆泉州分团展位、泉州石化展馆、泉州开发区展馆、泉州台商投资区（中车）展馆等巡馆指导。在项目招商方面，泉州市推出的重点招商项目主要涉及基础设施、社会事业、城市建设、园区平台、工业、服务业、农业等领域。前期已对接的拟签约项目中，涵盖投资总额超亿美元的金石能源项目、振戎石化增资项目、安踏体育用品增资项目、世茂茂险王主题乐园项目、通达智能硬件生产项目、昊天高端男装零售项目、葳格国际学校项目等。吸引来自港澳台地区和新加坡、马来西亚、菲律宾、韩国、泰国等“海丝”沿线国家以及美国、德国、澳大利亚等欧美国家的投资。在“投洽会”上，泉州成功对接项目74个，投资总额28.77亿美元，拟利用外资19.16亿美元，同比增长2.7%。其中，合同项目52个，投资总额18.36亿美元，合同外资12.70亿美元，同比增长2%。对接项目拟利用外资居全省首位，合同外资居全省第三位。实现会前提出的“项目签约成果超过上届”“项目对接成效居全省前列”的工作目标。

外商在泉州台商投资区展馆参观和谐号动车组模型
（图/张九强）

泉州市2016年外资专场恳谈对接会在厦门举行

泉州市2016年外资专场恳谈对接会在厦门举行，20多个国家和地区的客商和企业家代表参会，30个项目现场签约。市委书记郑新聪，市长康涛，副市长陈荣洲、季翔峰参加对接会；市发改委对泉州投资环境、产业链招商政策以及重点招商项目作重点推介。市领导在致辞中指出，此次泉州举办对接会，秉承“利益共享、互利共赢”的合作宗旨，拿出优势资源和项目与客商真诚合作。对于签约落地的项目，市委、市政府将以最大诚意、最高效率、最优质量，把每一个项目服务好、保障好。期待新老朋友多到泉州参观考察，寻找投资机会，获取丰厚回报。泉州将梳理推出一批市场前景好、发展效益高的产业链项目，提升项目服务保障水平，创造更多的发展和创业机会，为企业营造一流投资环境。现场签约的30个项目，涉及文化旅游、制造业等领域，具有投资金额大、覆盖领域广、带动作用强的特点。

《泉州市城市轨道交通线网规划》方案评审会召开

省住建厅在泉州主持召开《泉州市城市轨道交通线网规划（修编）》（以下简称线网规划）方案评审会。7名来自北京、天津、广州、南京、上海等地的专家组成员进行评审。专家们审查线网规划的相关资料文件，听取福建省和泉州市有关部门意见，与编制单位进行交流，并针对性地提出意见和建议。根据规划，泉州市将以“半环+放射”形态，“两线环湾”布局线网，规划5条轨道交通线路，并预留南安方向远景发展线路。1号线北起福厦铁路泉州站，止于石狮宝盖山站。2号线起于江南组团仙塘公园站，止于泉州台商投资区洛阳站。3号线北起于北峰组团丰州大道站，止于石狮蚶江石福路站。4号线起于南安官桥，止于泉州台商投资区泉州汽车东站。5号线起于洛江区新阳万虹公路，止于环湾晋江西滨站。

9月8日

星期四
农历丙申年八月初八
温度：26℃—30℃
中雨

●8—9日，王钦敏到泉州调研。

●全市“两学一做”学习教育暨非公有制企业和社会组织党建工作现场交流会召开。

●《泉州市城市轨道交通线网规划（偏修）》方案评审会召开。

●由省发改委、省财政厅主办的中国·福建现代服务业对接会在厦门国际会议中心举行，领SHOW天地文创产业园被授予“第一批省级现代服务业集聚示范区”称号。

●泉州市2016年外资专场恳谈对接会在厦门举行。

●泉州市湖南商会成立。

●泉州师范学院“陈笃彬教育奖”第一届颁奖大会举行，系全市首个以大学校长名字命名的奖教学金。

9月9日

星期五
农历丙申年八月初九
温度：25℃—30℃
阵雨

●泉州市庆祝2016年教师节座谈会召开。

●9—11日，第九届海峡两岸（泉州）农产品采购订货会在南安·福建成功国际会展中心举行。

●海峡两岸青年就业创业示范点揭牌。

●泉州市2016年“希望工程·圆梦行动”爱心助学结对仪式在泉州青年大厦举行。

●由市妇联、市妇儿工委办、泉州市妇幼保健院主办，鲤城区承办的“健康与幸福同在·责任与和谐同行”主题宣传活动在市区芳草园举行。

●“尊重劳动·关爱老人”爱心奉茶站授牌仪式在中心市区举行，首批40多个商家挂牌设立“爱心奉茶站”。

●由中华中医药学会、省中医药学会、泉州市中医药学会和石狮市政府主办的第十二届中国泉州—东南亚中医药学术研讨会在石狮市召开。

●安溪县四套班子负责人带头在22米长的“为‘诚信安溪’作贡献”横幅上签名，同时全县召开“诚信建设”动员大会，发出《致全县人民书》，号召大家全力打造诚信安溪。

泉州市庆祝2016年教师节座谈会召开

泉州市庆祝2016年教师节座谈会召开。市领导郑新聪、康涛、陈铁晗、张建生、周真平、李冀平参加座谈。市长康涛主持会议。座谈会上，各领域的教师代表围绕“甘守三尺讲台、争做‘四有老师’”主题，结合自身工作实际，畅谈教书育人感想，为泉州市教育发展建言。

市委书记郑新聪向全市教育工作者致以节日问候和由衷敬意。郑新聪表示，教师代表的发言，饱含对教育的执着、对学生的挚爱、对教学的专精。泉州教育事业取得的长足进步，是一代又一代教育工作者无私奉献、不懈奋斗的结果。教育既是民生，更事关国家、民族未来。展望“十三五”，各级党委、政府要贯彻习近平关于教育工作的指示要求，把教育放在优先发展的战略位置，围绕保障教育公平和提升教育质量两大任务，持续加大投入、深化教育综合改革，推动义务教育由基本均衡向优质均衡发展，让每一名孩子都能上好学。要尽快解决义务教育乡村“较弱”、城市“较挤”的问题，扩充优质教育资源，引导优秀教师流动，缩小教育资源配置的城乡、区域、校际差距，让贫困地区孩子也能接受好的教育。要健全现代学校制度，鼓励社会力量办学，推动教师由“学校人”变为“系统人”，研究新情况下教师的激励和价值引导，让更多教师在最需要的地方发光。

郑新聪强调，各级党委、政府和学校、教育部门要把教师队伍建设作为教育事业发展最重要的基础工作来抓，为教师创造更好的工作生活条件，营造尊师重教氛围，让教师成为最受社会尊重的职业。教师要增强教书育人的荣誉感和责任感，不忘初心、潜心育人，以德施教、爱岗敬业，做党和人民满意的“四有”好老师。

座谈会现场　（图/陈起拓）

海峡两岸青年就业创业示范点揭牌

落户福建闽台农产品市场的海峡两岸青年就业创业示范点揭牌。该示范点依托福建闽台农产品市场，将建设成为集农产品贸易（交易）、电子商务、现代物流、展会展示以及创意农业研发的创业中心。按照台湾青年的需求定位，提供交流（交易）平台，设立服务中心，配套保障措施，为台湾青年交流、学习、就业、创业提供便利，为台湾青年创业提供有利的条件与良好的环境。同时，配套海关查验监管、国检备案仓储，以及中央储备肉承储等功能完善的设施。已有40个台湾青年签订入驻协议，10多家台湾企业入驻。为吸引更多两岸青年入驻创业、就业，市场方面出台一揽子优惠措施，如给予台湾创业青年第一年免租金，后两年租金减半的优惠等。此外，入驻的两岸青年还可以优惠价格享受仓储、物流等服务。

泉州市2016年“希望工程·圆梦行动”爱心助学结对仪式举行

由团市委、市关工委、市青年联合会、市希望工程办公室主办的泉州市2016年“希望工程·圆梦行动”爱心助学结对仪式在泉州青年大厦举行。团市委、市关工委相关负责人，盈众奥迪、泉州市助学帮扶协会、农商银行的捐赠者代表以及20名受助学生代表参加结对仪式。泉州市2016年“希望工程·圆梦行动”资助高中毕业生106名，发放助学金42.4万元。

9月10日

星期六
农历丙申年八月初十
温度：26℃—31℃
阵雨

●《海上丝绸之路》特种邮票全国首发式在泉州开元寺举行。

●泉州市2016年度新兵入伍欢送仪式在泉州动车站举行。

●“海上丝路·泉州起航”集邮文化会在泉州迎宾馆举行。

●由泉州晚报社、泉州西湖文化促进会、泉州吴氏大宗祠管委会主办的《百律吟百花》诗书雅集首发仪式在市区威远楼举行。

●第十五届残奥会田径女子铅球F54级项目决赛在巴西里约热内卢举行，泉州运动员杨丽婉获冠军。

●国际自由搏击大赛——“昆仑决”福州站比赛在海峡奥体中心体育馆举行，泉州选手卢冬强获超级战奖杯。

《海上丝绸之路》特种邮票在泉州首发

《海上丝绸之路》特种邮票全国首发式在泉州开元寺举行。市长康涛、中国集邮总公司彭敏安书记为邮票发行揭幕。市委常委、常务副市长林伯前主持首发式。省邮政管理局、中国邮政集团公司福建省分公司领导为首发纪念封揭幕。

康涛在致辞中表示，近几年来，泉州元素9次登上中国邮票，展现泉州深厚的历史文化底蕴和丰富多彩的历史文化遗存，对宣传泉州、展示泉州发挥独特作用。此次发行的《海上丝绸之路》特种邮票，泉州东西塔与北京天坛、上海东方明珠“并立”于第六枚邮票中，泉州元素再次登上国家邮票，泉州市成为中国“海丝”联合申遗城市中唯一一个有本地元素入选该套邮票的城市。此次入选《海上丝绸之路》特种邮票，彰显泉州海上丝绸之路起点的地位，增强泉州人民的荣誉感、自豪感和责任感，提升泉州城市的知名度、美誉度和影响力。泉州将用好这张“国家名片”，加快建设21世纪海上丝绸之路先行区，全力以赴牵头做好“海丝”联合申遗工作，向世界展现海上丝绸之路绵延不绝的悠久历史和欣欣向荣的时代风貌。

《海上丝绸之路》特种邮票1套6枚，由《中国梦》系列邮票设计者何洁和周岳担纲设计。图案内容分别为政策沟通、设施联通、贸易畅通、资金融通、民心相通、海上交通，融汇古今、国内外，也联通海陆，取自中国近年来在对外交流、经济建设、能源开发等领域的重要成就，主体元素包括高速列车、DNA结构图、海上钻井平台等突破性创造。

首发式

康涛、彭敏安为邮票发行揭幕　　（图/吴寿民）

泉州市欢送2016年度新兵入伍

泉州市2016年度新兵入伍欢送仪式在泉州动车站举行。首批253名新兵带着泉州父老乡亲的嘱托和光荣使命，踏上军旅之路。市委副书记陈奕辉，市委常委、泉州军分区司令员林俊其，副市长陈荣洲，泉州军分区参谋长王永春参加欢送仪式。陈奕辉在欢送仪式上表示，新兵们要按习近平的指示精神，听党指挥、能打胜仗、作风优良，做一个有灵魂、有本事、有血性、有品德的新时代军人；要把“敢拼会赢”的泉州精神带到部队，勤于学习、勤于训练、永争第一；要把驻地当家乡、把驻地的人民当亲人，同时身在他乡不忘家乡，以优异成绩作为回报家乡最好的礼物，争当一名优秀的革命军人。当天，全市新兵启程入伍。

泉州运动员获里约残奥会女子铅球冠军

第十五届残奥会田径女子铅球F54级项目决赛在巴西里约热内卢举行，泉州运动员杨丽婉以7.89米的成绩获得冠军。杨丽婉出生于1978年1月18日，是石狮市湖滨街道曾坑社区人。1990年6月—1991年10月就读石狮市华侨中学，1991年11月入选福建省体工队，为排球主攻手。1996年6月在一次力量训练中发生意外胸椎受伤，导致高位截瘫。2005年，在残联的鼓励帮助下，她走出家门，坐在轮椅上，改练铅球、标枪和铁饼三项。杨丽婉已参加3届残奥会，2008年北京残奥会上获1个第六名、1个第七名，2012年伦敦残奥会上获2金，2破世界纪录。此外，杨丽婉还参加2014年仁川亚残运会，获3金，1破世界纪录，1破亚洲纪录；参加过3届的全国残疾人运动会（第七、八、九届），获6金1银。杨丽婉曾获全国“三八”红旗手、全国“五一”劳动奖章、中国青年五四奖章、福建省“五一”劳动奖章、第九届福建省青年五四奖章、福建省“三八”红旗手、福建省残疾人优秀运动员等荣誉。2014年获“全国自强模范”称号。

9月11日

星期日
农历丙申年八月十一
温度：26℃—30℃
中雨

●西藏昌都市代表团到泉州考察。

●为改善声环境质量、有效管理和控制城区噪声污染，市政府近日颁布实施《泉州市中心城区声环境功能区划分》。

●全省首套煤炭全自动制样系统在泉州肖厝港区国电泉州热电有限公司煤炭专用码头投入运行。

●由市体育局主办的2016年福建省全民健身运动会泉州市手竿钓鱼高手赛在台商投资区洛阳鱼乐园举行。

●惠安县“青商同行·情暖中秋”课外观影体验活动举行。

西藏昌都市代表团到泉州考察

西藏昌都市代表团到泉州考察晋江陆地港和南安石材产业。市委副书记陈奕辉、市政府党组成员洪自强对昌都市代表团的到来表示欢迎。陈奕辉指出，泉州市委、市政府高度重视援藏工作，自1994年以来，已派出8批46名党政干部和技术人才援藏，落实援藏资金近2亿元，实施完成项目60余个，涵盖产业、民生、基础设施建设等方面。今后，泉州还将加大对昌都市洛隆县的对口援建力度，发挥两地优势，深化各项合作，全力以赴做好援藏工作。昌都市委副书记、福建省援藏工作队队长周青松一行一致表示，泉州给予援藏工作大力支持，体现泉州对西藏人民的无私奉献和关心，泉州援藏干部的积极作为也获得普遍认同和赞誉，希望两地建立更紧密的合作关系，将泉州经验带到高原之上，造福藏族同胞。

《泉州市中心城区声环境功能区划分》颁布实施

为改善声环境质量、有效管理和控制城区噪声污染，市政府近日颁布实施《泉州市中心城区声环境功能区划分》。此次划分自9月2日起实施，区划期限为2016—2030年。根据城市规模和用地变化情况，噪声区划适时调整，原则上不超过5年调整一次。市环保局相关负责人介绍，此次区划是在1998年市政府颁布实施的《泉州市中心组团环境噪声功能区划》基础上进行的修编。《泉州市中心城区声环境功能区划分》实施后，泉州市中心城区声环境功能布局与城市发展规划趋势基本相符。随着城市功能区结构逐步调整，通过采取各种噪声防治措施，加强噪声监督管理，将有效提高声环境质量水平。

第九届海峡两岸（泉州）农产品采购订货会在南安市举行

9—11日，第九届海峡两岸（泉州）农产品采购订货会（以下简称“农订会”）在南安·福建成功国际会展中心举行。在台湾农业产品集中展区，主办方与台湾少数民族议事联盟共同设立台湾少数民族展区，成为一大亮点。台湾赛夏族、布农族、邹族、阿美族、拉阿鲁哇族、卡那卡那富族6个族群带来红藜、爱玉等20款台湾原生态的健康养生产品，希望借助“农订会”的平台，向全国推广。除与台湾少数民族议事联盟合作，该届“农订会”还采用“馆中馆”的形式，在中心馆中专门开辟台湾世贸中心馆，并邀请旺旺、顶新等台湾著名品牌企业及多个具有浓郁台湾特色的团体参展。该次“农订会”，中农批、中商集团、广东农垦等大型农产品生产流通国企进行专区参展和考察调查。50个“一带一路”主题馆、80个泉州特色馆、194个大陆精品馆、50个城市主题馆展示一系列粮油、农特产品、水果、水产品、食品、农产品加工机械等。该次“农订会”还涌现农业电商群体，26个特色展位形成一个农业电商特色专区，并通过千县农汇、掌管生活等农业电商平台进行线上采购对接和推介。除展销农特产，展会还举行“舌尖上的雕刻”等体验活动。

开馆式

台湾展区　　（图/吴寿民）

全省首套煤炭全自动制样系统在泉州口岸投入运行

全省首套煤炭全自动制样系统在泉州肖厝港区国电泉州热电有限公司煤炭专用码头投入运行，标志着进口煤炭采制样率先在泉州口岸实现无人化、智能化和阳光化，此举将有效提高港口运行效率，提高检验检测工作质量，促进泉州港口经济做大做强。该套系统投资1000多万元，系全投资最大、自动化水平最高的进口煤炭全自动采制样系统。

郑新聪康涛就防御第14号台风“莫兰蒂”工作作批示

市防指召开全市防台风会商会，安排部署防御第14号台风各项准备工作。会前，市委书记郑新聪就防台风工作作出批示：“全市上下要严阵以待，严格按照省、市防指部署，科学有序应对。在台风来临之前，要争分夺秒，全力以赴做好各项准备工作。要根据实际情况和市防指的要求，及时果断撤离该撤离的人员。台风警报解除前，各级各防指成员单位领导干部必须在岗在位。”市长康涛作出批示：“各级各部门要落实好防台风各项措施，配合国家防总做好在我市开展的防汛督察工作。”市领导陈奕辉、林万明、肖汉辉参加会商。

市防指要求，要严密监测会商，及时发布相关预警信息，提前作出安排部署。要强化海上管理，组织位于台风影响范围内的渔场和钓鱼岛海域的海上作业渔船全部就近进港避风；组织沿海养殖渔排作业人员全部撤离上岸；关闭沿海旅游景区景点、餐饮娱乐项目、港口码头，在建项目一律停工。要提前预排预泄，结合各大中小水库实际和雨水情，降低水位，腾库纳洪。要巡查排涝设施，提前组织检查城市和农村各类排涝设施，发现问题要立即检修维养，防止发生内涝和洪涝灾害。要提早检查排查与加固防护城乡各类高空设施、林木，防止发生意外事故。要加强对海堤、水闸和临海低洼地带的检查，落实专门值守人员，防止海水倒灌受淹。要提前防范山洪地质灾害，开展地灾点24小时巡检，做好警示抢险准备。

《关于2016年中秋国庆期间严格落实中央“八项规定”精神的通知》下发

为贯彻落实中央“八项规定”精神，刹住节日不正之风，推进全市作风建设，在中秋、国庆节来临之际，中共泉州市委反腐败协调小组办公室近日印发《关于2016年中秋国庆期间严格落实中央“八项规定”精神的通知》，要求各县（市、区）委反腐办，泉州开发区、泉州台商投资区党工委反腐办，市直各有关单位，加强监督执纪问责，确保廉洁过节，严防“四风”问题反弹回潮。通知要求，各级党政机关、人民团体、事业单位和国有企业严禁用公款违规购买月饼等节礼；严禁以汇报工作、过节慰问等名义向上级机关和相关单位赠送月饼等节礼；严禁向领导干部个人赠送月饼等节礼；严禁公款组织中秋“博饼”活动；严禁用公款违规定制、购买、赠送节庆纪念品、纪念册；严禁滥发津贴、补贴、奖金等。通知强调，各级领导干部要带头抵制不良风气，严禁违规收受月饼等节礼及礼金；严禁公款吃喝、旅游，参与可能影响公正执行公务的宴请等活动；严禁出入隐蔽场所、私人会所违规吃喝；严禁利用培训中心、机关食堂、招待所等搞奢靡享受；严禁参与各种形式的赌博活动；严禁公车私用；严禁将相关费用转嫁给下属单位、国有或民营企业。

泉州多个精品剧目亮相福建地方戏经典折子晋京展演

“福建地方戏经典折子晋京展演”开幕式暨专场演出在国家大剧院举行，泉州梨园戏《朱弁·公主别》和高甲戏《凤冠梦·送凤冠》到场献演。此次晋京展演活动由文化部艺术司、福建省委宣传部、福建省文化厅主办，旨在集中呈现福建各剧种在表演声腔等方面的丰厚传统与鲜明个性，保存各剧种剧目、表演技艺、剧种音乐，总结剧种艺术特征，树立剧种自信。活动汇集梨园戏、莆仙戏、闽剧、高甲戏、歌仔戏以及潮剧、闽西汉剧、北路戏、提线木偶戏、掌中木偶戏等福建地方戏剧种。参加展演的19个院团39个传统折子戏，从19日到24日，每晚在北京国安剧场演出一场，泉州的梨园戏、高甲戏、提线木偶戏、掌中木偶戏等多个剧种到场参加演出。

永春县桃溪两岸千人徒步活动举行

永春县第五届安全文化节——“农信杯”桃溪两岸千人徒步活动举行。活动旨在突出“强化安全发展观念，提升全民安全素质”理念，把安全文化建设和全民健身运动有机结合，在运动健身过程中，注重弘扬安全文化、普及安全常识，提高全民安全意识和防范技能，促进安全生产形势持续稳定向好，构建安全稳定、和谐发展的良好环境。开幕式后，各乡镇、县直及省市驻永单位和社会各界人士代表1000多人由棣兰体育馆广场出发，经交通桥、人保大厦、电信大厦、供电公司、留安大桥最终到达白鹤广场，全程约4.6千米。

9月12日

星期一
农历丙申年八月十二
温度：24℃—28℃
阵雨

●市防指召开全市防台风会商会，安排部署防御第14号台风各项准备工作。会前，郑新聪、康涛就防御第14号台风“莫兰蒂”工作作批示。

●为贯彻落实中央“八项规定”精神，刹住节日不正之风，推进全市作风建设，在中秋、国庆节来临之际，中共泉州市委反腐败协调小组办公室印发《关于2016年中秋国庆期间严格落实中央“八项规定”精神的通知》。

●“福建地方戏经典折子晋京展演”开幕式暨专场演出在国家大剧院举行，泉州梨园戏《朱弁·公主别》和高甲戏《凤冠梦·送凤冠》到场献演。

●永春县第五届安全文化节——“农信杯”桃溪两岸千人徒步活动举行。

9月13日

星期二
农历丙申年八月十三
温度：25℃—31℃
多云

●省委、省政府工作检查组到泉州开展工作检查。

●受郑新聪委托，康涛到市防汛办，召集有关成员单位部署防御第14号台风“莫兰蒂”工作。

●13—14日，市人大常委会对食品安全工作情况进行暗访检查。

●泉州市深化创建全国文明城市工作点评会议召开。

●全市双拥工作座谈会召开，学习贯彻全国双拥模范城（县）命名暨双拥模范单位和个人表彰大会精神，研究讨论创建全国双拥模范城“九连冠”启动方案。

●13—23日，市渣土办开展全市建筑废土沙石运输交通安全整治明察暗访督查。

●2016年福建（泉州）跨境电商峰会在泉州文华酒店举行。

●“创新放飞梦想，科技引领未来”科普广场系列活动在市工人文化宫举行。

●2016年“我爱足球”中国足球民间争霸赛福建总决赛在福州市海峡体育中心举行，代表泉州市参赛的喜攀登足球俱乐部队获社会组11人制冠军。

●“和谐一家亲·共品家乡菜”鲤城区非公企业职工食堂厨师技能竞赛暨与优秀在泉务工人员共度中秋活动在市区北门街六井孔举行。

省委省政府工作检查组到泉州开展工作检查

省委副书记、省长于伟国，副省长梁建勇、周联清带领有关设区市党政主要领导和省直有关部门负责人，到泉州开展工作检查。在市委书记郑新聪、市长康涛陪同下，检查组到晋江市察看石墨烯产业技术研究院、龙峰集团总部建设项目，了解泉州市加快项目建设、实施创新驱动、促进产业转型升级、推进供给侧结构性改革等方面工作情况。在石墨烯产业技术研究院，省领导对石墨烯技术给传统产业转型升级带来的广阔空间表示肯定，鼓励研究院紧盯产业需求和市场应用开展研发攻关，与本地企业共建技术协作和产品研发平台，让技术走下墙壁、落到产业，发挥出最大效用。在龙峰集团总部，省领导对企业加强技术改造、注重生态环保的发展理念表示肯定，勉励企业结合市场需求，持续推进各领域创新，开发更多满足现代消费需求、适应社会发展潮流的功能性面料，在行业竞争中赢得更多优势。

于伟国在福建海峡石墨烯产业技术研究院了解新材料、新技术的应用　（图/陈起拓）

康涛部署防御第14号台风“莫兰蒂”工作

受市委书记郑新聪委托，市长康涛到市防汛办，召集有关成员单位部署防御第14号台风“莫兰蒂”工作。市委副书记陈奕辉，副市长林万明，市政府党组成员肖汉辉参加会议。康涛要求，全市要认识防御“莫兰蒂”台风的紧迫性、复杂性、艰巨性，克服任何麻痹大意和侥幸思想，要按照台风正面登陆的防御要求，全面动员，紧急行动，超常规应对，组织全市干部群众严阵以待，全力以赴做好台风防御工作。

市人大常委会对食品安全工作情况进行暗访检查

13—14日，市人大常委会分四组到有关县（市、区）对泉州市食品安全工作情况进行暗访检查。市人大常委会主任陈万里，副主任吕竞、朱团能，党组成员许文贵、欧阳秋虹参加相关活动。暗访对象为各地食安监管职能部门及种植养殖企业和食品生产经营企业。暗访组随机确定暗访对象，并抽调异地专业执法人员当场进行检查，抽检农业局、教育局、市场监管局等20个单位2016年以来开展食安监督工作情况，同时暗访一批种植养殖企业、食品生产经营企业。从暗访结果看，存在个别地方和部门对食安状况的严峻形势认识不足、依法监管的责任和担当不强等问题。陈万里指出，各级各相关部门要加大力度常抓不懈，加强“从农田到餐桌”的全程监管。

检查现场　（图/陈意鸣）

“创新放飞梦想 科技引领未来”科普广场系列活动举行

广告机器人在现场“发传单”，吸引多名学生围观　（图/吴宗宝）

由市全民科学素质工作领导小组主办的“创新放飞梦想，科技引领未来”科普广场系列活动在市工人文化宫举行，全市400多名中小学生和科技工作者参加活动。活动设科普文艺表演、VR虚拟现实技术互动体验、首届泉州市大学生创新创意大赛成果展示、企业创新成果展示等8个板块。活动旨在动员市民共同参与创新、创造、创业，营造大众创业、万众创新的氛围。同时，通过现场各种类型的科技体验和互动，激发更多青少年参与科技活动中。

张志南到泉州部署防御第14号台风“莫兰蒂”工作

省委常委、常务副省长张志南到泉州市泉港、惠安、安溪指导台风防御工作，并到市防汛办了解第14号台风“莫兰蒂”实时情况，听取泉州市防御台风相关工作汇报，部署下阶段防御工作。张志南要求，泉州各级各相关部门要按照防台风Ⅰ级应急响应要求，做好各项防范措施。要确保群众转移到位，紧盯隐患点、灾害点等危险区域，研究具体防御措施，及时安全转移群众，并做好安置工作，防止群众回流，必要时要果断扩大危险区域群众转移范围。要确保抢险准备到位，要再次盘点已集结的各类抢险救灾队伍，梳理各类防汛抢险救灾物资，确保一旦发生灾情险情，第一时间投入使用；同时，要强化监测预警，实时关注风情雨情的最新动态，针对强风暴雨可能造成的山洪、泥石流等次生灾害，科学制定有效预案，发生灾情时要立刻挂牌警示，迅速抢险。

郑新聪 康涛检查部署防御第14号台风“莫兰蒂”工作

市委书记郑新聪、市长康涛坐镇值守市防汛抗旱指挥部，收听收看全省防御第14号台风“莫兰蒂”工作会，听取气象、水文、海洋渔业、国土、市政、住建等部门和各县（市、区）防台工作落实情况汇报，通过视频部署全市防御“莫兰蒂”台风工作，并到各地检查防台防汛各项工作落实情况。

郑新聪强调，要启动防台风Ⅰ级应急响应，树立强烈的危机意识，全面进入临战状态，估计台风可能带来的危害，摒弃侥幸心理和懈怠情绪，增强“防大汛、抗大灾、抢大险”的思想准备。各级各部门要坚持“防”胜于“抗”，守土尽责，力量下移，严明纪律，把责任层层落实到每个领域、每个岗位，把各项防御措施抓细抓实抓到位。预警预报要精准及时，防汛、气象、水文、海洋、国土以及新闻媒体要紧密跟进，通过各级防台网络，通过电视、广播、报纸、网络、微信、微博、短信、农村高音喇叭、敲警示锣等手段，提醒市民减少外出，提醒群众和游客早避险、早避灾，提早关闭沿海旅游景区。人员转移要果断彻底，确保全市所有出海作业的船只全部进港，作业人员全部上岸，沿海养殖渔排上人员全部撤离，临海、临水、低洼地带、危旧房屋、临时工棚、户外作业等受威胁人员全部撤离到安全区域，对所谓“安全区域”也要制定撤离应急预案，同时机场停靠飞机要全部加固。水库调度要科学有序，对高水位运行的各大中小型水库，要立即采取加大发电放水或开闸排洪方式，尽可能腾库纳洪；城市内涝要事先预排，加强巡查值守，灵敏有序应对，防范潮水顶托可能带来的次生灾害。抢险力量要预置充分，备足备好抢险物资。

康涛带队到永春、安溪、德化和南安，到水库、避灾点、地灾隐患点和海堤检查防御工作。康涛要求，各级各相关部门要紧盯隐患点、危险点、薄弱环节等重点区域，把各项防御准备工作措施做细、做实。针对“莫兰蒂”带来的全市范围普降暴雨特别是部分流域水位暴涨等情况，各级乡镇村要与水利气象部门会商，及时制订应急预案；针对山区非隐患点，要查缺补漏、提前研判，根据情况及时有效转移群众并妥善安置。

市人大常委会主任陈万里、市政协党组书记陈灿辉等市四套班子领导分赴各地检查督导防御工作。市领导陈奕辉、翁祖根、林万明、肖汉辉参加会议或检查。

郑新聪、康涛坐镇值守市防汛抗旱指挥部，通过视频部署全市防御“莫兰蒂”台风工作　（图/市防汛办）

在泉港区肖厝码头，边防官兵帮助渔排上的养殖人员撤离上岸和转移物资　（图/陈晓东　刘泽阳）

9月14日

星期三
农历丙申年八月十四
温度：26℃—30℃
阵雨

●张志南到泉州部署防御第14号台风“莫兰蒂”工作。

●郑新聪、康涛检查部署防御第14号台风“莫兰蒂”台风工作。

●市防汛抗旱指挥部启动防台风Ⅰ级应急响应。

●全市市县乡三级人大换届选举工作会议召开。

●泉州新社会阶层代表人士联谊会第二届理事大会举行。

9月15日

星期四
农历丙申年八月十五
温度：24℃—27℃
暴雨

●张志南到泉州指导台风抢险救灾工作。

●市领导郑新聪、康涛、陈万里、陈灿辉等分赴全市各地开展抢险救灾工作。

●3时5分，第14号台风“莫兰蒂”在厦门翔安沿海登陆，登陆时近中心风力为15级，为强台风级别，随后迅速减弱，伴随台风而来的狂风暴雨席卷泉州市。泉州市普遍受灾，南安、永春、安溪灾情较为严重。

张志南到泉州指导台风抢险救灾工作

省委常委、常务副省长张志南到泉州指导台风抢险救灾工作。张志南指出，各级各部门要拧紧作风螺丝不放松，转移安置好危险地带人员，并采取有效措施防止回流，保障人民群众生命安全。同时抢抓有利时机，科学调度水库泄洪，确保一方平安。张志南多次到市交通委、电力公司等部门、企业，召集相关负责人指导、调度抢修工作。张志南指出，水、电、路和通信，是群众重要生活需求。各级各相关部门要想方设法克服困难，摸清设施损毁受灾情况，组织人员设备力量展开抢修、恢复畅通；要落实省上关于灾后重建的有关意见，围绕企业、供排水设施、道路等方面，展开各项灾后重建工作，争取早日恢复正常。

市领导分赴全市各地开展抢险救灾工作

3时5分，第14号台风“莫兰蒂”在厦门翔安沿海登陆，登陆时近中心风力为15级，为强台风级别，随后迅速减弱，伴随台风而来的狂风暴雨席卷泉州市。泉州市普遍受灾，南安、永春、安溪灾情较为严重，南安市向阳、梅山、洪濑、九都部分乡镇断路断电，永春县湖洋镇、外山乡部分地方断路断电。22时，市防汛抗旱指挥部决定除南安、安溪、永春、德化继续按照防台风Ⅰ级应急响应执行外，其他县（市、区）调整为防台风Ⅲ级应急响应，同时启动防暴雨Ⅱ级应急响应。

郑新聪在南安市洪濑镇受灾现场部署灾后救援工作（图/戴涵琦）

市委书记郑新聪、市长康涛彻夜坐镇市防汛抗旱指挥部。天刚破晓，便到中心市区防洪排涝分指挥部、泉南水厂取水口、泉州动车站站前南北大道等关键部位查看处置险情；接着又到受灾严重的南安市洪濑镇、九都镇指挥调度抢险救援工作；夜间，再次到市防指，与相关部门研判灾情动态，协调各项抢险救灾工作。市领导陈万里、陈灿辉、陈奕辉、许昆贞、翁祖根、温惠榕、林伯前、林俊其、孔繁军、陈铁晗、林锦明、陈荣洲、周真平、卢炳椿、林万明、张永宁、季翔峰、洪自强、肖汉辉等，或分赴各地，或坐镇市防汛抗旱指挥部指导抢险救灾工作。

郑新聪要求山区按照一级响应，沿海按照防风三级响应、暴雨二级响应的要求，抓好防风、防雨、人员撤离、水库调度等各项工作。要加大对临海、临水、低洼地带、危旧房屋等危险地带的巡查力度，做好已经转移人员的安置工作，完善应急避灾点物质保障。要组织专门小组、建立相关体系，摸准各乡镇村落受灾情况、人员安全情况，及时如实上报。要科学调度水库泄洪，共同把损失降到最低。要马上组织抢修工作，确保城市内涝及时疏浚，市政设施及早修复，信息通讯、道路交通、水电供应尽快畅通。要及时启动卫生防疫方案，确保灾后无疫情发生。要提前谋划好灾后重建工作，按照省里灾后重建方案的要求，因地制宜、各司其职抓好分工落实。各级干部要按照原有工作安排在岗在位，没有接到指令不得回撤，全力以赴投入抢险救灾工作，确保群众生命财产安全。

康涛到泉州市区各水厂和泵站检查防洪排涝工作（图/陈英杰）

在惠安县东岭镇西埔海边一处约150米的海堤上，东岭边防派出所官兵利用退潮间隙与当地群众一起，装填搬运千余个沙袋加固海堤（图/王丽虹 谢宜萱 黄书晖）

尤权到泉州察看灾情看望灾民指导灾后恢复重建

2016年全球登陆风力最强台风“莫兰蒂”正面袭击福建，给福建省造成严重损失。是日，省委书记尤权到受灾最严重的厦门、漳州、泉州等地，慰问受灾群众，看望救灾一线的驻闽部队官兵、电力抢修人员、志愿者和基层干部，察看灾情，指导灾后恢复重建。就做好下一步灾后恢复重建工作，尤权要求，要尽快恢复正常生产生活秩序。各级党委政府要采取有力措施，创造良好条件，抢修受损的电、水、通讯、交通等设施，备足市场供应、平抑市场物价，保障群众衣食住行。要维护社会和谐稳定。利用报纸、电视和微信、微博等媒体，及时准确向社会通报灾情和救灾进展情况。不仅让群众知晓、理解、支持，还要号召大家主动参与到灾后恢复重建中来，共同为家园建设作贡献。要完善城市基础设施。立足福建台风频发、降雨密集的省情，以此次恢复重建为契机，对电力设备、城市绿化、楼宇幕墙、地铁建设、地下车库等城市基础设施，强化建设质量和标准，提高应对灾害能力。省委常委、常务副省长张志南参加泉州调研，省领导潘征随同调研。市委书记郑新聪参加泉州调研。

尤权在南安市石井镇海西建材城察看灾后恢复重建情况

（图/张永定）

郑新聪康涛部署灾后重建工作

市委书记郑新聪主持召开全市视频工作会，部署灾后重建工作。市领导林伯前、林俊其、林万明、张永宁、肖汉辉参加视频会议。

郑新聪指出，各地各部门要组织干部群众重建家园，尽快恢复生产生活秩序。要做好失踪人员搜救和受伤人员救治工作，公安、民政、卫计部门要各司其职、紧密配合，对不幸遇难人员要逐人、逐户组织善后，给予人道主义救助和关怀。要尽快恢复灾区基础设施，抓好受灾乡镇、村的道路抢通、饮用水保障、电力通讯恢复、市政设施抢修、市场物资供应等工作，为后续的重建工作创造条件。要强化卫生防疫工作，组织做好受灾地区的冲洗、受淹区域的消杀防疫措施，卫生部门要组织力量，到受灾比较严重的地区指导。要保障群众居住安全，清查危旧、倒塌房屋，妥善组织转移安置，做好各项生活保障。要组织开展生产自救，农业、水利、经信等部门要组织开展好估损报损、补苗补种、抢险加固、恢复生产等工作。

继指挥组织南安九都镇抢险救灾工作后，市长康涛到受灾较为严重的南安洪濑镇和永春湖洋镇。在洪濑镇，康涛指出，要尽快修复全镇的供水、供电及通信设施，确保后续的灾后重建；在清理街道过程中，要及时做好消杀防疫工作。在洪濑镇东林村，强降水引发的山洪冲毁村道，为灾后重建带来很大阻碍。康涛叮嘱当地镇村干部，在确保人员安全的前提下，尽快抢通道路，如遇困难及时上报上级交通部门，力争早日恢复正常通行。随后，康涛到永春美莲村和锦凤村受灾点察看。康涛要求当地镇村干部要继续做好镇区清理和消杀工作，在保障群众基本生活需求的同时，排查房屋建筑和地灾隐患，防范次生灾害发生，确保群众生命财产安全。

市委巡察工作领导小组部署巡察工作

为落实全面从严治党责任，健全完善党内监督体系，推进党风廉政建设和反腐败工作，市委巡察工作领导小组近日就启动泉州市巡察工作作出部署，落实市委决策。市委巡察工作领导小组要求，巡察办、巡察组要把思想和行动统一到中央精神、省委意见和市委部署要求上来，扎扎实实把巡察工作抓紧抓好；要着眼长远、立足当前，以省委意见为主要遵循，吸纳巡视工作的经验，找准工作切入点、突破口，力争开好局、起好步、打好基础。同时，有关部门要为巡察工作提供必要保障，支持配合巡察机构开展工作。

9月16日

星期五
农历丙申年八月十六
温度：25℃—31℃
阵雨

●2016年全球登陆风力最强台风“莫兰蒂”正面袭击福建，给福建省造成严重损失。是日，省委书记尤权到受灾最严重的厦门、漳州、泉州等地，慰问受灾群众，看望救灾一线的驻闽部队官兵、电力抢修人员、志愿者和基层干部，察看灾情，指导灾后恢复重建。

●郑新聪、康涛部署灾后重建工作。

●为落实全面从严治党责任，健全完善党内监督体系，推进党风廉政建设和反腐败工作，市委巡察工作领导小组就启动泉州市巡察工作作出部署，落实市委决策。

9月17日

星期六
农历丙申年八月十七
温度：26℃—32℃
阵雨

●市委召开常委会，研究第14号台风“莫兰蒂”灾后恢复重建工作。

●市委召开常委会，传达省委、省政府工作检查精神，研究泉州市贯彻意见。

●市委召开常委会，研究《中共泉州市第十一届委员会工作报告（送审稿）》、《中共泉州市纪律检查委员会工作报告（送审稿）》和召开中共泉州市第十二次代表大会有关事宜，决定近期召开中共泉州市委十一届十五次全体会议。

●市委、市政府下发《泉州市做好台风灾后恢复重建工作方案》。

●市政府专题会议召开，研究第14号台风“莫兰蒂”灾后恢复重建工作。

市委常委会研究第14号台风“莫兰蒂”灾后恢复重建工作

市委常委会召开，研究第14号台风“莫兰蒂”灾后恢复重建工作。市委书记郑新聪主持会议，市委常委参加会议，市人大常委会党组、市政协党组主要负责人列席会议。

会议要求，各级各部门要统一思想认识，动员干部不怕辛苦、连续作战，确保打赢这场硬仗。各级党委政府要落实主体责任、属地责任，把上级支持、社会援助、群众互助、生产自救结合起来，发挥党组织战斗堡垒和党员先锋模范作用，动员干部群众自力更生、艰苦奋斗，全面参与灾后重建。相关部门要相互配合、形成合力，不讲条件、责任到人，尽快制定具体实施计划，分口向上争取支持，发挥政策捆绑效应，通过造福工程补助、社会帮扶、规费减免、绿色通道等综合措施，加快资金筹措拼盘，尽快下拨救灾物资，不折不扣、按时保质完成各项重建任务。

会议强调，要优先解决受灾群众生活问题，优先恢复公共服务设施，妥善安置受灾群众。要想尽一切办法搜寻失联人员，抢救受伤群众，做好企业职工的安抚和生活安排，给予人道主义救助和关怀。要加快道路、饮用水、电力、通讯、市政等基础设施的抢修，做好市场供应、生活物资保障等工作。要统筹调配全市力量做好消杀防疫、垃圾清运等工作，加强疫情监测，确保大灾之后无大疫。要组织力量清查倒塌房屋和危房，再次拉网式排查地灾点、隐患点，防范次生灾害。要注重质量、科学规划、有序重建，提高城市防洪排涝标准，科学选址新的安置点，提高防灾能力等级和群众自我发展能力。要尽快恢复生产，组织专门力量到一线帮助企业和群众，加快保险理赔进度，引导金融机构加大对灾后重建的信贷支持，鼓励开展生产自救。要多渠道、多方式解读好扶持政策，加强舆论引导，如实回应社会关切，加强救灾资金物资监管，确保“阳光重建、廉洁重建”。

市委常委会传达省委省政府工作检查精神

市委常委会召开，传达省委、省政府工作检查精神，研究泉州市贯彻意见。市委书记郑新聪主持会议，市委常委参加会议，市人大常委会党组、市政协党组主要负责人列席会议。

会议强调，要坚持全面完成年度目标任务不动摇，加强研判、精准出招、全力冲刺，同时谋划明年工作思路、项目安排。要下定决心把投资抓上去，打好百日大会战，全面落实攻坚会战部署，加快突破征迁瓶颈、项目前期、建设进度和基金争取，重视抓好项目策划、对接和落地，尽快形成实物工作量。要到企业一线解决问题，帮助企业灾后恢复生产，一家一家现场办公，抓服务、抓协调，促进尽快恢复生产；一企一策、精准施策，引导好企业转型升级；加紧平台建设和新技术推广，做好人才团队、技术成果引进等服务工作，促进企业加快技术积累，增强自主创新能力。要紧抓“诚信泉州”建设，打击各种欺诈违法行为，营造良好金融环境和区域信誉；同时，深入细致抓好安全生产、信访维稳、平安综治等工作，维护社会安全稳定。

市政府专题会议研究第14号台风“莫兰蒂”灾后恢复重建工作

市长康涛主持召开市政府专题会议，研究“莫兰蒂”台风灾后恢复重建工作。市政府领导林伯前、卢炳椿、陈灿辉、林万明、张永宁、季翔峰，市政府党组成员肖汉辉，市政府秘书长吴友才参加会议。

会议指出，连日来，在省委、省政府的部署和指导下，在市委、市政府的领导下，全市发扬团结协作精神，做到早研判、早安排、早部署，顶住“莫兰蒂”台风带来的重大灾情，取得防台救灾工作的阶段性成效。各级各部门要抓好工作责任落实，推进灾后恢复重建工作有序开展、取得实效。要争分夺秒开展“抢险、抢修、抢通”，做好受灾地区的居民住房、公共服务、基础设施和产业等恢复工作，发动群众清淤清污清障，调集防疫队伍进行消毒、杀菌等防疫工作，还给群众一个“干净、整洁、规范、有序”的生产生活环境。要科学研究制定灾后恢复重建的具体方案和计划，明确牵头市领导和责任单位，专项推进农村住房、交通基础设施、电力基础设施、通信基础设施、水利设施、市政设施、地质灾害防治和灾毁耕地复垦、恢复生产、公共服务设施等方面的灾后重建工作。要着眼长远、着眼长效，对照此次防御台风过程中暴露的薄弱环节，建立完善泉州市防灾减灾工作的长效机制。

国务院第九督查组第二组到泉州开展督查工作

18—20日，由国家质检总局党组成员、国家标准委主任田世宏任组长的国务院第九督查组第二组到泉州开展督查工作。市委书记郑新聪、市长康涛与督察组座谈。市领导陈奕辉、翁祖根，市政府领导吕刚，市政府秘书长吴友才参加会见或调研。督查组走访调研泉州市行政服务中心、泉州虚拟产业园、梅洋塑胶五金有限公司、安溪湖头光电产业园、安溪弘桥智谷、石狮通达智能硬件项目、城东北峰通道及两侧片区棚户区石结构改造项目等，并与市直有关部门、民营企业家与青年创业者代表座谈，听取情况汇报。

全市台风灾后恢复重建视频会议召开

全省“莫兰蒂”台风灾后恢复重建视频会议后，泉州市随即召开全市视频会，贯彻全省视频会议精神，就全面实施灾后恢复重建方案进行再动员、再部署。市领导郑新聪、康涛、陈灿辉、翁祖根、林伯前、林万明、肖汉辉参加会议。

会议指出，全市防灾工作已全面转入灾后重建。各级各部门要再鼓劲、再加油，动员干部跟时间赛跑，对接省里政策和时间要求，抓好灾后恢复重建“1+11”方案落实。党政“一把手”要对灾区群众的困难感同身受，领导干部要深入一线，党员干部要讲大局、讲奉献，万众一心，打赢灾后恢复重建的硬仗。要发挥党委、政府主导作用，增强受灾群众战胜灾害、重建家园的信心，动员干部群众自力更生、投工投劳。要服从市灾后恢复重建工作领导小组的指挥调度，讲大局、不讲条件，讲责任、不讲理由，相互配合、协同协作，倒排进度、按时保质，确保又好又快完成任务。要坚持生命至上，加紧搜救失联人员，做好遇难者家属安抚抚恤，加快路、电、水、通讯等抢修抢通，保障受灾群众衣食住行和医疗，组织做好灾区校园消杀防疫、饮用水监测、垃圾清理转运、危房地灾排查等工作，确保群众生活、灾后重建平稳有序。要注重科学统筹规划，提高防洪排涝标准和防灾能力等级，发挥政策捆绑效应，多措并举帮助企业恢复生产。要加强宣传引导，宣传典型事迹，营造积极氛围；加强对赈灾资金、重建物资分发使用的监督检查。

全市市县乡三级人大换届选举工作业务培训班举办

由市委组织部、市委宣传部、市人大常委会办公室主办的全市市县乡三级人大换届选举工作业务培训班举办。图为培训现场。

（图/王虎文）

第14号台风“莫兰蒂”造成泉州直接经济损失68.81亿元

第14号台风“莫兰蒂”是2016年全球登陆风力最强台风，也是历史有记录以来袭击泉州强度最大的台风。据18日16时统计，全市受灾人口76.41万人，紧急转移安置11.5万人，倒塌房屋1.48万间；18日16时统计因灾13人死亡、4人失踪仍在搜寻中；农作物受灾面积299.22平方千米，成灾面积140.43平方千米、绝收面积59.23平方千米、因灾减产粮食5.74万吨；死亡大牲畜3754头、水产养殖损失20.1平方千米；停产工矿企业3113家；公路中断957条次、供电中断945条次、影响81万户居民用电，通讯基站停电中断服务6499个；损坏堤防352处，长度52.32千米、损坏护岸698处、水闸28座、冲毁塘坝314座、损坏灌溉设施1567处、机电井31眼、机电泵站8座、水电站61座。因灾直接经济总损失68.81亿元，其中农林牧渔业直接经济损失20.01亿元，工业交通运输业直接经济损失20.15亿元，水利设施直接经济损失9.59亿元，城市内涝和市政设施直接经济损失4165.6万元。

9月18日

星期日
农历丙申年八月十八
温度：24℃—31℃
阴

●18—20日，由国家质检总局党组成员、国家标准委主任田世宏任组长的国务院第九督查组第二组到泉州开展督查工作。

●全市台风灾后恢复重建视频会议召开。

●十一届市政协第三十七次主席会议召开，通报第14号台风“莫兰蒂”全市受灾情况及今后工作打算，协商《十一届市政协常委会第三十一次会议建议方案》及有关人事事项。

●台风灾后重建工作协调会议召开，研究市级财政专项资金支持灾后重建有关事宜。

●全市市县乡三级人大换届选举工作业务培训班举办。

●第14号台风“莫兰蒂”造成泉州直接经济损失68.81亿元。

●泉州银行业2016年“金融知识进校园”集中宣传活动在泉州经贸学院启动。

●18—19日，泉州市红十字会组织市、县两级红十字会工作人员和志愿者，分别到在台风“莫兰蒂”中受灾较严重的南安、安溪、永春、德化四县市的22个乡镇，为1300多户灾民发放价值60万元的人道救助物资。

●由泉州市国防教育办公室、泉州晚报社等主办的泉州市第十六个“国防教育日”、纪念中国工农红军长征胜利80周年专题晚会在晋江五店市举行。

●青色草原——博尔塔拉民族风情展在中国闽台缘博物馆开幕。

9月19日

星期一
农历丙申年八月十九
温度：24℃—31℃
多云

●市委十一届十五次全体会议召开，听取市第十二次党代会筹备工作情况，审议并原则通过十一届市委和市纪委工作报告（讨论稿），酝酿通过十二届市委委员、候补委员和市纪委委员候选人预备人选名单，决定在9月26—29日召开中共泉州市第十二次代表大会。

●郑新聪到永春县检查灾后恢复重建工作。

●陈奕辉会见到泉州考察的澳门福建青年联会考察团。

●泉州市下拨500万元工业企业救灾专项资金。

●泉州—广州跨境卡车航班开通。

●19—20日，由市经信委主办的第二期互联网经济专题研修班举办。

●丰泽区第五届道德模范表彰大会举行，表彰10位区级道德模范和13位提名奖获得者。

●晋江—奥克兰经济文化战略合作伙伴签约，晋江中新毛利文化交流中心揭牌。

●第13届世界南安同乡联谊恳亲大会暨旅泰南安同乡会（第二届泰国南安商会）理事会就职典礼举行。

郑新聪到永春县检查灾后恢复重建工作

市委书记郑新聪走访受灾严重的永春县东关镇、湖洋镇、外山乡等地，检查灾后恢复重建工作。市领导翁祖根参加检查。郑新聪要求，要全力抓保障，成立专门小组服务临时安置点群众；消杀和垃圾清运、死亡畜禽的无害化处理一定要抓紧，确保灾后无疫；要摸清各类特别困难户情况，发动社会救助和干部挂钩，一人一策、一户一策，保障其基本生活和食、住、医疗；抓紧消杀、清理个别未复课学校，强化校园周边环境整治；调集力量集中支持水、电、路等基础设施抢通，加快恢复进度。要精准核灾情，各行各业各系统要组织下乡、进村、入户、到企，摸实情况，指导受灾地方、家庭、企业开展灾后自救，引导受灾地区按省里政策策划生成相关恢复重建项目。要全面实施“1+11”灾后恢复重建计划，建立强有力的指挥和推动实施的体系；分级分系统分不同情况制订具体计划和方案；打包列入省、市补短板工程计划；对隐患区域、偏僻山区群众住房进行全面摸底；逐项、逐点落实挂包责任，按计划节点推进，尤其要确保重建户春节前搬入新居、各项设施恢复重建按时间节点要求高质量完成。要维护好社会安定稳定，打击乘机违法非法及造谣行为，镇村干部要进村入户，加强对各类受灾对象的心理安抚。

陈奕辉会见到泉州考察的澳门福建青年联会考察团

市委副书记陈奕辉会见到泉州考察的澳门福建青年联会考察团。陈奕辉对澳门福建青年联会为泉州招商引资、推动家乡建设发展表示谢意。陈奕辉介绍泉州经济社会发展情况，邀请澳门青年乡亲常到泉州走走看看，关心支持家乡建设，把更多好项目、技术、人才带回家乡。

泉州市下拨500万元工业企业救灾专项资金

泉州市下拨500万元工业企业救灾专项资金。根据市委、市政府有关灾后重建会议以及《泉州市工业企业灾后恢复生产实施方案》精神，专项资金主要用于抢险救灾物资购买、储备和运输等费用支出以及对受灾严重的重点工业企业恢复生产和重建补助支出。为了解工业企业受灾及恢复生产情况，更好地统筹安排专项资金，市经信委派出五个调研组，于18—19日分赴各县（市、区）、泉州开发区、泉州台商投资区开展工业企业灾后恢复生产工作调研，检查煤矿、油气管道和民爆安全生产工作，督促电力抢修与供电保障等相关工作，并走访部分重点受灾企业，帮助制定恢复生产措施，协调解决困难问题。根据调研情况并参考各县（市、区）上报的工业企业受灾损失情况，泉州市救灾专项资金明确下达至各县（市、区）经信和财政部门，救灾专项资金的使用由各县（市、区）结合县级专项资金制定具体实施方案，统筹安排。市经信委联合市财政局择期进行专项资金督查工作，确保专项资金专款专用或下达此次受灾企业。

泉州至广州跨境卡车航班开通

一批晋江（JJN）—广州（CAN）的货物在晋江陆地港完成清关手续后运往广州，在广州机场搭载南航班机运往巴黎。标志着由福建陆地港集团、南方航空、美邦国际打造的精准卡航一体化通关模式开通。今后，泉州制造可通过晋江陆地港对接广州机场国际航线，销往全球市场。同时，全球优质商品也可通过该模式更快进入泉州市场。据统计，广州枢纽国际与国内航线运力已平分秋色，国际航线运力甚至略高于国内，占50.7%；同时，国际运力还在以29.7%的年均增速增长。通过卡航一体化通关模式，对接广州丰富的国际航空资源再中转到世界各地，是泉州解决跨境物流通路、降低物流成本最有效快速的办法。除有效拓宽国际物流通路，卡航延伸到生产基地，不仅能降低物流成本，货主也可选择生产基地属地报关，方便享受当地政策补贴优惠。美邦国际在2015年开通厦门（XMN）、福州（FOC）始发至香港（HKG）、广州（CAN）、上海（SHA）航线，为各大航空公司提供跨关区和跨境精准卡空无缝链接服务，在转关卡航业务方面经验丰富。此次合作将为各大航空公司提供普货进出口服务，同时立足泉州市政府的跨境电商公共服务平台，双方将逐步建立晋江往返华中、华南及香港的跨境精准卡航服务，助力跨境电商B2B业务，为福建及周边地区跨境电商的发展开辟新的“陆空无缝链接丝绸之路”。

黄琪玉到泉州指导灾后重建工作

副省长黄琪玉带领省直相关部门到泉州调研受灾情况，指导灾后恢复重建工作。市政府领导林万明、肖汉辉参加调研。调研中，黄琪玉到泉州受灾较严重的南安市罗东镇等地，走村入户，询问灾情和灾后处置情况。黄琪玉听取泉州市关于台风"莫兰蒂"防御工作、受灾情况以及恢复重建工作安排等的汇报。就灾后重建工作，黄琪玉强调，各级各相关部门对被洪水浸泡出现险情的房屋，一定要进行危房鉴定，在确认安全之前，设置警示标志，加强巡查；对因灾产生的大量垃圾杂物，要尽快分类清运，必要时可向上级申请调用市政工程渣土车运输；要利用晴好天气有利时机，及时做好消毒消杀、卫生防疫工作。要加大对受灾困难户的帮扶倾斜力度，做好受灾困难户生活安置、救助，通过政策叠加对困难户购房、建房予以补助。要关注重点受灾区域的社会治安和维稳，同时加强正面舆论宣传，发动社会各界广泛参与支持。

郑新聪康涛到南安安溪指导协调灾后恢复重建工作

市委书记郑新聪到南安市，走访受灾严重的罗东镇、洪濑镇，指导、协调台风灾后恢复重建工作。市领导翁祖根参加走访。在罗东镇罗溪村，郑新聪要求，对倒塌、受损房屋及各类危房，要进行全面普查评估。对转移出来的、房屋倒塌的受灾群众，要妥善安置。对损毁房屋、危旧房等要叠加省、市各种政策，抓紧灾后重建。要提高规划建设水平，提高防灾能力等级。在洪濑镇，郑新聪要求，自来水厂电力设施要全面改造提升，科学设置预备电源；对自来水、居民饮用水要进行科学消毒消杀，指导二次供水小区及时消毒蓄水池。要专门组织人员对中小学校园进行二次消毒，对校园周边商铺要强化食品卫生监管；要加强学生自我防灾意识教育，指导注意个人卫生。对人员密集场所要抓紧消毒，不留死角、盲角，重点区域要组织二次消杀；对死亡畜禽要进行100%无害化处理；要宣传传染病防治、防疫常识，提升群众卫生防疫意识。对灾后垃圾处理工作，要调动全市力量支援重点受灾地区，借用外来专业团队，加快推进垃圾清运、分类处理等工作。郑新聪强调，要确保受灾群众2017年春节前搬入新居，确保各项设施修复重建高质量完成。

市长康涛带队到安溪县城厢镇、官桥镇、虎邱镇等多个严重受灾乡镇，察看灾情，指导灾后恢复重建工作。在官桥镇恒美村，康涛指出，各级政府部门要主动靠前服务，用好"1+11"灾后恢复重建方案政策，因地制宜、分门别类制定科学建设方案，引导受灾群众开展自救自建。在虎邱镇玖玖天诚葡萄园，康涛指出，宣传部门要及时总结提炼"泉州精神"，挖掘群众自救互救、党政军民携手抗灾等先进典型事迹。农业部门要组织技术团队到一线协助受灾群众生产自救，指导设施农业建设。康涛察看海峡茗城铁路桥旁溪堤受毁、安溪第三幼儿园分园受灾、官桥恒美防洪堤水毁、省道207线虎邱罗岩村塌方等的灾后重建情况，叮嘱施工人员注意自身安全，加快重建步伐，强调各级各有关部门要针对台风中暴露的薄弱环节和共性问题，及时梳理归纳、举一反三，加强整治提升。

全省首个"圆梦班"落户安溪县

由江苏中远助学帮老基金会捐资设立的安溪一中"圆梦班"启动，系该基金会在全国设立的第13个"圆梦班"，也是全省首个"圆梦班"。市长康涛，副市长周真平及基金会主要发起人徐中远出席启动仪式。康涛指出，泉州历来高度重视教育事业发展，历届市委、市政府始终把教育放在优先发展的战略地位。此次"圆梦班"的设立，是践行"中国梦"的生动写照，也是教育精准扶贫的有益探索。各级各相关部门要以此为契机，加强组织领导，实施更灵活的招生政策，精准帮扶贫困学生；要加大统筹力度，协调各方资源，配齐配强师资力量，成就好贫困学子大学梦、成才梦。江苏中远助学帮老基金会是一个经民政部门注册登记，旨在济困扶危、行善助人的非公募基金会，重点资助国家贫困地区、革命老区家庭生活特别困难的适龄儿童就学和为党、为国、为民作出突出贡献且生活特别困难的老年人安度晚年。是日，基金会向安溪一中"圆梦班"捐助资金120万元，用于学生学习、生活资助及教师奖励。

9月20日

星期二
农历丙申年八月二十
温度：23℃—29℃
晴

●黄琪玉到泉州指导灾后重建工作。

●郑新聪到南安市指导协调灾后恢复重建工作。

●郑新聪对灾后重建宣传工作提出新希望。

●康涛到安溪县检查指导灾后恢复重建工作。

●全省首个"圆梦班"落户安溪县。

●《福建日报》一版刊发报道《风雨中的先锋群像——记冲锋在抗灾一线的泉州党员干部》。

●市民政局、市慈善总会启动"心系灾区·重建家园"赈灾募捐活动。

●市侨联、市侨商联合会、市侨界青年联合会组织侨资企业、侨商及侨界群众，举行侨界捐款启动仪式，收到现场捐赠或受委托意向捐赠1345351元。

●由市贸促会与米奥兰特国际会展主办的企业参展营销能力培训暨"一带一路"市场需求发布会举行。

●泉州本土打造的院线电影《深流不息》新闻发布会在市区领SHOW天地数字媒体内容创制中心举行。

●南安市政府与中国供销农产品批发市场控股有限公司签订《中农批泉州国际物流港项目投资合作协议》。

●惠安县"道德模范故事汇"基层巡演暨惠安县公民道德建设先进典型表彰晚会举行。

9月21日

星期三
农历丙申年八月廿一
温度：23℃—29℃
多云

●郑新聪到丰泽区调研检查中心市区灾后恢复工作。

●康涛到德化南安检查灾后恢复重建工作。

●泉州颁发全国首批“两证整合”营业执照。

●21—22日，第二届福建省检察机关生态资源检察工作现场会在晋江市召开。

●市慈善总会从历年“慈善一日捐”结余的善款中安排300万元，用于支援灾后重建。

●21—28日，2016年全国击剑锦标赛在安徽合肥举行，泉州运动员陈海威、施嘉洛获男子花剑团体项目冠军，陈海威获男子花剑个人项目冠军。

●晋江市企业家素质提升行动“领航计划”全球讲师招募新闻发布会暨海西国际引智香港工作站授牌仪式在香港举行。

●第五届全国道德模范故事汇基层巡演晋江专场在晋江市戏剧中心举行。

郑新聪康涛到丰泽南安德化调研检查灾后恢复工作

市委书记郑新聪到丰泽区调研检查中心市区灾后恢复工作，市领导翁祖根、张永宁参加调研检查。郑新聪要求，要在前期工作的基础上进一步抢修，抓紧修复各类水毁设施和园林绿化，尽快扶种、补植园林绿化苗木草地。各区街、各小区、各单位要以自救为主，并把内力外力结合起来，各主管和专业单位要全力以赴支援。对这次主灾点，特别是主涝区域要一点一组、一处一方案，组织实施治本之策。要制定排涝设施设备添置目录和计划，先急后缓，加强日常维保。要广泛听取民意，集中梳理、分类实施，解决好城市设施的短板问题，并捆绑列入工程包，着力做好前期工作。

市长康涛到德化县和南安市，察看受灾严重的三班镇、石井镇、水头镇，推动灾后恢复重建再提质、再提效。康涛就房屋重建、交通通行、农业降损等问题与市县乡三级领导干部逐一研究解决之策。针对最紧迫的农村倒塌房屋重建工作，康涛指出，各级各相关部门要全面实施灾后恢复重建“1+11”方案，想方设法探索统规统建、集中安置等多种模式，研究制定可行性强的建设方案，帮扶灾民重塑家园。在南安市，康涛询问企业负责人自救措施和需要政府帮忙解决的问题，并叮嘱相关领导干部要主动对接受灾企业，收集企业重建难题，逐一分析致灾原因，及时提供相应帮扶措施。

泉州颁发全国首批“两证整合”营业执照

泉州在全省率先颁发首批个体工商户“两证整合”营业执照，系全国四个“两证整合”改革试点省份中颁发的首批个体工商户“两证整合”营业执照。省工商局局长叶木凯、市长康涛、副市长陈荣洲参加活动。“两证整合”登记制度改革是“三证合一”登记制度改革向个体工商户的延伸。“两证整合”即将以往个体工商户登记时，工商部门核发的营业执照和税务部门核发的税务登记证“合二为一”成加载统一社会信用代码的营业执照。改革后，申请人办理个体工商户登记时，只需填写“一张表格”，向“一个窗口”提交“一套材料”即可，无须再到税务部门申请税务登记证，提高个体工商户创业、经营的便利化程度。同时，工商、税务等部门通过福建省审批信息共享平台，实现互联互通、信息共享。“两证整合”后，个体工商户执照换发工作不设过渡期，不强制换照。对10月1日前成立的存量个体工商户在10月1日后申请办理变更登记或换照的，换发加载统一社会信用代码的营业执照；鼓励个体工商户主动换领新的营业执照，对于未换领新营业执照的个体工商户，其营业执照和税务登记证继续有效。

叶木凯、康涛、陈荣洲为经营者颁发“两证整合”营业执照（图/市工商局）

带有统一社会信用代码的“两证整合”个体工商户营业执照（图/泉州晚报社）

晋江市海西国际引智香港工作站授牌

晋江市企业家素质提升行动“领航计划”全球讲师招募新闻发布会暨海西国际引智香港工作站授牌仪式在香港举行。发布会上，来自海外及香港、福建的政商学界精英150余人围绕“智慧风口、闽港领航”的论坛主题进行跨界交流，共话“一带一路”闽港面对的挑战。当前，晋江的经济发展正处于转型升级、创新突围的关键时期，晋江市委、市政府提出“人才强市”“新型城镇化”“国际化”三大战略，特别将“人才强市”战略摆在首位。“领航计划”作为“四大人才计划”之一，是“人才强市”战略的核心内容，是一项长达三年的企业家素质提升工程。

陈奕辉慰问因抢险救灾受伤的村干部

受市委书记郑新聪、市长康涛委托，市委副书记陈奕辉到解放军第180医院住院部，慰问在台风“莫兰蒂”期间，因抢险救灾受伤的南安市九都镇林坑村村支书李泉源。在医院，陈奕辉首先到医生办公室，询问李泉源的伤情与治疗情况。在病房，陈奕辉向李泉源表示慰问与敬意，对以李泉源为代表的基层党员干部在关键时刻高扬党员旗帜，敢于站出来，冲在最前头，心中有人民的精神表示肯定。陈奕辉告诉李泉源，全市的灾后恢复重建工作正在迅速、有序地推进中，叮嘱他安心养伤，配合治疗，早日康复，同时要求医院及相关部门全力做好治疗与康复保障工作。

相关链接：15日凌晨，台风“莫兰蒂”登陆后带来狂风暴雨，南安受灾严重。当日上午9时许，当了十几年村干部的老党员李泉源察看危房一整夜后，遭遇山体滑坡，被滑坡形成的泥流冲倒，只剩下头露在外面。身处险境时，他手脚并用，努力挣脱泥流，后在村民帮助下送医救治。经诊断，他全身多处骨折，需要手术治疗。李泉源的事迹传开后，人们无不为之感动，而躺在病床上的他，牵挂得最多的，仍然是村里的情况。

泉州文化周在马来西亚开幕

由市委宣传部、市文学艺术界联合会、市城镇集体工业联合社、市归国华侨联合会、市海外联谊会、马六甲福建会馆、2016（马六甲）世界闽南文化节筹委会主办的泉州文化周在马来西亚开幕，活动内容包括泉州工艺美术大师作品联展、“根脉寻踪”泉州百个家族移民马来西亚族谱展、“海丝梦”泉州市书法作品展三个部分，持续至10月12日结束。

2016（马六甲）世界闽南文化节涵盖文化论坛、商务恳谈、文艺展演和恳亲联谊会四大部分。泉州工艺美术大师作品联展以“工匠海丝情”为主题，活动内容包括工艺美术大师作品展、工艺美术大师现场技艺表演和泉州·马六甲工艺美术对接会。展会设在马六甲福建会馆一号馆，集中展示泉州19位青年优秀工艺美术大师的25件作品，涵盖陶瓷、影雕、漆线雕、纸织画、永春漆篮、木偶头、彩扎、刻纸、花灯、古船制作、香制品等10多项技艺品种。“根脉寻踪”泉州百个家族移民马来西亚族谱展是南洋华裔族群寻根谒祖综合服务平台项目启动以来，首次到海外办展并提供寻根服务。展览选用的949册电子族谱和百册纸质族谱，涉及泉州迁居马来西亚的48个姓氏、120个家族，比较全面地反映泉州各姓氏先人迁居新马各地的情形。除家族兴替迁徙、风俗习惯、家规族约等记录外，还记载海外移居地点、婚姻、家庭、繁衍状况以及两地家族关系等。“海丝梦”泉州市书法作品展展出86位泉州书法家的作品，涵盖楷、行、草、篆、隶五种书体。

全省首家县级公安机关“新媒体中心”落户永春县

永春县公安局新媒体中心运营启动仪式举行，系全省首家县级公安机关“新媒体中心”。启动仪式后，永春县公安局通过新媒体中心在线直播“东关所长带您‘看望’东关桥”。永春县公安局整合信息化资源手段，发挥软硬件优势，聘请专业公司精心构思筹建全省首家县级公安机关“新媒体中心”。永春公安安排专人负责操作、收集各类动态信息，经过精心梳理、深度加工，为后续宣传提供素材。6月，该局将“永春警方在线”微公号改版升级为“永春公安”微公号，实行专人运营，发布信息质量明显提升。8月以来，已连续5周上榜福建政法系统微信排行榜。下一步，永春县公安局将以新媒体中心运营启动为契机，加快公安新闻信息采编，主动掌握话语权；另一方面，更加注重加强与其他媒体的合作，对接大媒体端口，及时搭建便民服务平台，为群众提供更加快捷便利的服务。

永春县公安局新媒体中心　（图/郭冰德）

9月22日
星期四
农历丙申年八月廿二
温度：23℃—29℃
晴

●市四套班子领导郑新聪、康涛、陈万里、陈灿辉等，市委办、市人大办、市政府办、市政协办干部职工代表，带头为灾区捐款，并向全市发出倡议，希望党员干部、社会团体、企事业单位、海外侨胞和社会各界爱心人士助力灾区渡过难关。

●受郑新聪、康涛委托，陈奕辉到解放军第180医院住院部，慰问在台风“莫兰蒂”期间，因抢险救灾受伤的南安市九都镇林坑村村支书李泉源。

●由市委宣传部、市文学艺术界联合会、市城镇集体工业联合社、市归国华侨联合会、市海外联谊会、马六甲福建会馆、2016（马六甲）世界闽南文化节筹委会主办的泉州文化周在马来西亚开幕。

●全省首家县级公安机关“新媒体中心”落户永春县。

9月23日

星期五
农历丙申年八月廿三
温度：23℃—29℃
晴

●市十五届人大常委会第五十九次主任会议召开，研究讨论市人大常委会关于市十五届人大七次会议代表建议、批评和意见办理工作的视察方案及代表建议、批评和意见办理情况满意度测评的实施方案等。

●市政协组织开展“晋江上游水资源保护和下游生态整治”年度重点考察活动。

●市政协开展台风“莫兰蒂”灾区恢复重建捐款活动。

●泉州军分区（人武部）系统向灾区捐资150万元用于灾后重建帮困扶贫。

●23—25日，2016年华东地区六省一市核医学学术研讨班暨核医学诊疗规范与临床应用新进展培训班（国家级继续医学教育项目）在泉州举办。

●2016第四届丰泽购物节在市区新华都东海湾生活广场启动。

●泉港土坑港市遗址保护管理中心揭牌。

市十五届人大常委会第五十九次主任会议召开

市十五届人大常委会第五十九次主任会议召开。市人大常委会主任陈万里，副主任吕竞、朱团能、曾巍，市人大常委会党组成员许文贵、欧阳秋虹参加会议。会议研究讨论市人大常委会关于市十五届人大七次会议代表建议、批评和意见办理工作的视察方案及代表建议、批评和意见办理情况满意度测评的实施方案；听取市人大常委会关于市十五届人大四次会议关于加强食品安全监督管理的决议执行情况的专题调研方案的补充说明、市人大常委会法工委关于调整2016年立法计划的报告；提出第六十次主任会议建议议题，并初步确定市十五届人大常委会第三十六次会议召开日期和建议议程。

会议现场　（图/王虎文）

市政协开展重点视察活动

市政协组织开展“晋江上游水资源保护和下游生态整治”年度重点考察活动。市政协党组书记陈灿辉，副主席吴共湖、李冀平、陈益，党组成员、机关党委书记陈伟平参加。视察组考察田安公园晋江下游南北岸生态整治情况、永春县城区污水处理厂污水处理提标改造工程、永春县石鼓镇湿地公园晋江上游水系治理情况、安溪县晶安光电工业园污水处理情况。陈灿辉指出，要全面落实最严格水资源管理制度，落实好“下游补偿上游”机制，完善环境基础设施建设，坚持实行“河长制”，实现河道管理工作的全覆盖。要全面推进水资源综合治理，确保晋江流域上游的干净水质，推进万里安全生态水系建设，完善水质监测管理能力，延续和增加河流治理项目，实施山美水库流域生态保护试点项目。要全面强化水流域生态整治，科学管理水功能区，强化违规排污的有效监管，加大行政执法力度，通过宣传提高水资源保护意识，让水更清澈，让百姓喝上干净放心的水。

视察现场　（图/陈　翔）

华东地区核医学学术研讨班在泉州举办

23—25日，由福建省医学会和福建医科大学附属第一医院主办的2016年华东地区六省一市核医学学术研讨班暨核医学诊疗规范与临床应用新进展培训班（国家级继续医学教育项目）在泉州举办。核医学是核技术和医学相结合的一门新兴学科，也是人类和平利用原子能的一个重要方面。华东地区六省一市核医学学术交流会每2年召开一次，由7个地区轮流主办，是一个有着近30年历史的学术盛会。此次会议邀请中华医学会核医学分会主任委员李亚明教授、前任主任委员黄钢教授、副主任委员李方教授、汪静教授、安锐教授、王铁教授、中国核学会核医学分会理事长何作祥教授等顶级核医学专家作专题授课，华东六省一市的主任委员及学术带头人也作了专题报告，200多位核医学同仁与会。

泉港土坑港市遗址保护管理中心揭牌

被列为31个“海丝”申遗首批遗产点的泉港土坑港市遗址保护管理中心揭牌，成为泉州市14个遗产点列为“海丝”申遗遗产点以来，新成立的第一个保护管理机构。自土坑港市遗址列入“海丝”申遗首批遗产点后，泉港区提出2016年9月至2017年7月共64项工作任务清单。通过力量再加强，成立环境整治和修缮指挥部，由一名区委常委任总指挥，并将区申遗办移至一线，与指挥部合署办公；措施再加大，通过挂牌督办、包干到户、宣传入家、营造氛围、实效沟通等举措高效推进工作；挖掘再深入，邀请厦门大学开展“土坑社会历史与文化”“泉港区海丝文化遗产”“土坑港市遗址”等课题调研，以及其他一系列举措，推进申遗各项工作。

高翔到泉州调研宣传思想文化工作

24—25日，省委常委、宣传部部长高翔到泉州调研宣传思想文化工作。市领导郑新聪、康涛、陈铁晗陪同调研或参加相关活动。高翔到鲤城、南安、晋江等地查看，就新闻舆论工作、文化体制改革、闽台文化交流、传统文化保护、文化产业发展等与干部群众交谈，并召开座谈会，听取相关工作汇报。调研中，高翔再三叮嘱相关部门，要挖掘闽南文化和“海丝”文化特色，讲好泉州故事，发出泉州声音；要把海洋文化研究列入学科建设，提升文化软实力；要想方设法保护历史遗存，绝不能截断历史、斩断文脉；要办好中国闽台缘博物馆，坚持正确导向，深化学术研究，利用现代信息技术提高展览展示水平。高翔还专门到泉州晚报社和泉州广播电视台了解办台情况。座谈会上，高翔强调，泉州既要当好全省经济发展的“领头羊”，也要成为宣传思想文化工作的“排头兵”。要把意识形态工作摆上重要议事日程，把意识形态工作做实，把党委（党组）意识形态工作责任制落实到位。

泉州市召开视频会议部署防御第17号台风“鲇鱼”工作

泉州市召开加快“莫兰蒂”台风灾后恢复重建及防御第17号台风“鲇鱼”视频会，对各项工作作具体部署。市委书记郑新聪、市长康涛、副市长林万明、市政府党组成员肖汉辉参加会议。

会议要求，要争分夺秒推进灾后恢复重建，把责任再细化、把力量再调集，按照各条线抓紧落实“1+11”方案，调动群众和企业的积极性。要在17号台风来临之前，加班加点、抢修加固，抓紧修复抢通防涝排涝设施、水电路，以及危及人员生命安全的设施等，一时恢复不了的要采取应急措施。要全面排查防洪排涝、水利设施等，组织人员清理堤坝塌方、清除河道植物淤积、提前预置沙袋等，确保行洪安全、度汛安全。要抓紧做好救灾资金、物资的分配、使用和管理，确保各类补助、捐赠公开透明、及时下达、专款专用，及时疏导化解各类因灾民事纠纷。

就防御第17号台风“鲇鱼”，会议要求，各级各部门要加强督促指导，抓前期、抓过细、抓落实，做到响应灵敏、工作到位、措施有效。各县（市、区）党政“一把手”要提前周密部署安排、实时跟进研判指挥，各级各部门干部要在岗在位、及时响应，各级防汛指挥长、基层干部要提前到位。要更加重视加强群众的引导教育，加强游客、人群的警示引导。要采取更果断决策、更有力措施，凡存在危险隐患、不能确保安全的，要坚决及时组织人员转移。要全面排查各类盲区死角，明确撤离预案、责任人员，加强旅游景点景区管控。要补足救灾物资，备齐各类抢险救灾物资、通信器材、发电抽水设备和应急沙袋等。要提前预排预泄，灵敏科学上下调度，尽可能腾库纳洪。

就全速推进灾后重建工作，会议要求，要对饮用水保障、电力通讯恢复、市场物资供应、冲洗清理、消杀防疫等灾后应急应对工作进行查漏补缺。加快城乡内涝积水隐患点的整治与清淤疏浚，采取简易工程措施，预先准备物料。抓紧加固防护因灾损毁的农业设施大棚、畜禽舍、加工场所、库房等。针对薄弱环节，配齐补齐设备、完善设施，提前做好应急准备。发动群众对新老地质灾害隐患点开展全面的摸排，果断安全转移。加快河道清障整治，防止再次引发大面积内涝灾情。抓紧抢修加固损毁的堤防、水闸、河岸、农灌设施、引水渠道等，防止扩大险情。

第十五届泉州市区青少年贤銮科技创新大赛举行

由泉州市贤銮福利基金会，鲤城区科协、教育局、关工委等主办的第十五届泉州市区青少年贤銮科技创新大赛在泉州一中举行。科技创新大赛是一项全国性青少年科技创新和科学研究项目的竞赛，其根本宗旨在于推动青少年科技活动的蓬勃开展，培养青少年的创新精神和实践能力，提高青少年的科技素质，鼓励优秀人才的涌现，提高科技辅导员队伍的科学素质和技能，推进科技教育事业的普及与发展。已成为面向在校中小学生开展的规模最大、层次最高的青少年科技教育活动之一。此次大赛以“体验 创新，成长”为主题，收到泉州市区的作品116项。

9月24日

星期六
农历丙申年八月廿四
温度：24℃—30℃
多云

●24—25日，高翔到泉州调研宣传思想文化工作。

●泉州市召开视频会议部署防御第17号台风“鲇鱼”工作。

●全市台风灾后重建工作推进会议召开。

●由泉州市贤銮福利基金会，鲤城区科协、教育局、关工委等主办的第十五届泉州市区青少年贤銮科技创新大赛在泉州一中举行。

●由鲤城区委文明办、区教育局、区关工委主办的鲤城区中小学“长征故事我来讲”比赛在鲤城区实验小学举行。

●2016年福建省“碧桂园杯”全民健身运动会、“环泉州湾国际公路自行车赛”预热活动暨第二届永春自行车邀请赛——“践行文明旅游，提倡安全出行”公益骑游宣传活动在永春县举行。

●24—26日，泉港区首届孔子文化节在该区山腰街道锦山宫举办。

●惠安县“幸福惠安、快乐劳动、文明旅游、安全出行”第三届“禹洲杯”职工万米健身跑比赛举行。

9月25日

星期日
农历丙申年八月廿五
温度：24℃—31℃
多云

●21世纪海上丝绸之路青年创新大会在泉州举行。

●中共泉州市第十二次代表大会预备会议在泉州影剧院召开，听取大会筹备工作情况的报告，审议通过代表资格审查委员会委员名单、大会主席团成员和秘书长名单等。

●中共泉州市第十二次代表大会主席团第一次会议在泉州影剧院召开，通过大会议程和大会日程安排等。

●康涛部署防御第17号台风“鲇鱼”工作。

●由市委宣传部、市委文明办、市文广新局、市文联、泉州晚报社、泉州广播电视台主办的“欢乐泉州·走进蓬莱”庆祝中华人民共和国成立67周年文艺演出在安溪县第十五小学举行。

●泉州秋季高山徒步大赛举行。

21世纪海上丝绸之路青年创新大会在泉州举行

由省青年联合会、省国际文化经济交流中心、市青年联合会、澳门精英会主办的21世纪海上丝绸之路青年创新大会在海上丝绸之路起点城市——泉州举行，菲律宾、印尼、泰国、越南等国和港澳台地区的青年企业家出席大会，与福建青年企业家及青年创业者进行创新创业项目经贸交流。大会以“新丝路、新青年、新发展”为主题，以“跨越国际、项目交流、共创新机”为目标，旨在为与会青年企业家搭建常态化交流合作平台，进行创新创业项目经贸交流。全国政协副主席何厚铧宣布大会开幕。全国政协常委颜延龄，省委常委、宣传部部长高翔，省人大常委会副主任、省国际文化经济交流中心理事长陈桦，省政协副主席张燮飞，市委书记郑新聪，市委常委陈铁晗出席大会开幕式。

高翔在开幕式上致辞。高翔指出，福建作为海上丝绸之路重要发祥地、21世纪海上丝绸之路核心区，将主动融入、主动作为，全方位推进与“海丝”沿线国家和地区的交流合作。建设21世纪海上丝绸之路，需要沿线国家和地区青年协力奋斗。此次大会将成立“21世纪海丝青年国际创新创业联盟”，希望与会青年以大会为平台，共同开创“海丝”沿线青年交流合作的新篇章。

郑新聪在致辞中表示，泉州是古代海上丝绸之路的起点，是中华文明走向世界的重要出发站。此次创新大会的举行为沿线国家和地区青年搭建良好的对接渠道和互动平台，希望青年企业家借助这个平台，分享创业经验，对接创新项目，实现共赢发展。

在开幕论坛上，国家发改委对外经济研究所研究员、国际合作室主任张建平，澳门银行公会主席叶兆佳，上好佳集团荣誉董事长施恭旗，马来西亚东盟青年企业家协会主席Deborah Melissa Bottreau，七匹狼集团董事长周少雄等围绕海上丝绸之路经济带发展的合作机遇与挑战进行主旨演讲，研讨交流。当天还举行省国际文化经济交流中心与澳门精英会合作协议签订仪式及“体育产业国际市场的走向和趋势”“海丝文化与旅游产业的融合”“海丝制造2025+互联网”3场“海丝”国际青年创业面对面活动。在当晚举行的创新创意集市和联欢活动上，与会青年代表展示创意产品，交流创新思维，寻找合作机会。同时，青年代表还进行各具民族特色的文艺表演，展现“海丝”当代青年传承与创新的时代风貌。

大会现场 （图/陈起拓）

康涛部署防御第17号台风“鲇鱼”工作

市长康涛到市防汛抗旱指挥部，了解“鲇鱼”台风路径走向和对泉州市可能造成的影响，与水利、气象、水文、海洋渔业等部门会商，要求各地各相关部门杜绝侥幸心理，参考“莫兰蒂”状况抓紧抓实各项防台准备工作，特别对重点地段、重点部位与薄弱环节要逐项过细、落实措施，确保人民群众生命财产安全。市政府领导林万明、肖汉辉参加会商。

泉州秋季高山徒步大赛举行

泉州市秋季高山徒步大赛举行，全省各地近1000名高山运动爱好者参加活动。高山徒步作为一种环保、绿色的有氧运动，强调健康人生、低碳生活。为响应全民健身，向泉州市民普及健康新生活理念，泉州高山徒步大赛应运而生。比赛地点设在素有“闽南庐山”美称的永春呈祥雪山，也是晋江东溪的发源地。主办方表示，上半年泉州首届高山徒步大赛成功举办，如今泉州秋季高山徒步大赛也顺利落下帷幕，参与者越来越多，已经由全市范围扩大到全省，希望通过这样的体育赛事带动旅游发展，增进绿色福利、实现绿色惠民。

中共泉州市第十二次代表大会开幕

中共泉州市第十二次代表大会在泉州影剧院开幕。市委书记郑新聪代表中共泉州市第十一届委员会向大会作题为《勇当建设“新福建”领头羊 奋力开创“五个泉州”新局面》的报告。市长康涛主持会议。在主席台前排就座的大会执行主席有：郑新聪、康涛、陈奕辉、许昆贞、翁祖根、温惠榕、孔繁军、陈铁晗、张永宁、林锦明、吴友才。

郑新聪向大会作报告

在科学分析当前及今后一个时期泉州面临的机遇和挑战后，郑新聪指出，2016年之后的五年是泉州打赢供给侧结构性改革攻坚战、打赢全面建成小康社会决胜战的关键时期，泉州具备国家政策的叠加效应、重大项目的带动效应、创新转型的示范效应、“海丝”先行的开放效应、上下一心的同频效应，发展的机遇仍然大于挑战。全市务必解放思想、坚定信心，有为运作、久久为功，奋力开创发展新篇章。今后五年的奋斗目标是：在实现“十三五”规划目标的基础上，力争到2021年，全市GDP达近万亿元规模，一般公共预算收入达570亿元，发展质量和效益显著提高。产业结构转向中高端，以先进制造业、现代服务业为支撑的产业体系基本形成，激励区域创新创业政策体系更趋完善。改革开放水平进一步提升，若干领域改革试点走在全省、全国前列，新型城镇化加速推进，区域竞争软实力更加凸显，“海丝”重要门户城市建设初见成效。人民生活品质全面提高，2018年市定标准的贫困人口全部脱贫、贫困村全部“摘帽”，基本公共服务均等化总体实现，生态环境更加优美，社会安定稳定、充满活力。全市风清气正政治生态进一步形成，各级党组织的战斗堡垒作用和广大党员的先锋模范作用显著增强。

郑新聪强调，要深入具体、重点突破，抓好重大项目，拓展运作载体，锻炼专业团队，确保各项任务落到实处。实施“两个打造”，迈向万亿经济强市行列。要坚持制造业立市不动摇，紧抓服务业兴市不动摇，打造国家自主创新示范区，打造“中国制造2025”城市试点示范。巩固民营经济支柱地位，加快产业结构战略性调整，构筑现代产业版图，培育智能装备、新一代信息技术和半导体、交通运输装备、金融服务、大旅游、大物流、大健康7个新产业集群；构筑百年根基产业，巩固提升制造环节，打响泉州造品牌，增强产业链控制力；构筑产业创新高地，下力气建好公共技术中心等创新平台，夯实高端创新人才、产业技能人才支撑，优化产业投资基金、高新区、众创街区等创新生态体系。推动“两个建设”，增强城市区域竞争力。主动融入国家“一带一路”布局和福建省“海丝”核心区，建设“海丝”重要门户城市，建设一流营商环境城市。要活化“海丝”基因，推进古城保护“六大工程”；加快全域聚合，建设“海丝”新城；复兴千年古港，完善集疏运体系，推动口岸通关便利化；做大“海丝”朋友圈，加强侨台港澳交流，拓展国际友城，建成“海丝”沿线的综合通道。要勇于自我革命，转变政府职能，深化“金改区”建设、“民综改革试点”和县域改革试点试验，强化“放管服”结合，建设诚信社会，构建“亲”“清”新型政商关系。着力“六个提升”，共建共享美丽幸福泉州。坚持普惠性、保基本、均等化、可持续，补足民生短板，让人民生活更有品质。提升基本民生保障水平，健全覆盖城乡、延伸基层的基本公共服务体系；提升优质服务供给水平，鼓励社会资本投入，多渠道促进公共服务资源提质扩容；提升新农村建设水平，推进美丽乡村标准化建设，培育设施农业、创意农业、林下及渔港经济；提升城市精细管理水平，建设“智慧城市”，促进共治共管、家园共造；提升社会治理现代化水平，支持司法改革，深化“平安建设”；提升生态文明建设水平，主动融入国家生态文明试验区建设，完善城市排涝设施、生态防洪工程，加强地质灾害点治理，解决环境安全隐忧。

大会现场　　（图/吴寿民）

9月26日

星期一
农历丙申年八月廿六
温度：26℃—32℃
多云

●中共泉州市第十二次代表大会开幕，郑新聪作题为《勇当建设“新福建”领头羊 奋力开创“五个泉州”新局面》的报告。

●中共泉州市第十二次代表大会主席团第二次和第三次会议召开，听取各代表团审议十一届市委、市纪委工作报告情况的汇报等。

●郑新聪到市第十二次党代会晋江市代表团，与代表一同审议市委报告、市纪委工作报告。

●康涛到市第十二次党代会南安市代表团，与代表一同审议市委、市纪委工作报告。

●郑新聪、康涛检查督促防御台风工作。

●以全国道德模范提名奖获得者连于妹为故事原型的微电影《烛光里的背影》，在泉港区文化中心首映。

9月27日

星期二
农历丙申年八月廿七
温度：26℃—32℃
大雨

●27—28日，于伟国、陈冬到泉州指导防台防汛工作。

●中共泉州市第十二次代表大会闭幕。

●中共泉州市第十二届委员会第一次全体会议召开，选举新一届市委常委、市委书记、副书记，通过市第十二届纪律检查委员会第一次全体会议选举产生的市纪委常委、书记、副书记。

●郑新聪、康涛部署防御台风工作。

●市纪委十二届一次全会召开，选举产生新一届市纪委领导班子，温惠榕当选中共泉州市第十二届纪律检查委员会书记。

●市防汛抗旱指挥部启动防台风Ⅰ级应急响应。

●由市侨联主办，江门市博物馆、泉州华侨历史博物馆承办的“金山伯的荣耀”近代江门五邑侨汇展在泉州华侨历史博物馆开幕。

于伟国陈冬到泉州指导防台防汛工作

27—28日，省长于伟国和省委常委、政法委书记陈冬到泉州，检查防台防汛各项工作落实情况。27日，于伟国到泉港区肖厝村码头检查。于伟国叮嘱当地干部落实各项防御措施。在泉港区南埔镇政府，于伟国要求镇村干部抓紧时间连夜检查，保证应急预案落到实处。27日夜，于伟国到晋江市安海镇，在检查防汛工作落实情况后，又与晋江市防汛指挥部现场视频连线。于伟国要求，要完善预测预警机制，省、市、县防汛指挥系统做到双向连通，强化气象雷达动态监测。27日夜，陈冬一到泉州就直奔市防指，听取泉州市防台风各项工作进展情况。陈冬要求，要加强山区地区低洼地带、高陡边坡、地灾点、水库、山围塘的检查排查工作；要高度警惕，做好已转移到安全地带群众的思想工作。28日，陈冬再次到市防指，了解各地受灾情况，随后带队到南安市梅山镇、永春县湖洋镇，检查防台风情况。

中共泉州市第十二届委员会第一次全体会议召开

中共泉州市第十二届委员会第一次全体会议召开。全会应到市委委员51名、候补委员9名，实到市委委员50名、候补委员9名。市纪委委员列席会议。郑新聪主持会议。全会选举新一届市委常委、市委书记、副书记，通过市第十二届纪律检查委员会第一次全体会议选举产生的市纪委常委、书记、副书记。

相关链接：

中共泉州市第十二届委员会常务委员会委员

郑新聪、康涛、陈奕辉、翁祖根、温惠榕、林俊其、孔繁军、林万明、陈铁晗（女）、张永宁、林锦明

中共泉州市第十二届委员会书记、副书记

书 记：郑新聪

副书记：康涛、陈奕辉

中共泉州市第十二届纪律检查委员会常务委员会委员

温惠榕、许锦聪、邓安娜（女）、苏双喜、林开通、许振煌、洪进星、郭宁、王团结

中共泉州市第十二届纪律检查委员会书记、副书记

书 记：温惠榕

副书记：许锦聪、邓安娜（女）、苏双喜

会议现场 （图/吴寿民）

新一届市委常委 （图/陈起拓）

郑新聪康涛部署防御台风工作

市第十二次党代会召开间隙，泉州市数次召开防御“鲇鱼”台风工作会，部署防台工作。市委书记郑新聪、市长康涛多次部署防御工作。郑新聪强调，各级各部门要过细检查各项防御措施，全面进入战斗状态。党代会结束后，各县（市、区）党政主要领导要立即回到岗位，全市所有防汛责任干部要坚守一线。电视、广播等媒体要不间断发布避灾警示。要果断决策、灵敏反应，组织安全受威胁的群众转移，加大超汛限水位水库下泄流量。市、县两级防指要加强跟踪分析，及时调整部署。要不折不扣执行各级防汛指挥指令，防汛成员单位要派专人进驻防汛指挥部，部队官兵、抢险队伍、大型设备要提前预置到位。深夜，郑新聪再次到市防指，传达于伟国和陈冬的最新指示要求。郑新聪要求，要提前预置抢险力量与装备到可能受灾的区域待命，要抢在台风来临前把力量与装备预置到位。各地各部门要通知已转移的人员绝不能回流，需要新增转移的人员要及时组织安全转移。各地要提前预备安置点，以接纳新增转移人员。深夜，康涛还专门召开视频会议，再次确认各县（市、区）人员转移情况、抢险救灾队伍物资预置落实情况、地灾等重点部位防御措施落实情况。

市领导分赴各地开展抢险救灾工作

凌晨，作为2016年体量最大的台风，第17号台风“鲇鱼”裹挟着强风暴雨正面登陆惠安县。市委书记郑新聪第一时间到灾情最为严重的德化、永春、安溪、南安检查部署；市长康涛围绕用水、出行、排涝等群众关注热点，巡视市区各重要部位、薄弱环节，指导险情处置，紧接着又坐镇市防汛抗旱指挥部，实时指挥部署。夜间，郑新聪和康涛又再次到市防指了解灾情动态，协调部署下阶段抢险救灾各项工作。市四套班子领导陈万里、陈灿辉、陈奕辉等，或分赴各地，或坐镇市防指，指导抢险救灾工作。

在德化县水口镇塌方现场，郑新聪要求立刻集结队伍，科学排兵布阵，第一时间抢通道路；救援人员进入救灾点后，要科学评估施救；相关部门要服从统一指挥调度，保持通讯畅通；村镇干部要密切关注水、电及道路通行，保证群众日常生活需求。在雨量最大的南埕镇，山体崩塌阻断镇区通往塔兜村、枣坑村的县道，数百名村民被困其中。郑新聪指挥调度公路部门研究抢修方案，并提请省防指协调舟桥部队紧急支援。在南安东北部最偏远的乡镇向阳乡，风雨交加引发严重的滑坡和泥石流灾害。郑新聪要求工作人员做好转移人员安顿问题。郑新聪还到永春、安溪等此前受“莫兰蒂”影响严重的地区，叮嘱各级各相关部门要严阵以待，加强重点部位监测巡查。

市区部分内沟河及路段出现不同程度内涝，康涛带队辗转井山排涝闸、南北大道、软件园路口等易涝关键部位检查抢险救灾工作。在北峰街道招联社区的井山渠，康涛叮嘱工作人员抓紧打捞淤积杂物，及时清理水体，确保排水通畅。泉州动车站站前南北大道软件园路段400余米的道路被污水淹没，县道301线江南海西汽配城段积水也长达200米，康涛要求，险情排除后，要加强交通疏导，确保群众出行畅通。

郑新聪在德化县水口镇现场指挥救灾　（图/陈起拓）

康涛到井山排涝闸、动车站前南北大道等易涝关键部位检查抢险救灾工作　（图/陈晓东）

“我的文学行当——黄永玉作品汇展”泉州专场开幕

由人民文学出版社、巴金故居纪念馆、湖南美术出版社、市文化广播电视新闻出版局、市文学艺术界联合会、泉州晚报社、福建省闽南文化发展基金会主办的“我的文学行当——黄永玉作品汇展”泉州专场开幕式在泉州海交馆举行，《无愁河的浪荡汉子·八年》新书首发式同时举行。开幕式上，人民日报社高级记者、作家李辉将由黄永玉亲笔写的“泉州常在心中”书法赠予泉州海外交通史博物馆收藏，人民文学出版社副总编辑应红代表出版社赠送《无愁河的浪荡汉子·八年》给泉州海交馆、泉州市图书馆、福建省闽南文化发展基金会。主办方还举办《黄永玉的文学行当》讲座，李辉和复旦大学教授张新颖与众多黄永玉的“粉丝”分享作品背后的故事。画展持续到10月28日，展览的一百幅图片皆取自《无愁河的浪荡汉子·八年》。

人民文学出版社副总编辑应红代表出版社赠送《无愁河的浪荡汉子·八年》给泉州海交馆、泉州市图书馆、福建省闽南文化发展基金会　（图/吴寿民）

9月28日

星期三
农历丙申年八月廿八
温度：24℃—27℃
大雨

●凌晨，作为2016年体量最大的台风，第17号台风“鲇鱼”裹挟着强风暴雨正面登陆惠安县。

●市领导郑新聪、康涛、陈万里、陈灿辉、陈奕辉等分赴各地开展抢险救灾工作。

●由人民文学出版社、巴金故居纪念馆、湖南美术出版社、市文化广播电视新闻出版局、市文学艺术界联合会、泉州晚报社、福建省闽南文化发展基金会主办的“我的文学行当——黄永玉作品汇展”泉州专场开幕式在泉州海交馆举行。

9月29日

星期四
农历丙申年八月廿九
温度：25℃—29℃
大雨

●市领导郑新聪、康涛、陈万里、陈灿辉、陈奕辉等分赴一线开展抢险救灾工作。

●省委、省政府环境保护督察组结束对泉州现场督察。

●截至16时，因受第17号台风“鲇鱼”影响，全市13个县（市、区）165个乡镇28.98万人受灾，紧急转移安置13.2万人，死亡1人。全市因灾直接经济总损失30.4亿元。

●“泉州常在心中——黄永玉笔下的泉州文学研讨会”在市区闽南小院举行。

●国际影片展映周启动仪式和影片观摩会在晋江五店市传统街区举行。

市领导分赴一线开展抢险救灾工作

市委书记郑新聪、市长康涛到市防汛办，召开全市防汛抗灾紧急视频会议，对下阶段防汛和灾后重建工作作部署，并走访受灾严重地区，指导救灾工作。市四套班子领导陈万里、陈灿辉、陈奕辉等，或分赴各地，或坐镇市防指，指导防汛救灾工作。

郑新聪强调，要继续调度力量，抢通包括德化县水口镇、南埕镇在内的水毁阻断公路，同步抢修电、水、通讯等基础设施。强化南安官桥、水头、石井、诗山、金淘、码头及南安市区巡查工作，防止高位潮水顶托。要做好转移群众的生活保障、心理疏导，确保转移安置有序有力。要抓好生产生活包括教育等其他工作的恢复，学校按照先沿海后山区的顺序有序复课。要如实估灾报灾，按照泉州市、福建省方案，启动灾后重建恢复工作。要发扬防御“莫兰蒂”台风时流域调度协同协作的精神，加强流域间上下游配合，按照市防指统一指挥、服从调度。各地要视实际情况，组织部队有序撤离。傍晚，郑新聪还通过视频系统与晋江、南安、德化防指对话，根据各地受灾情况，有针对性地提出指导意见。康涛到德化县南埕镇和水口镇指导救灾工作。康涛叮嘱正在开展道路抢修工作的武警交通三总队第八支队的武警官兵注意安全，并要求当地政府做好后勤保障工作，抢通该段水毁阻断公路。水口镇石牛山下山路段出现路面塌方、山体滑坡等情况，康涛要求，要科学调度，安全高效地实施抢修抢通工作，在保护人民群众生命财产安全的同时，确保抢险救援人员自身安全；当地干部要做好转移群众的安抚和思想工作，同时物资供应要充足，确保转移群众生活得到基本保障。

全市防汛抗灾紧急视频会议现场　（图/市防汛办）

“泉州常在心中——黄永玉笔下的泉州文学研讨会”举行

由福建省闽南文化发展基金会、市文联、泉州晚报社、泉州海外交通史博物馆主办，市作协、泉州文学院、风雅颂书局协办，泉州市思源闽南文化交流中心承办的“泉州常在心中——黄永玉笔下的泉州文学研讨会”在市区闽南小院举行。与会的二十几名作家、评论家、文学爱好者就黄永玉的作品内容、艺术形式、语言运用、表现手法，以及黄永玉对泉州的影响等展开讨论。

由福建省闽南文化发展基金会、市文联、泉州晚报社、泉州海外交通史博物馆主办，市作协、泉州文学院、风雅颂书局协办，泉州市思源闽南文化交流中心承办的“泉州常在心中——黄永玉笔下的泉州文学研讨会”在市区闽南小院举行。与会的二十几名作家、评论家、文学爱好者就黄永玉的作品内容、艺术形式、语言运用、表现手法，以及黄永玉对泉州的影响等展开讨论。

国际影片展映周在泉州启动

由中国电影家协会、中国文联电影艺术中心、省电影家协会和泉州市文联主办的国际影片展映周启动仪式和影片观摩会在晋江五店市传统街区举行，多部国外优秀电影可免费观看。此次活动旨在贯彻落实“一带一路”建设，以“影载中华情，圆梦新丝路”为主题，利用电影作为展现地域人文形象和传播区域历史文化的重要载体，发挥电影在国际文化交流与传播中的重要作用。活动吸引印度、伊朗、缅甸、墨西哥、古巴、韩国等丝绸之路沿线国家的多部优秀影片到场展览，这些影片也是第二十五届中国金鸡百花电影节金鸡国际影展的参展影片，包括印度电影《潘哈拉》、韩国影片《极密搜查》、伊朗影片《麻雀春天》、古巴影片《人性》、墨西哥影片《细黄线》、缅甸影片《爱的誓言》等。

市委常委会研究“鲇鱼”台风灾后恢复重建工作

市委常委会召开，研究“鲇鱼”台风灾后恢复重建工作。市委书记郑新聪主持会议，市委常委参加会议，市人大常委会党组、市政协党组主要负责人和市委领导干部列席会议。会议强调，要科学开展抢修抢通工作，连续作战，尽快恢复正常生产生活秩序。要做好还在安置点受灾群众的安抚安置工作，组织专门服务小组，做好疾病卫生预防。要马上启动被淹区域的卫生防疫和垃圾清理处置工作，组织开展防疫消杀。要有序开展灾后恢复重建工作，按照省“1+9”、市“1+11”方案，落实责任、细化措施。要抓紧评估本次灾害造成的损毁和隐患，如实估损报损，科学制定方案，抓紧整治整改。要策划相关重建工程包，列入为民办实事项目，用好、兑现好各项赈灾政策，尽可能分口向上争取支持。要关心帮助因灾致贫的困难群众，开展救济安抚工作，发动力量、集中资源向特别贫困人员倾斜，帮助灾区群众和企业尽快恢复生产生活。

泉州市举行向革命烈士纪念碑敬献花篮仪式

中国法定“烈士纪念日”，正值中国工农红军长征胜利80周年之际，泉州市在革命烈士陵园举行仪式，向革命烈士敬献花篮，表达缅怀追思，弘扬烈士精神。市四套班子、泉州军分区领导，市中级人民法院、市检察院以及市直和省部属驻泉州有关单位的主要负责人，鲤城区、丰泽区、洛江区四套班子负责人及机关干部代表，驻泉州解放军和武警部队官兵，公安、法院、检察院干警，烈属、老战士、学校师生、新闻媒体等各界干部群众代表近500人参加仪式。9时整，向革命烈士纪念碑敬献花篮仪式开始，现场奏唱《中华人民共和国国歌》。国歌唱毕，全场肃立，向为民族独立、人民解放、国家富强、人民幸福而英勇牺牲的革命烈士默哀。默哀毕，80名少先队员唱响《我们是共产主义接班人》。接着，在《献花曲》中，10名武警礼仪士兵抬起5个花篮，走向革命烈士纪念碑，将花篮摆放到纪念碑基座上。市领导郑新聪、康涛、陈万里、陈灿辉分别代表市四套班子，泉州军分区司令员林俊其代表泉州军分区，登上纪念碑基座，向革命烈士致以敬意。市委书记郑新聪整理花篮缎带。随后，参加仪式人员依次缓步绕行，瞻仰革命烈士纪念碑。敬献花篮仪式由市委副书记陈奕辉主持。

市政协党组扩大会议传达学习贯彻市第十二次党代会精神

市政协党组扩大会议召开，传达学习贯彻市第十二次党代会精神。市政协党组书记陈灿辉，副主席吴共湖、苏小青、骆沙鸣、陈铭福、王祖耀、李冀平、王瑞强，秘书长洪川夫，党组成员陈伟平参加。陈灿辉要求，全市各级政协组织和政协委员，要领会市党代会精神实质，并贯彻落实到政协工作的全过程。坚持发挥政协自身优势，围绕协商议政，助推科学发展；坚持履职为民，建言献策，助推民生改善；坚持团结民主，围绕汇聚力量凝聚共识，发挥政协桥梁纽带作用；坚持早作谋划，按照市委的统一部署和要求，筹备市政协换届事宜；坚持固本培基，主动适应新形势新任务，加强政协党组和党员队伍建设。

2016泉州市巾帼巧匠工艺美术精品展开幕

“巾帼建功 筑梦海丝”2016泉州市巾帼巧匠工艺美术精品展在中国闽台缘博物馆开幕，展览持续到10月9日。精品展旨在鼓励妇女发扬“工匠精神”，开展技术创新和艺术创新，推动专业技术人才培养。通过举办巾帼巧匠精品展活动，让妇女的工艺美术作品，更多地走出泉州，走向大市场，创出大效益，做成大产业，成为妇女创造新生活、开创新事业的新起点。此次精品展是国内首次由女性工艺美术大师集体参展的展会，汇集全市百位巾帼巧匠的260多件作品，涉及陶瓷、木雕、玉石雕、竹藤编、民间工艺等27个种技艺品种。

开幕式　　（图/吴寿民）

9月30日

星期五
农历丙申年八月三十
温度：25℃—30℃
阵雨

●市委常委会召开，研究“鲇鱼”台风灾后恢复重建工作，学习贯彻市第十二次党代会精神，分解落实党代会工作报告确定的任务。

●泉州市举行向革命烈士纪念碑敬献花篮仪式。

●市政协党组扩大会议召开，传达学习贯彻市第十二次党代会精神。

●“巾帼建功 筑梦海丝”2016泉州市巾帼巧匠工艺美术精品展在中国闽台缘博物馆开幕。

●由人民出版社出版的《在那历史转折时期——胡平任福建省省长的日子里》出版座谈会在安溪县举行。

●9月30日—10月4日，2016年第二十届泉州国际汽车展在晋江市SM国际展览中心举行。

●9月30日—10月2日，第五届永宁古卫城暨城隍文化节在石狮市永宁镇举行。

10月1日

星期六
农历丙申年九月初一
温度：25℃—32℃
多云

●市委、市政府在市行政中心广场举行市直机关升国旗仪式。

●郑新聪到德化水口、南埕抢险救灾一线，了解和督促灾后恢复重建进展，看望和慰问奋战在一线的武警交通部队官兵。

●康涛主持召开市政府党组（扩大）会，传达学习市第十二次党代会精神，并就贯彻落实市党代会精神作部署。

●由市旅游局、鲤城区政府主办，泉州市自驾旅游协会承办的泉州市第三届自驾旅游节暨文化旅游嘉年华开幕。

●即日起，全市居民天然气价格及非居民天然气价格均下调。

●晋江安海乡贤蔡建立向青阳承祖慈善基金会捐赠善款4999999元，冠名成立“蔡裕怀、黄秀美慈善基金”。

郑新聪到德化指挥抢险救灾工作 看望慰问武警交通部队官兵

市委书记郑新聪到德化水口、南埕抢险救灾一线，了解和督促灾后恢复重建进展，看望和慰问奋战在一线的武警交通部队官兵。走访中，郑新聪得知所有受阻道路有望两日内打通时，郑新聪代表市委、市政府向官兵们作出的突出贡献表示衷心感谢和崇高敬意。他说，眼下抢险救灾取得阶段性的成果，但后续任务仍艰巨繁重，希望官兵们再接再厉，尽快打通公路，为“孤岛”开辟通道，让群众早日恢复正常生产生活秩序，同时要注意科学调度、劳逸结合，确保官兵们的休息和健康。他要求各级各部门，务必要主动靠前，妥善安排好食宿生活，做好各项服务，为官兵们抢险救灾提供坚强的后勤保障，军地携手，军民一心，坚决打赢这场抢险救灾的“攻坚战”。当天，郑新聪到武警交通部队在南埕镇的驻地，与全体在德化抢险救灾一线作战的武警部队官兵共进午餐，共度国庆佳节，送上节日祝福。

郑新聪到德化指挥抢险救灾工作　（图/王双季）

市政府召开党组（扩大）会传达贯彻市第十二次党代会精神

市政府党组书记、市长康涛主持召开市政府党组（扩大）会，传达学习市第十二次党代会精神，并就贯彻落实市党代会精神作部署。市政府副市长、党组成员，市政府办党组成员参加。

会议指出，党代会的精神集中体现在郑新聪所作的报告中，报告以“勇当建设‘新福建’领头羊 奋力开创‘五个泉州’新局面”为主题，在总结过去五年泉州经济发展成就和经验的基础上，进一步明确未来五年的努力方向和发展目标，并提出要实现这个目标，关键在于实施“两个打造”，推动“两个建设”，着力“六个提升”。

会议要求，市政府各部门各单位要迅速掀起学习贯彻热潮，准确把握精神实质，引导广大干部群众把思想统一到大会精神上来，把力量凝聚到大会确定的目标上来，把行动落实到大会部署的各项任务上来，全力推动各项事业又好又快发展。要围绕目标任务，对号入座、迅速行动、主动作为，分头落实各项重点工作。要把贯彻落实市党代会精神与全力抓好当前工作紧密结合起来，按照市委统一部署，认真落实“1+11”重建方案，力争在2017年春节前基本完成灾后重建工作；对照年度目标任务，认真查找差距，特别对于滞后指标、项目、措施，要深入查摆原因，努力迎头赶上，确保完成目标任务；全力推进“百日大会战”，带动固定资产投资顺利完成全年任务要求；要做好稳增长、供给侧结构性改革、防范金融风险以及创新驱动等重点工作，同步抓好“为民办实事”项目，以及人大代表建议、政协提案办理等工作。

全市居民天然气价格及非居民天然气价格下调

即日起，全市居民天然气价格及非居民天然气价格均下调。根据省物价局下发的《福建省物价局关于调整中海福建天然气有限责任公司天然气门站销售价格问题的通知》规定，全省非居民用户管道燃气终端销售价格由现行的每立方米2.566元调整为每立方米2.249元；居民生活用气阶梯价格：第一档用气价格由现行的每立方米3.246元调整为每立方米2.929元；第二档用气价格由现行的每立方米3.895元调整为每立方米3.515元；第三档用气价格由现行的每立方米4.869元调整为每立方米4.394元；各阶梯的年用气量维持不变。泉州于10月1日起执行新的天然气价格。年初，全市开始实行阶梯气价。市物价局对一万多户用气家庭进行抽样调查，第一档定量为280立方米，以保证居民生活正常用气为原则，考虑到家庭做饭、洗澡等基本生活用气，能满足80%以上家庭的用气量。第一档用气加第二档用气，基本能覆盖95%以上的居民。一户家庭一年用气按280立方米计算，气价调整后，一年可省88.76元。

金小桃到泉州考察调研“卫生健康大数据产业园”项目选址

国家卫计委副主任金小桃一行到泉州软件园等地调研，了解泉州市软件产业、卫生计生信息化的基础和发展态势，以及相关园区的建设配套情况。市领导康涛、陈灿辉参加调研。他表示，国家卫计委将建立统一权威的健康医疗大数据平台，同时制定管理办法，对数据采集、应用、储存及发布等实行统一指挥，坚持共建共享，互联互通；将选定信息化基础较好的部分省份试点建立健康医疗大数据中心及开展相关产业园建设，并借助大数据平台，为医务工作者提供继续教育平台及公众健康知识的科普服务。6月，国务院出台《关于促进和规范健康医疗大数据应用发展的指导意见》，部署通过“互联网+健康医疗”探索服务新模式、培育发展新业态，建设人民满意的医疗卫生事业，为打造健康中国提供有力支撑。国家卫计委拟建立的健康医疗大数据平台就是落实国务院部署的重要举措。

泉州36家新型科研机构投入研发资金3亿多元

从市科技局获悉，泉州市拥有新型科研机构36家，涵盖全市现有的传统制造业和新一代数字通信技术、物联网、工业设计和高端装备制造等领域。全市新型科研机构累计投入研发资金3亿多元。泉州市新型科研机构以若干企业或社会投资人联合投资建设，同时主动吸引民间创投机构投资入股。一方面引导社会民营资本转化为创新资本参与建设新型科研机构，带动企业加大研发投入，提升企业内生创新动力。同时，鼓励高校、科研院所和创新人才团队以技术和知识产权入股，实现产权多元化。另一方面，泉州市作为金融服务实体经济综合改革试验区，为民间资金投向科技领域、创新科技金融结合模式创造有利条件。

与此同时，泉州市通过新型科研机构等科技创新平台建设的人才集聚效应，引进培养一批具有原创精神和源头创新能力的研发人员和团队。全市纳入泉州智库管理产业科技专家1300多人，各领域权威专家534人，累计引进博士后研究人员95人（次），紧缺急需的服务业骨干人才约5000名，新增专利代理人17人、注册技术经纪人156人。不仅如此，泉州市通过新型科研机构承担和组织相应领域的行业共性关键技术攻关活动的深入实施，推动相关行业更多的专利产品和科技成果的产生。2016年前8个月，全市发明专利申请量和授权量分别为4057件和1008件，同比分别增长61.38%和62.06%。截至8月，每万人发明专利拥有量为4.15件。

泉州市服务农民服务基层文化建设成果展举行

由市委宣传部主办的泉州市服务农民服务基层文化建设成果展在市区源和1916创意产业园公共展厅举行。该次成果展集中展示德化县电影发行放映公司、惠安县崇武镇潮乐村农家书屋、南安市图书馆、晋江市安海镇文体服务中心、晋江市高甲柯派表演艺术中心、晋江市广播电视事业局等单位的文化建设成果，这些单位分别获得第五届和第六届全国“双服务”（服务农民、服务基层）先进集体称号。通过多年努力，泉州市“双服务”工作成绩突出、效果明显，基层文化越来越有声有色，基层群众特别是广大农民的文化权益得到进一步保障，老百姓得到的文化实惠越来越多。展览旨在展示近年来泉州市服务农民服务基层文化建设的突出成就，是泉州市宣传文化部门牢固树立以人民为中心的工作导向，坚持文化为民、文化惠民，不断提高基层公共文化服务水平，为建设“创新、智造、海丝、美丽、幸福”的现代化泉州贡献力量的生动写照。

第二十届福建对外新闻奖评选活动结束
泉州市6件作品获奖

第二十届福建对外新闻奖评选活动结束，泉州市6件作品获奖，获奖数量和级别居全省各地市首位。泉州市选送19件从不同角度反映泉州新发展、新风貌、新成就的作品参评新闻奖。其中，刊播于泰国BTU卫星电视台的《“市井十洲人”系列报道》和刊播于泉州网的专题《情系亚洲 逐梦海丝——第十四届亚洲艺术节暨第二届海上丝绸之路国际艺术节》等2件作品获二等奖，《千年瓷都沿着“海丝”走世界》《“互联网+李克强”再添新故事，泉州电商：总理来了，有信息》《海内外三千万泉州人共欢庆——第十四届亚洲艺术节》《海上丝绸之路印记》等4件作品获三等奖。此外，由泉州商报、闽南杂志社选送的2个侨刊乡讯版面获2015年度侨刊乡讯版面奖三等奖。

10月2日

星期日
农历丙申年九月初二
温度：25℃—32℃
阵雨

●国家卫计委副主任金小桃一行在省卫计委主任朱淑芳陪同下，到泉州考察调研“卫生健康大数据产业园”项目选址。

●从市科技局获悉，泉州市拥有新型科研机构36家，涵盖全市现有的传统制造业和新一代数字通信技术、物联网、工业设计和高端装备制造等领域。全市新型科研机构累计投入研发资金3亿多元。

●由市委宣传部主办的泉州市服务农民服务基层文化建设成果展在市区源和1916创意产业园公共展厅举行。

●第二十届福建对外新闻奖评选活动结束，泉州市6件作品获奖，获奖数量和级别居全省各地市首位。

●全市各交通枢纽车流量和客流量明显回落，道路交通运行总体平稳有序，未出现明显滞留。

10月3日

星期一
农历丙申年九月初三
温度：24℃—32℃
多云

●中央电视台新闻频道大型直播系列报道《江山多娇》播出第三集——海洋篇，开元寺、清净寺、草庵寺、公式埔渔村风情、六胜塔、石湖祥芝港渔船回归等多个泉州"海丝元素"集中亮相。

●市安监局、市委宣传部、市教育局、市文广新局、市总工会、团市委、市妇联印发《加强泉州市全社会安全生产宣传教育工作实施意见的通知》。

●通往塔兜、枣坑"孤岛"的"生命线"全线畅通。国庆节前，第17号台风"鲇鱼"携狂风暴雨重创德化南埕镇，15万立方米的土石倾泻而下，直接阻断通往塔兜村、枣坑村的南塔公路。经武警交通部队官兵、公路部门和当地干部群众5个昼夜的连续奋战抢通公路。

泉州"海丝元素"亮相央视《江山多娇》

中央电视台新闻频道大型直播系列报道《江山多娇》播出第三集——海洋篇，开元寺、清净寺、草庵寺、公式埔渔村风情、六胜塔、石湖祥芝港渔船回归等多个泉州"海丝元素"集中亮相。直播中，泉州历史悠久的海洋文化、"耕田牧海"的生活以及蓝色经济的发展前景，通过一个个唯美的镜头充分展现，时长约4分钟，向世界展示泉州的气魄和魅力。《江山多娇》大海篇的泉州部分，以一支带着近30吨鱼获的远洋捕捞船队缓缓靠向泉州港的渔港码头开场，"每年泉州港就有近8万吨水产品出口到30多个国家和地区。渔业贸易的繁华只是泉州的一个缩影，泉州港正从一个地区港口向国际性的开放型大港发展，而这并非首次，早在一千多年前，就曾发生。"以海为纽带，宋元时期的泉州"梯航万国"，从代代传承的蚵壳厝、公式埔女"簪花围"等风俗中可见一斑，"东方第一大港"的传奇故事以解说的形式娓娓道来。随着镜头的切换，北宋建造的伊斯兰教寺院清净寺、元朝建造的摩尼教寺院草庵寺、佛教寺院开元寺中的印度教遗迹——狮身人面像浮雕以及丝绸之路的象征——"飞天"等逐一呈现，用"世界宗教博物馆"泉州的丰富史迹佐证着中国包容多元宗教文化和世界观的自信。尾声，伴随着《我爱你，中国》的背景音乐，在离古老的六胜塔不远处，一艘艘集装箱货船从新的石湖码头起航。在面向广袤海洋的镜头中，海上丝绸之路历史联结未来的主题进一步升华。节目播出后，"海丝"泉州在广大市民和网友中引发热烈反响，大家纷纷以在朋友圈转发视频等形式，为泉州点赞。

泉州市加强安全生产宣传教育工作实施意见出台

市安监局、市委宣传部、市教育局、市文广新局、市总工会、团市委、市妇联印发《加强泉州市全社会安全生产宣传教育工作实施意见的通知》，要求采取切实有效的措施，通过5年左右的努力，使安全生产观念更加深入人心，全社会安全文明程度明显提高，人为因素引发的生产安全事故明显减少，人民群众的安全感明显提升。

相关链接：根据通知，泉州市将着力推进安全生产宣传教育重点工作，强化安全发展理念、安全生产措施和经验、安全生产法治、安全生产知识技能宣传教育，以及生产安全事故的警示教育。通过推进安全生产宣传教育重点工作，引导全社会深刻认识安全生产就是保生命、保健康、保幸福，营造安全生产人人有责、安全生产从我做起的良好氛围。展示安全监管监察队伍心系生命、忠于职守的高尚品质和精神风貌，树立安全生产新风正气。

根据通知，泉州市将通过加大主流媒体宣传教育工作力度、行业媒体宣传教育工作力度、安全生产网站群建设力度、安全生产新媒体矩阵建设力度，全力打造全媒体、分众化的安全生产宣传教育工作格局。各级党委宣传部门要推动建立党委政府统一领导、安全监管和宣传部门协同配合、新闻媒体积极参与的安全生产宣传教育工作体系，定期研究安全生产工作的宣传议题、新闻线索和报道素材，确保安全生产实际工作和宣传报道同部署、同推进。拓展网站互动服务功能，办好公众建言献策专栏和情景化导航服务系统。与门户网站建立共建共享工作机制，提升安全生产信息传播力影响力。

推进安全生产宣传教育进企业、进学校、进机关、进社区、进农村、进家庭、进公共场所等。推进安全生产宣传教育进企业，把安全生产教育培训纳入企业发展规划；推进安全生产宣传教育进学校，把安全教育纳入国民教育体系，在课堂教学、社会实践、团组织和少先队活动中严格落实安全教育内容；推进安全生产宣传教育进机关，把安全生产宣传教育纳入机关宣传教育的重要内容；推进安全生产宣传教育进社区，在社区、住宅小区因地制宜设置安全生产宣传牌（栏）、橱窗，宣传安全常识；推进安全生产宣传教育进农村，推动农村党支部、村民委员会在集市、村庄公共活动场所等地设置安全生产宣传橱窗、标语，开展经常性安全生产宣传教育；推进安全生产宣传教育进家庭，定期在中小学生中开展"安全伴我在校园""我把安全带回家"主题征文、演讲等活动；推进安全生产宣传教育进公共场所，各地区要在重要场所、重点地段、重要区域以及高速路口、过街天桥、道路隔离带、护栏、灯杆等醒目位置悬挂安全生产横幅、标语。

郑新聪到德化协调抢修抢通工作看望慰问受灾群众

市委书记郑新聪第三次到德化受灾最严重的南埕镇、水口镇，察看受毁公路抢通进展，徒步进入受灾村看望慰问群众。国庆节前，第17号台风“鲇鱼”携狂风暴雨重创德化南埕镇，15万立方米的土石倾泻而下，直接阻断通往塔兜村、枣坑村的南塔公路。经武警交通部队官兵、公路部门和当地干部群众5个昼夜的连续奋战，10月3日9时，通往塔兜、枣坑“孤岛”的“生命线”全线畅通，官兵们正抓紧清理消除安全隐患。在水口镇，石牛山下山路土布山路段塌方4000多立方米、水泥路面断裂50多米，一度将梨坑等4个村庄与外界阻隔。灾情发生后，军民协作抢通出一条应急便道。

在抢修抢通现场，郑新聪与武警交通部队三总队副总队长陈礼锦等部队领导一起研判和商议后续军地联合作战、加快推进的工作方案，要求军地协同，科学调配施工力量；创造条件，多点交叉、并进作业；党委政府全力做好保障工作。

郑新聪一行徒步进村，实地了解灾后重建工作，慰问转移至安置点的受灾群众和此次“鲇鱼”台风中遇难者的家属，表达党委政府的关心。

走访中，郑新聪代表党委政府多次对“鲇鱼”台风防御和灾后重建工作中广大部队官兵给予的有力支援表示感谢，对广大镇村基层干部与群众坚守一线的优秀作风，以及灾区人民群众的理解配合给予肯定。他强调，县、乡两级党委政府和广大党员干部要继续发扬不畏艰苦、连续作战的精神，始终和群众同甘共苦；要加大清淤、消杀和卫生防疫工作力度，持续做好受灾群众基本生活、医疗保障；要科学选址重建家园，引导群众用好叠加政策，尽快恢复生产生活秩序。

受灾村民慰问救援官兵　　（图/陈起拓 戴涵琦）

泉州被环保部命名为“国家生态市”
丰泽鲤城晋江石狮惠安5县（市、区）同时上榜

环保部发布公告，授予40个市、县、区“国家生态市、县、区”称号，福建省17个市（县、区）上榜，数量最多。其中，泉州市及丰泽区、鲤城区、晋江市、石狮市、惠安县均上榜，此次获命名数量居全省首位。至此，泉州市本级和德化、永春、南安、安溪、洛江、丰泽、鲤城、晋江、石狮、惠安10个县（市、区）获得国家生态市、生态县（市、区）正式命名。

相关链接：2003年2月，泉州市委、市政府提出生态立市、环保立市发展理念，先后出台30多份政策文件，抓好生态环境保护与建设，推进环境保护与污染治理设施建设、产业结构转型升级、“江河湖海”整治、严厉查处环境违法违规行为、环境保护能力建设、环境风险防范、全民环境保护意识培育等重点工作，在经济总量连续17年领跑全省的同时，生态环境质量持续向好，多项考核指标保持优良。“十二五”以来，泉州全面加快推进国家生态市建设，坚持体制机制创新，以生态保护倒逼绿色发展，全市初步形成节约能源和保护生态环境的产业结构、增长方式、消费模式，生态文明建设框架基本成型，并通过国家环保模范城市复核验收。生态建设和各项环境保护工作持续走在全省前列。

安哥拉新闻代表团到泉州考察

非洲国家安哥拉新闻代表团一行10人到泉州实地感受“海丝”文化魅力。代表团一行先后参观开元寺、泉州海上交通史博物馆、崇武古城等。每到一处，丰富的历史遗存和文化故事都深深吸引着代表团成员。在海交馆，来自非洲的新闻工作者们第一次了解到800多年前就有泉州出发的商船抵达非洲沿岸国家时，无不感慨两地穿越古今的情谊和缘分。代表团一行还参观泉州晚报社新媒体中心、采编平台等，了解报社新媒体矩阵、采编流程、组织结构等，双方媒体就“新媒体如何运营”“报纸客户端发展情况”等进行探讨。

10月4日

星期二
农历丙申年九月初四
温度：25℃—30℃
雷阵雨

●郑新聪第三次到德化受灾最严重的南埕镇、水口镇，察看受毁公路抢通进展，徒步进入受灾村看望慰问群众。

●泉州被环保部命名为“国家生态市”，丰泽鲤城晋江石狮惠安5县（市、区）同时上榜。

●非洲国家安哥拉新闻代表团一行10人到泉州考察，实地感受“海丝”文化魅力。

●从市灾后重建工作领导小组办公室获悉，受“莫兰蒂”与“鲇鱼”台风影响，全市350个在建重点项目有48个因受台风“莫兰蒂”影响不同程度受灾，其中南安市41个，安溪县3个、永春县3个、德化县1个。经受灾县市党委政府强化调度，至4日，48个项目全部复产复工，复工率100%。

10月5日

星期三
农历丙申年九月初五
温度：26℃—30℃
多云

●兴泉铁路宁化至泉州段先行开工检查及征迁动员会召开，兴泉铁路先行段开工建设。

●泉州老年医院建设项目启动。

●福州大学晋江科教园开工建设。

●菲律宾总统杜特尔特签署再委任旅菲晋江籍侨领、上好佳集团董事长施恭旗为“菲律宾总统中国事务特使”的文件。

●受“莫兰蒂”与“鲇鱼”台风影响，至10月5日，专养公路阻断累计35处，全部抢通。全市专养公路累计路树伏（倾）倒6558棵，路面积水15.13公里，标志牌受损63面，溜方97721立方米/431处，塌方16543立方米/45处，防护挡墙损毁1544立方米/8处，共计损失约1858万元。

兴泉铁路先行段开工建设

兴泉铁路宁化至泉州段先行开工检查及征迁动员会召开，兴泉铁路先行段开工建设。兴泉铁路是由江西省兴国县至福建省泉州市的国家一级铁路，是一条客货兼顾的干线铁路。线路起于三明宁化县，经清流、明溪、永安、大田和泉州德化、永春、安溪、南安，终至福厦铁路泉州站，正线长约302公里，按时速160公里的标准设计建设，工期4.5年，总投资273.4亿元。兴泉铁路在泉州市境内除漳泉肖铁路既有的惠安站和福厦铁路既有的泉州站外，新建5个站，分别为德化站、永春站、安溪东站、黄塘站以及南安北站。建成后，德化站、永春站、安溪东站、南安北站、泉州站等5个站点办理客运，德化站、永春站、安溪东站、南安北站、黄塘站和惠安站等6个站办理货运。按计划，兴泉铁路开通后，德化、永春、南安、安溪每日均开通多对客车到福厦铁路泉州站。

兴泉铁路宁化至泉州段是国家铁路网干线和福建省“三纵三横”铁路网重要组成部分。该项目西与蒙西至华中铁路、京九铁路、衡茶吉铁路衔接，东与福厦铁路衔接，是泉州等中部沿海港口的重要后方通道，也是福建省沿海与内陆腹地的铁路运输大通道。该项目建设对增强泉州等福建省中部港口向中西部地区辐射能力，完善国家能源战略布局和增强煤运通道机动灵活性等意义重大。同时，该线路途经宁化、清流、明溪、永安、大田、德化、永春、安溪等革命老区和沿海地区，对贯彻落实国家精准扶贫战略，加强山海协作，有力带动沿线经济社会发展和改善人民生活条件等具有重要意义。

泉州老年医院建设项目启动

市老年医院建设项目启动，市政府决定将地处中心市区刺桐路中段的市工商局原办公大楼，整体作为市老年医院业务用房，医院将按三级医院标准建设，设300张病床，并适当延伸设置200—300张家庭病床，重点发展老年医疗保健、心脑血管、老年康复、中医养生、健康养老等相关业务。医院选址地处市区黄金地段，位置适宜，交通较为便利，方便广大群众就医及开展家庭病床服务。市老年医院的筹建工作全面启动，由市第一医院负责建设和管理，第一医院成立筹建工作机构，展开相关工作。

相关链接：健康养老是推进健康中国建设的重要内容，市委、市政府高度重视，将健康养老纳入“五个泉州”的“幸福泉州”建设，并将老年医院列入泉州市“十三五”医疗卫生重点建设项目，为老年人提供连续的健康管理服务和医疗服务。“十二五”期间，泉州市加大老年医疗卫生投入，调整、扩充老年康复病床490张，全市28家二级以上综合医院均开设老年服务窗口，并开展预约诊疗服务。其中，市一院、福医大附二院设有老年病区，市中医院设有老年康复科，为老年人提供更专业的医疗服务。同时，泉州市鼓励有需求和具备条件的养老机构与医疗机构开通绿色通道，健全完善医养融合机制，实现资源共享。

福州大学晋江科教园开工建设

位于晋江金井镇的福州大学晋江科教园区举行试桩（开工)仪式，随着第一根桩基试桩成功，标志着项目正式转入建设阶段。福州大学晋江科教园区控制性规划用地66.67公顷，计划总投资近20亿元。项目按“二院二园”布局。“二院”即研究生院和本科学院，均为全日制高等教育，专业设置上，将结合福州大学优势学科，紧密对接晋江乃至闽南地区经济社会发展需求，尤其是产业发展需求。“二园”即福州大学国家大学科技园晋江分园和福州大学大学生创业教育园，科技园包括福州大学晋江研究院、校企合作研究中心等。该项目已完成PPP项目招投标、一期立项手续报批及一期土地使用权办理，项目公司已成立，现正抓紧推进基建手续报批、“二院”启动区建筑施工图设计；完成“二院”范围内的土方回填及部分建筑的地勘工作，建设现场通水通电，正抓紧推进临时设施搭建；周边配套道路经三路、纵一路建设也抓紧推进。

旅菲晋江侨领担任菲律宾总统中国事务特使

菲律宾总统杜特尔特签署再委任施恭旗为“菲律宾总统中国事务特使”的文件。施恭旗曾被前总统阿基诺三世和阿罗约任命为菲律宾总统中国事务特使，这是他第三次担任“菲律宾总统中国事务特使”。施恭旗，生长于菲律宾，祖籍晋江龙湖前港，菲律宾总统中国特使，菲律宾宋庆龄基金会董事长，上好佳（国际）有限公司名誉董事长。

康涛到德化安溪检查指导灾后重建工作

市长康涛到市防汛抗旱指挥部，了解台风实时情况和未来走向，对相关防御工作提出要求，并到德化、安溪检查指导灾后重建工作，慰问灾区干部群众和参加抢险的部队官兵。市领导林万明、肖汉辉参加。穿行在德化南埕镇，塌方的道路陆续抢通。9月28日台风“鲇鱼”登陆泉州后，武警交通部队调集八支队一大队连夜从福州市赶到受灾较重的德化县，担负起水口镇和南埕镇多条断通公路和损毁桥梁的抢修任务。康涛来到南埕镇实践基地，感谢连续奋战8天9夜的武警交通部队官兵为抢险救灾付出的辛勤劳动，并叮嘱他们一定要注意安全、注意休息。检查中，康涛走进受灾严重的德化水口镇梨坑村集中安置点，仔细询问了解安置群众吃住等基本生活情况。在安溪县感德镇，康涛到茶叶生产基地，查看茶园受损情况，走访茶叶合作社及相关茶企，和茶商茶农们亲切交谈，要求各级政府各相关部门主动靠前服务，指导茶农开展抢收，最大程度减少茶农损失。走访中，康涛代表市委、市政府，对广大部队官兵在台风防御和灾后重建工作中给予的有力支援表示感谢，对各级干部与群众共担风雨、共度难关的工作作风表示肯定，对灾区群众的自力更生、顽强自救表示赞赏。就下阶段工作，康涛要求，要按照市委部署和全市“1+11”灾后重建工作方案，推进灾后重建各项工作。要继续妥善安置好受灾群众，保证受灾群众有饭吃有衣穿有住处；尽快恢复学校、医院、农贸市场等公共服务，让群众生活秩序早日步入正常轨道；开通台风灾害理赔绿色通道，下放理赔权限，改善理赔服务，做到应赔速赔、应赔尽赔，促进灾后恢复和重建顺利进行。

永春被纳入国家重点生态功能区

中国政府网发布《国务院关于同意新增部分县（市、区、旗）纳入国家重点生态功能区的批复》，原则同意国家发展改革委会同有关部门提出的新增纳入国家重点生态功能区的县（市、区、旗）名单，永春县从全省申报的22个县市中率先突围入选，是全市唯一上榜的县。作为戴云山脉生态功能带的重要支点和泉州重要水源地，永春县致力于绿色发展，实施系列生态功能项目和生态制度试点示范，创新成效显著，不仅流域治理、美丽乡村和宜居环境建设成为示范标杆，而且是全省唯一同时承担国家发改委主导的主体功能区建设、生态保护与建设等国家试点的县。

泉州15个德育项目获省级立项

省教育厅公布100个中小学德育建设示范项目，市教育局组织申报的15个中小学德育项目正式获省级立项。泉州获省级立项的德育建设示范项目分别是《加强劳动教育，提升育人实效》（泉州市教育局）、《多元评价学生综合素质》（泉州第五中学）、《中学体验式德育主题活动的课程建设》（泉州第一中学）、《构建劳动课程体系，加强劳动阵地建设》（泉州市实验小学）、《多元融合、个性发展，呵护外来务工子女健康成长》（泉州经济技术开发区实验学校）、《以美养德——以“五美”育人的实践研究》（丰泽区实验小学）、《学生自我服务日》（泉州第十一中学）、《高中学生社团建设与管理探究》（泉港区第一中学）、《夯实社团平台，丰富育人内涵——学生自主自助管理实践》（南安市华侨中学）、《“青年周恩来的读书生活”主题楼道文化阵地建设与德育实践研究》（石狮第一中学）、《精心打造交通安全生命教育路》（晋江市青阳街道中和中心小学）、《主题统领 创新德育工作新模式》（惠安县八二三实验小学）、《加强青春健康教育 彰显学校德育特色》（安溪第八中学）、《学生心理危机预警机制建设》（永春华侨中学）、《“以武育德、以武强志”——太极拳特色学校》（泉州台商投资区洛江中学）。

“迎灯宴祖”文艺踩街活动和祭祖仪式在安溪举行

清朝名相、文渊阁大学士李光地的诞辰，上千名李氏后代返回安溪县湖头镇，在李光地故居张灯结彩，举办“迎灯宴祖”文艺踩街活动和祭祖仪式。一支由78米夜光长龙、数百盏大红灯笼、康熙皇帝及雍正皇帝御赐牌匾、腰鼓队、“御前清客”南音队等组成的“迎灯宴祖”文艺踩街队伍，浩浩荡荡穿梭在镇区大街小巷，规模空前，在当地尚属首次。

10月6日

星期四
农历丙申年九月初六
温度：25℃—29℃
阵雨

●康涛到市防汛抗旱指挥部，了解台风实时情况和未来走向，对相关防御工作提出要求，并到德化、安溪检查指导灾后重建工作，慰问灾区干部群众和参加抢险的部队官兵。

●中国政府网发布《国务院关于同意新增部分县（市、区、旗）纳入国家重点生态功能区的批复》，原则同意国家发展改革委会同有关部门提出的新增纳入国家重点生态功能区的县（市、区、旗）名单，永春县从全省申报的22个县市中率先突围入选，是全市唯一上榜的县。

●省教育厅公布100个中小学德育建设示范项目，市教育局组织申报的15个中小学德育项目正式获省级立项。

●“迎灯宴祖”文艺踩街活动和祭祖仪式在安溪举行。

10月7日

星期五
农历丙申年九月初七
温度：25℃—30℃
阴

●国庆黄金周期间，泉州接待境内外游客277.91万人次，同比增长8.7%；实现旅游收入23.12亿元，同比增长10.1%。

●“润物无声——古城保护与微更新展示周”闭幕。

泉州国庆黄金周实现旅游收入23.12亿元

国庆黄金周期间，泉州接待境内外游客277.91万人次，同比增长8.7%；实现旅游收入23.12亿元，同比增长10.1%。2016年国庆黄金周，泉州受之前台风“莫兰蒂”“鲇鱼”影响，永春云河谷、魁星岩和德化石牛山、云龙谷等东线景区均处于关闭重建状态，山区部分景区基础设施受损尚未完全恢复。虽然长线游客与往年相比有所减少，但本地游、短线游等依然火爆，国庆7天的总游客量比上年同期有所增长。乡村旅游持续火爆，到乡村进行休闲、观光、度假旅游，“品味自然、回归乡村、体验慢生活”成为市民旅游的新时尚。国庆期间，各个乡村旅游景点游人如织。据统计，热门乡村游地点例如永春县岵山古镇接待游客1.21万人次，洛江田格里拉生态园接待游客1.568万人；后深溪旅游区接待游客2.035万人次；泉港樟脚古民居、红星生态园和惠屿岛等景点接待游客10万多人次。随着泉州东亚文化之都、海上丝绸之路起点等品牌效应的不断凸显，“海丝泉州”旅游品牌渐入人心，到泉州探寻“海丝”之旅，品味古城文化游客逐渐增多。开元寺、清净寺、天后宫、关岳庙等著名宗教旅游景点仍是游客首选，其中开元寺接待游客7.4万人次；国家AAAA级景区源和1916文创园游客络绎不绝，西街、三朝巷、旧馆驿、聚宝街等老街巷也吸引众多自助、背包游客。随着第三届自驾旅游节举办，江滨石笋公园人潮涌动，日接待近万人次。辖区内星级旅游住宿设施客房平均出租率达到80%以上，古城民宿客栈更是一房难求。

游客在开元寺游玩　（图/戴涵琦）

游客在“海丝”公园游玩　（图/陈小阳 林劲峰）

泉州古城保护与微更新展示周活动闭幕

“润物无声——古城保护与微更新展示周”闭幕。展示周活动包括7个展览，即《鲤城进行时》古城保护及更新设计群展、《匠心西街》主题展、80/90四人展、《我们的家园》主题展、《百年沧桑》泉州古城老照片展、《文学影响与空间》台湾交大建筑竞图展、《记忆》在地人文纪录片展映。每个展览都凝聚主办方泉州古城保护发展工作协调组、承办方市古城办、执行方市古城公司和泉州师范学院美术与设计学院对古城历史文化和城市的认知。《鲤城进行时》古城保护及更新设计群展、《匠心西街》主题展位于西街116号后座洋楼。前者由“城市客厅”“工作室”“历史乐章”三部分组成。其中，“工作室”展示三朝巷、金鱼巷、象峰巷、万寿路城市街巷空间，也展示西街肃清门广场改造、西街116号保护修缮等4个建筑空间节点，让人清楚看懂未来古城老街巷、老片区的模样。陈光纯故居一楼，展示着泉州古城许多老照片：清光绪年间的城墙、20世纪中叶的威远楼、1945年的清净寺、惠世医院（二院）等，涉及古城历史文化、政治经济以及民众生活等各方面。陈光纯故居二楼的口述历史采集亭，内设有现场录播装置，便于来访者在此记录下属于他们自己的口述历史。

展览现场　（图/吴寿民）

市政府第一一〇次常务会议召开

市长康涛主持召开第一一〇次市政府常务会议，听取全省国有企业改革座谈会议精神及泉州市贯彻意见的汇报，研究《泉州市管道燃气价格联动暂行规定》《关于建设“诚信泉州”优化金融生态环境的实施意见》等。

会议指出，深化国有企业改革，完善国有资产运营体系，有利于进一步激发国有企业活力，对于推动经济发展提质增效具有重要意义。会议要求，抓紧出台有关加快深化国有企业改革的实施意见，对市本级国有资产展开全面调查摸底，推进市直部门与所办企业脱钩；建立并完善人才队伍引进、培养、管理、监督等机制，提升国有企业管理水平；统筹调配国有资产资源，做大做强国有企业；落实国企监管制度，创新监管方式，提高国企效益和竞争力。

会议研究通过《泉州市管道燃气价格联动暂行规定》（以下简称规定）。会议要求，规定出台后，要严格按照规定制定的联动机制，及时调整管道燃气终端销售价格；要加大对天然气价格政策执行情况的监督检查力度，有效化解价格矛盾，促进管道燃气行业健康发展。

会议研究通过《关于建设“诚信泉州”优化金融生态环境的实施意见》。会议指出，推进“诚信泉州”社会信用体系建设，加强对恶意逃废债务行为的防范、打击和惩治力度，有助于防范化解企业信贷风险，改善和优化泉州市金融生态环境。要建立信用激励机制，推进商务诚信建设；要加强信息收集，实施分类处置，通过建立重点企业约谈训勉、“黑名单”等相关制度，严厉打击恶意逃废债等失信行为，维护良好金融秩序。

泉州防暴雨Ⅳ级应急响应启动

市防汛抗旱指挥部发出《关于进一步做好防御“艾利”台风和强降雨工作的紧急通知》（以下简称通知），要求由市防汛办牵头协调国土、气象、市政、旅游、海洋渔业等部门做好防强降水及防风浪工作。市防汛抗旱指挥部于8日19时30分启动防暴雨Ⅳ级应急响应。

通知要求，各级防汛部门和国土、气象、水文、市政、旅游、海洋渔业等部门要加强24小时防汛值班和领导带班，及时发布相关预警信息，适时作出安排部署。各地和国土部门要加强新旧地质灾害点、高陡边坡隐患点、山洪易发区等危险部位的巡查监测，果断转移受威胁群众，严防强降水诱发的山体滑坡、塌方、泥石流等次生灾害。沿海各地和海洋渔业、旅游等部门要加强滨海旅游景区景点、海边游客、渔排人员、作业渔船的安全管理，严防渔船到北纬23°以南作业。市政部门要组织力量对城乡排水沟渠和泵站进行巡查，及时消除阻水杂物，加强涝水抽排工作。

受台风“艾利”和较强冷空气共同影响，8日10时至17时，全市有10个站点降雨量超过50毫米，其中南安桃源站104毫米，安溪龙涓站93毫米，洛江惠女库区站87毫米。据气象部门预报，9日，泉州沿海风力将逐渐加大至9—10级阵风，全市有较强降水，部分乡镇有暴雨，局部大暴雨，累计雨量可达50—100毫米，局部超过100毫米。

香港泉州市同乡总会商务考察团到泉州访问

8—10日，香港泉州市同乡总会商务考察团到泉州访问。受市委书记郑新聪委托，市长康涛会见考察团一行。市领导陈奕辉、翁祖根、吕竞、苏小青等参加会见。康涛感谢香港泉州市同乡总会和各位乡贤多年来为家乡发展做出的贡献。他指出，希望旅港乡亲常回家看看，多为家乡发展建言献策；也欢迎乡贤回乡投资创业，为“五个泉州”建设做出新贡献。

肖汉辉到市方志委调研

市政府党组成员肖汉辉到市方志委，看望地方志工作者。在听取市方志委常务副主任张惠评简要工作汇报后，肖汉辉对近年来泉州市方志工作取得的成绩表示充分肯定，勉励大家继续弘扬直笔著史、甘于寂寞、无私奉献的方志人精神，发挥好存史、资政、教化的作用，为古城文化复兴和文化强市建设作出新的贡献。

调研现场　　（图/高　磊）

10月8日

星期六
农历丙申年九月初八
温度：22℃—28℃
中雨

●《泉州晚报》全文刊登郑新聪在在中国共产党泉州市第十二次代表大会上所作的报告《勇当建设“新福建”领头羊　奋力开创“五个泉州”新局面》。

●康涛主持召开第一一〇次市政府常务会议，听取全省国有企业改革座谈会议精神及泉州市贯彻意见的汇报，研究《泉州市管道燃气价格联动暂行规定》《关于建设“诚信泉州”优化金融生态环境的实施意见》等。

●8—10日，香港泉州市同乡总会商务考察团到泉州访问，康涛会见考察团一行。

●市防汛抗旱指挥部发出《关于进一步做好防御“艾利”台风和强降雨工作的紧急通知》，要求由市防汛办牵头协调国土、气象、市政、旅游、海洋渔业等部门做好防强降水及防风浪工作。市防汛抗旱指挥部于8日19时30分启动防暴雨Ⅳ级应急响应。

10月9日

星期日
农历丙申年九月初九
温度：20℃—22℃
中雨

●《泉州晚报》头版头条刊载郑新聪、康涛署名文章《致全市老年朋友的慰问信》。

●郑新聪到安溪县宣传贯彻市第十二次党代会精神，开展精准扶贫、灾后恢复重建、移民安置、产业发展等工作调研。

●9—12日，泉州市台办、泉州市台联主办的、以"故地行 一家亲"为主题2016返台定居乡亲泉州行活动在泉州举行。

●"海丝情·中国梦"华人华侨（晋江）祭孔大典暨第三届晋台青年共祭孔子大典在晋江举行，来自美国、波兰、新加坡、菲律宾等国家的华人华侨和台湾同胞代表参加。

●第十四届澳门妈祖文化旅游节开幕并举行妈祖祭典仪式，来自泉州、漳州的70人团队受邀参加，南音、火鼎公婆、骑驴探亲、公背婆、大笼吹等闽南传统民俗表演精彩亮相。

●9—12日，以"奉献与传承"为主题的画展在泉州举办，著名领袖人物肖像画家吴茂全，偕其17名学生到泉州办展。

致全市老年朋友的慰问信

中共泉州市委书记　郑新聪
泉州市人民政府市长　康　涛
（2016年10月9日）

老年朋友们：

在全市上下深入贯彻市第十二次党代会精神之际，迎来老年节和"敬老月"。我们谨代表泉州市委、市政府，向你们致以节日的问候和美好的祝愿！

老年人是事业的奠基人和开拓者，老年是有作为、有进步、有快乐的重要人生阶段。在不同的历史时期，你们在各条战线上披荆斩棘、艰苦创业，为革命建设、改革发展、泉州各项事业进步挥洒热血、奉献青春年华。如今，你们仍不忘初心、老有所为，用自己的优良品行、经验和威望优势，在促进家庭和睦中言传身教，在推动事业继往开来中传帮带，在化解社会矛盾、维护社会稳定中传递正能量，展现了老年人自尊、自立、自强的健康心态和良好风貌。

满足老年群众多方面需求，是应对人口老龄化、全面建成小康社会的重要内容。当前，全市60岁以上老年人口95.3万，占人口总数12.68%。全市各级各部门要深入贯彻习近平总书记关于老龄事业发展重要讲话精神，重视老龄工作，不断完善家庭赡养和扶养、社会救助、社会福利、社会优待、宜居环境、社会参与等政策措施，加快建立居家为基础、社区为依托、机构为补充、医养相结合的养老服务体系。大力发展慈善事业、养老服务业和老龄产业，提升普惠性老年健康医疗福利，增加养老养生、健康管理、体育健身等多元服务供给，力争2020年全市每千名老年人拥有的养老床位数达35张，切实让老年人享有健康、尊严、幸福、安乐的晚年。

"老吾老，以及人之老"，是中华民族的传统美德。我们要认真开展"敬老月"活动，围绕"敬老爱老，全民行动"主题，组织走访慰问、志愿服务、老年人才艺展演、孝典评选宣传等，推动各项惠老优待政策落到实处，弘扬孝亲敬老文化，教育年青一代自觉承担家庭责任、社会责任，增强全社会接纳、尊重、帮助老年人的关爱意识。

衷心希望全市老年朋友们在安心养老、颐养天年的同时，一如既往关心支持各级党委、政府的工作，为建设"创新、智造、海丝、美丽、幸福"的现代化泉州鼓劲出力。

祝全市老年朋友们节日快乐、生活幸福、健康长寿！

郑新聪到安溪县开展精准扶贫等工作调研

市委书记郑新聪到安溪县宣传贯彻市第十二次党代会精神，开展精准扶贫、灾后恢复重建、移民安置、产业发展等工作调研。市领导翁祖根参加调研。郑新聪提出六点要求。一要深入宣传贯彻市第十二次党代会精神，落实好"二二六"工作部署。二要争当山区县域方阵的排头兵，在发展新产业上迅速抢位，在提升根基产业上下足功夫，舍得投入引进创新人才要素。三要把精准扶贫作为第一民生工程，认准对象一户一策、发动社会力量参与、分期分批推进。四要细化落实灾后恢复重建省"1+9"、市"1+11"方案，持续整体推进。五要统筹抓好稳增长、促投资、防风险，全力攻坚"百日大会战"，呵护好诚信环境和金融生态。六要坚持不懈抓好党的建设，既要严格要求干部也要鼓舞士气，积极调动广大党员干事创业精气神。

返台定居乡亲泉州行活动在泉州举行

9—12日，市台办、台联主办的、以"故地行 一家亲"为主题2016返台定居乡亲泉州行活动举行。活动旨在推动返台定居乡亲故地重游，了解闽台历史文化传承，感受泉州传统文化魅力。活动内容包括，泉州返台定居乡亲代表、台商代表、定居泉州台胞代表参加座谈会；参观中国闽台缘博物馆、晋江五店市传统街区、石狮永宁古街等地，了解泉州文化、经济、社会变化情况；组织返台定居乡亲回原居住地开展恳亲活动等。

活动现场　（图/陈晓东）

郑新聪检查指导防御台风“艾利”工作

市委书记郑新聪到市防汛抗旱指挥部召开防汛会商会，逐一听取水文、气象、水利等部门情况汇报，针对全市防御第19号台风“艾利”和强降雨可能引发的次生灾害作进一步部署。市委常委、市政府副市长林万明，市政府党组成员肖汉辉参加会商。

郑新聪强调，人的安全是防御此次强降雨的首要目标和第一要务，各地要根据风情雨情可能造成的灾害来设防，妥善做好人员转移避险工作，确保干部群众和施工抢通、救灾重建队伍的人身安全。对于已经转移、目前仍在安置点的群众，要做好生活保障，防止回流；对于此前转移、现已回家的群众，镇、村干部要逐一上门回访勘察，根据需要及时组织再转移；对于两次台风造成的新隐患点和危房点的群众，要立即转移，并采取临时过渡安置措施。要科学开展水库流域的调水及病险水库的除险工作，水利部门要派出若干工作组，加强对水库和山围塘的检查、监测；市政部门要加大内涝防范，预置力量设备，及早排涝除险；国土、安监等部门要加强对尾矿库等重点部位和新地灾点的巡查监测，督导当地做好风险防范措施。要加强旅游景点的管控，特别是沿海滨海景区和山区美丽乡村景点，要根据风情雨情，适时关闭景区、疏导游客，防止发生意外事故。要做好在德化帮助救灾的武警部队的联络联系和后勤服务，保障部队全身心投入救灾和灾后恢复重建工作。

市政府市政协专题协商社会救助工作

市政府、市政协召开专题协商会议，围绕“健全泉州社会救助体系”议题进行专题协商，征求市政协委员的意见。市领导康涛、陈灿辉、林万明、张永宁、吴共湖等参加会议。

市长康涛指出，市政府历来高度重视社会救助工作，加大统筹推进力度，不断创新工作机制，探索出不少经验做法，但泉州社会救助仍存在一些困难和瓶颈。此次专题协商选题意义重大，市政协会前准备充分，委员们的发言有思考、有见地，相关部门要认真整理、吸收、采纳，并分解落实到具体工作中。

就做好泉州社会救助工作，康涛要求，要突出源头把关，确保精准救助，加快完善社会救助家庭经济状况核对机制，用好信息核对平台，实现社会救助对象的准确、高效、公正认定。要加强统筹整合，提升救助能力，发挥好社会救助工作协调小组作用，合理调度使用救助资金、物资、设施、信息等资源；同时，加强社会救助内部各项制度，以及社会救助与其他民生保障工作的相互衔接，形成梯次保障结构。要调动各方力量，汇聚救助合力，强化政府在社会救助中的主导地位，不断加大财政投入，增强政府兜底的“内生力”；广开社会救助渠道，鼓励更多的慈善机构、爱心企业和爱心人士积极参与社会救助，多渠道、多层次壮大救助资金；通过组织劳动技能培训、安排劳动就业等办法，逐步推动“输血式”救助向“造血式”救助转变。要注重督促检查，推动工作落实，强化对社会救助工作各个节点的督查，建立社会救助监督检查长效机制，定期开展社会救助专项清理和整顿活动，确保社会救助制度公平实施。

康涛希望市政协一如既往地关心、支持、监督、帮助政府做好工作，深入调查研究，积极建言献策。市政府将进一步加强与政协的沟通联系，广泛征求政协委员的意见和建议，不断提高决策质量；全力做好政协委员参政议政的服务保障工作，虚心听取政协委员的意见、建议和批评，不断提高施政效果。

著名领袖人物肖像画家吴茂全到泉州办画展

9—12日，一场以“奉献与传承”为主题的画展在泉州举办，著名领袖人物肖像画家吴茂全偕其17名学生办展。画展汇集吴茂全兄妹历年精品画作和一批传承吴茂全艺术薪火的杰出艺术家的力作。展出作品近百幅，涵盖油画、中国画、漆画、水印版画等多个画种，其中有不少作品系首次在泉州展出。吴茂全祖籍泉州，其父是泉州著名老字号“仿西画室”的创始人，受父亲影响，吴茂全自幼学画。13岁便开始帮助家里画肖像画维持生计，而后进入厦门鹭潮工艺美术学校学习。吴茂全是画毛主席肖像最多的画家之一，迄今为止，由他创作的毛主席油画像已逾千幅。其《毛泽东系列》油画，以细致的手法描绘了青年时代、壮年时代、老年时代的毛泽东，表现了这位历史伟人的精神境界。

10月10日

星期一
农历丙申年九月初十
温度：19℃—22℃
阵雨

●郑新聪到市防汛抗旱指挥部召开防汛会商会，逐一听取水文、气象、水利等部门情况汇报，针对全市防御第19号台风“艾利”和强降雨可能引发的次生灾害作进一步部署。

●市政府、市政协召开专题协商会议，围绕“健全泉州社会救助体系”议题进行专题协商，征求市政协委员的意见。

●9—12日，一场以“奉献与传承”为主题的画展在泉州举办，著名领袖人物肖像画家吴茂全偕其17名学生办展。

10月11日

星期二
农历丙申年九月十一
温度：20℃—25℃
阴

●市委召开常委会，分析2016年前三季度全市经济运行情况，部署第四季度经济工作。

●第二届海上丝绸之路国际艺术节——中外戏剧展演暨第六届中国木偶皮影中青年技艺传承展演在市区梨园古典剧院开幕。

●11—12日，市人大常委会组织对市十五届人大七次会议代表建议、批评和意见办理工作情况进行考察。

●十一届市政协常委会第三十一次会议召开，会议围绕“加大创新扶持力度，加快企业转型升级步伐”议题协商建言。

●由中国国际广播电台和纪录中国理事会倡议，国内多家重要纪录片制作和播出机构联合发起的“一带一路”纪录片全媒体国际传播平台在泉州举行启动仪式。

●石狮54家骨干面辅料企业抱团参展2016上海国际面辅料展。

●南安市首届“成功杯”室内设计大赛启动。

●2016年中国（泉州）高端制造业（智能轴承）高峰论坛在泉州举行。

中外戏剧展演暨第六届中国木偶皮影中青年技艺传承展演开幕

第二届海上丝绸之路国际艺术节——中外戏剧展演暨第六届中国木偶皮影中青年技艺传承展演在市区梨园古典剧院开幕。文化部原副部长、中国艺术研究院名誉院长王文章宣布开幕。中国作协副主席、原作协书记处书记廖奔，国家文物局副局长刘曙光，中国戏剧家协会分党组书记、驻会副主席季国平，联合国教科文组织国际木偶联会中国中心主席、中国木偶皮影协会会长李延年；泉州市领导康涛、张建生、周真平、李冀平，与“海丝”联合申遗城市代表、戏曲保护传承领域的专家学者等国内外嘉宾一同出席开幕式。

开幕式后，《丝海秋韵》专场演出上演，文都歌舞庆盛会《东亚礼赞》、千年戏俗弄嘉礼《嘉礼献瑞》、铿锵“海丝”呈异彩、梅花俏傲领春天等八个篇章，呈现多姿多彩的戏曲文化，浓墨重彩展示泉州“戏窝子”风采。

演出现场　（图/张九强）

十一届市政协常委会第三十一次会议召开

十一届市政协常委会第三十一次会议召开，会议围绕“加大创新扶持力度，加快企业转型升级步伐”议题协商建言。市政协党组书记陈灿辉，副主席吴共湖、许连捷、苏小青、骆沙鸣、陈铭福、王祖耀、李冀平、王瑞强、陈益，秘书长洪川夫，党组成员陈伟平参加。市政府领导肖汉辉应邀参会。会议协商通过有关人事事项，市委组织部负责人到会作人事任免说明。政协第十一届泉州市委员会部分工作机构负责人任免名单：方建生任政协泉州市委员会副秘书长、办公室主任；李金鼠任政协泉州市委员会副秘书长；梁云南任政协泉州市委员会提案委员会主任，不再担任政协泉州市委员会文史和学习宣传委员会主任职务；张继红任政协泉州市委员会社会和法制委员会主任；林鸿扬任政协泉州市委员会港澳台侨和外事委员会主任，不再担任政协泉州市委员会人口资源环境委员会专职副主任职务；王小良任政协泉州市委员会文史和学习宣传委员会主任，不再担任政协泉州市委员会办公室副主任职务；陈振坚不再担任政协泉州市委员会常务委员、副秘书长职务；许耀明不再担任政协泉州市委员会提案委员会主任职务；骆志成不再担任政协泉州市委员会港澳台侨和外事委员会主任职务。

石狮企业抱团参展2016上海国际面辅料展

2016年Intertextile中国国际纺织面料及辅料（秋冬）博览会在国家会展中心（上海）开幕，展出面积26.6万平方米，来自全球30个国家和地区的超过5000家面辅料供应商参展。该届博览会还与yarnexpo中国国际纺织纱线（秋冬）博览会、CHIC中国国际服装服饰博览会和PH Value中国国际针织（秋冬）博览会同期举行。石狮纺织面辅料企业2016年再次抱团参展，派出由54家骨干面辅料企业组成的“石狮军团”，其中面料企业42家、辅料企业12家，参展面积4000平方米，全方位展示石狮休闲面辅料的时尚性、科技性及品牌影响力。石狮连续第八年组织企业抱团参展，并且以“统一装修、统一布展、统一宣传”的形式塑造石狮城市形象和产业品牌。

“一带一路”纪录片国际传播平台在泉州启动

由中国国际广播电台和纪录中国理事会倡议，国内多家重要纪录片制作和播出机构联合发起的“一带一路”纪录片全媒体国际传播平台在泉州举行启动仪式。平台的首部纪录片，由上海广播电视台、广东广播电视台、泉州广播电视台联合制作的《海上丝绸之路》海外首播仪式同时举行。中宣部国际传播局、国家新闻出版广电总局国际合作司有关代表，发起方代表、中国国际广播电台副台长田玉红，市委副书记陈奕辉等参加启动仪式。“一带一路”纪录片全媒体国际传播平台将搭建纪录片数据资源库平台，整合国内优秀纪录片资源，转换语言后通过多种渠道、多种方式向“一带一路”沿线国家推送，促进沿线国家对中国历史文化和现实情况的了解。

“海丝”申遗项目保护工程启动
暨“海丝”联合申遗城市第二次联席会议举行

海上丝绸之路申遗项目保护工程在泉州开元寺大雄宝殿广场启动。国家文物局副局长刘曙光、泉州市委书记郑新聪致辞。泉州市长康涛主持。泉州市领导张建生、周真平，福建省文化厅负责人，“海丝”联合申遗城市代表，文化遗产研究、文物保护领域专家学者等共同到场见证。刘曙光宣布海上丝绸之路申遗项目保护工程启动。

下午，海上丝绸之路联合申遗城市第二次联席会议召开。会上，各申遗城市代表通报“海丝”申遗工作进展情况，“海丝”联合申遗办通报“海丝”申遗展示总中心建设方案及“海丝”申遗宣传片拍摄方案，国家文物局、中国文化遗产研究院、省文化厅有关领导发表讲话。在“海丝”联合申遗城市第二次联席会议上，包括泉州在内的各申遗城市代表通报“海丝”申遗工作进展情况。严格按照时间节点，全面推进各项工作。

泉州的“海丝”申遗和牵头服务工作总体顺利，正按时间节点紧凑推进，取得较好的阶段性成效，总目标是各项任务提前到2017年5月1日前完成。泉州2016年4月上报的第一批8个遗产点修缮方案获批，陆续进入现场施工阶段，部分项目将争取在2016年年底前完工。所有遗产点的修缮项目确保2017年4月底前完工。遗产点环境整治任务2017年5月1日前全部竣工并验收。“海丝”遗产点保护监测建设方面，2016年12月1日前在各遗产点设立监测站、软硬件配备，2017年4月1日前完成监测建设。

启动仪式　　（图/陈起拓）

市委召开中心组（扩大）学习会
专题学习《文化创新与城市竞争力》报告

市委举行中心组（扩大）学习会，邀请清华大学新闻与传播学院学术委员会主任、国家文化产业研究中心主任、教授熊澄宇作题为《文化创新与城市竞争力》的专题学习辅导报告。郑新聪、陈灿辉、陈奕辉、翁祖根、孔繁军、林锦明等市四套班子领导，市中级人民法院、市检察院主要领导等参加学习会。熊澄宇从文化创新的认识与深化、媒体形态的拓展与整合、产业的发展与机遇、城市竞争的差异与选择等方面展开，并结合泉州实际，对泉州市提升文化生产力、打造城市特色品牌提出建议和思路。

泉州市欢送抢险救灾武警交通官兵返程

在德化抢险救灾一线连续奋战13天的120名武警交通部队官兵完成任务，启程返回原驻地。受市委书记郑新聪、市长康涛委托，市委副书记陈奕辉，市委常委、副市长林万明出席欢送仪式，并向武警交通官兵赠送锦旗。现场近百名自发赶来的村民拉着横幅、举起标语，拎着鸡蛋、橘子和玉米等特产，夹道送别。9月28日以来，武警交通部队官兵在德化抢险救灾一线连续奋战13天，抢通道路39千米，拓宽道路9千米，解救被困群众近600人。

陈奕辉向支援泉州市抗台救灾的广大武警官兵致以深切的感激和崇高的敬意。他说，台风“莫兰蒂”“鲇鱼”相继来袭，泉州遭受重创，德化等地更是灾情紧急。在人民危急之时，9月28日，武警交通部队应声驰援，第一时间抵达灾区，投入抢险抢通抢修。救灾期间，官兵们心中始终装着人民，所做的一切都是为了群众，让泉州人民感受到“听党指挥、能打胜仗、作风优良”威武之师、文明之师的力量，展现“有血性、有理想、有本事、有灵魂”的新时代军人形象，令人动容，使人铭记。作为全国双拥模范城“八连冠”城市，泉州将一如既往发扬拥军优属的优良传统，支持部队建设，巩固和发展军政军民团结的良好局面，军地携手为“五个泉州”建设作出新贡献。

武警交通第三总队副总队长陈礼锦代表武警官兵，感谢泉州市委、市政府和德化县委、县政府为部队抢险救灾提供的强有力后勤保障和精神支持，也感谢灾区人民对抢险官兵的关心和爱护，这份情谊将成为他们一笔宝贵的精神财富，回到驻地后，官兵们将以此为动力，努力训练，提高本领，争取为地方建设再立新功。

10月12日

星期三
农历丙申年九月十二
温度：22℃—25℃
阴

●海上丝绸之路申遗项目保护工程在泉州开元寺大雄宝殿广场启动。

●市委召开中心组（扩大）学习会专题学习《文化创新与城市竞争力》报告。

●12—13日，作为第二届海上丝绸之路国际艺术节——中外戏剧展演暨第六届中国木偶皮影中青年技艺传承展演的重要组成部分，戏曲保护传承和创新发展研讨会在泉州召开。

●在德化抢险救灾一线连续奋战13天的120名武警交通部队官兵完成任务，启程返回原驻地。市领导陈奕辉、林万明出席欢送仪式，并向武警交通官兵赠送锦旗。

10月13日

星期四
农历丙申年九月十三
温度：22℃—26℃
多云

●省人大常委会党组书记、副主任徐谦带队到泉州开展县乡两级人大换届选举工作调研。

●市十五届人大常委会第六十次主任会议召开，研究讨论市人大常委会关于进一步加强泉州市食品安全监督管理的议案决议执行情况、关于2016年重点流域（含近海水域）环境污染综合整治情况、关于森林法执行情况等三份审议意见稿，以及《关于开展第七个五年法治宣传教育的决议（草案）》、《泉州市第十六届人民代表大会换届选举工作方案（草案）》、有关人事任免事项。

●13—16日，第七届中国茶都安溪国际茶业博览会在安溪举行。13日，“清新安溪 海丝茶旅”全国晚报总编（记者）大型采风活动在安溪举行，由安溪县政府联合苏宁易购举行的“安溪铁观音·苏宁秋茶节”开幕，安溪铁观音保健功效发布会、“2016茶与健康中国”高峰论坛举办。

●石狮市“青商杯”第四届全年无交通违法车辆（车主）暨“石狮市百佳司机”表彰奖励活动颁奖仪式举行。

市十五届人大常委会第六十次主任会议召开

市十五届人大常委会第六十次主任会议召开。市人大常委会主任陈万里，副主任吕竟、张建生、朱团能、曾巍，党组成员欧阳秋虹参加会议。会议研究讨论市人大常委会关于进一步加强泉州市食品安全监督管理的议案决议执行情况、关于2016年重点流域（含近海水域）环境污染综合整治情况、关于森林法执行情况等三份审议意见稿，以及《关于开展第七个五年法治宣传教育的决议（草案）》《泉州市第十六届人民代表大会换届选举工作方案（草案）》、有关人事任免事项。会议还研究讨论市人大常委会财经委关于泉州市2016年国民经济和社会发展计划主要经济发展预期目标调整方案、2016年市本级预算调整方案等两份初步审查报告。

第七届中国茶都安溪国际茶业博览会举行

13—16日，由泉州市政府、中国茶叶流通协会、海峡两岸茶业交流协会、中国晚报工作者协会主办，福建农林大学、中华全国供销合作总社杭州茶叶研究所、苏宁云商集团协办，安溪县政府承办的第七届中国茶都安溪国际茶业博览会在安溪举行，此届博览会以“中国茶·中国梦”为主题，致力打造“展览交流、海丝茶旅、茶与健康、茶旅游、产业对接”五大新平台。开幕式上，“闽茶海丝行”东南亚行启动，安溪铁观音保健功效发布会、2016茶与健康中国高峰论坛举办，“安溪十大金牌茶庄园”评选表彰推介，开展“安溪铁观音·苏宁秋茶节”等系列活动。1400个标准展位，涵盖“名茶名企名牌名品”展示、国际采购商抱团参展、千名加盟商展销、网商线上线下全程盛会，数十场以百强茶企、驰名商标企业、地标企业为主体的营销推介活动，好戏连台。该届茶博会延续“中国茶·中国梦”主题，致力打造展览交流、“海丝”茶旅、茶与健康、茶旅游、产业对接五大新平台，为“一带一路”和“海丝”核心区、先行区建设搭建相通之桥、增添动力之翼。

开幕式　　（图/晚报社）

戏曲保护传承和创新发展研讨会在泉州召开

12—13日，作为第二届海上丝绸之路国际艺术节——中外戏剧展演暨第六届中国木偶皮影中青年技艺传承展演的重要组成部分，戏曲保护传承和创新发展研讨会在泉州召开。来自海内外的20多位专家学者齐聚“戏曲之乡”泉州，为地方戏曲艺术的传承发展建言献策。副市长周真平在开幕式上致辞。市政协副主席李冀平参加开幕式。

此次研讨会由中国戏剧家协会、福建省文化厅和泉州市政府共同主办，是一次高规格的戏曲专题研讨会。文化部原副部长、中国艺术研究院名誉院长王文章，中国作家协会副主席、作协书记处原书记廖奔和中国戏剧家协会秘书长崔伟等嘉宾出席研讨会开幕式并作主旨讲话或致辞。主办方表示，研讨会旨在通过专家学者们的学术交流和成果分享，加深对中国戏曲的认识和了解，思考如何根据每一种戏曲的特点，特别是中国戏曲的规律来发展传承、继承创新。

来自美国、法国、新加坡、印尼、越南等国家和中国台湾地区的专家学者，以及中国戏曲文化研究领域主流媒体的负责人、文艺评论家分别结合各自的领域，围绕中国戏曲的保护、传承、创新和国际化推广，剧团体制改革，地方戏曲与地方文化关系，中国戏曲的生存状态与生态维护等主题，展开广泛而深刻的探讨，从不同的视角和层面阐释各自对戏曲传承发展的见解和思考。

演出现场　　（图/陈智勇）

10月14日

星期五
农历丙申年九月十四
温度：23℃—28℃
多云

●14—15日，国务院教育督导委员会组织国家督学专家组对惠安县、石狮市义务教育均衡发展工作进行复检。

●14—16日，2016年海上丝绸之路环泉州湾国际公路自行车赛在泉州举行。

●全市推动现代服务业加快发展座谈会召开。

●第六届中国木偶皮影中青年技艺传承展演在泉州闭幕。

●泉州建材中国行系列推介活动合肥专场举办。

●由市旅游局主办的第五批“泉州伴手礼”认定活动举行，后溪桥头原味绿豆汤、闽台福手工面线、五阆米粉等18种（类、系列）产品入选第五批泉州伴手礼名录。

●14—18日，“海丝泉州”美食节及旅游商品特卖会在鲤城区笋江公园举行。

全市推动现代服务业加快发展座谈会召开

全市推动现代服务业加快发展座谈会召开，贯彻全省座谈会精神，研究全面推进泉州市服务业发展。市领导郑新聪、康涛、陈万里、陈灿辉、陈奕辉、张永宁等参加会议。市发改委、经信委、交通委、商务局、金融局、旅游局、民政局、卫计委、市委宣传部等先后作了发言。会议指出，贯彻全省座谈会精神，必须从协同论、阶段论、短板论等多角度思维来思考服务业发展的机遇条件、差距方向、空间潜力，更加深刻理解市第十二次党代会作出的“坚持制造业立市不动摇、紧抓服务业兴市不动摇”重要部署，切实把现代服务业发展摆上战略地位。会议要求，要把泉州庞大的制造业体量，转化为发展生产性服务业的优势；要把泉州独特深厚的文化底蕴，转化为发展旅游服务业的优势；要把泉州巨大的消费需求，转化为生活性服务业发展的优势；要把泉州创业创新的优良传统，转化为现代服务业发展的强大动力。

第六届中国木偶皮影中青年技艺传承展演在泉州闭幕

由福建省文化厅、泉州市政府、联合国教科文组织国际木偶联会中国中心主办的第六届中国木偶皮影中青年技艺传承展演在泉州闭幕。活动吸引来自福建、湖南、广东、广西、陕西、江苏、四川、浙江、上海等省市的28支表演团队和观摩团，共57个剧目参加展演，盛况空前，参加院团和人数均创历史新高。经过两天四场展演，主办方评审出最佳技艺传承、优秀技艺传承、传承新人、优秀造型设计（制作）、优秀演员和优秀指导老师若干名。泉州市木偶剧团荣获优秀组织奖。

中国木偶皮影中青年技艺传承展演前身是“金狮奖”全国中青年木偶皮影技艺大赛，此前成功举办五届，是全国木偶皮影界中青年表演艺术家高水准展演平台。该次展演集中全国各地木偶皮影界优秀青年演员到场演出。

同日，第六届中国木偶皮影中青年技艺传承展演研讨会在泉州举行。此次研讨会围绕木偶皮影技艺传承与创新、木偶皮影技艺保护与观众审美需求关系、东西方偶戏技艺交融发展关系思考等方面进行交流。

泉州建材中国行系列推介活动合肥专场举办

由泉州市政府主办的泉州建材中国行系列推介活动合肥专场举办。38家来自泉州的建陶、石材、水暖厨卫、消防安防设备等建材生产企业和家居装修产品生产企业组成“泉州建材中国行”方阵集体亮相。1800平方米的活动大厅内，近40家知名品牌的营销负责人亲自推介品牌和核心产品，与前来对接的合肥专业人员洽谈合作事宜。近300家来自合肥市及周边地区的房地产、建筑、装修、设计单位以及重量级建材经销商前来参与现场对接，参展企业与客户达成初步意向金额13.2亿元。南安泛家居产业项目也在现场亮相推介。此外，此次活动还促成南安市“海丝”泛家居联盟与合肥装饰协会签订战略框架协议，双方将在产业链合作方面进行探讨。活动对接现场，38家来自泉州的建陶、石材、水暖厨卫、消防安防设备等建材生产企业和家居装修产品生产企业相关负责人，与合肥市建筑（房地产）、装饰装修施工和建材经销企业以及建筑设计、装饰装修设计等建材产业链上下游各环节的专业人士，进行面对面对接、交流。

第五批“泉州伴手礼”名录出炉

由市旅游局主办的第五批“泉州伴手礼”认定活动举行。全市36种特色伴手礼参与本次活动。泉州旅游协会旅游商品专委会组织由业内专家、学者、旅游企业代表组成的评审组，就商品的本土特性、包装特点、携带方便性等方面与商家进行深入交流，最终，后溪桥头原味绿豆汤、闽台福手工面线、五阆米粉等18种（类、系列）产品入选第五批泉州伴手礼名录。泉州连续五年举办五批征选活动，有161种（类、系列）产品入选“泉州伴手礼”正式名录，29种（类、系列）产品入选预备名录。

活动现场　　（图/吴寿民）

10月15日

星期六
农历丙申年九月十五
温度：24℃—27℃
阴

●521家泉州企业参展第120届广交会。

●中国古陶瓷学会2016年福建会员大会暨“福建陶瓷与海上丝绸之路”学术研讨会在泉州举行。

●全国晚报总编大型采风活动到泉州市区采风。

●纪念长征胜利80周年文艺晚会举行。

521家泉州企业参加第120届广交会

第120届中国进出口商品交易会（广交会）开幕。泉州521家企业参加此届广交会，总展位数1533个，参展商品以纺织服装、鞋、陶瓷、箱包、机电和工艺品等产品为主。此届广交会展览规模保持稳定，境内外参展企业2.45万家，展位总数超过6万个，仍然分三期举办。其中，第一期10月15至19日，主要展出机电、五金建材类产品；第二期10月23至27日，主要展出日用消费品和礼品；第三期10月31至11月4日，展出纺织服装、箱包、文体、医疗保健品、医用药品等产品。泉州参展企业数和展位数分别占全省总数的43.9%和45.2%，其中品牌展位数444个，占全省总数的50.2%。在福建省交易团在展位数量没有增加的情况下，泉州新增20家企业参展，展位数新增21个。此届广交会“泉州品牌展示专区”每期展示面积605平方米，展出商品以纺织服装、鞋、伞、食品、石材制品、家居工艺品、陶瓷制品等为主，已组织36家陶瓷、石雕、藤铁工艺、鞋服品牌企业抱团参展。二期将以“世界陶瓷之都—德化”“中国石雕之乡—惠安”“中国藤铁工艺之乡—安溪”为主题，三期以“鞋服品牌之都、休闲食品名城—晋江”为主题，向采购商集中展示泉州地方产业优势以及品牌企业形象，推介自主创新产品。此届“泉州品牌展示专区”在展馆外形设计和展位功能上，更突出现代、潮流、简洁和个性等元素，在导向指引牌、展馆防雨防晒、客商洽谈区域面积等细节上较上届更趋完善，并通过增设小舞台动态宣传、泉州民俗文化表演以及企业走秀等活动吸引客商流量。

展销现场　（图/商务局）

学者专家聚泉州研讨陶瓷与“海丝”

中国古陶瓷学会2016年福建会员大会暨“福建陶瓷与海上丝绸之路”学术研讨会在泉州举行。80多位专家学者参加研讨会与相关活动。此次研讨会着重围绕福建古陶瓷的生产与外销，福建古陶瓷烧造工艺的传承与创新、福建古陶瓷珍品的收藏与鉴赏，以及福建古陶瓷与海上丝绸之路的关系等，进行学术探讨与交流，并考察永春苦寨坑商周时期原始青瓷窑址和泉州市博物馆古代外销陶瓷标本中心。

泉州是古代中国南方重要的陶瓷发源地之一，特别是永春苦寨坑商周时期窑址的发现，刷新福建制瓷的历史，在中国陶瓷史上具有重要的地位。泉州的德化、晋江、安溪、永春、南安及中心市区等地，都有生产陶瓷的传统。陶瓷随着泉州的海外贸易远销世界近百个国家和地区，陶瓷烧制技术及窑炉建造技艺通过海上丝路传到海外，对国际瓷窑生产技术的发展进步产生重大影响。

全国晚报总编大型采风活动到泉州市区采风

“清新安溪　海丝茶旅”全国晚报总编（记者）大型采风活动采风团到泉州市区，来自全国各家媒体的社长、总编、主任和记者们，实地走访开元寺、少林寺及清源山老君岩，近距离领略闽南人情风物，品读泉州的“海丝”文化底蕴与独特魅力。在泉州南少林寺，来自全国各地的媒体人还了解泉州南少林武术的发展历史，并一同欣赏精湛的泉州南少林武术表演。

纪念中国工农红军长征胜利80周年文艺晚会举行

欢乐泉州·走进黎大——泉州市纪念中国工农红军长征胜利80周年文艺晚会举行。一首首长征赞歌让现场观众共同感受革命先烈为国家独立、民族解放所展现出的坚定理想信念和百折不挠的英雄气概。图为演出现场。

（图/林劲峰）

海上丝绸之路环泉州湾国际公路自行车赛在泉州举行

14—16日，由福建省体育局和泉州市政府主办，市体育局、市旅游局和赛事沿线各县（市、区）政府承办2016年海上丝绸之路环泉州湾国际公路自行车赛在泉州举行。赛会历时3天，是泉州有史以来竞技水平最高的自行车赛事，也是全球唯一以“海丝”为主题的骑行活动。赛事以“绿色、开放、共享、发展”为主题，邀请15支专业车队88名选手，分别在永春德化绿色生态赛段（绿线，全程约124千米）、跨海环湾赛段（蓝线，全程约107千米）、古城绕圈赛段（红线，全程约94.5千米）角逐冠军奖杯。赛线途经鲤城区、丰泽区、晋江市、石狮市、惠安县、永春县、德化县、台商投资区8个县（市、区），总里程约337千米。14日，希腊国家队、哈萨克斯坦阿斯塔纳城市洲际队、俄罗斯核心自行车队等15支应邀参赛的专业车队的88名选手在清新的永春德化绿色生态赛段，展开全程约124千米的角逐。这条线路是此次赛事中所有线路最崎岖、也是挑战性最高的线路。经过3个多小时的激烈争夺，来自哈萨克斯坦阿斯塔纳城市洲际队的斯塔诺夫·尼基塔夺得第一赛段冠军。15日，2016环泉州湾国际公路自行车赛第二赛段鸣枪。15支国内外优秀的职业车队在环湾跨海赛段展开角逐。除了专业赛外，还同步举行业余赛。环湾跨海赛段专业组比赛从海上丝绸之路艺术公园·亚洲园出发，经惠纬一路到西沙湾假日酒店后原路返回，再穿越泉州湾大桥，回到海上丝绸之路艺术公园·亚洲园终点，全程107千米。备受市民关注的业余组精英赛和体验赛在“海丝”艺术公园·亚洲园同日举行。蒙古XAC银行俱乐部队的蒙赫—托尼卡—尔登速连获得赛段第一名。王鑫成为此次比赛第一个获得奖项的中国选手。

16日，2016海上丝绸之路环泉州湾国际公路自行车赛赛场转至中心城区，15支国内外优秀的职业车队迎来本届赛事最具观赏性的第三赛段——城市绕圈赛。参赛选手沿着单圈约6.3千米的“刺桐路—湖心街—温陵路—泉秀街—刺桐路”路线骑行15圈。来自RTS—脉腾洲际队的奥特加·拉米雷斯·毛里西奥获得该赛段第一名。

活动现场　　（图/陈晓东）

2016泉州城市经济发展峰会举行

由泉州市工商联（总商会）、泉州晚报社等单位主办的“2016泉州城市经济发展峰会暨余世维博士论道企业发展之路”活动召开，被誉为“全球华人管理教育第一人”的余世维亲临现场，进行主题为“转型期的人才、人才、人才”的演讲，并与行业精英展开高峰论坛，共同探讨泉州城市经济发展方向，论道企业发展之路。针对当前泉州民营企业的发展现状，余世维博士对新经济形势下的人才培养与管理提出独到深刻的分析。演讲过程中，他从“人才”与“人员”的区别、公司如何培养人才、如何在商业竞争中挖掘人才，以及如何管理人才等方面作出详细阐述，并且结合具体案例，分析泉州市中小企业发展过程中存在的问题，纠正企业管理中的思维误区。此次“2016泉州城市经济发展峰会”的另一大亮点是高峰论坛。余世维与361°集团副总裁侯朝辉、泉州农商银行董事长林向前，以及泰禾集团厦门区域兼泉州区域总经理刘枫，分别就泉州传统制造业的升级、金融银行业的转型发展、资产的优化配置和商业地产的投资新机遇等经济热点议题展开讨论。

论坛现场　　（图/黄嘉琳）

10月16日

星期日
农历丙申年九月十六
温度：25℃—28℃
阴

●2016泉州城市经济发展峰会举行。

●由市委宣传部、市社科联主办的泉州市2016年社会科学普及宣传周启动仪式在市区府文庙广场举办。

●全国脱贫攻坚奖表彰大会公布2016年全国脱贫攻坚奖获奖名单，38人分获奋进奖、贡献奖、奉献奖和创新奖。南安市梅山镇党委副书记、蓉中村党委书记李振生获创新奖。

●由上海昆剧团带来的昆曲《牡丹亭》在梨园古典剧院上演。

10月17日

星期一
农历丙申年九月十七
温度：24℃—28℃
阴

●郑新聪到市信访局接访群众，市领导翁祖根、林锦明参加接访。

●17—18日，市十五届人大常委会第三十六次会议召开。会议听取和审议食品安全监督管理的议案决议情况的报告、普法规划情况的报告及其他有关工作报告。

●康涛主持召开市政府第一一一次常务会议，研究《泉州市人民政府关于进一步促进第四季度全市工业稳定增长的若干措施》《泉州市人民政府关于加快发展现代服务业的实施意见》等。

●康涛主持召开第四季度全市重大项目协调调度会暨百日会战点评会，听取1—9月份重点项目完成情况和百日大会战活动进展，协调解决相关问题，督促项目加快推进。

郑新聪到市信访局接访群众

市委书记郑新聪到市信访局接访群众，市领导翁祖根、林锦明参加接访。接访中，郑新聪指出，各级信访联席会及其办公室要充分发挥协调作用，坚持问题导向，明晰责任分工，推动工作重心下移，前瞻依法处置。要按照“控新化旧”的思路，突出于法有据、方法创新，注重从基层做起，和风细雨做好化解工作，维护正常信访秩序。

市政府第一一一次常务会议召开

市长康涛主持召开市政府第一一一次常务会议，研究《泉州市人民政府关于进一步促进第四季度全市工业稳定增长的若干措施》《泉州市人民政府关于加快发展现代服务业的实施意见》等。会议研究通过《泉州市人民政府关于进一步促进第四季度全市工业稳定增长的若干措施》（以下简称措施）。会议指出，尽快出台《措施》，对于帮助企业增强信心，应对当前经济下行压力，促进全市工业经济稳定增长具有重要意义。各级各相关部门要着重从鼓励企业增产增效、推进企业创新转型、提升企业金融服务、支持企业科技创新和灾后重建恢复生产等方面入手，跟紧贴近、主动服务，抓好惠企政策的兑现落实，为企业应对困难、创新发展创造良好环境。会议研究通过《泉州市人民政府关于加快发展现代服务业的实施意见》。会议指出，经济发展到现阶段，企业发展需求和居民消费需求发生巨大变化，专业化分工程度有较大提高，为现代服务业发展创造了基础条件。加快发展现代服务业，是泉州市产业结构调整优化、企业生产和群众生活的现实需要，也是泉州市今后一段时期经济社会发展的主攻方向。各级各相关部门要明确重点、长短结合、分期推进、层层落实，把泉州市的制造业优势、文化优势、消费需求转化为生产性、生活性服务业发展的强大生产力，推动现代服务业跨越发展。

全市重大项目协调调度会暨百日会战点评会召开

市长康涛主持召开第四季度全市重大项目协调调度会暨百日会战点评会，听取1—9月份重点项目完成情况和百日大会战活动进展，协调解决相关问题，督促项目加快推进。市委常委、副市长张永宁，市政府党组成员洪自强、吕刚，市政府秘书长吴友才，市直相关部门，各县（市、区）、泉州开发区、泉州台商投资区管委会以及部分重点项目、企业负责人参加会议。会上，康涛一边听取汇报，一边严肃提问，当场提出协调解决意见，并要求对一些办理迟缓、问题久拖不决的项目进行认真调查，该问责坚决问责。

台胞林石清在市方志委帮助下寻根永宁

由中国宋庆龄基金会主办，人民政协报社协办的“文化寻根·一脉同茶——两岸青少年走茶乡活动”走进泉州，台湾团团长、台湾素绮食品有限公司董事长、国际扶轮青少年交换委员会（RYE）3460地区（2016—2017年度）主委林石清，祖上为泉州人，清道光年间移居台湾，幼时家中发生火灾将族谱以及一些先祖遗物烧毁。林石清先父在世时反复交代“一定要找到先祖”，可林石清多次到祖国大陆参加“海峡论坛”均因无法确定地点，而未能如愿。林石清将自己的想法和祖先牌位等仅存的记忆传达到宋庆龄基金会，请求协助。宋庆龄基金会委托人民政协报福建记者站，找到泉州市方志委常务副主任张惠评寻求支持。根据林石清提供的资料，经泉州市方志委、石狮市方志办考证，初步确定其祖籍为石狮永宁西门外，有族谱，有宗祠，族人有几百人。随即，将信息传递给林石清。

林石清携考察团一行30余人，在市方志委常务副主任张惠评陪同下，到永宁卫城西门的林氏宗祠、林氏祖厝、日茂商行旧址寻根谒祖。在林氏宗亲的帮助下查阅族谱，林石清确认自己家族的根就在此地。随行的20多名来自台湾的青年学子及有关方面负责人见证林石清寻根之旅。

考证现场　（图/吴寿民）

郑新聪到鲤城区调研

市委书记郑新聪到鲤城区宣传贯彻市第十二次党代会精神，调研经济和项目工作。市领导翁祖根参加调研。在调研汇报会上，郑新聪肯定鲤城区新一届班子的发展思路、精神状态和执行力。对下阶段工作，郑新聪要求，要倒排进度冲刺全年目标，“一把手”亲自盯、出实招，狠抓指标进度、项目攻坚、风险防控和2017年谋划，切实把氛围营造起来；拿出帮扶企业“干货”，策划推进投资“工程包”，全力突破安征迁、断头路等问题，加快房地产项目建设和销售进度，维护金融生态，争取2017年发展主动。要做足千年古城文章，围绕泉州市“古城保护六大工程”，配合做好产权置换、基础设施提升等工作，动员居民参与家园共造；趁势壮大文化旅游支柱产业，盘活老工厂、老厂房等资源，把宝贵历史资源串点成链，推动民宿、餐饮等业态有序发展，将文化“资产”转化为产业资产；跟进商业业态更新，根据不同建筑的特点精确引入新业态，加快旅游业态与商业业态的融合。要加快产业提挡升级，主攻现代服务业，认真研究人群流向、业态变化、城市功能外溢等问题，引入第三方、第四方服务平台，重点突破、以点带面、创出成效。

市十五届人大常委会第三十六次会议召开

17—18日，市十五届人大常委会第三十六次会议召开。市人大常委会主任陈万里，副主任吕竞、张建生、朱团能、曾巍，党组成员许文贵、欧阳秋虹参加会议。市政府领导周真平、卢炳椿、季翔峰、吕刚，市中级人民法院、市人民检察院负责人列席会议。会议听取和审议市政府执行市十五届人大四次会议关于进一步加强泉州市食品安全监督管理的议案决议情况的报告、关于“六五”普法工作和“七五”普法规划情况的报告及其他有关工作报告；审议通过市人大常委会关于开展第七个五年法治宣传教育的决议（草案）、《泉州市第十六届人民代表大会换届选举工作方案（草案）》；决定任免一批国家工作人员。

会议批准泉州市2016年国民经济和社会发展计划主要经济发展预期目标调整方案、2016年市本级预算调整方案；对市政府研究处理《市人大常委会关于对泉州市医疗卫生专项资金使用管理情况的审议意见》的情况开展满意度测评，测评结果为基本满意。

相关链接：泉州市人大常委会决定免职人员名单：决定免去林伯前、陈灿辉、林万明的泉州市人民政府副市长职务；任命王卫红为泉州市人大常委会环境与城乡建设委员会主任，任命张育凯为泉州市人大常委会教育科学文化卫生委员会主任，免去许华生的泉州市人大常委会环境与城乡建设委员会主任职务，免去吴新文的泉州市人大常委会教育科学文化卫生委员会主任职务；决定任命黄文捷为泉州市人民政府办公室主任，决定任命林培新为泉州市司法局局长，决定任命刘曙庆为泉州市人力资源和社会保障局局长，决定任命黄继业为泉州市人民政府法制办公室主任，决定免去吴友才的泉州市人民政府秘书长职务，决定免去廖国文的泉州市人民政府办公室主任职务，决定免去郑建辉的泉州市司法局局长职务，决定免去陈伟平的泉州市人力资源和社会保障局局长职务，决定免去陈文堃的泉州市海洋与渔业局局长职务，决定免去林庆扬的泉州市人民政府法制办公室主任职务；免去张庭芬的泉州市中级人民法院民事审判第二庭副庭长、审判员职务，免去黄汉阳的泉州市中级人民法院审判员职务，免去王梓榕的泉州市中级人民法院审判员职务。

会议现场　（图/王虎文）

10月18日

星期二
农历丙申年九月十八
温度：25℃—27℃
阵雨

●郑新聪到鲤城区宣传贯彻市第十二次党代会精神，调研经济和项目工作。

●市防汛抗旱指挥部召集水利、防汛、气象、水文等部门，会商第22号台风“海马”的发展趋势及可能对泉州的影响。

●“一带一路”“海丝”行——海峡两岸暨香港著名油画家福建采风写生活动在泉州开幕，20多名著名油画家在泉开始为期三天的采风写生活动。

10月19日

星期三
农历丙申年九月十九
温度：25℃—29℃
阴

●郑新聪主持召开市委常委会议，开展“两学一做”第三专题学习讨论。

●郑新聪到市防汛抗旱指挥部，了解台风“海马”路径走向和对泉州市可能造成的影响，并召开防汛视频会商会。

●全市经济运行分析暨“行动方案”督查落实专题会召开，贯彻落实省政府督查会和市委常委会关于经济运行分析的部署要求，督促推进生态环境保护、机关效能建设等工作。

●泉州市召开全市机关学习贯彻市党代会精神暨“机关党旗红，‘五个泉州’在行动”主题实践活动动员部署会。

●2016年中国国际广播电台广播孔子学院秋令营泉州开营仪式在市区府文庙举行。

市委常委会开展“两学一做”第三专题学习讨论

市委书记郑新聪主持召开市委常委会议，开展“两学一做”第三专题学习讨论。市委常委参加会议，市人大常委会党组、市政协党组主要负责人列席会议。会议围绕学习贯彻习近平总书记在中共中央学习《胡锦涛文选》报告会上的重要讲话精神和《中共中央关于学习〈胡锦涛文选〉的决定》，以“坚持根本宗旨、发挥党员作用”为主题进行学习讨论。郑新聪讲话，陈奕辉、林俊其、林万明、张永宁、林锦明作重点发言，其他常委作交流发言。

郑新聪检查防抗台风“海马”工作

市委书记郑新聪到市防汛抗旱指挥部，了解台风“海马”路径走向和对泉州市可能造成的影响，并召开防汛视频会商会，逐一听取水文、气象、水利、海洋与渔业等部门情况汇报，进一步部署各地各部门防台工作。市领导陈奕辉、林万明、肖汉辉参加会商。图为会议现场。（图/防汛办）

全市经济运行分析暨“行动方案”督查落实专题会召开

泉州市召开第四季度全市经济运行分析暨“行动方案”督查落实专题会，贯彻落实省政府督查会和市委常委会关于经济运行分析的部署要求，督促推进生态环境保护、机关效能建设等工作。市长康涛主持会议，市领导张永宁、周真平、卢炳椿、洪自强、吕刚参加会议。

针对下阶段工作，会议要求，要增强发展信心，紧盯目标，精准发力，引导企业用好用足稳增长政策措施；要加快项目进度，确保“百日大会战”落到实处。市政府近期将对省、市重点项目开展专项督查，重点检查项目建设进展、存在问题、解决措施、责任落实等情况，对工作不力的坚决问责；要加快灾后重建，紧盯时间节点，抓紧推进住房重建、企业恢复生产等工作，总结梳理在防抗台风中暴露的薄弱环节，拿出标本兼治的办法，实现长治久安。四要切实维护良好金融秩序，坚决打击恶意逃废债行为。

全市机关学习贯彻市党代会精神暨主题实践活动动员部署会召开

泉州市召开全市机关学习贯彻市党代会精神暨“机关党旗红，‘五个泉州’在行动”主题实践活动动员部署会。会议传达市委书记郑新聪对机关党建工作的指示要求。市委副书记、市直机关工委书记陈奕辉在会上讲话。会议集体学习市第十二次党代会精神，并布置主题实践活动工作。部分机关党组织代表在会上作表态发言。郑新聪要求，一要认识机关党建工作的重要性。机关党建在基层党建整体格局中作用独特、地位重要，具有示范性、导向性和引领性。二要把机关思想作风建设作为工作的重中之重，紧抓在手。三要坚持问题导向，狠抓薄弱环节。四要协同协作、形成合力。要加强与相关部门工作联系、沟通协调，加强市直纪工委的工作。五要注重工作对接。主动向市委汇报工作，积极与省直机关工委对接，学习借鉴省直机关及各地好的经验做法，结合泉州实际，创造性开展工作。

广播孔子学院秋令营在泉州开营

2016年中国国际广播电台广播孔子学院秋令营泉州开营仪式在市区府文庙举行。来自日本、斯里兰卡、尼泊尔、巴基斯坦、孟加拉国、意大利和俄罗斯等10个国家广播孔子课堂的学员参加秋令营活动。在开营仪式上，中国国际广播电台副总编辑马博辉介绍，广播孔子学院秋令营连续举办四届，在对外传播中华文化方面发挥十分重要的作用。2016年秋令营的主题是“探寻海丝足迹 发掘中华艺术魅力”，因此特别安排泉州的行程，相信学员通过此行不仅能提高汉语水平，也能对中国海上丝绸之路的文化和中国经济社会的发展有更深刻的了解。广播孔子学院秋令营活动在泉州的举办，对于展示、弘扬和推广泉州多元文化，对外宣传泉州“海丝”申遗工作，提升泉州“海丝”文化的吸引力和影响力，具有积极的促进作用。

泉州市召开报告会学习贯彻《中国共产党问责条例》及省委《实施办法》

泉州市召开学习贯彻《中国共产党问责条例》（以下简称问责条例）及省委《实施办法》报告会，省监察厅副厅长洪平到泉州作专题辅导报告。郑新聪、康涛、陈灿辉、陈奕辉、温惠榕、林万明、张永宁、林锦明等市四套班子党员领导，市中级人民法院、市人民检察院负责人，县（市、区）委书记，泉州开发区、泉州台商投资区党工委书记，市直机关、企事业单位党员负责人，以及市纪检监察系统干部等参加报告会。洪平系统阐述问责条例及省委实施办法的起草背景和主要特点，从问责主体和问责对象、问责情形、问责要求以及问责程序等四个方面，深入解读了两份规定的主要内容，并就学习贯彻工作提出明确要求。

市委书记郑新聪主持报告会并指出，全市各级各部门要以此次省宣讲团到泉州宣讲为契机，按照中央、省委和市委的部署要求，抓好学习宣传贯彻工作。要扩大学习覆盖，把学习问责条例及省委实施办法作为一项政治任务，作为落实省委“五抓五看”的重要内容，纳入党委（党组）中心组学习的重要内容，纳入“两学一做”学习教育必学内容，由党委（党组）成员带头学，组织广大党员干部深入学。要主动担责履职，党组织和班子成员都要担起相应责任，从严落实各项规定，真正把管党治党的政治责任担当起来，做到真管真严、敢管敢严、长管长严。要严肃执纪问责，把问责作为管党治党的利器，切实抓好问责条例及省委实施办法的贯彻实施，强化监督执纪，加大问责力度，真正树立党纪党规的权威性、严肃性。

泉州市启动2017年度重点党报党刊发行工作

2017年度重点党报党刊发行工作会召开，要求各地各单位要创新方式，抓住重点、突破难点、消除盲点，全面落实发行任务，确保2017年度重点党报党刊发行任务在2016年12月15日前圆满完成。

会议传达市委书记郑新聪对做好2017年度全市重点党报党刊发行工作的批示：“党报党刊是党指导全局工作的重要思想舆论阵地。做好党报党刊发行工作，保证党报党刊有效覆盖，对传递党委政府声音、传播核心价值观、凝聚发展合力，加强党在意识形态领域主导地位，具有十分重要的意义。全市各级党组织要深入贯彻习近平总书记在党的新闻舆论工作座谈会上的重要讲话精神，把抓好重点党报党刊的发行、学习和使用作为政治任务、应尽之责，加强统筹协调、认真组织实施，努力提高党报党刊的传播力、引导力、影响力、公信力。要各负其责、形成合力，完善党委领导、宣传部门实施、组织部门协助、党委办公室督促、邮政部门配合的工作机制，确保圆满完成发行征订任务，为奋力开创‘五个泉州’新局面，更好鼓呼造势、营造有利氛围。”

会议要求，各级各有关部门在继续坚持和推广往年征订中“集订分送”“代收代订”“私订公助”等好办法的同时，摸索和创新更好的发行办法和途径，扩大重点党报党刊在人流量较大的公共场所、公共文化服务场所以及非公经济组织和社会组织党组织等领域的覆盖面。同时要规范发行秩序，做好督促检查，确保完成重点党报党刊发行任务。

会议通报2016年度《泉州晚报》发行工作先进单位和先进工作者。

台南市文化人士到市方志委交流座谈

台南市文化协会创会会长、安平文教基金会执行董事、海峡两岸社区营造工作坊负责人郑道聪率办公室主任周芷茹、专案助理周诗婷，在泉台交流协会副会长陈小钢等的陪同下，到访泉州市方志委。市方志委常务副主任张惠评、副主任许晓松会见交流团一行，双方就弘扬闽南文化、古城保护与开发利用以及加强两岸文化交往等话题进行座谈交流。张惠评向客人赠送泉州市方志委编纂出版的地情文化系列丛书。

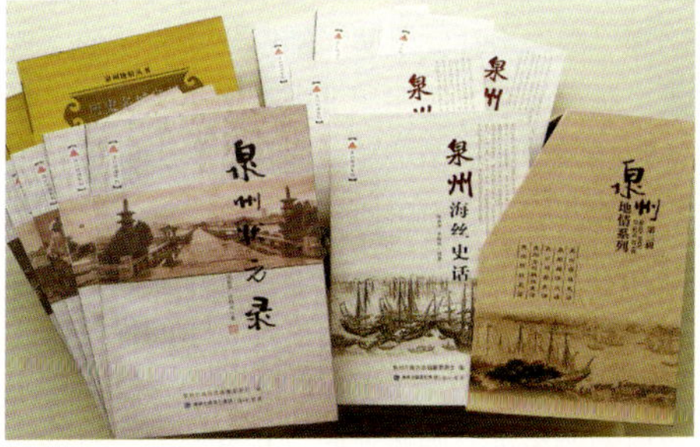

赠送台湾客人的地情文化系列丛书　（图/综合科）

10月20日

星期四
农历丙申年九月二十
温度：25℃—29℃
阴

●泉州市召开学习贯彻《中国共产党问责条例》及省委《实施办法》报告会，省监察厅副厅长洪平到泉州作专题辅导报告。

●2017年度重点党报党刊发行工作会召开。

●康涛到市防汛抗旱指挥部，了解台风“海马”动向，与相关部门会商。

●“华侨大学附属海峡医院”揭牌仪式在解放军第180医院病房大楼广场前举办。至此，经福建省卫计委和部队上级部门批准，解放军第180医院成为华侨大学附属医院。

●由福建省纪委、福建省文化厅主办，福建省歌舞剧院、福建人民艺术剧院、福建省杂技团、福建京剧院、德化县委、德化县政府等部门联合承办的“不忘初心　廉政先行——八闽清风·廉政文艺走基层”纪念中国共产党成立95周年专场演出在德化举行。

10月21日

星期五
农历丙申年九月廿一
温度：25℃—29℃
中雨

●市领导郑新聪、康涛、肖汉辉到市防汛抗旱指挥部与水利、气象、国土等部门负责人现场会商，并通过视频系统与安溪、永春、德化、南安、晋江、石狮等防指对话，指导部署防抗台风“海马”工作。

●市政府办印发《泉州市中心城区综合交通提升行动方案》。

●泉州港石湖港区5—6号泊位工程项目开工建设。

●全市县（市、区）纪委监察局新进班子成员及新任乡镇纪委书记纪检监察业务培训班开班动员会在市委党校举行。

●由泉州市档案局（馆）、晋江市档案局（馆）联合出版编纂的《泉州侨批故事》出版发行。

●福建省首个禁毒帮扶社团组织——永春县禁毒帮扶志愿者协会揭牌成立。

●丝绸之路国际剧院联盟启动仪式在北京举办，泉州影剧院作为海上丝绸之路起点城市的代表入选加盟。

《泉州市中心城区综合交通提升行动方案》印发

市政府办印发《泉州市中心城区综合交通提升行动方案》，围绕建设“畅通城市”，泉州市从路网体系、政策体系、管理体系入手，重点实施七项工程，逐年分批分期推进一批项目，通过3年左右的时间，使中心城区交通拥堵状况得到缓解，市民出行难、停车难等交通难点问题得到改善。

相关链接：组团间通道衔接工程，完善“快速路—主次干路—支路—巷道”等路网系统，推动湾区道路交通快速网络化建设。加快城东至北峰快速通道、普贤路南延工程和金屿大桥等21条干道桥梁设施建设。组织开展刺桐路北拓、东海大桥等20个项目前期研究工作。

片区交通提升及整治工程，提高片区内路网运行效率。实施爱国路、湖美酒店东侧支路等8条断头路打通建设；完成古城、刺桐片区等2个片区道路单向交通组织改善工程；开展古城片区交通提升整治规划；推进国投大厦、泉州市第一医院立体停车楼等立体停车场建设，解决区域停车难问题。

交通节点疏解工程，举措：组织对坪山路—江滨北路、浦口环岛等11个交通节点开展渠化改造、交通组织和信号配时优化。

智慧管理服务与决策工程，完成道路智能交通建设。加快推进泉州市智能交通系统（一期）工程建设。启动综合交通规划管理信息平台、公共交通智能信息发布和专用道视频监控系统的研究和建设。

公交综合提升工程，构建公交优先发展保障体系。建立公交财政补贴与公交成本规制、财力增长情况相挂钩机制，建立市、区两级财政补贴分摊机制，市、区两级按照收益程度分摊对公交的财政补贴。在中心城区和外围组团新增或改造8个公交场站。加快完成城东、洛阳、海星小区、中骏世界城等4个公交充电站建设。在中心组团内恢复丰泽街及新增安吉路等2条公交专用道建设、改造津淮街—坪山路等11个公交专用进口道，形成公交专用网。在城市核心区与江南、洛江、石狮、晋江之间新开通3条以上组团间公交快线。加大公交运力投入，近3年每年新购置及更新环保公交车辆100标台。

慢行系统品质环境工程，打造慢行健身步道、廊道系统。完成刺桐片区“三横一纵”17.7公里健身步道和西街片区周边慢行廊道系统建设，建设爱国路、东街等自行车专用道。完成潘山小学等6座过街天桥建设，完善立体过街设施。建设丰泽街、湖心街、津淮街和坪山路等4条非机动车道；完成坪山路、宝洲街等2条非机动车道交通整治。在中心城区积极推广公共自行车租赁系统，以内环路以内的旧城区为主，兼顾东海、城东、北峰等新区，在中心城区范围内布设410个自行车租赁点、投放13200辆公共租赁自行车。远期将自行车项目推广至洛江万安、江南、泉州台商投资区等。

严格执法与需求管理工程，建立交通管理网格化巡查管理模式。将管辖区划分为若干管理单元实施精细化管理；扩大拥堵路段片区的严管范围，建立见警率和拥堵指数挂钩的动态调整机制；增加公交车载违章抓拍系统，确保公交路权优先；开展电动车违规行驶整治，加强拖车动态值守；实施分档处罚，加大拥挤区域和高峰时段的交通违章处罚力度；完成停车收费优化调整和电动车行驶区域划定的调查研究和实施方案。

《泉州侨批故事》出版

由泉州市档案局（馆）、晋江市档案局（馆）联合出版编纂的《泉州侨批故事》出版发行。《泉州侨批故事》全书分为海天万里诉别离、故园乡井问温馨、邮路迢遥寄云翰、旅次鱼雁话沧桑、雪泥鸿爪表贺慰、儿孙继世说教育、乡情民俗明敬仪、商务往来细襄理、公益事业共守助、家国情怀申慨烈等10个章节，收录侨批故事54篇。这些侨批故事或抒对桑梓的情怀和对亲人的思念，或报游子的平安和盼望的归期，或表矢志的爱国爱乡之心，一个个故事短小精练，阐述灵活，充分地展示泉州华侨华人吃苦耐劳、自强不息、团结互助的拼搏精神和爱国爱乡、乐于奉献的高尚情操，彰显中国传统文化的内核，见证中华文明通过海上丝绸之路与世界文明之间持续不断的交流与融合。该书从策划到出版前后历时一年多，期间两级档案部门组织大量人力物力，对泉州、晋江档案馆馆藏及几位侨批收藏家、侨批研究专家手中的珍品侨批进行深度整理，挖掘出一批有故事、有意义的精品侨批，并对其精准解读，讲述每一封侨批背后的故事，还原其原有的意义。

10月22日

星期六
农历丙申年九月廿二
温度：25℃—29℃
多云

●国家发改委下发《关于支持各地开展产城融合示范区建设的通知》，确定全国首批58个产城融合示范区，泉州市泉港区入选。

●“万隆WANLONG及图”“青灿QingCan”两枚泉州企业商标被国家工商总局商标局认定为中国驰名商标。

●22—24日，由10家旅行社组成的美国华裔旅游客商团到泉州考察旅游线路，拟推出寻根之旅的旅游产品，组织华侨华人到泉州旅游。

●华侨大学220余名师生共同演绎纪念中国工农红军长征胜利80周年大型音乐舞蹈史诗情景合唱——《长征组歌》。

泉港入选国家产城融合示范区

国家发改委下发《关于支持各地开展产城融合示范区建设的通知》，确定全国首批58个产城融合示范区，泉州市泉港区入选，并确定泉港产城融合示范区主要任务是探索以产兴城、以城促产发展新模式，促进产业、城市、人口深度融合。产城融合示范区建设是实施国家区域发展总体战略、主体功能区战略和新型城市化战略的重要举措。产城融合示范区是指按照产业与城市融合发展的理念，依托现有产业园区，在促进产业集聚发展的同时，加快产业园区从单一的生产型园区经济向综合型城市经济转型，成为产业发展基础较好、城市服务功能完善、边界相对明晰的城市综合功能区。按照国家产城融合示范区建设的总体要求，到2020年，国家产城融合示范区经济社会发展水平要显著提升，经济增长速度快于所在地区总体水平，常住人口城镇化率明显快于所在地区平均水平，现代产业体系加快形成，城镇综合服务功能不断完善，生态环境进一步优化，居民生活质量明显提高，将示范区建设成为经济社会全面发展、产业和城市深度融合、城乡环境优美、居民生活更加殷实安康的新型城区。按照这一要求，泉港入选示范区后，将通过以产兴城、以城带产、产城融合、城乡一体的发展道路，为新型工业化和城市化融合发展探索可复制、可推广的经验做法。

相关链接：2014年，泉港区被列入泉州市“产城联动新城区”改革试点。近年来，泉港实施“135”计划，按照“一年出亮点”（2014年）、“三年见成效”（2014年—2016年）、“五年大变样”（2014年—2018年）发展思路，推进产城融合，亮点频频。

泉州再添两枚中国驰名商标

从市工商局获悉，泉州市又有“万隆WANLONG及图”“青灿QingCan”两枚商标被国家工商总局商标局认定为中国驰名商标。至此，全市拥有中国驰名商标148件，驰名商标数量继续保持全国地级（含副省级）市第一位。据统计，全市现有有效注册商标突破20.2万件，拥有马德里商标国际注册824件、福建省著名商标1023件、泉州市知名商标1420件、地理标志证明商标26件。全市驰名商标数、有效注册商标数、马德里国际注册商标数分别居全国地级（含副省级）市第一、二、三位。

美华裔组团到泉州考察旅游线路

22—24日，由10家旅行社组成的美国华裔旅游客商团到泉州考察旅游线路，拟推出寻根之旅的旅游产品，组织华侨华人到泉州旅游。一行人先后考察五店市、草庵、九日山、开元寺、清源山、洛阳桥、崇武古城、惠安大岞村，品尝特色小吃，体验各种民俗，对泉州的“海丝”景点、古城风貌、民俗风情等赞赏有加。

音乐舞蹈史诗情景合唱《长征组歌》在华侨大学上演

华侨大学纪念中国工农红军长征胜利80周年大型音乐舞蹈史诗情景合唱《长征组歌》在陈嘉庚纪念堂观众厅上演。由华侨大学220余名师生共同演绎的红色经典音乐作品《长征组歌》分为10个部分：《告别》《突破封锁线》《遵义会议放光辉》的节奏铿锵有力，表现那个年代军民的责任和担当；《飞越大渡河》《过雪山草地》再现长征的艰辛与不易，讴歌红军战士不怕苦不怕累的革命精神；《到吴起镇》《祝捷》《报喜》《大会师》所表现的长征终获胜利的氛围赢得阵阵掌声，由悲转喜，由抑到扬，一次又一次地将晚会推向高潮。《长征组歌》在原版本的基础上由华侨大学师生创新改进，将朗诵、合唱、声乐演奏、舞蹈等相融合，音舞交融，灯光万变，给观众带来一场重温长征路的视觉盛宴，主题鲜明、内容丰富、形式新颖、风格独特的鲜活演出更是引得观众纷纷拍掌叫好。

演出现场　　（图/林劲峰）

10月23日

星期日
农历丙申年九月廿三
温度：24℃—30℃
阵雨

●市政府办公室印发《泉州市城市管理提升行动方案》，明确当前城市管理一些重点难题的破解之道。

●23—27日，第120届广交会二期举行。泉州238家企业参展，展位数743个，品牌特装展位数约占总展位数35%，参展商品主要有日用、工艺陶瓷、家居用品、餐厨用具、礼品赠品、玩具以及园林用品等。

●从市发改委获悉，前三季度泉州市省市重大项目和省级“五个一批”项目顺利推进。177个省级在建重大项目完成投资406.6亿元，完成年度计划的100.3%。

《泉州市城市管理提升行动方案》印发

市政府办公室印发《泉州市城市管理提升行动方案》，明确当前城市管理一些重点难题的破解之道。

相关链接：社区管理难题——推进社区自治共管，着力解决设施缺失、环境脏差、秩序紊乱等问题，服务和满足社区居民需求，方案首次引入“社区营造”做法。方案指出，要求各社区健全民主协商议事制度，成立社区自治小组，结合文明劝导队、志愿者服务队等组成专门队伍，带动和引导辖区单位、物业小区、企业、商户和居民参与营造活动。推进目标：鲤城区开元街道华新社区、金龙街道龙岭社区，丰泽区东湖街道松林社区、东海街道宝山社区宝秀小区，洛江区万安街道万福社区将开展“社区营造”试点工作。2017年年底前，建成5个示范社区；2018年年底前，中心城区每个街道建成不少于1个示范社区；从2019年起，逐步向市区带动和辐射。

整治占道经营——方案明确，建立健全“区级协调、街道牵头、单位自治、部门协作、群众参与”的治理机制，加大占道经营综合治理力度，强化景点、学校、车站、医院等重要节点周边管理。方案提出，各区、街道可以聘请主体单位的保安人员作为兼职协管员，负责本单位周边占道经营等的日常劝导，以解决执法力量不足问题。推进目标：2016年年底前，各街道创建1个综合治理示范点，实现示范点周边基本无占道经营。2018年起，组织向辖区其他路段拓展，实现常态化、规范化管理。

泉州市城市将严禁屋顶、单立柱广告，墙面广告要有序，店招店牌要规范，依法清理各类违规户外广告。推进目标：2017年3月底前，完成鲤城区九一街、中山北路，丰泽区丰泽街、湖心街东段，洛江区万荣街，泉州开发区德泰路等6条街路户外广告的详细规划编制，对沿街两侧店面招牌实行定位、样式、材质的“三统一”；2017年年底前，完成6条户外广告管理精品街（路）的打造。从2018年起，逐步组织向市区其他街路推进。

城区农贸市场实现改造提升——方案提出，用5年时间完成主要农贸市场和市民生活急需农贸市场标准化改造，并随城区扩大和群众需求同步推进新农贸市场建设。对一些被挤占挪用的农贸市场，由有关部门依法责令责任单位限期改正。推进目标：2017年年底，鲤城区、丰泽区各完成2个，洛江区、泉州开发区各完成1个农贸市场的标准化改造试点。

主干道每日“清癣”工作——方案要求，重点加大主干道、物业小区管理力度，严厉打击乱涂乱贴乱画，劝导纠正沿街（路）乱分发商业宣传单、名片行为，实行主次干道清洗市场化运作。推进目标：各区落实主干道清洗市场化运作，物业小区、背街小巷实行每周清洗；从2018年起，市场化清洗向次干道延伸，物业小区、背街小巷实行每日同步清洗，创建“无癣”城市。

社区公厕全面收归区级管理——逐步将社区内部管理的公厕全部收归区级管理。收归后，公厕将建立专人管理和保洁制度，保持各类设备、设施整洁。推进目标：2017年年底前将社区公厕全部收归区管并改造提升。同时，由各区全面普查旱厕情况，2016年年底予以改造或填埋。

177个省级在建重大项目完成年度投资计划

从市发改委获悉，前三季度泉州市省市重大项目和省级在建重大项目顺利推进。重大项目方面，356个（单项410个）市级在建重大项目完成投资638.5亿元，完成年度计划的89.5%，建成或部分建成（投产）项目40个。83个2016年新开工项目中，31个项目新开工建设，完成年度开工任务的37.3%。365个2017至2018年新开工项目中，有22个项目提前开工，其余项目正在加快推进。其中，177个省级在建重大项目完成投资406.6亿元，完成年度计划的100.3%。建成或部分建成（投产）项目13个，完成年度竣工任务的144.4%。19个2016年新开工项目中，19个项目新开工建设，完成年度开工任务的100%。

省级“五个一批”项目方面，687个项目总投资9439.5亿元。其中，谋划阶段189个，总投资3951.1亿元；签约阶段47个，总投资766.4亿元；开工阶段345个，总投资4466.6亿元；投产阶段12个，总投资57.4亿元；增资阶段94个，总投资198.1亿元。2016年度新增项目数136个，新增总投资2253.1亿元。其中，新增谋划项目32个，总投资1159.6亿元；新增签约项目14个，总投资518.7亿元；新增开工项目60个，总投资444.1亿元；新增投产项目12个，总投资57.4亿元；新增增资项目18个，总投资73.3亿元。

陈冬到泉州调研社会治安管控及司法体制改革

省委常委、政法委书记陈冬带队到泉州，调研市公安局视频警务中心社会治安视频监控联网应用工作、市法院系统“跨域·连锁·直通”式诉讼服务平台，并召开座谈会。市委书记郑新聪，市委常委、政法委书记林锦明，副市长、市公安局长卢炳椿，市中级人民法院院长欧岩峰参加相关活动。泉州市社会治安视频监控网是全国第一张由综治牵头、公安负责建设和第一个严格执行国际标准建设的高清视频专网；其联网近5万个高清摄像头全省最多，占全省总量过半，是全省第一个建成的社会治安视频实战应用平台。陈冬肯定该联网在实际应用中发挥的重要作用，认为该联网通过信息化手段打造了智能化研判、预警办案一体化的新型高效办案模式，在全省处于领先水平。陈冬表示，泉州市以“跨域·连锁·直通”式诉讼服务平台为重点的司法体制改革成果显著，是福建省司法体制改革的一面鲜艳旗帜。

省政府安全生产巡查组进驻泉州巡查

以省交通运输厅原巡视员宋海滨为组长的省政府安委会安全生产巡查组一行到泉州，对泉州市近三年来安全生产工作情况开展为期15天的巡查。泉州市召开动员汇报会，市委书记郑新聪作动员讲话。市领导张永宁、周真平、肖汉辉、吕刚参加会议。宋海滨介绍巡查工作的主要任务、工作方式和具体安排。巡查组将严格按照标准要求，通过听取汇报、查阅资料、暗查暗访、问卷调查、召开座谈会等方式分三阶段开展巡查，实事求是、客观公正地发现和汇报问题。市委常委、常务副市长张永宁主持会议。市政府党组成员肖汉辉汇报全市安全生产工作情况。

市县两级人大常委会主任座谈会召开

2016年泉州市市县两级人大常委会主任座谈会在洛江举行。会议传达2016年度省市人大常委会主任座谈会精神，围绕“提高代表履职能力，充分发挥代表作用”议题进行交流研讨。市人大常委会主任陈万里，副主任吕竞、张建生、朱团能、曾巍，党组成员许文贵、欧阳秋虹，市人大常委会各委室及各县（市、区）人大常委会负责人参加会议。图为会议现场。（图/王虎文）

“海峡杯”工业设计大赛各奖项揭晓

2016年“海峡杯”福建（晋江）工业设计大赛颁奖仪式在晋江举行，经过初评和终评，最终产生大赛特别奖以及服装服饰、体育用品、智能装备、消费电子、综合等5个组别的金、银、铜奖。经由实物评审和终评答辩，80件入围作品按行业分5个组别分别评出金奖1项，银奖2项、铜奖3项和优秀奖10项，并从5个组别的金奖作品中择优评选出大赛特别奖1项。其中，大赛特别奖奖金30万元、金奖奖金10万元、银奖奖金5万元、铜奖奖金3万元、优秀奖奖金5000元。参赛者范石钟的作品《空中消防车》获得大赛特别奖及奖金30万元。此次大赛由福建省经济和信息化委员会、泉州市人民政府、教育部高等学校工业设计专业教学指导分委员会、台湾设计学会主办，晋江市人民政府、泉州市经济和信息化委员会承办。大赛围绕“设计引领，智造融合”的主题，旨在搭建工业设计与制造业对接的交流平台，集聚境内外优秀工业设计机构和人才，同时推动福建省制造业与工业设计融合发展、协同创新，激发全省制造业设计创新意识，加快制造业转型升级步伐。

论坛现场　　（图/冰　德）

10月24日

星期一
农历丙申年九月廿四
温度：23℃—26℃
阵雨

●省委常委、政法委书记陈冬带队到泉州，调研市公安局视频警务中心社会治安视频监控联网应用工作、市法院系统“跨域·连锁·直通”式诉讼服务平台，并召开座谈会。

●省政府安全生产巡查组进驻泉州巡查。

●2016年泉州市市县两级人大常委会主任座谈会在洛江举行。

●由市委宣传部主办的全市新闻舆论战线马克思主义新闻观暨深入学习习近平总书记重要讲话精神专题培训班开班。

●2016年“海峡杯”福建（晋江）工业设计大赛颁奖仪式在晋江举行。

●24—28日，福建省互联网经济领军人才培训第八期暨泉州市互联网经济研修班第三期在泉州举行。

●纪念中国工农红军长征胜利80周年暨缅怀李子芳英雄事迹座谈会和“铁血长征——福建儿女长征史迹展”在泉州华侨历史博物馆举行。

10月25日

星期二
农历丙申年九月廿五
温度：23℃—30℃
多云

●郑新聪到南安市宣传贯彻市第十二次党代会精神，开展精准扶贫、灾后恢复重建、产业发展等工作调研。

●全市第十五次见义勇为模范暨见义勇为志愿者先进集体表彰大会召开，32名见义勇为模范和先进个人（群体）获表彰。

●市金融工作局披露，泉州市上市公司累计达100家，总募集资金折合人民币670亿元，总市值居于全国地级市前列，资本市场的“泉州板块”初步形成。

●泉州市道路运输管理处官网发布《泉州市网络预约出租汽车经营服务管理实施细则》。

郑新聪到南安市调研

市委书记郑新聪到南安宣传贯彻市第十二次党代会精神，开展精准扶贫、灾后恢复重建、产业发展等工作调研。市领导翁祖根参加调研。在座谈会上，郑新聪指出，在新一届班子的带领下，南安全市上下扎实推进经济社会发展和灾后重建的各项工作，发展面貌、干部精神为之一新。他要求，要自加压力，针对企业恢复生产制定专门扶持措施，以工程包的形式积极争取融资支持，逐步解决当前困难问题，维护社会安定稳定，更好地完成全年目标任务。要鼓足干劲，致力推进“百日攻坚”，抢抓当前施工黄金季节，调动干部干事创业热情，抓好在建项目建设和优质项目引进。要抓好转型升级，推动传统优势产业向产业链两端延伸，引导企业朝装备数控化、产品和商业模式创新等方向转变提升。要进一步抓好灾后恢复重建，整合市县两级资源，多渠道筹措资金，鼓励基层自力更生，调动社会力量广泛参与，确保民房重建等工作按期推进。要抓牢管党治党主业，强化主体责任，严格管理干部，构建“亲”“清”政商关系，为新一轮发展营造良好政治生态。

泉州市表彰一批见义勇为先进个人和先进集体

全市第十五次见义勇为模范暨见义勇为志愿者先进集体表彰大会召开，32名见义勇为模范和先进个人（群体）获表彰。大会首次表彰6个见义勇为志愿者先进集体。市领导林锦明、曾巍、卢炳椿、许连捷参加会议。

2015年8月以来，泉州市涌现出一大批见义勇为先进人物，见义勇为精神蔚然成风。此次获表彰的勇士中，陈黎艳等8人获“泉州市见义勇为模范”称号，每人获颁奖金4万元；11人和6个群体（共13人）获“泉州市见义勇为先进个人（群体）”称号，每人获颁奖金1万元。市委常委、政法委书记林锦明要求，各级要加大宣传力度，发挥见义勇为精神的感召作用，引导广大人民群众争当平安建设志愿者；要维护好见义勇为人员的权益，完善见义勇为相关条例，及时帮助见义勇为者解决困难和问题。

泉州上市企业达100家

12日，市金融工作局披露，泉州市上市公司累计达100家，总募集资金折合人民币670亿元，总市值居于全国地级市前列，资本市场的“泉州板块”初步形成。泉州市上市公司募集资金主要用于企业厂房建设、生产设备、研发投入、渠道搭建及品牌提升等项目，有效缓解企业发展的资金压力，为地方经济健康良性发展发挥重要作用。借力资本市场，恒安、安踏、达利、七匹狼、九牧王等泉州品牌企业在行业内的影响力也日益提升。

1993年12月“福建豪盛”在上海证券交易所挂牌交易，开启泉州企业上市序幕。2010年泉州启动企业改制上市“121工程”，力争改制企业1000家、培育上市后备企业200家、实现境内外上市企业100家。泉州利用获批成为全国首个“金融扶持实体经济综合改革试验区”等政策优势，在政府和企业等多方努力下，培育一大批具有一定区域特色和行业影响力的优质股份制公司，涉及服装、纺织、鞋业、食品、机械制造等多个行业，成为泉州经济的重要支撑。汇鑫小贷于2016年9月30日在港交所上市，成为泉州第100家上市公司。泉州用六年时间实现“121工程”中上市公司达百家的目标，其中，上交所8家、深交所10家，香港35家、台湾5家，德国7家、英国3家、澳大利亚3家、韩国6家、马来西亚5家、美国4家、新加坡13家、加拿大1家。

泉州市道路运输管理处官网发布网约车管理细则

泉州市道路运输管理处官网发布《泉州市网络预约出租汽车经营服务管理实施细则》（以下简称细则）。根据细则，网约车车辆价格不得低于15万元；如果是二手车进入网约车市场，已使用年限自初次登记注册之日起不得超过3年；行驶里程达到60万千米时强制报废，行驶里程未达到60万千米但使用年限达到8年的，退出网约车经营。网约车司机，得满足有3年以上驾龄，无交通肇事犯罪、危险驾驶犯罪记录，无吸毒记录，无饮酒后驾驶记录，最近连续3个记分周期内没有记满12分记录，无暴力犯罪记录等条件。另外，泉州还印发《泉州市深化出租汽车行业改革实施方案》，鼓励私人小客车合乘规范发展，运行区域仅限于市区区域内，计价方式只计程不计时，单车每天合乘频率不得超过4次，允许分担成本仅限于燃料及通行费。

10月26日

星期三
农历丙申年九月廿六
温度：24℃—31℃
多云

●26—30日，省委省政府脱贫攻坚督查组到泉州开展脱贫攻坚督查工作。

●市政协党组召开“两学一做”第三专题学习会，学习贯彻习近平总书记在中共中央学习《胡锦涛文选》报告会上的重要讲话精神和《中共中央关于学习〈胡锦涛文选〉的决定》。

●“海丝”文化旅游高端对话暨泉州旅游项目推介会举行。

●“海丝”申遗宣传片《海上丝绸之路·中国史迹（中、英文版）》在泉州开元寺开机拍摄。

●泉州南音新作《凤求凰》在上海虹桥艺术中心上演，成功将司马相如和卓文君的爱情故事用千年雅乐演绎。

市政协党组召开“两学一做”第三专题学习会

市政协党组召开“两学一做”第三专题学习会，学习贯彻习近平总书记在中共中央学习《胡锦涛文选》报告会上的重要讲话精神和《中共中央关于学习〈胡锦涛文选〉的决定》。市政协党组书记陈灿辉主持会议，副主席吴共湖、苏小青、骆沙鸣、李冀平、王瑞强，秘书长洪川夫，党组成员林志建、陈伟平参加。会上，大家围绕“坚持根本宗旨、发挥党员作用”这一主题进行学习讨论。陈灿辉指出，要深入学习领会习近平总书记重要讲话精神和《胡锦涛文选》重要内涵，力求学深学透、融会贯通。要以总书记习近平重要讲话精神和《胡锦涛文选》精神指导和推动政协工作，围绕落实“五个泉州”战略，勇当建设“新福建”领头羊的中心任务，发挥政协职能作用，全面完成2016年各项工作任务。

“海丝”文化旅游高端对话暨泉州旅游项目推介会举行

由泉州市政府主办、泉州市旅游局与中国旅游资源整合联盟承办的“海丝”文化旅游高端对话暨泉州旅游项目推介会举行，邀请旅游业界专家、学者及知名旅游投资企业家一道，围绕“海丝与旅游”“旅游与投资”等关键词展开交流对话。同日，在“海丝”文化旅游高端对话暨泉州旅游项目推介会上，泉州市旅游局与中国旅游资源整合联盟签订战略合作框架协议，双方将共同推进泉州旅游产业发展，加大旅游资源开发和整合力度，打造具有影响力的区域旅游品牌。市旅游局精心筛选50个旅游招商项目汇编成《泉州旅游重点招商项目指南》，包括“聚宝城南”泉州闽南文化生态园项目、泉港区惠屿岛生态休闲渔村项目、石狮市中国历史文化名街——永宁老街项目等，招商总额470亿元。

“海丝”申遗宣传片在泉州开拍

“海丝”申遗宣传片《海上丝绸之路·中国史迹（中、英文版）》在开元寺开机拍摄，该宣传片将于12月底递交国家文物局。拍摄当日是农历九月廿六，勤佛日。宣传片主创人员带着镜头穿梭在人群中，记录泉州信众们祈福吃斋的画面。此次拍摄的“海丝”申遗宣传片有中、英文两个版本，全面展现“海丝”申遗遗产点的风貌和所在城市的历史文化底蕴。泉州列入“海丝”申遗的首批遗产点有14个，占全国总数近半，这些遗产点建筑体量大、生活气息浓，较好展现海上丝绸之路的文化价值。为拍摄好“海丝”申遗宣传片，主创人员提前到泉州、广州、宁波、南京等地勘景，并完成脚本初稿。随着宣传片正式开机，主创人员将分成三组在不同城市同步拍摄素材。广州、宁波、南京正按照国家文物局部署，配合牵头城市泉州汇总完成统一的规划、保护、文本提交和宣传片拍摄等工作。当天，拍摄完开元寺部分后，主创人员还到天后宫、草庵等遗产点进行拍摄。对于部分遗产点正在进行整治和修缮的情况，蔡苗苗表示将调整拍摄档期，过后进行补拍，以期完整展示每一个“海丝”申遗遗产点的价值和魅力。

拍摄现场　　（图/戴涵琦）

南音新作《凤求凰》在上海虹桥艺术中心上演

泉州南音新作《凤求凰》在上海虹桥艺术中心上演，成功将司马相如和卓文君的爱情故事用千年雅乐演绎，打动现场近千名中外观众。《凤求凰》是第十八届上海国际艺术节福建文化周的重要演出节目，由福建省“2011计划”南音文化传承与发展协同创新中心策划出品，泉州师范学院和泉州市南音传承中心联合演出。演出中，一曲曲优雅的南音，呈现出一幅充满东方韵味的写意画卷。南音新作《凤求凰》曲调和传统南音一样古韵十足，但唱词却是全新的创作，注入新的时代元素，演绎千古爱情故事，体现当代人对于爱情的思考和认识。

此前的24日，“凤凰”会知音——南音新作《凤求凰》互动讲座在同济大学举行，精彩的展演和互动讲座，让高校学子“零距离”体验南音的魅力。在互动讲座中，通过南音新作推介、经典曲目《直入花园》展演和南音乐器介绍，让到场师生全面感受泉州南音的魅力。

10月27日

星期四
农历丙申年九月廿七
温度：24℃—31℃
多云

●市领导郑新聪、康涛、张建生、林志建会见载誉归来的第十五届残奥会泉籍冠军杨丽婉。

●在泉州老年教育喜迎发展30周年暨泉州老年大学建校30周年之际，泉州老年大学新校舍建设项目奠基，并举行纪念大会，表彰一批全市老年教育突出贡献者。

●2016世界闽南文化节在马来西亚马六甲开幕，来自世界各地的闽南乡亲、专家学者300多人参加盛会。

●南音新作《凤求凰》在上海交通大学徐汇校区文治堂上演。

郑新聪康涛会见里约残奥会泉州籍冠军

市领导郑新聪、康涛、张建生、林志建会见载誉归来的第十五届残奥会泉州籍冠军杨丽婉。市委书记郑新聪代表市委、市人大常委会、市政府、市政协和851万家乡人民，向杨丽婉及其家人表示热烈祝贺和衷心感谢。在里约残奥会上，杨丽婉一人参加三项比赛，取得1枚金牌、打破1项残奥会纪录的优异成绩，为祖国赢得荣誉，为泉州增添光彩。

郑新聪强调，发展残疾人事业是一项民心工程和德政工程，也是党委政府的分内职责。市委、市政府将持续加大投入，通过社会保障扩面提标、政策帮扶、政府购买服务等，推动残疾人事业和残疾人体育事业发展，让更多的残疾人在各自领域取得优异成绩，实实在在分享改革发展所带来的福利。各级残联组织及有关部门要更加用心用情服务，主动上门帮助残疾人解决康复、就业、教育、生活、医疗等后顾之忧；各级体育部门要积极创造条件，促进残疾人健身体育、康复体育和竞技体育普及开展，保障运动员全身心投入新一轮训练。

同日，市妇联授予杨丽婉“泉州市三八红旗手标兵”称号。

泉州老年大学建校30周年纪念大会举行

在泉州老年教育喜迎发展30周年暨泉州老年大学建校30周年之际，泉州老年大学新校舍建设项目奠基，并举行纪念大会，表彰一批全市老年教育突出贡献者。中国老年大学协会名誉会长游德馨，省老年大学名誉校长黄瑞霖，省政协副主席、省老年大学校长杨根生，市领导郑新聪、陈奕辉、许文贵、季翔峰、苏小青等参加相关活动。

市委副书记陈奕辉肯定泉州市老年教育30年来的办学成效。陈奕辉要求，各级党委政府、各有关部门要深化认识，增强做好老年教育工作的责任感；要把老年教育作为积极老龄化的一项战略措施，鼓励社会各方面力量广开办学渠道，多层次、多渠道、多形式发展老年教育，形成“党政主导、多方参与、社会支持”的办学新格局；各级老年大学要主动作为，引导老年朋友自我学习、自我教育、自我提高，为党和人民的事业增添正能量；要坚持正确的办学方向，紧贴社会生活，紧扣时代脉搏，因需施教，寓教于乐，提升教学质量与办学水平；在泉州老年大学新校舍建设上，各相关部门要靠前服务，尤其是工程建设的责任单位，要用心设计、精心施工，把新校舍建设成高质量的样板工程。

泉州老年大学新校舍建设项目规划图　（图/老年大学）

世界闽南文化节在马六甲开幕

2016世界闽南文化节在马来西亚马六甲开幕，来自世界各地的闽南乡亲、专家学者300多人参加盛会。此次闽南文化节举办海内外闽南侨领座谈会、“海丝”文化与闽南文化论坛、“海丝”九城文物精品图片展、妈祖文化图片展和文艺演出等活动，浓浓的闽南文化气息萦绕马六甲古城。活动期间，泉州元素大放异彩，播放东亚文化之都泉州宣传片，展示“大美泉州”摄影作品和“海丝”起点文物图片、德化陶瓷、永春漆篮等工艺品，表演高甲戏《骑驴探亲》、木偶《驯猴》等精彩节目。泉州学者在论坛上进行学术交流。

2016世界闽南文化节开幕前，2016世界闽南文化节筹委会先后组织泉州文化周等一系列活动。开幕式上，2016世界闽南文化节筹委会主席、马来西亚拿督威拉颜天禄致辞时表示，闽南先辈600多年前就来到马六甲，对当地经济、文化、教育等各领域做出巨大贡献。当前，中国提出建设“一带一路”的倡议，获得广泛响应，马六甲华人华侨对此尤其高兴。受泉州市和福建省闽南文化发展基金会共同发起成立的世界闽南文化节秘书处的委托，台湾成功大学教授陈益源宣布2017世界闽南文化节在漳州市举行。

10月28日

星期五
农历丙申年九月廿八
温度：24℃—31℃
多云

●省委宣传部督查组到泉州开展党委（党组）意识形态工作责任制落实情况督查调研，并召开座谈会。

●市政协组织部分委员到晋江实地视察市级重点项目建设情况。

●全国智能制造装备与信息技术高级研修班在泉州开班。

●市委宣传部、市委政法委在石狮市公安局凤里派出所举行“全国学雷锋活动示范点”授牌仪式，并发出全市岗位学雷锋活动倡议书。

省委宣传部督查组到泉州开展意识形态工作责任制落实情况督查调研

省委宣传部督查组到泉州开展党委（党组）意识形态工作责任制落实情况督查调研，并召开座谈会。督查组一行实地察看黎明职业大学、鲤城金山社区，详细了解党委（党组）意识形态工作责任制落实情况和基层宣传文化阵地建设情况。座谈会上，在听取泉州党委（党组）意识形态工作责任制落实情况汇报后，督查组对泉州落实意识形态工作责任制给予肯定，并就下一步工作提出四点指导性意见。一要强化责任担当，传导责任压力；二要明确职责任务，形成工作合力；三要坚守舆论阵地，牢牢把握舆论主导权；四要加强监督考核，真正把意识形态规矩“立起来”。

市政协组织委员到晋江考察重点项目建设情况

市政协组织部分委员到晋江实地考察市级重点项目建设情况。市政协党组书记陈灿辉，副主席吴共湖、苏小青，秘书长洪川夫，党组成员陈伟平参加。在泉州传化公路港，现代物流业“公路物流O2O+货运生态圈”新型发展模式，以及“中国智能公路物流网络运营系统”得到陈灿辉的赞许。他鼓励企业要持续创新“物流+互联网”模式，利用大数据资源减少企业运营成本，加快打造成大泉州城市物流中心。在石墨烯产业技术研究院，陈灿辉肯定石墨烯技术给传统产业转型升级带来的广阔空间，鼓励其继续关注原材料应用、产品研发平台、市场需求等，推动新技术和传统产业的对接融合。察看福建晋华集成电路项目建设情况后，陈灿辉表示，该项目是泉州实现创新驱动发展、进行供给侧改革的着力点，要加快推进步伐，确保一期如期投产。

调研现场　　　　（图/陈翔）

全国智能制造装备与信息技术高级研修班在泉州开班

全国智能制造装备与信息技术高级研修班在泉州开班。其间，来自北京、内蒙古、山东、厦门等省内外智能制造产业相关学员，将参加《智能制造技术与装备的发展》等课程培训，并实地考察泉州智能制造龙头企业。

相关链接：泉州是制造业大市，工业产值超万亿元，产业集群优势明显。在当前大规模转型的关键时期，泉州加快“数控一代”示范工程和“泉州制造2025”，以智能制造为突破口，实施智能制造发展专项行动，全力推动产业转型升级。针对“数控一代”工程缺乏高端科研平台和人才的短板，泉州市邀请国内高校、科研院所积极参与示范工程建设，累计合作设立33个专业技术公共服务平台，加快打造“一所一中心”“一产业一高端平台”和“一县一服务平台”。目前引进中科院、华中科大、哈工大等在泉州设立高端研发机构，组建20多个研发推广部门，合作攻关项目170多项。同时，发挥技术公共服务平台“磁场”作用，吸引、集聚包括27名院士在内的700多位装备制造高层次人才。加快培养一批“会开智能机器”的蓝领，全市14所高校开设智能装备专业，每年培养智能装备方面毕业生1.2万人。

凤里派出所入选全国学雷锋活动示范点

市委宣传部、市委政法委在石狮市公安局凤里派出所举行“全国学雷锋活动示范点”授牌仪式，并发出全市岗位学雷锋活动倡议书。此前，中宣部向全社会命名公布第二批“全国学雷锋活动示范点”和“全国岗位学雷锋标兵”名单。石狮市公安局凤里派出所入选，这是福建省被表彰命名的两个集体之一，也是全国被表彰命名的两个公安集体之一。凤里派出所成立于1994年。建所以来，一代代的凤里民警坚持学习、传承和弘扬雷锋精神，始终秉持着爱民为民、创先争优的优良传统，持续深入组织开展“创人民满意警队、做群众喜爱警察”主题实践活动，做到“民需我做、民困我助、民难我帮”，深受辖区群众的肯定和赞誉。

10月29日

星期六
农历丙申年九月廿九
温度：21℃—24℃
阴

●29—30日，省委书记尤权到泉州市调研。尤权要求全力做好当前各项工作，确保完成全年经济社会发展目标任务，实现“十三五”规划良好开局。

●省委书记尤权到晋江与基层干部群众深入交流，共同学习十八届六中全会精神。

●华侨大学第七届董事会第二次会议在泉州召开。

●央视著名主持人白岩松到泉州师院作《要有知识更要有智慧》的主题演讲。

尤权在晋江与基层干部群众共同学习十八届六中全会精神

省委书记尤权在晋江与基层干部群众深入交流，共同学习十八届六中全会精神。省领导潘征，市领导郑新聪、康涛、翁祖根、温惠榕、孔繁军等参加调研。尤权指出，党的十八届六中全会是在中国共产党成立95周年、中国工农红军长征胜利80周年的历史节点，在全面深化改革、决胜全面建成小康社会的关键时刻召开的一次重要会议。这次全会明确习近平总书记的核心地位、正式提出“以习近平同志为核心的党中央”，对维护党中央权威、维护党的团结和集中统一领导，对全党全军全国各族人民更好凝聚力量抓住机遇、战胜挑战，对全党团结一心、不忘初心、继续前进，对保证党和国家兴旺发达、长治久安，具有十分重大而深远的意义。

尤权强调，要切实增强政治意识、大局意识、核心意识、看齐意识，以高度的政治自觉和行动自觉，坚决维护习近平总书记的领导核心地位，确保始终与以习近平同志为核心的党中央保持高度一致。要把加强和规范党内政治生活作为全面从严治党的根本性基础工作，把强化党内监督作为全面从严治党的重要保障，履行好党委（党组）主体责任和纪委监督责任，推动全面从严治党各项要求落到实处、取得实效。

华侨大学第七届董事会第二次会议在泉州召开

华侨大学第七届董事会第二次会议在泉州召开。中共中央政治局原委员、第十一届全国政协副主席、华侨大学第七届董事会董事长王刚，国侨办副主任李刚，省委常委、统战部部长雷春美，省政协副主席刘可清，海峡两岸关系协会常务副会长郑立中，全国政协港澳台侨委副主任赵阳，泉州市委书记郑新聪，华侨大学校长贾益民、党委书记关一凡等参加会议。华侨大学围绕建设“特色鲜明、海内外著名的高水平大学”目标，投身国家“一带一路”建设，主动融入福建经济社会建设，在人才培养、科学研究、社会服务等方面取得显著成绩。3月，国侨办与泉州市政府签约新一轮共建华侨大学协议，校地合作不断推进。

相关链接：华侨大学第七届董事会由海内外117名社会贤达组成。成立于1980年的华侨大学董事会，是改革开放后中国最早成立的高校董事会之一。过去两年，广大董事、校友及各界人士慷慨解囊，累计为学校捐资3735万元，颁发各类奖助学金25项，帮助品学兼优的贫困学生解忧纾困，激励华大学子奋发向上。

会议现场　（图/陈起拓）

白岩松到泉州作《要有知识更要有智慧》的主题演讲

央视著名主持人白岩松到泉州师院作《要有知识更要有智慧》的主题演讲，拥有1500多个座位的陈祖昌大礼堂座无虚席，近两个小时的精彩演讲赢得现场观众阵阵掌声。首届鲁迅文学奖获得者、人民日报社高级记者李辉主持演讲。活动期间，白岩松和李辉还一道与观众进行互动交流。演讲的当天下午，白岩松携带《白说》《痛并快乐着》和《幸福了吗》走进晋江五店市风雅颂书局，与媒体、读者“面对面”互动交流。

白岩松参观黄永玉作品汇展泉州专场　（图/陈智勇）

10月30日

星期日
农历丙申年九月三十
温度：20℃—24℃
多云

●29—30日，省委书记尤权到泉州市调研。

●26—30日，省委省政府脱贫攻坚督查组到泉州开展脱贫攻坚督查工作。

●“我眼中的沈从文与黄永玉”专题讲座在泉州市图书馆举行，首届鲁迅文学奖获得者、人民日报社高级记者李辉现场分享沈从文和黄永玉叔侄俩的艺术心路。

●王炜炜长篇小说《黑白蝶》作品研讨会暨读者见面会在泉州台商投资区百崎湖畔举行。

尤权到泉州调研

29—30日，省委书记尤权到泉州市调研。尤权强调，要以十八届六中全会精神为指引，科学研判当前经济形势，加大工作落实力度，全力做好当前各项工作，确保完成全年经济社会发展目标任务，实现“十三五”规划良好开局。

调研中，尤权主持召开企业家座谈会。省领导张志南、潘征，市领导郑新聪、康涛、翁祖根、张永宁参加座谈会。在泉州市县负责人简要汇报经济形势后，11位企业家围绕对当前经济形势的判断，以及如何推进转型升级、增强企业竞争力、更好促进产业发展等作了发言、提出建议。尤权边听边记，并不时插话询问。他肯定泉州市2016年以来经济社会发展取得的成绩，并指出，当前既要看到党委政府做好经济工作、服务企业发展的举措更加精准，特别是广大企业家应对压力、加快发展的信心在不断提升，经济保持持续向好的发展态势；也要清醒认识面临的形势和挑战依然严峻，政府和企业都要正视矛盾和问题，增强忧患意识，振奋精神、扎实工作，保持经济发展良好势头。

尤权强调，做好四季度经济工作，对于完成全年任务至关重要。一要积极扩大有效投资。发挥政府投资带动作用，推进投资工程包建设，补齐基础设施、民生事业等短板，促进重大项目和重点项目开工建设，为经济发展增添后劲。二要坚定不移推进转型升级。针对一些企业不敢转、不会转等问题，出台有力措施、做好引导服务，帮助和推动企业在外部环境倒逼、内在管理优化、坚持创新驱动中加快转型升级、赢得发展生机。三要培育新的经济增长点。围绕龙头项目延伸产业链，引进落地一批关联性强、能填平补齐产业链的配套项目，做大做优增量；要立足本地实际，坚持人无我有、人有我强，做大做强一批具有市场竞争力的特色产业；要深化现代服务业发展体制机制改革，推动制造业企业主辅分离，创新服务业发展业态和商业模式，进一步发展壮大现代服务业。四要加快推进福厦泉国家自主创新示范区建设。根据当地科研水平和产业实际，抓紧制定和出台实施一批有针对性的政策举措，不断激发创新主体活力，努力打造创新发展高地。五是各级党委政府要进一步加强作风建设，构建“亲”“清”新型政商关系，为企业发展营造良好环境。

省委省政府脱贫攻坚督查组到泉州督查

26—30日，省委省政府脱贫攻坚督查组到泉州开展脱贫攻坚督查工作。市领导陈奕辉、肖汉辉参加督查反馈会。督查组到德化、安溪、永春，听取当地工作汇报并座谈，到当地农业、民政、卫计、教育等县直部门查阅相关资料，并实地走访10个镇、15个村、129户建档立卡贫困户。督查反馈会上，督查组对泉州市2016年以来的脱贫攻坚工作予以肯定，并就下一步工作提出要求，要选好配强扶贫部门工作力量，同时加大对卫计、民政等行业扶贫部门的协调力度；加大贫困户稳定脱贫工作力度；利用造福工程、扶贫小额信贷的好政策，切实帮助贫困户解决住房安全、发展生产问题；加强健康扶贫工作，帮助贫困群众解决就医问题；更加关注农村残疾人等弱势群体。在听取督查组反馈意见后，市委副书记陈奕辉表示，泉州将以此次督查为契机，认真巩固扶贫成效、整改问题和不足，强化认识、强力推进，正视差距、补足短板，完善机制、精准施策，力争推动泉州市脱贫攻坚工作再上新台阶。

“我眼中的沈从文与黄永玉”专题讲座在泉州举行

30日，“我眼中的沈从文与黄永玉”专题讲座在泉州市图书馆举行，首届鲁迅文学奖获得者、人民日报社高级记者李辉现场分享沈从文和黄永玉叔侄俩的艺术心路。这场活动创下“温陵讲坛”罕见的盛况，挪桌加座还不能容下现场听众。李辉说，沈从文有关湘西的文章写得最好，字里行间透出音乐的节奏和旋律。沈从文在谈自己比较满意的作品时，也举出《边城》和《湘行散记》等，都是写湘西的。他作品里面有很多经过他对人性的理解和对美的理解过滤之后写的湘西的文化和人，而这些东西是现实生活当中永远向往的东西、留恋的东西。此外，《从文自传》也值得细细品读。李辉说，黄永玉画画、写文章靠的是自学，他的风格很独特。黄永玉在《朱雀城》所展示的就是12岁之前对家乡美好的记忆，湘西文化、美食、民俗、音乐等无不滋养着他幼小的心灵。

10月31日

星期一
农历丙申年十月初一
温度：21℃—27℃
多云

●市委召开常委会，传达贯彻省委书记尤权在泉州调研讲话精神。

●市委召开巡察工作动员部署会，学习贯彻中央和省委、市委关于巡察工作的要求精神，部署泉州市首批巡察工作。

●市委、市政府决定从即日起在全市开展2016年第四季度“促进项目落地、帮扶企业发展”活动。

●康涛主持召开市政府第一一三次常务会议，听取全省提升质量推进供给侧结构性改革工作会议精神及泉州市贯彻意见的汇报，研究通过《泉州市“十三五”生态文明建设专项规划》《泉州市“十三五”防震减灾专项规划》《泉州市“十三五”人力资源和社会保障事业发展专项规划》。

●康涛主持召开市政府党组（扩大）会，传达学习贯彻党的十八届六中全会精神和省委、市委常委（扩大）会议精神，落实市委常委会关于贯彻省委书记尤权在泉州调研讲话精神的部署。

●康涛主持召开市政府党组“两学一做”第三专题学习研讨会。

●市政协召开党组（扩大）会，传达市委常委（扩大）会议精神，深入学习贯彻党的十八届六中全会精神。

市委召开常委会传达贯彻尤权在泉州调研讲话精神

市委召开常委会，传达贯彻省委书记尤权在泉州调研讲话精神。市委书记郑新聪主持会议，市委常委参加会议，市人大常委会党组、市政协党组主要负责人等列席会议。

会议传达尤权等省领导到泉州调研讲话精神，并提出六点贯彻意见。一是向上氛围要再营造。要按照中央、省委要求，掀起学习宣传贯彻六中全会精神的热潮，组织广大党员干部深入学系统学；要坚持发展经济与全面从严治党两手抓、两促进，增强全面从严治党的意识和责任，构建“亲”“清”政商关系；要奋力冲刺年底，开展好百日攻坚、第四季度“活动周”等，争取年底“扶一把”“抢一把”。二是完成目标要再加力。坚持任务不变、分解不变，推动一批重大项目年底前开工；坚持灾后重建同步推进，确保春节前受灾重建户全部搬入新居。三是帮扶措施要再精准。要分类梳理、协调解决调研中和座谈会上企业提出的问题和建议，并主动衔接、积极争取省上支持；抓好市稳工业“16条”等政策的宣传、解读和传递，帮助企业用好政策。四是创新转型要再推进。以优化营商环境、产业生态、平台支撑、产学研合作等为重点，加快福厦泉国家自主创新示范区建设，大抓特色产业和新兴产业发展，推进“芯谷”规划建设，加紧石墨烯技术产业化，引进和扶持第三方、第四方现代服务业平台，培育一批专注主业的全国“单项冠军”。五是2017年谋划要再细化。加强项目策划、招引、落地等，突出发挥政府性投资的作用，在民生短板改善、城乡基础设施提升、灾后重建等领域，以工程包的形式捆绑运作；提前研判2017年的发展趋势和工作难点，及早考虑做好支持和引导企业的各项政策准备。六是风险防控要再强化。维护好金融生态；及时排查化解矛盾纠纷，确保社会大局稳定；以省安全生产巡查为契机，彻底排除重大安全隐患。

市政府第一一三次常务会议召开

市长康涛主持召开市政府第一一三次常务会议，听取全省提升质量推进供给侧结构性改革工作会议精神及泉州市贯彻意见的汇报，研究通过《泉州市“十三五”生态文明建设专项规划》《泉州市“十三五”防震减灾专项规划》《泉州市“十三五”人力资源和社会保障事业发展专项规划》。

会议听取全省提升质量推进供给侧结构性改革工作会议精神及泉州市贯彻意见的汇报。会议强调，贯彻落实全省会议精神关键要以创建全国质量强市示范市、提升质量品牌专项行动计划为抓手，重点做好提升质量效益、注重品牌培育、强化质量监管三项工作。

会议研究通过《泉州市“十三五”生态文明建设专项规划》。会议要求，要建立督促考核制度，及时通报评估、督查结果，促进各项目标任务和政策落到实处；各相关牵头单位要加大宣传力度，推动全民共同支持参与生态文明建设，营造浓厚氛围。

会议研究通过《泉州市“十三五”防震减灾专项规划》。会议要求，要从提高地震监测预报预警水平，增强地震灾害预防能力，建立健全地震应急救援预案体系，加快地震应急基础设施建设等方面入手，进一步提升泉州市防震减灾能力建设。

会议研究通过《泉州市“十三五”人力资源和社会保障事业发展专项规划》。会议要求，要加快人才队伍建设，深化人事制度改革，完善工资收入分配制度，构建和谐劳动关系，加强基本公共服务能力建设，促进更高质量的就业创业，努力实现人力资源和社会保障事业全面协调可持续发展。

2016年第四季度“促进项目落地、帮扶企业发展”活动开展

市委、市政府决定从即日起在全市开展2016年第四季度“促进项目落地、帮扶企业发展”活动。在前三季度活动周的基础上，此次活动周把开展加快项目建设百日大会战、灾后重建、帮扶企业发展作为指导督促重点，攻坚克难、真抓实干、奋力冲刺，推动全年各项工作任务完成。根据安排，市、县两级领导在10月31日至11月15日期间，围绕指导督促的重点内容，分别带队深入镇、村（社区）、项目现场、企业车间等基层一线，开展实地调研、帮扶、现场协调等活动。具体活动内容包括学习宣传贯彻党的十八届六中全会精神，了解各地2016年各项主要经济指标完成情况，了解各地重点建设项目2016年完成情况，深入调研企业生产经营情况，深入了解各地灾后重建工作，督查前三季度活动周分解立项的需要帮助协调解决主要问题及意见建议的落实情况。

市人大常委会党组（扩大）会学习贯彻党的十八届六中全会精神

市人大常委会党组（扩大）会召开，传达市委常委（扩大）会议精神，学习贯彻党的十八届六中全会精神。市人大常委会党组书记、主任陈万里主持会议，市人大常委会副主任、党组成员等参加。会议强调，要认真学习，深刻领会。做到学好原文、把握实质、掌握要领；精心安排，形式多样，讲究效果；领导带头，率先垂范，党组先行，带动机关。要认真贯彻，抓好落实。善于把党的主张转化为人民的共同意志，在推进泉州勇当建设“新福建”领头羊中展现人大作为。要认真执行，严守规矩。要认真履职，强化担当。把责任落到实处，把任务分解到位，把学习转化为动力，以开展“机关党旗红，‘五个泉州’在行动”活动为抓手，抓好2016年各项工作的落实。

市委政法委学习贯彻党的十八届六中全会精神

市委政法委机关干部会议召开，传达学习党的十八届六中全会精神，以及省委、市委常委（扩大）会议精神。会议要求，全委机关干部要在学习、领会六中全会精神的同时，推进从严治党。要在学习、把握六中全会精神实质上下功夫，团结在以习近平为核心的党中央周围，把全会精神贯彻落实到各项政法工作中去；要在领会精神、贯彻纪律要求上作表率，全体政法干部特别是领导干部要自觉接受党内监督；要在维护稳定、服务发展大局上善作为，推进“平安泉州”和“法治泉州”建设；要在顺应时势、推进综治创新上走前列，突出大数据运用，盘活用好资源，创新激发综治工作活力。

全市驻村工作座谈会召开

全市驻村工作座谈会召开，部署2016年选派干部到乡镇挂职、驻村任职和驻村蹲点工作。市委常委、组织部部长孔繁军参加会议。按照省委、市委要求，2016年全市共有29名省派干部、174名市派干部，主要派往30个扶贫开发重点乡镇、30个市级扶贫开发工作重点村和181个省定建档立卡贫困村，帮助消除贫困、改善民生，逐步实现共同富裕。会议要求，各驻村任职和驻村蹲点干部要认识驻村工作的重要意义，增强责任感和使命感，主动在脱贫攻坚一线经受锻炼、施展才干。要明确选派干部驻村工作的任务要求，推进精准扶贫，建强基层组织，强化党员作用，发展集体经济，促进农村和谐。要树立驻村干部的良好形象，发扬求实作风，严守纪律法规，守好廉洁自律底线。各级党委、政府要加强对选派干部驻村工作的领导，强化各部门间相互配合、上下级间沟通协调，集中资源力量推进精准扶贫，为加快建设“五个泉州”作出新贡献。

北京2022设计论坛到泉州巡讲

1—2日，北京2022设计论坛巡讲活动在泉州华侨大学举办。为更好地推广2022年冬奥会和冬残奥会的会徽设计方案征集和北京2022年冬奥会和冬残奥会形象景观的设计工作，中央美术学院联合中国美术学院、福建省体育局、华侨大学等，在泉州举办“北京2022设计论坛巡讲活动”，传递奥运精神，普及冬季运动，助力2022年冬奥会和冬残奥会的会徽设计方案征集和北京2022年冬奥会和冬残奥会形象景观设计。论坛邀请北京奥运城市发展促进会副会长、第29届奥林匹克运动会组织委员会执行副主席蒋效愚，中央美术学院设计学院副院长林存真，华文字库创始人、中央美术学院奥运中心副主任黄克俭，深圳平面设计协会主席刘永清等专家，围绕北京冬奥运的会徽设计和形象景观的主题展开讨论，希望借助此次设计论坛调动国内外专业设计力量参与会徽设计和奥运形象景观设计，针对会徽和形象景观设计进行全面的专业研讨，明确会徽和形象景观的设计要求、设计目标,为创作出民族性、艺术性、创新性完美统一的冬奥会和冬残奥会会徽和景观设计方案而努力。

2016年第二期品牌国际化视野研修班举行

2016年第二期品牌国际化视野研修班举行，全市百余家企业及相关机构代表学员参加学习。研修班邀请国家高端智库商务部研究院电子商务研究所副所长、研究员张莉，福建省品牌建设促进会理事长、匹克集团董事长许景南，法国科麦思国际控股有限公司中国区总裁、中国人民大学特聘研究员易青等专家和企业家到场授课。

11月1日

星期二
农历丙申年十月初二
温度：17℃—23℃
阴

●市人大常委会党组（扩大）会召开，传达市委常委（扩大）会议精神，学习贯彻党的十八届六中全会精神。

●市委政法委机关干部会议召开，传达学习党的十八届六中全会精神，以及省委、市委常委（扩大）会议精神，研究部署贯彻落实意见。

●全市驻村工作座谈会召开，部署2016年选派干部到乡镇挂职、驻村任职和驻村蹲点工作。

●全市公安机关城市交通管理水平提升工程现场会在石狮市召开。

●1—2日，北京2022设计论坛在泉州华侨大学举办。

●2016年第二期品牌国际化视野研修班举行。

●泉州首届电子竞技大赛在市区领SHOW乐天广场闭幕。

11月2日

星期三
农历丙申年十月初三
温度：18℃—22℃
多云

●郑新聪到晋江市，宣传贯彻党的十八届六中全会精神和省委书记尤权到泉州调研讲话精神，开展第四季度“促进项目落地 帮扶企业发展”活动周调研。

●市直统战系统会议召开，传达学习党的十八届六中全会精神及省委常委（扩大）会议、市委常委（扩大）会议精神，部署贯彻意见。

●全国社区戒毒社区康复工作座谈会在晋江市召开。

●在省冬春火灾防控电视电话会议后，泉州市召开会议作出部署。

郑新聪到晋江市开展第四季度活动周调研

市委书记郑新聪到晋江市，宣传贯彻党的十八届六中全会精神和省委书记尤权到泉州调研讲话精神，开展第四季度“促进项目落地 帮扶企业发展”活动周调研。郑新聪指出，晋江企业家、干部队伍克服困难、开拓创新能力强，转型升级步伐快，呈现人和业兴、和谐向上的发展态势。要造浓氛围全力冲刺年度目标，严格落实指标进度，打好“百日会战”，造好金融生态，积极谋划2017年工作，力争为全市、全省作出更大贡献。要再接再厉引领全市产业创新转型，旗帜鲜明支持专注主业的传统产业，持续发力抓好集成电路、智能制造、石墨烯等新的增量，扶持培育第三方、第四方现代服务业平台，引进创新平台和专业人才，在国家自主创新示范区建设中率先突破、探索经验。要开展好第四季度活动周，构建“亲”“清”政商关系，沉下去帮助企业解决问题。

郑新聪在晋江市调研　（图/陈起拓）

市直统战系统学习贯彻党的十八届六中全会精神

市直统战系统会议召开，传达学习党的十八届六中全会精神及省委常委（扩大）会议、市委常委（扩大）会议精神，部署贯彻意见。会议要求，要树立“四种意识”，团结在以习近平为核心的党中央周围，自觉在思想上政治上行动上与党中央保持高度一致。要引导党外人士履行参政议政、民主监督职能，为“五个泉州”建设作出新贡献；要协助各民主党派市委会、市工商联做好领导班子换届工作，指导各民主党派、工商联以换届为契机，全面加强思想、组织、制度、作风建设，增强“四个自信”，巩固共同的思想政治基础。要严格把关、注重优化结构，提高参政议政的能力，做好市政协换届委员人选的物色、推荐、考察，市人大换届党外人士安排以及县（市、区）政协换届工作。要开展“机关党旗红，‘五个泉州’在行动”等活动。要围绕中心、服务大局，科学规划2017年工作，推动统一战线事业创新发展。

全国社区戒毒社区康复工作座谈会在晋江市召开

全国社区戒毒社区康复工作座谈会在晋江市召开。国家禁毒办、民政部、司法部，北京、天津、内蒙古、河南、山东等18个省、自治区、直辖市和新疆生产建设兵团禁毒办以及负责社区戒毒、社区康复工作的代表参加会议，就社区禁毒工作进行交流。国家禁毒办副主任、公安部禁毒路副局长韩旭光，福建省政府副秘书长刘琳，省禁毒委副主任、禁毒办常务副主任、公安厅副厅长薛祺安，泉州市副市长、禁毒委主任、公安局局长卢炳椿等出席会议。与会代表汇报开展社区戒毒和社区康复工作的进展情况，福建、山西、甘肃、湖北等省市禁毒部门负责人作经验交流发言。与会代表考察晋江市金井社区戒毒社区康复综合中心、灵源街道社区戒毒社区康复管理工作站与青阳街道社区戒毒社区康复综合中心，对当地社区戒毒、社区康复的创新模式给以高度评价。

市冬春火灾防控电视电话会议召开

在省冬春火灾防控电视电话会议后，泉州市召开会议作出部署。会议要求，各地要坚持问题导向，聚焦火灾风险防控，全面开展隐患排查，重拳整治火灾隐患，最大限度预防火灾发生。以重大火灾隐患、多产权商贸市场、商贸物流集中区、出租屋、小场所等为排查整治重点，全面细致排查安全隐患；对排查出来的隐患，要督促落实整改措施，并跟踪抓好整改落实，做到有患必除、除患务尽。各地政府要发动街道、乡镇、社区基层组织干部、综治网格员等基层力量，加强网格化管理和常态化消防检查、巡查，尽可能把问题隐患发现、处置在初始阶段。对尚未整改到位的4处重大火灾隐患，泉港、晋江、石狮、南安四地政府要明确整改单位主体责任、行业部门监管责任，全力抓好整改，务必尽快整改到位、早日消除隐患。

郑新聪到惠安县开展第四季度活动周调研

市委书记郑新聪到惠安县开展第四季度活动周调研，市领导翁祖根参加调研。调研中，郑新聪主持召开座谈会并强调，要组织学习宣传十八届六中全会精神，拥护以习近平为核心的党中央权威，严格执行《准则》《条例》，履行全面从严治党责任。要致力打造泉州新增长极，以百日大会战的劲头，加快交通路网建设，构建全域聚合格局，推动石化向产业下游、精品化工延伸，提升石雕、建筑、食品等特色产业，打造滨海旅游品牌，实现新兴产业与传统产业齐头并进。要冲刺年度目标任务，精准帮扶企业，内挖潜力、外引资源，多措并举，确保“十三五”良好开局。

郑新聪在惠安县调研　　（图/陈起拓）

康涛到永春安溪调研台风灾后重建工作

市长康涛到永春县、安溪县台风受灾点，检查灾后重建工作。康涛要求，市级相关部门要靠前服务，主动作为，加大重建政策宣传力度，发挥各项重建政策叠加效应；要积极争取并及时下发补助资金，为重建工作提供有力保障；要加强监督检查，保证重建项目进度。地方政府要持续加快公路、水利、房屋等修复重建工作，其中要注重损毁房屋的分类处理，对于有保留价值的特色建筑要通过加固修复；要开展山区地灾点、隐患点群众居住情况摸底排查，根据实际情况进行整体搬迁安置。

康涛在安溪县调研　　（图/刘伯怡）

市人大常委会市纪委党风廉政建设和反腐败工作座谈会召开

市人大常委会、市纪委召开党风廉政建设和反腐败工作座谈会。市领导陈万里、温惠榕、张建生、朱团能、曾巍，市人大常委会党组成员吴友才、蔡思红、欧阳秋虹等参加座谈。市人大常委会党组书记、主任陈万里指出，市人大常委会党组及其机关要在市委领导下，严以履职、严守党规、严明纪律、严格监督，主动会同市纪委深入探索有效运作的手段和良性互动的机制，围绕中心，服务大局，发挥优势，合力运作，在遵纪守法教育、维护群众切身利益、发挥人大代表作用、依法依纪监督等方面增强合力。

座谈会现场　　（图/陈意鸣）

永春县启动申报“全国武术之乡”工作

永春县启动申报“全国武术之乡”工作。永春自古尚武，《明史》九十一卷“兵志三”记载：“永人尚技击。”清康熙年间，方七娘糅合白鹤拳种种舞姿于少林拳法，创出别具一格的拳法——永春白鹤拳。由此永春武风更盛，涌现出抗俄民族英雄林兴珠等一大批将官以及100多位武进士、武举人。后来，永春白鹤拳走出国门，走向世界，成为广东“咏春拳”、日本“刚柔流空手道”等拳种的鼻祖。如今，永春白鹤拳已广泛传播到美国、英国、法国、德国、俄罗斯、瑞典、瑞士、伊朗以及东南亚许多国家和地区。2015年11月，永春举办世界（永春）白鹤拳大会，使得永春白鹤拳再次享誉海内外。

11月3日

星期四

农历丙申年十月初四

温度：17℃—23℃

多云

●郑新聪到惠安县开展第四季度活动周调研。

●康涛带领市民政、国土、住建、交通部门相关负责人到永春县、安溪县台风受灾点，检查灾后重建工作。

●市人大常委会、市纪委召开党风廉政建设和反腐败工作座谈会。

●永春县启动申报“全国武术之乡”工作。

11月4日

星期五
农历丙申年十月初五
温度：18℃—23℃
多云

●市委常委会召开，学习《关于新形势下党内政治生活的若干准则》《中国共产党党内监督条例》。

●市委、市政府召开视频会议，对全市推进国家生态文明试验区建设作动员部署。

●康涛到德化县调研灾后重建工作。

●市人大常委会党组召开会议，学习贯彻《关于新形势下党内政治生活的若干准则》《中国共产党党内监督条例》。

●市人大常委会党组“两学一做”第三专题学习会召开。

●市政协听取市纪委工作情况通报会召开。

●全市未成年人思想道德建设工作联席扩大会议召开，部署迎接2016年度全国未成年人思想道德建设工作测评任务。

●4—6日，第八届亚洲世界语大会暨第五届国际世界语教师协会东亚研讨会在泉州举行。

市委常委会学习《准则》《条例》

市委常委会召开，学习《关于新形势下党内政治生活的若干准则》（以下简称准则）《中国共产党党内监督条例》（以下简称条例）。市委书记郑新聪主持会议，市委常委参加会议，市人大常委会党组、市政协党组主要负责人列席会议。会议学习习近平关于做好党的十八届六中全会精神宣讲工作的指示。会上，孔繁军、温惠榕分别领学准则、条例，市委常委和市人大常委会党组书记、市政协党组书记分别谈个人学习体会。

会议要求，学习贯彻全会精神，要坚持全面系统学，对照党的建设中存在的突出问题，加深学习和理解，真正入脑入心。“关键少数”要作表率，领导干部要增强自律意识、标杆意识和表率意识，模范遵守党章党规；要履行管党治党责任，在加强和规范党内政治生活、加强党内监督各个环节敢抓敢管。

会议强调，做好全会精神宣讲，要做到“五个突出”。突出把握“三个讲清楚”，按照中央、省委部署，围绕“怎么看、怎么学、怎么做”要求，组织全会精神宣讲活动，推动兴起学习宣传贯彻热潮。突出强化“核心意识”，引导党员、干部增强“四个意识”，维护以习近平为核心的党中央权威，经常、主动向党中央看齐，把党中央各项决策部署落到实处。突出领导干部带头学，率先学深学透，严守政治纪律和政治规矩，严守党内政治生活规范，主动接受各方面监督，推动党风政风民风进一步好转。突出分层次分阶段推进学，组建市委宣讲团，分赴各县（市、区）和市直、基层党委开展宣讲。突出结合当前各项工作学，结合第四季度活动周，既要做好调研、帮扶、现场协调工作，又要带头宣讲全会精神；结合“两学一做”学习教育，督促全市各级党组织开好专题民主生活会和组织生活会，让党内政治生活“大熔炉”的火升起来、热起来。

全市推进国家生态文明试验区建设视频会召开

市委、市政府召开视频会议，对全市推进国家生态文明试验区建设作动员部署。市委书记郑新聪、市长康涛出席会议并讲话。市委常委、常务副市长张永宁主持会议，市领导张建生、洪自强、吕刚、吴共湖参加会议。

会议要求，各级各部门要对照《泉州市贯彻落实〈国家生态文明试验区（福建）实施方案〉的意见》，坚持问题导向，盯紧本地区、本领域亟须突破的瓶颈环节，精心组织实施。要注重理念变革，算大账、整体账、长远账，树立共同体、一盘棋意识，强化环境就是资源、生态也是资本的认识，推动发展方式和执政理念转变。要强化制度创新，贯彻生态体制改革部署，完善治理体系，突出责任约束，加强法治建设，推动生态建设走上制度化、法治化轨道。要聚焦保障提升，抓紧织密防灾网络，下决心推进白濑水利枢纽、“七库连通”等工程，补齐环境治理短板，构建长远生态保障、环境安全格局。要系统协调推进，坚持各部门同向发力，促进各领域改革相互衔接，集中运作各类生态试点，尽快推出一批可复制、可推广的试验成果。

会议指出，各级各部门要按照中央、省里和市委的部署，加快推进试验区改革各项任务。要突出泉州特色，围绕制造业大市、民营经济发达、国家级“金改区”建设、水资源缺乏等独特市情，开展改革探索，力争走在全省乃至全国前列；要突出机制创新，在国土空间规划管制、生态保护市场体系和补偿机制、生态环境治理体系、自然资源产权制度、绿色发展绩效考评等方面，做好“先行”和“示范”两篇文章；要突出节点推进，确保按期保质提交年度改革成果；要建立务实高效的推进机制，强化协调配合，确保机构力量到位、责任落实到位、向上对接到位、舆论引导到位。

康涛到德化县调研灾后重建工作

市长康涛到德化县上涌镇调研台风灾后重建工作。康涛听取重建汇报，要求当地政府和相关部门要加强规划设计，精心施工确保质量，让群众住得踏实、住得安心。康涛指出，水利是农业的命脉，农村水利工程建设事关群众生产生活，事关群众生命财产安全，各级各相关部门要按照灾后重建计划，加快推进农村水利工程整治工作，确保在2017年主汛期到来前全面完成水毁水利设施的修复重建工作，实现安全度汛。

第七届和谐海峡论坛在泉州开幕

由中国统一战线理论研究会两岸关系理论福建研究基地、福建省统一战线理论研究会、福建省海外联谊会联合主办的第七届和谐海峡论坛在泉州开幕，海峡两岸近60位专家学者齐聚论坛，围绕“维护两岸和平，促进共同发展”主题展开研讨交流。海峡两岸关系协会副会长孙亚夫做主旨演讲，省委常委、统战部部长雷春美致辞。全国台湾同胞联谊会副会长杨毅周，市领导郑新聪、林万明、陈铭福出席开幕式。

雷春美在致辞中表示，维护两岸关系和平发展与台海和平稳定，是两岸同胞的共同心愿，需要两岸同胞共同作出努力。面对新形势，反对“台独”、维护两岸关系和平发展是两岸同胞的共同责任。福建与台湾渊源深厚、关系密切，在两岸交流合作中发挥重要作用。近年来，福建贯彻落实中央对台决策部署，用好中央赋予的一系列优惠政策，着力先行先试，在对台经贸、文化交流、人员往来等方面取得丰硕成果，闽台两地融合发展持续推进。当前，两岸关系面临着新的形势，福建将继续发挥优势，持续开展闽台经贸合作，实现优势互补、互利共赢，促进两岸融合发展；发挥祖地文化优势，扩大民间基层交流，增进两岸同胞的骨肉亲情；用足用好中央赋予的先行先试政策，为大众创业、万众创新营造良好环境，把福建打造成为两岸同胞创业就业的宝地，为建设“机制活、产业优、百姓富、生态美”的新福建、维护和推进两岸关系和平发展与祖国和平统一大业作出新贡献。

市委书记郑新聪表示，近年来，泉州在中央和省委、省政府领导下，推进“创新、智造、海丝、美丽、幸福”的现代化泉州建设，主动融入“一带一路”布局，乘势推动泉台交流合作深度融合发展，泉台文化交流互动频繁，青年交流持续热络，民生互惠打开新局，经贸往来不断扩大。此次论坛以“维护两岸和平，促进共同发展”为主题展开研讨，顺应潮流大势，符合民心民愿，必将引起强烈共鸣。作为闽南文化的重要发源地、台湾汉族同胞的主要祖籍地，泉州将贯彻习近平关于两岸关系发展的六点意见，以此次论坛为契机，汲取专家学者的智慧和共识，为厚植两岸文化的“根”和“魂”，为促进社情民意脉动，为促进经济融合共赢发展，搭建更多的载体平台，凸显更大的作为和贡献，携手共创美好未来。

爱国卫生工作与卫生城市创建培训班在泉州举办

5—7日，爱国卫生工作与卫生城市创建培训班在泉州举办，全国各地的爱国卫生工作相关负责人约480人参加培训。培训期间，相关专家围绕“国家卫生城市创建和复审工作中的重点、难点、注意事项”“国家卫生城市技术评估方法介绍”等主题开讲，通过列举大量生动事例，解析创卫工作中的技术评估如何准备和检查、相关材料如何整理等内容。同时，结合爱国卫生组织管理、健康教育和健康促进、市容环境卫生等方面，指出创卫工作的重点和具体方向，并就城乡环境卫生整洁行动及健康城市建设进行专题培训。与会人员还考察泉州市国家卫生城市创建工作。

首届福建插花花艺大赛在晋江市举行

5—6日，由福建省花卉协会、泉州市创建森林城市领导小组办公室、晋江市绿化委员会主办的首届福建（晋江）“创森杯”插花花艺大赛在晋江五店市举行，全省各地的花艺爱好者以及江西景德镇的多位选手参赛。首届福建（晋江）“生活四艺”精品展同时举行。花艺比赛包括文人插花、蔬果插花、禅意插花、人体花饰插花等形式，规则创新，风格不限；邀请北京插花艺术家、国家级非物质文化遗产传承人张超等知名插花花艺大师表演中国古典插花花艺；邀请著名香道师、茶艺师、书法家表演生活四艺之“焚香、点茶、挂画”。5日，在晋江五店市中央戏台，近500人观看现场表演；6日，近千人次参观“生活四艺”精品展。主办方表示，插花比赛及“生活四艺”精品展是艺术与生活的完美结合，是公众参与造林绿化的创新形式，是加快花卉苗木产业化发展的一个重要环节，对打造晋江市花卉苗木品牌、促进全民参与造林绿化具有重大的现实意义。

11月5日

星期六
农历丙申年十月初六
温度：19℃—26℃
晴

●第七届和谐海峡论坛在泉州开幕。

●5—7日，爱国卫生工作与卫生城市创建培训班在泉州举办。

●农工党福建省委2016年参政议政骨干培训班在泉州举办。

●首届福建（晋江）“创森杯”插花花艺大赛在晋江五店市举行。

11月6日

星期日
农历丙申年十月初七
温度：21℃—27℃
多云

●泉州台商投资区正式启动不动产统一登记并颁发全区第一本不动产权证书，标志着泉州市不动产统一登记已全面落地，提前完成国土资源部下达的年底前所有市县全面停发旧证、颁发新证的任务。

●6—30日，由丰泽区政府主办的丰泽区首届菊花文化节在泉州鲜花港举办。

●第二届全国生态文明建设高峰论坛暨城市与景区成果论坛发布会在北京举行，安溪县获第二届“全国十佳生态文明城市”称号，成为自2015年首届评选活动举办以来，泉州市首个获得该称号的县市（区）。

●首届旺旺孝亲奖——词曲、摄影、微电影作品大赛在上海颁奖，现居澳门的晋江金井女孩吴洋洋凭借10分钟短片《出租亲情》获微电影类旺旺奖。

全市实现不动产统一登记全覆盖

泉州台商投资区正式启动不动产统一登记并颁发全区第一本不动产权证书，标志着泉州市不动产统一登记已全面落地，提前完成国土资源部下达的年底前所有市县全面停发旧证、颁发新证的任务。整合不动产登记职责、建立不动产统一登记制度，是国务院推进机构改革和职能转变的重要抓手。泉州市高度重视此项工作，把原来分散在国土资源、住建、海洋渔业、农业、林业等部门的不动产登记职责划归国土资源部门统一管理。按照“一局一中心一档案馆”思路，组建泉州市不动产登记局、泉州市不动产登记中心和泉州市不动产交易登记档案馆，在市行政服务中心设立统一的不动产登记服务大厅和办事窗口，明确办事指南、登记流程和申请资料目录等，为企业、群众提供“一站式”服务。

第八届亚洲世界语大会在泉州举行

4—6日，第八届亚洲世界语大会暨第五届国际世界语教师协会东亚研讨会在泉州举行，主题为“网络时代世界语在亚洲合作中的作用”。日本、韩国、蒙古、越南、荷兰、冰岛等22个国家和地区的278名代表参会。开幕式上，与会代表表示，各国的世界语者应该行动起来，发挥好各个世界语组织的作用，为区域间的经济、文化和社会的发展牵线搭桥，为推进“一带一路”建设贡献力量；同时，要培养世界语接班人，壮大世界语传播者队伍，使世界语薪火相传，为世界语运动的发展提供源源不断的动力。大会期间，与会代表围绕世界语运动在亚洲的发展、网络时代世界语组织间的合作与交往、网络时代世界语教学的特点及发展机遇等展开研讨。

丰泽区首届菊花文化节举办

6—30日，由丰泽区政府主办的丰泽区首届菊花文化节在泉州鲜花港举办。首日约7.3万人次游客走进鲜花港，同赏来自中国、荷兰、日本的1189个品种、200多万株菊花，以及文艺演出。文化节活动内容还包括房产嘉年华、周末文艺演出、美食小吃、菊茶和书籍展销、汉服展示、香道和插画表演、大学生绘画展示及花海摄影展。主办方表示，未来丰泽区将挖掘、整合、利用区域文化旅游资源优势，突出“海丝”、闽南、山水“三大文化”，推动旅游开发规模化、特色化发展，加快形成环清源山文化旅游圈、环东海湾“海丝”民俗文化旅游区、环桃花山公园休闲旅游带，引导聚集一批“海丝”、文都及生态旅游项目，培育发展参与式、体验式等新型旅游业态。

丰泽区首届菊花文化节在泉州鲜花港举办
（图/炯　雯）

安溪县获“全国十佳生态文明城市”称号

第二届全国生态文明建设高峰论坛暨城市与景区成果论坛发布会在北京举行，安溪县获第二届“全国十佳生态文明城市”称号。据悉，这是自2015年首届评选活动举办以来，泉州市首个获得该称号的县市（区）。此次评选以“促进生态文明建设·共建美好家园”为主题，旨在总结各地生态文明建设先进经验并推选出全国最佳生态保护城市、全国十佳生态文明城市等十大系列代表、百家生态文明单位，以点带面，推动绿色生态文明建设。近年来，安溪县以科学发展观为指导，弘扬尊重自然、顺应自然、保护自然的生态文明理念，坚定不移地实施“资源开发可持续、生态环境可持续”和“生态立县、环保优先”的生态环境保护战略，通过坚持生态规划龙头引领、强化水资源生态治理、持续加强林业生态建设、科学高效开发利用资源、加大生态文明宣传教育，深化“绿色发展”的生态文明理念。

安溪县一角　（图/安溪县方志办）

市直机关工委学习贯彻党的十八届六中全会精神专题学习会召开

市直机关工委学习贯彻党的十八届六中全会精神专题学习会召开。市委副书记、市直机关工委书记陈奕辉参加会议并听取全市机关开展“机关党旗红，‘五个泉州’在行动”主题实践活动进展情况汇报。会议要求，要增强“四种意识”，在思想上、政治上、行动上与党中央保持高度一致。要结合“两学一做”学习教育，掀起学习宣传贯彻六中全会精神的热潮。要以六中全会精神为指导，谋划和落实好全面从严治党的思路和举措。会议强调，要不断充实内容，将“机关党旗红，‘五个泉州’在行动”主题实践活动作为今后几年机关党建的主要抓手。要推动主题实践活动深入扎实开展，使之成为全市机关的一面鲜亮旗帜、一个党建“品牌”。要营造浓厚的舆论氛围，及时推广好的经验做法，发挥典型的引领示范作用。

市直统战系统学习贯彻《关于新形势下党内政治生活的若干准则》《中国共产党党内监督条例》专题讲座举办

市直统战系统举办专题讲座，学习贯彻《关于新形势下党内政治生活的若干准则》（以下简称准则）《中国共产党党内监督条例》（以下简称条例）。会议要求，全市统战系统党员要全面准确把握准则和条例的重大意义、深刻内涵和具体要求。领导干部要自觉带头，做学习贯彻准则和条例的表率。要把学习贯彻准则和条例与“两学一做”学习教育结合起来，与开展“机关党旗红，‘五个泉州’在行动”活动结合起来。要在领会准则和条例核心要义的基础上，严肃党内政治生活。要坚定共产主义远大理想和中国特色社会主义共同理想信念，维护党的纪律的权威性、严肃性。要找准统战部门在全面从严治党中的职能定位，加强和改进新时期民主党派参政议政、民主监督工作。

泉州市获第九届海峡两岸文博会优秀组织奖

第九届海峡两岸文博会闭幕，泉州市获优秀组织奖（最高奖）。此外，泉州一大批大师作品获本届文博会中华工艺精品奖和中华工艺优秀作品奖。该届文博会泉州展区主打海上丝绸之路起点城市和东亚文化之都等品牌，吸引69家企业参展，参展摊位172个，创历届新高。参展企业抱团亮相，融合发展，打响泉州特色文化品牌，展示泉州文化产业发展的最新成果。特别值得一提的是泉州展区的主题为“海丝”文化品牌，各地多个“海丝”文化品牌抱团亮相，其中德化陶瓷烧制技艺现场展示、安溪藤铁工艺现场体验和展示、香道文化现场体验等吸引众多参观者，泉州展区成为该届文博会最具人气的展区之一。泉州文创企业在文博会上签订16个项目，总金额32.9亿元人民币，大部分为亿元项目，这些大项目带动性极强，将带动泉州市文化产业的发展。其中最大项目为泉州台商投资区海洋极地世界，总金额10亿元。同时，泉州市还推出文化产业投融资项目26个，金额51.43亿元，整体对外推介，凝聚海内外文创企业关注的目光。

泉州展区　　（图/陈智勇）

“石上春秋 五里乡愁”五里桥诗会举行

由泉州市委宣传部、泉州市文联、泉州晚报社主办，南安市委宣传部、水头镇政府承办的“石上春秋 五里乡愁”五里桥诗会在五里桥文化公园举行。数百名诗人代表、文艺界人士和现场观众参加活动。诗会从136篇应征诗作中精选15首（篇），由知名主持人、青年朗诵家、资深诗人对作品进行演绎。朗诵会集诗歌朗诵、闽南语吟唱、器乐演奏于一体，汇人文美景于一炉。

诗会现场　　（图/林劲峰）

11月7日

星期一

农历丙申年十月初八

温度：21℃—27℃

多云

●市直机关工委学习贯彻党的十八届六中全会精神专题学习会召开。

●市直统战系统举办专题讲座，学习贯彻《关于新形势下党内政治生活的若干准则》《中国共产党党内监督条例》。

●第九届海峡两岸文博会闭幕，泉州市获优秀组织奖（最高奖）。

●“石上春秋 五里乡愁”五里桥诗会在五里桥文化公园举行。

●连接德化收费站第一座桥的德化互通主线桥浇筑最后一跨并实现合龙，标志厦沙高速公路德化段的24座桥梁基本完工。

●英国贝勒比斯学院剑桥校区校长到泉州十五中访问交流，两校协议缔结为“姐妹学校”。

●7—11日，洛江区委组织部组织区内重点企业及规模以上骨干企业的技术部门负责人、技术骨干等30余人，到华中科技大学进行学习和考察。

●7—13日，2016年第三届晋江市文化产业周举办。

11月8日

星期二
农历丙申年十月初九
温度：17℃—27℃
阵雨

●市委常委会，传达全国、全省宗教工作会议精神，研究泉州市贯彻意见。

●市委常委会听取全省“七五”普法动员部署会议主要精神及泉州市贯彻意见的汇报，研究通过《市委宣传部市司法局关于在全市公民中开展法治宣传教育的第七个五年规划（2016—2020年）》。

●市政府党组会议召开，学习《关于新形势下党内政治生活的若干准则》《中国共产党党内监督条例》。

●第一一四次市政府常务会议召开，研究《泉州市政府投资项目管理暂行规定》《泉州市政府投资项目年度计划管理暂行规定》，听取关于市级政府内部审批事项清理工作情况等相关汇报。

●陈万里到挂钩的新农村建设试点示范村惠安县螺阳镇尾透村调研。

●第十七届中国（南安）水头国际石材博览会在南安市石材产业展示中心举行。

●市委政法委员会全体会议暨全市维稳形势分析会召开，回顾总结2016年以来全市维稳工作，对当前面临形势进行研判，对下阶段维稳工作进行部署。

●8—10日，2016年泉州市旅游饭店服务技能大赛在惠安县崇武镇西沙湾假日酒店举行。

市委常委会传达全国全省宗教工作会议精神

市委常委会召开，传达全国、全省宗教工作会议精神，研究泉州市贯彻意见。会议要求，全市各级各部门要贯彻习近平在全国宗教工作会议上的讲话精神，落实全省宗教工作会议要求，把握宗教工作的正确方向，引导宗教与社会主义社会相适应，把信教群众团结在党和政府周围。要以社会主义核心价值观为引领，用中华优秀文化和传统人文精神浸润宗教，挖掘教规教义中有利于社会和谐、时代进步、健康文明的内容，善于用群众工作的思路和办法开展工作，推进宗教事务和民间信仰规范化管理，画出最大“同心圆”。

市政府党组会学习《关于新形势下党内政治生活的若干准则》《中国共产党党内监督条例》

市政府党组会议召开，学习《关于新形势下党内政治生活的若干准则》《中国共产党党内监督条例》。会议传达习近平关于党的十八届六中全会精神宣讲的指示，以及市委常委会精神。会议要求，市政府党组成员要带头深入学习，融会贯通，以上率下，以点带面，把全面从严治党推向纵深，维护以习近平为核心的党中央权威，为全市政府系统党员干部做好表率。要带头落实责任，履行党风廉政建设“一岗双责”，把落实准则、条例贯穿于政府各项工作之中。要带头抓好当前工作，开展第四季度“活动周”，推动完成年度目标任务，科学谋划2017年工作思路；同时，要结合“两学一做”学习教育，准备年度专题民主生活会和组织生活会，开展批评和自我批评，把党内政治生活严起来、实起来。

陈万里到惠安县螺阳镇尾透村调研新农村建设试点

市人大常委会主任陈万里带领市直有关部门负责人，到挂钩的新农村建设试点示范村惠安县螺阳镇尾透村调研，协调解决项目建设困难。陈万里强调，下一步尾透村要在各级党委政府的领导下，抓发展兴村、抓财富村、抓文明创村、抓环境美村、抓法治安村、抓班子强村，推动社会主义新农村建设不断取得新成效。

第十七届中国（南安）水头国际石材博览会举行

8—11日，第十七届中国（南安）水头国际石材博览会（以下简称“石博会”）在南安市石材产业展示中心举行。原国家建材局局长、中国建筑材料联合会名誉会长张人为，原商务部投资促进事务局局长刘作章，市长康涛，副市长李翔峰，土耳其驻广州领事馆总领事巴图·科斯曼，与国家级行业协会、省市有关部门负责人、国内外建材行业客商一起参加开馆式，随后参加首届泛家居主题活动周启动仪式。该届“石博会”以“创新、绿色、跨界、共享”为主题，参展产品突出石材创意与文化，辅以石材机械、石材辅助材料、建筑陶瓷、水暖器材及其他装饰材料，集石材产品展览、标准发布、技术交流、专题研讨、经贸洽谈活动于一体。展会融入品牌、文化、互联网等新元素，集中展示新常态下南安石材产业转型升级新成果，全面推介南安“泛家居”产业新发展。展会设立10个展区、28661个展位，展示面积91.1万平方米，是国内石材展会中展位数量最多、办展规模最大的国际性石材盛会。展会不仅有土耳其、意大利、巴西、伊朗、巴基斯坦、埃及和印度7个全球知名石材矿产国的企业组团参展，还有来自欧洲、中东、美国、巴西、韩国及中国港、澳、台地区的532家企业与会。

开馆式

博览会现场

（图/吴寿民）

11月9日

星期三
农历丙申年十月初十
温度：16℃—19℃
多云

●全市城建工作汇报会召开，听取各县（市、区）、泉州开发区、泉州台商投资区城建工作思路及计划、2016年全市城市工作会挂牌督办事项完成情况、市里下达的相关项目征迁工作进展情况的汇报。

●康涛会见台湾两岸共同市场基金会荣誉董事长萧万长。

●第二届福建诚信与信用论坛在安溪县举办。

●林锦明到泉州开发区查看相关企业和项目，并召开座谈会。

●林万明到洛江区开展第四季度活动周调研。

●泉州出入境检验检疫局和市食品药品监督管理局签署《深化协作共同保障食品安全合作备忘录》。

●9—12日，福建省第二届工艺品雕刻（石雕）职业技能竞赛在惠安县崇武镇举行。

全市城建工作汇报会召开

全市城建工作汇报会召开，听取各县（市、区）、泉州开发区、泉州台商投资区城建工作思路及计划、2016年全市城市工作会挂牌督办事项完成情况、市里下达的相关项目征迁工作进展情况的汇报。市长康涛出席会议。会议指出，各方块各部门要谋划2017年的城建思路，抓紧转化成具体的工作计划，下大决心、下大力气，狠抓推进实施。要加强全域谋划，做到整体推进，高水平做好城市规划、设计，从城市规划、设计中策划生成一批项目，形成项目梯队，滚动实施。要注重加强城建工作队伍建设，在抓项目过程中组建、培养、锻炼一支勤动脑、会干事、干成事的干部队伍，把工作业绩与干部考核相结合，调动起干部队伍抓项目、促项目的积极性。要理顺工作机制，坚持长短结合，加强部门联动，突破城市建设中遇到的用地征迁等瓶颈，有效治理城市管理中卫生保洁、交通秩序、户外广告、占道经营等乱象。市住建、规划、市政、行政执法等部门以书面形式汇报相关行动方案进展情况及下阶段工作打算。

康涛会见台湾两岸共同市场基金会荣誉董事长萧万长

市长康涛会见到泉州参加闽台萧氏大宗祠宗亲交流活动的台湾两岸共同市场基金会荣誉董事长萧万长。副市长陈荣洲参加会见。康涛表示，泉州是台湾汉族同胞的主要祖籍地，自古以来，泉台两地一衣带水，两岸同胞手足情深。希望能有更多台湾同胞到泉州走走看看，强化交流合作，实现互利共赢，推动两岸关系和平发展。

第二届福建诚信与信用论坛在安溪县举办

由省诚信促进会、省发改委主办，安溪县委、县政府、泉州市诚信促进会承办的第二届福建诚信与信用论坛在安溪县举办。省人大常委会副主任、省诚信促进会会长陈伦，市委常委、市纪委书记温惠榕参加活动。论坛上，近百名来自全省各地的专家学者和企业家代表围绕“守信激励失信惩戒”主题，从不同角度进行探讨和交流，在增强放大前段时间安溪“诚信建设”千人动员大会正面效应的同时，为推进政务诚信、商务诚信、社会诚信和司法公信建设，构建跨部门、跨领域的守信联合激励和失信联合惩戒机制建言献策。

检验检疫与食药监两部门签署合作备忘录

泉州出入境检验检疫局和市食品药品监督管理局签署《深化协作共同保障食品安全合作备忘录》。合作备忘录明确，两局将按照“信息互换、监管互认、执法互助”的工作原则，确定在加强执法监管协作、加强技术合作交流、加强信息资源共享、加强宣传培训、提升服务发展合力五大方面18条深化协作措施。在执法监管协作中，突出加强进口食品的监管、国内生产企业的监管、不合格进口食品查处、联合开展专项检查、联合应对食品安全突发事件、提升产品质量水平、联合开展清源行动、发挥出口示范区建设的标杆引领作用。在技术合作交流中，加强检验检测领域合作、食品检验检测技术合作与交流。在信息资源共享中，突出监管信息共享、法规标准信息共享、统计数据共享、推进食品安全追溯体系建设。在宣传培训中，突出联合开展食品安全培训、共同开展宣传活动。在提升服务发展合力中，突出共同服务泉州经济发展、共同推进国家食品安全城市等示范创建。

福建省第二届工艺品雕刻（石雕）职业技能竞赛在惠安县举行

9—12日，福建省第二届工艺品雕刻（石雕）职业技能竞赛在惠安县崇武镇举行，全省30名石材雕刻工参赛。竞赛内容包括理论考试和技能操作两部分，其中技能操作主要选用浮雕、圆雕等工艺类型，根据作品的需要，综合各种工艺手法进行制作，原料以青石和汉白玉石为主，作品题材以传统为主，可选用人物、动物、花鸟、博古等形式。根据竞赛规定，获第一名的选手，可向省人力资源和社会保障厅申报“福建省技术能手”称号等。其余排名前十的选手，可在原有技能等级的基础上晋升一级，最高至技师。主办方表示，此次技能竞赛是全省首次在石雕工人队伍中举行的技术比试，旨在提升工艺技能水平，促进技术创新，全面检阅石雕艺术工作者的雕刻工艺技术水平，选拔出有真才实学的专业人才，激发传承学习南派雕刻艺术的积极性，发展壮大石雕工艺技术人才队伍，实现福建省工艺美术产业又好又快发展。

11月10日

星期四
农历丙申年十月十一
温度：15℃—21℃
多云

●康涛带领市发改、经信、金融等相关单位负责人到南安市多个灾后重建、项目建设现场和企业一线，帮助解决困难问题。

●陈万里、卢炳椿到丰泽区企业、项目一线，开展第四季度“促进项目落地、帮扶企业发展”活动周调研。。

●台湾两岸共同市场基金会荣誉董事长萧万长在泉州参加闽台萧氏大宗祠赠匾活动。

●为加强对泉州市职业卫生技术服务机构的监督管理，规范职业卫生评价、检测行为，提高职业卫生技术服务机构的服务质量，泉州市出台《泉州市职业卫生技术服务机构违规不良行为记分管理意见》。

康涛到南安市开展第四季度活动周调研

市长康涛带领市发改、经信、金融等相关单位负责人到南安市多个灾后重建、项目建设现场和企业一线，帮助解决困难问题。

座谈会上，康涛指出，2016年以来面对经济下行压力、转型升级挑战和自然灾害的叠加影响，南安市委、市政府迎难而上，主动作为，保持经济社会发展持续向好态势，特别是南安的干部队伍和企业家精神面貌好、干事劲头足，关键时刻冲得上、顶得住，是一笔不可多得的宝贵财富，下一步，要弘扬艰苦奋斗、坚强不屈精神，政企合力，共渡难关。要学习贯彻党的十八届六中全会精神，维护以习近平为核心的党中央权威，加强和规范党内政治生活，完善党内监督，把《关于新形势下党内政治生活的若干准则》《中国共产党党内监督条例》融入“两学一做”学习教育中，把学习贯彻六中全会精神贯穿抓好当前工作、谋划2017年思路的始终，推动经济社会发展取得新成效。

就下阶段工作，康涛要求，要稳增长，对照年度各项指标安排，巩固优势、查缺补漏，全力冲刺第四季度，确保完成全年目标任务。要防风险，要预判转型升级过程中可能出现的风险，加大防控力度，转化成发展机遇；要按照时间节点推进灾后重建工作，尽快帮助受灾群众恢复生产生活。要谋长远，立足南安实际，抓紧研究各大产业近、中、远期发展方向、发展举措，明确工作抓手，加快推动产业转型升级。要抓队伍，坚持正确用人导向，在抓工作过程中考验干部、重用干部，激发干部创造活力，营造有利于干事创业的浓厚氛围。

陈万里卢炳椿到丰泽区开展第四季度活动周调研

市人大常委会主任陈万里、副市长卢炳椿带队到丰泽区企业、项目一线，开展第四季度“促进项目落地、帮扶企业发展”活动周调研。市领导走访永大食品有限公司、虎都（中国）实业有限公司、城东商城、华大片区6号地块棚户区改造项目、田安路南拓三期安置房建设项目、晋江下游生态整治工程一期，并召开座谈会，帮助企业协调解决相关问题，为企业发展献计献策，为项目建设加油鼓劲。陈万里指出，企业转型升级要先行，要拓展发展空间，拓宽融资渠道，助力二、三产业融合发展；创新模式要先行，要在融资、经营等方面大胆创新，探索新型模式，挖掘新增长点；改善民生要先行，要多为企业、群众谋福祉；服务发展要走前头，服务好全市发展大局，持续有效推进市级重点项目。

《泉州市职业卫生技术服务机构违规不良行为记分管理意见》出台

为加强对泉州市职业卫生技术服务机构的监督管理，规范职业卫生评价、检测行为，提高职业卫生技术服务机构的服务质量，泉州市近日出台《泉州市职业卫生技术服务机构违规不良行为记分管理意见》（以下简称意见）。

相关链接：职业卫生技术服务机构违规不良行为是指职业卫生技术服务机构在提供技术服务活动中违反有关法律、法规、规章、标准及其他规范性文件的行为。意见适用于泉州市行政辖区内从事职业卫生技术服务活动的机构及其专业技术人员的管理。意见明确，泉州市职业卫生技术服务机构违规不良行为按分级负责、属地管理与行业指导相结合的原则组织实施，由市安监局主管全市职业卫生技术服务机构违规不良行为记分管理工作，各县（市、区）安监局负责对本辖区范围内开展的职业卫生技术服务行为进行监督管理并汇总上报。

意见根据职业卫生技术服务机构违规不良行为的种类和情形制定五个记分档次，分别为一次记分的分值：1分、3分、5分、10分、20分。职业卫生技术服务机构违规不良行为记分以一年为一个周期，每年1月1日至12月31日为一个记分周期，每一个周期内记分累计计算。市安监局将职业卫生技术服务机构违规不良行为记分从少到多排名，定期向社会公告。

职业卫生技术服务机构在一个记分周期内，记分累计超过5分，市安监局约谈该机构的法定代表人（或主要负责人），并提出整改意见；职业卫生技术服务机构在一个记分周期内，记分累计超过15分，市安监局对该机构实行黄牌警告，责令整改，并通报全市各级安全监管机构及监管管辖机关；连续两年挂黄牌，暂停在泉州市从事技术服务2年；职业卫生技术服务机构在一个记分周期内，记分累计超过20分，市安监局对该机构实行红牌警告，列入诚信管理“黑名单”，其2年内不得在泉州市从事任何职业卫生技术服务活动，并将有关情况上报省安全生产监督管理部门。

泉州市获“国际友好城市交流合作奖”

中国国际友好城市大会在重庆召开，泉州市被中国人民对外友好协会和中国国际友好城市联合会授予“国际友好城市交流合作奖”。该奖项是国际友城工作的最高奖项，主要表彰在友城工作各领域中有突出贡献的省市，此系泉州市自2012年后第二次获此荣誉。近年来，泉州市围绕服务中央总体外交、服务国家“一带一路”建设特别是21世纪海上丝绸之路先行区建设，在“海丝”沿线国家、欧美发达国家寻找一批经济比较发达、与泉州市互补性强的城市开展交流和结好，取得较好成效。2014年以来，泉州市与丹麦霍尔拜克市建立友好城市关系，与马来西亚古晋南市、俄罗斯迈科普市、突尼斯苏斯市、苏丹喀土穆州4个城市签署建立友好城市关系意向书（与马来西亚古晋南市建立友好城市关系已获批），与韩国光州市、日本横滨市2个城市签署友好合作协议，并与澳大利亚金斯顿市、波兰弗罗茨瓦夫市、印度浦那市3个城市开展友好交往。同时，各县（市、区）与5个城市签署建立友好城市关系意向书，与1个城市签署友好合作协议，与3个城市开展友好交往。

全市台风灾后重建工作推进会召开

全市台风灾后重建工作推进会召开。市领导康涛、肖汉辉参加会议。会议要求，要按照灾后重建计划，紧盯时间节点，加快建设进度，特别要抓紧、抓好农村损毁住宅重建、交通路网修复等工作。要保障工程质量，一方面，要以重建为契机，提高乡村道路、水利设施等基础工程的质量水平；另一方面，要紧盯重建住宅工程质量。要多方筹措资金，各级各相关部门要发挥政策叠加效应，向上争取资金支持，同时采取贴息贷款等方式，想方设法筹集资金。要不断完善机制，市、县两级重建办和市级相关部门要加大政策宣传和指导力度，积极统筹协调。

海上丝绸之路文化艺术交流中心挂牌

海上丝绸之路文化艺术交流中心挂牌暨泉州丝路文化艺术展览馆开馆仪式在泉州台商投资区举行。海上丝绸之路文化艺术交流中心挂牌之后，将为艺术家，特别是青年艺术家的推广与交流提供新的平台，并将与“海丝”沿线国家的艺术家展开交流合作，搭建常态化的艺术交流平台。主办方将陆续举办名家作品书画联展、中国艺术家书画作品展、中华之光获奖书画作品展、“艺术与金融”合作论坛、艺术家大型笔会、“名家绘泉州”大型艺术采风等系列活动。活动期间，将展出刘大为、苏士澍、沈鹏、谢志高等书画界名家的作品，以及赵忠祥、倪萍、朱军、李嘉存、张金玲等电影电视艺术界名人的作品。位于泉州台商投资区的泉州丝路文化艺术展览馆始建于2013年，2016年落成。展览馆为半公益性质，主体建筑总面积16000多平方米，共五层，设有展览厅、馆藏室、休息区和办公区等，其中展厅面积10000平方米。

活动期间举行的捐赠书画仪式　（图/戴涵琦）

安溪县淮山产业扶贫创业联盟成立

由安溪县政府、市农业局主办的第六届安溪淮山节在安溪县山格淮山基地举办。为发展淮山产业集群，推进精准扶贫，发挥建设现代农业示范带动作用，在安溪县乡党委、政府的倡导下，当日，由17个村企结成的安溪县淮山产业扶贫创业联盟成立。该联盟将发挥山格淮山专业合作社、山格淮山产业技术研究会和福建省山格农业综合开发有限公司的示范带动作用，全体成员共同制定产销合作的整体规划和具体措施，共同确定对口帮扶重点和方式。

淮山节活动现场　（图/郭冰德）

11月11日

星期五
农历丙申年十月十二
温度：16℃—22℃
晴

●中国国际友好城市大会在重庆召开，泉州市被中国人民对外友好协会和中国国际友好城市联合会授予“国际友好城市交流合作奖”。

●全市台风灾后重建工作推进会召开。

●“海上丝绸之路文化艺术交流中心”挂牌暨泉州丝路文化艺术展览馆开馆仪式在泉州台商投资区举行。

●11—13日，由泉州晚报社主办的泉州首届汽车文化节在市区海峡体育中心举办。

●泉州市第三届“创森杯”盆景展在市区清源山花博园开幕。

●安溪县淮山产业扶贫创业联盟成立。

11月12日

星期六
农历丙申年十月十三
温度：19℃—25℃
阴

●2016年福建省中小微企业发展专项资金（第二批）下达，连同福建省中小微企业发展专项资金（第一批）下达资金，泉州企业获得1256.95万元。

●市司法局和市律协加强律师工作。

●由泉州市医学会、泉州市医学检验学会、迪安诊断主办的2016福建省精准医疗发展高峰论坛暨“精准医疗实验诊断的应用与发展”国家级继续教育培训班在泉州举办。

●由市委宣传部、文明办等主办的“深化创建全国文明城市 公共生活好言行”主题活动暨2016年“泉州好司机”场地竞赛在市区侨乡体育馆举行。

●由泉州市康复医学会、泉州市心血管病质量控制中心、泉州市第一医院主办，惠安县崇武中心卫生院协办的义诊活动在惠安县崇武镇大岞村举行。

21家泉州企业获省中小微企业发展专项资金补助

2016年福建省中小微企业发展专项资金（第二批）下达，连同福建省中小微企业发展专项资金（第一批）下达资金，泉州企业获得1256.95万元，其中，第一批企业获747.05万元，第二批企业获509.9万元。泉州共有21家企业获该两批次省中小微企业发展专项资金。其中，泉州源和创意产业园运营有限责任公司、泉州育成科技创业促进有限公司、泉州七星电气有限公司等9家泉州企业获省中小微企业发展专项资金（第一批）；泉州市装备制造业协会、泉州工程机械行业协会、泉州品牌发展中心、品尚电子商务有限公司等12家单位获省中小微企业发展专项资金（第二批）。

根据《2016年福建省中小微企业发展专项切块资金项目的通知》，2016年省中小微企业发展专项资金支持包括中小微企业平台建设、信息消费类项目、企业开拓市场三个类别。其中，中小微企业平台建设涵盖2个子项目，分别为省级中小企业公共服务示范平台、省级小微企业创业基地项目；中小企业服务机构服务业务奖励项目。信息消费类项目包括建设数字家庭示范村项目、促进产业链创新发展项目（自主创新研发和产业化项目）、促进产业链创新发展项目（支持物联网技术和系统研发及应用、公共服务机构发展）3个子项目。企业开拓市场则涵盖省外公开招标中标奖励项目、智能装备新增配套奖励项目、参加省外知名工业展会项目、首台（套）重大技术装备（含智能制造装备）补助项目、医药省外中标奖励项目、军民融合企业省外军品中标奖励项目6个子项目。

市司法局和市律协加强律师工作

为提升律师队伍素质，树立队伍良好形象，推动律师行业更好地服务“五个泉州”建设，市司法局和市律协不断加强律师工作，打造一支素质过硬、信念坚定的律师队伍。

行政管理与行业管理齐抓。发掘“两结合”管理体制优势，共同把好律师队伍入口关。只有通过市律协组织的面试考核的实习人员，方能向司法行政机关申领律师执业证。同时，3月，市司法局和市律协组成检查组对54家律师所的律师队伍教育管理情况及收案收费管理审批制度的落实情况、律师职业道德执业纪律和执业行为规范遵守情况、业务档案情况、业务管理和服务质量情况等进行实地考核，促进律师规范执业。

思想政治建设与业务素质建设并行。市司法局和市律协在全市律师队伍开展“两学一做”学习教育，通过组织党员律师参加培训、参观古田会议旧址、征集党员律师抄党章作品等，发挥律师所党支部的战斗堡垒作用和党员律师的先锋模范作用。在筑牢思想基础的同时，创新业务素质培训方式，提高培训效能和律师业务水平。

改善业内民生与违法违规惩戒并举。2016年以来，市司法局联合市律协与市中院协调促成在有条件的法院设立律师阅卷室、休息室和更衣室等，方便律师执业。此外，严查律师所和律师的违法违规行为，发现一起处理一起，严厉整肃律师执业纪律。

2016福建省精准医疗发展高峰论坛在泉州举办

由泉州市医学会、泉州市医学检验学会、迪安诊断主办的2016福建省精准医疗发展高峰论坛暨“精准医疗实验诊断的应用与发展”国家级继续教育培训班在泉州举办。会议期间，泉州首家医学检验中心——泉州迪安医学检验所宣布成立。其实验室面积达3200平方米，现有检测项目20多个系列、1000多个项目，是泉州首个独立医学检验中心。除开展常规检测项目外，实验室着力发展精准诊疗，开展肿瘤、遗传、血液病、妇幼、心血管等精准检测。全省近300名医疗工作者参加“精准医疗实验室诊断的应用与发展”国家级继续教育培训班学习。

2016年“泉州好司机”场地竞赛举行

由市委宣传部、文明办等主办的“深化创建全国文明城市 公共生活好言行”主题活动暨2016年“泉州好司机”场地竞赛在市区侨乡体育馆举行。该活动自10月发动以来，吸引3000多名司机参加。经过前期的网络答题环节，共有150名选手进入场地竞赛环节。经过交通安全驾驶操作现场竞赛，男女选手各有10名胜出，共同分得10万元现金油卡大奖。

国务院南水北调办调研组到德化县调研

国务院南水北调办公室副主任蒋旭光带领调研组，到德化县调研美丽库区和产业发展情况。省移民开发局局长蔡伟、市政府党组成员洪自强陪同调研。在水口镇湖坂村，调研组听取德化县美丽库区建设和产业发展汇报，了解湖坂村的环境整治、立面修缮、绿化美化、硬化亮化、产业整合、移民增收等工作情况，肯定试点村环境综合整治及移民种植养殖专业合作社开展工作取得的成效，并就下一步工作提出指导意见。

全市安全生产电视电话会议召开

全省安全生产电视电话会议后，泉州市随即召开全市安全生产电视电话会议，就落实全省会议精神，抓好安全生产工作作部署。市领导康涛、肖汉辉参加会议。对于全省安全生产大检查及巡查中发现的问题，康涛要求，既要即知即改，有效整改，形成闭环；又要透过问题，举一反三，形成制度。各相关责任单位要将问题逐条逐项分解落实到具体的责任人，制定整改方案，明确整改要求、整改时限，确保各类问题得到及时、有效处理。同时，要把巡查成果转化成今后的工作制度，梳理安全生产责任清单和权力清单，组织开展对县级政府的巡查，强化安全风险分级管控，健全安全生产举报奖励制度，督促企业“五落实五到位”真正落到实处。会议强调，各级各部门要按照省、市安委会的部署要求，开展全市安全生产大检查。领导要带头，落实“党政同责、一岗双责”。重点要突出，市一级重点开展道路交通、消防安全、中小学校学生安全等专项整治，县一级重点针对辖区阶段性多发的同类型事故开展整治，同时市县两级联手做好全市古城、古街、古镇、古村落、古建筑的火灾隐患排查。检查要全面，按照“分级分类监管”的原则，确保企业安全生产检查全覆盖。措施要到位，针对部分地区非法加油（气）站点、“三合一”场所、海上非法摆渡载客、无证采石、非法采沙运沙等问题，要建立健全部门联合执法联动机制，打击、取缔非法违法生产经营行为，保持严查、严处、严惩的高压态势。

2016年第三届晋江市文化产业周举办

7—13日，以“文创让城市更具品质”为主题的2016年第三届晋江市文化产业周在洪山文创园举办。活动以晋江几大文创园区为载体，展示文化产业发展态势，搭建产业对接平台，服务项目招商推介，培育拓展晋江文化消费市场，提升城市品位。以洪山文创园为载体，该届文化产业周设置了晋江工业设计成果展、海峡青年创客空间、创意市集、3D涂鸦秀等多项活动，从一个侧面展现文创力量对晋江实体经济的助推作用。园区按照“一园两空间”的发展思路，依托海峡青年创客坊及国际工业设计园开展创新产业活动。文化产业周活动内容还包括两岸艺术大讲堂、晋江市工艺美术主题展暨2016两岸大学生美术作品巡回展、海峡两岸戏剧电影高峰研讨会、“大美晋江·情系两岸”电影音乐晚会等。此外，文化产业周还推出晋江文化体育惠民卡。文体惠民卡整合晋江工艺美术、文化旅游、字画古玩、体育健身、影院书店、教育培训、演艺娱乐、文化创意、特色美食9类机构及商家。今后，晋江市民只需一部手机，就能轻松购买到物美价廉的文化产品，享受高质量的文化服务和体育服务。

晋江市第二届为梦想前“晋”大学生创客创业大赛决赛举行

晋江市第二届为梦想前“晋”大学生创客创业大赛决赛举行。该活动专门面向创客提供展示平台，旨在挖掘和培养一批有梦想、有创意、敢创新的青年创新创业人才，加快推进智造晋江、人才强市战略实施。泉州信息工程学院大二学生林国斌团队的“无须使用搅拌车的透水混凝土”项目获第一名，其余获奖项目主要涉及信息技术、新材料、文化创意、农业、服务业、生物医疗、电子商务等类别，以信息技术类居多。为帮助优质创业项目更好地落地，晋江将提供“创业商学院”课程为创客进行培训辅导，提供信贷优惠和帮助对接投融资机构等多方面服务。

11月13日

星期日

农历丙申年十月十四

温度：20℃—28℃

多云

●国务院南水北调办公室副主任蒋旭光带领调研组，到德化县调研美丽库区和产业发展情况。

●全省安全生产电视电话会议后，泉州市随即召开全市安全生产电视电话会议，就落实全省会议精神，抓好安全生产工作作部署。

●由泉州市老年书画研究会、石狮市老年书画研究会等主办的“南华轩第二届老年书画研究阳光爱心笔会”在石狮市南华轩举行。

●晋江市第二届为梦想前“晋”大学生创客创业大赛决赛举行。

11月14日

星期一
农历丙申年十月十五
温度：20℃—28℃
多云

●14—15日，第二十三期全国地级市外办主任培训班在泉州举办。

●市政府第一一五次常务会议召开，研究《泉州市畜禽养殖污染防治规划（2015—2020年）》《泉州市"十三五"卫生计生事业发展专项规划》等。

●市政协党组（扩大）会召开，学习贯彻《关于新形势下党内政治生活的若干准则》《中国共产党党内监督条例》。

●14—18日，由国家版权局主办的中国德化陶瓷版权保护优秀成果展在瑞士日内瓦世界知识产权组织总部举行，发布《版权保护促进中国德化陶瓷产业发展的研究》，向全球推广中国德化在陶瓷产业版权保护方面的成功做法。

●14—30日，市纪委在全市范围内开展第二轮大规模日常检查。

●管理咨询服务机构进企业义诊活动启动。

●首届全国法院司法警察技能大比武活动在浙江杭州举行，代表福建高院参赛的泉州选手曾小龙获男子1000米全装跑冠军。

第二十三期全国地级市外办主任培训班在泉州举办

14—15日，第二十三期全国地级市外办主任培训班在泉州举办。外交部部长助理李惠来作题为《国际形势与中国特色大国外交》的报告，外交部外管司副司长杜德文主持。泉州市领导康涛、陈奕辉、季翔峰，全国31个省区市111个地级市的外事部门负责人近150人参加。在报告中，李惠来介绍当前国际形势的新特点、新趋势及中国外交的总体思路和主要工作，对新形势下地方外事工作如何更好地服务国家改革发展稳定大局和对外关系大局提出要求。参会人员一致反映，报告有助于大家全面了解国际形势和中央外交方针政策，提升对地方外事工作重要性的认识。市长康涛表示，此次培训班在泉州举办，让我们更全面了解领会当前国际形势和中央外交方针政策，更深刻认识把握外交外事工作的特殊性和重要性。希望大家互学互鉴，共同提升，同时也进一步认识泉州、了解泉州、宣传泉州。

市政府第一一五次常务会议召开

市长康涛主持召开市政府第一一五次常务会议，研究《泉州市畜禽养殖污染防治规划（2015—2020年）》《泉州市"十三五"卫生计生事业发展专项规划》《泉州市"十三五"文化产业发展规划》《泉州市省属国有林场改革实施方案》，以及创建国家自主创新示范区有关文件等。会议研究通过《泉州市畜禽养殖污染防治规划（2015—2020年）》。会议指出，各级各有关部门要围绕规划目标，强化畜禽养殖污染源头控制，优化畜禽养殖空间布局，因地制宜发展生态环保化养殖模式，建立畜禽养殖污染防治体系，保护饮用水源水质，加快建设国家生态文明试验区。会议研究通过《泉州市"十三五"卫生计生事业发展专项规划》。会议指出，各地各有关部门要坚持补短板、强基层、建机制、重民生，深化医疗卫生体制机制改革，整合优化资源布局，完善分级诊疗机制，全面提升医疗服务水平，健全公共卫生服务体系。会议研究通过《泉州市"十三五"文化产业发展规划》。会议要求，要立足泉州独特深厚的"海丝"文化、闽南文化、历史文化，围绕满足人民群众的文化消费需求，加快工艺美术、包装印刷等传统产业转型升级，发展创意设计、动漫游戏等新业态，从政策支持、金融服务、市场培育等方面，推动全市文化产业健康、快速、可持续发展。会议还研究通过《泉州市省属国有林场改革实施方案》。

市政协党组（扩大）会学习《关于新形势下党内政治生活的若干准则》《中国共产党党内监督条例》

市政协党组（扩大）会召开，学习贯彻《关于新形势下党内政治生活的若干准则》（以下简称准则）《中国共产党党内监督条例》（以下简称条例）。市政协党组书记陈灿辉主持会议，市政协副主席，市政协党组成员参加。会议要求，市政协党组及机关全体党员干部要把学习准则、条例精神内化于心，领会其精神要义，严守政治纪律和政治规矩，并把学习贯彻活动引向深入，扎紧扎密制度笼子，一以贯之转好党风政风。要在践行准则、条例中走前列、做表率，全面落实管党治党责任，严格主体责任、纪律规矩、政治生活、党内监督，敢抓敢管各个环节，及时有效发现和解决问题。要统筹抓好当前工作，结合"两学一做"学习教育，坚持边学边干、边学边改，全面完成好全年各项工作任务，筹备好十二届市政协换届工作，谋划好2017年工作思路。

管理咨询服务机构进企业义诊活动启动

由市经信委主办、市中小企业服务中心承办的管理咨询服务机构进企业义诊活动启动。12月31日前，9个管理咨询服务机构走进全市20家企业，以咨询辅导的形式推动企业内部管理机制建设，提升企业管理水平。进入义诊项目名单的泉州企业中，企业主要咨询诊断的意向包括生产管理、人力资源、市场营销、企业信息化、绩效管理、战略管理、企业文化、财务管理等方面，其中绩效管理成为企业咨询诊断的热门选项。根据企业提出的义诊需求，管理咨询机构成立相关义诊项目小组，由2—3名经验丰富的实战型专家及一名工作人员组成。在义诊项目开展一周前，管理咨询机构向中小企业服务中心提交义诊项目实施方案。同时，对于每个义诊项目，项目小组确保用两天以上时间到企业调研、问诊，帮助企业查明问题、分析原因、提出解决思路和建议，并撰写《管理咨询诊断报告》。每个义诊项目验收后，将按规定向协办单位，即管理咨询服务机构补助两万元。

孔繁军到惠安县开展第四季度活动周调研

市委常委、组织部部长孔繁军带队到惠安县调研，走访企业生产和项目建设一线，并召开石化产业人才座谈会。座谈会上，中化公司等5家企业负责人以及3名“千人计划”人才，分别围绕加强石化产业人才队伍建设、高层次人才引育等方面提出建设性意见和建议。孔繁军指出，要梳理完善现有人才政策体系，强化与石化产业相匹配的高端人才载体建设。要完善人才生活保障制度，想方设法帮助解决住房、就医、子女教育、配偶就业等问题，使优秀人才引得来、留得下、用得好。要发挥企业引才主体作用，鼓励企业参与人才资源开发和人才引进，同时加快构建统一、开放的人才市场体系。

全市农村住房灾后重建“全覆盖”巡查服务启动

即日起，市住建部门在全市范围内开展农村住房灾后重建“全覆盖”巡查服务工作，重点检查灾后重建的进展情况和建筑质量安全情况，全面推进农村住房灾后重建工作，确保重建户在2017年春节前搬入新居。

巡查服务的对象为2016年因台风受灾需实施农村住房重建的1083户重建对象重建情况。巡查服务内容包括建房选址、规划设计、安全质量和目标进度四方面。其中，建房选址主要核查重建户选址是否存在安全隐患。包括是否按照有利于防灾避灾和发展生产、方便生活的要求搞好重建选址；是否避开山洪、山体滑坡和泥石流，分洪区和易发洪涝的低洼地、行洪道等地质灾害隐患和洪水灾害隐患的地点。规划设计主要核查统规自建、分散自建农房设计是否合理。包括统规自建住房是否按照“布局合理、功能齐全、质量可靠、设施配套、环境优美、特色明显”的要求进行规划、设计；农房重建设计是否按照相关规定的抗震设防标准与技术措施要求。安全质量主要核查重建户建设过程是否存在安全和质量隐患问题。包括指导检查各地是否鼓励和引导分散重建的农民选用村镇建设通用图、聘用有资格证书的建筑工匠，重建户实施重建是否严格控制施工安全、质量，地基、基础、主体结构等关键部位是否存在质量问题，施工现场是否存在严重安全质量隐患。目标进度主要核查重建户建设进度情况，包括核查各地报送重建户重建进度情况的真实性，重建户对住房建设的计划安排，以及是否能在2017年元旦前完成建设，在2017年春节前搬入新居。

“海丝”旅游资源考察团到泉州考察

15—16日，由欧美、中东、东南亚、南亚等25个国家和地区的旅游从业者及境内外90多家媒体人士组成的“海丝”旅游资源考察团一行350余人抵达海上丝绸之路重要起点城市泉州，感受“海丝”文化，对接旅游线路。据省委宣传部工作人员介绍，该考察团由参加第二届海上丝绸之路国际旅游节的海外嘉宾组成，是迄今为止福建省迎来的最大规模国际旅行商考察团。在泉州期间，考察团到泉州开元寺、清源山、洛阳桥、公式埔民俗文化村等“海丝”申遗点和旅游景点，并欣赏泉州南音、提线木偶等世界级非物质文化遗产展演。

相关链接：在第二届海上丝绸之路国际旅游节上，泉州等9个“海丝”沿线城市旅游部门联合加拿大、澳大利亚、西班牙、泰国等9个国家旅游机构代表共同签署《9+9国际旅游合作联盟协议书》。根据协议，9座城市和9国旅游机构将通过建设海上丝绸之路旅游网站、出版旅游主题书籍、制播主题旅游宣传片等方式，共同搭建全新旅游区域合作平台，并整合联盟城市特色旅游资源，打造世界级旅游精品路线，共同建设21世纪“海丝”旅游路。

泉州南音传承建国后首次传统拜师仪式举行

泉州南音省级代表性传承人曾家阳收徒仪式在泉州南音艺苑举行，福建省歌舞剧院民族管弦乐团琵琶演奏员林蜜蜜到场拜师学琵琶。此系新中国成立后泉州南音首次举行传统拜师仪式。曾家阳现任泉州南音乐团副团长，他还长期在泉州师院和泉州艺术学校任教，在民间也带不少弟子，学徒至今有400多人，是泉州市知名的琵琶演奏家，此次他赠送给学生的《泉州南音基础教程》《泉州南音琵琶教程》和《指谱大全》三本书，均为他编著和校订。林蜜蜜毕业于福建师范大学音乐学院，是福州市音乐家协会会员、常务理事，曾获首届全国演艺新人推选活动福建赛区琵琶组金奖，其北琶琶演奏艺术受到同行前辈的好评。

11月15日

星期二
农历丙申年十月十六
温度：20℃—26℃
阴

●康涛到市信访局接访。

●孔繁军到惠安县开展第四季度活动周调研。

●农村住房灾后重建“全覆盖”巡查服务启动。

●15—18日，以湖南文理学院原党委书记魏饴教授为组长、福建工程学院党委书记吴仁华研究员为副组长的教育部本科教学工作审核评估专家组到泉州师范学院，对该校本科教学工作展开系统审核评估。

●15—16日，由欧美、中东、东南亚、南亚等25个国家和地区的旅游从业者及境内外90多家媒体人士组成的“海丝”旅游资源考察团到泉州考察。

●泉州南音传承中华人民共和国成立后首次传统拜师仪式举行。

●由孙中山孙女孙穗芳捐赠的“伟人孙中山铜像”落成庆典在泉州华光职业学院举行。

●15—16日，新西兰初级产业部对华关系副部长Roger Smith在国家认监委副主任刘卫军、福建检验检疫局副局长詹开瑞等陪同下，到中国首批有机产品认证示范区安溪县考察。

11月16日

星期三
农历丙申年十月十七
温度：19℃—26℃
多云

●“华大讲堂”第62讲举行。

●市政府与中国电信福建公司共同推动泉州市“十三五”智慧城市建设暨加快发展互联网经济战略合作框架协议签约仪式举行。

●康涛会见菲律宾宋庆龄基金会暨菲华各团体文化交流团。

●全市重点科研机构人才工作座谈会召开。

●泉州市重点乡镇侨情数据库建设现场会在南安市码头镇召开。

●“百企进百村敬老助老”主题活动启动。

●由旅菲泉州籍知名侨领陈祖昌独资捐建的泉州少林寺山门落成剪彩。包括陈祖昌、蒋丽莉伉俪及其家人，以及菲律宾宋庆龄基金会、菲华各团体文化交流团等在内的70多名菲律宾华人华侨组团返乡庆贺。

●2016“中国礼物”品牌推进会暨中国礼仪休闲用品二届五次理事会在北京召开，安溪县被授予“中国家居工艺品产业基地”特色区称号。

“华大讲堂”第62讲举行

“华大讲堂”第62讲举行。国家行政学院一级教授、政治学教研部及科研部原主任许耀桐作《坚定推进全面从严治党——十八届六中全会精神实质解读》专题报告。市委学习中心组成员郑新聪、康涛、陈万里、陈灿辉、陈奕辉、翁祖根、林万明、林锦明等，市直有关部门、在泉州各高校、各民主党派相关负责人、华侨大学负责人和部分师生等参加报告会。许耀桐根据自己的学习研究，围绕十八届六中全会以来全面从严治党进入新时代、谱写新篇章、提出新要求三个部分，阐述六中全会完成全面从严治党新部署、提升制度治党新水平、形成以习近平为核心的党中央的历史沿革和重要意义，介绍《关于新形势下党内政治生活的若干准则》（以下简称准则）和《中国共产党党内监督条例》（以下简称条例）两部党规的出台背景、现实需要，并结合大量实例，解读准则、条例的新亮点，为泉州市党员干部学习贯彻十八届六中全会精神提供理论指导。

讲座现场　　（图/华侨大学）

市政府与中国电信福建公司签署战略合作协议

市政府与中国电信福建公司共同推动泉州市“十三五”智慧城市建设暨加快发展互联网经济战略合作框架协议签约仪式举行。市长康涛、中国电信福建公司总经理高金兴、市政府党组成员洪自强出席。康涛表示，希望双方以此次签署战略合作协议为新起点，创新合作模式，深化合作内涵，拓展合作空间，实现合作双赢。泉州将落实合作协议中的责任和义务，支持中国电信福建公司在泉州范围内的建设、运营和发展。根据协议，五年内，中国电信福建公司将在泉州投入和采购超过120亿元，其中直接投资超过40亿元；贡献通信业务收入总计超160亿元，带动地方信息消费500亿元。双方将重点推进“智慧网络”“互联网+政务服务”“互联网+智能制造”“互联网+民生”“互联网+数据服务”“城乡统筹”六大工程建设，助力泉州市实现“十三五”战略目标任务。

签约仪式　　（图/中国电信泉州分公司）

全市重点科研机构人才工作座谈会召开

全市重点科研机构人才工作座谈会召开。中科院海西研究院泉州装备制造研究所等全市11家重点科研机构负责人及部分高层次人才参加会议。就下阶段人才工作重点，会议指出，要遵循社会主义市场经济规律和人才成长规律，破除人才工作体制机制障碍，加快构建统一、开放的人才市场体系，发挥企业引才主体作用。各级各部门要加强人才工作机制创新，为引才育才营造宽松环境，同时各科研院所要探索人才工作新模式，让其创新创造活力竞相进发，实现自己的人生价值。要加大宣传力度，宣传好本地人才政策与典型，面向世界营造人才集聚氛围。要完善人才政策体系，推动人才政策福利落地生根，满足各类人才发展需求。

“百企进百村敬老助老”主题活动启动

由市老龄办、市工商联、市慈善总会主办的“百企进百村敬老助老”主题活动启动。该活动由四部分组成。首先是改善老年人福利服务设施，参与活动的企业将到村（社区）开展调查研究，协调、争取资金建设和改善老年人活动场所、村办养老院、农村幸福院、老年人日间照料中心等设施。其次是精准帮扶困难老人，每个村（社区）确定5至10户孤寡特困老人作为重点帮扶对象，为他们立卡建档。企业家投入资金对村（社区）的孤寡特困老人进行帮扶，缓解他们的生活困难。利用节日组织企业员工对村里老人进行慰问。经常性走访直接帮扶对象，了解他们的生产、生活状况，给予必要的资金扶持和物质帮助，帮助解决他们的实际困难。

市委常委会分析全市经济运行形势

市委常委会召开，传达全省促进有效投资推动经济平稳增长视频会议精神，分析全市经济运行形势。市委书记郑新聪主持会议，市委常委参加会议，市人大常委会党组、市政协党组主要负责人列席会议。

就抓好下阶段经济工作，会议要求，要倒逼指标完成。各方块要盯紧底数、聚焦差距，分头行动、落实责任、果断出招，强化考评督促，不折不扣完成年度指标任务。要倒逼投资回升。一手抓挖潜，争取形成新的投资量，一手抓入库，加强业务指导；加密对“重大项目前期工作活动年”“百日大会战”等的协调推进，抓好在手大项目建设和项目集中开竣工，筹备好外资专场招商会。要倒逼政策落实，解决好活动周企业反映的问题，及时兑付扶持经济发展专项资金，加强惠企政策的解读和传递。要倒逼谋划安排。把市第十二次党代会“226”工作部署落实到2017年的重点工作、计划安排中，抓紧确定2017年整套工作方案；把项目投资抓上去，抓好大项目支撑，加大力度推进政府性投资，推动一系列重要会议部署落到实处，组织开展“比办事程序少，比办结速度快，看群众企业满意度”活动，解决好项目业主反映的典型问题。

会议要求，各级各部门要全力以赴冲刺年度目标，特别是对于滞后指标、滞后工作要采取精准有力的措施，积极应对，迎头赶上。工业方面，要推动新增长点项目、技改项目尽快形成产能；支持受灾企业加快恢复产能，鼓励存量企业多接单、多生产；及早应对部分企业年底“关门难”问题。三产方面，要重点紧盯金融、房地产等行业发展，防止大幅波动。要全力以赴扩投资、稳增长，要对“百日大会战”工作再部署、再督促，营造比学赶超的浓厚氛围，在抓好2016年项目进度的同时，为2017年项目建设打好基础；要强化责任落实，完善工作机制，抓好项目征迁、审批自由裁量权、中介服务等突出问题的攻坚突破；要强化项目接续，加大项目招商力度，抓好项目库扩容提质，加快推进一批重特大项目开工建设，实现项目接续滚动发展。

福厦泉国家自主创新示范区泉州片区建设工作推进会召开

福厦泉国家自主创新示范区泉州片区建设工作推进会召开。省科技厅厅长陈秋立到会指导，市领导郑新聪、康涛、陈万里、陈灿辉、洪自强参加会议，市长康涛主持会议。

市委书记郑新聪表示，泉州要按照全省动员大会部署要求，增强责任感和紧迫感，以科技创新带动全面创新，以体制改革激发创新创业活力，全面推进示范区建设各项任务，为“十三五”乃至更长远发展注入强劲动能。要致力先行一步，抓住“自主创新”和“示范引领”两个关键，实施科技创新、体制创新“双轮驱动”。要凸显泉州特色。立足制造业基础，实施产业创新领跑战略，加快传统产业改造升级，助推战略新兴产业发展。立足民营优势，发挥示范区与“金改区”“民综改革试点”等多区叠加效应，深化“放管服”改革，让创新型企业轻装上阵。立足侨台资源，打好“海丝”“海峡”品牌，加强与沿线国家、地区科技交流，为区域开放式合作探索经验。要加快重点探索。精准配套政策，营造好引才、留才环境，集聚创新第一要素；发挥财政资金乘数效应，撬动社会资本投入；实行以增加知识价值为导向的分配政策，让科研人员“名利双收”。要壮大创新主体。激发“产学研用”结合体制机制本身的创新，支持企业自主创新，建好创新平台，提升众创空间，扶持第三方、第四方平台，增强高新区带动力。要加强示范区建设的组织领导，强化责任担当，实行项目化运作，营造创新创业良好氛围，推进示范区建设，交出一份满意答卷。

会上，市政府党组成员洪自强宣读《关于成立福厦泉国家自主创新示范区泉州片区建设工作领导小组的通知》。

会议现场　　（图/市科技局）

11月17日

星期四

农历丙申年十月十八

温度：19℃—27℃

多云

●市委常委会召开，传达全省促进有效投资推动经济平稳增长视频会议精神，分析全市经济运行形势。

●福厦泉国家自主创新示范区泉州片区建设工作推进会召开。

●康涛会见以著名侨领陈守仁为荣誉团长的香港泉州慈善促进总会访问团。

●泉州市深化创建全国文明城市工作点评会议召开，点评和分析创建工作存在的问题及原因，要求各级各相关单位落实好推动创建全国文明城市机制化常态化的实施意见及4个配套管理规则，学习借鉴先进经验，确保深化创建任务圆满完成。

●由市文广新局、市旅游局、市城镇集体工业联合社主办的2016泉州“海丝”文化衍生品创意设计大赛作品展在泉州海外交通史博物馆开幕。

●泉州江南老年颐乐园投用，系全市乃至全省规模最大、设施最齐全，集养老、养生、医疗保健、文体健身、休闲娱乐、旅游度假于一体的大型综合性养老机构。

●泉州市高层次人才沙龙（泉港）专场活动举行。

11月18日

星期五
农历丙申年十月十九
温度：21℃—27℃
多云

●郑新聪到丰泽区，宣传贯彻党的十八届六中全会精神，到企业和项目一线调研。

●陈奕辉带队到南安市宣传贯彻党的十八届六中全会和市第十二次党代会精神，调研农村应急服务模式、党代表大会常任制试点和精准扶贫等工作。

●11月全市重大项目协调调度会暨加快项目建设“百日大会战”督促检查汇报会召开。

●泉州市机关特色党建竞赛活动决赛举行。

●全市学校安全工作会议召开，就预防和避免学生交通、溺水、高坠事故和校园火灾等学校安全工作进行部署。

●2016年第四季度全市新闻季谈会在安溪县召开，市发改委、市住建局、市文广新局分别向在泉州新闻媒体通报2016年加快项目建设“百日大会战”活动、城建工作、“海丝”申遗工作等进展情况。

●永春县永春佛手茶功效研究暨新品研发成果发布会举行。

郑新聪到丰泽区调研

市委书记郑新聪到丰泽区，宣传贯彻党的十八届六中全会精神，到企业和项目一线调研。市领导翁祖根参加调研。就下阶段工作，郑新聪强调，要把学习贯彻六中全会精神作为当前重大政治任务，通过开展形式多样、注重实效、深入基层的集中宣讲，增强“四种意识”，落实全面从严治党主体责任。要责任担当倒逼冲刺年度目标任务，果断出招弥补欠账指标，深挖优势产业潜力，做好金融风险防控。要全力以赴抓项目促投资强后劲，抢抓年底施工黄金季，继续打好项目攻坚百日会战；通过加大督查和突破卡脖子问题，扫除建设障碍；科学统筹谋划近中长期，形成项目接续滚动推进的良好态势。要衔接抓好2017年工作安排，强化责任担当，积极向上对接思路，对照全市大盘定好指标任务。要加强党委领导，严肃换届纪律，做好人大代表、政协委员的推荐选举，确保换届工作有序推进。

郑新聪在丰泽区调研　（图/陈起拓）

11月全市重大项目协调调度会召开

11月全市重大项目协调调度会暨加快项目建设“百日大会战”督促检查汇报会召开，贯彻全省促进有效投资推动经济平稳增长视频会精神和市委常委会部署，听取项目进度汇报，协调解决困难问题。市长康涛主持会议。市委常委、常务副市长张永宁，市政府党组成员洪自强、吕刚，市直相关部门、各县（市、区）、泉州开发区、泉州台商投资区及部分重点项目和企业负责人参加。

会议强调，要强化责任担当。各级各部门要对照目标，狠下决心、拿出气魄，真正干出样子来；每个项目都要有“主心骨”、责任人，全程把控项目进展，做到人员到位、责任到位。要对重点项目实行挂图作战，按照倒排的时间节点推进；要敢啃硬骨头，对发现的问题，建立销号制度，解决一件销号一件，全力以赴攻坚征迁、审批等“卡脖子”问题。要规范压缩自由裁量权。做好审批基础性工作，进一步梳理流程，哪些环节能压缩的时间尽量压缩；所有项目从前期开始就要制作台账，不得隐匿毁坏台账消息，要通过台账发现问题，推动工作人员履职尽责；要紧盯中介环节，严格管理，对不负责任、拖延进度的中介，记入黑名单，严重的清出市场。要互学互鉴，总结推广方块和部门在项目前期、征迁、代建、招商等方面的好经验好做法，形成比学赶超的良好氛围。要奖惩分明，好的要旗帜鲜明树立典型，推进不力的要坚决追责、决不手软。

泉州市机关特色党建竞赛活动决赛举行

以“‘两学一做’走前头 机关党建谱新篇”为活动主题的泉州市机关特色党建竞赛活动决赛举行，24个特色项目分为市直和县（市、区）两场展开角逐。为贯彻市党代会精神，推动“机关党旗红 ‘五个泉州’在行动”主题实践活动，市直机关工委于10月组织评审组从市直各系统党委，直属机关党委(总支、支部)，驻泉省、部属单位党委选送的50个项目中择优评出12个项目进入市直序列决赛；从各县（市、区）直机关工委，开发区、台商投资区机关党委选送的33个项目中择优评出12个项目进入县（市、区）序列决赛。在决赛现场，各参赛单位围绕党建工作的创新、特色和亮点进行演示，展现机关党组织和党员干部服务改革、服务发展、服务民生、服务群众、服务党员的成熟做法和良好风貌。经过角逐，市直水利系统和市城市管理行政执法局机关委员会选送的项目获市直专场一等奖，安溪县高甲戏剧团党支部、晋江市直机关党工委选送的特色项目获县（市、区）专场一等奖。

决赛现场　（图/李芸生）

环保部门组织排查大气污染源

针对18日23时—20日8时泉州市大气污染过程，省、市、县三级环保及相关部门根据预警即刻启动应急响应，19—20日，组织3个督查组到晋江、南安和泉州市区排查污染源，采取强化措施，遏制空气质量恶化趋势。

泉州市区环境空气质量自动监测站监测数据表明，市区空气19日凌晨出现以PM2.5为首要污染物的轻度污染。据相关部门分析，在各大气污染源排放相对稳定的情况下，不利气象条件使污染物于近地表积聚、导致污染物浓度升高是影响此次污染过程的关键原因。在接到空气质量超标预警后，市环保局第一时间通过预警函、短信、微信、电话等多种方式通知相关单位和地方政府，启动污染应对方案。省环保厅及时加强指导，派出雷达车帮助泉州市排查污染源，各县（市、区）及市直相关部门也积极行动，开展施工扬尘治理督查，加强非绿标车管控、中心城区主次干道清洗保洁和洒水降尘，严防露天焚烧垃圾等，加强不利气象条件下的多种污染物管控。随着大气垂直扩散转好，20日上午9时起空气质量转好。

19—20日，市环保、住建、行政执法、交通、公安、街道办事处等单位出动2431人次，其中，检查重点废气排放工业企业294家次，责令晋江、南安建陶等企业在恶劣气象条件下先行停产，停产整顿11家，关闭违法企业5家，限期整改12家；巡查建筑工地158家次，责令相关单位对发现的40家次建筑施工不文明行为立即整改；对检查中发现的279起违规露天烧烤、大排档、流动摊点及时制止、劝退；制止33起露天焚烧垃圾行为、5起焚烧秸秆行为；查处、暂扣涉“滴、洒、漏”土方车28辆。

泉州市加大对涉及大气污染环境违法案件查处。1—11月，全市查处174件，查封扣押12件大气污染环境违法案件，罚款金额达760.8万元。早在2015年初，泉州市就出台《城市大气重污染应急预案（试行）》（以下简称预案），建立大气重污染应急响应机制。应急预案在空气质量指数(AQI)处于重度污染(含)以上（AQI≥201），并预计未来48小时仍将维持不利气象条件时启动。

从现实情况看，泉州市发生空气污染的情况以轻度污染及短时段污染为主，所以做好轻度污染天气防控工作对提升环境空气质量优良率尤为重要。9月，市环境保护委员会办公室印发《关于加强轻度污染天气防控工作的通知》（以下简称通知），督促各地落实辖区空气质量主体责任，制定辖区轻度污染天气应对方案，强化轻度污染天气应对处置。要求根据空气污染程度，启动分级应急响应，实施分级响应措施。根据通知，当出现轻度污染天气时，各地及市直部门应综合运用多种措施降污减排，包括落实建筑工地扬尘防治措施、采取多功能降尘车（雾炮车）喷雾降尘、增加城市道路清洗和洒水作业频次、禁止渣土车运输、加强工业企业管控、制止露天焚烧垃圾和秸秆、严控流动烧烤油烟污染、强化交通疏导和路面执法、控制柴油机械、柴油货车作业等响应措施，逐级加大巡逻执法力度、洒水喷雾降尘频次。

国际奥委会副主席于再清到泉州考察

国际奥委会副主席、国际武联主席于再清到泉州伟志兴体育用品有限公司考察。于再清到该公司生产一线车间，了解企业生产情况和公司产品研发、生产工艺、品牌建设、赛事服务等方面的情况，对该公司为“中国制造”走向世界作出的努力和贡献给予高度评价。该公司董事长傅英伟表示，将抓住与国际武联合作机遇，提升科技创新实力，提高产品的科技含量，向智能型产品转型，扩大公司经营规模，为家乡经济建设和社会发展出力。

2016年国际南少林五祖拳暨民间传统武术大赛在泉州开幕

由省武术协会、市体育总会主办的2016年国际南少林五祖拳暨民间传统武术大赛在泉州侨乡体育馆开幕。开幕式上，不同国家和地区的拳友们轮番为观众奉献武术汇演，既有展现闽南传统文化的泉州狮阵武术，又有海内外武术团体独具特色的表演。大赛旨在弘扬和传承传统武术国粹，构筑泉州对外交流与合作交流的桥梁。赛事吸引18个国家和地区76支代表队763名拳友参加，以南少林五祖拳及其他民间传统南少林拳为比赛内容，包括拳术、器械以及对练等项目，于19—20日在泉州侨乡体育馆进行比拼。

11月19日

星期六
农历丙申年十月二十
温度：22℃—27℃
阵雨

●针对18日23时—20日8时泉州市大气污染过程，省、市、县三级环保及相关部门根据预警即刻启动应急响应，19—20日，组织3个督查组到晋江、南安和泉州市区排查污染源，采取强化措施，遏制空气质量恶化趋势。

●国际奥委会副主席、国际武联主席于再清到泉州考察。

●2016年国际南少林五祖拳暨民间传统武术大赛在泉州侨乡体育馆开幕。

●19—20日，由省体育局社体中心主办的2016第二届海峡两岸武术文化节在福州马尾体育馆举行，代表泉州市参赛的石狮自然门学校队获32枚金牌和团体总分冠军。

●19—20日，第二届全国羽毛球巡回邀请赛泉州站在丰泽区珍珍羽毛球馆举行。

●第二届大学生艺术节美食嘉年华、“双创”大咖讲堂以及大学生台球挑战赛、才艺大赛总决赛4场主题活动在市区东海湾1+1广场举行。

●北京、广西、厦门、泉州等地的30多名年轻古琴汉服爱好者，在德化九仙山演奏交流中国古典乐曲。

11月20日

星期日
农历丙申年十月廿一
温度：22℃—25℃
中雨

●20—26日，教育部对泉州学校开展《国家学生体质健康标准（2014年修订）》测试情况进行抽查复核。

●《关于实施创新驱动发展战略建设国家自主创新示范区工作任务和具体指标分解的通知》下发。

●《市农村住房灾后重建领导小组办公室关于进一步加快农村住房灾后重建工作的通知》下发，要求各受灾县（市、区）要按照市政府会议要求，实行挂钩帮扶制度，进一步倒排工期推进重建，确保按时保质保量完成重建任务。

●市司法局和市人民调解员协会评出全市首批三星级以上人民调解员，其中五星人民调解员32人、四星级人民调解员67人、三星级人民调解员134人。

●由市科协、市教育局、市科技局、市环保局、市关工委主办的第十三届泉州市青少年科技创新大赛在市科技馆开幕。

●鲤城区文体旅游新闻出版局、开元街道办事处、区总工会等主办的泉州风味美食烹饪大赛举行。

《关于实施创新驱动发展战略建设国家自主创新示范区工作任务和具体指标分解的通知》下发

泉州市下发《关于实施创新驱动发展战略建设国家自主创新示范区工作任务和具体指标分解的通知》，提出40项具体任务，并明确细化21个指标。通知要求各级各部门强化责任落实，完成工作任务及指标。通知将泉州市实施创新驱动发展战略建设国家自主创新示范区的工作任务分解为40项内容。按照任务分解表，2017年泉州市将“制定推进高新区争先进位行动的细化方案，力争到2020年泉州高新区综合指标（排名）进入全省前列，在全国高新区综合排名稳步提升。”除正在推进的工作任务之外，还有多项政策或细化方案。通知将高新技术产业增加值、高新区工业总产值、每个千亿产业集群建设智能生产流水线、新增专利等21项指标进一步细化，分解到相关部门及县（市、区）。

全市倒排工期加快农村住房重建

连日来，对照市灾后重建“1+11”工作方案，各相关部门紧盯目标进度，加快落实恢复重建措施。《市农村住房灾后重建领导小组办公室关于进一步加快农村住房灾后重建工作的通知》近日下发，要求各受灾县（市、区）要按照市政府会议要求，实行挂钩帮扶制度，进一步倒排工期推进重建，确保按时保质保量完成重建任务。为进一步加快重建进度，通知提出要创新工作方式方法，通过建立“日报告、周通报、旬上报”工作制度、定期开展专项督查检查、设立县领导挂钩联系农村住房重建工作微信群等措施，实时跟踪重建进度情况，发现问题要抓紧整改完善，对进度滞后的乡镇，挂钩领导要重点督办，确保按期完成任务。同时，各县（市、区）自11月起，每10天要向市住房重建办报送附有每一户重建户现场进度对比照片的总结报告。

泉州市评出首批星级人民调解员

市司法局和市人民调解员协会近日评出全市首批三星级以上人民调解员，其中五星人民调解员32人、四星级人民调解员67人、三星级人民调解员134人，并为每位星级调解员颁发荣誉证书和标识牌。

此次星级评定是根据《泉州市人民调解员星级评定管理办法（试行）》，按照人民调解员自荐或调委会推荐，所在司法所或所属行业主管部门初审，司法局通过对每位调解员的调解年限、学历、案件数量等主要情况进行走访核实，逐项对照，并组成评定委员会评选出各级调解员233人。

根据《泉州市人民调解员星级评定管理办法（试行）》规定，星级人民调解员根据星级可在享受以奖代补的基础上，实行分类表彰奖励，四星级人民调解员同时可授予首席人民调解员称号，成立个人调解工作室人选原则上应从四星级以上人民调解员中选任，全国、全省人民调解先进将优先从较高星级的人民调解员中推荐。

相关链接：近年来，在全市16000名人民调解员的努力下，泉州市人民调解工作取得显著成效。2016年以来，全市各级人民调解委员会受理调处各类民间纠纷16852件，调解成功16552件，成功率达98%，防止群体性上访41件430人，防止群体性械斗7件44人，防止民转刑案件64件158人，防止非正常死亡9件11人，为平安和谐社会发挥“减压器”和“润滑剂”的作用，涌现出一大批植根基层、默默奉献的优秀人民调解员。2016年全市共有40个集体、60名个人和17个集体、43名个人分别被泉州市和福建省评为2013年—2015年人民调解先进，1个集体、4名个人被推荐为全国人民调解模范。市司法局连续四年被中华全国人民调解员协会评为全国人民调解宣传工作先进集体。

第十三届泉州市青少年科技创新大赛开幕

由市科协、市教育局、市科技局、市环保局、市关工委主办的第十三届泉州市青少年科技创新大赛在市科技馆开幕。大赛围绕“体验·创新·成长”主题，收到全市11个县（市、区）及泉州开发区、泉州台商投资区选送的学生科技作品913项，其中科技创新项目377个、科技创意作品113项、科技实践活动96项、科幻画327幅。经初评，共有199项科技创新项目参加复评决赛，12项科技创意作品、31个优秀科技实践活动和60幅优秀科幻画参加现场展示。

市委常委会听取台风灾后重建工作进展情况汇报

市委常委会召开，听取台风灾后重建工作进展情况汇报，部署下阶段灾后重建工作。市委书记郑新聪主持会议，市委常委参加会议，市人大常委会党组、市政协党组主要负责人列席会议。

会议指出，一段时间来，市灾后重建领导小组工作有力有序，各级各部门主动靠前，迅速行动，合力共为，泉州市灾后重建各项工作扎实有序推进，成效初步显现。现在，灾后重建已进入全面加速的关键阶段，各级各相关部门要盯紧既定目标，按照“1+11”方案，抓住施工黄金期，全力攻坚推进。要责任到位。每个项目和责任单位都要一一明确时限，责任包干、专班服务，倒计时提醒，倒计时推进，确保各个时段都赶前不拖后。农村受毁房屋要分类推进，春节前确保灾民全部搬入新居；交通道路、水利基础设施、农业生产等也要逐个项目卡死时间、流程和工期，狠抓落实。要协调到位。把灾后重建纳入“百日大会战”，强化属地责任，建立分级协调调度机制。市直各有关部门要增强大局意识，派出强有力的团队，到各地提供全过程、全方位的指导和服务。要政策到位。做好省、市灾后重建相关政策的梳理、解读、宣传和落实，整合策划捆绑打包一批项目，分口向上争取支持；抓紧对接农发行融资贷款，加强资金保障。要立足长远。要建立长效机制，健全应急网络，重建选址要科学、施工要规范，实现标本兼治、长治久安。

市委常委会听取全省座谈会精神及泉州市贯彻意见的汇报

市委常委会召开，听取全省深化人才发展体制机制改革座谈会精神及泉州市贯彻意见的汇报。市委书记郑新聪主持会议，市委常委参加会议，市人大常委会党组、市政协党组主要负责人列席会议。

会议指出，近年来，泉州市紧贴产业需求、民营特色，统筹政策资金，培育“海纳百川高端人才集聚”“365民营企业人才工作机制”等品牌，引进高层次人才1000多名，其中院士15人，成效值得肯定。但也要看到，泉州市当前人才储备不足、创新要素缺乏的问题依然存在。会议要求，各级各部门要贯彻习近平指示精神，树立人才第一资源的强烈意识，落实中央《关于深化人才发展体制机制改革的意见》，按照省委实施意见和全省座谈会部署要求，推进体制机制改革，梳理整合相关政策，构建具有泉州特色的人才制度体系。要突出精准定位、二元支撑。立足泉州制造业大盘转型需求，着力平台引进，坚持高端创新人才、产业技能人才两手抓。结合创新平台和龙头项目引进，以及高新园区、众创街区等建设，多渠道嫁接、大规模引进高端创新人才。重视培养敬业专精的“工匠”队伍，创新现代学徒制，盘活本地高等院校资源，推进院校专业群对接产业群。会议强调，要坚持问题导向、灵活务实，定期收集需求信息，听取扎根泉州发展的人才的意见，提高政策制定、机制创新的精准度。要用好人才专项资金，提高使用效益，统筹整合科技、教育、人才等专项经费，吸引更多社会资源投入。要落实党管人才责任，构建党委统一领导、组织部门牵头抓总、有关部门各司其职、社会力量共同参与的人才工作大格局。

市政府第一一六次常务会召开

市政府第一一六次常务会议召开，研究《关于贯彻落实“先照后证”改革后加强事中事后监管工作的实施意见》等事项。市长康涛主持会议。会议研究并通过《关于贯彻落实“先照后证”改革后加强事中事后监管工作的实施意见》。会议指出，相关部门要坚持“职责法定、信用约束、协同监管、社会共治”的基本原则，严格行政审批事项管理，依据目录依法核发营业执照，加强对行政审批的监督；要厘清部门监管职责，明确监管责任分工；要健全市场监管机制，落实失信联合惩戒；要完善监管信息管理机制，强化信息互联共享，落实执法信息抄告制度；要构建社会共治格局，注重发挥社会力量作用，加强行业自律管理，维护统一规范、公平竞争的市场秩序。

11月21日

星期一
农历丙申年十月廿二
温度：20℃—24℃
阵雨

●市委常委会听取台风灾后重建工作进展情况汇报，部署下阶段灾后重建工作。

●市委常委会听取全省深化人才发展体制机制改革座谈会精神及我市贯彻意见的汇报。

●市委常委会暨市全面深化改革领导小组会议召开，研究通过《泉州市“十三五”深化医药卫生体制改革专项规划》等。

●市十五届人大常委会第六十一次主任会议召开，讨论市人大常委会关于召开泉州市第十六届人民代表大会第一次会议的决定（草案）等。

●市政府第一一六次常务会议召开，研究《关于贯彻落实“先照后证”改革后加强事中事后监管工作的实施意见》等事项。

●福建省佛教文化研究会成立大会在泉州举行。

●泉州南台岩重建落成暨圣像开光庆典活动在市区清源山南台岩举行。

●由福建省佛教文化研究会、泉州泉台民间交流协会主办的“泉州闽台佛教音乐会”在泉州侨乡体育馆举行。

●21—24日，由国际大学生体育联合会主办的2016世界大学生三对三篮球锦标赛在华侨大学举行。

11月22日

星期二
农历丙申年十月廿三
温度：17℃—25℃
阴

●泉州市代表到福州出席省第十次党代会。

●中国共产党福建省第十次代表大会泉州代表团全体会议召开。

●由海关总署主办的“建设‘活力强关’服务‘海上丝路’”在线访谈在泉州海关举行。

●由国家文物局指导、中国文物保护基金会主办的第八届“薪火相传——传统村落守护者”颁奖仪式在浙江松阳县举行，表彰十位传统村落守护者杰出人物和五家传统村落守护者杰出团队。泉州市闽南古建筑老工匠陈实生当选，是福建省唯一获此荣誉者。

●泉州市科技型创客企业专场挂牌仪式举行。

●22—27日，2016第十届中国专利周泉州地区活动举行。

●泉州市2016年大学生创新创意作品大赛颁奖典礼暨作品展在泉州信息工程学院举行。

泉州市代表到福州出席省第十次党代会

泉州市出席中国共产党福建省第十次代表大会的50名代表启程前往福州。市委组织欢送郑新聪、康涛、陈奕辉、温惠榕、孔繁军等泉州市出席省第十次党代会的代表。市四套班子领导陈万里、陈灿辉、翁祖根、林万明、张永宁等和部分市直机关干部到市行政中心为代表们送行。代表们表示，将珍惜此次参与全省政治生活大事的机会，以高度的政治责任感、使命感，履行党代表职责，严守大会纪律，学习大会的各种文件材料，参加大会的各项活动，把思想和行动统一到中央及省委的要求上来，围绕省委提出的奋斗目标，结合各自工作实际，主动深入思考，发表意见建议，把基层最真实的心声反映出来，为福建省新一轮发展建言献策，把大会开成团结、民主、求实、奋进的会议。

海关总署“建设‘活力强关’服务‘海上丝路’”在线访谈在泉州举行

由海关总署主办的“建设‘活力强关’服务‘海上丝路’”在线访谈在泉州海关举行。访谈由海关总署办公厅新闻办处长周群主持，并邀请厦门海关副关长叶超俊、泉州市副市长季翔峰、泉州海关关长张秀清，从海关支持泉州外贸发展扶持政策、泉州与“一带一路”沿线国家贸易格局、进一步优化港口环境以及如何打好泉州外贸“特色牌”等多个方面展开讨论。

泉州市2016年大学生创新创意作品大赛颁奖

由市教育局、发改委、人社局、科技局、科协、泉州晚报社主办，泉州信息工程学院承办的泉州市2016年大学生创新创意作品大赛颁奖典礼暨作品展在泉州信息工程学院举行，对获奖集体和师生进行表彰，并对泉州市高校创新创业教育成果及获奖优秀作品进行全面展示。大赛主题是“创新创意展风采 主动融入促发展”，于3月全面启动，至今历时8个多月，全市高校积极响应，师生踊跃参与，创作出一大批优秀作品。大赛共有16所高校参加，经过高校初赛后，选送176件作品参加决赛。经过由高校及行业企业专家组组成的评审组评选，评选出科技创造发明类、技术革新类、创意设计类三个类别获奖作品87件，其中一等奖11件、二等奖17件、三等奖25件、优秀奖34件。同时，大赛组委会对组织到位、成绩优异的3所高校（泉州师范学院、泉州信息工程学院、黎明职业大学）给予“优秀组织奖”表彰，并评选出“优秀LOGO征集作品奖”3件。大赛对获奖作品予以一定的奖励并颁发获奖证书。

2016第十届中国专利周泉州地区活动举行

22—27日，2016第十届中国专利周泉州地区活动举行。开幕式上举行泉州（晋江）专利技术展示交易中心揭牌、点击开通平台上线，发布纺织面料、水暖卫浴两个产业专利导航成果，举办专利质押融资专题培训班等活动。专利周主题为“加强知识产权运营，开拓知识产权强企之路”，举办一系列服务企业的知识产权专题宣传、培训、专项执法检查等活动，促进企业更加重视专利工作，提升专利运用和运营水平，为建设福厦泉国家自主创新示范区和“五个泉州”建设提供有力支撑。

泉州市科技型创客企业专场挂牌仪式举行

泉州市科技型创客企业专场挂牌仪式举行，为福建广汇龙环保科技有限公司等18家科技型企业集体挂牌。在市科技局支持下，海峡股权泉州交易中心与市生产力促进中心密切配合，通过征集筛选和专家评审，首批18家科技型企业入选到海峡股权交易中心展示板挂牌，实现泉州市科技企业与资本市场首次集体握手，对泉州市科技金融工作将起到示范和推动作用。海峡股权交易中心将发挥双创板服务功能，为挂牌企业提供培训辅导、股权融资、债权融资、资本运营等综合服务，推动科技与金融融合，推进产业结构调整和转型升级，促进区域创新和社会发展。仪式上，天峰永道（福建）创业投资有限公司总经理王志铭做《资本与科技结合的机会与挑战》专题演讲，从“资本是第一推动力、回归商业的本质、资本的思维随时可以开始”三个方面进行分享。

十一届市政协第六次县（市、区）政协主席工作座谈会召开

十一届市政协第六次县（市、区）政协主席工作座谈会召开，学习贯彻党的十八届六中全会精神，总结交流推进协商民主建设经验做法，征求市政协《常委会工作报告》《提案工作报告》意见建议。市政协党组书记陈灿辉，副主席吴共湖、苏小青、骆沙鸣、陈铭福、王祖耀、李冀平、王瑞强、陈益，秘书长洪川夫，党组成员林志建、陈伟平参加。陈灿辉指出，要密切全市政协系统范围内的交流互鉴，科学总结五年工作，提炼出好机制好做法好经验，融入各自常委会工作报告和提案工作报告。要探索协商民主机制途径，围绕党政工作中心，服务好大局；聚焦社会民生领域，通过协商推动相关问题解决；搭建协商平台，开展多形式的协商；落实协商成果，突出转化、务求实效。陈灿辉要求，各级政协组织要强化责任意识和担当精神，围绕中心谋划工作思路，深化联系互动、协作配合，探索创新履职形式、打造履职载体、提高履职水平的机制举措，以新作为展现新面貌，共同营造干事创业的良好氛围。

水利部省水利厅检查泉州市2016年农村饮水安全巩固提升工作

水利部、省水利厅督导检查泉州市2016年农村饮水安全巩固提升工作，对工程建设进度、质量、安全、解决贫困户饮水问题、水质检测覆盖率等方面工作给予肯定。2016年泉州市计划完成农村饮水安全巩固提升2个项目，受益人口约2.4万人，计划投资1275万元。2个项目已完成招投标工作，抓紧开展施工建设工作。泉州市还积极做好农饮项目建设工作。其中第一批受益人口2万人，共24个项目，总投资1000万元，各项目已完成前期工作，大部分工程已开工建设。第二批受益人口约0.94万人，共13个项目，总投资480万元，各项目抓紧开展前期工作，部分已开工建设。泉州市11个县（市、区）水质检测中心建设任务已全部完成，实现农村饮水安全检测全覆盖（鲤城区、丰泽区为自来水供水，无须建设农饮工程）。同时，市级检测中心发挥优势，除做好全市水质抽查和技术指导外，还配合省厅开展水质检测专业技术培训等工作，促进全省水质化验水平的提高。

水利部、省水利厅检查组在永春县检查（图/市水利局）

泉州市组织开展煤矿安全生产检查活动

泉州市组织开展煤矿安全生产检查活动。检查组到永春县长汀煤矿有限责任公司长汀煤矿现场，进入煤矿井下检查，指导消除安全隐患，随后召开全市煤矿安全生产座谈会，传达学习中央和全省煤矿安全生产工作指导精神。会议指出，要站在人民群众的角度想问题，把重大风险隐患当成事故来对待，完善体制，严格监管，让人民群众安心放心；要落实安全责任制，煤矿企业要履行好安全生产主体责任，永春县政府要履行属地监管职责，市直涉煤部门要履行部门监管职责，确保泉州市煤矿安全生产工作平稳有序；要采取切实有效措施，开展安全大检查，建立长效机制，抓好事故预防，结合年末岁首特点，抓好煤矿安全生产各项工作；要强化安全生产监督，推动煤矿化解过剩产能期间安全责任的落实，加强对5类重点煤矿的监管检查，严厉打击非法采矿。

全市重大项目重点工作巡回采访报道活动举行

11月23日—12月1日，市委宣传部、市发改委组织开展“全市重大项目、重点工作巡回采访报道”活动，邀请在泉州的11家媒体针对各地各部门各大企业2016年以来加快推进重大项目建设的思路举措、工作成效和典型经验进行采访报道，带动和促进全市进一步形成比学赶超的浓厚舆论氛围，为全市经济社会持续健康发展营造良好环境。活动期间，11家媒体记者聚焦交通、能源、农林水、社会事业、城建环保、服务业和工业等领域的重点项目，为加快推进全市重大项目建设营造浓厚的舆论氛围。

11月23日

星期三
农历丙申年十月廿四
温度：15℃—19℃
阵雨

●十一届市政协第六次县（市、区）政协主席工作座谈会召开，学习贯彻党的十八届六中全会精神，总结交流推进协商民主建设经验做法，征求市政协《常委会工作报告》《提案工作报告》意见建议。

●水利部、省水利厅督导检查泉州市2016年农村饮水安全巩固提升工作。

●泉州市组织开展煤矿安全生产检查活动。

●11月23日—12月1日，市委宣传部、市发改委组织开展全市重大项目、重点工作巡回采访报道活动。

11月24日

星期四
农历丙申年十月廿五
温度：14℃—17℃
阴

●尤权到省第十次党代会泉州代表团参加九届省委报告和九届纪委工作报告审议，听取代表意见。

●陈灿辉带队走访泉州市各民主党派，并召开座谈会，听取各民主党派、工商联对市政协《常委会工作报告》《提案工作报告》的意见建议。

●市领导带领市创城办人员到中心城区部分社区、车站、农贸市场、交通要道等地，检查深化创建全国文明城市工作。

●24—25日，由市政府主办，市质监局、泉州品牌发展中心承办的2016年第二期品牌危机预警管理培训班举办。

●泉州市涉外法律人才培养工程首期培训项目在中国人民大学法学院启动。

●由省华侨历史学会、市归国华侨联合会、市社科联、台盟泉州市委员会主办的“孙中山与华侨华人”学术研讨会在泉州举行。

●“故土情深——泉籍华侨华人奉献史”展览开幕式暨建馆20周年纪念活动在泉州华侨历史博物馆举行。

尤权参加省第十次党代会泉州代表团审议

尤权到省第十次党代会泉州代表团参加九届省委报告和九届纪委工作报告审议，听取代表意见。

尤权指出，党代会报告明确要求，要适应把握引领新常态，实施创新驱动强动力，加快转型升级调结构，打造经济升级版。抓住抓准福建发展的关键所在。要求我们全面落实创新发展理念，思路上要更明确，坚持做大总量与提升质量并重，坚持做优增量与盘活存量并举，推进供给侧结构性改革，推动经济结构实现战略性调整，加快打造一批在国内外有较强竞争力的龙头企业，构筑一批全产业链产业优势特色产业集群。重点上要更突出，加快建设福厦泉国家自主创新示范区，破除制约科技创新的体制机制障碍，制定出台契合福建实际的政策举措，激发创新主体的活力动力。保障上要更有力，各级党委、政府要主动作为、靠前服务，构建“亲”“清”政商关系，帮助解决企业人才、技术等创新要素不足的问题。

审议中，代表们一致认为，这五年是福建得到中央领导直接指导最多，争取改革政策试点最多，获取项目资金支持最多，发展速度效益最好，全省人民获得感最多的历史时期之一；也是党的建设全面加强，形成习惯自觉，全面从严治党落到实处的五年。全省上下风清气正、力量充分凝聚，“再上新台阶”的基础具备、条件具备。“再上新台阶，建设新福建”部署，贯穿“四种意识”、立场鲜明，坚定不移拥护和维护以习近平为核心的党中央权威，战略视野开阔、催人奋进，突出党建主业、严字当头，是指引全省今后一个时期发展的行动纲领。

叶双瑜、刘群英、陈义兴、何少川、马潞生等代表认为，关于今后五年工作，省委报告提出的七个方面重点部署，符合党员干部群众的愿望，为全省确立新航向、绘制新蓝图，是一份顺应时代发展、凝聚全省智慧、反映人民心声的好报告。省纪委工作报告提出的七个方面工作建议，思路清晰、目标具体、措施有力，必将有力保障全面从严治党落到实处。

郑新聪代表表示，泉州将实施创新驱动发展战略，融入全省“海丝”核心区建设，矢志不渝地打造一流营商环境，尽力补上民生短板，抓好脱贫攻坚和台风灾后恢复重建。特别要以建设国家自主创新示范区、“中国制造2025”城市试点示范为契机，在“产学研用”结合体制机制本身的创新上先行一步，在壮大各类创新主体上下大力气，大抓传统制造提升、新兴产业培育、现代服务业发展。要自觉担当管党治党主体责任，按照省委“五抓五看”和省纪委工作报告的要求，严格执行党纪党规，巩固提升基层党建品牌，旗帜鲜明正风肃纪。

康涛代表表示，省委报告不但明确福建经济总量、综合实力的发展目标，也提出产业结构、社会事业、城乡区域协调、生态环境质量、人民生活水平、党的建设等方面的目标、任务和措施。泉州将以省党代会精神为行动纲领，突出重点，在产业发展上找准着力点，发展高新技术产业，用高新技术改造提升传统产业，引进高水平科研院所，培育研发平台，优化人才环境，培育众创空间，推动产业融合发展。

“孙中山与华侨华人”学术研讨会在泉州举行

由省华侨历史学会、市归国华侨联合会、市社科联、台盟泉州市委员会主办的“孙中山与华侨华人”学术研讨会在泉州举行。图为研讨会现场。

（图/洪　旭）

“泉籍华侨华人奉献史”展览开幕

“故土情深——泉籍华侨华人奉献史”展览开幕式暨建馆20周年纪念活动在泉州华侨历史博物馆举行。图为开幕式。　（图/李芸生）

《泉州市开展安全生产风险分级管控体系建设实施方案》公布

市安委会近日印发了《泉州市开展安全生产风险分级管控体系建设实施方案》，在全市各行业各领域建立健全安全生产风险分级管控体系，全面排查、辨识、评估安全生产风险，落实风险管控责任，采取有效措施控制重大安全生产风险，促进全市安全生产形势持续稳定向好。

相关链接：泉州市力争至2018年底，各行业各领域企业全部建成较为完善、有效运行的安全生产风险分级管控体系；全面融入“泉州市智慧安监”信息系统平台管理，形成“点、线、面”有机结合、“市、县、乡”无缝对接、标准化和信息化共同支撑的安全生产风险分级管控体系，安全生产风险分级管控的机制、措施更加精准有效，事故防范和安全管理能力明显提升。

泉州市将建立完善安全生产风险分级管控制度规范。国家、省里已颁行安全生产风险分级管控行业（领域、专业）标准的，由市级行业（领域、专业）安全生产主管部门结合泉州市实际，制定泉州市相应行业（领域、专业）安全生产风险分级管控实施细则。

国家、省里尚未颁行安全生产风险分级管控行业（领域、专业）标准的，由市级行业（领域、专业）安全生产主管部门根据该行业领域特点，结合泉州市实际，参照《企业职工伤亡事故分类》（GB6441-1986），综合考虑起因物、引起事故的诱导原因、致害物、伤害方式等，明确安全生产风险类别、评估分级的方法和依据，确定本行业(领域、专业)安全生产风险辨识、评估、分级标准，制定泉州市相应行业（领域、专业）安全生产风险分级管控实施细则。

泉州市将全面开展安全生产风险辨识、分析、评估。各行业各领域企业按照相应行业（领域、专业）安全生产风险分级管控实施细则，针对本企业类型和特点，全面开展企业安全生产风险辨识、分析和评估，将安全生产风险等级划分为重大风险、较大风险、一般风险和低风险，分别用红、橙、黄、蓝四种颜色标示（红色为安全生产风险最高级，依次降低），并依据安全生产风险类别和等级建立企业安全生产风险数据库，绘制企业“红、橙、黄、蓝”四色安全生产风险空间分布图。

各级各有关部门组织对公共区域内的安全生产风险进行全面辨识、分析和评估，根据风险分布情况和可能造成的危害程度，确定区域安全生产风险等级，汇总建立区域安全生产风险数据库，绘制区域“红、橙、黄、蓝”四色安全生产风险空间分布图。

泉州建材中国行系列推介活动漳州专场举行

由泉州市政府主办，泉州市经信委、住建局、财政局、工商联、泉州晚报社、闽南日报社、泉州广播电视台等承办的泉州建材中国行系列推介活动漳州专场举行，地产、建筑、设计、经销各环节业内人士近400人参加。泉州市和漳州市领导参加启动仪式。泉州市领导登台介绍泉州民营经济发展概况，以及千亿级的建筑建材产业转型升级态势。泉州建筑建材产业中石材、建陶、水暖厨卫三大主体产业的产业聚集度、品牌知名度和美誉度，引发漳州参会人士兴趣。南安“海丝”泛家居产业项目也在现场亮相推介，并得到现场诸多客商回应。活动对接现场，45家来自泉州的建陶、石材、水暖厨卫、消防安防设备等建材生产企业和家居装修产品生产企业相关负责人，与漳州市建筑（房地产）、装饰装修施工和建材经销企业以及建筑设计、装饰装修设计等建材产业链上下游各环节的专业人士，进行面对面对接、交流。从参展企业获得意向订单量来看，部分推出绿色环保新产品的企业更受青睐。

“闽南海丝文化遗产——产学研合作战略协议”签约仪式举行

“闽南海丝文化遗产——产学研合作战略协议”签约仪式在泉州市博物馆举行。北京建筑大学、泉州市博物馆与海麟文博、尚艺古建两家运营文博、文化遗产保护的企业，共同签署合作战略协议。签约现场还举行闽南花灯、泉州木偶等泉州非遗代表性传承技艺展演和北京建筑大学新剪纸技艺展示交流。北京建筑大学将利用在教育、培训、科研等方面的经验、优势，尤其是在建筑遗产保护与非物质文化遗产保护等方面的长期积累，结合泉州市博物馆在海峡两岸与世界闽南文化遗产等文博系统的资源，以及海麟文博、尚艺古建在文博与文化遗产保护社会化运营方面的经验，三方共同在人才培养与培训、科技开发和社会服务、国内外交流等方面展开产学研全面合作，为扩大闽南“海丝”文化的外延提供平台。

11月25日

星期五
农历丙申年十月廿六
温度：15℃—19℃
阵雨

●市安委会印发了《泉州市开展安全生产风险分级管控体系建设实施方案》。

●由泉州市政府主办，泉州市经信委、住建局、财政局、工商联、泉州晚报社、闽南日报社、泉州广播电视台等承办的泉州建材中国行系列推介活动漳州专场举行。

●“闽南海丝文化遗产——产学研合作战略协议”签约仪式在泉州市博物馆举行。

●由市经济和信息化委员会主办的“恒安精益管理实战研修班”开班。

●2016年泉州市妇女儿童工作委员会全体成员会议暨“两纲”工作现场会召开。

●25—26日，由福建医科大学附属第二医院、泉州市医学会、泉州市医疗纠纷人民调解委员会等主办的国家级继续教育项目“医疗纠纷防范与处理研讨班”在泉州举办。

11月26日

星期六
农历丙申年十月廿七
温度：14℃—20℃
大雨

●第六届厦漳泉人才交流大会在泉州师范学院举行。

●26—27日，中华外国经济学说研究会第24届年会在泉州师范学院举行。

●大陆首个金门民俗文创馆在晋江五店市开馆。

●市公安局、鲤城分局组织数十名网友参加“海丝警务行走进鲤城”活动。

●26—27日，中国海洋大学食品科学与工程学院党委书记辛华龙带领调研组到石狮市，就科技成果转化、高端人才交流、产学研平台建设、项目合作等事宜进行调研。

●李贽雕像在其故乡南安市柳城街道榕桥落成。

●菲律宾南安同乡总会第十四届理事会、第十一届青年组暨南安商会第二届理事会就职庆典在菲律宾马尼拉举行。

●安溪县“弘扬长征精神·建设大美安溪”系列活动启动。

第六届厦漳泉人才交流大会在泉州举行

第六届厦漳泉人才交流大会在泉州师范学院举行。此次交流大会包含大型人才招聘会和人才政策宣传活动，属于公益性质，用人单位和求职人员均免费参会。大会组织厦漳泉三地包括匹克体育用品有限公司、南威软件股份有限公司等众多知名企业在内的255家用人单位到现场招聘，提供各类就业岗位逾7000个。其中，公共管理类、工商管理类、机械类、计算机与科学技术类、会计与审计类毕业生颇受用人单位青睐。据初步统计，近2000名高校毕业生及各类人才达成就业意向。大会还设置厦漳泉三地人才政策咨询处、泉州市人社局长进校园咨询处，宣传三地人才公共服务及毕业生就业政策，接受各类人才现场咨询。

大陆首个金门民俗文创馆在晋江市开馆

大陆首个金门民俗文创馆在晋江五店市开馆。金门民俗文创馆以展示为主，展示内容包括金门的旅游景点、民俗文化、极具金门特色的各种风狮爷造像、泉台两地青少年文创作品等。文创馆还兼具体验空间的功能，游客可以体验陶艺、泥塑制作和动手彩绘。晋江市传统文化促进会会长表示，希望以金门为起点，再逐步引进澎湖、马祖、台湾本岛文创展示与体验，并从中选取优秀作品进行展示。金门县“交通旅游局”负责人也表示，在泉州设立金门民俗文创馆只是一个开始，希望将来有更多此类的展示平台，让大陆同胞多多了解金门。

“海丝警务行走进鲤城”活动举行

市公安局、鲤城公安分局组织数十名网友参加“海丝警务行走进鲤城”活动。网友参观泉州市警察史展览馆、苏廷玉故居民宿管理、泉州府文庙移动警务平台、天后宫警务室等，观摩警用移动平台、平衡车、枪械等警务装备，了解鲤城公安民宿管理、春映安保工作、“火眼”识别系统和天后宫警务室建设情况。此次活动还首次在@鲤城公安微博上进行全程直播，观看阅读量达2万多人次。

活动现场　（图/王盼阳）

李贽雕像落成典礼在南安市举行

由泉州市社科联、泉州市李贽学术研究会、南安市社科联主办的明代著名思想家李贽雕像落成典礼在南安榕桥举行。该雕像主体主要根据李贽生平简历、个性特点和弘一法师为李贽画像的脸型构成，因李贽人生76年，故整尊雕像高7.6米，并采用原整块3.5米四方、长8.8米天然的南安磐石材料，由承担雕刻美国黑人领袖马丁·路德·金的班组雕刻完成。

李贽雕像　（图/洪　旭）

安溪县“弘扬长征精神·建设大美安溪”系列活动启动

由安溪县委、县政府主办的安溪县“弘扬长征精神·建设大美安溪”系列活动启动。启动仪式上，为安溪县青年党员志愿者授旗，并成立晋江源“青少年环保教育基金”。随后，由全县各党政机关、企事业单位、个私企业等组成88支队伍共1000多人参加“绿色长征”环城公益健走活动的队伍，由安溪县政府广场出发，途经民主路、36米大街等城区主干道，经河滨北路一路到达终点站恒禾湾美市民文化广场，全程7.2千米。县组织部牵头举办以“倾情帮扶 助力脱贫”为主题的第四批省派驻村第一书记扶贫成果纪实展。5位省派第一书记带着茶叶、菜干、蜂蜜、花生、百香果等农特产品现场开卖。系列活动还包括“绿色长征”公益健走“互联网+”线下活动、“晋江源”绿色生态游和长征精神微传播等。

全市安全生产电视电话会议召开

继全国、全省安全生产电视电话会议召开后，全市安全生产电视电话会议召开，就贯彻落实全国、全省会议精神，抓好当前安全生产工作作具体部署。会议要求，要继续开展安全生产大检查，消除各类安全隐患。要强化重点领域大检查，针对岁末年初各类生产经营活动繁忙和冬季极端气候特点，加强道路交通运输组织和安全管理，严格执行易燃易爆危险品查堵制度，查处各类交通违法行为，确保春运畅通；要加强冬季消防安全检查，强化“三合一”厂房及人员密集场所消防安全检查和管理，整治不具备安全条件、违章经营、存在重大火灾隐患场所。市住建局要牵头组织发改、交通、市政、水利等单位，立即开展建筑施工预防坍塌事故专项检查，重点整治各类高处施工平台、起重机械、架桥机、脚手架、模板支撑体系等环节存在的安全隐患和违规作业行为；查处工程项目违法分包、转包和以包代管；对检查中发现的重大隐患和严重违法行为，要责令停工停产整改，拒不整改或整改不到位的，要依法严厉处罚，追究相关人员责任。

泉州市推进非教育行政单位与所属院校脱钩

市委、市政府近日印发《泉州市市级非教育行政单位与所属院校脱钩工作实施方案》（以下简称方案），推进泉州市四所院校与市级非教育行政单位脱钩，促进教育更好地为经济和社会发展服务。此次脱钩工作将遵循理顺职责、优化结构、确保稳定的原则。其中市卫生和计划生育委员会所属的泉州医学高等专科学校（包括附属人民医院）、市经济和信息化委员会所属的泉州经贸职业技术学院、市经济和信息化委员会所属的泉州市财贸干校划转为市教育局管理。福建省第五建筑工程公司所属的泉州市建筑工程技术学校撤销。泉州市成立脱钩工作领导小组，统筹协调推进脱钩工作，在2017年1月底前全面完成。之后，已脱钩院校的原行政主管单位将继续加强行业指导，继续执行原支持办学的相关政策，参加院校成立的校董会（理事会），并根据产业发展需求在人才培养、产学研合作、学生就业等方面给予脱钩院校指导与支持。

中华外国经济学说研究会第24届年会在泉州举行

26—27日，由中华外国经济学说研究会主办，泉州师范学院和市社科联承办的中华外国经济学说研究会第24届年会在泉州师范学院举行。168名专家学者与会，围绕马克思主义经济理论研究、西方经济理论研究、供给侧改革与中国经济研究和“一带一路”与国际经济研究等专题，进行研讨。32位专家学者进行大会主题发言和小组专题研讨，对中国的经济政策和经济社会实践提出意见和建议。

相关链接：中华外国经济学说研究会是由许涤新、陈岱孙教授等著名的老一辈经济学家发起，于1979年9月在北京成立的研究外国经济学说的全国一级经济学会。每年的中华外国经济学说研究会年会已发展成为中国经济学领域规模较大、学术交流较活跃、较具影响力的少数几个盛会之一，为中国经济学发展与国际化作出突出贡献。

晋江自然资源统一确权登记成为全国唯一试点

晋江市近日印发《自然资源统一确权登记试点实施方案》（以下简称方案），明确在不动产统一登记的基础上，构建自然资源统一确权登记体系，实现对晋江市辖区内水流、森林、山岭、荒地、滩涂等国有自然资源的统一确权登记。此系全国唯一一个试点，将于2017年4月底前完成确权登记。根据方案，晋江将以土地为基础，确定土地及其承载的各类自然资源所有权及其边界，调查反映各类自然资源的利用现状，在此基础上，开展自然资源统一确权登记。明确自然资源登记范围，按照《国家生态文明试验区（福建）实施方案》，对晋江市辖区内水流、森林、山岭、荒地、滩涂等国家所有自然资源进行统一确权登记，划清全民所有和集体所有之间的边界。开展自然资源统一确权登记，以不动产统一登记为基础，按照确定的登记范围，划定自然资源登记单元，开展自然资源统一确权登记工作，构建自然资源统一确权登记体系。加强自然资源登记信息的管理和应用，依法向社会公开自然资源确权登记结果，自然资源确权登记信息与相关部门自然资源管理信息实现互通共享，服务自然资源的确权登记和有效监管。

11月27日

星期日
农历丙申年十月廿八
温度：13℃—18℃
阵雨

●全市安全生产电视电话会议召开，就贯彻落实全国、全省会议精神，抓好当前安全生产工作作具体部署。

●市委、市政府印发《泉州市市级非教育行政单位与所属院校脱钩工作实施方案》，推进泉州市四所院校与市级非教育行政单位脱钩，促进教育更好地为经济和社会发展服务。

●晋江市印发《自然资源统一确权登记试点实施方案》，明确在不动产统一登记的基础上，构建自然资源统一确权登记体系，实现对晋江市辖区内水流、森林、山岭、荒地、滩涂等国有自然资源的统一确权登记。此系全国唯一一个试点。

11月28日

星期一
农历丙申年十月廿九
温度：14℃—19℃
多云

●郑新聪、康涛带队拜访解放军东部战区陆军，与司令员秦卫江、政委廖可铎座谈。

●由团省委、省委网信办、省经信委、省人社厅、省农业厅、省商务厅、省广播影视集团、泉州师范学院等主办，石狮市政府、共青团泉州市委员会承办的第三届“创青春”福建省青年创新创业大赛决赛暨创业项目投资对接会在石狮市举行。

●中共中央宣传部、中央文明办召开“推动移风易俗 树立文明乡风”电视电话会议，晋江市作为全国唯一县级代表作大会典型发言。

●全市八学校入选第二批省青少年校园足球特色学校。

郑新聪康涛拜访解放军东部战区陆军

市委书记郑新聪、市长康涛带队拜访解放军东部战区陆军，与司令员秦卫江、政委廖可铎座谈。市领导陈奕辉、翁祖根、陈荣洲、李翔峰，泉州军分区政委郑健一同拜访。郑新聪感谢部队官兵长期以来主动助力地方发展、承担急难险重任务、积极参与抢险救灾，表示泉州将继续支持部队改革建设，推进军民融合深度发展，推动强军目标在基层落地生根。

第三届“创青春”福建省青年创新创业大赛决赛在石狮市举行

由团省委、省委网信办、省经信委、省人社厅、省农业厅、省商务厅、省广播影视集团、泉州师范学院等主办，石狮市政府、共青团泉州市委员会承办的第三届“创青春”福建省青年创新创业大赛决赛暨创业项目投资对接会在石狮市举行。大赛历时3个多月，经过报名、初审、复赛等系列环节之后，40个项目从140多个入围项目中脱颖而出，按商工创意组、商工初创组、商工成长组、现代农业初创组、现代农业成长组、农村电子商务组、互联网创意组和互联网初创组8个小组进行最后对决。经过比赛，“诗情木意”“县域农产品网络整合销售”“豪猪养殖产业化+互联网数据服务平台”“合作社是个好东西”“纳米纤维滤材应用”“基于移动互联网和微流控芯片的创新型iPOCT平台”“创客猫”“互联网+教育--学者说”8个项目分获各个小组第一名。在创业项目投资对接会上，“硅谷顶级孵化器”Founders Space以及达晨创投、启诚资本、盛景嘉成、原链资本等八大知名投资机构与狮城青年创新创业孵化中心建立战略合作伙伴关系。Founders Space创始人斯蒂夫·霍夫曼则分享其多年的投资心得和创业经验，并与创业者们展开对话，探讨创业投资的注意要点以及新形势下的创新创业热点。

晋江市在全国“推动移风易俗 树立文明乡风”电视电话会议上作典型发言

中共中央宣传部、中央文明办召开“推动移风易俗 树立文明乡风”电视电话会议，各省、市、县设立分会场参加会议。中央组织部、中央农办、民政部、山东省、陕西省宝鸡市、福建省晋江市作大会典型发言。

作为全国唯一县级代表，晋江市委书记在福建省分会场介绍移风易俗的“晋江经验”时表示，晋江是首批国家新型城镇化综合试点，在推进城镇化进程中，晋江围绕“五位一体”总体布局和“四个全面”战略布局，树立“五大发展”理念，以人的城镇化为核心，推进移风易俗，加强社风文明建设，破除闽南地区封建迷信、大操大办、炫富摆阔等陈规陋习，解决农村向城市、农民向市民转变过程中的各类问题，实现城市品质与人的素质同步提升。

在新型城镇化进程中推动移风易俗，晋江主要突出“四个坚持”。坚持以村规民约来治理。晋江历来注重村社自治，在引导村规民约制定时，尊重传统、科学引导，让村民、群众成为自治的主体。全市392个村（社区）都制定移风易俗的村规民约，在基层生活中起到重要调节作用；坚持以党纪政令来约束。在深化移风易俗的长期坚守中，晋江更加注重建章立制，重点突出完善地方行政规章和强化党员干部的行为约束，通过制度约束，让市民行为少一分任性、多一分自觉；坚持以文化建设来根植。在新型城镇化建设过程中，晋江既重视弘扬优良习俗，留住“乡愁”，延续传统，也倡导与新城镇、新农村相适应的新生活、新方式，做到重传承、破陋习、树新风；坚持以慈善公益来造势。晋江民间比较富裕，有“输人不输阵”的面子情结，又有扶贫济困、乐善好施的优良传统。针对这一特点，晋江注重宣传引导，典型带动，把大操大办、铺张浪费等陋习的转变，与发展慈善公益事业结合起来。

全市八学校入选第二批省青少年校园足球特色学校

经省青少年校园足球工作领导小组办公室选派专家对各设区市申报推荐的特色学校、单位进行评审，省教育厅近日遴选第二批省级青少年校园足球特色学校140所、试点县（区）5个，评定省青少年校园足球特色学校示范学校62所，撤销14所省青少年校园足球特色学校。泉州市新增加晋江市金井镇围江学校、德化职业技术学校、南安市第一中学、南安市南星中学、南安市第三中学、南安市五星中学、南安市培英小学、南安市金桥中学、南安市第二实验小学、南安市下房小学、南安市筑岩小学、南安市杏光小学12所校园足球特色学校。

市四套班子传达贯彻省第十次党代会和省委十届一次全会精神

市委常委（扩大）会召开，传达省第十次党代会和省委十届一次全会精神，部署泉州市学习宣传贯彻落实工作。市委书记郑新聪主持会议，市委常委出席会议，市政府、市政协领导等参加会议。会议传达学习省党代会基本概况和省委报告、省纪委工作报告精神，以及尤权在省委十届一次全会上的讲话和参加泉州代表团讨论时的讲话精神。会议要求，要坚持一手抓发展第一要务，一手抓全面从严治党，推动省党代会决策部署落实到泉州的各项工作中。要唱响“再上新台阶、建设新福建”主旋律、最强音。要找准坐标定位，紧抓创新驱动和产业转型升级这条主线，拓展“五个泉州”建设，发挥优势、推动发展、展现作为。特别要紧抓国家自主创新示范区建设，推动产业加快迈向中高端，保持经济持续稳定健康发展。坚定不移推进全面从严治党，树立“四个意识”，维护以习近平为核心的党中央权威，维护习近平同志在全党的核心地位。落实省委“五抓五看”要求，担起主体责任和“第一责任人”责任，严格执行《准则》《条例》，加强和规范党内政治生活。会议强调，要加强统筹协调，抓紧抓好年终岁首各项工作。组织清单对账，一一梳理经济、民生、安全、稳定、生态等各项工作，细化落实好指标进度、百日攻坚、企业帮扶、灾后重建、精准脱贫等任务，狠抓安全生产大排查大整治。做实2017年盘子，以积极向上姿态敲定2017年的指标计划，提早启动2017年项目及各项工作的准备。

市政府党组（扩大）会议召开，传达贯彻省第十次党代会、省委十届一次全会精神及市委常委（扩大）会议部署要求。市长康涛主持会议，市政府副市长、党组成员，市政府办党组成员，市政府组成部门主要负责人参加会议。会议要求，要不折不扣维护核心。坚持在思想上深刻认同核心，在政治上自觉服从核心，在行动上坚定紧跟核心，确保各项工作始终沿着正确方向前进。要责无旁贷争当“领头羊”。一方面要注重谋长远，加快产业转型升级。实施重点产业转型升级路线图，以建设国家自主创新示范区为契机，坚持软硬两手抓，力争在创新驱动、产业升级上先行一步、作出示范。“硬”即抓产业，在做大做强集成电路、光电、石墨烯等高新技术产业的同时，用高新技术改造提升鞋服、陶瓷、食品等传统产业，推动产业向中高端迈进；“软”即抓机制，要推进体制机制创新，从引项目、引人才、引平台、引导资金投入等方面入手，把各种创新要素集聚到泉州开展创新活动，助推产业发展。另一方面，要立足当前，推动全年目标任务完成。要在全力稳增长的同时，注重抓好金融风险防控、安全生产、平安建设等工作，维护社会安定稳定；要抓好灾后重建及教育、卫生、“为民办实事”等民生项目进度，办理人大代表建议、政协委员提案。要坚定不移落实全面从严治党，用严的标准、严的举措、严的纪律把党风政风建设引向深入，从强化治党责任、加强制度建设、自觉接受监督等方面入手，把从严要求贯穿于政府工作始终。

市人大常委会会议召开，传达贯彻省第十次党代会、省委十届一次全会精神及市委常委（扩大）会议部署要求。市人大常委会主任陈万里，副主任张建生、朱团能、曾巍，党组成员吴友才、蔡思红、欧阳秋虹参加会议。会议强调，要找准站位、展示作为，不忘初心、保持定力，坚定正确的政治方向；不忘民本、履职尽责，维护群众的切身利益；不忘使命、紧扣中心，找准服务全局的有效切口；不忘嘱托、强化保障，发挥代表的主体作用；不忘创新、求真务实，激发工作的内生动力；不忘期盼、敢于担当，提升履职的能力水平。要强化责任、推进工作，以省党代会精神为指导，激发干事创业激情，筹备好市十六届人大一次会议，确保大会顺利召开。

十一届市政协第三十八次主席会议召开，传达贯彻省第十次党代会、省委十届一次全会精神及市委常委（扩大）会议部署要求。市政协党组书记陈灿辉主持会议，市政协副主席、秘书长、党组成员参加会议。会议要求，要开好十二届市政协一次会议，根据市委要求，精心组织，扎实高效地做好各项筹备工作。要统筹抓好当前工作，认真梳理，狠抓落实，全面完成好2016年各项工作任务。要谋划2017年工作思路，科学制订2017年协商计划，深化完善专题协商、调研视察等相关课题。

首届普宁·安溪铁观音茶文化节在广东举办

由福建、广东两省友好县市安溪县、普宁市主办的“品香寻韵·相约里湖”首届普宁·安溪铁观音茶文化节在广东普宁举办。文化节活动内容包括“品香寻韵·相约里湖”大型茶王赛和“幸运快的”大型慈善公益晚会。其中，茶王赛分清香型铁观音茶和浓香型铁观音茶两个系列品种，最终决出金奖1名、银奖2名、铜奖3名和优质奖4名。

11月29日

星期二
农历乙未年十月十八
温度：17℃—23℃
阴

●市委常委（扩大）会召开，传达省第十次党代会和省委十届一次全会精神，部署泉州市学习宣传贯彻落实工作。

●市政府党组（扩大）会议召开，传达贯彻省第十次党代会、省委十届一次全会精神及市委常委（扩大）会议部署要求。

●市人大常委会会议召开，传达贯彻省第十次党代会、省委十届一次全会精神及市委常委（扩大）会议部署要求。

●市十五届人大常委会第三十七次会议召开，审议通过市人大常委会关于召开泉州市第十六届人民代表大会第一次会议的决定（草案）等。

●十一届市政协第三十八次主席会议召开，传达贯彻省第十次党代会、省委十届一次全会精神及市委常委（扩大）会议部署要求。

●由福建、广东两省友好县市安溪县、普宁市主办的“品香寻韵·相约里湖”首届普宁·安溪铁观音茶文化节在广东普宁举办。

●文贞公（李光地）墓陵修复竣工庆典活动在安溪县蓬莱镇新坂村举行。

●由福建博物院、德化县政府主办的国家艺术基金项目“陶瓷加彩技艺人才培养”师生作品展在福建博物院开幕。

11月30日

星期三
农历丙申年十一月初二
温度：17℃—21℃
阴

●全市“七五”普法动员部署电视电话会议召开，贯彻全省“七五”普法动员部署会议精神，总结“六五”普法工作，部署“七五”普法工作。

●泉州市学习贯彻全省深化人才发展体制机制改革座谈会精神暨“市场化的人才工作机制”研讨会召开。

●市纪委召开会议，传达贯彻省第十次党代会和省委十届一次全会、省纪委十届一次全会精神及市委常委（扩大）会议部署要求。

●福建省高校创新创业教育联盟成立大会在华侨大学举行，省内88所高校及14家企事业单位成为该联盟首批成员。

●泉州市践行“八不行为规范”主题实践活动在市区府文庙广场启动。

全市“七五”普法动员部署电视电话会议召开

全市“七五”普法动员部署电视电话会议召开，贯彻全省“七五”普法动员部署会议精神，总结“六五”普法工作，部署“七五”普法工作。市领导郑新聪、康涛、林锦明、曾巍、卢炳椿、王瑞强参加会议。市长、市依法治市领导小组第一副组长康涛主持会议。会议指出，要落实全面从严治党、依规治党要求，深化十八届六中全会精神的宣贯活动，学习宣传党章党规党纪；要服务保障创新转型，立足供给侧结构性改革、建设国家自主创新示范区、打造一流营商环境等，加强相关法律法规的宣传普及；要突出法治教育与道德教育相结合，开展社会主义法治文化建设。聚焦“三个关键”，提高普法宣传实效。要聚焦“关键少数”，引导各级领导干部带头提升法治素养，带头尊法学法守法用法；聚焦“关键过程”，深化司法体制改革，完善行政执法体制机制，建立以案释法制度；聚焦“关键群体”，加强青少年法治教育，由易到难、循序渐进增强规则意识和法治意识。

泉州市“市场化的人才工作机制”研讨会召开

泉州市学习贯彻全省深化人才发展体制机制改革座谈会精神暨“市场化的人才工作机制”研讨会召开。各县（市、区）人才工作负责人参观石狮市新市民积分服务中心、“一站式”人才服务专窗、狮城青年创新创业孵化中心等人才工作服务平台、创新平台。会议围绕深化人才发展体制机制改革、建立市场化的人才工作机制展开研讨。会议强调，要梳理完善人才政策体系，发挥政策的叠加和集聚效应；整合各类人才工作资源，形成协同配套优势；扣紧产业基础，让产业与人才互为推力；改变政府唱主角的单向思维，更多站在用人单位和人才的角度，思考问题、主动服务；抓紧研究确定一批人才工作重点和具体抓手，不折不扣地抓好执行；加强市级综合性服务平台建设，厘清政府、用人单位、人才在实施创新驱动发展战略的作用。

福建省高校创新创业教育联盟在泉州成立

福建省高校创新创业教育联盟成立大会在华侨大学举行。该联盟由厦门大学、华侨大学、福州大学、福建师范大学、福建农林大学五所高校共同发起成立。全省88所高校、14家企事业单位首批加入联盟。省内高校基本加入，另有福建省教育科学研究所、百度（厦门）创新中心、福建青年杂志社等单位加入。联盟本着开放、自愿、权利义务对等的原则吸纳成员单位，以期执行国家和福建省有关创新创业教育的文件精神，整合资源、探索教育规律、创新教育方法、营造教育氛围、培养更多更优秀的创新创业人才。

大会现场　（图/郭冰德）

泉州市践行“八不行为规范”主题实践活动启动

由市委文明办、鲤城区文明委主办的泉州市践行“八不行为规范”主题实践活动在市区府文庙广场启动，倡导市民以参与打造公共生活好言行城市为契机，共同践行“八不行为规范”，争做文明公民。活动现场，8名鲤城区各级道德模范、最美人物和好少年代表向市民发出践行“八不行为规范”倡议，倡导市民共同践行安全出行不违规、垃圾分类不落地、节俭用餐不浪费、红白喜事不奢办、言谈举止不粗俗、文明上网不低俗、旅游观光不任性、经济生活不失信八类文明行为，营造文明向善的社会风气。启动仪式后，鲤城区青年志愿者、党员志愿者、社区志愿者走上街头，开展文明交通劝导志愿服务。

泉州市组织安全生产大检查活动

泉州市组织安全生产大检查活动。检查组一行到东海大厦建筑工地、华润(福建)雪花啤酒有限公司等地，直奔工地现场、生产车间、仓储库区、监控中心，重点检查项目和企业安全员配套、应急预案、安全生产制度落实情况，并针对检查中发现的隐患和问题，当场责令整改。根据部署，此次检查范围包括全市所有地区、所有行业领域、所有生产经营企事业单位和人员密集场所。重点紧盯电厂工程、水电工程、矿山建设、超高建筑、轨道交通等建设项目，煤矿、非煤矿山、交通运输、危险化学品、烟花爆竹、油气管道、冶金煤气、粉尘作业、供电供气、水上交通(海上非法摆渡载客)、学生安全(校外出行)、“三合一”及人员密集场所等重点行业领域。此前，市政府安全生产委员会下发《关于进一步深入开展安全生产大检查的通知》，决定在前一阶段开展安全生产大检查基础上，从现在起到年底，深入开展安全生产大检查。通知特别提及创新检查方式，要在全面督查检查的基础上，采取暗查暗访、随机抽查、“回头看”检查、交叉检查，通过实行联合执法、案件移送、公布典型案例和“黑名单”、集中曝光警示等多种方式，深查问题，彻查隐患，督促整改到位；特别要对重大隐患挂牌督办、一盯到底。

泉州全面推动行政村生活垃圾治理工作

市市政公用事业局、文明办、发改委等12部门转发《福建省农村生活垃圾治理验收办法》。泉州全面推动行政村生活垃圾治理工作，确保2020年前全市乡镇垃圾转运系统建设任务全部完成，所有行政村生活垃圾得到有效治理。

根据验收办法，至2020年，泉州市农村生活垃圾治理及再生资源的收集、转运、处理设施完备，数量符合要求，运行正常。除人口较少、位置偏远采用卫生填埋或源头减量就地处理的乡镇外，其余乡镇必须建成生活垃圾压缩式转运站或实现压缩运输。每个镇要配备1台以上密闭式垃圾收集车辆，90%以上的行政村要建设垃圾集中收集点(垃圾驿站)。

同时，验收办法明确提出，城市周边、交通便利的乡镇、农村应纳入城市无害化设施处理；离城区无害化处理设施远且产生垃圾量大的乡镇村庄，必须采用无害化的填埋、焚烧、堆肥或沼气处理等治理技术；边远村庄垃圾就地分类、源头减量、处理，不得产生二次污染。

按照验收办法要求，县(市、区)要设有农村垃圾管理部门，乡镇有环卫机构，配备专职管理人员，村庄建立保洁制度，按常住人口每500人左右配备一名保洁员，且队伍较为稳定。各地要因地制宜通过财政补助、社会帮扶、村镇自筹、村民适当缴费等方式筹集运行维护资金。村民委员会制定村规民约，通过“一事一议”动员村民每户每年缴纳60—120元。

泉州市调整2017年度市定城乡最低生活标准

泉州市调整2017年度市定城乡最低生活标准，给全市8.6万城乡困难群众带来福利。城市低保标准提高由原来的每人每月540元(安溪县、永春县、德化县为492元)提高至567元(安溪县、永春县、德化县为516元)；农村特困人员供养标准由原来的最低582元、最高860元提高至最低640元、最高946元。该次提标综合考虑精准扶贫和缩小城乡差距需要，对农村最低生活保障标准进行大幅提高。除晋江市继续实行城乡统一的最低生活保障标准外，洛江区、泉港区、南安市、惠安县、泉州台商投资区农村最低生活保障标准调整由原来的每人每月324元提高至420元(含)以上；安溪县、永春县、德化县由每人每月295元提高至380元(含)以上，分别提高29.6%和28.8%，提早3年完成省委、省政府兜底扶贫任务。

2016年度工艺美术大师工作室授牌仪式举行

泉州市举行2016年度工艺美术大师工作室授牌仪式，30个工艺美术大师工作室的领衔大师现场领取工作室牌匾。至此，泉州市获命名的大师工作室数量130个，标志着泉州市工艺美术行业保护传承和创新发展迈出新步伐。为发展泉州市工艺美术产业，2013年市政府下发《关于加强工艺美术大师服务管理实施意见的通知》，推动工艺美术大师服务管理工作。近年来，泉州市安排300万元专项资金，评审和命名工艺美术大师工作室130个、优秀工艺美术大师工作室11个、工艺美术大师创作团队12个，推动泉州市工艺美术设计研发和创新创作，为开展技艺传承和带徒授艺，做好和濒危艺种抢救保护发挥重要作用。

12月1日

星期四
农历丙申年十一月初三
温度：15℃—20℃
阴

●泉州市组织安全生产大检查活动。检查组一行到东海大厦建筑工地、华润(福建)雪花啤酒有限公司等地，直奔工地现场、生产车间、仓储库区、监控中心，重点检查项目和企业安全员配套、应急预案、安全生产制度落实情况，并针对检查中发现的隐患和问题，当场责令整改。

●泉州全面推动行政村生活垃圾治理工作，确保2020年前全市乡镇垃圾转运系统建设任务全部完成，所有行政村生活垃圾得到有效治理。

●泉州市调整2017年度市定城乡最低生活标准。

●泉州市举行2016年度工艺美术大师工作室授牌仪式，30个工艺美术大师工作室的领衔大师现场领取工作室牌匾。

12月2日

星期五
农历丙申年十一月初四
温度：15℃—20℃
阴

●福建省十二届人大常委会第二十六次会议举行第三次全体会议，表决通过福建省人民代表大会常务委员会关于批准《泉州市海上丝绸之路史迹保护条例》的决定。

●由中国艺术研究院、福建省文化厅、泉州师范学院主办的“一带一路”文化遗产国际学术研讨会在泉州师范学院举行。

●泉州市卫计委开始在全市卫生系统内遴选援疆医生。

●泉州市梨园戏三个经典剧目参加第二届上海小剧场戏曲节展演。

●晋江市环保局首次利用无人机拍摄协助环保执法检查，通过无人机搭载的高清摄像头对企业排污、排废等污染环境的行为进行监控和拍照取证，提高执法效率。

《泉州市海上丝绸之路史迹保护条例》获批

福建省十二届人大常委会第二十六次会议举行第三次全体会议，表决通过福建省人民代表大会常务委员会关于批准《泉州市海上丝绸之路史迹保护条例》的决定。条例自2017年1月1日起施行。《泉州市海上丝绸之路史迹保护条例》是泉州市获得地方立法权后报请批准的首部实体性法规，意味着泉州海上丝绸之路史迹获立法保护。此前，泉州市十五届人民代表大会常务委员会第三十五次会议审议通过该条例，并报请福建省人大常委会审议批准。条例对“海丝”史迹保护和管理、利用与开放、法律责任等都作出具体规定。对造成“海丝”史迹灭失、损毁或者历史风貌破坏的，将依法承担民事责任；构成违反治安管理行为的，由公安机关给予治安管理处罚；构成犯罪的，依法追究刑事责任。

“一带一路”文化遗产国际学术研讨会在泉州举办

2—4日，由中国艺术研究院、福建省文化厅、泉州师范学院主办的“一带一路”文化遗产国际学术研讨会在泉州师范学院举行，来自文化等领域的领导和100多位中外专家学者出席开幕式。中国艺术研究院院长、中国非物质文化遗产保护中心主任连辑，原文化部副部长、中国文物保护基金会理事长励小捷，中国艺术研究院副院长刘宏昌、贾磊磊，福建省文化厅副巡视员赵建宏，副市长周真平，泰国文化部美术学主任AMARA SRI SUCHAT、韩中文化艺术论坛会长柳在沂、伊朗艺术大学音乐学院院长Hamidreza Dibazar等出席开幕式。期间，参会嘉宾还观看“一带一路”文化遗产专题展览，非物质文化遗产传承人、工艺大师现场表演，以及由泉州师范学院音乐与舞蹈学院和泉州市南音传承中心表演的南音新作《凤求凰》。

研讨会旨在搭建高规格、高水平的学术平台，将沿线国家文化艺术研究的力量整合起来，通过交流与对话，促进“一带一路”文化遗产的保护。与会的专家学者围绕文化遗产的创造性保护及其拓展空间、文化遗产的理论视野与创新途径、文化遗产与当代文化艺术科学发展、海上丝绸之路与城市文化发展理念等多个议题展开讨论。为丰富“一带一路”文化遗产国际学术研讨会的内容，主办方特别筹备“一带一路”文化遗产专题展览。展览多角度地展示海上丝绸之路贸易往来、文化交流、宗教传播和技术推广的盛况。

泉州遴选第七批援疆医生

中共福建省委组织部和福建省人力资源和社会保障厅联合下发《关于做好第七批援疆干部人才选派工作的通知》。根据中共泉州市委组织部工作部署要求，泉州市卫计委于12月2日开始在全市卫生系统内遴选援疆医生。此次遴选的8位援疆医生，分别涉及心脏介入、胸外、麻醉、泌尿外科、消化内科、儿童保健、骨科、超声等专业，将对口支援新疆昌吉市人民医院和昌吉市妇幼保健院。

相关链接：2010年3月，全国对口支援新疆工作会议召开，决定举全国之力支援新疆发展，史上覆盖地域最广、涉及人口最多、投入资金最大、援助领域最全面的新一轮对口援疆工作从此掀起新一轮热潮。同年12月，泉州市首次大规模选派卫生专业技术人员援疆。

泉州梨园戏剧目参加上海小剧场戏曲节展演

泉州市梨园戏三个经典剧目参加第二届上海小剧场戏曲节展演。该届上海小剧场戏曲节延续2015年“戏曲·呼吸”的主题，共有12台剧目，涉及京剧、昆曲、越剧、川剧、粤剧、楚剧、梨园戏、河北梆子等8个南北剧种。福建省梨园戏实验剧团献演小梨园流派梨园戏《刘智远》（残本）、上路流派梨园戏《朱文》（孤本）和《朱买臣》（残本）等三部作品。这三个剧目或为孤本或为残本，展示原汁原味的梨园戏。梨园戏分上路、下南、小梨园三支流派。小梨园流派的《刘智远》是宋元四大古南戏剧目“荆、刘、拜、杀”中的《白兔记》在梨园戏中的珍贵遗存，风格古朴独特，表演亦庄亦谐，具有极高的历史文化价值和观赏价值。该剧采取回归传统的手法，再现千百年前古南戏的原始风貌。而《朱文》和《朱买臣》则为上路流派传统剧目，前者是明代《永乐大典》中记载的“宋元遗篇，海内孤本”，风格古朴苍劲，是梨园戏作为“宋元南戏活化石”的重要见证，具有极高的文化遗产价值；后者是“上路”老戏“十八棚头”剧目，虽有其他地方戏曲剧种演绎，但梨园戏版从装扮到语言，均有浓烈的闽南地域特色。

泉州市生态文明建设专项规划出台

泉州市《"十三五"生态文明建设专项规划》出台。"十三五"期间，泉州市将以创建国家生态文明建设示范市为引领，计划实施国土空间优化工程、经济绿色转型工程、生态环境提升工程、生态人居营造工程、生态文化培育工程、生态体制创新工程等六大类389项重大工程建设项目，总投资约2831.7亿元。

规划提出，鼓励通过建设城市郊野公园、森林公园保留农田等多种形式建设城市生态隔离廊道。以晋江市、南安市、惠安县、安溪县、永春县和德化县的采石、采矿区为对象，持续推进矿山生态修复。2018年年底前，县级以上集中式饮用水水源保护区内居民生活污水和垃圾基本实现收集处理。抓好晋江、洛阳江、山美水库、惠女水库等重点流域环境整治。2016年年底前，完成全市城镇建成区黑臭水体排查。对钢铁、水泥、化工、石化、有色金属冶炼等重点行业进行清洁生产审核，对高污染的生产环节实施技术改造。至2017年，泉州市中心城区建成410个公共自行车租赁站点，投入1.3万辆公共自行车。至2017年，基本淘汰黄标车。实行严格的涉重和持久性有机污染物企业环境准入制度。实施农用地土壤环境分级管理和建设用地分类管理。到2020年，启动一批土壤污染治理与修复试点项目。建成区夜间禁止高噪声施工作业；规范广场舞噪音要求，正确引导提升广场舞参与者的公德意识；减少居民区房屋装修、家庭娱乐等活动对周边居民的噪声污染。到2020年，中心市区基本实现餐厨垃圾有效处理，县城初步实现餐厨垃圾有效处理；全市医疗废物无害化处置率达到100%。

首届中国湿地论坛在泉州召开

以"湿地关乎我们的未来——可持续生计"为主题的第一届中国湿地论坛在泉州召开。论坛开幕式上，数百名来自全国各地的专家为永春籍中国工程院院士刘兴土庆祝80岁生日。刘兴土是中国生态学学会湿地生态专业委员会名誉主任、泉州市湿地学会名誉会长，一直心系家乡建设发展。位于泉州两条主要河流晋江和洛阳江入海口的泉州湾河口湿地自然保护区，因其特殊的地理气候和丰富的生物多样性资源，成为中国亚热带河口湿地的典型代表，被列入"亚洲重要湿地""中国优先保护生态系统"和"中国重要湿地"名录。首届中国湿地论坛的召开，也为中国湿地科学界搭建一个崭新的交流平台。

泉州湾河口湿地红树林　　（图/吴寿民）

晋江举办首届购物节

第一届晋江购物节正式启动，通过整合全市商圈、专业市场、品牌企业、旅游景点等多种商业资源，为企业去库存、为市民创实惠。该届购物节分为"购在晋江、约惠晋江、食尚晋江、乐游晋江"四大篇章，历时1个半月，除了在晋江全市各大城市综合体上演各式各样特色商圈嘉年华主题活动，还举办品牌年货展、家居建材团购会、美食嘉年华、安海商贸旅游节、晋江伴手礼五店市展销等系列活动，并将消费与旅游结合，开通"乐游晋江"，推出购物节专题游精品路线，巩固晋江在泉州地区商贸中心的地位。

泉州2件作品上榜全国第六届优秀童谣获奖名单

全国第六届优秀童谣获奖名单新鲜出炉，福建3件作品上榜，其中泉州2件。全国第六届优秀童谣征集推广活动，由中共中央宣传部、中央文明办、教育部、共青团中央、全国妇联组织开展，经各地推荐上报、师生试唱评议和专家评审，评选出一等奖10首童谣，二等奖10首童谣，三等奖20首童谣，优秀奖30首童谣。福建获表彰的童谣为《南海深　南海大》（三等奖 作者：泉州市鲤城区诗词学会傅孙义）、《数千山》（优秀奖 作者：泉州市安溪蓬莱中心小学学生林淑阳）、《这样相处多和睦》（优秀奖）。

12月3日

星期六

农历丙申年十一月初五

温度：16℃—22℃

多云

●泉州市《"十三五"生态文明建设专项规划》出台。

●以"湿地关乎我们的未来——可持续生计"为主题的第一届中国湿地论坛在泉州召开。

●由市委宣传部、市依法治市办、市司法局主办的国家宪法日专场活动暨"法治宣传惠民生 万场活动进基层"启动仪式在市区府文庙广场举行。

●溪岯景观桥吊装通行，标志着泉州市21.5千米的水线慢道最后一道节点成功打通，实现全线直通。

●晋江举办首届购物节。

●泉州2件作品上榜全国第六届优秀童谣获奖名单。

●泉州市残联在市区博物馆、图书馆、公园、机场、车站及码头等23个公共服务场所配置轮椅，第一批计划投入轮椅66台，供残疾人、老年人、孕妇、重病患者等有特殊需求的人群免费借用。

12月4日

星期日
农历丙申年十一月初六
温度：17℃—24℃
多云

●国家宪法日暨全国法制宣传日，市中级人民法院、市人民检察院分别举行首批入额法官、检察官的宪法宣誓仪式。

●2016年秋季绿化景观提升工程启动，该景观提升工程包括丰海路蟳埔段、站前东西大道、站前南北大道江南段、站前东西大道西延伸段（临时绿化）、洛江滨江南路等5条市区主干道路绿化景观提升以及5处街头绿地改建“口袋公园”等10个具体工程。

●从市粮食局获悉，选址于洛江区罗溪镇的泉州市区中心粮库动工建设。

●由泉州市文化广电新闻出版局、中国闽台缘博物馆、中国网海峡频道、CCTV中学生频道主办的“中国梦 海丝情——中国网海峡频道泉州小记者团授旗仪式暨2017CCTV全球华人少儿春晚泉州火炬传递”在泉州府文庙广场举行。

泉州首批入额法官检察官参加宪法宣誓活动

国家宪法日暨全国法制宣传日，市中级人民法院、市人民检察院分别举行首批入额法官、检察官的宪法宣誓仪式。全市法院首批入额法官114人；检察机关首批入额检察官73人。宣誓仪式上，法官、检察官分别面向国旗昂首挺立，铿锵有力地作出庄严的宣誓。宣誓活动旨在增强法官、检察官的宪法意识，彰显宪法权威，激励全体法官、检察官忠实履行神圣使命，恪尽职守，扎实工作，在服务泉州科学发展、跨越发展中再立新功、再创佳绩。誓词是2016年1月1日起实行的《全国人民代表大会常务委员会关于实行宪法宣誓制度的决定》中规定的。

中心市区绿化景观提升工程启动

2016年秋季绿化景观提升工程启动，该景观提升工程包括丰海路蟳埔段、站前东西大道、站前南北大道江南段、站前东西大道西延伸段（临时绿化）、洛江滨江南路等5条市区主干道路绿化景观提升以及5处街头绿地改建“口袋公园”等10个具体工程。其中，5条市区主干道的绿化景观提升工程以森林、花廊、滨海、滨水等关键词为主题，为城市景观提升注入新活力。设计主题为“海风棕韵，魅力泉州”的丰海路蟳埔段，该次绿化景观提升路段西起于海景花园，东至蟳埔，全长约6公里。其中试验段西起海景花园，东至泉州晋江大桥。根据设计方案，提升路段人行道绿带以2米宽、50米长的带状绿地为单元，间隔3米布置绿带，为植物提供足够的生长空间，拟营造浓烈的亚热带风情景观。站前东西大道西起泉州动车站站前广场，东止于与普贤路交叉口，绿地面积24670平方米。站前东西大道的景观提升将以增加道路绿量，提高绿化层次，营造绚丽多彩的迎宾大道效果为目标，将其提升为城市景观迎宾大道。根据方案，高大的樱花木棉，葱绿的麻楝与开花时满树红花的美花红千层，将以花团锦簇的身姿迎接往来宾客。站前南北大道江南段景观提升路段北起江滨北路（黄龙大桥），南至南环路，长约3.72公里，绿地面积约49000平方米。设计方案的主题为“森林花廊，清新门户”，景观提升将延续南北大道江北段绿化设计氛围与树种选择。以“森林绿带，花廊迎宾”为设计主题，东起泉州站，西至晋江，全长约5.3公里的东西大道延伸段项目，是泉州市重要的门户道路，绿化设计呼应南北大道“森林”的道路绿化景观氛围，同时引入开花乔木作为中央绿化带的基调树种，采用相间的种植方法，打造城市道路花廊。洛江滨江路南段景观提升项目北起洛阳桥闸，南至金庄街路段，长约3.2公里。提升项目将结合现状周边景观资源，打造一条具有滨水绿化景观特征的道路绿化廊道，体现泉州市的海湾城市特征。

泉州市区中心粮库开工建设

选址于洛江区罗溪镇的泉州市区中心粮库正式开工建设。泉州市区中心粮库由市本级带动鲤城、丰泽、洛江三个区集中建设。项目总用地400多亩，将建设标准化仓容27万吨，是泉州市粮食系统建设史上最大的一个项目。该项目一期规划建设20万吨的粮食储备库及附属设施，预计总投资6亿多元；二期规划建设7万吨的标准化仓容和粮油加工厂等配套设施。中心粮库的建设是省委省政府确保粮食安全的一项重大举措，项目竣工投用后，将充分利用中心粮库及粮油产业园区的优势，合理集聚、转移、布局粮油加工产业，为泉州市粮食安全和洛江区、罗溪镇的经济社会发展提供服务。

中国网海峡频道泉州小记者团授旗仪式举行

由泉州市文化广电新闻出版局、中国闽台缘博物馆、中国网海峡频道、CCTV中学生频道主办的“中国梦 海丝情——中国网海峡频道泉州小记者团授旗仪式暨2017CCTV全球华人少儿春晚泉州火炬传递”在泉州府文庙举行。授旗仪式上，由中国网海峡频道总编辑将小记者团旗授予小记者团。作为国家级媒体，中国网海峡频道授权地方小记者团，为小记者提供不一样的记者职业体验，这也是省内首个国家级媒体小记者团。

活动现场　（图/郭冰德）

中共泉州市委十二届二次全会召开

中共泉州市第十二届委员会第二次全体会议召开。会议强调，要紧密团结在以习近平同志为核心的党中央周围，深入学习贯彻党的十八届六中全会精神，学习贯彻省第十次党代会、省委十届一次全会精神，抓牢全面从严治党，奋力开创“五个泉州”新局面，为“再上新台阶、建设新福建”作出应有的贡献。市委书记郑新聪主持会议并讲话，市领导康涛、陈万里、陈灿辉、翁祖根、温惠榕、林俊其、孔繁军、林万明、张永宁、林锦明，市委委员、候补委员出席会议。会议审议通过《中共泉州市第十二届委员会第二次全体会议决议》。

会议指出，党的十八届六中全会就新形势下加强党的建设作出新的重大部署，充分体现以习近平同志为核心的党中央坚定不移推进全面从严治党的坚强决心和历史担当。省第十次党代会、省委十届一次全会全面贯彻十八届六中全会精神，全面贯彻习近平总书记系列重要讲话和对福建工作的重要指示精神，描绘今后五年福建省发展的宏伟蓝图。

会议要求，要全面落实市党代会“二二六”工作部署，紧抓创新驱动和产业转型升级主线，努力在建设“新福建”中展现新作为。坚持体制创新与平台建设并重，以建设国家自主创新示范区、“中国制造2025”城市试点示范为契机，在“产学研用”结合的体制机制本身的创新、集聚创新第一要素、壮大各类创新主体上下大力气。坚持存量优化与增量优选并重，大抓传统制造提升、新兴产业培育、现代服务业发展，分类扶持企业转型。坚持深化改革与扩大开放并重，积极融入全省“海丝”核心区建设，矢志不渝地打造一流营商环境。坚持补足短板与提升品质并重，抓好公共服务扩容、脱贫攻坚、灾后恢复重建、生态文明试验区建设，建设美丽幸福泉州。

会议指出，今后五年，泉州发展面临难得机遇，也面对严峻挑战。全市各级党委班子要自觉对标“四个带头”、“五个表率”，在该届任期内，多办一批实事，多干成几件大事，不辜负省委省政府的信任、泉州先行的历史、全市群众的期待。要健全正向激励机制，把严格管理监督干部与信任关心爱护干部结合起来，建立、细化具体的容错纠错机制，鼓励干部放手干事，为敢于担当的干部担当，为敢于负责的干部负责。

会议现场　（图/陈起拓）

全国民间信仰工作座谈会在泉州召开

全国民间信仰工作座谈会在泉州召开。国家宗教事务局局长王作安发表讲话，福建省副省长洪捷序致辞，泉州市市长康涛致欢迎词。国家宗教事务局副局长张彦通主持会议，副市长周真平参加相关活动。王作安指出，要把握民间信仰民俗性、自发性、分散性、地域性的特点，尊重规律，正视民间信仰在社会主义时期仍将长期存在的客观现实，科学认识和正确对待民间信仰，积极引导民间信仰与社会主义社会相适应。要明确民间信仰工作任务，把民间信仰纳入管理，分类管理民间信仰活动场所，依法规范民间信仰活动，发挥民间信仰的积极作用。洪捷序在致辞中表示，福建省将深入贯彻总书记习近平重要讲话精神和中央关于民间信仰工作的决策部署，学习借鉴各兄弟省市的好经验、好做法，持续推动福建省的民间信仰工作取得新成效、再上新台阶。康涛表示，泉州将按照国家宗教事务局和省委、省政府的决策部署，贯彻落实此次全国民间信仰工作座谈会议精神，积极、稳妥地探索民间信仰管理的新思路、新举措，推进民间信仰活动场所试点管理工作，逐步将民间信仰事务纳入依法管理的轨道。

12月5日

星期一

农历丙申年十一月初七

温度：17℃—23℃

多云

●中共泉州市第十二届委员会第二次全体会议召开，会议审议通过《中共泉州市第十二届委员会第二次全体会议决议》。

●全国民间信仰工作座谈会在泉州召开。

●泉州市“爱心急救包·志愿送温暖”主题活动在市区府文庙广场举行。

12月6日

星期二
农历丙申年十一月初八
温度：11℃—19℃
阴

●省委常委、副省长周联清陪同全国政协常委、社会和法制委副主任吴定富，中国电信集团公司董事长、党组书记杨杰一行到泉州调研。

●中国艺术研究院院长、中国非物质文化遗产保护中心主任连辑一行，到安溪县考察非物质文化遗产项目——乌龙茶制作技艺。

●6—7日，省消防工作联席会冬春火灾防控工作督查组到泉州市督查消防工作。

●台湾澎湖县马公市、湖西乡、白沙乡3个市（乡）12个村里组织村里长参访团一行18人，到泉州市参观访问。

●泉州三家企业入选福建省首批无车承运人试点名单。

●农业部对泉州市申请的“德化黑兔”“德化十八学士茶花”等2个产品实施国家农产品地理标志登记保护。

周联清陪同吴定富 杨杰一行到泉州调研

省委常委、副省长周联清陪同全国政协常委、社会和法制委副主任吴定富，中国电信集团公司董事长、党组书记杨杰一行到泉州调研。周联清表示省委省政府将提供全方位服务、全力支持中国电信在福建的发展，希望中国电信继续深化与福建、泉州制造业企业的合作，积极参与福建新一轮建设。市领导郑新聪、康涛、洪自强参加调研。

中国艺术研究院院长到安溪县考察乌龙茶制作技艺

中国艺术研究院院长、中国非物质文化遗产保护中心主任连辑一行，到安溪县考察非物质文化遗产项目——乌龙茶制作技艺。连辑一行到乌龙茶铁观音的发源地——西坪镇松岩村，到乌龙茶铁观音非遗制作技艺传习所，详细了解乌龙茶制作技艺流程、传承的现状、发展规划情况并与乌龙茶（铁观音）制作技艺国家级非物质文化遗产传承人魏月德一同体验摇青技艺，了解安溪铁观音摇香摇韵等技艺技巧。考察中，连辑对安溪县开设非遗制作技艺传习所传承非物质文化遗产，弘扬乌龙茶制作技艺的做法表示赞赏。他建议，要充分发挥非遗技艺传习所的作用，收徒授艺，在茶树种植、茶园管理、茶叶采制加工等环节将铁观音传统制作工艺更好地传承下去。同时要弘扬茶人的匠心精神，创新传承方法，加强技艺传承传习所的建设，积极发挥非物质文化遗产传承人带头作用，助力茶产业发展腾飞。

澎湖县参访团到泉州参访

台湾澎湖县马公市、湖西乡、白沙乡3个市（乡）12个村里组织村里长参访团一行18人，到泉州市参观访问。参访团一行在惠安、洛江、永春、德化、安溪等地深入乡镇村居走访，他们表示，将进一步组织澎湖乡亲到泉州寻根谒祖。与此同时，参访团与安溪清水岩达成泉澎清水祖师宫庙互访交流的意向，对于和泉港、永春、德化等地开展海上旅游平台、民宿旅游等项目表达合作意愿。

相关链接：泉州与澎湖一衣带水，关系源远流长。宋赵汝适撰《诸蕃志》载：“泉有海岛曰澎湖，隶晋江县。”据1926年台湾人口调查数据，澎湖县有泉州籍人口5.8万多人，占当时澎湖县总人口的86%。泉澎两地至今仍然保留元宵“乞龟”、同过平安桥等相同习俗，澎湖著名的“双心石沪”也源于崇武渔民“石获”捕鱼技艺。

泉州三家企业入选福建省首批无车承运人试点名单

从市物流与供应链协会获悉，经企业申报、地方初审、专家评审，福建省首批无车承运人试点名单的14家企业公布，泉州三家企业入选，分别为泉州传化公路港物流有限公司、泉州天地汇供应链管理有限公司、泉州市闽运兴物流有限公司。首批入选的无车承运人试点企业分别代表不同业态，包括全国知名互联网交易平台服务商；传统物流园区；传统大型货运企业依托原有货源、车源，转型试水无车承运人；发挥交通运输业支付卡业务和高速公路通行等优势，开展无车承运人新业态。

相关链接：所谓“无车承运人”指的是，不拥有自有车辆而从事货物运输的个人或单位。它具有双重身份，对于真正的托运人来说，它是承运人；但对于实际承运人而言，又是托运人。“无车承运人”一般不从事具体的运输业务，只从事运输组织、货物分拨、运输方式和运输路线的选择等工作，类似于物流版的“滴滴”平台。“无车承运人”成为物流业新的发展方向。而在传统物流模式中，货物从货主手中交出，最终到实际运输的司机手中，在中间往往经历多次转包。

泉州新增2个“地理标志”农产品

农业部对泉州市申请的“德化黑兔”、“德化十八学士茶花”等2个产品实施国家农产品地理标志登记保护。至此，泉州获得6个全国农产品地理标志。该次申请的德化黑兔属“三高三低”，即高蛋白、高磷脂、高消化率和低脂肪、低热量、低胆固醇，肉质细嫩，具有营养和滋补功效，并含有一般家兔没有而人体又不可缺少的双向调节元素——黑色素。德化十八学士茶花是全国第一个获准国家农产品地理标志登记的山茶花品种，也是福建省同行业中首个通过国家农业部审定和获准的地理标志产品的花卉品种。此前，泉州市的“鲤城东壁龙眼”“德化黄花菜”“德化淮山”“泉州龙眼”等4个产品获地理标志产品登记。

市委召开常委会研究2017年全市经济工作

市委召开常委会，听取各口2017年经济工作安排汇报，研究2017年全市经济工作；传达全国安全生产电视电话会议精神，听取全市安全生产有关工作情况汇报；传达贯彻全省脱贫攻坚现场推进会精神。市委书记郑新聪主持会议，市委常委参加会议，市人大常委会党组、市政协党组主要负责人列席会议。

赣州市党政代表团到泉州考察

7—8日，江西省委常委、赣州市委书记李炳军，赣州市长曾文明率领赣州市党政代表团到泉州多地考察泉州市经济社会发展特别是在产业集群发展、工业园区建设、科技创新、新型城镇化等方面的做法和经验，加强两市交流与合作。市领导郑新聪、康涛、陈万里、陈灿辉、陈奕辉、李冀平参加相关活动。

周炳耀先进事迹报告会在泉州举行

“八闽楷模”周炳耀先进事迹报告会在泉州市举行。市直机关干部、高校师生、驻泉部队官兵、基层一线党员和党务工作者等700余人聆听报告。会上，古田县电视台记者陈盛丹、古田县卓洋乡庄里村村主任刘长务、周炳耀的女儿周巧烂、庄里村村民周传义、卓洋乡党委书记陈昱晨动情回顾周炳耀不顾个人安危、英勇殉职的感人事迹和生前兢兢业业、恪尽职守做的大量好事。会前，市委副书记陈奕辉会见报告团成员。

相关链接：周炳耀生前任宁德市古田县卓洋乡庄里村党支部书记，连续三届满票当选，父老乡亲昵称他为“耀仔”。他在带领山村脱贫中走在前列，在改变落后面貌上干在实处，对乡亲尽心，与群众贴心，真心实意为群众谋利益增福祉，用实际行动赢得群众的拥护和爱戴。9月15日，第14号强台风“莫兰蒂”给庄里村带来前所未有的狂风暴雨，山洪爆发，村里唯一的泄洪通道庄里溪被洪水裹挟的杂物堵住，溪水陡然暴涨，越过桥面近1米，并冲进沿溪住着老人和孩子的土坯房中，随时可能冲垮房屋。万分危急之时，周炳耀只身走上桥面，拔掉堵在桥洞中的毛竹，当拔出第四根时，瞬间疏通的水流将他拽入水中，眨眼间被吞噬，他不幸因公殉职，年仅45岁。

报告会现场　（图/陈晓东）

杨孙西文化馆落成在石狮市落成

以泉州著名乡贤杨孙西命名的杨孙西文化馆，在石狮市湖滨街道曾坑社区落成。杨孙西文化馆占地两亩，楼高四层，一二层主要是仿照古城楼建筑，三四层则为双护廊三进落的闽南传统古厝形式，总建筑面积2500平方米。文化馆不仅收藏展示杨孙西多年精心收藏的书画雕刻、紫檀家具、奇石摆件等艺术珍品，还有杨孙西父母结婚时使用过的床铺等具有闽南传统特色的生活器具，以及苏州刺绣、中华人民共和国十大元帅服饰样品等纺织服饰精品，具有浓厚的中国传统文化氛围。

相关链接：杨孙西，男，1938年11月出生于福建省石狮市，在12岁时就随家人移居到香港，1969年，刚满而立之年的他，在香港观塘创办杨氏集团（香江国际集团）的前身——香港国际针织制衣厂。1993年，他被聘为港事顾问，还担任第八届全国政协委员、十届全国政协常委，1999年被港府授予银紫荆星章，2014年获得最高荣誉的大紫荆勋章。杨孙西喜爱读书，举凡政治、经济、金融、国际关系、社会等方面名著，均有所涉猎。尽管年青时因家道中落未能深造，但他通过长年不辍的自习，学会英、日、德三种语言，博学多才的他还经常在报刊上撰文。

馆内场景　（图/詹伟志）

12月7日

星期三

农历丙申年十一月初九

温度：12℃—19℃

多云

●市委召开常委会，听取各口2017年经济工作安排汇报，研究2017年全市经济工作。

●江西省委常委、赣州市委书记李炳军，赣州市长曾文明率领赣州市党政代表团到泉州考察。

●“八闽楷模”周炳耀先进事迹报告会在泉州市举行。

●以泉州市著名乡贤杨孙西博士命名的杨孙西文化馆，在石狮市湖滨街道曾坑社区落成。

●

●泉州市卫计委在福建医科大学附属第二医院召开提升医疗服务工作会议，市区各公立医院代表60余人参会探讨。

12月8日

星期四
农历丙申年十一月初十
温度：14℃—20℃
多云

●泉州市举行学习贯彻省第十次党代会精神报告会。

●康涛率住建、市政、安监、质监、消防等部门在市区开展“四不两直”安全生产检查，并召开全市安全生产工作专题会议，部署下阶段安全生产大检查及岁末年初安全生产工作。

●8—9日，市人大常委会召开学习贯彻党的十八届六中全会和省第十次党代会、市第十二次党代会精神读书班暨2017年工作务虚会。

●8—9日，按照市委、市政府主要领导的批示要求，2016年全市新闻发言人培训班开班。

●市旅游局携20多家旅游企业到江西南昌举办旅游推介会，推介“海丝泉州”的自然风光、历史人文和民俗风情。

●泉州市首家镇级博物馆建成布馆。

●8—9日，2016年全市新闻发言人培训班开班。

●8—9日，市计生协会举办全市县、乡计生协会会长培训班。

●最高人民法院判决乔丹公司对争议商标“乔丹”的注册损害迈克尔·乔丹在先姓名权，违反商标法，撤销一、二审判决，判令商标评审委员会重新裁定。法院同时认定拼音商标“QIAODAN”及“qiaodan”未损害乔丹姓名权。

康涛率队开展安全生产检查

市长康涛率住建、市政、安监、质监、消防等部门在市区开展“四不两直”安全生产检查，并召开全市安全生产工作专题会议，部署下阶段安全生产大检查及岁末年初安全生产工作。市政府党组成员肖汉辉参加检查并主持专题会。检查中，康涛首先到坪山路高架桥下。现场除了违章搭盖外，不少客货车随意停放，甚至设置临时停车场和仓储物流场所。康涛要求相关部门联合开展清理行动，彻底消除安全隐患。在泉州招商石化有限公司，康涛详细检查企业安全入库、液化气存储罐区和充装台的安全措施落实情况，并现场安排应急演练。他要求，企业要加强自查整改，抓好内部安全防控及应急队伍培训；安监、消防等部门要加大监督检查，督促企业落实整改措施。在市公共文化中心项目现场，康涛当场查岗，了解项目施工过程中各环节的安全责任落实情况，强调项目业主、勘察设计、施工、监理等单位要严格落实项目安全生产相关规定，各司其职，防患未然。

“海丝泉州”旅游推介会走进江西南昌

市旅游局携20多家旅游企业到江西南昌举办旅游推介会，推介“海丝泉州”的自然风光、历史人文和民俗风情。在推介会现场，易拉宝、X展架、图文宣传手册为南昌市民提供贴心的旅途资讯服务；惠安女风情服饰、提线木偶戏、南少林武术等泉州特色文艺表演，安溪铁观音、泉州特色美食品味体验区，让南昌市民流连忘返。推介会吸引南昌70多家旅游企业及当地媒体参加，通过现场宣传和优惠促销、产品推介，泉州将满满的诚意和热情展现在南昌旅行商、媒体和游客面前。泉州的旅行社为南昌市民提供充足的旅游资讯材料，推出多样化主题线路，工作人员还全程为游客提供旅游行程介绍和咨询服务。

泉州市首家镇级博物馆建成布馆

中共泉州文博支部与湖头镇政府进行共建阆湖博物馆签约仪式。阆湖博物馆将以湖头历史文化为题材，集中展示李光地文化。这是泉州市首家真正意义上的镇级博物馆。根据协议，泉州文史专家将为湖头镇提供资料支持，并派专业技术人员协助湖头镇以李光地文化为主题开展研究，协助、指导阆湖博物馆的开馆展览。泉州文博支部集合泉州市7家文物研究单位，将为阆湖博物馆提供专业支撑。仪式上，泉州市博物馆把馆内收藏多年、湖头出土的几件商周时期的瓷片，以及一幅康熙皇帝亲笔所书赐湖头历史名人李森的“急公尚义”四字拓片，捐赠给阆湖博物馆，这标志作为李光地主题文化公园核心部分的阆湖博物馆建成布馆。阆湖博物馆占地面积约1000平方米。以“千年古镇、‘海丝’起点；名相故里、廉政家规；名人贤士、灿若星河；文化多元、非遗传承”四大展示区，来进一步塑造历史名人形象、传承中华民族传统文化。重点打造以李光地文化为代表的特色文化、以惠民为衡量标准的“小城市”休闲文化、以乡风文明、民风朴实为落脚点的新村文化。

相关链接：湖头作为清朝一代名相、理学家李光地的出生地，明清时期出现近百位举人，文化底蕴深厚；这里保存着以国家重点文物保护单位李光地宅与祠为代表的明清古民居建筑群60多座。2013年，湖头出资出版《榕村全书》，收入李光地著作30多种。近年来，湖头还举办多场全国性的与李光地文化有关的征联、书法、研讨会、学术论文大奖赛等活动，并利用李光地文化资源，打造优秀传统文化教育基地，开展家训家风教育活动。湖头镇于2014年初建成李光地历史文化主题公园，该园占地2.33公顷。该项目是安溪历史文化和旅游相融合的典型之一，能进一步弘扬李光地文化，提升湖头历史文化内涵，打响“国家级历史文化名镇”这一名片。

李光地石雕塑像　（图/张晓明）

康涛到南安检查灾后重建工作

市长康涛到南安市检查灾后重建工作。检查中，康涛一行到美林街道西美村农村住房重建户黄奕总的宅基地。当了解到黄奕总在当地政府和亲友的帮助下，不仅解决多年前的债务问题，房屋也顺利重建，春节前可搬入新居时，康涛十分欣慰、予以肯定，叮嘱当地政府和相关部门要严把施工质量，让群众住得安心。在美林街道李西村，重建户黄清枝的房屋完成一层建设。留意到路边的电线杆离黄清枝的房子距离较近，康涛立即叮嘱当地街道干部联系电力部门到现场察看，确保安全。康涛指出，农村受灾房屋重建工作是关系群众切身利益的重要工程，一定要慎之又慎，按时保质完成重建任务。

泉州发现国内最早原始瓷古窑址
中国烧制原始瓷的历史向前推移200年

从泉州原始瓷窑址考古工作会商会议获悉，永春苦寨坑窑址是全国最早使用龙窑烧制原始瓷器的遗址。泉州原始瓷窑址包括苦寨坑和辽田尖山两处窑址，2007年初发现该遗址，确认是一窑炉遗迹。经国家文物局审批，福建博物院文物考古研究所与泉州市博物馆组成泉州原始瓷窑址考古队，先后对其进行两次考古发掘。经考古发掘、整理，可以确定苦寨坑窑址是全国最早使用龙窑烧制原始瓷器的遗址。苦寨坑原始瓷窑址位于永春县介福乡，辽田尖山窑址位于德化县三班镇与永春县介福乡交界处。苦寨坑窑址位于辽田尖山窑址的东南方，两地直线距离约200米。泉州原始瓷窑址东北距德化县城13千米，南距永春县城20千米，靠近晋江流域，交通方便，附近埋藏着大量瓷土矿，分布着自宋至民国时期的古窑址，历史上是德化、永春著名窑场之一。早在20世纪80年代，当地村民在苦寨坑山地种植芦柑时曾发现一些破碎的陶瓷片，专家初步鉴定为商周时期的器物残片，省、市、县考古专家多次到现场调查，确认一处古代窑炉遗迹。2014年11月，经审批，福建博物院文物考古研究所与泉州市博物馆组成考古队，对辽田尖山古窑址进行第一次考古发掘，发现四座古龙窑；2015年11月底，考古队对两处古窑址进行第二次考古发掘，又发现13座龙窑窑炉。两次考古发掘总面积235平方米，发掘揭露17座窑炉遗迹。这些烧造原始青瓷的窑炉遗迹大部分保存较好，窑炉均为地穴式龙窑，由火膛和窑室两部分组成。同时，窑址出土大量原始瓷标本，器形有尊、罐、豆、钵、纺轮等。在考古发掘过程中，考古队在多个窑炉火膛底部采集碳粒样本，送到国内专业权威部门进行碳十四年代测定，结果显示这两处窑址的年代为前1700多年至前1400多年，即距今3400多年—3700多年的夏朝中后期到商代中期。这是迄今为止全国发现的年代最早原始瓷窑址。据悉，国内发现的年代最早的古窑址为浙江湖州瓢山窑址，时代可追溯至夏晚期。永春苦寨坑原始瓷窑址的年代刷新全国的纪录，把中国烧制原始瓷的历史向前推移200年。

挖掘现场　　（图/张晓明）

福建省现代文学研究会学术年会在泉州召开

9—11日，福建省现代文学研究会2016年学术年会在泉州召开，来自厦门大学、福建师范大学、华侨大学、福建省社科院等十多所高校和科研机构的80余名学者参会。此次年会由福建省现代文学研究会和泉州师范学院主办。大会收到论文60多篇，就“闽籍作家、闽派批评与中国现当代文学研究”“闽籍海外作家研究”“台港澳暨海外华人作家作品研究”“中国现当代作家作品研究”“中国现当代文学前沿理论问题研究”等不同主题进行多场专题研讨。

12月9日

星期五
农历丙申年十一月十一
温度：14℃—22℃
多云

●泉州市学习贯彻总书记习近平在中国文联十大、中国作协九大开幕式上重要讲话精神座谈会召开。

●康涛到南安市检查灾后重建工作。

●从泉州原始瓷窑址考古工作会商会议获悉，永春苦寨坑窑址是全国最早使用龙窑烧制原始瓷器的遗址。

●9—11日，福建省现代文学研究会2016年学术年会在泉州召开。

●第五届泉州市道德模范评选表彰活动组委会召开全体会议，投票表决第五届泉州市道德模范正式候选人。

12月10日

星期六
农历丙申年十一月十二
温度：15℃—21℃
多云

●《泉州市“十三五”卫生计生事业发展专项规划》出台，规划明确未来五年泉州卫计事业的发展方向。

●由中国文物学会历史文化名街专业委员会主办的中国文物学会历史文化名街专业委员会2016年年会在晋江五店市传统街区开幕。

●黎明职业大学第四届董事会第三次全体会议在广东省珠海市举行。

●全市各县（市、区）同步举办13场“欠薪投诉举报、劳动法律咨询”专项宣传活动。

●由两岸高校联办的2016海峡两岸法学研究生教育论坛在华侨大学泉州校区举行。

●泉州市首家城市书房正式开放。

泉州“十三五”卫计专项规划出台

《泉州市“十三五”卫生计生事业发展专项规划》出台，规划明确未来五年泉州卫计事业的发展方向。根据规划，泉州市第一医院、福建医大附属第二医院与厦门大学附属第一医院一道被定位为“十三五”期间福建省南部区域医疗中心，主要辐射泉州、厦门、漳州、莆田、龙岩地区。“十三五”期间，泉州将围绕打造福建省南部区域医疗中心的目标，进一步明确各级医院的功能定位。其中，泉州市第一医院等三级综合医院主要接受急危重症和疑难杂症诊疗、县级医院转诊等；县级医院则主要提供区域内常见病、多发病诊疗，临床手术项目以一、二级手术为主；基层医疗卫生机构则要发挥首诊疗作用，主要开展常见病、多发病诊疗服务，提供初步急救服务。

相关链接：根据规划，“十三五”期间，泉州将着力加强床位资源建设，力争在2020年达到千人均医院床位数5.3张的目标任务。全市各地针对儿科、产科、妇幼保健、精神卫生、康复、老年护理等薄弱学科策划生成51个重点建设项目，预计可新增床位约1.1万张。其中，建设市第一医院城东二期、福医大附属二院东海二期、光前医院综合病房楼、人民医院综合病房楼、妇幼保健院改扩建等项目，建成后，可新增床位约4000张。加上一批社会办医项目陆续落地，到2020年，泉州市可新增床位1.7万张。

根据规划，“十三五”期间，除综合医院的改扩建以外，泉州市还将新建一批专业医院，例如泉州市老年医院、泉州市妇产医院、泉州市肿瘤医院、泉州市戒毒医院等。其中，泉州市老年医院已于2016年9月中旬启动筹建工作，计划设300张病床，并适当延伸设置200—300张家庭病床，预计2018年投入使用。泉州市妇产医院、泉州市肿瘤医院、泉州市戒毒医院目前仍在规划当中，规划建设床位约1600张。

规划针对泉州市医疗人才紧缺的瓶颈，提出实施“新百千万卫生人才”工程，进一步引进培育高端卫计人才。“十三五”期间，泉州市将引进培养1000名掌握领先关键技术，能够带动泉州卫计事业发展的高学历、高级职称人才；1000名具有较高专业造诣，符合泉州卫计事业发展需要的骨干精英人才；10000名具有发展潜能、能够熟练应用基层适宜技术、发挥骨干作用的基层适宜人才。力争经过五年努力，全市新增硕士以上高学历卫计人才1000名、高级职称卫计人员1000名。

黎明职业大学第四届董事会第三次会议召开

黎明职业大学第四届董事会第三次全体会议在珠海召开。黎明职业大学第四届董事会董事长陈明金，市政府和市教育局、黎大有关领导，以及来自海内外的黎大董事共商黎明职业大学建设与发展大计。会议重点研究设立黎明职业大学董事会教育基金会、支持学校开展国际化办学和校企合作、支持学校加快扩建工程建设等事项。举行捐赠仪式和校企合作、校校合作协议签约仪式，黎明职业大学与澳门城市大学签订校际合作协议书。举办黎明职业大学办学成果展，召开纪念黎大第三任董事长梁灵光诞辰100周年座谈会和对外合作、校企合作座谈会。

全市13场欠薪投诉举报活动同步举行

泉州各县（市、区）同步举办13场“欠薪投诉举报、劳动法律咨询”专项宣传活动。全天内累计接受群众咨询812人次，受理欠薪等劳动者维权投诉案件87起，其中现场处理案件41起，同时发放《劳动合同法》《劳动者维权服务指引》等宣传材料12120份。

相关链接：近年来，泉州市多部门联合加大打击恶意欠薪行为力度。2016年，泉州市各级人社部门向公安机关移送涉嫌拒不支付劳动报酬案件46件，涉及劳动者2153人、金额6052万元；公安机关立案查处46件；检察机关批捕26件26人，提起公诉42件42人；人民法院审结41件，共对42人及1家企业判处刑罚。

泉州首家城市书房正式开放

泉州市首家城市书房正式开放，城市书房位于晋江梅岭街道鼓声路晋江一中东门旁。书房白色书架上整齐地摆放着上万册图书。为了方便读者借阅，书架上方张贴着类别提示：少儿读物、工业技术、交通运输、航空航天、环境和安全科学、综合性图书、农业科学、历史地理、文学等，读者可以根据自己的喜好，快捷地查阅书架上的图书。城市书房的图书整理工作也实现智能化，每个书架都设置层架标，只需用设备对放乱的图书“扫一扫”，立刻就能查询出该图书原本放置于何处，让图书迅速归位。

市政府征求《政府工作报告》意见建议

市政府分别与市人大常委会、市政协举行联席会议，和原地厅级老干部，各民主党派、工商联负责人及无党派人士代表座谈，征求对市政府工作和《政府工作报告（征求意见稿）》的意见及建议。

市长康涛主持会议，市领导陈万里、陈灿辉、林万明、张永宁、吕竞、张建生、朱团能、曾巍、陈荣洲、周真平、卢炳椿、季翔峰、苏小青、骆沙鸣、陈铭福、王祖耀、李冀平、陈益；市人大常委会党组成员许文贵、吴友才，市政府党组成员洪自强、肖汉辉、吕刚，市政协党组成员洪川夫、林志建；市人大常委会党组成员欧阳秋虹、市政府秘书长廖国文、市政协党组成员陈伟平等分别参加会议。

与会人员对《政府工作报告（征求意见稿）》给予肯定，就传统产业转型升级、国家自主创新示范区建设、防范化解金融风险、加快发展现代服务业、环湾城市规划建设、“海丝”先行区建设、补齐教育卫生养老民生短板、精准扶贫攻坚等方面，提出具体意见建议。

康涛等市政府领导班子成员认真听取发言，并不时和与会同志展开交流。康涛感谢市人大、市政协，全市老干部和各民主党派、工商联、社会各界一年来对政府工作的关心、理解与支持。他表示，未来五年是全面建成小康社会的决胜期，全市上下要在市委领导下，坚持稳中求进工作总基调，全力稳增长、促改革、调结构、惠民生、防风险，勇当建设“新福建”领头羊，奋力开创“五个泉州”新局面。市政府将对大家提出的意见进行充分吸纳，充实完善《政府工作报告》，科学谋划好、实施好各项工作。希望大家一如既往地帮助、支持、监督市政府工作，共同为泉州新一轮发展集思广益、贡献力量。

康涛强调，市政府将更加自觉接受人大监督，依法执行市人大及其常委会的决定决议，认真办理人大代表意见建议，探索“结对子”“列单子”等工作联系制度；更加自觉接受政协民主监督，完善联席会议制度，加强重大事项事前协商，推动重大课题协作研究，支持政协履行职能；以更高的觉悟、更实的举措推进老干部工作，在政治上关心、生活上照顾好老干部；更加广泛深入听取各民主党派、工商联和社会各界的意见和建议，不断改进政府工作，推动泉州各项事业发展再上一个新台阶。

2016年中国品牌价值评价信息发布 45个泉州品牌进入上亿元榜单

由质检总局委托中国品牌建设促进会组织开展的“2016年中国品牌价值评价信息发布会”在北京举行，会议发布总计654个品牌的品牌价值评价结果。在该次发布的上亿元榜单中，泉州品牌占45个，包括44家企业和1项地理标志产品，上榜数量居全国地级市首位。

泉州17家企业品牌、3家产品品牌和24家自主创新品牌进入上亿元榜单。其中，福建恒安集团有限公司以522.05亿元的品牌价值位列企业品牌轻工类第二；福建泉州匹克体育用品有限公司以50.57亿元的品牌价值位列自主创新品牌第三。在地理标志产品榜单中，福建占据3项。其中，安溪铁观音以1424.38亿元的区域品牌价值蝉联茶叶类全国首位，相比上年的1401.38亿元增加23亿元。

海峡两岸法学研究生教育论坛在泉州举行

由两岸高校联办的2016海峡两岸法学研究生教育论坛在华侨大学泉州校区举行。作为两岸高校法学研究生的高水平学术交流平台，该论坛吸引两岸近百名专家学者和法学研究生与会，围绕民法典编纂与总则、人法、债法、物法等话题展开探讨。参与此次论坛的12名台湾中国文化大学代表都是在职法学院研究生，且大多从事法律相关行业多年。

论坛现场　（图/郭冰德）

12月11日

星期日

农历丙申年十一月十三

温度：16℃—19℃

多云

●市政府分别与市人大常委会、市政协举行联席会议，和原地厅级老干部，各民主党派、工商联负责人及无党派人士代表座谈，征求对市政府工作和即将提交市十六届人大一次会议审议的《政府工作报告（征求意见稿）》的意见及建议。

●2016年中国品牌价值评价信息发布，45个泉州品牌进入上亿元榜单。

●泉州市两处“海丝”申遗遗产点被增补为第八批省级文物保护单位，分别是坐落于丰泽区东湖街道的清源山锡兰侨民墓地和坐落于泉港区后龙镇的土坑村古建筑群。至此，泉州拥有87个省级文物保护单位。

●泉州95岁老人陈祥耀书法展在香港中环集古斋画廊举行，展品以行书条幅、对联为主，兼有汉隶、魏碑、章草、草书等字体。

12月12日

星期一
农历丙申年十一月十四
温度：15℃—24℃
多云

●12—15日，省综治（平安建设）调研督导组到泉州，对2016年度党政领导综治（平安建设）责任书落实情况进行调研督导。

●由中国品牌建设促进会、中国国际贸促会、中国资产评估协会等单位联合举办的“2016年中国品牌价值评价信息发布会”在北京举行。安溪铁观音品牌继2015年获得中国茶叶类品牌价值第一位后，2016年再度蝉联这一桂冠。

●泉州晋江国际机场通航20周年。

●市市政公用事业局通报，在推广种植泉州市树市花刺桐花、含笑的同时，泉州市组织园林专家推荐出6个花木树种作为中心市区绿化的基调树种，获推的6个花木树种分别是香樟树、白玉兰、樱花木棉、台湾栾树、秋枫树、南洋楹。

省综治调研督导组到泉州综治（平安建设）工作

12—15日，省综治（平安建设）调研督导组到泉州，对2016年度党政领导综治（平安建设）责任书落实情况进行调研督导。在泉州期间，督导组到洛江、丰泽、惠安、南安、晋江、安溪实地考察，到市中级人民法院、工商局、综治中心等部门走访检查，对3个省级重点整治跟踪督导点进行全面细致的检查验收。15日，泉州市综治（平安建设）工作情况反馈会召开。省综治（平安建设）调研督导组成员，市领导康涛、陈奕辉、林锦明、吴友才、卢炳椿、王瑞强，市综治委成员单位主要领导参加。会上，省综治（平安建设）调研督导组对检查情况作反馈，对泉州市综治（平安建设）工作取得的成效予以肯定。市长康涛表示，泉州市委、市政府将按照省委、省政府的部署，按照省综治督导组提出的意见和要求，针对存在问题和薄弱环节，逐一制定并落实整改措施。市委常委、政法委书记林锦明在会上汇报泉州市综治（平安建设）工作情况。

督导组指出，泉州市委、市政府高度重视综治（平安建设）工作，按照省、市党政领导综治（平安建设）责任书的有关要求，坚持专项治理与系统治理、综合治理、依法治理、源头治理相结合，以防控风险、服务发展为主线，以提升社会治理能力现代化为支撑，以提高人民群众安全感满意度为目标，以整治省综治责任书提出的突出问题为重点，深入开展平安泉州建设，确保社会大局的持续稳定。督导组建议，要切实提高社会面稳控能力，建立常态化隐患排查机制，完善防控体系，提升预测预警预防能力；要切实提升劳动纠纷的解决实效，及时消除重点领域行业的不良情况，加大群体事件的排查和研判；要提升社会治理的能力水平，发挥优势，总结完善现有经验做法，加大宣传力度。

安溪铁观音品牌价值1424.38亿元

由中国品牌建设促进会、中国国际贸促会、中国资产评估协会等单位联合举办的“2016年中国品牌价值评价信息发布会”在北京举行。安溪铁观音品牌继2015年获得中国茶叶类品牌价值第一位后，2016年再度蝉联这一桂冠。根据评价结果，今年“安溪铁观音”品牌价值1424.38亿元，较2015年的1401.38亿元净增长23亿元。安溪铁观音于2004年7月被国家质检总局认定为“国家地理标志保护产品”，现有108家用标企业。十多年来，安溪始终将管理、推介、保护作为三大重要抓手来提升品牌价值，尤其是茶叶质量安全被视为这一最大民生产业的生命线。安溪茶叶出口东南亚、欧盟等63个国家和地区，每年出口量1.6万吨。

晋江机场通航20周年

泉州晋江国际机场通航20周年。机场1996年正式通航20年来，从每周19架次、通航城市3个，年旅客吞吐量23万人次，到现在每周超过700架次、通航城市42个，共有厦航等17家国内外航空公司在晋江机场运营，开通35条国内航线，7条国际、地区航线，成为区域重要干线机场。

晋江机场停机坪　　（图/晚报社）

6种花木获推市区绿化基调树种

市市政公用事业局通报，在大力推广种植泉州市树市花刺桐花、含笑的同时，泉州市组织园林专家推荐出6个花木树种作为中心市区绿化的基调树种。中心市区道路绿化植树80多种。此次获推的6个花木树种，香樟树和白玉兰为市民所熟悉，市园林管理局相关人士侧重介绍其他4个花木树种分别为樱花木棉、台湾栾树、秋枫树、南洋楹。

市委召开常委专题议军会议

市委召开常委专题议军会，传达学习中央有关会议精神和《福建省国防动员条例》，总结泉州市国防动员和后备力量建设情况，部署推进相关工作。市委书记郑新聪主持会议并讲话，市委常委、市政府分管领导、泉州军分区党委常委参加会议，市人大常委会党组主要领导列席会议。

会议指出，2015年以来，全市各级党委、政府和军事机关深入贯彻习近平总书记系列重要讲话精神，坚决落实上级决策部署，军地合力、强化担当，党管武装氛围更加浓厚，部队思想建设更加有力，国防动员准备扎实有效，各项任务完成出色。特别是部队官兵把驻地当家乡，积极参与支援地方经济社会建设，在防御台风战役中"拉得出、用得上、打得响"，受到全市干部群众广泛赞誉。在党政军民的共同努力下，2016年泉州获得全国双拥模范城"八连冠"。

会议要求，要强化"四个意识"，在思想上政治上行动上同以习近平同志为核心的党中央保持高度一致。军分区党委要紧密团结在以习近平同志为核心的党中央周围，坚定维护以习近平同志为核心的党中央权威，坚决贯彻党中央、中央军委的各项决策部署。要把学习贯彻六中全会精神与"两学一做"学习教育、贯彻古田全军政治工作会议精神等结合起来，引导部队官兵打牢听党话、跟党走的思想根基，确保绝对忠诚、绝对纯洁、绝对可靠。全市各级各部门要深刻领会、坚决贯彻习近平总书记关于国防和军队建设重要战略思想，自觉扛起党管武装政治责任，严格落实党委议军、工作述职、现场办公、绩效考评及"两支队伍"建设等制度。要聚焦强军目标，汇聚改革兴军强大合力。军分区党委要坚决贯彻习主席重要指示，强化改革强军主题教育，扎实有序推动各项改革落地；各级各部门要把支持部队改革建设当做分内之事、融入工作大局、列入重要议事日程，把国防教育法、《福建省国防动员条例》等法律法规教育纳入党校、行政学院培训课程，做好军转干部安置，落实拥军优属政策，协调解决实际困难，全力当好部队改革建设的坚强后盾。

会议强调，要做好军民融合深度发展这篇大文章，强化融合理念，统筹国防需求、纳入建设规划，实现经济建设和国防建设一体抓。要发扬双拥优良传统，创新共建模式、推广特色做法、打造典型品牌，形成军民携手、军地互助、军地共建的生动局面。

郑新聪会见到泉州考察的香港福建同乡会访问团

市委书记郑新聪会见到泉州考察的香港福建同乡会福建访问团，感谢同乡会长期爱国爱港爱乡，促进香港繁荣稳定，支持家乡各项建设，希望他们充分发挥优势，为泉州融入"海丝"核心区大局、建设"海丝"重要门户发挥更大作用，推动香港和泉州两地开创更加美好的未来。市领导康涛、陈奕辉、林万明、苏小青参加会见。

泉州综合保税区正式通过联合验收

泉州综合保税区通过联合验收。联合验收组由厦门海关牵头，省发改委、省财政厅、省国土厅、省住建厅、省商务厅、省国税局、省工商局、福建检验检疫局、省外管局等10个单位组成，验收的通过，标志着泉州综合保税区具备正式运作条件。年前，国务院正式批准泉州出口加工区整合优化为综合保税区。泉州综保区积极学习借鉴国内先进综合保税区建设发展经验，推进监管流程优化再造和区内隔离围网、巡逻通道、监管系统、通关卡口、验货场地等各方面的维修整改等验收准备工作，推进综保区建设发展。优化整合后的泉州综保区集保税区、出口加工区、保税物流区、港口功能于一身，可发展国际中转、配送、采购、转口贸易、展示、融资租赁和出口加工等业务，区内企业可享受"国外货物入区保税、国内货物入区退税、区内交易免税"的政策，是复制自贸创新制度最为前沿的功能平台，是当前对外开放层次最高、政策最优惠、功能最齐全、通关最快捷、区位优势最明显的海关特殊监管区域。泉州综保区也是全省除自贸区外唯一的国家级海关特殊监管区域，是泉州地区唯一国家级海关特殊监管区域，是泉州市发展外向经济的政策集聚地及复制自贸区政策的重要载体。泉州综合保税区作为泉州市重要的国家级战略发展平台、发展对外贸易的政策洼地、复制自贸区政策的重要载体，泉州综保区将展开新一轮跨越发展，紧扣经济新常态，推动泉州开放型经济的持续发展。

12月13日
星期二
农历丙申年十一月十五
温度：16℃—23℃
多云

●市委召开常委专题议军会，传达学习中央有关会议精神和《福建省国防动员条例》，总结泉州市国防动员和后备力量建设情况，部署推进相关工作。

●郑新聪会见到泉州考察的香港福建同乡会福建访问团。

●泉州综合保税区通过联合验收。

●泉州市中级人民法院宣传处揭牌成立。

12月14日

星期三
农历丙申年十一月十六
温度：12℃—19℃
阴

●省人大常委会党组副书记、副主任叶双瑜率省人大常委会调研组到泉州征求有关立法和工作报告意见。

●郑新聪率住建、安监等部门到省、市重点项目泉州市公共文化中心工地，以“四不两直”方式开展安全生产突击检查。

●十一届市政协第三十二次常委会召开。

省人大常委会调研组到泉州征求有关立法和工作报告意见

14—16日，省人大常委会党组副书记、副主任叶双瑜率省人大常委会调研组到泉州，看望泉州市部分全国人大代表、省人大代表，并分别召开两场座谈会，征求对《福建省老年人权益保障条例（草案修改稿）》和《省人大常委会工作报告（征求意见稿）》的修改意见，检查县乡人大换届选举工作情况。市人大常委会主任陈万里，副主任吕竞、张建生、朱团能、曾巍，副市长陈荣洲，市人大常委会党组成员许文贵、欧阳秋虹等参加座谈会。座谈会上，与会人员围绕《福建省老年人权益保障条例（草案修改稿）》和工作报告征求意见稿踊跃发言，认为条例定位准确、内容丰富、条理清晰。大家还围绕老年人的家庭保障、医养结合、社会优待、社会服务等热点问题，对条例草案提出修改建议；围绕如何进一步加强和改进立法、监督、代表、人大自身建设等方面工作，对报告提出建议和具体修改意见。

郑新聪突击检查重点项目安全生产

市委书记郑新聪率住建、安监等部门到省、市重点项目泉州市公共文化中心工地，以“四不两直”方式开展安全生产突击检查。检查中，郑新聪到工地不同角落，了解施工各环节的安全责任落实情况，细致察看安全通道、脚手架等设置细节，叮嘱项目现场负责人要加强动态监管，逐个环节过细，确保施工质量安全。

检查中，郑新聪指出，市公共文化中心项目是关系民生福祉、展示泉州文化的重要项目。市直主管部门和项目施工、监理单位要充分认识完善公共服务配套、提升城市形象和品位的重要意义，周密安排建设施工方案，按时保质推进项目建设。要落实好安全生产主体责任和监管责任，坚持“进度服从质量、进度服从安全”，落实班组安全监管、现场安全管控的各项措施，确保施工场所、脚手架、塔吊、工棚等各个角落和施工装备、用水用电安全。特别要强化施工人员的安全教育，抓好上岗前和施工过程中对施工技术规范和安全管理方面的动态培训，加强劳动防护用品穿戴的检查。

郑新聪强调，全市各级各部门要认真贯彻习近平总书记的重要指示精神，按照党中央、国务院和省委、省政府以及市里的系列部署，认真组织开展拉网式安全生产大检查，并对安全检查开展抽查，做到查隐患、抓整改、保安全。特别要针对泉州市的薄弱环节，开展重点领域专项整治，对不具备安全生产条件或对安全隐患拒不整改的，把隐患当事故来处理，坚决给予停产关闭。要按照“四不放过”的要求，严厉查处安全生产事故，严肃追究负有主体责任和监管责任的责任单位、责任人。要发动群众举报安全隐患线索和违法生产经营行为，严查快处，确保监管到位。

十一届市政协第三十二次常委会召开

十一届市政协第三十二次常委会召开。市政协党组书记陈灿辉，副主席吴共湖、苏小青、骆沙鸣、陈铭福、王祖耀、李冀平、王瑞强、陈益，秘书长洪川夫，党组成员林志建、陈伟平参加会议。会上，市委常委、组织部长孔繁军宣布省委、市委有关人事任免决定并作说明。市政府党组成员肖汉辉通报市政协十一届五次会议以来提案办理情况。会议协商通过十二届泉州市政协委员建议名单；讨论修改《十一届泉州市政协常委会工作报告（讨论稿）》、《十一届泉州市政协提案工作情况的报告（讨论稿）》；协商通过《关于召开泉州市政协十二届一次会议的决定（草案）》；协商通过《十一届泉州市政协常委会工作报告》报告人（草案）、《十一届泉州市政协提案工作情况的报告》报告人（草案）；协商通过有关人事事项。会议接受吴共湖、许连捷因年龄原因辞去泉州市政协副主席职务。

相关链接：政协第十一届泉州市委员会部分工作机构负责人任免名单：侯守水任政协泉州市委员会研究室主任，杨文龙任政协泉州市委员会经济委员会主任，郑云梅任政协泉州市委员会民族和宗教委员会主任，陈洋锋任政协泉州市委员会研究室副主任（试用期一年），许冬原不再担任政协泉州市委员会副秘书长职务，李德志不再担任政协泉州市委员会研究室主任职务，颜清平不再担任政协泉州市委员会经济委员会主任职务，郭萍萍不再担任政协泉州市委员会民族和宗教委员会主任职务，黄清安不再担任政协泉州市委员会经济委员会专职副主任职务。

刘学新到泉州调研

15—17日，省委常委、省纪委书记刘学新到泉州，就学习贯彻党的十八届六中全会和省第十次党代会精神、落实全面从严治党要求开展调研。市委书记郑新聪，市委常委、市纪委书记温惠榕陪同调研。调研期间，刘学新主持召开座谈会，听取市委和市纪委学习贯彻党的十八届六中全会和省党代会精神情况汇报以及市委落实“两个责任”工作情况，市纪委坚决惩治腐败、推进标本兼治工作情况汇报，并与基层纪委书记、纪检组长进行面对面交流。刘学新对泉州市委、市纪委相关工作给予肯定。在泉州期间，刘学新一行到泉港区后龙镇涂坑村、泉港石化工业园区、晋江市磁灶镇和东山村、晋江361° 公司等地，调研指导基层党风廉洁建设工作，并参观晋江市农村基层党员干部廉洁履职教育馆。

刘学新强调，要按照中央和省委的要求，深入学习贯彻党的十八届六中全会和省第十次党代会精神，牢固树立“四个意识”，坚决维护以习近平同志为核心的党中央权威，在服务全国、全省大局中找准定位、发挥优势、抢抓机遇、真抓实干，在落实中央、省委决策部署中展现新作为、推动新进步、实现新发展；切实落实全面从严治党各项要求，坚决惩治腐败，深化标本兼治，为经济社会发展营造风清气正的政治生态。

刘学新要求，泉州各级党委要按照中央和省委要求，严字当头，真管真严，敢管敢严，长管长严，各级党委、党组书记要当好管党治党“第一责任人”；贯彻《中国共产党问责条例》及省委《实施办法》，坚持失责必问、问责必严，层层传导压力，推动全面从严治党向基层延伸。要强化党内监督，坚持把纪律和规矩挺在前面。在运用好监督执纪“四种形态”上积极实践，持之以恒落实中央“八项规定”精神。要严明换届纪律，严把政治关、廉洁关，持续营造风清气正的换届环境。要坚决反腐惩恶，保持力度不减、节奏不变、尺度不松。加大对侵害群众利益的不正之风和腐败问题的查处力度，坚持有腐必反、有贪必肃。要推进建章立制，压缩腐败现象生存空间。结合“两学一做”学习教育，抓好党章党规的学习宣传和贯彻执行，促进党员干部增强纪律意识；抓好重点领域、重点岗位廉洁风险的防控，立明规矩、破潜规则。要从严监督管理，建立忠诚干净担当的纪检监察队伍。各级纪委要落实“两个责任”，加强换届后各级纪委领导班子建设和培训，完成年初既定目标任务，及早谋划2017年工作，推动党风廉洁建设和反腐败工作取得新成效。

首批泉州市台湾青年就业创业基地公布

经过审核遴选，泉州市公布首批10个园区（企业）为首批泉州市台湾青年就业创业基地。首批名单包括丰泽区的泉州微笑自行车有限公司，晋江市的洪山文化创意产业园、创意创业创新园（“三创园”）、五店市传统街区，石狮市的狮城青年创新创业孵化中心、石狮国家高新区创新创业中心，惠安县的绿谷台商高科技产业基地、泉州阿珀罗生物科技有限公司、福建富邦食品有限公司，泉州台商投资区的德润产业园。下一步，泉州市将支持台湾青年就业创业基地加快规划建设，尽快形成聚集效应，在吸引台湾青年实习就业、创业创新扶持等方面发挥典型示范、引领带动作用，通过各项优惠政策的落实，切实为台湾青年提供全方位的就业创业服务和便利的生活条件。

泉州品牌参展2016中国品牌王府井推介周

由国家质检总局指导，中国品牌建设促进会等单位主办的2016中国品牌王府井（国际）推介周在北京举行，活动旨在展示中国企业在品牌建设方面取得的辉煌成绩，推动社会各界增强品牌意识，进一步发挥品牌引领作用，营造全社会共同关注品牌、培育品牌、保护品牌的良好氛围，共同促进中国品牌做大做强。泉州展区由安溪铁观音主题展馆和匹克、九牧、金冠、天广消防、固美金属、闽发铝业、万利瓷业等品牌企业展板组成，该次活动有利于泉州品牌“走出去”，让更多人认识、了解泉州品牌，同时也提升泉州品牌的知名度和影响力，让全国消费者感受泉州品牌的魅力。

相关链接：有着“中国第一街”之称的王府井北起东四西大街，南至长安街，全长1000多米，是国内外观光客到北京的必游之地，它像埃菲尔铁塔和香榭丽舍大街一样，蜚声海外，已成中国面向世界推介文化、旅游、品牌等的重要窗口。

12月15日

星期四
农历丙申年十一月十七
温度：9℃—16℃
多云

●15—17日，省委常委、省纪委书记刘学新到泉州，就学习贯彻党的十八届六中全会和省第十次党代会精神、落实全面从严治党要求开展调研。

●经过审核遴选，泉州市公布首批10个园区（企业）为首批泉州市台湾青年就业创业基地。

●泉州品牌参展2016中国品牌王府井推介周。

12月16日

星期五
农历丙申年十一月十八
温度：10℃—15℃
晴

●康涛率队到市行政服务中心开展专题调研，实地走访窗口并召开座谈会，了解规范自由裁量权进展，分析存在突出问题，探讨改进的务实举措。

●泉州市社会工作协会正式成立。

●泉州市人民检察院与泉州市邮政公司联合举行“预防职务犯罪邮路”活动启动仪式，成立以邮政投递员为主体的“预防职务犯罪邮路”志愿服务队。

●由泉州工艺美术职业学院牵头组建、19所院校参加的泉州市文化创意职业院校联盟成立。

康涛到市行政服务中心调研

市长康涛率队到市行政服务中心开展专题调研，实地走访窗口并召开座谈会，了解规范自由裁量权进展，分析存在突出问题，探讨改进的务实举措。市政府党组成员吕刚、市政府秘书长廖国文参加会议。实地走访中，各审批窗口的新变化、新提升，让康涛频频肯定鼓励。康涛也针对行政审批改革中的重难点，一针见血抛出考题，直指薄弱环节所在。

康涛强调，各级各部门要发挥主观能动性，有当家做主的意识，共同推动行政审批、项目建设再提速更高效。第一，项目业主单位要切实发挥主体作用，更加积极主动与行政服务中心、相关审批部门就审批要件和审批流程等做好充分沟通，绝不能“高高挂起”、坐等服务。第二，项目指挥部要强化功能、统筹协调、通盘考虑，协调业主和审批单位、中介机构等无缝对接，各相关单位要服从指挥，确保项目快速推进。第三，各审批单位要主动靠前服务，深度参与到项目前期，从源头指导好审批事项，让重大项目少走弯路、缩短周期。第四，要加强对中介机构的监督管理，通过媒体曝光、记入黑名单、严重的清出市场等，坚决对不良中介、不法中介“亮剑”“揭丑”，强力破解部分中介服务质量差、耗时长、态度差、垄断性强等难题。第五，要完善审批服务台账制度，从项目业主咨询开始就要建立台账，及时记录和更新项目进展、审批进度。围绕台账形成责任倒查和追溯管理办法，既要监督审批单位，也要监督项目业主和中介机构；并通过阶段性分析台账，找出容易出问题的环节，有重点、有针对性地处理和改进。同时，对于形成的好经验、好做法，要加大宣传力度，并以制度形式固化，确保久久为功。各县（市、区）也要加快推进规范自由裁量权工作，上下联动，共同打造一流营商环境。

泉州市社会工作协会正式成立

市社会工作协会由泉州市从事和关注社会工作的人员、专家、学者以及相关单位组成，协会成立后将为社工机构之间搭建起沟通交流的平台，增强行业自我服务的能力，推动全行业持续快速健康发展。协会将与行业内各机构密切联系，协调行业间的矛盾和问题，做好服务工作，使协会成为社工机构的大家庭。同时，市社工协会也将积极主动及时向政府反映社会工作发展过程中遇到的问题和困难，提出建议和意见。全市从事社会工作服务的工作者约有1.2万人，取得职业资格认证的社会工作者有1423人；民办社工机构34家，机构及人才总量排名全省第二。社会工作服务涵盖社区综合服务、居家养老服务、救助服务、青少年社会工作服务、企业社会工作服务等领域。

“预防职务犯罪邮路”活动启动仪式举行

泉州市人民检察院与泉州市邮政公司联合举行“预防职务犯罪邮路”活动启动仪式，成立以邮政投递员为主体的“预防职务犯罪邮路”志愿服务队，标志着检邮双方在全市范围内合作开展“预防邮路”工作拉开帷幕。“预防职务犯罪邮路”，是预防职务犯罪社会宣传与邮政服务的有机融合，双方将发挥邮政邮路网络优势，深入基层开展预防职务犯罪宣传，构建起多渠道、多层次、全方位的预防职务犯罪体系，对扩大预防宣传覆盖面，传播廉洁理念，有着重要的意义。

泉州市文化创意职业院校联盟成立

由泉州工艺美术职业学院牵头组建、19所院校参加的泉州市文化创意职业院校联盟成立。该联盟是以实现职业教育资源的优化配置，提高技能人才质量，服务社会发展为宗旨，为泉州市经济发展提供智力和人才支撑而组建成立的职业院校联合组织。该组织聚合泉州市职业教育资源，汇集行业企业人才需求信息，制订紧缺技术技能人才培养和培训标准，联合开展职业技能人才培养培训项目。联盟将着力打造全市范围内开放共享的“政策信息沟通平台、专业产业对接平台、教学资源共享平台、人才培养合作平台、社会服务合作平台、对外交流合作平台”六大平台，推动泉州文化创意产业职业教育的资源集聚、信息集聚、服务集聚、特色集聚和品牌集聚。建立起适应泉州文化创意产业发展要求，质量、规模、结构、效益比较协调，达到现代化标准的职业教育体系，办学特色更加鲜明，办学活力进一步增强，服务能力全面提升，形成职业教育、继续教育与区域文化创意产业企业合作共赢的发展格局。

泉州知名企业品牌保护联盟成立

市检察院、市工商局、市工商联牵头建立品牌保护联席会议制度，并推动首批30多家泉州品牌企业组建“泉州市知名企业品牌保护联盟”，为品牌保护、企业维权扫清障碍。统计显示，泉州拥有中国驰名商标148件、有效注册商标20.2万余件，数量分别居全国地级（含副省级）市第一、二位。庞大的商标基数和优质的品牌质量在给泉州以及品牌企业带来经济效益的同时，也引来不法分子的觊觎，大量依托互联网交易进行的假冒侵权行为屡屡发生。2016年以来，全市工商系统立案查处商标侵权假冒案件291件，罚没款377万元，移送公安机关9件，企业因此挽回经济损失近千万元。虽然企业普遍重视维权，由于都是各自单打独斗，且缺乏专业机构、专业知识、维权经验和统一协调机制，在维权特别是异域维权时，常常举步维艰。为破解这一难题，品牌保护联席会议制度和泉州市知名企业品牌保护联盟应运而生。通过联席会议、联盟两种形式，有效整合司法、行政、企业的资源和力量，形成“三位一体”的维权力量，更好地维护企业的合法权益。

首届海峡两岸图书馆馆长交流季论坛在晋江和厦门举办

首届海峡两岸图书馆馆长交流季论坛在晋江、厦门举办，活动旨在发挥闽台之间地缘相近、血缘相亲、文缘相承、商缘相连、法缘相循的“五缘”优势，促进两岸图书馆界与出版界的合作与交流，交流两岸图书馆服务及阅读推广服务经验及实践成果，推动两岸图书馆事业的共同发展。该次论坛主题为“海峡两岸图书馆文献资源建设与阅读推广”，围绕该主题，共举行两岸地方文献互赠仪式、阅读推广创新论坛、文献资源共建共享论坛主题研讨、图书馆阅读推广案例展、图书馆文献征集成果展等议程。其中，阅读推广创新论坛、文献资源共建共享论坛这两个主题研讨，分别在晋江、厦门举行，通过与专家学者以及实践经验丰富的图书馆工作者深入交流，学习优秀的阅读服务经验，提升服务品质。此外，图书馆阅读推广案例展现场展示晋江图书馆阅读推广案例，交流图书馆阅读推广的经验和成效；图书馆文献征集成果展现场展示厦门市图书馆文献征集成果，交流图书馆文献征集与研究的经验及成果。

德化国家级出口陶瓷质量安全示范区通过考核

德化国家级出口陶瓷质量安全示范区通过国家质检总局考核组现场考核，“世界陶瓷之都”德化县成为继广东潮州之后中国第二个国家级出口陶瓷质量安全示范区。作为中国“三大古瓷都”之一的德化，拥有2600多家陶瓷企业，在2015年创造陶瓷产值188.2亿元，其中出口陶瓷126.86亿元，产品销往190个国家和地区，约占全国陶瓷出口总量的9%。自2013年12月成为全国首个省级出口陶瓷质量安全示范区以来，德化通过培育技术、品牌、服务等出口核心竞争优势，全力促进陶瓷产业转型升级，提高质量安全管理水平。

“欢乐泉州”主题演出活动走进泉港

由市委宣传部、市委文明办、市文广新局市文联、泉州晚报社、泉州广播电视台主办的“欢乐泉州”主题演出活动走进泉港，开展学习宣传党的十八届六中全会、省第十次党代会精神主题演出。13个精彩的文艺节目从各个方面展示近年来泉州经济、社会、文化等方面取得的成就。图为演出现场。　（图/陈淑华 刘泽阳）

泉州市首届“音协杯”钢琴赛举办

17—18日，泉州市首届“音协杯”钢琴比赛决赛在泉州师院进行。比赛吸引泉州市1000多名钢琴爱好者参与，年龄最小的只有3岁，最大的年过八旬，经过初赛，500多人进入决赛。首届“音协杯”钢琴比赛的初赛于11月19日在永春拉开序幕，随后晋江、石狮、南安、惠安、安溪、德化和中心市区等地随即举行。

12月17日

星期六

农历丙申年十一月十九

温度：10℃—18℃

多云

●泉州知名企业品牌保护联盟成立。

●首届海峡两岸图书馆馆长交流季论坛在晋江和厦门举办。

●德化国家级出口陶瓷质量安全示范区通过国家质检总局考核组现场考核，“世界陶瓷之都”德化县成为继广东潮州之后中国第二个国家级出口陶瓷质量安全示范区。

●由市委宣传部、市委文明办、市文广新局、市文联、泉州晚报社、泉州广播电视台主办的“欢乐泉州”主题演出活动走进泉港，开展学习宣传党的十八届六中全会、省第十次党代会精神主题演出。

●17—18日，泉州市首届“音协杯”钢琴比赛决赛在泉州师院进行。

●市委人才办、团市委在领SHOW天地联合举办主题为“爱上泉州，留在泉州”的青年才俊沙龙活动。

12月18日

星期日
农历丙申年十一月二十
温度：14℃—22℃
多云

●“泉州制造2025”暨推进产业转型升级招商洽谈会在山东济南举行。

●晋江五店市传统街区“海峡两岸交流基地”授牌仪式举行。

●市工商联（总商会）召开十三届六次执委会议。

●中国电信泉州分公司在丰泽新村举办泉州首个千兆示范小区发布会，标志着泉州从此迈入“千兆光网新时代”。

●泉州本土题材电影《徒弟》在中国历史文化名村、中国传统村落——泉港区后龙镇涂坑村开机。

●由中国美术家协会、中国国家画院主办的“王艺2016研究展”福建巡展在晋江市五店市传统街区开幕。

●福建省首届激情广场舞大赛泉州赛区复赛在泉州市区府文庙举行。

“泉州制造2025”暨推进产业转型升级招商洽谈会在济南举行

“泉州制造2025”暨推进产业转型升级招商洽谈会在山东济南举行。洽谈会旨在增进泉州与华东华北企业家和泉籍乡亲的交流，介绍泉州投资环境，推介代表泉州产业转型升级方向、代表泉州“全方位”创新主攻领域的产业项目，实现产业对接、合作共赢。招商洽谈会上，市经信委、市发改委等有关负责人推介纺织服装、石油化工、建材家居等重点产业转型升级招商项目；泉港石化园区、泉惠石化园区管委会推介石化产业链招商项目；晋江、泉州台商投资区等各个县（市、区）对招商项目进行书面推介。招商项目引起山东泉籍企业家和有意向到泉州投资的企业家的浓厚兴趣。活动现场，13个产业路线图项目成功签约，总合同投资108亿元，并推进一批意向项目进行洽谈对接。

晋江五店市传统街区“海峡两岸交流基地”授牌仪式举行

晋江五店市传统街区“海峡两岸交流基地”授牌仪式举行。此前，获批“海峡两岸交流基地”的五店市传统街区，获得中央台办、国台办正式授牌。2016年6月，中共中央台办、国务院台办决定，在原有43家的基础上，新增6家“海峡两岸交流基地”，其中包括晋江五店市传统街区。至此，泉州已有两家“海峡两岸交流基地”，另一家是中国闽台缘博物馆。集中保护89栋明清以来历史建筑的五店市传统街区，保留闽南传统街巷的肌理格局，再现明清、民国和近现代不同历史时期的闽南建筑风貌。这里“红砖白瓷双坡曲，出砖入石燕尾脊”的闽南传统建筑，与台湾的特色建筑遥相呼应。作为晋江重要的文化地标之一，五店市传统街区近年来以共同的语言和文化背景为依托，先后举办一系列泉台文化交流交往活动，接待台湾同胞超10万人次，不仅成为许多台湾同胞寻找乡愁记忆时必看的旅游景点，也日益成为泉台文化交流的重要平台。

闽南功夫电影《徒弟》开机

泉州本土题材电影《徒弟》在中国历史文化名村、中国传统村落——泉港区后龙镇涂坑村开机。电影《徒弟》将投资3500万元拍摄，该电影邀请著名导演李惠民担任监制、著名导演和影星梁家仁任顾问、著名青年导演冯万里担任导演。除了精彩的喜剧和武打元素外，该片的另一大看点就是电影的取景点。此次取景点主要在泉港区涂坑村、峰尾古城，永春岱山镇及马来西亚等地。涂坑古建筑群以及峰尾古城将为电影的开拍提供真实而优美的画面素材。

开机仪式　（图/郭冰德）

泉州电信首个千兆小区发布会举行

中国电信泉州分公司在丰泽新村举办泉州首个千兆示范小区发布会，标志着泉州从此迈入“千兆光网新时代”，宽带服务能力达到全球一流水平，同时也为“互联网+”夯实基础。泉州“光网城市”建设继续加快，全市范围全面实现光网覆盖，为政府管理、企业运营和群众生活提供高效便捷的服务。千兆宽带，通俗而言就是下行带宽能够达到1G（1000M）的超高速宽带网络。千兆宽带将极大提升数据传送效率，极大缩短数据传输时间。目前，千兆宽带最主要的应用还是高清视频，在百兆宽带下，4K视频就可以清晰稳定地收看高清视频。到千兆宽带时代，8K电视就将成为现实。未来千兆宽带的普及将带来广阔的应用前景。超高清视频通话及在线视频、云教育、云存储等应用将进入普通人的家庭，千兆宽带可满足各类家居智能设备的数据采集，订制智慧家庭生活；借助VR（虚拟现实）设备，即可在家中通过虚拟现实观看足球比赛和演唱会，如同亲临现场。从高端的智能制造到日常生活的网络电视、智能家居，从远程医疗到虚拟现实，都离不开千兆宽带的支持。

泉州市一批重点项目集中开竣工

泉州市一批重点项目集中开（竣）工，项目涵盖基础设施、产业、民生等方面。

湄洲湾南岸铁路支线两条线全部竣工，支线横跨莆田、泉州2个地市，从在建的福厦线仙游站厦门端接出，途经仙游县、泉港区、惠安县，延伸至斗尾港，并从辋川站开岔，连接中化铁路专用线长3.136千米，两条线全部竣工。湄南铁路支线通过漳泉肖铁路与全国铁路网衔接，对保障中化项目成品油及其他重要物资运输具有重要意义。

湄洲湾南岸铁路支线　　（图/陈起拓）

洛江嘉泰数控科技股份公司二期扩建工程开工建设，重点生产高端数控机床、工业关节机器人、智能检测设备等，建成后该公司预计可实现产值翻番。南安九牧集团定制浴室柜、定制大理石工厂，定制陶瓷工厂、智能马桶工厂、智能橱柜工厂及九牧泛家居梦空间定制等五大智能制造项目开工建设。石狮通达光电科技有限公司开启智能硬件制造二期工程建设，投产后，企业年可生产手机外壳3500万套，供应给华为、联想、小米、OPPO等知名企业。致力自主研发，全国首个HDT高效太阳能电池量产项目在晋江经济开发区竣工投产。这是国内第一条拥有自主知识产权的高效单晶异质结电池生产线，量产后HDT高效太阳能电池转换率22%，组件功率320瓦，达到国际先进水平。主攻文化创意，惠安闽台文化创意园·“海丝”电影小镇项目主要建设1万平方米摄影棚，港澳、台湾、海港、惠安古镇等各类拍摄区及动漫制作基地等13个项目，建成后将推动形成较为完善的影视产业集群、打造“海丝”文化展示平台，成为旅游观光新亮点。

泉州医高专附属人民医院二期综合病房大楼开工，规划建设一栋综合病房大楼和2栋医技楼，建成后医院总床位数将增加至800张。位于泉州台商投资区的泉州颐和医院分两期建设，总规划3000个床位，建成后将引入台湾先进的医疗技术和管理、服务经验，为患者提供优质医疗保健服务。市社会福利中心新址项目分两期建设，设置1100张床位，未来将兴建起养老护理大楼、老年公寓、儿童福利院等一批建筑。泉州市金鸡拦河闸至第三水厂输水管道工程竣工，来自金鸡拦河闸的水经由5.5千米的封闭输水管道直接送至第三水厂，彻底解决原有开敞式的北渠明渠输水可能带来的水质污染问题，将有效保障中心城区100多万人口的用水安全。

嘉泰数控二期扩建工程开工仪式　　（图/陈起拓）

泉州颐和医院开工仪式　　（图/陈起拓）

省环境保护督察组向泉州市反馈督察情况

经省委、省政府批准，省环境保护督察组向市委、市政府进行反馈。督察组组长魏克良通报督察意见，市委书记郑新聪作表态发言。市长康涛主持会议，督察组副组长杨荣郎，督察组有关人员，市委、市政府领导班子成员，市人大常委会、市政协主要领导及市直各有关部门、县（市、区）主要负责人参加会议。督察组认为，泉州市委市政府围绕“生态立市”的总体目标，立足当地实际，先后出台20多份政策文件，采取措施推进生态环境保护工作，环境保护工作总体走在全省前列。

12月19日

星期一
农历丙申年十一月廿一
温度：16℃—23℃
多云

●泉州市一批重点项目集中开（竣）工，项目涵盖基础设施、产业、民生等方面。

●经省委、省政府批准，省环境保护督察组向市委、市政府进行反馈。督察组认为，泉州市委市政府围绕“生态立市”的总体目标，立足当地实际，先后出台20多份政策文件，采取措施推进生态环境保护工作，环境保护工作总体走在全省前列。

12月20日

星期二
农历丙申年十一月廿二
温度：18℃—24℃
多云

●市政府第一一八次常务会议召开，研究《泉州市“十三五”食品药品安全专项规划》《泉州市新型城镇化农业转移人口市民化实施方案》等事项。

●全省人大内务司法工作研讨会在泉州召开。

●20—21日，第五届全国重点网络媒体“清新福建·闲养永春”大型采访活动举行。

市政府第一一八次常务会议召开

市长康涛主持召开第一一八次市政府常务会议。会议研究通过《泉州市“十三五”食品药品安全专项规划》。会议指出，食品药品安全事关人民群众的身体健康和生命安全，关系着社会和谐稳定。“十三五”期间，各级各相关部门要以创建食品安全城市为抓手，深入贯彻执行食品安全放心省创建方案，完善监管制度机制，全面落实食品药品生产经营企业主体责任；强化食品药品准入、生产加工、市场流通等日常监管措施；重点实施检验检测能力建设、基层监管能力提升、食品药品安全放心等六大重点建设工程，构建食品药品安全综合治理体系。

会议研究通过《泉州市新型城镇化农业转移人口市民化实施方案》。会议指出，农业转移人口市民化对促进泉州新型城镇化健康协调发展、建设生态宜居城市具有重要意义。下阶段，各有关部门要按照统一部署和工作分工，加快推进人口管理制度改革，强化信息管理利用，扩大社会保障覆盖面，有序推进就地城市化，确保农业转移人口平等享有教育、医疗、住房等公共服务。

会议研究通过《关于贯彻落实省政府办公厅“互联网+流通”行动计划实施方案的通知》。会议指出，深入实施“互联网+流通”行动计划，有利于推进泉州市流通产业转型升级、创新发展，有利于增强经济发展新动能。各级各有关部门要充分发挥泉州生产基地优势，积极推动传统专业市场线上线下融合发展，打造“生产基地+互联网+流通”生态链；要加强第四方物流、电子商务平台、创业创新基地建设，推进制造业与物流业联动发展；要围绕建设全国性物流节点城市，强化智慧流通基础设施建设，拓宽智能消费领域，发展绿色流通和消费，推进农村和社区电子商务进一步发展。

会议研究通过《关于加快“海丝”新城酒店服务业发展优惠政策的通知》。会议指出，泉州环湾城市建设步伐加快，但酒店配套聚集度不高、层次偏低，成为制约泉州市服务业发展的瓶颈。会议强调，相关部门要在规划、用地、资金支持等方面精准施策，有效加快推动酒店服务业发展；要针对商务、文化、旅游等多种需求，规划建设不同类型、多种层次的高品质酒店，带动服务业水平进一步提升；要善于谋划，合理布局，形成聚集效应，为“海丝”新城发展营造一流营商环境。

全省人大内务司法工作研讨会在泉州召开

全省人大内务司法工作研讨会在泉州召开。会议听取九个设区市贯彻实施《中华人民共和国兵役法》《福建省征兵工作条例》（简称“一法一例”）情况汇报，传达全国人大内司委工作座谈会精神，并交流2017年工作计划。省人大常委会党组副书记、副主任苏增添，省军区副司令员张玉生；市人大常委会主任陈万里，副主任曾巍，党组成员吴友才、欧阳秋虹参加会议。

第五届全国重点网络媒体“清新福建·闲养永春”大型采访活动在永春举行

20—21日，第五届全国重点网络媒体“清新福建·闲养永春”大型采访活动举行。中央重点新闻网站、全国各省委省政府新闻门户网站、著名商业网站、传统主流媒体等，有记者30余人前往永春，采访全域旅游发展成果。活动现场有文艺表演、挑红酒比赛、舞狮表演、平衡桥比赛、品尝小点心等。

相关链接：近年来，永春县高度重视旅游产业发展，明确将旅游产业作为经济发展的新兴战略性支柱产业和新的经济增长点。永春县初步形成的全域旅游发展空间格局。建设县城旅游集散服务核心、岵山旅游服务次中心和蓬壶旅游服务次中心，重点打造桃溪滨水慢行休闲带和永春文化风情体验带，规划打造西部山林生态体验区、中部地域文化闲养区和东部水乡茶田风情区三大主题旅游闲养养生基地。2016年，余光中文学馆、老醋文创园获评国家AA旅游景区。永春拥有国家AAAA级旅游景区牛姆林，国家AAA级旅游景区百丈岩、魁星岩、乌髻岩、仙洞普济、呈祥雪山、北溪文苑。9个A级旅游景区从东至西全线分布，是福建省拥有最多A级旅游景区的县域。2016年2月，永春县被国家旅游局确定为全国首批“国家全域旅游示范区”创建单位，并将旅游产业发展列为未来五年重点开展的七大行动之一，产业迅速发展，游客数量大幅攀升，旅游收入增长明显，乡村旅游发展迅猛，全域旅游优势日益凸显。

泉州获批“中国制造2025”试点示范城市

从市经信委获悉，国家工信部批复泉州为“中国制造2025”试点示范城市。批复要求，将泉州打造为全国协同创新的标杆区、转型升级的示范区、智能制造的先行区、特色发展的引领区,探索中国先进制造的泉州新模式，并为《中国制造2025》在全国范围内加快落实提供典型经验和示范引领。工信部将在国家制造强国建设领导小组工作机制下，会同相关部门指导和支持泉州城市试点示范建设，《中国制造2025》相关政策资源、重大工程和试点示范项目将优先在泉州布局。2013年，泉州在全省率先启动实施“数控一代”示范工程，全面铺开智能制造探索。2016年9月，工信部联合国家制造强国咨询委员会部分委员、中国工程院部分院士专家组成的联合工作组，现场考察、评估泉州“中国制造2025”城市试点示范创建工作。根据实施方案，泉州市将瞄准基本建成先进制造业强市这一核心目标，朝着推进信息化和工业化深度融合、提高产业供给体系的质量和效率两大发展方向，按照智能制造、服务型制造、绿色制造三大路径，着力创新支撑、政策支撑、载体支撑、项目支撑，力争通过三年努力，将泉州建成国内外知名的先进制造业基地、品牌之都、民营经济创新发展之城和制造业转型升级典范，走在“中国制造2025”的全国前列。

相关链接：中国制造2025，是中国政府实施制造强国战略第一个十年的行动纲领。《中国制造2025》提出，坚持“创新驱动、质量为先、绿色发展、结构优化、人才为本”的基本方针，坚持“市场主导、政府引导，立足当前、着眼长远，整体推进、重点突破，自主发展、开放合作”的基本原则，通过“三步走”实现制造强国的战略目标：第一步，到2025年迈入制造强国行列；第二步，到2035年中国制造业整体达到世界制造强国阵营中等水平；第三步，到中华人民共和国成立一百年时，综合实力进入世界制造强国前列。《中国制造2025》是在新的国际国内环境下，中国政府立足于国际产业变革大势，作出的全面提升中国制造业发展质量和水平的重大战略部署。其根本目标在于改变中国制造业“大而不强”的局面，通过10年的努力，使中国迈入制造强国行列，为到2045年将中国建成具有全球引领和影响力的制造强国奠定坚实基础。

重庆市移民局到泉州对接对口支援三峡库区工作

重庆市移民局及万州区政府等相关部门组成考察组，到泉州市对接“十三五”期间对口支援三峡库区工作。考察组到晋江市西滨镇思进村详细了解三峡移民安置等工作，并和泉州市就进一步深化对口支援，加强经济合作与交流进行探讨。

相关链接：2000年以来，泉州市接收来自三峡工程库区重庆市奉节县、万州区等2个县（区）农村移民268户1109人，相对集中安置在鲤城区、晋江市等11个县（市、区）。三峡移民生活安置划拨宅基地18005.54平方米，房屋建设面积28057.07平方米，安置区的水、电、路、有线电视全部入户，基础设施配套完善；生产安置划拨各类土地311757.489平方米，其中耕地258090.796平方米（人均233.333平方米）、自留地32333.350平方米、其他土地21333.344平方米。三峡移民落户泉州以后，泉州市启动实施“民居、民富、民技、民心、民政”工程，全力为移民群众办实事、办好事，从根本上改善三峡移民的生产生活环境，提高移民安置区的自我发展能力，达到“搬得出、稳得住、能致富”的目标，使三峡移民真正融入泉州生活。通过16年的努力和当地政府及移民部门的多方帮扶，三峡移民全面融入当地社会，安置点呈现出环境整洁优雅、生活安居乐业的和谐景象。

泉州“海丝”申遗点土坑村“绣花楼”修缮完工

作为泉州市首批14个“海丝”申遗遗产点之一，泉港土坑村的文物修缮与环境整治工程——文物本体建筑“绣花楼”完工。该楼建于清乾隆年间，面积200多平方米。这里原本是迎宾楼，迎接当年海商兴盛时期南来北往的客商，以及运到来铺金融街的各种货物。随着时间推移，迎宾楼后来成为大家闺秀出嫁前的绣花楼，她们在楼里学绣花、颂经典。由于绣花楼体量小、工程量较小，古典建筑特征明显，被作为古建筑中的精华先行修缮。土坑村的环境整治方案，由中国文化遗产研究院设计。在不破坏历史风貌、不改变遗产布局的前提下，泉港先行启动遗产区环境整治工作，涉及整治建筑、道路设施、市政管线、公共空间节点、景观绿化等内容。进村道路整治优化、石板路面铺设、厦门口市码头遗产区整治等均完成。

12月21日

星期三

农历丙申年十一月廿三

温度：17℃—25℃

中雨

●从市经信委获悉，国家工信部正式批复泉州为“中国制造2025”试点示范城市。

●重庆市移民局及万州区政府等相关部门组成考察组，到泉州市对接“十三五”期间对口支援三峡库区工作。

●作为泉州市首批14个“海丝”申遗遗产点之一，泉港土坑村的文物修缮与环境整治工程取得最新进展——先行修缮的文物本体建筑“绣花楼”完工。

12月22日

星期四
农历丙申年十一月廿四
温度：15℃—22℃
阵雨

●市政府举办法治政府建设专题讲座，邀请华侨大学法学院院长、博士生导师许少波围绕《法治政府的关键词及其展开》作专题报告。

●全市宗教工作会议召开。会议深入学习贯彻全国、全省宗教工作会议精神，研究部署当前和今后一个时期全市宗教工作。

●民革泉州市第十五次代表大会召开，樊美清当选为民革泉州市委会主委。

●民建泉州市第十二次代表大会召开，戴仲川当选为民建泉州市委会主委。

●“纪念红军长征胜利80周年——走进‘海丝’先行区泉州市”专场演出活动在泉州师范学院举行。

●泉州邮政夕阳红形象大使聘任仪式在晋江五店市传统街区举办。

●泉州市公安机关新闻宣传和舆论引导工作现场会在永春召开。

市政府举办法治政府建设专题讲座

市政府举办法治政府建设专题讲座，邀请华侨大学法学院院长、博士生导师许少波围绕《法治政府的关键词及其展开》作专题报告。市长康涛主持。市政府党组成员肖汉辉，市政府秘书长廖国文，市直有关部门及部分国家部委、省直驻泉机构负责人，市人大内司委、法工委，市政协社会法制委有关负责人参加讲座。讲座中，许少波结合大量现实案例，以案释法，从职能科学、权责法定、执法严明、公开公正、廉洁高效、守法诚信等法治政府的关键词，详细阐述法治政府的主要构成要件及其实现，指出构建法治政府要从依法全面履行政府职能、完善依法行政制度体系、推行行政决策科学民主法制化以及坚持规范公正文明执法、强化对行政权力制约监督等方面入手，将法治融入政府行政各个层面。在讲座最后，许少波提醒广大行政工作人员，要树立大法治观，通过建立科学的指标体系，推动依法行政从形式法治向良法善治转变，从实事求是向程序正当转变，防止法治政府建设碎片化，同时培育全社会共治共享理念，推动泉州市法治政府建设再上新台阶。

全市宗教工作会议召开

会议深入学习贯彻全国、全省宗教工作会议精神，研究部署全市宗教工作。市委书记郑新聪出席会议并讲话，市长康涛主持会议。市领导陈奕辉、林万明、曾巍、吕刚、王瑞强参加会议。市教育局、市民宗局、石狮市、南安市、晋江市安海镇有关负责人在会上作交流发言。

民革泉州市第十五次代表大会召开

22—23日，民革泉州市第十五次代表大会召开。民革福建省委会专职副主委董良翰，市领导陈奕辉、林万明、张永宁、蔡思红、李冀平、王祖耀参加。董良翰代表民革福建省委会对大会的召开表示祝贺。市委副书记陈奕辉代表中共泉州市委致辞。大会审议并通过民革泉州市第十三届委员会工作报告，选举产生民革泉州市第十四届委员会委员、常务委员。樊美清当选为民革泉州市委会主委，曾献礼、杨文格、李小玲、徐华、陈海鹏当选为副主委。

民建泉州市第十二次代表大会召开

22—23日，民建泉州市第十二次代表大会召开。民建福建省委会专职副主委郭学军，市领导陈奕辉、林万明、张永宁、蔡思红、陈益、林志建参加。郭学军代表民建福建省委会对大会的召开表示祝贺。市委副书记陈奕辉代表中共泉州市委致辞。大会审议并通过民建泉州市第十一届委员会工作报告，选举产生民建泉州市第十二届委员会委员、常务委员。戴仲川当选为民建泉州市委会主委，黄军红、庄天怀、汪水永、陈荣聪、林时发当选为副主委。

纪念中国工农红军长征胜利80周年专场志愿演出在泉州师院举行

“纪念红军长征胜利80周年——走进‘海丝’先行区泉州市”专场演出活动在泉州师范学院举行。来自全省各地近百位文艺志愿者献上精彩演出，受到在场1000多名企业员工、部队官兵和泉州师院师生的一致好评，演出现场掌声不断。演出在混声合唱《七律·长征》激越豪迈的旋律中拉开帷幕，并与混声合唱《山丹丹开花红艳艳》《沁园春·雪》、女声合唱《十送红军》、女声独唱《映山红》等脍炙人口的歌曲一起，生动再现红军长征史诗般的英雄历程，热情讴歌红军战士坚定信念、不畏艰难、不怕牺牲、勇往直前、敢于胜利的长征精神。

演出现场 （图/雷宝燕）

泉州表彰30名抗灾重建一线感动人物

由中共泉州市委文明办、市防汛抗旱指挥部办公室、泉州晚报社举办的“2016年泉州抗灾重建一线感动人物”表彰仪式举行。30名个人和团体经过初选、网络投票、组委会投票等环节，从300多名报名人员中脱颖而出，获评“2016年泉州抗灾重建一线感动人物”。

相关链接：9月15—28日，第14号台风“莫兰蒂”、第17号台风“鲇鱼”接连袭击泉州市，对泉州市造成严重的洪涝灾害叠加效应，全市直接经济损失99.21亿元。在市委、市政府的坚强领导下，全市党政军民万众一心、奋起抗灾。在这场抗灾重建战役中，涌现出一批可歌可泣、感人至深的先进事迹、典型人物，为建设“五个泉州”凝聚强大的正能量。为表彰在抗灾重建中表现优秀的团体、个人,市委文明办、市防汛办、泉州晚报社举办“2016年泉州抗灾重建一线感动人物评选”活动。

九三学社泉州市第六次代表大会召开

23—24日，九三学社泉州市第六次代表大会召开。福建省政协副秘书长、九三学社福建省委会副主委李子林，市领导陈奕辉、林万明、蔡思红、吕刚、陈铭福、王祖耀、王瑞强参加大会。李子林代表九三学社福建省委会向大会的召开表示祝贺。市委副书记陈奕辉代表中共泉州市委致辞。大会审议并通过九三学社泉州市第五届委员会工作报告，选举产生九三学社泉州市第六届委员会，王祖耀当选为九三学社泉州市第六届委员会主委，李长江、张认成、王诗榕、林专红、谢传生当选为副主委。

“海丝”移民与贸易学术研讨会在泉州举行

23—24日，由中国海外交通史研究会和泉州“海丝”申报世界文化遗产工作小组联合主办的“海上丝绸之路历史上的移民与贸易”学术研讨会在泉州海外交通史博物馆举行。来自中科院、南京大学、四川大学、中山大学、福建师范大学等国内高等院校和研究机构的18位专家学者参与学术研讨，另有50余名本地学者和文史研究人员列席会议。会议结合“一带一路”建设的大背景，紧扣“移民与贸易”这个海上丝绸之路研究的重要议题，为中国海上丝绸之路遗迹申报世界文化遗产提供基础研究支撑。研讨会成果将充实泉州市“海丝”领域的相关研究，有关史料将进一步充实申遗档案，并为“海丝”申遗工作提供有力保障。24日，组委会将组织专家学者到德化，参观德化县陶瓷博物馆和德化顺美集团，并将对“海丝”申遗遗产点梅岭德化窑遗址的外销瓷器窑址展开田野调查。

安平桥获评国家AAAA级景区

省旅游局发布公告，“泉州安平桥（五里桥）”获批成为国家AAAA级旅游景区。至此，泉州已有A级景区40家，其中AAAAA级1家，AAAA级12家，AAA级24家。安平桥是中国现存古代最长的石桥，是古代汉族桥梁建筑的杰作，位于晋江安海镇和南安水头镇之间的海湾上，享有“天下无桥长此桥”之誉，为全国重点文物保护单位。因安海镇古称安平道，由此得名；又因桥长约5华里，俗称五里桥。此次安平桥迈入“AAAA”时代，也为泉州市景区旅游资源再添一张新名片。

相关链接：国家AAAA级旅游景区，指的是依据中华人民共和国旅游景区质量等级划分的景区级别，共分为五级，从高到低依次为AAAAA、AAAA、AAA、AA、A级旅游景区。旅游景区是以旅游及其相关活动为主要功能或主要功能之一的空间或地域。旅游景区包括风景区、红色旅游景区、文博院馆、寺庙观堂、旅游度假区、自然保护区、名胜古迹、主题公园、旅游度假村、森林公园、地质公园、湿地公园、游乐园、动物园、植物园及工业、农业、经贸、科教、军事、体育、文化艺术等各类旅游景区。

安平桥　（图/吴寿民）

12月23日

星期五
农历丙申年十一月廿五
温度：12℃—17℃
晴

●全市社会治安综合治理创新工作会议召开。

●“2016年泉州抗灾重建一线感动人物”表彰仪式举行。

●23—24日，由中国海外交通史研究会和泉州“海丝”申报世界文化遗产工作小组主办的“海上丝绸之路历史上的移民与贸易”学术研讨会在泉州海外交通史博物馆举行。

●23—24日，九三学社泉州市第六次代表大会召开，王祖耀当选为九三学社市委员会主委。

●省旅游局发布公告，“泉州安平桥（五里桥）”获批成为国家AAAA级旅游景区。

●泉州市启动涉外旅游人才培养工程，首期涉外旅游人才高级研修班开班，来自星级饭店、旅行社、景区（点）等旅游企业的67名涉外旅游人才培养对象参加培训。

12月24日

星期六
农历丙申年十一月廿六
温度：14℃—16℃
阵雨

●六胜塔和梅岭德化窑遗址两处申遗点环境整治方案获国家文物局批复。

●2016年国际海绵城市建设论坛在南安举办。

●“舒华杯”2016年全国健美健身冠军总决赛在晋江体育中心结束。

●万里走单骑“泉州”骑行超人刘海翔走进惠安聚龙小镇，与大家分享他骑行古丝绸之路15国、历时250天、骑行12000多千米的奇闻逸事和心路历程。

六胜塔和梅岭德化窑遗址两处申遗点环境整治方案获批

泉州市14个“海丝”申遗遗产点的环境整治设计方案中，泉州11个方案按程序获得国家文物局批复。除了此前获批的石湖码头、开元寺、草庵、德济门及天后宫、伊斯兰教圣墓、洛阳桥、万寿塔、九日山摩崖石刻、泉州清净寺之外，新获批的是梅岭德化窑遗址和六胜塔的环境整治工程设计方案。

梅岭德化窑遗址位于德化县三班镇，是从明代延续使用至上世纪八十年代的德化外销瓷窑遗址。遗址占地面积约1.17平方公里，主要包括瓷土加工和瓷器制作烧造两类要素。其中，瓷土加工工场等位于山脚小溪边的平地上，沿溪均有分布；瓷器制作烧造相关遗迹位于溪流两侧的山坡地带，沿溪流从上而下可分为内坂窑片区、大垄口窑片区、梅岭窑片区。经过现场调研与评估，遗址的环境整治工作主要集中在遗产区、缓冲区内的内坂窑片区与310省道所夹山谷地带等范围。工程项目包括建筑外观整治、道路及场地整治、绿化与景观提升及其他专项工程等内容。国家文物局在批复中提出，建筑修缮或改造应注意保留其自身特色，确保整治措施与景观环境相协调等。

六胜塔是国家级重点文物保护单位，也是古代泉州闽台通商、海外交通繁荣的历史见证。根据设计方案，六胜塔的环境整治，将以遗产保护和遗产价值的展示与阐释为核心。与此同时，结合遗产周边历史环境的研究，对六胜塔公园内的环境进行综合整治，在一定程度上恢复与遗产风貌相协调的历史景观。接下来重点整治区域包括公园入口标识、生态停车场地、采石裸露山体修复、六胜塔广场铺装整改、营建大小坠岛观景平台等。国家文物局要求，应进一步完善区域历史格局的研究，明确历史沿革作为整治方案的依据，并进一步细化对六胜塔地标性的阐述，细化视域分析，包括与石湖码头关系的分析等。

六胜塔　（图/吴寿民）

国际海绵城市建设论坛在泉州南安召开

2016年国际海绵城市建设论坛在南安举办。来自全国各地及新加坡、瑞典、德国、韩国等国家的300余位代表参加会议。活动主题为“让城市不再看海”。论坛系统阐述海绵城市建设在不同阶段需要解决和注意的问题，为海绵城市在中国的大规模建设提供可行性研究基础，推动国内海绵城市的建设与发展，也为企业搭建最为直接的合作交流平台，致力打造“让城市不再看海”的海绵城市。

全国健美健身冠军总决赛在晋江落幕

2016年全国健美健身冠军总决赛在晋江体育中心结束，该次全国健美健身冠军总决赛是全国规格最高的健美健身赛事。大赛现场云集近百名国家顶尖健美选手。优胜选手将代表国家参加下一年度亚洲健美健身锦标赛。此外，健美、健体和比基尼项目全场冠军运动员入选下年度国家健美健身集训队，代表中国参加国际健美健身联合会（IFBB）、亚洲健身和健美联合会（AFBF）的各项国际比赛。

泉州骑行超人全国巡回分享会举行

万里走单骑——泉州骑行超人刘海翔走进惠安聚龙小镇，分享他骑行古丝绸之路15国、历时250天、骑行12000多公里的奇闻逸事和心路历程。自2002年接触单车开始，刘海翔用骑行的方式丈量世界，相继完成独自进藏、环尼泊尔以及海南岛等长距离骑行，以及丝绸之路（马可·波罗东游路）15国骑行。在完成自己骑行梦想的同时，刘海翔将家乡泉州文化、中国文化传播到他所走过的地方。

泉州多措并举提升公立医院服务水平

《泉州市进一步创新理念提升医疗服务行动工作方案》（以下简称方案）出台，根据方案，泉州各医院需加强院内行车路线、流向及停车管理，优化医院内主干道、停车场等交通标志的规划布局，统一设置醒目的标示标牌及剩余车位警示，对重点路口、路段和高峰时段，实行定岗定人管理，避免院内交通堵塞。优化诊区布局方面，各医院要根据专科诊疗量及其常规诊查流程，合理布局门诊专科诊室、医技检查室及各楼层服务窗口，鼓励探索“患者不动、医生集中”的人性化服务模式。方案要求，各医院要完善导医制度，做到人员导医和标识告示导医的有机结合。提升导医、问询、收费、药房等医技科室人员的服务态度，实行首问负责制。同时，各医院还要设立专门的医院服务中心，专门承担院内、院外的预约和转诊管理，为市民建立更便捷的服务通道。方案提出，各医院要实行错时上下班制度，适当增加服务窗口或增设挂号、缴费、取药等自助设备，并开设“无假日门诊”“午间门诊”及“夜间门诊”，延长门诊时间，进一步方便群众就医。

随着信息化应用不断成熟，医疗服务信息化也成为医院提升医疗服务水平的必由之路。方案要求，医院要通过平台门户网站、手机APP、微信公众号等，开通掌上智慧医院，打通从诊室到检验检查、从门诊到住院、出院的全流程掌上服务，以及患者满意度调查、健康教育、出院随访等服务。预约就诊上，要利用信息化手段，为患者提供多种预约方式，并进一步充实预约服务内容，除门诊预约挂号服务外，还应提供门诊和住院医技检查预约服务，尽量缩短在医院候诊时间。缴费模式上，要尽可能简化费用结算流程，充分应用信息技术，实行诊间、诊室内直接结算，或者诊疗结束后统一结算；鼓励医院利用互联网支付平台，方便患者支付结算。

民盟泉州市第十五次代表大会召开

25—26日，民盟泉州市第十五次代表大会召开。省政协副秘书长、民盟福建省委会专职副主委刘泓，市领导陈奕辉、林万明、吴友才、肖汉辉、骆沙鸣、李冀平参加大会。刘泓代表民盟福建省委会向大会的召开表示祝贺。市委副书记陈奕辉代表中共泉州市委致辞。大会审议并通过民盟泉州市第十四届委员会工作报告，选举产生民盟泉州市第十五届委员会，陈建通当选为民盟泉州市第十五届委员会主委，赵昕东、王锦延、余嘉容、戴宽南当选为副主委，任命黄金电为秘书长。

泉州三家企业入选科技部“星创天地”名单

科技部公布首批638家“星创天地”名单，泉州弘桥智谷星创天地、泉州农业科技星创天地、德化特色农业星创天地入选，入选企业将纳入国家级科技企业孵化器的管理和服务体系，享受国家规定的各项优惠政策。

相关链接：“星创天地”是发展现代农业的众创空间，是推动农业农村创新创业的主阵地，以农业高新技术产业示范区、农业科技园区、高等学校新农村发展研究院、农业科技型企业等为载体，整合科技、人才、信息、金融等资源，面向科技特派员、大学生、返乡农民工、职业农民等创新创业主体，集中打造融合科技示范、技术集成、成果转化、融资孵化、创新创业、平台服务为一体的综合平台。“星创天地”在提供众创平台的同时，也享受相关优惠政策。

全国首支国防教育青少年文化交流艺术团在泉州成立

由泉州军分区政治部、泉州市委宣传部等单位主办纪念中国工农红军长征胜利80周年暨泉州市国防教育青少年文化交流艺术团成立大会在泉州军分区召开。此次成立艺术团是全国首支“泉州市国防教育青少年文化交流艺术团”，旨在通过丰富多彩的文艺演出，深入普及和加强泉州市全民国防教育，发扬爱国主义和新长征精神，打造泉州国防教育新品牌。

晋江首届“最美司机”评选揭晓

晋江首届“最美司机”评选结果揭晓，共评出留志坤等十佳“最美司机”、庄钟川等3个“最美文明交通家庭”及20名“最美司机”入围奖。该次活动历时3个多月，接受晋江社会各界报名5974人，超万名司机承诺文明行车，有力提升广大驾驶人的交通安全综合素质和社会责任意识，推动文明交通、法治交通理念在晋江进一步深入人心。

12月25日

星期日
农历丙申年十一月廿七
温度：16℃—20℃
阴

●《泉州市进一步创新理念提升医疗服务行动工作方案》出台。

●民盟泉州市第十五次代表大会召开，陈建通当选为民盟泉州市第十五届委员会主委。

●科技部公布首批638家“星创天地”名单，泉州弘桥智谷星创天地、泉州农业科技星创天地、德化特色农业星创天地入选，入选企业将纳入国家级科技企业孵化器的管理和服务体系，享受国家规定的各项优惠政策。

●纪念中国工农红军长征胜利80周年暨泉州市国防教育青少年文化交流艺术团成立大会在泉州军分区召开。

●晋江首届“最美司机”评选结果揭晓，共评出留志坤等十佳“最美司机”、庄钟川等3个“最美文明交通家庭”及20名“最美司机”入围奖。

12月26日

星期一
农历丙申年十一月廿八
温度：15℃—24℃
阴

●市委常委会召开会议，传达全省经济工作会议精神，研究泉州市初步贯彻意见。

●泉州市全面深化改革领导小组召开会议，研究通过《关于推进价格机制改革的贯彻意见》。

●市十五届人大常委会第六十二次主任会议召开。

●市政府第一一九次常务会召开，研究并通过《泉州市大面积停电事件应急预案》《泉州市全民健身实施计划（2016—2020年）》《泉州市人民政府关于培育新型粮食市场主体促进粮食产业发展的实施意见》等，听取全国现代职业教育发展推进会精神及泉州市贯彻意见的汇报。

●“华大讲堂”第63讲举行。中国国际经济交流中心副总经济师徐洪才作“当前中国经济形势与政策”专题报告。

●致公党泉州市第十一次代表大会召开，陈铭福当选为致公党泉州市委会主委。

●市委党校、市方志委与市社科联联合举办2016年市情论坛。

●由晋江市政府主办的“晋江市首届农业嘉年华”举行。

泉州市全面深化改革领导小组研究通过《关于推进价格机制改革的贯彻意见》

泉州市全面深化改革领导小组召开会议，研究通过《关于推进价格机制改革的贯彻意见》（以下简称意见）。市委书记、市全面深化改革领导小组组长郑新聪主持会议，市长康涛等市全面深化改革领导小组成员参加会议。会议强调，各相关部门要按照意见关于价格机制改革的任务和分工，合力共为，紧抓时间节点，细化时间表、路线图，强化督查考核。要加强舆论引导，做好政策解读，回应社会关切，营造支持改革、有利于改革的良好氛围。

市人大常委会第六十二次主任会议召开

市十五届人大常委会第六十二次主任会议召开。市人大常委会主任陈万里，副主任吕竞、张建生、朱团能、曾巍，党组成员蔡思红、欧阳秋虹参加会议。会议研究讨论市政府关于提请审议《泉州市市区内沟河管理条例（草案）》的议案，市十六届人大一次会议的日程安排（草案）及各项建议名单，市人大常委会视察组关于市十五届人大七次会议代表建议、批评和意见办理工作的综合报告，市人大常委会工作报告稿，人事任免事项；听取市人大常委会代表资格审查委员会关于泉州市第十六届人民代表大会代表资格的审查报告、市人大常委会农经委关于泉州市白濑水利枢纽工程建设进展的调研报告。

市政府第一一九次常务会议召开

市长康涛主持召开第一一九次市政府常务会，研究并通过《泉州市大面积停电事件应急预案》《泉州市全民健身实施计划（2016—2020年）》《泉州市人民政府关于培育新型粮食市场主体促进粮食产业发展的实施意见》《泉州市人民政府办公室关于贯彻落实加强粮食流通行政执法管理的实施意见》，听取全国现代职业教育发展推进会精神及泉州市贯彻意见的汇报。

“华大讲堂”第63讲举行

“华大讲堂”第63讲举行。中国国际经济交流中心副总经济师徐洪才作“当前中国经济形势与政策”专题报告。市委学习中心组成员、市直有关部门、在泉各高校、各民主党派相关负责人、华侨大学领导和部分师生等参加报告会。徐洪才从自己多年来对中国经济的研究出发，既回顾2016年以来中国经济运行的总体情况，又对2017年经济的总体形势进行展望。报告中，他从经济增速、物价水平、就业形势与国际收支情况等重要经济指标着手，结合2016年最新数据，图文并茂地向现场听众分析中国当前的经济形势与政策，并从宏观经济政策方面给出建议。报告会上，市领导为徐洪才颁发“华大讲堂”主讲嘉宾纪念牌。

致公党泉州市第十一次代表大会召开

26—27日，致公党泉州市第十一次代表大会召开。致公党福建省委会专职副主委刘珂，市领导陈奕辉、林万明、许文贵、卢炳椿、陈益、林志建参加。刘珂代表致公党福建省委会对大会的召开表示祝贺。市委副书记陈奕辉代表中共泉州市委致辞。大会听取和审议致公党泉州市第十届委员会工作报告，并选举产生致公党泉州市第十一届委员会，陈铭福当选为致公党泉州市委会主委，林丽华、丁毓玲、王丹丹、李良毅、陈东滚、黄华春当选为副主委。

2016年市情论坛举办

市委党校、市方志委与市社科联举办2016年市情论坛。此次论坛围绕“企业兼并重组”“海外人才引进”“社区养老服务”“农业供给侧改革”等泉州市经济社会发展热点、难点问题展开深入研讨。市情论坛举办多年来，研究成果显著，得到各级领导和各界的肯定和好评。为加强对市情调研课题的跟踪指导和质量把关，提高咨政成果的前瞻性、契合性与精准性，统筹专家资源、汇聚研究能量，建设高水平、有特色、开放型的党校新型智库，更好地服务党委政府中心工作和“五个泉州”建设，市委党校决定聘请张惠评、方建生、许友烈、李培德、刘曙庆、陈辉煌、胡毅雄、谢立新等8人为党校智库顾问。

全市各地275个项目集中开竣工

27—30日，各县（市、区）、泉州开发区、泉州台商投资区将有总投资1000亿元的275个项目集中开竣工。其中，开工项目153个，总投资730亿元，竣工项目122个，总投资270亿元。

随着122个项目竣工，各地特色产业发展再添动能。其中，用地面积83.33公顷中国香都香品产业园二期，建设成为集香品研发生产、香文化展示、旅游香品展示等功能为一体的产业园区；总投资6亿元的石狮宏兴染整织造总建筑面积12万平方米，建成厂房、办公楼及生活配套设施；晋江正麒棉型短纤生产项目建成聚合车间、短纤车间、仓库及配套设施，引进一套聚合生产线、3条短纤生产线，年产20万吨熔体直纺高强低伸棉型短纤；德化美图铝业生产项目建成年产10万吨铝型材的生产基地。福海粮油三期设计年产小包装食用油30万吨、特种油脂10万吨，以及配套仓储设施建设，投产后每年可新增产值30亿元；惠安邦丽达项目，年产10万吨多功能超吸水性复合材料、2万吨多功能超吸油复合材料、3万吨UV光固化树脂材料等。此外，全市服务业发展再添基地，总建筑面积12.1万平方米的泉州电子商务企业总部基地，将培育入驻电子商务企业1000余家。民生项目也取得收获，洛江再添总库容962.73万立方米的八峰水库。

153个新开工项目拉开阵势。总投资20亿元的鞋业“物联网+智能化”制造基地和个性化穿戴设备定制平台项目，将建设数控一代设备智能制鞋生产线；总投资20亿元的中农批泉州国际物流港项目，将建成世界一流、环境友好的进出口农产品和国际水产品集散市场；总投资15亿元的南方水产城项目首期用地66.67公顷，将建设集水产品冷链储存、保鲜、交易、物流等一体的大型综合批发市场；福建梅洋绿色食品包装有限公司将装备600台套智能设备，建成后年产15万吨超薄注塑食品包装容具，预计实现年产值20亿元，新增400个就业岗位；投资2.8亿元的永燠灵芝菌合剂（二期）项目年可产生物灵芝菌合剂5万吨。生态环保方面，投资28亿元的南安市“两溪一湾”安全生态水系综合整治工程（一期）项目，是涵盖园林及生态景观、慢行系统、河道岸坡防护（驳岸）、水生态保护与修复、水源地保护等内容的一项系统工程，将使晋江旧金鸡闸至市区拦河闸段、东溪流域双溪口至康美滚水坝段等约32千米河道两岸面貌焕然一新。

开发区官桥园区三星电气园开工　（图/晚报社）

“海丝冰雪大世界”项目开工仪式　（图/陈龙山）

晋江迎宾路北延伸工程通车　（图/晚报社）

12月27日

星期二
农历丙申年十一月廿九
温度：8℃—18℃
阴

●各县（市、区）、泉州开发区、泉州台商投资区将有总投资1000亿元的275个项目集中竣工。其中，开工项目153个，总投资730亿元，竣工项目122个，总投资270亿元。

●泉港举行巾帼众创空间揭牌仪式，标志着该区首家新型女性创新创业服务平台正式运行。

12月28日

星期三
农历丙申年十一月三十
温度：10℃—13℃
阴

●全市经济工作会议召开，会议回顾总结2016年全市经济工作，研究部署2017年工作。

●县（市、区）党委书记抓基层党建工作述职评议会召开。

●民进泉州市第六次代表大会召开，庄宝玲当选为民进泉州市委会主委。

●农工党泉州市第十四次代表大会召开，陈益当选为农工党泉州市委会主委。

●泉州师范学院纺织与服装学院揭牌仪式暨高性能纤维与纺织纳米材料科技论坛举行，来自纺织服装协会的企业家代表等300余人出席此次活动。

全市经济工作会议召开

全市经济工作会议召开，会议回顾总结2016年全市经济工作，研究部署2017年工作。市委书记郑新聪主持会议并讲话，市长康涛作具体部署。市领导陈万里、陈灿辉、翁祖根、温惠榕、孔繁军、张永宁、林锦明等参加会议。市四套班子领导，市中级法院院长、市检察院检察长，华侨大学、泉州师院、福建炼化、中化泉州公司主要负责人，市人大常委会、市政府、市政协秘书长，各县（市、区）委书记、县（市、区）长，泉州开发区、泉州台商投资区党工委书记、管委会主任；市直及驻泉省部属有关单位主要负责人，各方块党委、行政主官，市各民主党派负责人，市委、市政府副秘书长等参加会议。

会议指出，2017年泉州市经济工作的总体要求是：深入贯彻以习近平同志为核心的党中央治国理政新理念新思想新战略，统筹推进“五位一体”总体布局和协调推进“四个全面”战略布局，落实中央、全省经济工作会议部署，全面落实新的发展理念，坚持稳中求进总基调，全力突围攻坚利长远，着力稳增长、促改革、调结构、惠民生、防风险，坚决推进供给侧结构性改革，继续推进“三去一降一补”，用足用好国家自主创新示范区、“中国制造2025”城市试点示范机遇，落实“五个泉州”建设“二二六”工作部署，为“再上新台阶、建设新福建”作出应有的贡献。郑新聪强调，做好2017年经济工作，要牢牢把握“坚持稳中求进总基调、全力突围攻坚利长远”主线，突出抓好六个方面：一要全力推进项目攻坚，加快百亿基金千亿龙头落地。二要全力加快转型升级，分类扶持企业向好。三要全力培育平台经济，促进现代服务业繁荣。四要全力推进重点改革，牵引各项工作突破。五要全力抓好民生实事，决胜全面建成小康社会。六要全力落实“党政同责”，始终保持生态环保稳定向好，下大力气抓好安全生产，更加重视法治建设，坚决有力维护安定稳定。

会议要求，各级各部门要在市委统一领导下，坚持稳中求进总基调，全力突围攻坚利长远，尽快把2017年各项目标任务落到实处。一要全力保持经济稳定增长；二要把振兴实体经济作为深化供给侧结构性改革的重中之重；三要放大改革开放“五区”叠加效应；四要全域集聚发展环湾中心城市。古城提质方面，要抓好片区提升，推动业态活化，锻炼出一支专业的运营团队和修缮队伍；五要致力补齐民生短板；六要全力防范金融、安全生产、环保、自然灾害、企业运营监管、维稳等各类风险。

会议现场　（图/张惠评）

民进泉州市第六次代表大会召开

28—29日，民进泉州市第六次代表大会召开。民进福建省委会专职副主委郑家建，市领导陈奕辉、林万明、许文贵、陈荣洲、李冀平参加。郑家建代表民进福建省委会对大会的召开表示祝贺。市委副书记陈奕辉代表中共泉州市委致辞。大会听取和审议民进泉州市第五届委员会工作报告，选举产生民进泉州市第六届委员会，庄宝玲当选为民进泉州市委会主委，黄志煌、杨秋生、王若兰当选副主委。

农工党泉州市第十四次代表大会召开

28—29日，农工党泉州市第十四次代表大会召开。农工党福建省委会专职副主委杨琳，福建省政协副秘书长、农工党福建省委会秘书长陈巧，市领导陈奕辉、林万明、许文贵、季翔峰、陈铭福、王瑞强、陈益参加。杨琳代表农工党福建省委会对大会的召开表示祝贺。市委副书记陈奕辉代表中共泉州市委致辞。大会听取和审议农工党泉州市第十三届委员会工作报告，选举产生农工党泉州市第十四届委员会，陈益当选主委，肖惠中、庄刚毅、吴瑜瑜、刘向晖、张翼、谢承华当选副主委。

12月29日

星期四
农历丙申年十二月初一
温度：10℃—15℃
多云

●市十五届人大常委会第三十八次会议召开。

●泉州市党风政风监督员座谈会召开，会议通报2016年泉州市党风廉政建设和反腐败工作。

●《泉州市“十三五”地方志事业发展规划》出台。

●全市人民防空会议召开，部署全市人防工作。

●全市脱贫攻坚工作推进会召开。会议回顾2016年工作，部署下阶段脱贫攻坚和农业农村工作。

●晋江市公安局举行新闻中心授牌仪式，这是全国首家县级公安机关“新闻中心”。

●晋江市举办休闲农业与乡村旅游精品线路发布暨长汀旅游推介会。

市人大常委会第三十八次会议召开

市十五届人大常委会第三十八次会议召开。市人大常委会主任陈万里，副主任吕竞、张建生、朱团能、曾巍，党组成员许文贵、吴友才、蔡思红、欧阳秋虹参加会议。市政府副市长季翔峰、党组成员吕刚，市中级人民法院、市人民检察院负责人列席会议。会议审议通过市人大常委会工作报告稿、市十六届人大一次会议的日程安排（草案）及各项建议名单、关于泉州市第十六届人民代表大会代表的代表资格的审查报告、市政府关于提请审议《泉州市市区内沟河管理条例（草案）》的议案，以及“一府两院”关于市十五届人大七次会议代表建议、批评和意见办理工作的报告和市人大常委会视察组有关综合报告；决定任免一批国家工作人员。会议对市政府研究处理《市人大常委会关于2016年1—7月国民经济和社会发展计划审议意见》和《市人大常委会关于泉州市2015年市本级财政收支决算报告与2015年市本级预算执行和其他财政收支审计工作报告的审议意见》情况开展满意度测评，测评结果分别为满意、基本满意。会议强调，要做到“临届不松懈、善始更善终”，确保市十六届人大一次会议顺利召开，完成该届人大及其常委会的历史使命。

相关链接：泉州市人大常委会任命人员名单：任命谢丽华为泉州市人大常委会人事代表工作委员会主任，任命傅天富为泉州市人大常委会财政经济工作委员会主任，任命齐清秀为泉州市人大常委会内务司法工作委员会主任，任命王卫红为泉州市人大常委会环境与城乡建设工作委员会主任，任命庄金平为泉州市人大常委会农业与农村工作委员会主任，任命张育凯为泉州市人大常委会教育科学文化卫生工作委员会主任，任命何志辉为泉州市人大常委会华侨民族宗教工作委员会主任。

泉州市人大常委会决定任免人员名单：决定任命邓安娜为泉州市监察局局长，决定免去郑建清的泉州市监察局局长职务。

泉州市人大常委会批准任命人员名单：批准任命王文龙为泉州市鲤城区人民检察院检察长，批准任命许金约为泉州市丰泽区人民检察院检察长，批准任命林志铭为泉州市洛江区人民检察院检察长，批准任命黄清源为泉州市泉港区人民检察院检察长，批准任命陈林为石狮市人民检察院检察长，批准任命甘泽阳为晋江市人民检察院检察长，批准任命曾闽宏为南安市人民检察院检察长，批准任命许金标为惠安县人民检察院检察长，批准任命胡激洋为安溪县人民检察院检察长，批准任命施文凭为永春县人民检察院检察长，批准任命王声典为德化县人民检察院检察长。

泉州市党风政风监督员座谈会召开

泉州市党风政风监督员座谈会召开。会议通报2016年泉州市党风廉政建设和反腐败工作。座谈会上，党风政风监督员肯定全市党风廉政建设和反腐败工作成效，并就从严治党向基层延伸、健全完善制度、加强执纪监督、廉政文化建设、落实民主集中制等方面建言献策。与会市领导表示，监督员对泉州市的党风廉政建设发挥积极的作用，所提出的意见建议也很中肯，市委、市政府将认真研究，推动落实“两个责任”，提升履职水平，为建设“五个泉州”提供有力保障。

全市脱贫攻坚工作推进会召开

全市脱贫攻坚工作推进会召开，会议回顾2016年工作，部署下阶段脱贫攻坚和农业农村工作。市委副书记陈奕辉、市政府党组成员肖汉辉参加。就下阶段农业农村工作，陈奕辉强调，要提升特色现代农业发展水平，加快农业现代化步伐；要深化农业农村改革，培育发展新动能；要统筹城乡发展，增强发展活力。会上，安溪县作典型发言，并交流汇报扶贫开发建档立卡系列内业资料经验做法。

全国首家县级公安新闻中心落户晋江

晋江市公安局举行新闻中心授牌仪式，这是全国首家县级公安机关“新闻中心”。晋江市公安局于2013年便在全省率先成立县级公安机关警察公共关系室。公共关系室成立以来围绕各项公安中心工作，建立新闻发布会、媒体集中采访等制度，加大正面宣传力度，发好晋江公安声音，讲好晋江警察故事，注重“晋江公安”官方微博、微信等新媒体运营，较好承担起宣传报道、舆情处置、警营文化等工作职能。此次成立的“新闻中心”拥有独立的办公场所，设有专门的器材室、编辑室，利用视频会议室、局属单位和各派出所的会议室设立不同规模的新闻发布厅。

12月30日

星期五
农历丙申年十二月初二
温度：11℃—17℃
多云

●省委常委、常务副省长张志南带队到泉州市召开座谈会，就省《政府工作报告（征求意见稿）》广泛征求泉州市社会各界的意见和建议。

●“海峡杯”现代农业创意创新创业大赛在晋江启动。

●泉州市2017新年音乐会在泉州梨园古典剧院举行。

●“寂寞之墨——陈云写生画展”在泉州开展。

省《政府工作报告》到泉州征求意见

省委常委、常务副省长张志南带队到泉州市召开座谈会，就省《政府工作报告（征求意见稿）》广泛征求泉州市社会各界的意见和建议。市领导郑新聪、康涛、陈灿辉，市人大常委会党组成员吴友才，市政府秘书长廖国文，部分在泉省人大代表、省政协委员和有关县（市、区）、市直部门的负责人参加座谈会。与会人员直奔主题、积极建言。大家认为，省《政府工作报告（征求意见稿）》通篇贯彻中央各项战略决策，贯彻总书记习近平系列重要讲话特别是到闽调研重要指示精神，同以习近平同志为核心的党中央保持高度一致；深入落实省第十次党代会提出的“再上新台阶、建设新福建”决策部署，围绕“机制活、产业优、百姓富、生态美”，提出一系列精准务实的工作举措，是一份凝聚人心、鼓舞士气、催人奋进的好报告。与会人员着眼全省发展大局，立足泉州实际，从深化供给侧结构性改革、振兴实体经济、大力发展民营经济、支持开展“中国制造2025”城市试点示范、发展现代服务业、建设“海丝”先行区、提升文化软实力、完善社会保障机制、加快生态文明试验区建设、扩容优化教育医疗资源等方面，对进一步修改完善省《政府工作报告（征求意见稿）》提出意见和建议。在认真听取发言后，张志南感谢大家对省政府工作的关心和支持，与会人员准备充分、发言踊跃，提出许多富有建设性的意见和建议，听后深受启发。下一步，起草小组将认真梳理、分类研究，将相关意见建议吸收到省《政府工作报告（征求意见稿）》中，体现到省政府相关政策中，落实到具体政府工作上。他指出，泉州经济总量大，在全省发展中占据重要地位。泉州上下认真贯彻中央和省委、省政府决策部署，围绕“再上新台阶、建设新福建”，提振精神，积极作为，各项工作取得良好成效。希望泉州再接再厉，继续保持良好发展势头，为全省经济社会发展作出更大贡献。省里将一如既往地关心泉州发展，为泉州发展做好支持和服务工作。

泉州市2017新年音乐会举行

泉州市2017新年音乐会在泉州梨园古典剧院举行，市领导与社会各界代表欢聚一堂，共享音乐盛宴，欢庆元旦佳节。这场中西合璧、古典与现代相互交融的音乐盛会，传递泉州人民迎接新年，在市委、市政府的正确领导下，合力共为、接续奋斗谱写“五个泉州”建设新篇章的喜悦心情。图为演出现场。　　（图/张九强 陈智勇）

陈云写生画展在泉州举办

“寂寞之墨——陈云写生画展”在泉州开展。省人大常委会副主任陈伦，泉州市委常委、纪委书记温惠榕为画展剪彩。陈云现为中国美术家协会会员、国家一级美术师、福州画院艺术委员会主任，该次展出的63幅作品，是他从近年来创作的100多幅作品中精心挑选出来的，为泉州的艺术爱好者呈现他在不同阶段的风格流变和不断探索进取的艺术成果。

展览现场　　（图/陈智勇）

12月31日

星期六
农历丙申年十二月初三
温度：15℃—21℃
多云

●市委、市政府下发《关于兴办2017年为民办实事项目的决定》，确定2017年33个为民办实事项目。

●全市经济社会重点专项工作会议召开，会议聚焦2017年24个重点专项工作，精准研究针对性措施，确保真正落到实处。

●康涛慰问坚守在年终结算岗位的银行系统员工。

●“大海的回声——海上丝绸之路泉州水彩写生作品展”在泉州海外交通史博物馆开幕。

●泉州市2017年元旦南音演唱会在市区东湖公园荷花阁举行。

市委市政府确定2017年为民办实事项目

市委、市政府下发《关于兴办2017年为民办实事项目的决定》，确定2017年33个为民办实事项目。具体项目包括：在中心市区推行公交一元票价制；推动中心城区公共自行车租赁系统往新区延伸覆盖；实施旧城区水压提升工程；提升和规范城市公厕管理水平；进一步完善和提升市区体育功能设施；建设30个“共建共享”新型社区；持续深化农村人居环境整治；继续实施公路安全生命防护工程和农村公路危（病）桥改造工程；实施水土流失治理工程；扶持10个老区村发展农民专业合作社；建设100个示范村卫生所和50个“中医馆”（中医药综合服务区）；继续开展食品安全示范创建活动；实施重点区域重点品种食品安全风险评价监测；推进新一轮“菜篮子”工程建设；搬迁地质灾害隐患点44点134户471人；改造提升200个自然灾害避灾点；进一步加密拓展城市安全信息系统（六期）；继续开展“计生特殊家庭”关爱行动；继续为特困失能老人实施政府购买服务；继续实施残疾人辅助器具适配救助工程；为全市“一户多残”家庭残疾人发放生活补贴；为321户农村低保家庭建设安居房；持续开展“救急难”工作；开展呵护母婴健康服务全面“两孩”行动；扶持新建20所公办幼儿园；建设提升33个“妇女儿童之家”；新建20个社区未成年人文体活动设施场所；建设100个农村居家养老服务中心（站）；深化拓展居家养老专业化服务；继续实施“关爱女孩”五项工程；建设和改造提升30个老年体育活动中心；优化提升24个村（社区）综合性文化服务中心示范点；继续扶持文艺精品公益性演出。

全市经济社会重点专项工作会议召开

全市经济社会重点专项工作会议召开，会议聚焦2017年24个重点专项工作，精准研究针对性措施，确保真正落到实处。市长康涛，市委常委、常务副市长张永宁，副市长陈荣洲、周真平、卢炳椿、季翔峰，市政府党组成员洪自强、肖汉辉、吕刚，市政府秘书长廖国文参加会议。会议指出，过去一年，在市委统一领导下，全市上下有为应对经济下行压力，成功战胜自然灾害，经济社会发展交出很好的答卷。新的一年，泉州面临的形势依然严峻，发展任务依然繁重。在务实会风的引领下，上会的24个专题，紧扣发展实际，聚焦重点领域，提出了一系列有针对性、突破性的对策措施。市政府各位领导就分管工作，进行提纲挈领式点评，直指问题、拎出“干货”、拿出实招。在认真听取汇报的基础上，康涛不时插话、紧扣要害、反复追问。康涛强调，每个重点专项工作都要列出工作计划、细化目标任务、明确时间节点、制定考核标准，建立务实高效的工作班子和推进机制，一抓到底、抓出成效。

康涛慰问坚守在年终结算岗位的银行系统员工

市长康涛慰问坚守在年终结算岗位的银行系统员工，感谢在泉金融机构克服经济下行压力加大等不利因素，有为有效服务泉州市经济社会发展。希望他们新年里立足全市中心工作，创新服务举措，强化政银企合作，加大对实体经济支持力度，为全市经济稳中求进、突围攻坚提供强有力支撑。市领导季翔峰、洪自强，市政府秘书长廖国文参加。

“海丝”泉州水彩写生作品展开幕

由省美术家协会、市委宣传部、市文广新局、市文联主办的“大海的回声——海上丝绸之路泉州水彩写生作品展”在泉州海外交通史博物馆开幕。该次参展的画家有中国美术家协会水彩画艺委会副主任、中国美术学院设计艺术学院副院长周刚；中国美术家协会水彩画艺委会副主任、哈尔滨师大美术学院院长赵云龙；中国美术家协会水彩画艺委会委员、云南艺术学院美术学院副院长陈流；中国美术家协会水彩画艺委会委员、福建省美协副主席郭宁；福建省画院执行院长孙志纯等22位106幅写生作品。主办方希望通过画作，重温有关“海丝”史迹和古城的风貌，让参观者感受到物象背后的历史存在与人文之思，为泉州市极富魅力的文化遗迹再添浓郁的色彩。

泉州市2017年元旦南音演唱会举行

由泉州市非物质文化遗产保护中心主办，泉州市南音艺术家协会、丰泽区南音艺术家协会承办的泉州市2017年元旦南音演唱会在市区东湖公园荷花阁举行，广大弦友齐聚一堂，献唱《出庭前》《春光明媚》《梅花操》等，丰富广大市民的节日文化生活。

编 后 记

地方志是地情文献，是客观记录现实情况的载体，具有长久留鉴后世之功能。泉州市方志委多年来着力探索地情文献编纂新路，创新了以年鉴为主、日记为辅的地方综合性年鉴编纂办法，两者的资料组织体系不同，功能各有所长，既分工合作又有机联系，联袂反映丰富多彩的地方经济社会发展全貌。

《泉州年鉴》2017卷《泉州日记》分册以马克思列宁主义、毛泽东思想、邓小平理论、“三个代表”重要思想、科学发展观、习近平新时代中国特色社会主义思想为指导，坚持辩证唯物主义和历史唯物主义的立场、观点和方法，以图文编年纪事的形式，按时序客观真实地记载2016年泉州地面上每一天发生的大事、要事、新事、特事，反映地方经济社会发展实况和城乡人民生活状态。该书实录2016年泉州市全面贯彻中共十八大和十八届三中、四中、五中、六中全会精神，认真贯彻习近平总书记系列重要讲话精神和对福建工作的重要指示，全面落实中央、省和市委重要决策部署，适应把握引领经济发展新常态，深入实施市委“打造泉州经济升级版、改革创新示范区、生态宜居幸福城”三大战略，打造“创新、智造、海丝、美丽、幸福”的现代化泉州的实践进程。

《泉州日记》作为《泉州年鉴》的分册，较好地提升了年鉴反映现实的质量，其编纂水平随同年鉴不断提升，功能及实用性也不断拓展。《泉州日记》注重地情信息实录工作的项目带动作用，开发信息渠道，整合传媒资源，及时对有效资讯进行筛选、核实，将其转化为地方志的史实资料，使海量信息源源不断地充实到地方志资料库中，在建设文化强市，推动泉州文化大发展大繁荣的工作大局中，发挥了存史、资政和文化传承的积极作用。

值此书出版之际，特作此记。并借此向提供文字、图片等资料信息，以及所有关心、支持、帮助《泉州日记》编纂工作的各有关单位和各界人士表示衷心的感谢！

编　　者

2017年10月